ENTREPRENEURSHIP

성공한 창조경영자

# 기업가정신

-이론과 실제사례-

김성수 교수

탑북스

# 머 리 말

“기업가정신, ‘Entrepreneurship’이 없는 경영자는 망(亡)한다.” 이것은 피터 드러커(Peter. F. Drucker)의 말이다. 창업의 성공은 기업가정신에 있으며, 기업가정신이 없는 경영자는 망한다는 것이다.

기업가정신은 경영의 혼(魂)이며, 기업의 정신적 지주인 경영이념이고, 경영사상이다. 그리고 경영철학이며, 기업의 통치이념이다.

“여러분들은 기업가를 누구라고 생각하는 가?”라고 질문하였다.

서슴없이 대답하기를 현대의 기업가는 99.9%의 노력과 0.1%의 영감으로 사회적책임을 다하는 사회보국주의 창조적 정신을 가진 경영예술가”라고 대답하였다.

현재와 미래의 창업자는 99.9%의 노력으로 창조적 아이디어와 자금, 인재로 승부한다. 현재와 미래의 기업가는 자본축적과 돈만 벌어 혼자만 잘 사는 천민자본가가 아니라 국가와 국민, 지역과 주민, 기업과 종업원, 투자자와 소비자 등 이해관계자들에게 이해조정의 책임을 다하고, 기업을 성장시키며, 사회적책임을 다하는 정도주의 정신을 가진 창조적 예술가의 능력과 자유자본주의 시장경제질서에 적응하는 기업가정신이 있어야 한다.

지금은 기업가정신을 실현할 수 있는 최적기이다. 그렇다면 도대체 기업가정신의 힘(The Power of Entrepreneurship)이란 무엇인가?

경제학자 조셉 슘페터(Joseph Schumpeter)는 기업가를 다음과 같이 정의한 바 있다.

기업가란 “새로운 제품과 서비스를 창출하거나, 새로운 생산방법을 도입하거나, 새로운 조직형태를 창조하거나, 새로운 원재료를 활용함으로써 기존 경제질서를 파괴하는 사람”이라고 정의하였다. 그는 기업가가 새로운 사업을 일으킴으로써 기존 경제질서를 파괴한다고 하였으며, 그 방식은 “혁신적이거나 창조경영 방식”으로 변화시킨다고 하였다.

기업가정신은 이러한 혁신적이고 창조적 경영방식으로 경영성과를 최대로 하여, 일자리 창출 및 국민경제성장에 기여하는 사업보국주의 차원의 기업가들의 경영정신을 말한다. 그러나 과연 오늘과 미래의 경영자들은 이러한 기업가정신의 힘을 발휘하여 혁신적이고 창조적인 경영방식을 습득하며, 사업에 실현할 수 있을지 의문이 생긴다.

기업가정신은 기업가들의 불굴의 개척과 도전정신, 위험을 감수하는 능력, 혁신과 창조적 리더십 등으로 이해되어야 한다.

이러한 기업가정신으로 "성공한 창조적 한국의 기업가 10명과 외국의 기업가 5명을 선정"하여 "기업가정신의 실제 사례"를 이곳에 제시하였다.

한국의 성공한 창조적 기업가는 (1) 이병철(삼성) (2) 정주영(현대) (3) 구인회·구자경(LG) (4) 최종현(SK) (5) 신용호(교보) (6) 조중훈(한진) (7) 박승직·박두병(두산) (8) 유일한(유한) (9) 장영신(애경) (10) 김재철(동원) 등이다.

외국의 성공한 대표적 기업가정신의 주인공은 (11) 빌 게이츠(MS) (12) 손정의(소프트뱅커) (13) 잭 웰치(GE) (14) 아이아코카(크라이슬러) (15) 헨리 포드(포드자동차) 등으로 선정하였다.

저자는 지난 20년 동안 (사)한국경영사학회가 주관한 "성공한 창업자의 생애와 경영활동을 통한 기업가정신 연구"에 참여하여 그 연구결과를 [경영사학 : 經營史學, The Review of Business History] 저널에 발표하였다. 그리고 대학과 대학원, 경영대학원(MBA)에서 "기업가론", "창업론", "기업과 사회", "경영과 문화", "기업가정신론", "리더십 이론과 사례" 등을 강의하면서 "성공한 창업자의 기업가정신"을 사례로서 발굴하였다.

그 결과, 이 저서를 집필하면서, 앞으로 새롭게 입사하는 젊은 사원들과 관리자, 구성원이나 기업가족 여러분들에게, 특히 새롭게 창업을 하고 싶은 젊은 청년들에게 성공한 창조경영의 세계적 기업가들의 생애와 경영활동을 통한 경영이념, 경영철학, 경영사상 등을 함축한 기업가정신을 배우게 하고 싶었다.

또한 이러한 성공한 창조경영자의 훌륭한 기업가의 행동양식을 세계 많은 대학의 젊은이들에게 한국의 성공한 창업자의 사업보국주의 기업가정신을 널리 보급하고 싶었다. 그리고 그들의 직업윤리와 행동양식, 경영자의 변혁적 리더십 등을 구성원의 리더십향상에 크게 도움이 되게 하며, 그 결과 생산성향상이나 경쟁력강화에 기여하기를 바라는 마음에서 이 책을 집필하게 되었다.

이 책은 다음과 같은 구성과 특징을 가지고 있다.

첫째, 제1부는 6장으로 구성되었으며, 기업가정신의 이론적 배경을 서술하였다. 제2부는 1장부터 15장까지 기업가정신의 실제사례(성공한 기업가의 경영활동과 기업가정신) 등으로 구성하였다.

제1부는 제1장 기업가정신의 본질, 제2장 기업가란 무엇인가?, 제3장 기업가의 기능과 정신 그리고 책임, 제4장 성공하기 위한 기업가의 자질론, 제5장 21세기 Global시대의 신 경영자상, 제6장 성공한 기업의 과정과 공통적 기업가정신 등으로 구성하였다.

둘째, 제2부는 성공한 국내기업가의 10명과 외국기업가 5명을 선정하였다. 구성은 각각 기업가의 경영활동과 기업가정신으로 예를 들며, 제1장 이병철(삼성)의 경영활동과 기업가정신, 제2장 정주영(현대)의 경영활동과 기업가정신, 제3장 구인회・구자경(LG)의 경영활동과 기업가정신, 제4장 최종현(SK)의 경영활동과 기업가정신, 제5장 신용호(교보)의 경영활동과 기업가정신, 제6장 조중훈(한진)의 경영활동과 기업가정신, 제7장 박승직・박두병(두산)의 경영활동과 기업가정신, 제8장 유일한(유한)의 경영활동과 기업가정신, 제9장 장영신(애경)의 경영활동과 기업가정신, 제10장 김재철(동원)의 경영활동과 기업가정신 등으로 서술하였다.

그리고 성공한 외국기업가는 제11장 빌 게이츠(MS), 제12장 손정의(소프트뱅커), 제13장 잭 웰치(GE), 제14장 아이아코카(크라이슬러), 제15장 헨리 포드(헨리포드자동차)등의 순으로 서술하였다.

앞에서도 지적하였지만 여기에 선정된 사례의 성공한 기업가들은 저자가 이미 수년전부터 연구를 하여 학술적 가치를 인정받은 우수한 학회의 논문집에 발표한 것을 정리하고, 체계화하였으며, 부족한 자료는 새롭게 발굴하여 정확하게 검증하였다는 데 그 특징이 있다.

셋째, 이 책을 새로이 집필하는 과정에서 고마움을 갖게 해주신 (사)한국경영사학회 임원 여러분들과 (사)한국인사관리학회 임원여러분, (사)한국생산성학회 임원 여러분, (사)한국기업경영학회 임원 여러분 들에게 진심으로 감사드린다.

특히 사단법인 한국경영사학회 회장을 역임하신, 이건희 교수(이화여대 상경대학장역임), 고승희 교수(단국대학교 경영대학원장 역임), 김신 교수(경희대학교 경영대학, 동해포럼회장), 남명수 교수(인하대학교 경영대학원장 역임), 박영렬 교수(연세대학교 경영대학장 겸 경영전문대학원장) 등과 한국인사관리학회 회장을 역임한 안종태 교수(강원대학교 경영대학 교수), 한국기업경영학회 회장 김창봉 교수(중앙대학교 경영대학 교수) 등에게 감사를 드린다.

끝으로 이 책이 나오는 과정에서 조언과 도움을 준 (사)기업경영종합연구원 이상배 박사(KBMI 경영전략연구센터 소장), 송용호 실장(세종교육원장 겸 KBMI 윤리경영컨설팅장), 김민혁 Senior Consultant(Booz&Co), 한은주 수석연구원(LI법령정보관리원) 등에게도 감사의 말씀을 전한다. 그리고 이 책의 출판을 맡아주신 도서출판 탑북스 대표 김광식 사장과 편집부장 및 직원 여러분에게 이 자리를 빌려 감사의 말씀을 드린다.

2014년 8월

저자 김성수 교수 씀

## 성공한 창조경영자
# "기업가정신"의 특징
### -세계 경영학계에 모범적인 창조경영자로 기록-

기업가정신이 없는 경영자는 망한다. 그러나 기업가정신이 있는 창조경영자는 반드시 성공한다. 기업가정신은 세계 경영사학을 빛낸 경영사상의 혼으로, 창조경영자로 경영사에 기리 남는다.

기업가정신을 가진 창조경영자들은 정성껏 좋은 상품을 만들어 국가와 국민에게 봉사하고 정직·성실하고 양심적인 인재를 양성하고 배출하였다. 도전과 개척정신으로 할 수 있다는 Candoism 사상으로 기업을 키워 일자리를 만들고 정직하게 납세하며, 남는 것은 기업을 성장시켜준 사회에 환원하다는 사회적 책임 정신을 구현시킨 인물들이다.

이곳에 선정된 "성공한 창조경영자의 기업가정신"은 한국경영사학회가 선정한 창업대상 수상자의 경영사상과 경영철학의 혼으로서 경영사학계에 영원히 기록될 인물들이다. 따라서 성공한 창조경영자의 기업가정신의 특징은 다음과 같다.

첫째, 자수성가형 도전과 개척정신의 투철한 기업가의 표본.

둘째, 철저한 합리주의와 소통과 고객만족주의 대표적 인물.

셋째, 투철한 애국주의 사상과 소유와 기업이윤을 사회에 환원한 참 기업가의 인물.

넷째, 신념의 국가관, 사회관, 기업관의 소유자로서 인재중시주의 인물.

다섯째, 정직과 성실을 바탕으로 새로운 기업가치를 창조하며, 사회에 경영이념의 복음을 전파하는 기업가.

여섯째, 정도경영과 청렴도 향상 등 지속가능기업으로 성장시켜 세계적 기업으로 지구촌 지구인이 필요로 하는 기업가 등.

이와 같이 이곳에 발표되는 성공한 창조경영자의 기업가정신의 기업가들은 사단법인 한국경영사학회 [경영사학, 논문집]에서 지난 28년간 발표한 김성수(金聖壽)교수의 [성공한 창업자의 기업가정신 연구-창업기업가의 생애와 경영이념, 경영활동과 경영전략, 기업가정신] 등을 중심으로 다시 집필하여 세상에 내어놓았다.

[ 2014년 8월 ]

저자 : 김성수 교수
- 한국경영사학회 회장 역임
- 경희대학교 경영대학 명예교수
- (사)한국기업경영종합연구원장

# 기업가정신교육 : 최고의 경영대학 순위
## Best Business Schools for Entrepreneurship

| 순위 | 대학원 : Graduate | 대학 : Undergaduate |
|---|---|---|
| 1 | Babson College | Babson College |
| 2 | Stanford University | University of Pennsylvania (Wharton) |
| 3 | University of Pennsylvania | University of Southern California (Marshall) |
| 4 | Harvard University | Massachusetts Institute of Technology (Sloan) |
| 5 | Massachusetts Institute of Technology | Ball State University (IN) |
| 6 | University of Southern California | Indiana University-Bloomington (Kelly) |
| 7 | Northwestern University | University of California-Berkeley (Haas) |
| 8 | University of Michigan-Ann Arbor | University of Arizona (Eller) |
| 9 | University of Texas-Austin | University of Texas-Austin (McCombs) |
| 10 | University of California-Berkeley | Baylor University (Hankamer) |
| 11 | Indiana University-Bloomington | New York University (Stern) |
| 12 | University of Virginia | University of Michigan-Ann Arbor |
| 13 | University of Arizona | University of Maryland-College Park (Smith) |
| 14 | University of Colorado-Boulder | University of North Carolina-Chapel Hill (Kenan-Flagler) |
| 15 | University of California-Los Angeles | University of Washington |
| 16 | Columbia University | University of Oregon (Lundquist) |
| 17 | New York University | Wake Forest University (Calloway) |
| 18 | Carnegie Mellon University | Washington University-St. Louis (Olin) |
| 19 | University of Chicago | - |
| 20 | University of Maryland-College Park | - |

**SOURCE** : Adapted From *U.S News Et World Report, Exclusive Graduate School Ranking for the Year 2006* (April 2005).

**SOURCE** : Adapted From *U.S News Et World Report, Best Business School Rankings for the Year 2006* (September 2005).

# 차례

## 제1부
## 기업가정신(Enterpreneurship)의 이론적 배경

### 제1장 기업가정신의 본질

## 제2장 기업가란 무엇인가

## 제3장 기업가의 기능과 정신 그리고 책임



## 제4장 성공하기 위한 기업가의 자질론

## 제5장 21세기 Global시대의 신경영자상



## 제6장 성공한 기업의 과정과 공통적 기업가정신

## 제2부 성공한 창업자의 기업가정신(사례)

### 제1장 이병철의 경영활동과 기업가정신



### 제2장 정주영의 경영활동과 기업가정신

## 제 3 장 구인회와 구자경의 경영활동과 기업가정신



## 제 4 장 최종현의 경영활동과 기업가정신



## 제 5 장 신용호의 경영활동과 기업가정신



## 제 6 장 조중훈의 경영활동과 기업가정신

## 제 7 장 박승직과 박두병의 경영활동과 기업가정신



## 제 8 장 유일한의 경영활동과 기업가정신



## 제 9 장 장영신의 경영활동과 기업가정신

## 제10장 김재철의 경영활동과 기업가정신



## 제11장 빌 게이츠의 경영활동과 기업가정신

## 제 12 장 손정의의 경영활동과 성공전략

## 제13장 잭 웰치의 경영활동과 기업가정신

## 제 15 장 헨리 포드의 경영활동과 기업가정신

## 제1부

# 기업가정신(Entrepreneurship)의 이론적 배경



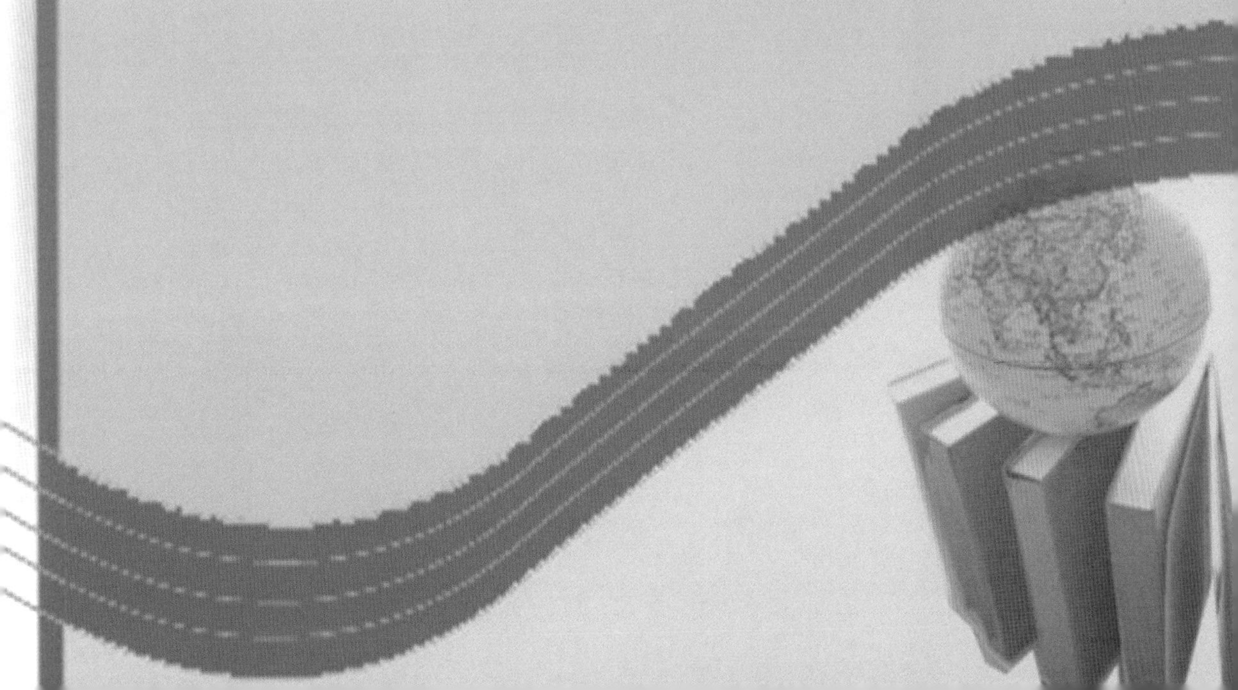

A TIMES
Air safety rules

# 제1장 기업가정신의 본질

# 제1장 기업가정신의 본질

## 제1절 기업가정신의 개념

기업경영의 심장은 기업가정신(Entrepreneurship)이다. 기업가(Entrepreneur)란 단어는 프랑스어 동사 "entreprendre"에서 유래(由來)되었으며, 그 의미는 "시도하다", "모험하다", "창의적이다" 등을 의미한다. 따라서 기업가정신은 위험과 불확실성을 무릅쓰고 이윤을 추구하고자 하는 기업가의 모험적이고 창의적인 정신을 가리킨다. 이런 기업가정신이야말로 창조경제를 성장시키고 기술혁신을 가져오는 원동력이며, 이 세계를 움직이는 힘이요, 경제발전의 바로미터이다.

### 1. 기업가정신을 최초로 접근한 슘페터

기업가정신에 대해 최초로 체계적으로 접근한 학자는 혁신(Innovation)으로 유명한 슘페터(Joseph A. Schumpeter)다. 그는 이윤추구를 위해 새로운 방식으로 새로운 상품을 개발하는 것을 기술혁신이라고 긍정하고 기술혁신을 통해 "창조적 파괴"(creative destruction)에 앞장서는 기업가의 노력이나 의욕을 기업가정신이라고 정의하였다.

슘페터는 ① 신제품 발명 또는 개발, ② 신생산방법의 도입이나 신기술의 개발, ③ 신시장의 개척, ④ 신원료나 부품의 새로운 공급, ⑤ 새로운 조직의 형성 등을 기술혁신으로 보았다.

슘페터에 의하면 이윤(profit)이란 바로 "창조적 파괴행위"를 성공적으로 이룬 기업가의 정당한 노력의 대가라고 지적하였다. 그런데 한 기업가가 혁신을 이루어 이윤을 얻게 되면 혁신적인 기업가의 창조적 파괴행위는 곧바로 모방되어 사회 전체적으로는 점차 이윤이 소멸하게 된다. 경기순환은 이와 같은 창조적 파괴가 주기적으로 이어져 나타나는 자본주의경제의 고유한 현상이라는 것이 그의 설명이다.

## 2. 현대경영학의 아버지 피터 드러커의 기업가정신

슘페터 이후 기업가정신을 논의할 때 가장 많이 언급되는 학자는 "현대경영학의 아버지"라 불리는 피터 드러커(Peter F. Drucker) 박사이다. 그는 기업가정신(Entrepreneurship)을 "위험을 무릅쓰고 포착한 기회를 사업화하려는 모험과 도전의 정신"이라고 정의했다. 피터 드러커는 이와 같은 기업가정신과 혁신을 별개로 떼어놓고 생각할 수 없다고 지적했다. 그는 과거에는 기업가가 창업을 통해 기업을 성장시켜 성공을 이루었으나 점차 기업의 규모가 커지면서 창업보다는 기존기업의 효율적 관리가 더 중요해지면서 기업가정신이 많이 약해지는 현상을 보게 된다며 우려했다. 따라서 내일의 성장을 위해 혁신이 필수 불가결하다며 경영관리에서는 혁신을 실천하는 것이 중요하다고 강조했다.

드러커는 기업가정신을 대기업뿐 아니라 중소기업, 공공기관에서도 필요하고, 새로운 기업뿐 아니라 오래된 기업에서도 필요하다고 주장했다. 또한 기업단위에 국한되지 않고 한 사회의 모든 구성원이 본질적으로 가지고 있어야 할 자기혁신의 바탕이라고 강조했다.

기업가정신을 바탕으로 끊임없는 혁신을 추구해 나갈 수 있을 때 비로서 한 사회가 다음 사회로 진보해 나갈 수 있다는 것이 피터 드러커 박사의 견해이다.

## 3. 세상을 움직이는 힘, 경영의 혼, 기업가정신

자본주의 발전의 역사는 한 마디로 기업가정신의 역사라고 해도 과언이 아니다. 미국과 일본 등이 오늘날 세계 최고의 경제대국이 된 것은 선구적이고 동찰력 있는 기업가들의 경영의 혼이라는 기업가정신 덕분이다.

미국에서 이런 기업가정신을 발휘한 대표적인 기업가로 포드 자동차를 창업한 헨리 포드를 들 수 있다. 그는 조립라인의 방식에 의한 대량생산 체제인 "포드시스템"(Fordism)을 확립, 자동차 대중화와 대량생산 체제를 구축했다. 자동차 보급이 미국은 물론 인류 전체에 미친 영향을 감안하면 포드의 기업가정신은 20세기 그 무엇과도 견줄 수 없는 큰 획을 그었다. 최근 미국을 대표하는 또 다른 기업가정신의 표본은 마이크로소프트(MS)의 빌 게이츠(Bill Gates)다.

오늘날 거의 전 세계인이 편리하게 PC를 사용하고 인터넷으로 세상을 하나로 연결된 것은 빌 게이츠가 없었다면 불가능한 일이다. 일본에서는 초등학교 졸업이 전부인 학력으로 혼다 자동차를 설립한 혼다 소이치로, 마쓰시타 전기의 창업자 마쓰시타 고노스케, 최근 인물로는 손정의 소프트뱅크 회장 등을 기업가정신을 실천한 대표적 인물로 꼽을 수 있다.

## 4. 기업가정신이 가장 높은 나라 한국

### – 기업가정신을 살린 나라가 강대국이 된다.

피터 드러커는 2002년 저서 『넥스트 소사이어티』(*Managing in the next society*)에서 기업가정신이 가장 높은 나라로 한국을 꼽은 바 있다.

일제 강점기와 6.25 전쟁으로 산업기반이 전무하다시피 했던데서 불과 50여년 만에 2012년에는 GDP 세계 15위, 무역규모 8위, G20 의장국, 원조수혜국에서 제공국으로 세계최고의 기업으로 발전시킨 실상을 높이 평가했기 때문이다. 한국에서는 기업가정신을 학문으로 정립한 학자는 드물었지만 이를 실천으로 보여준 기업가는 이미 조선시대부터 존재했다.

개성상인을 중심으로 한 보부상(褓負商)과 조선말기의 거상 임상옥은 신용과 부지런함을 앞세워 천재적인 사업수완을 발휘, 청나라와의 인삼무역권을 독점해 어마어마한 부(富)를 모았다. 그의 추진력과 결단력은 물론 미래를 꿰뚫어 보는 혜안까지 기업가로서 갖춰야 할 다양한 면을 지닌 인물로 현대 한국 기업가정신의 모태를 제공했다.

6.25 전쟁 後, 1960~1970년대 개발연대에 들어서 독특한 기업가정신으로 기업을 급속히 성장시킨 출중한 기업가들이 전면에 등장했다. 현재까지 한국경제를 주도하고 있는 현대의 정주영, 삼성의 이병철, LG그룹의 구인회와 구자경, SK의 최종현, 두산그룹의 박승직과 박두병, 교보생명의 신용호 등이 그 주인공들이다. 이들은 각자 사업영역에는 차이가 있었지만 창의적 사고와 도전 및 개척주의 정신으로 한국 기업가정신의 원형을 보여준 대표적인 인물이다.

특히 유한양행의 유일한, 한진그룹의 조중훈, 애경그룹의 여성창업자 장영신, 동원그룹의 창업자 김재철 등은 그 분야에서 기업가정신을 보여준 훌륭한 기업가이다.

그러나 최근 국내 기업풍토를 보면 기업가정신을 찾아내기 어려운 실정이다. 기업들은 돈이 있어도 새로운 사업에 진취적으로 도전하기 보다는 사내에 유보해두고 자사주 취득이나 경영권 방어에 더욱 골몰하는 모습이다. 이 같은 현상은 기업들에도 책임이 있지만 반(反) 기업정서와 잘못된 규제제도 때문이기도 한다. 색안경을 끼고 기업과 기업인을 보는 사회의 시각과 기업상속은 사실상 봉쇄하고 기업경영권을 무방비상태로 노출되도록 하는 법과 제도 아래에서는 제대로 된 기업가정신이 꽃피울 수 없다.

### 1) 기업가정신은 우리 경제에 활력(活力)을 주는 동력(動力)

기업가는 기업가정신을 통해서 새로운 제품과 서비스를 탄생시키며, 기존의 제품과 서비스가 새로워지고 이를 통해 기존 경제에서 해결하지 못한 부분을 해결하는 "마치 죽은 나무에서 과실을 얻는 것 같은 활력"을 가져오게 한다.[1] 기존의 많은 기업들이 변화에 맞춰 혁신하지 못하고 시장경제에서 실패하는 경우가 더욱 더 많아지고 있다.

큰 기업이나 작은 기업의 기업가들을 기업의 생존과 발전을 위해서 반드시 기업가적 태도를 가지고 있어야 한다.

1985년부터 뱁슨 칼리지에서 기업가정신과 창업과목을 수강한 약 30%의 학생들은 창업에 필요한 과목은 "기업가정신"이라고 대답해 신규 창업한 기업가들의 성공요인을 경영의 혼인 기업가정신이라고 하였다.

### 2) 선진국 진입은 기업가정신이 주도

혁신적 기업가정신은 "성장과 고용의 두 마리 토끼를 잡는 유일한 대안"으로 인식되고 있다. 그러나 21세기 2000년 벤처붐 이후 한국의 현실은 어떠한가?

전 세계 60개국의 기업가정신을 비교 연구한 GEM(Global Entrepreneurship Monitor)에 의하면 중진국까지의 성장은 열심히 일하는 효율성이 주도하고 있지만, 선진국 진입은 혁신(Innovation)을 이끄는 기업가정신이 주도한다라고 기술하고 있다. 특히 한국의 GEM 조사결과는 전체 창업지수는 높으나 후진국형인 생계형 창업이 대다수를 차지하고 있어 기업가적 창업은 매우 낮게 나타나고 있다. 과포화 상태인 자영업은 고용비중 30% 수준으로 일류국가의 두배라는 OECD의 부끄러운 일등수준인 반면에 기업가정신의 지수는 "실패에 대한 공포"로 인하여 2000년의 1/5 이하로 추락하였다.[2]

그 사례로 기업가정신 지수는 2010년에 이르러 72.3으로 격감했고, 한국의 창업희망지수는 2000년 53.2에서 2010년 20으로 하락했다. 같은 기간 스웨덴은 창업희망자가 30%에서 45%로 증가하고 실리콘벨리와 이스라엘은 과반수가 창업을 꿈꾸는 창업의 메카로 떠오르고 있다.

---

1) William Bygrave & Andrew Zacharakis, (2011), *Enterpreneurship*, Preface Wiley.
2) 이민화, 이현숙 역, (2013), 기업가정신, 역자 서문, 동서미디어.

분명 지금 이 시점에서 우리나라는 다시 기업가정신의 부활을 위하여 초・중・고・대학생들에게 국가적인 차원에서 "기업가정신의 이론과 실제"를 가르치도록 해야 한다.

# 제2절 혁신주의 기업가정신

## 1. 자본주의 원동력은 혁신정신

자본주의 경제시스템에 대한 본격적 연구는 18세기 말 경제학의 출현과 함께 개시되었다. 아담 스미스(A. Smith)는 인간들의 개인적 이기심에 기초한 자유방임과 공리주의로 자본주의 체제를 옹호했다. 이후 세계경제는 비약적으로 성장했으나 그 와중에서 양극화와 실업, 독과점, 사회경제적 불안 심화 등 자본주의 체제의 구조적 모순들도 여과없이 노출되었다.

좀 바르트(Wernor Sombart, 1863~1941)는 자본주의를 움직이는 원동력으로 자본주의 정신에 주목했다. 자본주의 정신이야말로 자본주의 창조자이자 동시에 추진력이란 것이다.

그는 유태교의 유태정신이야말로 자본주의를 이끌어가는 정신적 기반이라고 주장했다.

슘페터가 말하는 창조적 파괴는 애플컴퓨터가 세상을 바꾼 정도의 혁신(Innovation)을 말하는 것이므로 창조적 파괴란 쉽지 않다. 따라서, 현대 자본주의 정신은 후기 자본주의 단계에 급격하게 쇠퇴하는 원인들을 파괴하고 새로운 기회를 포착하고, 이를 추구하는 새로운 조직을 만들어가는 모든 기능과 활동들을 포함한다.

자본주의 원동력은 기업가정신을 가진 기업가가 새로운 기술과 혁신에 의하여 위험을 감수하고 설립운영하는 비즈니스라고 할 수 있다.

## 2. 혁신의 진행과정 논의

21세기 글로벌시대 혁신에 대한 논의가 가장 활발한데 혁신의 진행과정에서 주목해야 할 것은 첫째, 창조적 혁신(architectural innovation), 둘째, 통상적 혁신(regular innovation), 셋째, 틈새시장 창조(niche creation), 넷째, 혁명적 혁신(revolution innovation) 등으로 구분한다.

기업가정신은 이러한 혁신을 기본바탕이 되지 않고서는 경영성과를 달성할 수 없다. 경영성과를 기본바탕으로 한 기업가정신은 자본주의 경제성장의 원동력이 되며, 정치적·사회적, 책임실현의 기본이 된다.

### 1) 창조적 혁신

창조적 혁신은 전혀 새로운 기술이다. 생산체계의 도입 혹은 신결합, 즉 새로운 산업이나 체제의 도입과 같은 혁신으로써 IT사업, 스마트폰 산업, 고부가가치 산업 등 새로운 창조적 신상품 및 새로운 산업을 그 예로 들고 있다.

### 2) 통상적 혁신

창조적 혁신에 의해 출현한 신상품 및 새로운 산업은 성장과정에서 통상적 혁신으로 이행한다. 이는 기존의 기술 및 생산체계를 한층 세련·강화함과 동시에 기존의 시장, 고객과의 연결을 유지해가는 혁신인 것이다.

이 단계의 혁신은 새로운 발명, 새로운 발견에 있는 것이 아니라 이미 존재하는 것보다 저렴하게, 그리고 양질의 제품을 생산, 판매하는 것이다.

### 3) 틈새시장 창조

틈새시장 창조는 기존의 기술과 생산체계를 결합 혹은 세련되게 함으로써 새로운 시장을 창조하거나 혹은 판매조직 강화 및 기존의 유통채널 결합 등을 통해 새로운 시장을 창출하는 혁신이다.

예를 들면, 카스테레오와 이어폰을 결합한 소니의 워크맨이나 혼다 자동차가 오토바이를 소형화해서 주부들도 타기 쉽도록 개조한 모패드의 출시, 스마트폰 등이 대표적이다.

### 4) 혁명적 혁신

혁명적 혁신은 기존의 기술 및 생산체계를 전면적으로 파괴하면서 기존의 시장, 소비자와의 연결을 한층 강화하는 식의 특징을 갖는 혁신으로 2가지 경향이 있다.

첫째로, 기존산업을 크게 활성화시키는 혁신과, 둘째로는 혁신이 발생한 산업에 커다란 영향을 미치면서 창조적 혁신단계로 이행하여 새로운 산업의 창조에까지 이르는 혁신을 말한다.

혁신의 진행과정에 따라 창조적 혁신 또는 혁명적 혁신으로, 그리고 통상적 혁신 또는 혁명적 혁신으로 발전해 간다. 통상적 혁신은 틈새시장 창조 등으로 변해가면서 창조적 혁신 등으로 변해갔다. 그러나 언제나 순조롭게 변해가는 것은 아니다.

## 3. 혁신은 기업가정신

기업가정신은 무언인가? 기업가정신은 다른 말로 기업가지향성 또는 새로 사업을 일으키는 욕구, 혁신 등으로 표기한다. 또는 기업가의 혼이라고 한다.

2002년 삼성 이건희 회장은 혁신으로 마하경영을 주장하였다. “제트기가 음속을 돌파하려면 비행기 설계뿐 아니라 엔진과 소재, 부품 등 모든 것을 다 바꿔야 할 만큼 혁신이 필요하다”고 강조하였다. 그 후 이건희 회장의 이 경영철학은 2014년 3월 20일 삼성 4대 행동강령으로 발표하는 계기가 되었다.

① 신사업발굴 · 신시장 개척
② 획기적 신상품 · 기술 개발
③ 경영 전분야 근본적 변화
④ 창의적 기업문화와 상생

등이다.

대부분의 경우 기업가정신은 기업에서 천부적 재능 혹은 천재적 영감 등 신비스런 것으로 간주하고 있으나 이런 것들은 피터 드러커가 말한데로 혁신이다.

바로 신기술의 발명, 신제품의 개발, 신시장의 창조, 신원료의 확보, 신조직의 생성 등 이러한 혁신을 가져오게 하는 원동력은 바로 기업가의 정신이다.

미국 하버드의 스티븐스(H. H. Stevenson) 교수는 기업가정신이란 기업을 설립하거나 혁신을 일으키는 정신으로 정의하며, 구체적으로 첫째, 어떤 어려움이 있다 하여도 신념의 정신(can do spirit), 둘째, 경영이념의 사업보국주의, 고객제일주의, 인재양성주의 등, 셋째, 투철한 윤리의식 등을 혁신의 기업가정신으로 내세우고 있다. 바로 이러한 혁신은 경영혁신으로 해석하며 기업가정신으로 접목시켜야 한다.

## 제3절 한국 기업가정신의 뿌리 : 상인정신

### 1. 고조선시대 상인정신

상인정신은 전업적 상인(專業的 商人)의 사상이다. 우리나라에서 전업적 상인이 처음으로 등장한 것은 사유재산제도와 시장이 어느 정도 형성된 고조선시대이므로 상인정신도 이때 형성되었다고 본다.

최초의 전업적 상인은 좌상이 아니라 행상이었다. 조병찬 교수는 「혜상공국서」(惠商公局序)에 근거하여 "시장과 시장을 두루 돌아다니면서 장사를 하는 보부상(褓負商)은 이미 고조선시대부터 존재했다"[3]고 주장하였다.

행상이 고조선시대부터 존재하였음을 강조한 것이다. 여기서 지적하는 보부상이란 취급 상품별로 특화한 상인조합적 단체개념은 아니며, 단순한 편력상인(遍歷商人)을 가리킨다.

당시 부족국가시대의 행상들의 상인정신은 지극히 공동체였다. 사유재산제도가 확립되었다고는 하나 아직 사적 이윤동기가 미약하였다. 생계를 위하여 동무서천(東貿西遷)하였다. 즉, 동쪽에서 산 것을 서쪽에 가서 판매하는 장소적 효용을 증대시키는 구실을 하였다.

그러나 그들은 결코 이윤추구에 연연하지 않고, 소금이 귀한 오지 사람들에게 소금을 공급하는 경로는 행상이 담당할 수밖에 없었지만, 폭리를 취하려 하지 아니하였다. 공동체적 의식구조가 지배적인 사회에 있어서 행상(行商)이 폭리를 취한다면, 상행위가 지속될 수 없는 것이다.

## 2. 삼국 및 통일신라시대의 상인정신

삼국 및 통일신라시대에는 아직 경영이념이 뚜렷하게 나타나지 아니하였으나 상인정신은 있었다. 상인정신은 전업적 상인이 존재하는 한 어떤 시대에 있었어도 있을 수 있는 것이다. 삼국 및 통일신라시대에는 수도에 경시(京市)가 있었고, 거기에는 전업적 또는 주부들로 구성된 반전업적 상인이 있었다. 그들은 수단과 방법을 가리지 않고 이윤을 극대화하려는 이른바 천민자본가(賤民資本家)는 아니었다. 대표적 전업상인인 시전(市廛) 상인은 감독관청의 감시하에 있었기 때문에 천민자본가가 될 수 없는 것이다.

당시 동아시아 무역의 패권을 장악하였던 장보고의 경우에 있어서도 마찬가지었다. 장보고는 정상적(政商的) 거상이요, 애국애족심이 강한 국제적 상인이었다. 그는 중국에서 노예생활을 하는 많은 신라인을 목격하고 동정한 나머지 해적에 의한 신라인 납치 방지에 노력하였다. 그리고 신라방이 있는

3) 조병찬(1992), 한국시장경제사, 동국대출판부, p. 32.

중국의 적산촌(赤山村)에 법화원(法花院)을 창건하여 거류 신라인의 구심점이 되게 하였고, 그 유지 재산으로서 연수입 500석의 토지를 소유하여 경영하였다. 그는 전근대적 상인으로서 부의 축적에 능하였지만 한편 귀족이 되려는 집념과 웅지(雄志)가 있었고, 축적한 부를 공익을 위하여 쾌척한 선구자였다.

삼국 및 통일신라시대에는 상업을 그리 천시하지 아니하였고 상인이 귀족이 될 개연성이 있었다. 장보고는 이와 같은 배경하에 거상이 되었고 최종적으로는 귀족이 되려고 하였으나 뜻을 이루지 못하였다.[4]

## 3. 고려시대의 상인정신

고려시대에는 왜구의 침탈과 반물품화폐(半物品貨幣)가 광범하게 유통되었고, 그레샴 법칙의 작용으로 악화가 양화를 구축하여 널리 유통함으로써 물가등귀를 촉진하는 현상이 일어났다. 이러한 상황에서 매점매석(買占賣惜)하거나 불량 도량형의 사용 등으로 폭리를 취하는 천민상인층이 형성되었고 고려말에는 상업을 천시하고 통제하려는 경향이 현저해졌다.

예컨대, 우왕(禑王) 7년(1381년)에는 개경에 물가폭등이 있었는데 상인들이 폭리를 취하자 최영(崔瑩) 장군은 이를 근심한 나머지 경시서(京市署)로 하여금 시중의 가격을 사정하고 세인(稅印)이 있는 것에 한하여 매매를 허가하되 세인이 없는 물품을 판매하는 자는 갈고리(鉤)로 척근(脊筋)을 꾀어 달아매어 죽이게 하고, 큰 갈고리를 경시서 앞에 걸어놓아 사람들에게 보이게 했더니 상인들은 겁을 먹고 마침내 폭리를 취하지 않게 되었다고 한다.[5]

당시 최영은 "황금을 보기를 돌 같이 하라"는 부친의 유언을 받들어 몸소 그것을 실천한 사람이다. 그는 청빈사상(淸貧思想)의 소유자로 집이 심히 누추하여도 편안하게 여겼으며, 비록 장상(將相)을 겸하여 오래 병권(兵權)

---

4) 증보문헌비고, 권163, 고려사 권113, 열전 권26, 최영조 참조.
5) 김병하(1994), 한국경영이념사, 계명대학교출판부, pp. 36~37 참조.

을 잡았으나 뇌물을 받지 않았으며, 불의(不義)를 몹시 미워하였다.[6] 이런 사람이기 때문에 시장에서 조그마한 이익을 가지고 상인들이 다투는 것을 못마땅하게 생각하였음에 틀림이 없겠지만, 어쨌든 이 시기에는 정당하지 않은 방법으로 이익을 노리는 이른바 간상배(奸商輩)가 형성되어 있었던 것만은 사실이고, 당시의 상인 중에는 막스 베버(Max Weber)가 말하는 반도덕적(反道德的) 천민자본주의 정신이 있었음을 부인할 수 없다.

그러나 고려의 상인에게서 천민자본주의 정신을 엿볼 수 있다고 하더라도 그것은 극히 좁은 범위에 국한되어 있었다고 생각된다. 타인에게 고통과 불이익을 주더라도 돈만 벌면 된다는 도덕불감증(道德不感症)은 일부 시정배(市井輩)에 국한한 것이고, 적어도 시전상인(市廛商人)에게는 더럽게 돈을 벌어서는 아니된다는 도덕성이 있었음을 엿볼 수 있다.

개경의 시전 상가에 영통(永通)·통상(通商)·광덕(廣德)·홍선(興善)·존신(存信)·행손(行遜)·효의(孝義)·자양(資養) 등의 방(榜)이 붙어 있었던[7] 것을 보면 상인의 상업정신의 일면을 알 수 있다. 이들 시전 상인의 정신에는 오늘날의 시각에서 보더라도 바람직한 도덕성이 부각되어 있다.[8]

## 4. 조선 전·후기의 상인정신

### 1) 조선전기의 상인정신

조선왕조는 점차 강력한 배불숭유(排佛崇儒) 정책으로 전환하였다. 따라서 조선시대의 상인정신은 고려시대의 그것과 이념적으로 차이가 있었다. 수신제가 치국평천하(修身齊家 治國平天下)가 사회의 지도원리(指導原理)가 되고, 학문을 함으로써 덕을 쌓고 지도자가 되는 수기치인(修己治人)이 최고의 가치로 간주되던 사회에서는 직업의 우선순위에서 선비가 첫째일 수

6) 고려사 권113, 열전 권26 최영조 참조.
7) 고려도경, 권3, 방시, 고려사, 권77, 경시서조 참조.
8) 김병하(1994), 같은 책, pp. 49~50 참조.

밖에 없지만, 상업은 비생산적이라 하여 농업보다 천시되었다. 이와 같은 환경에서 상인들은 자구노력(自救努力)을 하게 되었고 이 시기의 상인정신이 형성되었다.

이 시기의 상인 중에서 협동심을 가장 잘 발휘한 것은 보부상(褓負商)이었다. 사회적으로 천시당하고 존립조건(存立條件)이 불리한 상황에서 행상을 한다는 것은 쉬운 일이 아니었지만, 그들은 상인조합인 보부상단(褓負商團)을 조직하여 역경을 극복하였다. 특히 장시망(場市網)이 전국적으로 조직된 15세기~16세기 이후 보부상의 행동반경이 넓어짐에 따라 조직적 협동이 한층 더 필요하게 되었다.

장거리 편력(遍歷)에 있어서는 상품과 자본의 조달과 약탈방지, 부상자 치료와 사망시의 장례 등에 있어서 상호부조가 꼭 필요하였는데, 그들은 상호부조를 철칙으로 알고 몸소 그것을 실천하였다. 동료간에는 우애가 있어서 어려운 일이 발생하면 친형제처럼 돌보아 주었다. 환자가 발생하면 약을 구해 주고 간호해 주었고, 사망자는 정성껏 장례를 지내 주었다. 자본이 부족한 동료에게는 자본을 빌려 주었고, 상하서열을 엄격히 지키면서 굳게 뭉쳤다. 그들은 신의가 돈독했으며, 물건을 속여 판다든지 지나치게 폭리를 취하는 상인의 비리에 대해서는 강력한 제재를 가하였다.[9)]

이 시기에 보부상을 포함한 전국의 시장을 주름잡고 있던 상인층은 개성상인이었다. 개성인 중에는 고려시대부터 상업에 종사한 사람이 많았지만, 조선시대에는 이씨 정권에 반대하는 개성인의 기질 때문에 사대부 출신이라 할지라도 벼슬살이를 꺼려하여 상업에 종사하는 바람에 개성상인수가 급증하였고, 그들은 축적된 지식과 천부적 근면으로 전국의 시장을 주름잡을 수 있었다.

개성상인은 신용을 생명처럼 존중하고 근검절약하기로 유명하였다. 그들은 시장적 기회의 포착과 창의성 발휘에 있어서 타의추종을 불허할 정도였다. 그리고 그들의 행동은 매우 합리적이었다.

개성상인이 세계 최초 복식부기를 발명하여 경영에 활용할 수 있었던 것

---

9) 김병하(1994), 같은 책, p. 64 참조.

은 창의력과 합리적 행동을 반영한 것이다. 그들이 거래의 양면성(兩面性)을 발견하고 송도사개치부법(松都四介治簿法)으로 발전시켜 경영에 이용하였다는 것은 창의적 합리적 정신을 웅변으로 말하고 있는 것이며, 이와 같은 정신이 그 이후에 미친 영향은 매우 컸던 것이다.[10]

### 2) 조선후기의 상인정신

조선후기의 상업의 발달은 상업사상에 반영되었다. 조선전기에 형성된 보부상단은 조선후기에 있어서 그 규모가 확대되었고, 정치적 유대관계가 더욱 공고해졌다. 상업이 발달하여 경쟁이 심해짐에 따라 상권(商圈) 확대와 전매특권의 유지를 위하여 공동으로 투쟁하지 않으면 아니되었으므로 동료간에 있어서의 협동심은 한층 강화되었다.

그들은 연장자(年長者)를 존경하였고, 장유유서적(長幼有序的) 위계질서에 따라 단결하고 협동하였다. 그들은 개인의 이익보다도 단체의 이익이 우선한다고 생각하였다. 비록 사회적으로 천대받는 상인에 종사한다고 할지라도 유교적 가치경영 실천에 중점을 두었다. 동료를 우애로써 구제하였고, 나라에 충성을 다하였으며, 신용(信用)을 철칙으로 삼았다.

의리와 신용은 개성 출신 보부상에게서 더욱 뚜렷하게 찾아볼 수 있다. 개성 깍쟁이란 말이 있듯이 개성상인은 계산적이고 합리적으로 상거래를 하여 인색하다는 말을 듣기는 했으나, 한편 신용을 잘 지켰으며, 인간관계에 있어서는 의리가 있었다.

특히 개성상인의 정신에 금상첨화가 되는 것이 합리성과 창의성을 조선전기보다 조선후기에 한층 뚜렷하게 나타났다. 이것은 상업의 발달에 따라 나타난 것이지만, 한편 그들의 축적한 학식과도 깊은 관계가 있다. 개성사람들의 반이씨정권적(反李氏政權的) 의식에 기인하는 상업을 천직으로 아는 사상과 고려조부터 내려오는 학문숭상 정신이 결부되어 합리성과 창의성이 제고되었다고 생각된다.

---

10) 김병하(1994), 같은 책, p. 65 참조.

개성상인의 상인정신에는 합리적 창의적 행동의 극치를 우리는 사개치부법(四介治簿法)에서 찾아볼 수 있다. 서양보다 먼저 우리나라에서 발명된 복식부기법은 조선후기에 한층 더 보급되었는데, 이와 같은 합리적 창의적 정신은 안삼재배와 홍삼(紅蔘) 제조에 있어서도 잘 나타나 있다. 양질의 인삼을 홍삼으로 가공하고 품질관리를 잘하여 산삼(山蔘)시대에 누렸던 고려인삼의 성가(聲價)를 유지하면서 해외시장 개척에 성공할 수 있었던 것은 개성상인의 합리성과 창의성의 소산이라고 말하지 않을 수 없다.[11]

## 제4절 개항기의 상인정신

### 1. 보부상의 상인정신

개항기의 보부상은 두 가지 성격의 행상으로 구성되어 있었는데, 자본축적에 성공한 보부상은 조선후기에 비하면 이윤동기에 의하여 활동하는 성향이 한층 더 커서 시장성이 있다고 판단되면 외제 약품이나 우산 같은 것도 과감하게 취급하여 부를 축적하였고, 만년 소상인(小商人)으로서의 보부상은 길드의 전통적 집단생활에 만족하였다.

그러나 일반적으로 보면 개항기의 보부상은 자본축적의 성공여하를 막론하고 근면하였으며, 신의(信義)정신을 가졌고, 애국심이 매우 강하였다. 보부상의 애국주의 정신도 엿볼 수 있다. 비록 일확천금의 기회가 있을지라도 폭리를 취하지 아니하였으며, 적정가격으로 실수요자에게 상품을 공급하는 상인정신을 지녔다.

그들의 행동양식은 개인적이 아니라 집단적이었다. 그들은 계(契) 또는 사(社) 등의 호칭을 가진 상인단체에 가입하지 않으면 상행위를 할 수 없을

11) 김병하(1994), 같은 책, p. 95~97 참조.

정도로 공동체 지향적이었다. 그들은 보부상 단체에 가입함으로써 상호부조의 정신을 실현할 수 있었을 뿐만 아니라 상권을 수호할 수 있었다. 특히 갑오개혁 이후의 길드적 특권의 해체로 생계를 잃고 의지할 곳이 없게 되자 보부상단을 조직하여 상호부조하고 난관을 극복하려고 하였다.

개항기에는 민족주의 의식이 한층 더 현저하였다. 정권과 유착하여 특권을 누리려고 한 점에 있어서는 차이가 없었지만 개항기에 있어서는 민족의식이 한층 고조되어 외국 상인과의 상권투쟁이 치열했을 뿐만 아니라 투철한 호국봉공(護國奉公) 정신으로 상행위를 하였다. 즉, 국왕을 위해서 보다도 나라를 지키고(衛國) 나라에 충성하려는 마음에서 상거래를 하였다는 것이다.[12)]

## 2. 좌상의 상인정신

개항기의 좌상(坐商)에는 두 가지 유형이 있었다. 하나는 전통적으로 취급해 온 상품을 전통적 경영방법에 의하여 경영하는 전통적 좌상이고, 다른 하나는 새로운 상품을 독립적으로 취급하거나 외국자본에 예속된 매판적(買辦的) 좌상이다.

전통적 좌상은 보수적 성격이 강하였기 때문에 신흥 상인과의 경쟁에서 도태되는 경우가 많았지만, 도시의 요지에 자리를 잡은 좌상 중에는 성공한 사례도 있었다. 그들은 새로운 상품과 크게 경합이 되지 않는 전통적 상품을 취급함으로써 소비자의 구매관습을 지속적으로 유지할 수 있었다.

경쟁에서 성공한 전통적 좌상은 대체로 시대조류에 민감하게 대응하였다. 고객에 대한 서비스를 개선하고, 포목상(布木商)이 무명・베・모시 등 전통적 상품 이외에 광목(廣木)이나 옥양목(玉洋木)과 같은 새로운 공장제 상품을 취급하는 경우와 같이 취급상품을 다양화함으로써 판매량을 늘렸다.[13)]

12) 김병하(1994), 같은 책, pp. 208~209 참조.
13) 김병하(1994), 같은 책, pp. 210~211 참조.

### 사례 1 : 종로 시전계

서울 종로의 시전계(市廛系) 좌상에서 찾아 볼 수 있다. 육의전 산하의 길드가 갑오개혁 이후 해체됨에 따라 외국상인 및 신흥상인과의 경쟁이 한층 치열해지지 아니할 수 없었다. 특히 진고개 일대의 일본인 상업권(商業圈)과 소공동(小公洞)을 중심으로 한 중국인 상업권으로 고객을 빼앗기는 운명에 처해 있었지만, 옛 육의전에 속했던 상인 중에는 중산층 한인촌인 북촌(北村)의 고정적 고객을 중심으로 판매를 신장시키면서 꾸준히 자본을 축적하는 사람들이 있었다.

이 시기의 종로의 전통적 좌상들은 대체로 품질과 수량을 속이지 아니하였고, 폭리를 취하려 하지도 아니하였다. 그들은 큰 돈을 못번다 하더라도 상도덕을 지켜야 한다고 생각하였고, 친절로서 고객에게 봉사하려는 정신이 있었다.

### 사례 2 : 백윤수

전통적 좌상 중에는 백윤수(白潤洙)의 경우와 같이 크게 성공하여 대기업가가 된 사례도 있다. 그는 종로에서 입전(立廛)을 경영하다가 성공하여 1916년에는 대창무역주식회사(大昌貿易株式會社)를 설립하였고, 1935년에는 태창직물공업주식회사(泰昌織物工業株式會社)를 설립하였다. 그가 이와 같이 성공한 이면에는 육의전의 후신(後身) 상인으로서 전통적 좌상의 장점을 살리면서 근대적 기업가로서의 혁신성을 발휘하였기 때문이다.

## 3. 객주의 상인정신

개항기에는 경영에 성공하여 거부가 된 객주가 출현하였는데, 그들의 경영정신은 무엇이었을까? 경강(京江) 객주 김재순의 경우와 같이 쌀이 품귀해졌을 때 매점매석해서라도 부(富)만 축적하면 그만이라는 이념으로 경영하는 객주도 있었지만 상품유통을 보조한다는 사명감을 가지고 묵묵히 소상인(小商人)이나 소생산자에게 편의를 제공하는 객주가 적지 아니하였다. 객주란 말이 객상주인(客商主人)의 약칭이고, 객주, 즉 행상지주인(行商之主人) 말하자면 객주와 행상은 등식관계가 이루어질 정도로 객주와 타지(他地) 상인과는 밀접한 관계가 있었으므로 그들 상호간의 정의는 돈독할 수밖에 없었다. 행상, 즉 보부상은 비교적 자본이 빈약하고 그 중에는 의지할 데 없는 사람들이 많았으나, 객주는 그들을 친형제처럼 맞이하여 침식을 제공하고, 병에 걸렸을 경우에는 치료해 주었다.

특히 객주의 상인정신은 신용을 잘 지켰으며, 불의(不義)의 이익보다는 의(義)를 숭상하였다. 객주와 보부상의 유대관계는 객주업의 흥망과 관계가 있으므로 보부상을 소홀히 다룰 수 없었겠지만, 그들은 무엇보다도 신의정신을 철칙으로 생각하였다. 고객이 객주를 믿고 상품을 맡기지 않으면 위탁판매업이 존속될 수 없다는 것을 그들은 잘 알고 있었기 때문에 특히 신의를 중시했던 것이다.

요컨대, 객주 본래 업무는 타인의 물품을 위탁판매하여 구문을 취득하는 것이지만 객주와 고객 사이의 신용은 고래로부터 지극히 확실하게 행해졌다. 객주는 고객의 위탁에 대해서 철저하게 책임을 졌기 때문에 분쟁이 일어나는 일은 극히 적었던 것이다.[14)]

## 제5절 개항기 근대기업가의 경영이념

소수이기는 하지만 개항기에는 여러 계층에서 혁신적 기업가가 탄생하였다. 그 중에는 자수성가형 기업가도 있고, 지주형・관료형(官僚型)・선비형 등 여러 유형의 기업가가 있다. 특히 관료형 기업가와 자수성가형 기업가가 많은 것은 이 시기의 하나의 특징이다.

관료형 기업기 중에는 수뢰(受賂)와 가렴주구 등 부당한 방법으로 부를

14) 김병하(1994), 같은 책, pp. 211~212 참조.

축적해서 대지주가 되는 탐관오리형(貪官汚吏型)과 자수성가적 관료형 기업가, 그리고 식산흥업(殖産興業)을 지향하여 이윤추구의 극대화보다는 민족경제의 발전에 투자의 우선순위를 두는 진취적 기업가도 있었다.

그들은 나름대로의 기업가정신을 가지고 기업을 경영하였지만, 이 시기의 기업가정신에 관한 연구는 자료부족으로 한계에 부딪칠 수박에 없다. 개항기에는 사회적으로 상업을 천시하는 풍조가 남아 있었기 때문에 익명(匿名)으로 투자하는 경우가 흔히 있었고, 또 크게 성공한 기업가가 거의 없었기 때문에 남아 있는 기업가정신 자료는 영세함을 면치 못하는 것이다. 그리하여 여기서는 경영이념면에서 대표적 기업가라고 생각되는 이용익(李容翊)과 박기종(朴琪淙)의 경영이념에 대해서 보기로 한다.15)

## 1. 자수성가형 기업가 "이용익"의 경영이념

### 1) 생애

이용익은 광업경영에 성공한 뒤 정계에 진출하여 활약한 자수성가형 기업가이며, 정치가이다. 그는 1854년(철종5년) 함북 명천(明川)의 상민(常民) 가정에서 태어나서 광업경영에 성공하였고, 그 뒤 고종의 총애를 받아서 내장원경(內藏院卿)·탁지부대신(度支部大臣)·군부대신(軍部大臣)·단천부사(端川府使)·전환국장(典圜局長), 헌병사령관·제실회계국장(帝室會計局長) 등을 역임한 입지전적 인물이다.16)

### 2) 광산경영

그는 미천한 가문에서 출생하였으나 기업가적 능력이 있는 사람이었다. 그는 서당에서 한학을 배우는 것보다 광산을 경영하여 치부하는 것이 출세

15) 김병하(1994), 같은 책, pp. 213~214 참조.
16) 김병하(1994), 같은 책, pp. 214~215 참조.

의 첩경이라고 생각하여 광산을 경영하였다. 당시에 있어서 금광개발은 세입의 증대와 외화의 가득을 위하여 매우 시급한 문제였는데, 정부는 수수방관하였을 뿐만 아니라 광권을 외국인에게 양여하였다. 이용익은 이와 같은 여건에서 금광에 손을 대었다. 근대교육은 말할 것도 없고 한학도 체계적으로 배우지 못한 그가 금광개발의 필요성을 재빠르게 체득하여 경영에 성공하였던 것이다.

### 3) 경영이념

이용익은 금광경영에서 얻은 부를 상업자본 내지 산업자본화하여 우리나라 제일의 대기업가가 되려고 하지 아니하였다.

돈을 버는 것은 수단이지 목적이 아니라고 생각하였기 때문이다. 그가 치부한 궁극적 목적은 입신양명하여 국가와 사회에 기여하는 데 있었다. 만금(萬金)은 정력적으로 일을 시작하면 가히 얻을 수 있지만, 대관(大官)이 되어 천하에 이름을 떨치는 것은 쉽지 않다고 생각하였다. 대관이 되려면 실력이 있어야 하지만, 무엇보다도 길이 열리지 않으면 아니된다고 생각하였다. 그리하여 채굴한 금을 고종에게 받치게 되었고, 새로운 금강채굴권까지 얻게 되었다. 그는 새로운 금광산에서도 다량의 금을 채굴하여 10만의 금을 헌상하였으며 고종이 그에게 벼슬을 내렸다.

## 2. 자수성가형 기업가 "박기종"의 경영이념

### 1) 생애

이용익과 더불어 투철한 경영이념을 가진 또 하나의 기업가로 박기종(朴琪淙)을 들 수 있다. 박기종은 개항기에 활약한 자수성가적 창업가형 기업가임과 동시에 관인이며, 철도사업의 선구자이다. 그는 1839년(헌종 5년) 부산포 왜관에 가까운 빈가(貧家)에서 태어났다. 그는 정규 교육기관에 취학하지 못하였으나 어려서부터 대일무역에 종사하는 상인들과 접촉하면서 일본어와 경영기법을 배워서 어장경영(漁場經營)에 성공하였다. 그리고 일본어에 능하였기 때문에 1876년 김기수(金綺秀)를 정사(正使)로 한 일본수신사(日本修信使)의 통사(역관)가 되어 일본의 문물을 시찰하는 기회를 가졌고, 1880년에는 일본수신사 김홍집(金弘集)의 통사(通事)가 되어 도일, 그동안 발전한 일본의 문물을 시찰하였다.

박기종은 귀국한 뒤에 경희궁위장(慶熙宮尉長), 부산판찰관(釜山判察官), 다대포첨사겸부산항사검관(多大浦僉使兼釜山港査檢官), 부산경무관겸절영도첨사(釜山警務官兼絶影島僉使), 외부참서관(外部參書官), 중추원의관(中樞院議官), 무임소판리공사(無任所辦理公使)를 역임하였다. 특히 부산경무관 재임시에는 부산에 개성학교(開成學校)를 설립하였는데, 이것은 부산상업학교의 전신이 되었다. 그는 경남 각지에 일어학교(日語學校)를 세웠고, 부산에 상무소(常務所)를 설치하여 객주(客主)와 거간(居間) 등을 조직화하여 계몽에 노력하였다.17)

### 2) 철도사업

그가 혼신의 노력을 기울인 것은 철도사업이었다. 그는 부하철도회사(釜下鐵道會社)를 1898년에 설립하여 부산에서 하단(下端)까지(약 6킬로 미터)의 철도부설을 허가 받았고, 그 뒤에 대한철도회사(大韓鐵道會社)와 영호지선철도회사(嶺湖支線鐵道會社)의 설립에 참가하여 자주적 철도체계의 확립에 노력하였으나 자금부족과 일본의 방해로 뜻을 이루지 못하였다.

### 3) 경영이념

그는 기업가로서 지속적인 자본축적에 크게 성공하지는 못하였으나 투철한 경영이념을 가지고 사회적 책임을 다하려고 노력한 사람이다. 즉, 기업

17) 김병하(1994), 같은 책, pp. 216~217 참조.

가로서 이윤추구는 당연한 것이지만, 일신의 안락을 위한 것은 아니며, 국가와 사회에 봉사해야 한다는 신념이 있었다. 그러기 때문에 개성학교를 설립하여 인재양성과 경영교육에 힘썼고, 국가를 부강케 하는 것은 상무(常務)가 제일이요, 상무를 홍황(興旺)케 함은 철도가 제일이라 하여, 상업교육과 더불어 철도부설에 물심양면으로 노력하였던 것이다.

## 참고문헌

1. 김병화(1994), 한국경영이념사, 계명대 출판부.
2. 김성수(2002), 성공한 창업가의 기업가정신, 도서출판 삼영사.
3. 이민화 · 이현숙 역(2013), 기업가정신, 동서미디어.
4. 조병찬(1992), 한국시장경제사, 동국대출판부.
5. 중보문헌비고, 고려사 권 163, 열전권 26, 최영조 참조.
6. 고려도경, 권3, 방시, 고려사, 권77, 경시서조 참조.
7. William Bygrave & Andrew Zacharakis(2011), Entrepreneurship, Preface wiley.

# 제2장
# 기업가란 무엇인가?

# 제2장 기업가란 무엇인가?

## 제1절 기업가의 개념

### 1. 기업가 정의

기업가(Entrepreneur)란 기업을 지배・운영하는 경영자를 말한다. 즉, 기업에 대하여 스스로 출자하고 경영을 담당하는 자를 의미하며, 출자자인 동시에 경영자로 규정한다. 경영학적 의미로 소유와 경영이 일치하는 경영자형 기업가로 불리운다. 학자에 따라서는 기업가형 경영자 또는 창업자로 규정하기도 하지만 일정한 개념은 없다.

기업가란 프랑스 사상가인 깡티온(Richard Cantillon)이 최초로 사용했다(1680~1734). 그는 기업가를 "모든 위험을 스스로가 부담하며, 물품의 생산, 유통, 교환 등을 자기책임하에서 취급하는 자"로 정의했다. 그 후 고전학파 경제학자인 프랑스의 존 바트 세이(J. B. Say, 1767~1832)에 의해 학문화되었다. 세이는 기업가를 노동, 자본, 토지 등 생산수단의 소유자로서, 우수한 판단력, 불굴의 정신, 탁월한 계산력 등의 특수한 성격과 능력의 소유자로 평가했다.

기업은 영리경제의 단위이고 개별자본이다. 따라서 그 주체인 기업가는 영리활동의 주체이고, 또한 자본의 소유자인 자본가이다. 구체적으로 그것은 개인기업의 경우에 전형적으로 나타나고 있다. 벤처(Venture)창업자가 그 대표적이다. 그러나 기업의 규모가 확대되고 자본주의의 시장경제가 진전됨에 따라서 주식회사도 아울러 발달하여 복잡해지는 양상을 보이고 있다. 여기에서는 개인기업의 경우와 같이 자본의 소유와 경영활동의 주체가 한 개인에 결부되는 것이다. 따라서 21세기 글로벌시대 기업가는 기업의 이익을 위하여 새롭고 이질적인 것 또는 변혁을 일으키고 새로운 가치를 창조하는 경영의 천재가 되어야 한다. 기업가는 기업을 경영하는 데 망하기도 하고 성장하기도 하지만 보편적으로 인적자원과 물적자원, 그리고 국내외적 경제환경 변화에 대응하는 전략적 요소를 창조해 내어 기업의 이익을 창출하는 경영의 예술가가 되어야 한다고 규정한다.

### 1) 기업가는 CEO

미국에서는 글로벌시대 최고경영자, 즉 CEO(Chief Executive Officer)의 개념을 기업가로 규정하였다. 그리고 기업가는 주식회사 그 자체라는 견해이다. 기업가는 기업을 지배·운영하는 기능적 측면이 본질적으로 중요한 것이며, 기업을 지배하는 능력과 경영하는 능력을 동시에 가지고 있는 창조적 리더십을 가진 경영자를 기업가로 정의하고 있다.

### 2) 기능자본가의 기업가

자본가로서의 일반주주와 기업을 실제로 지배·운영하고 있는 기능자본가의 기업가와 주주 가운데에는 기업을 지배·운영하고 있지 않는 무기능자본가의 기업가가 있다. 기업가는 기능자본가로서의 주주인 것이다. 이 단계에 있어서는 기업가를 단순히 자본가로서 규정하는 것보다는 기능자본가라고 엄밀하게 규정할 필요가 있다.

중역기업가론은 중역이 대주주인 경우에는 기업가를 기능자본가로 보는 규정과 동일한 것이다. 중역에는 자본가인 중역도 있겠지만 자본가가 아닌 중역도 있다. 주식회사가 발전하고 자본주의가 발전·심화되어 자본의 소유와 경영의 분리 경향이 전개되면 될수록 자본가 아닌 경영자가 기업활동의 주체로서 중요한 역할을 하게 된다.

이제 기업가를 기능자본가로 규정하게 되면 자본가가 아닌 중역은 기능자본가에 고용되어 있는 이른바 고용중역(employed director) 또는 고용경영자(salaried manager)로서의 기업가로 불리우고 있다. 그렇다면 주식이 광범위하게 분산되고 소유와 경영의 분리가 진전되어 그 주식회사를 지배·운영할 수 있을 만한 주주가 있을 수 없게 되고 자본가가 아닌 경영자가 기업을 지배·운영하고 있는 이른바 경영자지배가 생기는 경우, 기업가는 누가 될 것인가, 여기에서 기능자본가의 기업가도 존재 유무가 문제가 되고 있을 것이다. 따라서 여기에서 기업을 운영·지배하는 기능적 측면이 결정적으로 중요하게 된다. 기업을 지배·운영하는 기능을 수행하는 것이, 즉 기업가인 것이다. 그것은 개별자본이 기업의 소유자이든 아니든 상관이 없게 된다. 이것이 기업가의 개념규정의 제2단계인 것이다. 여기에서 경영자(manager)의 개념이 형성된다.

## 2. 슘페터의 기업가 정의

슘페터(Joseph A. Schumpeter, 1883~1950)는 창조적 파괴(creative destruction) 과정에서 리더로서의 공헌자를 기업가로 정의하였다. 그는 새로운 혁신자로서 기업가를 ① 신제품의 발명 또는 개발, ② 신생산방법의 도입이나 신기술의 개발, ③ 신시장의 개척, ④ 신원료나 부품의 새로운 공급자, ⑤ 신산업에서 새로운 조직의 형성 등을 이루는 새로운 혁신자를 기업가로 정의하고 있다.

이 새로운 결합이 이루어지는 공간을 기업이라고 부르며, 이를 수행하는 기능보유자를 기업가라고 지적하고 있다. 교환경제하에서 기업가란 독립적인 기업을 경영하는 자는 물론 종속적인 종업원들까지도 모두 포함시키고 있다. 그러나 기업이윤에 참여하고자 위험을 감수하는 자본가들이나 주식보유자는 포함시키지 않았다.

슘페터는 경제학자들 중 유일하게 기업가 활동에 주목했다. 그는 기업가의 역할에 대하여 다음과 같이 규정하면서, 기업가는 발명을 창출하도록 유도하며, 새로운 기술의 개발, 새로운 생산방식으로 신상품을 계속 생산하는 경영자, 원자재의 신규공급처의 확보, 산업의 새로운 조직의 형성 등으로 경영을 합리화하는 경영자를 기업가라고 정의하였다. 노동자가 생산한 가치를 임금이라고 하듯이, 생산에 공헌한 가치를 기업이윤으로 창출시키는 경영자를 기업가라고 한다.

## 3. 드럭커의 기업가 정의

드럭커(Peter F. Drucker, 1909~2005)는 자신의 저서 『혁신과 기업가정신』(*Innovation and Entrepreneurship*, 1985)에서 기업가는 새롭고 이질적인 것, 유용한 가치를 창조해내고 있는 경영자라고 규정하였다. 기업가는 변혁을 일으키고 새로운 가치를 창조하지 않으면 안된다. 따라서 기업가는 언제, 어디서든지 변화를 탐구하고 변화에 대응하며, 도전하고 또한 변화를 기회로써 이용하여 성과를 시현하는 경영자로 정의하였다.

그는 기업가의 역활이란 이윤의 극대화보다는 기회의 극대화이며, 실천하는 사명이다. 기업가정신은 과학이 아니며, 그렇다고 예술도 아니며, 그것은 실천이다. 따라서 기업가정신을 살려야 한다.

기업가정신은 종합적인 경영의 실천이다. 기업가정신이 없는 기업은 망한다. 기업가정신이 살아있을 때 종합적인 경영성과도 나타난다. 기업가정신의 실천 속에 이익도 생성되고, 사회적 책임도 갖게되고 노사의 화합도 갖게되며, 기업의 성장도 이루게 된다. 현대의 기업가정신이란 전문경영자의 능력을 갖고 있는 총체적 리더의 기준이다라고 규정한다.

자본이나 경영을 구별하지 않고 주주의 이익창출의 대변자로서 기업의 경영활동을 최대화하는 혁신적 인물을 기업가로 정의해도 무방하다는 것이다.

## 4. 론스타트의 기업가 정의

벤처 비즈니스의 연구로 유명한 미국의 뱁슨대학(Babson College)의

론스타드(Ronstadt) 교수는 그의 저서 『기업가정신』에서 "기업가정신이란 빨간 신호등 앞에서도 때로는 이를 무시 돌진하는 것과 같다고 하였다. 기업가정신은 스스로 사업을 일으키는 것, 그리고 이를 자기 인생에서 가장 즐거운 일로 여기는 것이다"라고 정의하고 있다.

기업가는 자본출자자이던 경영능력의 소유자이던 스스로 사업을 일으켜 경영을 최대로 하는 사람이다. 그리고 사업을 자기 인생의 전부로 알고, 자기 인생에서 즐거운 일로 행동하는 전문적 사업가를 총칭하고 있다. 때로는 저돌적이며, 때로는 심오하게 생각하고, 손익과 관계없이, 바른 경영을 하는 자를 기업가라 칭한다. 적자가 날 때도 있고, 흑자가 날 때도 있으며, 망할 때도 있고 흥할 때도 있는 사업가 그러나 혼을 다하여 기업을 경영하는 자를 기업가로 규정한다.

## 5. 칼 베스퍼의 기업가 정의

기업가의 본질에 대하여 연구한 미국 워싱턴대 경영학교수 칼 베스퍼(Karl Vesper) 박사는 "기업가란 다른 사람이 발견하지 못한 기회를 찾아내는 인간, 또는 사회의 상식이나 권위에 사로잡히지 않고 새로운 사업을 추진할 수 있는 인간"이라고 하였다. 그러나 가장 중요한 것은 기업가정신이 행복을 추구하는 정신이라는 점이다. 어떻게 살 것인가, 무엇을 행복으로 여길 것인가와 같은 점들을 진정으로 이해하고 있는 인간이야 말로 기업가라고 쉽게 정의하고 있다.

어떻게 기업을 경영할 것인가, 어떻게 기업이윤을 창출할 것인가, 어떻게 사회적 책임을 다할 것인가, 어떻게 종업원의 인간적 만족을 충족시킬 수 있을까 등 이런 것들을 해결하는 해결사가 기업가이다. 즉, 무엇을 행복으로 여길 것인가를 푸는 사람이 기업가이다. 그는 실패해도 박수를 쳐줘라고 권고하고 있다.

## 6. 미국 기업가협회의 기업가 신조

미국의 기업가협회는 1986년 기업가신조를 발표하였는데, 그 신조는 우리에게 성공적인 기업가의 모델을 보여주고 있다. 그 내용을 순서대로 기술해 보면 다음과 같다.

① 나는 평범한 사람이 되는 것을 거부한다.
② 나의 능력에 따라 비범한 사람이 되는 것은 나의 권리이다.
③ 나는 안정보다는 기회를 택한다.
④ 나는 계산된 위험을 단행할 것이고 꿈꾸는 것을 실천하고 건설하며, 또 실패하고 성공하기를 원하다.
⑤ 나는 보장된 삶보다는 삶에 대한 도전을 선택한다.
⑥ 나는 유토피아의 생기 없는 고요함이 아니라 성취의 전율을 원한다.
⑦ 나는 어떠한 권력자 앞에서도 굴복하지 않을 것이며, 어떠한 위협 앞에서도 굽히지 않을 것이다. 자랑스럽고, 두려움없이 꿋꿋하게 몸을 세우고 서는 것, 스스로 생각하고 행동하는 것, 내가 창조한 것의 결과를 만끽하는 것, 그리고 세계를 향해 '하느님의 도움'으로 내가 이 일을 달성한다.
⑧ "이것이 기업가가 된다는 의미이다"라고 힘차게 말할 수 있는 것이 바로 하느님이 내게 주신 자랑스런 유산이다.

이상과 같이 미국의 기업가협회의 기업가신조의 선언은 도전정신, 신념의 정신, 협동정신, 인간제일주의 정신, 능력주의 정신, 성취 정신 등이 포함된 기업가의 정의라고 볼 수 있다.

# 제2절 현대기업가의 특징

## 1. 모험사업가 : 돈키호테식 기인

기업가의 특질은 새로운 아이디어와 시대를 앞서가는 비전을 가지고 있다는 점과 모험심이 강하다 하여 돈키호테식 기인이라고 불렀다. 즉, 기업가란 현재의 질서와 상태에 만족하지 않고 끊임없이 변혁하고자 노력하는 사람을 말하며, 특히 미국의 문인 마크 트웨인(Mark Twain)은 그들을 '미친 사람'(crazy man)으로 불렀다.

이 모험사업가의 개념은 17세기 이후 더욱 부각되어, 기업가와 자본가를 동일어로 간주했던 당시의 경제학자들은 대부분 이익이란 모험을 감수한 대가라고 생각했다. 그러나 19세기에는 소유경영자, 자수성가형 사업가 등의 개념이 기업가와 동일시 되었으며, 또 자영사업, 즉 남의 간섭을 받지 않고 '스스로 다 해내는' 사업추진가(undertaker)개념이 지배적이었다.

## 2. 청부업자 : 큰일을 맡아 하는 시공업자

기업가를 불어로는 '앙트르프르뇌르'(entrepreneur)라고 하며, 이것은 중간사업자(between taker or go between)라고 번역된다. 즉, 이것은 정부공사나 성당, 교회 건축공사 등 큰 일을 맡아하는 청부업자의 개념을 갖는다.

영국에서는 기업가를 '시공업자'(projector) 또는 '담당업자' 개념으로 해석해 왔고, 나중에는 '사업 추진가'의 개념으로 다루기 시작했다. 그러나 명칭만 바뀌었을 뿐 시공업자나 사업 추진가는 유사한 개념이다. 즉, 여기서 기업가란 '열심히 일하는 사람'으로, 행동가 및 전쟁에서의 전사와도 같은 실천가(warlike actor) 또는 생사를 걸고서 열심히 일하고 책임지며 성공을 이루어내는 사람이다.

## 3. 소유경영자 : 창업적 기업가

독일에서는 기업가를 'Unternehmer'(소유경영자)라고 불렀다. 이것은 기업가와 경영자를 일종의 동의어로 다룬 고전적 기업가의 개념으로서, 경제학자나 사업가에게는 적절한 용어였다. 독일에서는 이 점에 대해 첫째, 자영사업의 특징을 가지고 있고, 둘째, 소유와 경영은 구별되는 개념이 아니라 둘 다 잘하는 사람이 기업가이며, 셋째, 자본가는 소유경영자와 다르므로 기업가 이윤과 자본가 이윤은 명확한 차이가 있다고 보았다.

고전적 기업가 개념의 핵심은 창업적 기업가 개념이다. 그리고 이것은 과업지향적 기업제일주의의 기업가정신이 투철하며 기업의 성공을 위해서는 생사를 걸고 매진하는 열정적인 실천가(actor), 즉 '개척자정신이 기업가정신'임을 믿고 용기있는 일을 가능케 실천하는 사업가의 개념을 중시하고 있다.

## 4. 전문경영자 : 혁신적 변화의 주역

19세기 말, 산업혁명의 영향으로 인해 철과 석탄을 사용한 자원의 개발과 기계 및 기술의 발달에 따라 생산성이 급성장했고, 새로운 상품과 제작에 공헌하는 발명가 기업가 및 기술자기업가(craftsman entrepreneur)가 주도하는 산업사회의 혁신적인 변화의 주역으로 산업 전반에서 일어났다.

이 신고전적 기업가 개념에는 기업가란 창업도 잘해야 하지만 기업의 지속적인 성장을 위해서는 전문경영자를 수용해야 한다는 새로운 개념이 부가되었다. 이 시대의 경제발전을 주도한 기업가는 신고전적 개념의 기술자기업가들이었으며, 그 대표적 예가 미국의 헨리 포드이다.

## 5. 독창적 창업기업가 : 기업가정신의 소유자

고전적 기업가 개념이 자수성가형 소유경영자 개념이라면, 신고전적 기업가의 본질은 새로운 상품을 제작해 시장에 내놓는 생산자의 기능 그리고 발명가로서의 기능을 수행하면서 창업과 기업경영을 이끌어나가는 독창적 창업기업가의 개념을 갖는다. 즉, 기업가정신의 소유자이다.

신고전적 기업가 개념의 특징은 시대의 변화에 적응하는 기업가정신의 변천을 요구하게 되었다는 것인데, 그 중에서도 가장 뚜렷한 변화는 혁신의 지속성과 다양성, 전문경영인의 등장으로 인한 기업가와 전문경영인의 협동, 그리고 기업가가 기업의 경영이 창업만큼 어렵다는 것을 알게 되었다는 점 등이다.

신고전적 개념 시대의 창업은 동업자의 규모와 기업의 발전면에서 고전적 개념과 다르며, 규모의 경제와 최대 이익을 추구하는 활동이 그 주축을 이루고 있다. 여기서 한 가지 짚고 넘어가야 할 점은 창업기업가들의 과업지향적 리더십과 기업가정신은 동일시되며, 이러한 정신이 기업가 자신들에게 뿌리깊게 심어져 있다는 사실이다.

## 6. 종합예술의 기업가 : 융합의 이익 창출

현대 기업가 개념에서는 기업가에게 '전사와도 같은 실천가'의 개념을 결부시켰는데, 현대적 개념의 도전적인 모험과 과감한 추진력 면에서 이 행동가적인 특질은 종합예술가적 사상이다. 굳이 좀더 분석해 보자면 기술자기업가는 성취욕이 높고 일에 대한 열정이 강한 것이 특징이다. 즉, 내재적 동기(intrinsic motive)가 외재적 동기(extrinsic motive)보다 더 강하며, 또한 과업성취에서 물질적 보상을 2차적 요인으로 본다. 따라서 이것은 자기 자신과의 싸움이 더 중요한 동기가 될지도 모른다는 주장을 뒷받침할 수 있다.

따라서 내적 동기의 유발없이 성취욕과 모험을 감수하려는 투지를 불러일으키는 데에는 한계가 있으며, 뿐만 아니라 일에 대한 열정적인 추진력은 기술자 기업가에게 있어 아주 중요한 부분이다. 즉, 인간의 기본적 특질은 승부의식을 부추겨 경쟁의식을 끌어내기 때문에 자본, 기술, 인재, 디자이너 등 융합적인 이익창출을 중심으로 위대한 기업가를 만들어내는 융합의 창출, 혁신, 발명기술 정신의 핵심이 현대기업가의 특징이라고 할 수 있다.

현대적 기업가란 고전적 기업가의 개념과 함께 전문경영인 또는 투자자와의 협동관계를 바탕으로 발전하는 시대적 개념으로, 이에 따라 기업가의 기업가정신과 전문경영자의 합리화 등 능률경영이 적절히 배합되는 시대, 즉 경영성과 실현이 되어야 한다.(기업가정신+전문경영자의 합리화=경영성과)

좋은 예가 제너럴모터스를 재 창업하여 명성을 떨친 전형적 전문경영인 앨프레드 슬론으로, 그는 기업의 성장발전의 주역이 되어 기업가 대신 전문경영인이 주도하는 시대를 만들어낸 주역이다. 그러나 헨리 포드는 '내 기업, 내 마음대로'라는 창업독재를 함으로써 이 전문경영인과의 협동을 수용하지 못하여 결국 GM에 참패를 당하고 말았으며, 그 후 일생 동안 그것을 만회하지 못했다.

제너럴모터스가 창업가인 듀랜트에서 슬론으로 승계된 후 전문경영체제를 잘 갖춤으로써 치열한 경쟁에서 살아남을 수 있었던 일은 기업가란 창업도 잘하고 경영도 잘하는 기업가적 자질 및 전문경영자적 자질이 동시에 요구될 뿐 아니라 이들 간의 협동적 관계가 결정적인 성공요인임을 보여주고 있다.

현대기업가의 대표적 인물은 워렌 버핏, 빌 게이츠, 루피트 머독(전세계 175개 신문사, 5개대륙 TV, 방송소유자), 조지 소로스, 실비오 베를루스코니, 스티브 잡스, 마이클 불룸버그 등이 있다.

## 7. 현대적 기업가 개념으로 벤처기업가

현대적 기업가의 개념 중 벤처기업가에 대하여 다음 다섯 가지 항목으로 설명하고자 한다.

### 1) 창업 : 비전과 꿈을 실현하는 실천가

기업가란 원래 일을 좋아하고 일에 온갖 정열을 쏟는 사람들이다. 미국의 산업화를 주도했던 발명가이자 기술자기업가 헨리 포드와 같은 신고전적 기업가와 현대적 기업가 빌 게이츠가 바로 그런 사람이었는데, 일 없이는 못 사는 '일 중독자(워크홀릭)'들을 서양에서는 자기 희생을 감수한다는 뜻에서 흔히 '꿀벌'(apian)이라고 불렀다. 이 말에는 남을 위해서 평생 동안 꿀을 모아다주는 좋은 사람이라는 뜻이 내포되어 있는 것으로 미루어 기업가의 위상이 비교적 긍정적으로 평가되고 있다. 더욱이 많은 기업가들이 당대의 평균수명보다 훨씬 장수했던 것이 우연만은 아니었을 것이라고 여겨진다.

### 2) 창의성과 혁신의 벤처기업가

이 창의성과 혁신은 자수성가형 소유경영자에서부터 현대적 대기업을 경영하는 전문경영자에 이르기까지 기업가정신의 근본적인 요소이다. 앞에서도 기술하였지만 슘페터(J.A. Schumpeter)는 기업가에 대해 새로운 꿈과 비전, 한 걸음 더 나아가 새로운 것을 만들어내고 성취하는 '혁신가'라는 고전적 개념을 확장 보완한 현대적 개념을 제시했다. 즉, 그는 새로운 현대적 개념의 혁신을 다음과 같이 벤처기업가로 주장하고 있다.

① 새로운 상품의 개발과 기술의 개발
② 새로운 생산과정의 개발을 주축으로 한 고전적 혁신 개념 및 새로운 현대적 혁신 개념
③ 새로운 자원의 개발 및 확보
④ 새로운 시장의 개척 및 확장
⑤ 새로운 기업조직의 혁신-리엔지니어링

제너럴모터스가 1930년대 이후 세계적 일류기업으로 성장할 수 있었던 것은 개량과 혁신과정에서 진취성을 잃고 경영혁신을 하지 않은 포드사와 달리 과감하게 창의성과 혁신을 시도함으로써 우수인재를 모아 조직개발을 감행한 덕분이었다. 마쓰시타의 추종자 전략 역시 일본식의 창의성과 혁신의 개념이며, 이는 또한 제2차 세계대전 이후 일본기업의 성장전략이었다.

### 3) 모험성과 성취동기

기업가의 또 다른 특질은 모험감수성, 자신감, 성취지향성이다. 이것은 실패해도 곧 다시 재기하는 인내심과 집념을 말하며, 위험을 무릅쓸 용기 없이는 불가능하기 때문에 창업기업을 '벤처기업'이라고도 부른다.

예컨대 1903년에 창업한 미국의 명문기업 포드자동차는 두 번이나 실패했으나 그때마다 재창업에 성공한 벤처기업이었다. 즉, 이들은 불가능이 없다는 확신과 행동지향성의 특징을 가지며, 때로는 합리성보다는 직관이 더 큰 영향을 미치는 용감한 투사들이다.

경제학에서 말하는 이윤(profit)의 개념이 바로 모험에 대한 보상이다. 기업가들에게는 무엇보다도 성취의욕의 내적 보상이 가장 크며, 그 중에서도 금전적 보상이 크게 주어진다는 것이 또 하나의 특징이다. 기업가 본질의 확대 내지 보완된 현대적 개념은 20세기에 들어와서 위험부담을 최소화시키기 위한 시도하에 기존기업에서 새로운 창업을 실시한다는 소위 '사내기업가정신'으로 변화되었으며, 이것은 또한 꾸준한 혁신을 요구하는 우수기업 만들기의 기본요소로 발달하였다.

### 4) 전문경영자와의 협동

앙리 페이욜(Henri Fayol)은 그의 저서 『경영기능론』에서 기업가는 창업도 중요하지만 창업 이상으로 우수기업 만들기의 전문적 기능을 이해하고 또 전문경영인과 협동하는 것이 필요하다고 주장했던 선구자적 실무자이자 학자였다. 그는 창업은 오직 시작일 뿐이며, 기업을 망하게 하지 않고 꾸준히 성장 및 발전시킬 수 있는 길은 전문경영인과 협동하여 경영의 전문성을 키워나가면서 우수기업 만들기를 해야 한다는 이론을 밝히는 한편, 계획(Planning), 조직(Organizing), 지휘(Commanding), 조정(Coordinating), 통제(Controlling)의 기능이 전문가에 의해 수행되어야 한다고 주장했다.

즉, 일에 대한 열정이나 아이디어 이상으로 기업의 능률성이 보장되어야

만 기업이 경쟁기업에 의해 쓰러지지 않고 지속적으로 성장 발전할 수 있는 것인 만큼 말 잘 듣는 사람이 전문경영인과 동업자형 협력을 추구해 나가야 한다는 것이다.

이것은 곧 전문경영인의 등장과 그들의 공헌을 가능케 해주는 새 시대에의 발전을 가져왔다. 한편 기업가나 전문경영인이 성공하기 위해서는 종업원들의 자발적 협력이 필수적 요건이라고 주장한 버나드(C.I. Banard)는 그의 저서 『최고경영자의 기능론』에서 자발적 협동이론의 핵심은 리더의 믿음 만들기에서부터 시작해야 한다는 실증적 개념을 제시했다.

현대적 기업가 개념이란 창업하는 신생기업뿐 아니라 성장 변신하는 현존기업들이 우수기업으로 성장 발전하는 데 있어서도 사내기업가정신이 요청되며, 창의 및 혁신은 기업발달사를 이끌어온 기본적 특징이기도 하다.

### 5) 조직적 기업가정신과 변혁적 리더십

자동차산업의 지배권을 다투는 경쟁에서 GM이 포드자동차를 이겨낸 경영혁신의 개가는 조직적 기업가정신이 주도한 우수기업 만들기를 성공시킨 실증적 사례이다.

그 예로는 첫째, 조직적 기업가정신이 주도하는 조직개발을 성공시킨 점, 둘째, 기업조직의 외부에서 새로운 최고경영자를 맞아들여 창업자가 아닌 전문경영인이 과감한 경영혁신을 성취시켰다는 점, 즉 상품 이외에서도 슘페터의 확장 보완된 혁신개념이 광범위하게 실천되고, 조직개발 과정에서도 효율적 성과를 얻어냈다는 점 등을 들 수 있다. 이는 창의와 혁신의 지속성이 우수기업을 만들어낸다는 사내기업가정신의 새로운 가치를 실증한 셈이다.

현존기업들도 자수성가형 기업가정신에서 한 걸음 더 나아가 우수기업 만들기를 성장전략의 핵심적 요소로 수용해야 한다. 이러한 정신을 피터 드럭커(Peter F, Drucker)는 '조직적 기업가정신'(systematic entrepreneurship)이라 했고, 핀 쇼트(Pin Chot)는 '사내기업가정신'이라고 불렀다.

기업가나 최고경영자들에게는 종업원을 말 잘 듣고 충성만 하는 머슴이 아닌 '사람답게' 성장시키는 성숙 지향적인 인간개발 양성과 새로운 기업문화를 배양하는 리더십이 필요하다.

이것을 매슬로우(A.H. Maslow)는 '유사이키안 경영'(eupsychian management)이라 일컫고, 바스(B.M Bass)는 '변혁적 리더십'이라고 말했다. 또한 이들은 일터의 사람들을 성숙한 인물들로 성장시키는 도덕적 책임이 바로 우수 기업 만들기의 길이라는 현대적 경영 개념과 기업가 특질론을 제시하고 있다.

매슬로우는 인간욕구 5단계설을 설정하여 인간욕구(Human Needs)를 충족시켜주는 변혁적 리더십의 필요성을 역설하고 있다. 그리고 이와 더불어 기업의 우수성은 우수한 인재에 달렸다는 인본주의 경영을 강조하면서, 우수한 인재의 양성은 인간으로서의 감성(심리적 건전성)과 건전한 사회환경의 도덕성에 크게 좌우되는 것인 만큼 기업의 인재양성 책임이 중요하다고 밝혔다. 이러한 기업가의 진취적 인재양성의 사례가 일본의 마쓰시타 전기회사가 설립한 이른바 마쓰시타 정경숙(松下 政經塾)의 리더 양성 프로그램이다. 따라서, 현대기업가의 특징은 기업가정신과 변혁적 리더십의 조건을 갖추어야 한다.

## 제3절 기업가의 유형

### 1. 기업가의 유형

기업가의 유형은 경영사학의 기업가론에서 다음과 같이 구분한다. ① 자수성가형 기업가, ② 유산상속형 기업가, ③ 상인형 기업가, ④ 지주형 기업가, ⑤ 정부・관료형 기업가, ⑥ 기술개발 및 혁신형 기업가 등으로 나눈다.

이들은 대부분 상업자본에서 산업자본으로, 지주자본에서 산업자본으로, 기술개발자본과 R&D자본에서 산업자본화한 기업가들이다. 그 유형을 보면 다음과 같다.

### 1) 자수성가형 기업가

자기 스스로 자본과 기술, 그리고 인력을 동원하여 타인의 도움없이 이룩한 기업가이다. 물론 창업자는 자기 스스로 창업을 하고 기업을 이룩하지만 특히 고생과 희생, 노력 속에서 성취한 기업가로서 초기에는 무조건 노동, 상업, 취업 등으로 근검저축하고 스스로 창업자금을 마련하여 기업을 성공시킨 기업가이다.

우리나라에서 현대그룹의 아산 정주영 회장이 표본이며, 한진그룹의 정석 조중훈 회장, 교보생명 대산 신용호 회장, 아남의 우곡 김향수 회장, 유한양행의 창업자 유일한 사장 등이 이에 속한다.

### 2) 유산상속형 기업가

조상, 선조, 부친 등의 유산으로 상속받아 창업하여 성공한 기업가이다. 대부분 부친으로부터 상속받은 2세, 3세의 승계기업가가 대표적이다.

대표적인 창업자는 삼성그룹의 호암 이병철 회장, LG그룹의 구인회와 구자경 회장 등이며, 그뒤를 이어받은 삼성의 이건희 회장, LG의 구본무 회장 등 30대 기업집단 그룹의 2세 내지 3세기업가 등이 이에 속한다.

### 3) 상인형 기업가

시작부터 소매상인이나 보부상으로 시작하여 거부를 이룩한 기업가들이다. 대부분 자수성가형 기업가에 속하기도 한다. 일제시대 백화점왕으로 군림한 화신무역주식회사의 박홍식 사장, 일제시대 박승직상점으로부터 시작하여 두산그룹을 창업한 박승직 사장과 박두병 사장, 포목상으로부터 시작한 LG그룹의 구인회 사장, 쌀장사로 창업한 현대의 정주형 회장, 정미소로부터 미곡 쌀을 중심으로 창업한 삼성의 이병철 회장 등 많은 기업가가 이 분류에 속한다.

### 4) 지주형 기업가

조상의 농지와 토지투자, 그리고 방대한 부동산을 가지고 있었던 지주가 창업을 하여 성공한 기업가이다. 우리나라에서는 군산 옥구일대의 지주 인촌 김성수와 그 아우 김연수 사장 등이며, 일제시대 민족기업으로 경성방직주식회사를 설립하고, 삼양사와 동아일보, 고려대학교를 창설한 기업가이다.

### 5) 정부 · 관료형 기업가

한말의 귀족출신 민대식과 민규식 등 민씨일가의 재벌형성과정에서 찾아 볼 수 있다. 일제시대 민족기업 4대 재벌로 지칭되는 민씨계재벌은 동일은행, 조선견직주식회사, 계성주식회사, 영보합명회사 등을 거느리고 있었던 그룹집단이다. 후진국이나 다른 나라에서에서는 이런 정부 및 관료 출신 기업가들이 창업을 하여 성공한 사례를 볼 수 있다.

### 6) 기술개발 및 혁신형 기업가

창업당시부터 벤처 및 기술개발제품으로 창업하는 기업가로서 자금, 기술, 인력 등 3박자를 중심으로 창업하여 성공한 기업가들이다.

일본의 혼다 자동차의 소치로 혼다는 국민학교 졸업후 자동차 수리공으로 오토바이를 생산하여 성공한 기술개발형 기업가이다. MS사의 세계 제일부자 빌 게이츠 사장, 맥킨토씨 개발로 성공한 Apple사의 존스 커리 사장, GE의 창업자 전기산업의 왕자 에디슨, 삼보컴퓨터의 이용태 사장, CTS Scanner로 성공한 영국의 EMT의 John Read 사장 등이 이 분류에 속한다.

## 2. 기업가적 경영자의 개념

기업가적 경영자의 개념은 기업의 주체를 직능적인 측면에서 보는 경우에 형성되는 개념이며, 창업의 경우 자본의 소유자가 전문가적 경영능력을 가지고 있는 CEO를 의미한다. 그 기반은 창업자가 전문경영자적 능력을 가진 기업가에서 찾을 수 있다.

기업을 운영한다는 활동은 독자적인 직능으로서 이 독자적인 직능을 담당하는 자가 경영자이다. 이 독자적인 직능은 경영요소들을 새로이 결합하고 이것을 운영한다고 하는 관리직능이다. 기업가적 경영자는 자본과 소유가 일치하여 기업을 운영하는 경영관리자를 말한다.

### 1) 고용중역으로 월급사장

기업가라는 개념에는 기업의 경영을 지배, 수행하는 의미로도 나타나고 있지만 자본과 기술로서 경영요소를 새로이 결합하고 창의와 모험적인 도전, 그리고 과감한 경영활동을 실행한다고 하는 점이 강하게 부각되고 있다.

그러나 경영자는 이 기업가 밑에서 고용중역인 월급사장으로서 경영을 운영하고 있는 자를 지칭한다. 바로 기업가로부터 지시된 방침을 틀림없도록 실행하고 기업가에 의하여 새로이 결합된 것을 견실하게 운영한다는 것을 의미하며, 기업가의 지배하에 의사결정을 하는 경영자로서 기업가와는 구별되는 개념이다. 이 경우의 기업가는 기능자본가인 것이나 소유와 경영의 분리에 의하여 기능자본가가 없게되고 기능자본가를 대신하여 기업을 지배·운영하는 활동을 담당하는 경영자가 출현한 경우, 그는 고용된 경영자가 기업의 지배주체로서의 독립된 경영자인 것이다.

### 2) 독립된 경영자

독립된 경영자는 직능적으로 고려된 기업가인 것이다. 따라서 그는 기업을 지배·운영하는 주체로서 생산의 요소를 결합하고 영업활동을 창의와 책임을 가지고 수행하는 경영자가 되는 것이다. 경영자는 주어진 방침을 실행한다고 하는 의미의 경영자와 기업가로서의 경영자로 구별하고 있으며, 오늘날의 지식경영사회에 있어서는 후자의 의미를 가지고 등장하고 있다.

그러나 경영자란 기업가로서 경영관리의 직능을 담당하는 자라고 규정할 수 있을 것이다. 이것을 역으로 말하면 기업가는 경영관리직능의 담당자로서 파악되는 것이다. 그런데 이와 같은 독립된 경영자의 성격을 싸고 견해가 갈라진다. 그 한 견해는 소유와 경영의 분리를 부정하는 입장인데, 이에 따르면 독립된 경영자는 현상에 지나지 않는 것으로서, 그것은 실질적으로는 자본의 지배를 받으며, 자본의 소유 성격에서 이탈되어 있는 것이 아니라 자본도 소유하고 전문경영자 역할도 수행하고 있다는 점이다.

이 견해에 의하면 기업가는 기능자본가로서 얼핏보면 독립된 경영자로 보이는 자도 실질적으로는 기능자본가이거나 그 대변자로서의 기업가라고 하는 것이다. 이에 대하여 소유와 경영의 분리라고 하는 사실을 긍정하고 독립된 경영자가 실질적으로 생성되어가고 있다는 견해가 있다.

그것은 자본적 지배에서 독립한 경영자의 존재를 인정하고 기능자본가와는 다른 성격을 지닌 기업주체의 발전을 기업가의 새로운 방향이라고 보는 것이다. 그와 같은 독립된 경영자는 전문경영자의 성격을 가지는 것으로 고려되고 있다.

## 3. 전문경영자와 소유경영자

기업가적 입장에서 본 전문경영자(professional manager)란 경영관리를 자기의 직능으로 하고 그것을 전문(profession)으로 하여 또한 직업으로 하고 있는 자이다. 기업가적 소유경영자(owner manager)는 소유를 기초로 하여 기업을 지배·운영하는 데 대하여 전문경영자는 경영관리의 전문적 지식과 기술을 기초로 하여 기업을 지배·운영하는 것이다.

따라서 전문경영자는 소유경영자가 아니라고 하는 점에서만은 소극적이다. 소유경영자는 기업을 지배·운영하는 힘을 가지고 또 자기가 소유하고 있는 기업에 대하여 직접적인 이해관계자로서 깊은 관심과 책임감을 가지고 있다.

그런데 전문경영자는 소유경영자와 같이 지배력을 가지지는 못한다. 또 기업의 이익보다는 개인적인 이익을 먼저 생각하여 기업에 대한 책임감도 자칫하면 약화되기 쉽다. 전문경영자의 이 약점을 보완할 수 있는 것은 경영관리의 전문적 지식과 기술이고, 전문경영자의 활동의 새로운 목적과 기업에 대한 경영본연의 자세의 새로운 확립이다. 이들 조건을 충족시켜야만 비로소 전문경영자는 소유경영자보다 나은 새로운 경영자로 될 수 있다.

## 4. 기업가적 전문경영자

기업가적 전문경영자는 어떠한 성격을 가져야 할 것인가에 대하여는 소유와 경영의 분리로 생기는 기업의 변질동향을 어떻게 생각하는냐 하는 점과 밀접한 관련을 갖는다. 다만 여기서 거론되어야 할 문제는 주식회사 기업가론인데, 이것은 주식회사 그 자체를 기업가로 보는 견해이다.

여기에서는 주식회사라고 하는 기업의 구성 그 자체가 표면에 나와 있다. 개인적 기업은 개인적 성격을 가지고 있으므로 기업가는 개인으로 나타나며, 주식회사에서 개인으로서가 아니라 주식회사 그 자체가 기업가라는 것이다. 그러나 주식회사 그 자체가 하나의 독립된 인격을 가지고 있다고 하여도 그것은 인간의 주체적 활동에 의하여 운영되는 것이므로 주식회사라고 하는 주체를 구성하는 것은 누구인가라고 하는 문제는 여전히 남게 되는 것이다. 이런 의미에서 주식회사 기업가론은 문제의 제기는 될 수 있어도 문제의 해결은 되지 못한다.

여기에서는 주식회사 그 자체라고 하는 존재가 어떠한 것인가, 개별자본이라고 하는 기업의 고전적 형태로부터 어떻게 변질되어 가고 있는 것인가, 또 그와 같은 주식회사 그 자체를 주체적으로 담당하는 자는 누구인가, 그 주체는 어떻게 형성되는가라고 하는 문제를 해결하지 않으면 안된다. 이것을 결론적으로 말하면 다음과 같다.

주식회사가 발전하고 주식이 분산됨에 따라서 '소유와 경영'이 점차적으로 분리되고 기업을 지배・경영하는 대주주가 사라져 전문경영자가 독립된 경영자로서 기업을 지배・운영하는 경향을 긍정하지 않으면 안된다. 더욱이 이와 같은 전문경영자는 자본가이기보다는 주식회사라고 하는 구성체 그 자체를 지배・운영하는 주체로서 기능을 점차적으로 수행하여 가고 있다는 것을 인정하지 않으면 안된다.

여기에서 주의하여야 할 점은 주식회사라고 하는 기업체는 자본주의 경제 안에 있어서 개별자본으로서의 활동을 하지 않으면 안된다는 점으로, 자본활동의 원칙은 여전히 이것에 관철되어 있는 것이다.

그러나 전문경영자를 기능자본가로서, 혹은 기능자본가의 지배하에 있는 것으로 단순하게 규정할 수는 없다. 전문경영자는 기업이라고 하는 경제구성체의 주체로서 자본의 원칙에서 이탈할 수는 없으며, 자본의 원칙을 주체적으로 구사하여 이것을 수단화하는 것이다. 그것은 개별자원의 원칙을 기업이라고 하는 경제구성체를 유지・발전시키기 위해서 의식적으로 지배하고 구사하는 것이다. 여기에 기능자본가인 기업가와 새로운 전문경영자와의 근본적인 차이가 있다.

## 제 4 절 최고경영자의 역할

### 1. 최고경영자의 정의

최고경영자(Top management, Chief Executive Officer : CEO)란 기업조직의 최상위에 있으면서 기업의 존속과 성장에 대한 최고의 책임을 지고 있는 경영층(management zone)을 의미한다.

최고경영자란 광의로 해석하면 수탁경영층, 전반경영층으로 규정하며, 이 부문을 담당하는 수탁경영자(이사회, 이사회의장), 전반경영자(사장, 부사장)를 의미한다. 협의로는 수탁경영자만을 지칭하는 등 아직 확고한 정의는 없으나 일반적으로 광의로 해석하여 수탁경영자와 전반경영자를 가리키고 있으나 일부분은 부문경영자인 부장 및 사업부장까지로 계층구조를 나누기도 한다.

경영학에서는 경영층의 계층구조를 크게 3가지로 구분하는데, ① 최고경영층(Top Management Zone), ② 중간경영층(Middle Management Zone), ③ 감독관리층, 하위관리층(Low Management Zone) 등으로 한다.

최고경영층은 이사회, 즉 회장, 부회장, 대표이사와 이사가 담당한다. 이는 주주들의 이익을 대표하며, 기업의 기본방침을 결정하고 그 활동의 종합적 성과를 평가하는 기능을 담당하고 있는데, 이사회가 주주를 대신하여 그 기능을 맡고 있다는 뜻에서 수탁기능(trusteeship function)이라고도 한다.

또한 전반경영층은 이사회로부터 위임된 권한의 범위에서 수뇌경영자(chief executive officer)인 사장과 부사장이 담당하나, 기업에 따라서는 상설기관인 전반경영자회의(council of general executive)나 업무집행을 맡고 있는 상무이사회가 사장과 함께 이를 담당하기도 한다.

최고경영자라면 최고경영층에서 가장 중심적 역할을 수행하며, 핵심적 내지 심장적 기능을 담당하는 자로 규정한다.

여기에서 미국의 최고경영진 구성의 조직구조도를 보면 이사회와 그 장의 회장(Chairman)이 가장 위에 오르고 그 밑에 최고경영자(CEO : Chief Executive Officer), 사장급인 President나 COO(Chief Operating Officer), 그리고 기업 전체의 재무를 책임지는 CFO(Chief Financial Officer), 정보를 책임지는 CIO (Chief Information Officer), 수석부사장(Senior Vice President / Executive Vice President) 등 중역급이 있고, 그 아래 특정기능별 부서 등을 책임지는 부사장급(Vice President)의 관리자들이 있는 것을 볼 수 있다.

따라서 CEO는 사장 이상에게만 부여하고 부사장 이하 대표이사는 직종과 조직에 맞게 쓰도록 하는 것이 바람직하다. 최고경영층 모두를 CEO로 쓰는 것은 잘못된 것이며, 최고경영자는 관리자 중 가장 직위가 높은 한 사람을 CEO로 지칭하는 것이 올바른 규정이다.

21세기 세계화 · 국제화 기업들은 경영층의 계층구조에 미국, 일본, 영국, 프랑스, 독일 등 선진국가의 계층구조를 맞출 필요가 있다.

이것은 한국의 전경련이나 경총 등에서 통일적인 경영층의 계층구조를 만들어 최고경영층의 직위체계를 통일할 필요가 있다. 이것을 전기업에 보급하여 특히 영어권국가의 경영층 직위체계를 통일화하여 국제거래의 공신력을 갖는 것도 경쟁력이 된다.

## 2. 최고경영자의 역할

### 1) 일상적인 역할

최고경영자의 일상적인 역할은 크게 3가지로 구분 되는데, ① 조직내 인간관계를 조정하는 역할(interpersonal role), ② 정보를 다루는 역할(information role), ③ 의사결정을 하는 역할(decisional role) 등으로 세분화된다.

첫째, 조직내 인간관계를 조정하는 역할은 기업대표의 역할(Figurehead)과 리더의 역할(Leader), 그리고 섭외자의 역할(Liaison)로 설명된다. 둘째로 조직내외의 정보를 다루는 역할은 감시자의 역할(Monitor)과 보급자의 역할(Dissemination), 그리고 대변자의 역할(Spokesperson) 등이다. 셋째로 의사결정을 하는 역할은 창업가적 역할(Entrepreneur)과 문제 및 혼란처리 역할(Disturbance Handler), 교섭자의 역할(Negotiator), 그리고 자원배분 역할(Resource Allocator) 등으로 대변된다.

### 2) 전략적 리더십 : 비전의 제시

최고경영자의 전략적 리더십은 최고경영자가 미래에 어떤 기업이 될 것인가를 정하고 부하들에게 납득시켜 조직 전체가 일사불란하게 움직이도록 이끄는 능력을 말한다.

최고경영자는 기업의 비전을 제시하고 비전의 요소를 방향성(sense of direction), 차별성(sense of difference), 가치성(sense of destiny) 등을 내용으로 하는 역할을 해야 한다.

### 3) 발상의 전환 주도

최고경영자는 발상의 전환을 주도해야 하며, 이 발상의 전환 주도는 기존의 제품이나 시장개념에서 탈피하여 새로운 방향과 경쟁방식을 제시하는 역할을 말한다.

일본의 작은 회사 캐논(Cannon)이 복사기 시장에서 독보적인 위치를 차지하고 있던 미국의 거대한 선두주자 제록스(Xerox)에게 일격을 가할 수 있었던 것은 발상의 전환이 주도했던 것이다. 발상의 전환은 새로운 창조적인 형태와 틀을 만들어 내고 부가가치를 가져올 수 있도록 하는 데 의미가 있으며, 적자에서 흑자로 저성장에서 고성장 시스템으로 변화시키는 데 목적이 있다.

### 4) 자원배분의 전략적인 우선순위 결정

최고경영자는 한정된 자원이 가장 효율적으로 집중될 수 있도록 조직차원에서 우선순위를 정하고 조직구성원에게 알리는 역할을 해야 한다. 전략적 대안들이 매력적이라 하여 동시에 2～3개의 전략을 수립하고 그 사이 서로 모순되는 전략인 경우에 그것을 실행하고자 한다면 하부관리자들에게 혼란을 줄 뿐이다. 최고경영자 수준에서 결정적으로 중요한 1개 또는 2개의 전략을 선택하여 하부관리자들에게 자신있게 실행하도록 해야 한다.

그리고 최선의 전략은 최소의 비용으로 최대의 가치를 생산할 수 있도록 자원배분에 우선되어야 하며, 이는 조직구성원 모두에게 비용을 절감하는 방향으로 아이디어를 내고 업무를 개선하도록 해야 성공한다.

### 5) 필요한 기술과 전문지식 보유

최고경영자는 조직을 책임있게 이끌 수 있는 기술과 전문적 기술을 가지고 있어야 한다. 그 기술과 지식의 유형이 어떤 것이든 조직내에서의 계층의 높고 낮음을 넘어서 다양하게 가지고 있는 것은 물론 중요하겠지만 최고

경영자라면 특히 지녀야 할 지식이나 기술이 있다. 모든 관리자에게 요구되는 기술이지만 적어도 전문기술(technical skill), 인간관리기술(human skill), 그리고 개념적 기술(conceptual skill) 등 세 가지를 모두 가지고 있어야 한다.

전문기술은 컴퓨터와 정보통신기술, 인간관리기술은 부하직원들에게 최고의 능력을 발휘할 수 있도록 유도하는 관리기술, 그리고 개념적인 기술은 추상적이고 개념적인 생각을 해내는 능력으로 최고경영자에게 중요한 기술이다. 주어진 전략들을 목표, 방법, 시기, 대상, 어떻게, 왜 등 6가지의 원칙을 풀어내는 기술을 가져야 한다.

최고경영자는 우리의 고객은 누구일까? 우리의 경쟁자는 누구일까? 우리의 경쟁우위의 원천은 무엇일까? 우리의 마진은 어디에서 오는 것인가? 그리고 우리가 속해있는 시장은 어디일까? 이런 것들을 해결하는 해결사가 최고경영자인 것이다.

### 6) 기업경영예술의 혼을 소유한 기업가

최고경영자(CEO)의 역할은 기업경영을 예술로 승화시켜 경영성과를 올리고, 사회적 책임을 다하는 기업가정신을 소유한 기업가이여야 한다. 기업경영예술의 혼을 가진 CEO는 도전과 개척정신, 신용제일주의 정신, 신념과 책임주의 정신, 인재 제일주의 정신, 창의와 혁신주의 정신 등과 청렴성과 윤리경영 정신을 갖춘 기업가이어야 한다. 이러한 기업가정신으로 경영성과를 이룩하여 기업발전에 기여하고 경제발전에 공헌해야 한다.

## 참고문헌

1. 김인수(1998), Top을 위한 전략경영, 박영사.
2. (사) 글로벌전략연구원(2013), 한국의 기업가정신, 화산문화.
3. 김성수(2002), 성공한 창업자의 기업가정신, 대한민국학술원 우수학술도서(2004), 도서출판 삼영사.
4. Hamel. G. & Prahalad(1994), C.K., Competing for the Future, Boston, MA: Harvard Business School Press.
5. Schumpeter, J. A.(1926), Die Theorie der wirtschaftlicher Entwicklung.
6. The Encyclopedia of Practical Business Management, 신태환 · 조기준 · 조순 · 황병준 · 이해동 등 책임감수(1980), 신체계 경제학대사전, 서음출판사.

# 제3장
# 기업가의 기능과 정신 그리고 책임

# 제3장 기업가의 기능과 정신 그리고 책임

## 제1절 기업가의 기능과 정신

### 1. 기업가가 담당하는 수행기능

기업 내지 경영의 발전에 따라 기업경영의 담당자는 자본가나 기업가로 불리어지기도 하며, 경영자나 관리자로 호칭되기도 한다. 이들의 개념은 매유 유사하면서 복합점이 있으나 기능적으로 관찰하면 서로 다른 면이나 관련성이 있음을 발견하게 된다.

기업에 대하여 출자자임과 동시에 스스로 경영을 담당하는 사람, 다시 말하면 소유와 경영이 일치하고 있는 자를 기업가(entrepreneur)라 하며, 그 담당하는 기능을 기업가기능이라 한다. 기업가가 담당 수행하는 기능의 내용은 ① 출자기능, ② 혁신기능, ③ 리더십(leadership), ④ 위험부담기능인데, 이 중 가장 중요한 것은 혁신기능이다.

#### 1) 창조적 파괴과정

슘페터(J.A. Schumpeter)에 의하면 자본주의 경제발전은 '창조적 파괴의 과정'인데 이 과정의 추진자인 기업가는 경제적인 생산요소들을 신결합(new combination)함으로써 부단히 내부로부터 경제구조를 변혁시켜 나가야만 한다고 한다.

신결합의 내용은 ① 신제품생산, ② 신생산방법의 도입, ③ 신원료의 획득, ④ 신시장의 개척, ⑤ 신조직의 형성 등 다섯 가지를 들고 있는데, 이것이 곧 기업가가 담당하여야 할 혁신기능의 구체적 내용이라 할 수 있다.

### 2) 생산성 향상기능

드럭커(P.F. Drucker)는 이를 더욱 발전시켜 기업가기능을 생산적 자원의 관리와 생산적 이용 및 생산성의 향상을 목표로 하는 기능이라 하고, 그 내용은 ① 시장개척을 위한 고객의 창조(creation of customer), ② 혁신(innovation)이라고 하였다. 후자는 다시 제품 또는 서비스의 혁신과 이를 공급하기 위해 필요한 여러 가지 숙련 및 활동의 혁신으로 나누어진다고 하였다.

따라서 현대적 기업가의 기능은 혁신적 기능을 보다 특징으로 하여, 소위 기업가혁신에 투철한 행동의 강조, 신규사업분야의 진출, 신제품의 개발, 왕성한 신투자에의 의욕, 결단력과 리더십있는 의사결정에 의한 행동 등이 요구되는 것이다.

## 2. 기업가정신의 힘(The Power of Entrepreneurship)

지금은 기업가정신을 실현할 수 있는 최적의 시기이다. 기업가정신의 힘은 새로운 창조적 제품과 서비스를 창출하거나, 새로운 기술혁신을 통하여 생산방법을 개혁하거나, 새로운 창조적 조직형태를 만들어 소통과 인간관계를 형성하는 동력이다. 그리고 새로운 원재료를 활용함으로써 새로운 고객과 시장을 찾아 경영성과를 향상시키는 기업가의 경영능력이다. 기업가정신의 힘은 도전과 개척정신, 신념과 신용의 정신, 근검절약정신, 고객최우선정신, 사업보국주의정신 등을 창조한다.

### 1) 신념의 정신

기업가정신(entrepreneurship)이라 함은 기업가의 본래의 기능을 적극적으로 달성 · 수행하는 마음가짐, 즉 경영이념을 의미하기도 한다. 출자를 담당하는 기능, 경영혁신을 통한 창조정신, 리더십을 발휘하는 도전정신과 할 수 있다는 신념의 정신(candoism), 그리고 스스로 위험을 극복하는 도전과 개척정신 등이 대표적이다.

### 2) 고객제일주의 정신 · 인재양성주의 정신

기업가정신 속에 가지고 있는 경영이념은 사업보국주의, 경영합리주의, 고객제일주의, 인재양성주의, 사회적 책임주의 등을 대표적으로 가지고 있다. 그런데 현대기업에 있어서는 자본과 경영이 분리됨으로써 과거에는 동일인에 의해 담당 수행되어 온 기업가기능을 구성하는 출자기능과 경영 내지 관리기능이 별개의 사람에 의해 담당되었다. 후자를 담당하는 자를 전문경영자(professional manager)라 한다.

### 3) 전문경영자의 신기업가정신

전문경영자는 기업을 위해서 그 객관적인 요청이나 전반적 상황에 따라 충실하게 그 업무를 다해야 한다. 그것은 종래의 기업가가 담당한 창조와 혁신을 통해 기업의 존속과 성장을 위한 적극적 리더십을 발휘하지 않으면 안되는데, 이러한 의미에서 종래의 기업가정신과 대비하여 신기업가정신(new entrepreneurship)이라 한다. 즉, 그들은 윤리성과 수탁자로서의 사회적 책임을 자각하고 사회적 공기 내지 기관인 기업을 선의의 관리자로서 전문적인 지식과 능력을 바탕으로 기업활동을 수행해야 하는 것이다.

### 4) 기업가정신이 없는 경영자는 망한다.

피터 드러커(Peter F. Drucker)는 말하기를 기업경영과 기업가정신은 절대로 별개가 아니다. 기업가정신이 없는 경영자는 반드시 망한다. 창업자의 성공은 기업가정신의 실현에 있으며, 기업가정신이 없는 소유경영자 또는 기업가정신이 없는 전문경영자도 망한다. 기업가정신은 기업의 정신적 지주인 경영이념이며, 경영사상이다. 그리고 경영철학이며, 기업의 통치이념이다.

## 3. 기업가정신을 배워야 한다.

1980년대 후반부터 미국의 여러 경영대학원에서 '기업가론' 또는 '기업가정신'이란 교과과정을 신설하면서 그 중요성이 커지기 시작하였다. 주로 성공한 세계적인 전문가적 기업가정신을 창업자를 중심으로 ① 생애와 경영이념, ② 기업가와 경영활동, ③ 기업가와 사회적책임, ④ 기업가와 경영전략, ⑤ 기업가와 경영사상 그리고 기업가의 사회보국 등으로 강의가 진행되어 왔다.

기업가란 무로부터 현재 경영하고 있는 대규모의 기업을 창업한 사람이라고 할 수 있다. 새로운 사업을 창업하고 연이어 급성장을 도모한 모험심이 왕성하며, 도전정신과 신용과 책임주의로 인간중심의 경영을 한 창업자정신을 가진 자를 말한다. MS의 빌 게이츠, 소프트뱅크의 손정의, 삼성의 이병철, 현대의 정주영, LG의 구인회 및 구자경, SK의 최종현, 교보생명의 신용호, 아남의 김향수, 한진의 조중훈 등의 창업정신을 기업가정신이라고 말한다.

이상과 같이 기업가정신이란 창의성과 혁신, 가치창출 등의 능력을 갖고 빈손으로 거대한 집단의 부를 이룩한 창업자적 전문경영자의 정신이라고 규정하기도 한다.

우리는 선진국의 대학처럼 우리나라의 창업자적 기업가, 창업자적 경영자정신을 사례로 하여 그들의 지나온 창의성과 혁신, 가치사슬의 기법 등을 배워야 한다.

그리고 창업자의 정신, 즉 근검절약정신, 인간존중정신, 신용제일주의 정신, 창의와 기술개발정신, 고객만족정신, 신념주의정신, 노사화합주의 정신, 도전과 개척주의 정신, 사업보국주의 정신, 인재제일주의 정신 등을 배워야 한다. 그들은 당대에 보통 6~7명의 종업원으로부터 창업하여 작은 기업은 수만명, 큰 기업은 수십만명의 종업원을 거느리는 거대집단으로 성장시켰다. 이들의 성장의 원동력은 기업가정신이며, 국가의 경제발전에 기여한 것도 기업가정신이다.

## 제 2 절 현대경영자의 기능과 특성

### 1. 현대경영자의 기능

경영자(administrator, manager)는 경영기능을 담당・수행하는 사람이나 계층을 말하는데, 이에는 다음 4가지의 학설이 있다.

(1) 전원경영자론 : 경영을 담당하는 경영구성원 전원이라고 보는 견해
(2) 경영자 기능론 : 경영의 기능을 담당하는 계층 중 경영의 최고기능으로서의 의사결정기능의 담당자를 고유의 경영자로 보는 견해
(3) 개인경영자론 : 경영자를 경영체와 관계없이 개인으로 보는 견해
(4) 전문경영자론 : 소유와 경영이 분리된 현대적인 전문적 관리자로 보는 견해 등이 있다.

이와 같이 현대적 경영자의 기능은 수많은 이해자집단(利害者集團)으로부터 선택에 의해서, 기업의 존속과 성장을 위한 최고의사를 결정하여 하부에 명령하는 기능으로 말한다. 따라서 현대경영자는 다음과 같은 기능을 모두 가지고 있어야 한다.

#### 1) 리더십기능

리더십의 기능이 있어야 한다 - 조직목적의 달성과 부하의 동기부여(Motivation)를 높이는 리더십을 발휘해야 한다. 그러기 위해서는 부하의 교육훈

련, 인간관계의 배려, 적정한 인사고과의 책임, 카운셀링(counselling)제도의 활용, 부하의 경영참가에 의한 결정 등 리더의 역할이 중시된다.

### 2) 정보전달기능

정보전달기능이 있어야 한다 - 상하, 동료뿐만 아니라 자기자신의 정보기능 활용능력이 있어야 한다. 컴퓨터의 경영이용능력, 인터넷의 경영기능화, 정보상거래화, 정보의 가치화, 세계경제의 정보분석화, 정보화에 대응한 경영전략수립 등의 능력을 가지고 있어야 한다.

### 3) 의사결정기능

의사결정기능이 있어야 한다 - 의사결정의 과정은 문제의 발견, 문제해결을 위한 계획의 작성, 평가, 선택, 실시, 통제로 나누어진다. 계획의 작성이나 실시는 부하에게 권한위양되는 수가 많다. 경영자는 문제의 발견, 계획의 선택이나 또는 통제기능에 중점을 두는 경우가 많다.

### 4) 기업가의 성실한 기능

기업가의 역할을 성실히 수행하는 기능이 있어야 한다 - 최고경영자로서 전략적 의사결정과 관리적 결정, 업무적 결정을 동시에 수행해야 한다. 목표, 다각화 전략, 확대화 전략, 관리면의 전략, 재무전략, 시장의 타이밍 등과 자원의 조달과 개발, 연구개발의 방침과 전략 등 기업경영 내외에 나타나는 경영의사결정을 손쉽게 마무리하고 해결할 줄 알아야 한다.

## 2. 현대경영자의 특성

현대기업은 외적・형태적으로 자본과 경영이 분리되고 매니지먼트(Management)라는 새로운 기능이 등장함에 따라 종전의 자본가적 내지 소유자적 기업가는 '신기업가'로 이행하고 발전하게 된다. 이 새로운 기업가를 가리켜 신경영자라고 한다. 이와 같은 경영자는 종전의 기업가에 비하여 다음과 같은 특성을 가지고 있다.

### 1) 전략성을 가지고 있다.

전략성은 전술과도 다른데 그것은 회사의 최고기본방침을 결정하고 경영체, 즉 '경영과 관리의 통일체'의 나아가야 할 근본방침을 가리킨다. 그것은 국내외 정치, 경제환경에 대응하는 새로운 국면의 신방향을 이끌고 사운을 결정하는 일대 방향전환의 근본을 의미한다. 따라서 기업의 존속과 성장의 전략성을 가리킨다, 이 점 기업가와 동일한 맥락을 같이 한다.

### 2) 과학성을 가지고 있다.

현대경영자는 기업가에서 찾을 수 있는 투기성이나 도박성같은 위험을 부담하는 것이 아니고, 가급적 위험을 줄이며, 전략적 활동에 책임을 지며, 기업이익 창출에 초점을 맞추는 과학적 사고를 가진 전문경영자이다.

기업경영의 전반적 사항의 성공적 전략은 과학성과 합리성으로 판가름한다. 드럭커(Peter F. Drucker)는 현대경영자는 과학성과 합리성을 기반으로 하는 전략성을 발휘하는 과학기술경영자라고 평가하고 있다.

### 3) 내적 귀속성을 가지고 있다.

현대경영자는 경영체에 소속되어 있는 존재이다. 현대경영자는 기업의 경영활동 속에 내재되어 있는 존재임을 자각하여 그 속에서 생각하고, 생활하며 살아가는 제도적인 존재로서 의무와 책임, 권한을 가지고 있어야 하며, 경영체와 살고 죽음을 같이하는 존재라고 생각한다.

따라서 기업이 망하면 같이 망하고 성장하면 같이 부를 누리는 존재로서 가치를 가지고 있는 것이 진정한 내적 귀속성을 의미한다. 기업은 망해도 경영자는 잘산다는 의미는 현대경영자의 특성이 아니라고 판단한다. 그러므로 현대경영자, 즉 창업자는 이 점에 명심하여 사업을 운영하는 기능적·가치적 능력이 없으면 경영자가 될 수 없다. 따라서 현대경영자는 기업을 존속·성장시키는 경영자 자격증을 주는 제도가 인정되어야 한다.

### 4) 공공성과 공익성을 가지고 있다.

현대경영자는 사회적·국가적 공공성과 책임과 의무로서의 공익성과 보국주의사상을 가지고 있어야 한다. 현대기업은 이해자집단의 이해조정책임을 가지고 있기 때문에 공공성과 공익성을 더욱 중요시한다. 기업을 둘러싸고 있는 이해조정자는 투자자, 주주, 고객, 종업원, 은행, 지역, 국가 등을 상대로 하고 있기 때문에 원할하게 책무를 가지고 있으며, 경영활동에 있어서 공공성과 공익성을 존중해야 하는 것이다.

### 5) 비즈니스 닥터의 기능을 가지고 있다.

경영체란 경영과 관리의 통일체이다. 경영과 관리의 두 기능을 성실히 수행하는 가교적 역할을 하면서도 독자적 역활을 담당하는 자가 소위 제너럴 매니지먼트(general management)이다. 전반관리자는 현대경영자로서, 새로운 기업가로서, 소위 산업의 총수로서, 기능을 가지고 있어야 하는 능력을 소유해야 한다. 따라서 현대경영자의 특성을 전반관리자로서의 경영관리기능의 지식을 터득하고 있어야 한다. 특히 전반관리자는 현대기업의 부정과 부패의 병든 관리기능을 진단하고 치료하는 "비즈니스 닥터"(Business Doctors)로서 역할을 수행하는 기업경영 의사가 되어야 한다.

비즈니스 닥터 기능은 21세기 현대경영자의 기본적 기능이 되어야 하며 기업을 변화시키는 기업을 치료하는 기업의 병을 고치는 의사 기능을 가지고 있다.

# 제3절 현대경영자의 사회적책임

## 1. 경영자 책임의 의의

현대 21세기는 기업들이 단순히 사유의 영역을 벗어나서 사회제도의 일환을 이루고 있다. 경영자는 경제적으로나 윤리적으로도 단순한 영리추구만을 도모하지 않고 생산요소를 가장 유효하게 결합하여 안정적 가격과 양질의 상품을 생산하여 공급한다는 "사회적 · 공공적 관점"에서 기업경영을 도모하여야 한다. 여기에 경영자의 사회적책임(CSR)이 존재하는 것이다. 경영자의 사회에 대한 책임은 직접 · 간접적으로 기업의 존속 발전에 영향을 주는 이해자집단으로 부터의 요청일 뿐만 아니라, 동시에 경영자체로부터 요청되는 책임이기도 한다.

이러한 책임을 수행하기 위해서 경영자는 높은 도덕과 교양, 탁월한 경영능력 그리고 기술, 마케팅, 인적관리 요소 중 경영철학과 청렴성을 갖춘 윤리경영의 자질을 갖추어야 한다.

오늘날 기업의 의사결정자로서의 경영자는 실질적인 기업의 지배자요 지도자이며, 출자자인 주주 내지 기업가를 대신하여 기업을 운영해 가고 있는데, 그들에게는 기업운영에 필요한 계획화 · 조직화 · 동기유발 · 조정화 · 통제화할 수 있는 방대하리만치 폭이 넓은 권한(authority)을 가지고 있다. 권한이 있는 곳에 필연적으로 수반되는 것이 책임(duty)과 의무(responsibility)이다. 이러한 권한이 커지면 커질수록 이 책임과 의무도 확대 내지 증대되는 것이다.

## 2. 현대 경영자의 사회적책임 내용

경영자의 사회적책임의 내용은 구체적으로 ① 기업존속 · 발전추진에 대한 책임, ② 종업원 복지향상에 대한 책임, ③ 이해집단의 이해조정 책임, ④ 공해발생방지에 대한 책임, ⑤ 사회개혁에 대한 책임, ⑥ 후계자양성에 대한 책임 등 6가지로 요약된다.

### 제1책임 : 기업유지 · 존속 · 발전추진에 대한 책임

오늘날의 기업은 수많은 주주가 출자를 하고 그 기업에서 생활의 원천을 구하는 많은 종업원이 있으며, 또 무수한 고객에 의하여 지탱되고 있다. 이와 같이 경영을 둘러싸고 있는 이해관계자에 의하여 기업은 존립하고 있기 때문에, 이를 위하여서는 상품의 능률적 생산과 수익의 합리적 배분이 연속적으로 행해지지 않으면 안된다. 그것은 또한 기업의 존속을 위해서도 필요하다. 그러기 위해서는 필요한 이익의 획득이 무엇보다도 선결되어야 한다. 그 이익은 단기적 최대 이윤을 목표로 하는 것이 아니라, 장기적으로 기업의 사회성 내지 공익성을 고려하면서 기업유지와 발전에 필요 충분한 이윤이 아니면 아니된다. 이러한 이윤이 곧 기업존속을 위한 적정이윤(adequate profitability) 또는 최저필요이윤(necessary minimum profit)인데, 이를 획득하고 적정하게 재분배하는 것이 최고경영자의 사회적 책임이다. 이 책임을 '본원적 사회적책임'이라고도 한다.

### 제2책임 : 종업원의 복지향상에 대한 책임

경영이 인간관계를 최적으로 유지하고 종업원의 협력태세를 확보함이 없이는 경영성과의 달성을 기대할 수 없다. 따라서 노동자는 결코 단순한 계약관계자만은 아니고, 또 노동력 제공이라는 기능면에서 원가요소로서의 원재료와 마찬가지로 생각하는 잘못을 시정하고, 종업원은 기업의 구성요소인 것을 인식하여, 그들에게 인간적 · 사회적 만족을 주고 사기를 높여 자주적 협력을 추진하여, 경영에 있어서 사회적 · 인간적 관계를 유지하지 않으면 안된다.

노동자의 경영참가나 복리후생 등의 인간관계적 관리방식을 통하여 노동자의 인간적·사회적 행복을 보증한다는 것이 경영사회의 안정화를 가져다 주는 데에 극히 중요하며, 그것은 경영자에게 하나의 불가결한 사회적책임으로 되어 있다. 그렇게 함으로써 종업원의 인간적·사회적 복지가 이룩되고, 양질의 노동과 높은 능률 내지 생산성을 기대할 수 있으며, 거대한 조직에서 생기는 관료적 경직성을 배제할 수 있을 뿐만 아니라, 나아가서는 노사의 대립관계도 크게 완화할 수가 있는 것이다.

### 제3책임 : 이해자집단의 이해조정에 대한 책임

경영자는 이해자집단 사이의 이해관계를 조정하는 것이 기업존립을 위해서도 필요한 임무가 된다. 주주에게는 일정한 이익배당을 보장하며, 노동자에게는 정상적인 생활을 유지하기 위한 적정임금을 지급하고 고용의 안정과 노동조건의 합리성을 보장하며, 소비자에게는 저가격으로 양질의 풍부한 상품을 공급하며, 계속적으로 P.R. 혹은 광고서비스를 제공하지 않으면 안된다.

이들 3자의 이해관계는 정태적으로는 그 하나를 극대화하면 다른 것을 희생해야 한다는 모순(삼각관계)을 가지고 있으나, 그 사이의 조정을 도모하여 동태적으로 확대균형을 유지하는 것이 현대경영자의 중요한 사회적책임이다. 이상의 이해관계자집단 외에도 정부, 거래처, 금융기관, 지역사회, 일반공중 등에 대한 이해관계도 동시에 충분히 조정하지 않으면 안된다.

### 제4책임 : 환경개선에 대한 책임

환경개선은 환경오염을 방지하는 중요한 사회적책임이다. 대기를 오염하는 매연·먼지·악취 및 가스와 화학적·물리적·생물학적 원인에 의하여 하천을 오염하는 공업폐유·사업장 폐수 및 일반 하수와 소음 또는 진동으로 인하여 발생하는 보건위생상에 미치는 일체의 위해를 말한다. 이는 일부의 예외를 제외하고는 그 발생원이 거의 기업활동에서 발생하는 산업공해이며, 그 피해자는 언제나 지역사회의 주민이다. 그러므로 경영자들은 이와 같은 지구환경의 오염을 예방하고, 지역사회인이 명랑하고 건강하게 안주와 활동을 할 수 있도록 각별한 유의와 세심한 배려로 최대한 공해를 예방 내지 배제하여야 한다. 따라서 충분한 사회비용의 투입과 공해발생원의 노후 시설의 대체에 항상 노력하지 않으면 안된다.

### 제5책임 : 사회개혁에 대한 책임

현대의 경영자는 사회의 지도자로서 사회정화를 추진하는 사회개혁의 책임도 가지고 있다. 왜냐하면 현대 전문경영자는 그 자질면이나 기능면에서 사회정화를 선도할 수 있는 능력을 가지고 있다고 볼 수 있기 때문이다. 현대경영자는 사회적책임의 적극적 이론을 실행함으로써 경영성과를 통하여 사회발전에 기여해야 한다. 경영자의 사회적책임의 수행은 자본주의 시장경제질서의 기본이 되기 때문이다. 그 이론적 근거는 첫째, 현대사회에서 대기업의 권력은 방대하며, 그 권력은 정치적, 사회적, 문화적 영향을 미치며, 특히 사회공익을 위하여 활용해야 하기 때문이다.

둘째, 현대 대기업 경영자는 그들이 가지고 있는 경영능력의 권력을 사회공익에 알맞게 행사하지 않으면 장기적으로 그와 같은 권력을 잃어버리게 된다는 것이다. 또한 그 권력을 남용하게 되면 정부가 개입하게 되고 따라서 자본주의 시장경제질서의 기본인 사기업의 자율성을 제한받게 된다는 것이다.

### 제6책임 : 후계자 양성에 대한 책임

이상과 같은 경영자의 사회적책임은 모두 대외와의 관련에서 생각되는 사회적책임이나, 대내적으로 경영에 참여하고 있는 모든 사람들로부터 협동을 확보하고 그들의 개성을 발휘할 기회를 부여하여, 하나의 주체적 인간으로서의 참여인을 양성하는 책임 이외에, 현대경영자의 사회적책임의 중대한

다른 하나로서 후계자의 육성을 들 수 있다. 이는 기업의 앞날의 발전을 위해서 매우 중요한 것이다. 왜냐하면 내일을 위한 유능한 경영자의 양성 없이는 기업성장은 기대할 수 없고 또한 경제사회의 발전도 기대할 수 없기 때문이다. 이를 위해서는 경영자교육이 철저해야 하며, 이 경영자교육 없이는 경영의 탄력성을 키울 수 없다.

## 3. 현대경영자 사회적책임의 3대 필요성

현대경영자의 사회적책임의 필요성을 크게 3가지로 제시할 수 있다.

첫째, 자유기업체제의 지지에 있다. 현대 산업사회에서 사회적책임의 필요성은 자유기업체제를 지지하고 있다는 점이다.

둘째, 정부개입의 억제와 규제철폐에 있다. 현대 산업사회에서 사회적책임의 필요성은 정부개입을 막고 기업발전을 규제하고 있는 제도적 장치를 축소하고, 기업자유를 경쟁력있게 확대하는데 있다.

셋째, 자본주의 시장경제질서의 필요성에 있다. 사회적책임의 필요성은 자본주의 시장경제질서와 투명한 윤리경영이 필요하다. 따라서 현대기업에서 사회적책임은 ① 사회성, ② 공익성, ③ 환경성 등으로 구분하고 있다. 기업은 본래 이익극대화를 통해 사회공헌을 해야 한다는 것이다. 사회에 봉사하고 공헌해야 한다는 사회성과 기업활동에서 얻은 경영성과를 기업의 이해관계자들에게 공정하게 분배하는 공익성을 수행해야 한다.

그리고 기업의 법질서를 준수하고 사회생활에 있어서 타인에게 불편이나 불쾌감을 주지 않는 선량한 시민이어야 한다.

환경오염에 대한 책임을 지고 자연보호를 지키고, 환경질서인 산업공해 발생을 저지하며, 세계적인 지구환경변화에 대응하는 전략적 방안에 협조해야 한다.

# 제4장
# 성공하기 위한 기업가의 자질론

# 제 4 장 성공하기 위한 기업가의 자질론

## 제1절 기업가 자질론의 이론적 배경

### 1. 페이욜(H. Fayol)의 기업가 자질론

'경영관리학의 아버지'라고 추앙받고 있는 프랑스가 낳은 경영학자 페이욜은 일찍이 모든 관리계층의 기업가에게 공통적으로 필요한 능력, 즉 갖추어야 할 자질을 7가지 조건으로 제시하였다.

#### 제1조건 : 건강과 신체적 적합성이 필수요건이다.

그는 최고의 기업가라면 건강해야 한다고 강조하였다. 즉, 공원(工員)에서부터 관리자(管理者) 사장에 이르기까지 능력에 배합하는 신체의 적합성도 필요하고 건강해야만 기업이 성장하고 흑자를 창출할 수 있다고 주장하고 있다. 세상에 자기 업무의 신체적 적합성도 모르고 건강의 강도와 특성도 모르고 어떻게 기업을 리드할 수 있을 것인가 반문해보고 기업을 맡으라고 강조하고 있다.

#### 제2조건 : 지력(知力)과 정신적 활력을 가지고 있어야 한다

그는 지력은 판단력, 기억력 등과 이해력과 동화할 수 있는 능력을 의미한다. 또한 정신적 활력이란 창업과정에서 또는 기업경영에 필요한 사고력이 집중적으로 요청되는 능력이며, 다수의 복합적이고 다각적인 업무를 효율적으로 평가, 판단할 수 있으며 즉각 처리할 수 있는 능력을 의미한다. 이것은 기업가의 최고의 무기가 됨을 자각해야 된다고 충고하고 있다.

### 제3조건 : 도덕적 소양이 있어야 한다.

도덕적 가치관, 윤리관, 솔직성과 성실성을 강조하고 있다. 모든 계층의 종업원에게 모두 필요하지만 기업가나 경영자는 산업의 총수로서 마땅히 가져야 하는 도덕적 가치관이 필요하다. 경영정신, 경영이념, 경영철학 등은 이 도덕적 소양에서 배태된다고 기술하고 있다.

### 제4조건 : 일반교양과 상식을 풍부히 가지고 있어야 한다.

일반교양과 상식이 풍부해야 한다는 이론은 많은 경영학자들이 주장하는 자질조건이다. 그는 대학에서 일반교양과 상식을 깊이 가르쳐야 한다고 주장하고 있다. 공학하는 사람도 경영자나 기업가가 될 수 있어야 하고, 인문학을 하는 사람도 생산제품의 기술을 알아야 판매할 수 있다는 것이다.

### 제5조건 : 관리능력을 가지고 있어야 한다.

이는 관리지식이라고도 하는데, 그의 관리기능은 ① 계획, ② 조직, ③ 지휘, ④ 조정, ⑤ 통제능력 등을 의미한다. 이 관리능력은 오늘날 전세계 경영학원론의 기본이 되었다.

### 제6조건 : 타기능에 대한 지식도 융복합적으로 고려해야 한다.

그는 각자 주어진 특유한 기술적 기능뿐만 아니라 영업, 재무, 마케팅, 인적자원 활용 등 기업경영에 필요한 모든 기능을 섭렵해야 한다. 특히 창업자가 후계자를 양성하여 승계할 때는 그 후계자의 능력을 충분히 검증하여 자기가 공부한 분야 이외에 타기능에 대한 교육과 훈련이 되었는 지를 판단해야 한다고 지적하고 있다.

### 제7조건 : 기업에 필요한 특수능력을 활용할 수 있어야 한다.

기업에는 다양한 업종과 특수한 품목을 가지고 기업을 이끌어 가고 있다. 전문가도 필요하고 특수한 기술능력도 필요하다. 그 분야에 최고가 필요하다. 최고는 특수한 능력을 갖춘 기술뿐만 아니라 경영능력도 갖추어야 한다. 기업가는 그런 기술과 경영능력을 보유하고 활용할 인사관리의 전문가가 되어야 한다.

## 2. 테일러(F.W. Taylor)의 기업가 자질론

테일러가 지적하는 최고경영자의 자질론은 현대산업사회의 기업가나 CEO들이 모두 귀감이 되는 조건이며 자격이다. 그러나 테일러는 이러한 최고의 자격과 조건을 갖추고 있는 기업가나 경영자가 있다고 해서 우수기업이나 초우량기업이 될 수 있는 것은 아니라고 설득하고 있다. 이 기업가나 경영자의 자질과 조건은 기본적으로 갖추어야 할 소양이며, 이런 기본바탕 위에서 외부환경과 내부환경의 반응조건(feedback)이 시너지효과를 가지고 있어야 한다고 지적하고 있다.

즉, 자신들의 능력을 최대화하고 그 자격과 조건이 그 시대의 환경에 적응하여 시너지효과를 발휘할 때 기업은 성장을 한다는 것이다.

여기에서 그가 지적하는 21세기의 기업가와 CEO의 자질조건 9가지를 제시한다.

1) Brain – 우수한 두뇌의 소유자, 머리 기술과 마음(혼) 기술을 활용하는 삼위일체의 자질을 가진 자

2) Education – 평생교육을 통해 지식의 생산성을 향상시킬 수 있는 자
3) Special or Technical Knowlege – 창조적 기술지식, 전문적 지식이나 특수한 지식의 소유자, 기업의 적자를 흑자로 전환시킬 수 있는 자질을 가진 자
4) Tact – 수완이 있는 자, 경영혁신기법의 활용자
5) Grit – 담력을 소유한 자, 특히 도전과 개척, 신념의 소유자, Candoism의 소유자
6) Judgement & Commonsense – 판단력과 상식이 풍부한 자
7) Energy – 정력이 왕성한 자, 박력과 리더십을 갖춘 자
8) Honesty – 정직한 자, 청렴하고, 윤리경영기법을 가진 투명한 자
9) Health – 건강한 자, 육체적 · 정신적 건강을 동시에 가진 자

테일러의 이 현대기업가의 자질과 조건은 과거 우리나라의 창업자나 경영자들이 CEO의 자질과 조건의 기준으로 삼았으며, 이 9가지의 능력을 갖추기 위하여 많은 기업가나 경영자들이 지금도 노력하고 있으며, 앞으로도 계속 노력할 것으로 보인다.

## 3. 드럭커(P.F. Drucker)의 기업가 자질론

드럭커는 신시대가 요청하는 경영자의 7가지 혁신적 과제를 제시하면서 유능한 자질과 능력의 소유자라도 다음과 같은 혁신적 과제를 해결하지 않고서는 최고경영자가 될 수 없다고 하였다.

여기에 그의 최고경영자 자질론을 제시한다.

첫째, 경영목표설정과 목표관리(management)를 할 줄 알아야 한다.

둘째, 기업 내외의 환경에 다른 각종 위험부담을 신속히 파악, 해결할 줄 알아야 한다. 즉, 환경변화에 대응하는 전략을 수립할 줄 알아야 한다.

셋째, 전략적 의사결정(strategic decision)을 수행할 능력과 목표에 대한 성공적인 확신과 기법을 지니고 있어야 한다.

넷째, 공통의 목표를 수행하는 데 통합된 팀워크를 조직하고, 관리하고, 활용할 줄 알아야 한다.

다섯째, 정보전달기능의 신속화와 경영정보체계에 진입하는 경영기법 및 경영합리화를 할 줄 알아야 한다.

여섯째, 경영관리를 미시적 관리(micro management)와 거시적 관리(macro management)로 구분하여 수행할 줄 알아야 한다.

일곱째, 전사적 경영관리(total management)의 성공적 수행을 위해서 국제경제, 국내경제, 인류사회의 동향 등 국내외적 경제를 분석할 능력이 필요하다. 그리고 현대기업이 요청하는 경영자는 인간 컴퓨터가 되어야 한다.

## 4. 휴스톤(G.H. Houston)

기타 창업자나 기업가의 자질론을 제시한 대표적인 경영학자들은 휴스톤(G.H. Houston)과 카츠(R.L. Katz) 등이 있으며, 그외 여러 경영학자의 이론들이 있다.

휴스톤은 최고경영자가 구비해야 할 자질과 기능으로서 ① 경영조직, ② 경영정책, ③ 관리경제, ④ 인관관계의 실천, ⑤ 감독의 원칙과 방법, ⑥ 관리과정 및 실천, ⑦ 의사결정과정 등을 실천할 줄 알아야 한다고 제시하였다.

또한 육성해야 할 중요기법으로서 ① 기술적・분석적 기능, ② 개념적 기능, ③ 인간적 기능, ④ 교수 및 습득기능, ⑤ 의사소통기능, ⑥ 의사결정기능이라고 하였다.

## 5. 카츠(R.L. Katz)

카츠는 최고경영자의 기능을 3가지로 요약하고 있는데, 첫째가 기술적 기능(technical skill), 둘째, 인간적 기능(human skill), 셋째, 개념적 기능(conceptual skill)을 가지고 있어야 한다고 주장하였다.

첫째, 기술적 기능은 절차, 과정, 기술 등을 이해하고 능숙하게 실천하는 능력을 의미하며, 전문분야의 지식과 분석능력을 포함한다.

둘째, 인간적 기능은 한 집단의 지도자로서 구성원들의 협동하는 노력을 부여하고 집단과 조직이 효과적으로 일하게 하는 능력을 발휘하게 하는 동기를 부여해야 한다.

셋째, 개념적 기능은 경영의 전체를 자유로 운영할 줄 아는 능력을 의미한다. 조직간의 관련성, 이해자집단의 이해조정, 사회적책임 등 기업을 경영하는 총체적인 개념의 경영능력을 지니고 있음을 말한다.

이 세 기능은 상호 보완적이고 상호 연관적 효과를 기대할 수 있도록 최대화하는 것이다.

## 제 2 절 매니지먼트 펜타곤 : CEO의 기업가 자질론

### 1. 매니지먼트 펜타곤의 정의

매니지먼트 펜타곤(management pentagon)이란 용어는 미국 워싱톤 소재 국방성의 건물모양이 5각형으로 되어 있으며, 이 곳에서는 미국 군통치 및 군사력의 전략뿐만 아니라 세계적 군사전략을 수립하고 세계의 방위정보를 수집하여 분석하고 있는 최고의 리더기관으로 미국의 평화뿐만 아니라 세계 평화를 위하여 노력하는 미국 최고의 군사전략가들이 모인 집단에서 유래한 데서 연유한다.

이러한 군사 최고의 전략적 리더기관으로 근무하는 전략가들을 지칭하는 이곳을 비유하여 미국 최고경영자 리더십의 자질을 만들어내는 지표로 삼아 매니지먼트 펜타곤이라고 한다. 따라서, 매니지먼트 펜타곤은 "최고경영자의 자질"이라고 규정하였다.

최고경영자의 기능 중에서 무엇보다 중요한 것이 리더십(leadership)이라고 강조되는 데서 매니지먼트 펜타곤은 일약 유명해졌다.

그림 4-1. 최고경영자의 자질 : 매니지먼트 펜타곤

## 2. 매니지먼트 펜타곤의 내용

### 1) 중심원의 리더십과 자질

[그림 4-1]에서 가운데 중심원은 최고경영자의 리더십(top management leadership)으로서 최고경영자는 ① 지도성 : 우수한 지도력을 발휘하고 부하를 잘 다스려야 한다는 지도자의 뛰어난 능력이 있어야 하고, ② 책임성 : 톱(top)으로서 조직의 모든 책임을 가진다는 책임감이 뛰어난 자이어야 하며, ③ 의사성 : 정확하고 판단력있는 의사결정을 해야 하는 의사성을 가진 자이어야 하며, ④ 설득성 : 부하를 설득하고 고객을 설득하는 능력을 가진

설득과 소통의 능력이 있는 자이어야 하며, ⑤ 전략성 : 국내외 경제환경 변화에 대응하는 경영전략을 수립할 줄 아는 전략기법의 능력자이어야 하며, ⑥ 신뢰성 : 믿음과 신의, 신념을 가진 특출한 신뢰성의 소유자이어야 한다.

### 2) 내측 펜타곤의 강화

중심원의 리더십은 다시 최고경영자의 내측 펜타곤(5각)에 의하여 강화되고 있다.

첫째, 성실성(誠實性) – 최고경영자는 정직하며 성실한 이념을 가져야 한다.

둘째, 혁신성(革新性) – 최고경영자는 창조적이며, 혁신(Innovation)적인 성격을 가져야 한다.

셋째, 향상성(向上性) – 최고경영자는 어제보다 오늘이, 오늘보다 내일이 더 발전한다는 소신을 가진 향상성을 가져야 한다.

넷째, 육성성(育成性) – 최고경영자는 계속 교육받고, 성장해야 한다.

다섯째, 전업성(專業性) – 최고경영자는 전문가적 사업수완을 가져야 한다.

### 3) 외측 펜타곤의 자질조건

내측 펜타곤을 강화했으면, 외측 펜타곤의 자질조건을 갖추어야 한다.

첫째, 건강 – 최고경영자의 조건 중 가장 중요한 것은 건강이다. 돈과 명예를 잃은 것은 조금 잃은 것으로 문제가 되지 않는다고 생각한다. 그러나 건강을 잃은 것은 모두 잃어버린 것이다.

둘째, 가정 – 최고경영자의 조건 중 가정이 또한 중요하다. 가정은 항상 평화롭고 행복해야 한다. 가정이 불안한 CEO는 자질이 없다고 판단한다.

셋째, 자산 – 최고경영자의 조건 중 자산도 중요하다. 최고경영자는 사업을 활성화할 수 있을 정도의 자산을 보유해야 한다. 조달능력을 갖추어야 한다.

넷째, 주식 – 최고경영자의 조건 중 주식도 필요하다. 최고경영자는 회사의 주식도 가지고 있어야 한다.

다섯째, 경력 – 최고경영자의 조건 중 경력은 매우 중요하다. 최고경영자는 경험과 경륜으로 만들어진다는 사실을 펜타곤은 지적하고 있다.

이상과 같은 매니지먼트 펜타곤은 최고경영자의 자질과 리더십으로 해석되고 있으나, 오늘날 최고경영자의 자격과 조건으로 21세기 신경영자상으로 지칭되고 있다. 이것을 신기업가 리더십(New Entrepreneur Leadership)이라고 규정한다.

# 제5장
# 21세기 Global시대의 신경영자상

# 제 5 장 21세기 Global시대의 신경영자상

## 제1절 신경영자상

### 1. sskimMQ이론의 정의

21세기는 세계화시대이며, 지식정보화시대이다. 그리고 지식기반경제시대이며, 지식산업이 국제경쟁력을 갖는 창조경영시대이다. 특히 세계화·개방화는 경쟁의 격화와 도전을 가져오고 있다. 살아남기 위해서 복잡하고 다양한 국내외 경제환경을 슬기롭게 대응해야 하고 많은 장벽들을 서슴없이 헤쳐나가야 하는 전략들이 필요한 때이다.

그러면 이러한 21세기 초우량기업들과 경쟁에 이기고 성공하기 위해서는 어떠한 기업가의 자질과 조건들을 겸비해야 할 것인가에 대한 연구는 그다지 많지 않았다.

따라서 필자는 여기에서 21세기 지식기반 경제사회에서 최고의 경영자, 기업들이 갖추어야 하는 자질과 조건들을 정립하였다.

이것을 "金聖壽(김성수) 교수의 MQ(Management Qualification: sskimMQ)이론"이라고 정의하였다.1)

sskimMQ이론은 이 지구상의 237개국 60억명의 소비인구를 상대로 상품과 서비스 그리고 지식을 파는 기업가로서 최고경영자의 자질조건이다.

앞으로 이 sskimMQ이론이 학계나 산업계에 보급되어 창업자, 전문 경영자들이 이런 자질을 갖추어 최고기업가나 최고경영자가 되기를 바란다.

---

1) 김성수(2003) 성공한 창업자 기업가정신, 제3판, 삼영사, pp. 68~69.

## 2. sskimMQ이론의 내용

혁신과 창조경제시대 기업가는 sskimMQ이론을 실제조건으로 반드시 갖추어야 한다. 왜냐하면 이것은 최고경영자의 자질조건이 되기 때문이다.

여기에 10가지의 자질과 조건은 ① 경영이념과 생산성정신, ② 프로맨의 정신, ③ 신속한 정보와 판단력, ④ 신경영기법과 기술개발능력, ⑤ 문제점 파악과 해결방안, ⑥ 긍정적 사고, ⑦ 숫자에 따른 의사결정력, ⑧ 정직과 신용, ⑨ 인간성중시의 리더십, ⑩ 건강과 정력 등으로 제시된다.

이를 부연하여 설명하면 다음 2절과 같다.

# 제2절 sskimMQ이론[2) ] - 성공한 기업가의 자질조건 -

## 1. 경영이념(가치관)과 생산성향상 정신을 가진 자

먼저 기업가나 경영자는 경영이념(가치관)을 가지고 있어야 한다. 경영이념은 창업자적 기업가, 기업가적 경영자가 기업경영에 가지는 정신적 지주, 기본적 가치, 실천적 행동지침, 신념, 태도 등의 도덕적・윤리적 기준을 말한다.

예를 들면 기업경영을 성장시키는데 필요한 인간존중주의, 신용제일주의, 고객만족주의 등의 경영행동이 실천되어야 하고, 기업경영의 목표를 행동으로 표시하는 사시, 사훈, 사칙 등에 나타나고 있어야 한다. 따라서 기업가는 이러한 확고한 가치관과 뚜렷한 목표의식을 가지고 있어야 한다.

다음으로 생산성정신을 기업가정신으로 가지고 있어야 한다. 여기에서 생산성정신이란 첫째, 어제보다 오늘이, 오늘보다 내일이 좋아진다는 신념을

2) 김성수(2003) 성공한 창업자 기업가정신, 제3판, 삼영사, pp. 69~75.

가지고 이를 실천해야 하는 정신인 것이다.

둘째, 현재가 아무리 훌륭하고, 우수하고, 완벽하다 하더라도 반드시 문제점이 있으며, 개선할 것이 있다는 정신이다. 시간의 역사성은 새로운 창조를 낳기 때문에 시간이 가면 현재는 새로운 것도 낡은 것이 되고, 앞으로의 것이 새로운 것으로 창조된다는 것이다. 이러한 기업가정신이 생상성향상정신이다.

## 2. 프로맨 정신의 소유자

기업가나 관리자는 시대에 적응하는 교육과 훈련으로 능력개발을 계속해야 한다. 한번 졸업하고 마는 지식 가지고 평생을 먹고 살려는 의식이 있다. 이것은 잘못된 의식이다. 평생 공부를 하면서 시대적 상황에 대응하여야 한다. 창조경영시대는 지식을 많이 가지고 있는 사람이 성공한다. 때때로 어린 소년이 벤처기업으로 돈을 번다는 기사가 실리고, 그런 성공한 소년이 있다고 한다. 그러나 “잘 보아 두시오 그 소년의 지식이 얼마나 가겠느냐, 아마 얼마 못가서 그 소년은 성장하면서 부족한 지식을 충족하기 위하여 공부하는 곳으로 다른 지식을 찾아가게 될 것입니다.” 시대에 맞는 일반교육과 사회의 기본교육은 정상적인 시민으로 지켜야 하는 기본적 자질이다. 영재는 계속 교육과 훈련을 통해서 이룩되는 것이다.

프로스포츠맨의 정신을 갖춘 전문경영자가 되어야 한다. 프로스포츠맨처럼 시간의 규칙, 게임의 규칙, 경영관리의 룰을 지키면서, 반드시 경쟁하여 이겨야 한다.

프로는 무엇인가? 프로는 돈이다. 프로는 반드시 이겨야 한다. 프로야구선수, 프로축구선수, 프로농구선수, 프로들은 돈으로 프로의 진가를 결정한다. 경영자는 프로다. 기업가는 최고의 프로 스포츠맨이 되어야 한다. 최고의 기업가, 최고의 경영자는 진정한 프로이다.

## 3. 신속한 정보와 판단력을 가진 자

21세기의 변화무쌍한 경쟁에 이기기 위해서는 국내외 경제환경의 정보획득능력이 빨라야 하고, 그에 대응하는 신속한 판단력을 가져야 한다.

특히 국제경제환경에 대응할 줄 아는 다면적이고, 뉴프런티어적인 전략수립이 빨라야 하고, 신속한 정보의 정확한 판단력이 뒤따라야 한다.

예를 들면, 다음과 같은 5가지의 정보를 손금 보듯이 신속하게 알고 있는 기업가나 관리자가 되어야 한다.

첫째, 세계정치·국내정치환경의 정보와 분석력

둘째, 국제경제와 국내경제환경의 정보와 대응 판단력

셋째, 세계 초일류기업과 경쟁기업의 신제품, 생산동향과 기술정보

넷째, 국내경쟁기업의 신제품, 신기술, 신시장, 신기술정보 등

다섯째, 국내외 오일, 주식, 금, 달러, 주요 곡식 등 5대 메이저 상품의 가격 및 수급동향 정보 등을 신속히 알고 대응전략을 수립할 줄 알아야 한다.

## 4. 신경영기법과 기술개발능력을 가진 자

최고의 기업가와 경영자는 전문적 경영지식과 기술개발능력이 있어야 한다. 적어도 신기술, 신제품개발, 신시장, 신자원, 신조직을 형성할 수 있는 슘페터(J.A. Schumpeter)가 지적한 혁신(innovation)기능을 가져야 한다.

그리고 창조경영시대 기업가는 꿈의 기술력, 감각경영전략의 전문지식을 가져야 한다. 꿈의 기술력, 감각경영전략이란 ① 우수한 두뇌기술 : Brain Tech를 가져야 하며, ② 훈훈한 마음기술 : Mind(Heart) Tech, 즉 혼을 가져야 하며, ③ 뛰어난 손 기술 : Hand Tech를 가져야 한다.

이 세 가지를 하나의 조직체로 묶어서 활용하여 보아라. 반드시 성공할 것이다.

신경영기법을 습득하여 기업경영에 응용할 줄 아는 기업가나 경영자가 되어야 한다. 예를 들면, (1) 리엔지니어링, (2) 리스트럭처링, (3) 벤치마킹, (4) 다운사이징, (5) 아웃소싱, (6) ERP, (7) M&A, (8) 스피드경영, (9) 전략적 제휴 등과 같은 신경영기법을 활용하여 기업의 진단을 할 줄 알아야 한다.

(1) 리엔지니어링 : 영어로 Reengineering으로서 기존의 업무방식을 근본적으로 재고려하여 시스템 전체를 새롭게 구축하는 것. 프로세스를 근본단위로 하여 업무・조직・기업문화까지 전부분에 대하여 성취도를 대폭적으로 증가시키는 경영혁신 방법이다.

(2) 리스트럭처링 : 영어로 Restructuring으로서 수익성을 높이기 위하여 비용을 절감하는 혁신경영기법이다.

① 경쟁력이 없는 공장 등의 폐쇄와 유휴생산시설 줄임

② 비용절감과 불필요한 인원 감축

③ 사업부문 매각 처리

④ 조직구조 개편 실시

(3) 벤치마킹 : 영어로 Banchmarking이라 하며, 성공한 기업의 전략경영, 기법, 실무 등을 배우고, 모방하여 실행함으로서 수익성과 생산성을 향상시키는 경영기법이다.

(4) 다운사이징 : 영어로 Downsizing이라고 하며 의도적인 인원감축방법으로서 조직의 효율성, 생산성, 그리고 경쟁력을 개선하기 위한 조직인력의 규모축소, 감원 등을 하는 경영기법이다.

(5) 아웃소싱 : 영어로 Outsourching이라고 하며 외부의 전문업체에 의탁하여, 하청, 업무대행, 외주 컨설팅, 근로자파견 등의 경영기법을 통하여 경쟁력 향상, 가치창출, 비용절감 등을 한다.

(6) ERP : Enterprise resource planning의 약자이며 전사적 자원관리의 혁신기법이라고 한다. 생산, 구매, 재고, 판매, 회계, 인사 등의 전사적 업무를 통합하여 회사의 경영지원인 자금, 인력, 자재 등의 계획적인 활용을 목적으로 하는 전사적 자원관리 시스템이다.

(7) M&A : Merges & Acquisitions의 약자이며 절실히 필요한 두 기업이 통합하여 하나의 기업으로 새롭게 탄생하는 전략기법이다. 즉, 제휴의 필요성이 너무 크고 장기적인 몰입의 필요성이 있을 때 인수・합병을 통하여 결합하는 가장 강한 형태의 제휴관계로 볼 수 있다. 합병에는 ① 흡수합병, ② 신설합병, ③ 역합병, ④ 삼각합병 등이 있다.

(8) 스피드 경영 : 영어로 Speed management라고 하며, 제품개발부터 시장장악까지 시간을 최소화하는 경영기법이다. 스피드 경영의 특징은 ① 기회선점, ② 시간단축, ③ 타이밍 경영, ④ 유연경영 등이다.

(9) 전략적 제휴 : 영어로 Strategic alliance라고 하며 경쟁관계에 있는 기업끼리 일시적 협조관계를 갖는 전략기법이다. 전략적 제휴 산업의 목적은 ① 시장진입, ② 상호보완적 기술의 활용, ③ 신규 기술개발에 필요한 시간과 자본을 줄이는 제휴 등이 있다.

## 5. 문제점과 해결방안을 찾아내는 자

문제점을 정확히 찾아낼 줄 아는 능력과 문제점의 해결방안을 찾아내는 기업가나 경영자가 성공한다. 문제점의 파악은 두 가지 면, 즉 미시적 측면(Micro)의 문제점과 거시적 측면(Macro)의 문제점을 동시에 찾아낼 줄 아는 능력을 가져야 한다.

미시적 측면의 문제점은 나무 하나하나를 보면서 문제점을 찾는 기법과 현미경적 문제점을 찾는 기법으로 미시적으로, 단기적으로 보이지는 않는 문제점을 정확히 찾아내는 능력을 가져야 한다.

거시적 측면의 문제점은 숲의 전체를 보면서 판단하고, 망원경적 문제점을 찾는 기법으로 장기기법이나 미래의 예측으로 문제점을 찾아내는 능력을 가져야 한다.

해결방안 역시 미시적・거시적 문제점에 대한 개선방향으로 풀어내는 능력을 가져야 한다.

## 6. 긍정적 사고력을 가진 자/ No를 Yes로 변화시키는 자

기업가나 전문경영자는 부정적인 모든 문제를 긍정적으로 바꾸게 하는 능력을 스스로 가져야 한다. 먼저 No를 Yes로 전환할 수 있는 긍정적인 사고를 갖는 것이 중요하다. X형의 인간보다 Y형의 인간관계적 행동이론이 지배적인 기업가나 경영자가 더욱 바람직하다.

No를 Yes로 바꾸어라. No를 Yes로 바꾸게 하는 설득하는 능력을 가져야 한다. 부정적인 사고를 긍정적인 사고로 변하게 하는 설득능력, 항상 긍정적 사고력을 가지고 기업을 경영하는 경영자나 기업가는 반드시 성공하였다. 성공한 기업가의 90% 이상이 최종의 의사결정을 할 때는 반드시 긍정적인 사고를 가지고 있었다는 사실만 보아도 알 수 있다.

인생을 살아가는 데 평균 긍적적인 사고를 가지면서 웃음으로 지낸 세월이 모두 합해서 60일 정도에 불과하다고 한다. 그리고 부정적인 의문과 걱정, 슬픔, 욕심, 탐욕 등의 문제로 16년이 걸렸다는 조사결과가 나왔다. 따라서 부정적인 문제를 긍정적으로 바꾸는 기술과 능력이야 말로 21세기 지식경영시대에 요구하는 최고경영자의 자격과 조건이 아닐까 생각한다.

## 7. 숫자로 의사결정을 하는 자

조직의 의사결정을 숫자로 판단하여 결정하여라. 매출액, 이익, 임금, 자본금, 수출, 수입, 가격, 불량률, 클레임발생률 등 기업경영의 기초는 숫자이다. 숫자의 경영정책, 숫자의 경영전략으로 실행하라는 숫자의 경영학이 있다.

기업가나 경영자는 조직, 경영을 평가하는 데 무엇으로 하는가? 바로 숫자가 아닌가, 그런데 대부분 경영자는 숫자에 약하고 숫자에 둔감하고 통계에 관심이 없으며, 계량에 관심이 없고, 측정에 관심이 없다. 이런 기업가나 경영자는 모두 실패하였다. 신입사원부터 최고경영자까지 결재난에 반드시 숫자로 결재를 하도록 하고 숫자로 의사결정을 한다고 가정해 보라. 아마도 낭비는 전혀 없을 것이다.

미국의 듀퐁 같은 회사는 관리자가 반드시 신입사원부터 보고서나 결재난에 반드시 숫자로 결정을 내리도록 경영방침을 지시하고 있다.

## 8. 정직과 신용을 제일주의 정신으로 하는 자

성공한 창업자의 대부분은 정직과 신용제일주의를 경영의 기본이념으로 삼았다. 정직, 정도, 정각, 정행 등 사정사상(四正思想)을 기본으로 하여, 정직을 무기로 신용도를 구비하는 능력을 배양하였다.

21세기 기업의 4대과제는 자금난, 인재난, 기술난, 정보난이라고 한다. 이 가운데 자금난을 해결할 수 있는 것은 정직과 신용뿐이다. 신용제일주의로 자금난을 해결하고 기업을 성공으로 이끈 사례는 우리 주변에서 얼마든지 볼 수 있다

21세기 세계의 모든 금융기관은 그 평가척도를 신용과 투명성으로 하게 될 것이다. 정직과 청렴도는 국제경제기구 OECD 등에서 권고하는 평가기준이다. 이제 21세기 기업가나 전문경영자는 정직과 청렴도로 신용을 창출하는 경영능력을 가져야 할 것이다.

## 9. 인간성중시의 리더십을 가진 자

기업가나 최고경영자는 부하를 다루는 리더십의 능력을 중요하게 평가한다. 특히 인간관계를 중시하는 경영자의 리더십은 창업능력뿐만 아니라 기업을 성장 발전시키는 원동력이 되기도 한다. 21세기 창업자는 5가지 유형의 리더십을 가져야 한다 즉, ① 신뢰력, ② 설득력, ③ 책임력, ④ 혁신력, ⑤ 분석력 등의 리더십을 말한다.

첫째, 신뢰력은 신념과 신용의 능력, 둘째, 설득력은 동료와 부하 그리고 최종의 고객을 설득하여 이해하는 능력, 셋째, 책임력은 조직과 팀의 승패

및 문제점을 책임지는 능력, 넷째, 혁신력은 신기술, 신제품, 신시장, 신원료, 신조직 등의 경영혁신을 하는 능력, 다섯째, 분석력은 국내외 경제환경 및 경쟁관계의 지표 등을 분석하여 문제점을 찾아내고, 대응전략을 수립할 수 있는 능력까지를 말한다.

이러한 리더십은 인간성중시의 경영정책과 인간관계형성의 밑거름에서 이루어질 때 노사관계는 안정화를 가져오며, 생산성은 향상될 것이다. 따라서 대부분의 기업가나 전문경영자의 자질은 인간성중시의 리더십을 가지고 있는가의 여부에 따라 평가하기도 한다.

## 10. 건강과 정력을 소유한 자

테일러(F.W Taylor)는 최고경영자의 자질과 조건에서 건강과 정력을 매우 중요시 평가하고 있다.

"돈을 잃는 것은 조금 잃는 것이요, 명예를 잃는 것은 많이 잃는 것이다. 그러나 건강을 잃는 것은 모두 잃어버리는 것이다"라는 말이 있다. 결국 기업가나 경영자가 건강해야 조직이 건강하고 회사도 건강하다. 따라서 회사의 경영자, 관리자, 종업원이 건강해야 신바람도 나고, 생산성도 향상되며, 수익도 오른다.

건강해야 정력도 좋다. 정력이 좋으면 박력도 있고 개척정신, 도전정신 등 불굴의 정신이 솟아오른다. 따라서 건강과 정력은 세계적 기업과 경쟁하는 경영자의 기초도구라고 말한다.

건강과 정력이 없으면 가정의 평화도 회사의 성장도 사회봉사도 못한다. 21세기 지식경영사회에서 가장 중심이 되는 기업가, 최고경영자(CEO)의 능력은 건강과 정력임을 명심하기 바란다.

지난 날 20세기 말까지 성공한 창업자가 말하는 공통적인 조건은 건강, 박력, 신용, 리더십, 인간관계형성 등임을 지적하고 있다. 그 만큼 건강과 정력을 중시하고 있다. 새로운 21세기 창업자들이 새롭게 음미해 볼만한 자질과 조건이라 생각한다.

# 제6장
# 성공한 기업의 과정과 공통적 기업가정신

# 제 6 장 성공한 기업의 과정과 공통적 기업가정신

## 제1절 성공한 기업의 5단계 과정

### 1. 성공한 기업의 성장과정

성공한 기업은 창업에서 성숙기에 이르기까지 성장과정에 따라 단계별로 그 경영전략이 달라지고 있다. 기업규모, 업종, 지역, 시대별, 경영시스템, 경영스타일 등에 따라 달라지고 있다.

처칠(N.C. Churchill)과 루이스(V.L. Lewis)는 창업기업이 성장과정에서 거치는 단계를 ① 성립, ② 존립, ③ 성공, ④ 도약, ⑤ 성숙 등 5단계로 제시하고 있다. 현재 성공한 기업은 이 5단계 과정을 거쳐 지속가능 성장을 계속하고 있다.

### 2. 성공한 기업의 성장 5단계 과정

성공한 기업성장의 5단계를 기업의 규모와 다각화 및 복잡성의 지수로 규정하고 있으며, 5가지 경영요인들, 즉 경영스타일과 조직구조, 공식시스템의 정도, 주요전략 목표 및 기업소유자의 경영개입의 정도 등에 의해 분석되고 있다.

#### 1) 제1단계 : 성립

제1단계의 성립은 성공기업의 조직을 소유기업가 스스로 모든 것을 해내는 경영방식으로 너무나 단순하다. 성공기업의 부하직원들이나 구성원들은 최소한 평균적인 능력을 가지고 있는 인적자원이어야 한다.

(1) 경영체계나 공식적인 계획과정 : 지극히 단순하고 미미하며, 거의 존재하지 않는다.
(2) 기업의 전략 : 단순히 살아 남는데 목적을 둔다.
(3) 기업주 자신 : 자기가 바로 기업이라는 인식을 하고, 승패의 의사결정을 혼자 한다
(4) 중요한 과제 : 고객확보, 제품과 서비스판매 등 기업주가 직접 처리하고 해결한다.
(5) 미래의 주된 방향 : 기업주 자신의 활력, 건강, 자본 등을 주된 공급자로 승패를 건다.
(6) 성립단계에서 평가해야 할 점 : 우수해야 한다 - 모두 Yes가 되어야 한다.
   ① 우리 기업은 존립이 가능한가? 창업하기에 충분한 자본, 인력, 기술이 있는가?
   ② 충분한 고객을 확보하고 제품과 서비스를 훌륭하게 공급할 수 있는가?
   ③ 핵심적인 고객이 있는가? 개발된 상품들이 판매기반을 확충할 수 있는가?
   ④ 창업단계에서 막대한 현금수요를 감당할 수 있을 만큼 충분한 자금을 보유하고 저축하고 있는가?

### 2) 제2단계 : 존립

성공한 기업의 제2단계는 존립단계로서 이 과정에 도달하는 창업주는 이제 기업은 그 자신이 하나의 생존 가능한 기업실체라는 점을 인식하고 그것을 입증해 주는 사실들을 나타내야 한다. 기업은 충분히 고객을 확보하고 자금을 창출한다. 그리고 고객창출을 위한 제품과 서비스를 계속 제공한다.

(1) 핵심적인 과제 : 단순한 존립에서 벗어나 수입과 지출의 관계로 이행해 간다.

(2) 경영시스템의 정도 : 경영시스템의 발전은 장래성이 유망하다.

(3) 공식적인 계획활동 : 자금예측이 가능하고, 신용으로 성장이 가능할 정도이다.

(4) 기업의 주요목표 : 여전히 생존과 존립이며, 창업자는 기업과 동일시 되고 있다.

(5) 미래의 주된 방향 : 규모와 수익성의 측면에서 성장하여 제3단계로 성공해 가야 한다. 아니면 그간 투입한 시간과 자본에 대해 단계적 수익만을 올리면서 이 단계에 머물러 있다가 매각하거나 결국 사업 포기 또는 문을 닫는 창업기업이 된다.

(6) 존립단계에서 평가할 점 : 모든 경영관리가 Yes, 충분하다고 평가한다.

① 단기적으로 수지균형을 달성하고, 자본자산이 마모됨에 따라 설비의 수선이나 교체비용(switching cost)을 감당할 수 있을 만큼 충분한 현금수익을 창출해 낼 수 있는가?

② 최소한 사업을 계속해 가고, 산업 및 시장을 고려할 때 자산 및 노동력에 대해 경제적 수익을 올릴 수 있으며, 규모의 기업으로 성장할 수 있도록 뒷받침 할 만큼 충분한 현금을 창출할 수 있는가?

(7) 존립단계의 현상 :

① 기업의 조직은 직계식조직, 단순조직이다.

② 종업원수는 아직 한정된 규모이다

③ 한 사람의 판매관리자나 작업반장이 그들을 감독한다.
그리고 이들은 어느 누구보다도 능력이 우수하다.

④ 기업주가 내리는 구체적인 지시만을 이행한다.

⑤ 한계기업 일부는 어느 정도 경제적 생명력을 가지고 있어 약간의 손실을 보는 가격으로 매각하기도 한다.

⑥ 파산되어 소멸되는 창업기업들이 많다. 창업후 5% 정도만 살아 남고, 95%는 이 단계에서 존립하지 못하고 도산된다. 이때, 정부 정책을 관찰하여 창업기업 지원정책에 부응하여 살아 남도록 한다.

### 3) 제3단계 : 성공

제3단계는 성공이다. 성공단계에서 기업가는 계속 도전과 개척정신으로 의사결정을 하며, 지금까지의 성과를 활용하여 회사를 확장할 것인가, 아니면 회사를 안정적이고 수익적으로 유지하면서 현재까지 사업활동의 기반으로 활용할 것인가, 혁신할 것인가? 또는 손을 떼고 그간의 성과를 수익보상으로 평가하여 고가로 매각할 것인가 등이 검토될 것이다.

**(1) 이 단계 기업의 특징**

① 진정한 견실성을 확보했으며, 경제적 성공을 기하기에 충분할 만큼의 규모와 제품시장침투를 이룩했고 또 평균 혹은 그 이상의 수익을 올리고 있다.

② CEO는 회사를 공고히 하고 자원을 성장쪽으로 동원한다

③ CEO는 성공의 지속적 유지를 위하여 성장전략을 수립한다.

④ CEO는 자금과 회사의 차입능력을 동원하여 성장을 뒷받침하는데 투입하는 모험을 감행한다. 시장점유율이 확대된다. 매출액이 크게 증가한다.

⑤ 유능한 관리자를 육성하고, 새로운 관리자 확보에 주력한다.

**(2) 이 단계의 과제 : 우수하다** - Yes

① CEO는 기업가정신을 계속 유지해야 한다. 가능할 것인가? 예를 들어 창의, 신용, 도전, 혁신, 고객만족, 사회보국, 책임정신 등을 구현하는데 최선을 다하게 될 것인가?

② 앞으로 필요에 따라 역점을 둘 경영시스템을 도입하고 조직혁신을

해야하는데 가능한가?

③ 국내외 경제환경에 대응하는 신경영전략을 장단기적으로 수립할 수 있는가?

④ 경기변동의 사항과 국내외의 경쟁업종과 경쟁회사의 정보를 수집 신속하게 대응할 수 있는가?

⑤ 성공적이지 못할 경우 신속하게 회사가 파산이나 비자발적 매각의 운명에 처하기 이전에 존립단계로 후퇴하고 방어전략을 수립할 수 있는가?.

⑥ 기업가의 자질과 조건, 경영능력, 특히 리더십이 더욱 필요할 때이다. 기업가는 사회적책임 구현정신이 있는가?

### 4) 제4단계 : 도약

성공단계를 지속하면 반드시 도약단계가 온다. 이 도약단계의 핵심적인 과제는 급속성장을 달성하고, 그 성장을 어떻게 재정적으로 뒷받침하고, 어떤 전략을 수립하여, 어떤 기업가정신으로 대응해야 하는가이다. 조직의 혁신, 전략의 변화, 고객의 새로운 서비스개선, 주식의 공개, 재무구조 개선, 세계화 전략의 모색 등이 나타난다. 다음과 같은 경영관리체계 개선요구가 나타난다.

#### (1) 이 단계 기업의 특징

**① 조직을 재구성한다.**

조직은 기업을 성장에서 도약으로 이끌어가는 경영시스템 과정의 중추적 기관이다. 이 조직을 도약으로 가는 체제로 재구성하고, 신인재를 확보하고 전문가 중심의 관리자로 재배치한다. 조직이 분권화되어 최소한 부분적으로나마 사업부제로 전환한다. 기업발전과정에서 도약단계는 조직의 핵심역량 판단을 중요한 요소로 감안해야 한다.

② 새로운 기업가정신을 재천명한다.

창업자의 경영이념이 담겨진 도약의 기업가정신을 재천명하고 사훈, 사시 등을 혁신적으로 조직의 구성원에게 교육시킨다. 그리고 기업은 이익을 극대화하는 조직이며, 책임·권한·이익도 회사를 위하여 존재함을 인식시킨다.

③ 권한이양을 합리적으로 한다.

창업자는 급성장하여 점차 복잡해지는 업무의 관리적 효율성을 개선하기 위하여 다른 사람들에게 합리적으로 권한이양을 단행한다. 그리고 이 조치는 업무성과에 대한 통제권까지 포함하며, 또한 어떤 실책을 범할 때에 그것을 용납할 의지까지 있는 진정한 권한이양인가 아니면 단순한 권한의 포기인가를 기업가 스스로 평가한다.

④ 자금조달능력을 배양할 수 있다.

기업의 성장에 수반되는 막대한 자금수요를 충족시킬 수 있는 조달능력이 있으며, 창업자의 입장에서는 높은 부채, 자본비율을 극복할 수 있으며, 또한 지출통제를 그르치거나 창업주의 성급함 때문에 잘못된 투자건의를 채택함으로써 기업자본이 잠식당하지 않을 정도로 자금의 흐름을 관찰해야 한다.

⑤ 창업경영진이 회사를 떠난다고 해도 고도성장은 지속한다.

최초의 창업경영진이 회사를 떠난 가운데서도 고도성장단계를 밟아 갈 수가 있다. 회사를 설립하여 성공단계로 이끌었던 기업인들은 때때로 자발적이거나 비자발적으로 그 회사의 투자자나 채권자들에 의하여 교체되곤 한다. 그러나 창업기업은 계속 성장발전해야 한다. 문제점이 도출될 때 전문가적 기업가나 전문경영자는 창업자의 기업가정신을 평가하고, 자신의 기업가정신인 경영이념을 실현시켜야 한다. 그렇지 않고 잘못되면 이 단계에서 파산하기도 한다.

(2) 이 단계 기업의 과제 : 우수하다 : Yes

① 기업가의 정신이 경영이념으로 정립되어 표명되고 있는가?

② 기업의 비윤리적 행태가 나타나고 있지 않은가? 창업자의 탈세, 외화도피, 가격조작 등 비윤리적이고 투명성의 문제가 없는가?
③ 자금능력은 걱정이 없는가? 컨설팅기관에게 재무구조를 진단하여 건강성을 인정받았는가?
④ 경쟁시장은 진입장벽으로 문제가 없는가?
⑤ 인재가 선호하는 기업으로 유지되는가?
⑥ 국내외 경제환경변화에 능동적으로 대응하는 경영전략을 수립하고 있는가?
⑦ 경영정보는 세계화되고 있는가?

### 5) 제5단계 : 성숙

성숙단계에 들어서는 기업들에게 최대의 관심사는 사회적책임의 실현과 계속기업으로서 세계적 경쟁기업과 살아남는 게임을 실현하는 것이다.

사회적책임은 기업은 계속 유지되고 존속되어 성장과 발전을 계속하는 것이며, 종업원의 인간적 만족을 위하여 노력하는 것이다. 또한 후계자의 양성과 이해관계자의 이해조정책임을 다하는 것이다. 사회개혁의 책임과 환경의 책임을 지고 기업가정신을 실현하며, 고객만족을 통한 매출액의 증대와 당기순이익을 지속시킨다.

이 시기에는 서서히 세계적 경쟁기업과 경쟁을 하면서 게임을 즐기는 경영방식으로 경쟁기업과 겨루어 본다. 그러면 서로의 기업의 문제점과 허점 및 강점이 발견될 것이다. 시기적절하게 때에 맞추어 경쟁기업과 공생하는 win-win전략을 수행하도록 한다.

#### (1) 이 단계 기업의 특징

① 급속성장에서 얻어진 재무적 이득을 견실하게 유지하고 있다.
② 대응의 신축성과 기업가정신을 포함한 소규모기업의 이점을 계속 확보해 가는 것이다.

③ 성숙단계에 들어서는 기업들은 경영진을 급속히 확충해 나감으로써 성장으로 유발되는 비효율성을 제대로 제거하고, 예산과 전략계획, 목표관리, 표준원가체계 등과 같은 경영수단을 사용하여 회사경영을 전문화하고 있다.

④ 책임경영체제를 도입하여 분권화 체제를 갖추고 최고의 경지에 든 기업으로서 가치를 창조해야 한다.

⑤ 주식의 공개도 주가의 상승도 지속된다.

⑥ 매출액은 크게 증가하고 당기순이익률도 증가한다.

⑦ 기업채무도 일시 증가하는 현상이 나타난다.

(2) **이 단계 기업의 과제 : 우수하다** : Yes

① 창업주의 기업가정신이 경영이념, 경영사상으로 각인되어 존경을 받고 있는가?

② 생산제품과 서비스가 초우량기업으로 발전할 수 있는 능력을 가지고 있는가?

③ 신제품과 신기술이 계속 창조되고 있으며, 경영혁신이 일어나고 있는가?

④ 재무구조의 건전성은 대외공신력에서 신인도를 인정받고 있는가?

⑤ 비윤리적인 환경문제, 투명성문제가 발생하고 있지 않은가? 예를 들면 정경유착의 비윤리적 행동양식이 국민이나 소비자에게 노출되고 있지 않은가?

⑥ 국제적 인지도에서 제품, 경영자, 조직구조, 시장, 노사관계, 이해관계자 측면에서 문제의 발생을 제거할 수 있는 경쟁력을 갖추고 있는가?

⑦ 장・단기 경영전략을 수립하여 계속 성숙으로 유지할 수 있는 전문경영자, 관리자가 있는가? 후계자 양성의 책임과 종업원의 QWL (Quality of Working Life)을 가져오는 경영체계는 되어 있는가?

## 3. 성공한 기업가의 여섯 가지 리더십 스타일

성공한 기업가에게 적합한 리더십이 있는가라고 물어 본다면 자기 스타일과 다르기 때문에 어떤 스타일의 리더를 구사해야 성공할 수 있는지 생각하는 기업가는 거의 없다. 이것이 기업가들이 95% 실패하는 원인이라고 지적한다. 단 5%만이 자기 스타일의 리더십을 발견하고 사업활동에 적용시키고 있다고 답을 하였다. 마이크로소프트(MS)의 빌 게이츠 회장은 어느 최고경영자 세미나에서 "나는 권위주의적이면서, 민주적 코치형의 리더십을 가지고 있다"고 발표한 바 있다. 그것은 빌 게이츠 회장의 리더십이 되었다.

빌 게이츠 회장의 리더십은 첫째, "나와 함께 행동하는 사람들에게 비전을 향해 같이 일하자"라는 리더의 행동양식이며, 둘째로는 "참여를 통해 의견일치를 다져 놓도록 하는 협조, 팀리더십 의사소통방법"을 행한다. 셋째로는 "미래를 위해 인재개발을 하면서 '이렇게 시도해 보자'는 유능한 종업원의 동참을 얻어 내거나 창조적으로 의견일치를 받아내는 행동양식"이 있다. 창업자나 기업가, 경영자는 누구나 자기 스타일에 맞거나 맞지 않거나 리더십을 가지고 있다. 여기 여섯 가지의 리더십 스타일 속에 포함되고 있다.

**표 6-1** 여섯 가지 리더십 스타일

| 구 분 | | 강압적 | 권위주의적 | 협동적 | 민주적 | 시범적 | 코치형 |
|---|---|---|---|---|---|---|---|
| ① | 리더의 행동양식 | 즉각적인 실행을 요구 | 비전을 향해 사람을 동원함 | 조화를 이루고, 감성적 연대감을 조성 | 참여를 통해 의견일치를 다져 놓음 | 실적을 위해 높은 기준 설정 | 미래를 위해 인재개발, 인간존중 시도 |
| ② | 단계별 스타일 | 내 지시대로 실행하라 강제적 압력 | 나와 함께 행동하자. | 무엇보다도 사람이 우선이다 | 어떻게 생각하나 창조적 의견 | 내가 지금 하는 대로 실행하라 | 이렇게 시도해 보자 |
| ③ | 기반이 되는 감성적 지능력 | 업적주도 및 자제력 유도 | 스스로에 대한 신뢰, 감정이입 변화 촉진 | 감정이입, 상호관계조성, 의사소통 | 협조, 팀리더십, 의사소통 | 용의주도, 실적위주, 주도적 행동 | 타인의 개발촉진, 감정이입, 자각심 |
| ④ | 스타일이 가장 적합한 때는 언제 | 위기상황, 변화를 시도할 때, 문제가 있는 종업원을 대할 때 | 변화가 새로운 비전을 필요로 할 때, 분명한 방향이 필요할 때 | 침체된 구성원의 의욕을 제고하고, 벌어진 팀의 간격을 메울 때 | 유능한 종업원의 동참을 얻어 내거나 의견일치를 조성할 때 | 의욕이 강하고, 능력있는 팀에서 신속하게 성과를 거둘 때 | 업무를 개선하기 위해서 종업원을 돕거나, 장기적인 힘을 배양할 때 |
| ⑤ | 분위기에 미치는 전체적 영향 | 부정적임 | 가장 강하게, 긍정적임 | 긍정적 | 긍정적 | 부정적 | 긍정적 |

# 제2절 성공한 기업의 공통적 기업가정신

## 1. 기업을 성공으로 만든 기업가정신

세계적으로 기업을 성공으로 만든 기업가정신은 공통으로 12가지를 뽑을 수 있다.

① 도전과 개척정신, ② 신용제일주의, ③ 신념의 정신, ④ 근검절약정신, ⑤ 고객만족주의, ⑥ 인간존중정신-인재중시주의, ⑦ 창의와 혁신정신, ⑧ 책임주의 정신, ⑨ 합리추구의 정신, ⑩ 산업평화주의-노사공동체정신, ⑪ 정직과 정도주의, ⑫ 사업보국정신 등으로 집약된다. 바로 이 12가지의 공통적인 기업가정신이 기업을 성공으로 만든 경영비결이다.

## 2. 성공으로 만든 기업가정신 12가지

### 제1정신 : 도전과 개척정신

기업가들이 창업의 뜻을 이루기 위하여 목표를 향하여 도전하고, 시련과 역경을 극복하며, 극한의 어려움을 무릅쓰고 개척하여 성공하는 사업정신을 도전과 개척정신이라 말한다. 창업목표의 뜻을 이루는 정신, 무(無)에서 유(有)를 만들고, 미지의 황무지같은 사업에 도전하여 정복하고, 성공하고자 부딪치는 정신을 말한다.

많은 기업가들이 기업을 창업하고 성장시키는 과정에서 기술개발에 도전하며 신상품개발에 성공하고, 신시장을 개척하고 신원료를 확보하며, 국내외 새로운 사업에 도전하여 성공하였다.

## 제2정신 : 신용제일주의 정신

기업가들은 믿음과 약속을 바르게 지켰으며, 신용을 자산과 철칙으로 여기면서 사업을 성공으로 이룩하였다. 이러한 신용을 제일로 한 정신을 신용제일주의 정신이라고 한다.

"쓰러지더라도 신용을 지켜라" 이것은 현대의 창업자 정주영의 신용제일주의 경영이념에서 나온 말이다. 동서고금, 국내외를 막론하고, 성공한 창업자의 대부분은 정직과 신용을 무기로 사업을 성공하였다. 신용없는 기업가는 망하였다. 날짜 약속, 납품 약속, 자금지불 약속, 제품수급 약속, 거래약속, 원료확보 약속 등은 신용이 기반이 되었다.

현대그룹 정주영 회장이 창업 초기에 성공할 수 있었던 것은 ① 미군과의 많은 공사계약 약속을 지킨 결과이며, ② 낙동강의 고령교 적자공사에 회사가 극한 어려움을 겪을 때도 약속을 지켜 공사를 완공하였으며, ③ 경부고속도로 건설공사과정에서 신용을 가장 으뜸으로 하였기에 성공할 수 있었던 가장 좋은 사례들이다.

## 제3정신 : 신념의 정신

기업가의 생각이나 행동에 대해 옳다거나 이룰 수 있다고 믿는 마음이 신념의 정신이다. 미국의 레이건 대통령은 그의 취임사에서 "신념을 가지고 새로운 고용과 부의 기회를 창출하는 기업가는 영웅들"이라고 극찬한 바 있다.

기업가의 신념주의는 '하면 된다'라는 'can-doism'을 탄생시켰다. can-doism이란 할 수 있다는 불굴의 정신, 개척정신과 도전정신을 실행하는 믿음의 정신을 말한다. 새로운 환경변화를 빠르고 적절하게 수용하는 적응력, 사업의 장벽, 온갖 충격을 불굴의 도전정신으로 방어하고, 악조건에서 싸울 수 있는 정신력을 신념이라고 말한다. 경영학자들은 기업가의 경영이념을 신념의 정신에서 생성된다고 지적하고 있다.

## 제4정신 : 근검절약정신

기업가들은 지적하기를 한결같이 "부자가 되는 길은 부지런하고 검소해야 된다"고 말하고 있다. 꼭 필요한 데에만 돈을 쓰거나 헛되지 않게, 낭비하지 않는 정신을 근검절약정신이라고 말한다.

한국 재벌총수들의 대표적 경영이념의 하나가 근검절약주의와 정신일도하사불성이다. 근면하고 검소하며, 절약하고 저축하며, 신념을 다하여 부를 쌓았다고 기록하고 있다. 우리나라의 대표적 자수성가형 기업가 유일한, 정주영, 이병철, 구인회, 박승직, 신용호 회장 등은 근검절약정신을 생활화하였다고 술회하고 있어 그들의 근검절약정신은 생애와 성장과정에서 자주 거론되는 뉴스로 전해지고 있다.

## 제5정신 : 고객만족주의정신

기업가들이 성공한 대표적 정신의 하나가 바로 고객만족주의 정신(customer satisfaction management)으로 대변되기도 한다.

경영의 모든 부문을 고객의 입장에서 생각하고 진정한 의미에서 고객을 만족시켜 기업의 생존을 유지하고자 하는 경영전략으로 나타나고 있다.

미국에서 고객만족경영이 주목받기 시작한 것은 1980년대 중반 이후이다. 그러나 우리나라의 성공한 창업자 재벌경영론에는 일찍이 1950년대부터 "고객을 만족시켜야 사업이 성공한다"라는 경영이념을 가진 기업가들이 많았다.

고객과의 거래는 한번에 그치는 것이 아니라 일생 동안 계속되며, 한 사람이 불만을 가지게 되면 주위의 모든 사람에게 영향을 미쳐, 결국 1명을 잃는 것이 아니라 수백명 또는 수천명을 잃는 결과를 낳게 된다는 것이다.

성공한 기업가들의 고객만족경영은 고객이 제품 또는 서비스에 대해 원하는 것을 기대 이상으로 충족시켜줌으로써 고객의 재구매율을 높이고 고객의 선호가 지속되도록 한다는 것이다.

고객만족을 위해서는 고객이 기대를 충족시킬 수 있는 품질을 제공해야 하고 고객의 불만을 효과적으로 처리해야 한다.

고객만족은 결국 상품의 품질뿐만 아니라 제품의 기획, 설계, 디자인, 제작, 애프터서비스 등에 이르는 모든 과정에 걸쳐 제품에 내재된 기업문화 이미지와 더불어 상품 이미지, 이념 등 고차원적인 개념까지 고객에게 제공함으로써 소비자에게 만족감을 제공하는 기업가정신을 말한다. 앞으로 22세기까지 100년 고객을 만족하게 감동시키는 기업가정신이 필요하다.

### 제6정신 : 인간존중정신과 인재제일주의

인간존중정신과 인재제일주의는 "기업은 사람이다"라는 원리를 기업경영의 전략으로 도입하여 성공한 기업가의 정신이다. 인간을 존중하고 개인능력을 최대한 발휘하도록 여건을 조성하여 개인과 조직의 원동력이 되게 하는 정신을 말한다. 기업에서 재주나 능력이 뛰어난 사람, 기술개발이나 혁신의 인재를 발탁하여 적재적소에 배치하는 정신, 일에 소용이 되는 유능한 인재, 능력을 갖춘 사람, 인물을 발굴하여 채용하는 정신 등을 말한다.

성공한 기업가는 "국가와 기업의 장래가 모두 사람에 의해 좌우된다"는 사실을 직시하고 있었으며, 미국도 일찍이 벤처의 성공은 첫째는 인재, 둘째는 기술, 셋째는 자금, 넷째는 시장이라고 지적하면서 창업의 성공은 사람이며, 그것은 기업가의 정신이라고 말하고 있다. 우리나라 삼성그룹의 창업자 호암 이병철 회장은 그의 평생 경영이념을 인재제일주의 정신에 두고 삼성을 세계적 성공기업으로 만들었다.

### 제7정신 : 창의력과 혁신정신

창의력과 혁신정신은 지금까지 없었던 새로운 분야를 개척하는 정신, 사업을 성공으로 이루기 위하여 처음으로 생각해 내는 신제품발명, 신기술개발, 신시장개척, 신원료확보, 신조직형성 등을 혁신(innovation)이라고 슘페터는 말하고 있다.

성공한 기업가는 말하기를 "합리적 경영에 변치 않는 두 개의 수레바퀴가 있는데 하나는 기술개발이요, 다른 하나는 경영혁신"이라고 하였다.

기업은 지속되어야 하고 성장해야 한다. 그렇게 하기 위해서는 끊임없이 창의력과 아이디어를 창출하고 기술을 개발하고, 경영혁신을 해야 한다.

성공한 창업자는 창업초기부터 성공하기까지 창의와 기술개발, 그리고 혁신을 찾아 뛰었다고 기술하고 있다. 손정의, 빌 게이츠, 잭 월치, 아이아코카, 정주영, 이병철, 구인회, 조중훈, 최종현 등은 그의 생애와 경영이념에서 "창의력과 혁신없이는 사업을 할 수 없다"고 공통적으로 지적하고 이를 실행하여 성공하였다.

### 제8정신 : 책임주의 정신

성공한 기업가는 책임정신을 강조하고 있다. 성공한 기업가의 책임정신의 첫째는 한 가정, 한 가족의 일원으로서 책임, 둘째로는 직장과 사회구성원으로서의 책임, 셋째로는 국가와 민족의 책임이고, 넷째로는 인간으로서 이 세상에 태어나서 인간답게 할 일을 다 해야 할 책임이라고 지적하고 있다.

기업경영에는 항상 원칙과 책임, 권한과 의무가 따른다. CEO는 기업의 경영조직, 관리문제를 원칙과 제도에 따라 책임을 지고 풀어가야 한다. 보다 큰 의미로서 기업의 사회적책임까지 확대하고 있다. 성공을 이루는 기업가는 자신의 성공은 자신 이외는 그 누구도 이를 수 없다는 것을 잘 알고 있다. 따라서 자신의 미래에 대하여, 자신이 하고 있는 사업에 대하여 전적으로 책임을 지지 않는 한 기업은 성공할 수 없다는 것을 알고 있었다.

성공한 기업가들은 대부분 자신의 인생과 주변의 모든 것에 대해 완벽하게 책임져야 한다는 생각이 강하게 들기 때문에 무수한 고뇌와 싸움에서 이기는 신앙의 신념같은 마음이 생겨 책임주의 행동으로 나타나고 있는 것이다.

## 제9정신 : 합리추구의 정신

성공한 기업가는 경영이론이나 이치에 합당한 것을 선택하여 경영기법으로 활용한다. 이것이 합리적 경영이다. 대표적으로 삼성의 호암 이병철 회장은 그의 합리추구의 정신에서 “사업에는 선후가 있는 것이고 기업경영에는 특히 비약보다도 진보가 있다”고 강조하였다. 이것은 합리를 잊거나 무시하고 단계를 뛰어넘으려는 오만에서 나타나는 파국의 위험성을 배제하고 한 단계씩 상황에 맞추어 발전해 나감을 의미한다.

합리추구의 정신은 ① 기업규모의 적정화, ② 규모의 경제성, ③ 환경의 대응능력, ④ 시대에 적응하는 경영혁신, ⑤ 국가의 사업보국, ⑥ 투명한 경영, ⑦ 고객만족도, ⑧ 합리적 노사관계라고 평가하고 있다. 따라서 합리추구정신은 경쟁사회에서 기업이 성장하기 위한 철칙이다. 합리를 추구하는 것은 능률적인 경영을 통하여 사회적책임을 다하는 목적에서 이루어지는 것이다.

## 제10정신 : 산업평화주의 – 노사공동체정신

노사관계는 노동자와 경영자 사이에 보여지는 지배 대 피지배 관계를 말하며 기본적으로는 계급관계이다. 그러나 노사관계는 계급관계 일만이 아니고 그것에 기초해서 발생하는 집단으로서의 노동자와 경영자의 대등관계로서 이해되고 있다.

구체적으로는 노동력의 매매 및 그 교섭을 둘러싼 노동조합과 개별적인 자본가와 경영자 혹은 그 단체와의 관계라고 규정하고 있다. 이러한 관계 때문에 과거에는 주종관계로서 첨예화한 대립양상을 가지고 왔다. 그러나 성공한 기업가는 노사관계를 대등한 관계로 인식하여 인간존중경영, 인간중심의 경영으로, 사람을 인재로 보아 인재제일주의 경영기법을 활용하여 성공하였다. 따라서 종업원과 회사관계는 서로 협조하고 공존공영하는 산업평화 관계로 보아야 한다.

회사는 종업원의 생활을 안정시킬 수 있도록 충분히 대우하고 편안한 직장이 되도록 해야 하며 또한 전직원은 스스로의 삶의 터전을 더욱 더 발전시킬 수 있도록 서로 화합해야 산업평화가 온다는 정신이 산업평화주의이며, 노사관계를 공생공존하는 공동체정신으로 여기는 기업가정신이 바로 노사공동체정신이다. 기업도 발전하고 종업원도 대우받는 상생상화(相生相和)의 경영철학이 노사공동체정신이다.

## 제11정신 : 정직과 정도경영정신

성공한 기업가의 비결의 하나가 정직과 정도경영정신이다. 테일러도 기업가의 자질조건중에 정직(honesty)을 생명으로 여기는 기업가는 성공한다고 기술하고 있다.

사업은 신용을 기반으로 정직하게 행해지는 것이 정론이다. 가끔 신문지상에서 부패문제와 비윤리적 행위로 기업을 경영하다가 망하는 회사를 본다. OECD를 비롯하여 선진국의 경제기구는 21세기 기업의 경쟁력 원천은 윤리경영에 있음을 천명하고 있어 정직하고 투명한 기업만 경쟁에서 살아날 수 있으며, 세계시장에 상품을 팔 수가 있다.

우리나라의 LG 구인회와 구자경 회장도 그의 경영정신으로 정도경영을 표명하고 있으며, 오늘날 성공한 기업집단의 그룹 창업자들은 창업과정에서 사정경영사상(四正經營思想)을 기업가정신으로 표명하고 창업을 성공하였다. 사정경영사상은 ① 정심경영, ② 정각경영, ③ 정도경영, ④ 정행경영 등으로, 즉 바른 마음 경영, 바르게 깨닫는 경영, 바른 경영의 길, 바르게 행동하는 경영 등으로 오늘날 세계 경영전문대학 MBA 과정의 기업가정신론의 강의에 기본골자로 제공되고 있다.

## 제12정신 : 사업보국주의정신

"사업으로 국가에 보답한다(事業報國)"는 이 말은 성공한 기업가의 사업정신으로 대표된다. 사업보국 정신에 대하여 삼성출신 인사들은 "자신의 행위를 미화하기 위한 홍보성 슬로건이 아니라 식민지시절의 체험과 해방 후의 혼란, 6·25의 세파에 담금질 되며 가슴에서 우러나온 호암의 기업가철학"이라고 설명한다. 기업가들은 인간사회에서 최고의 미덕을 사회봉사라고 생각하였다. 기업의 사명도 의심할 여지없이 국가와 국민에게, 그리고 인류에 대하여 봉사하는 것이어야 한다고 기술하고 있다.

피터 드럭커(P.F. Drucker)도 『경영의 실제』에서 기업의 사회성을 강조하였고 기업의 이익과 공익의 이익이 일치되어야 사회가 건강해진다고 역설하고 있으며, 성공한 대부분의 기업가들은 기업이란 마땅히 기업을 통해 자기의 뜻을 실현하고 국가에 공헌해야 한다고 말하고 있다.

기업의 공익이란 재화와 서비스의 풍족한 제공이며, 고용과 소득기회의 확대일 뿐 아니라 국가경영의 재원을 이루는 납세의 세원조성, 나아가 수익을 축적하여 새로운 기업에 계속 투자하고 신기술개발에 전력을 다하여 확대 재생산함으로써 국가경제를 발전시켜 국민의 행복, 인류의 복지향상에 공헌한다는 것을 말한다.

## 제3절 실패한 기업가의 특성

### - 이런 기업가정신은 망한다 -

실패한 기업가의 특성은 성공한 기업가들이 가진 기업가정신과는 정반대되는 특성을 가지고 있다. 설사 그런 기업가정신을 가지고 있었지만 실천을 하지 않았거나 실천과 행동과정에서 문제가 있었던 것으로 밝혀지고 있다.

정대용 교수는 아산 정주영의 기업가정신에서 불행한 사업가의 특성(unfortune entrepreneurial traits)을 제시하고 있다. 정대용 교수의 이론을 참고로 하여 실패한 기업가의 특성 10가지를 제시하여 보면 다음과 같다.

① 탐욕과 낭비-비윤리성, ② 불성실-신용결여, ③ 피해망상, ④ 판단력

부재, ⑤ 참을성과 인내력 부족, ⑥ 사업지식 결여, ⑦ 경영관리체계의 결여, ⑧ 두뇌회전의 지연, ⑨ 신념결여, ⑩ 도전과 개척정신 결여 등으로 나타나고 있다.

## 1. 탐욕과 낭비 - 비윤리성

근검절약정신의 결여와 낭비, 탐욕 그리고 비윤리적인 행동양식은 실패한 기업가에서 나타나는 전형적 특성이다.

종업원의 도움없이는 성공할 수 없을 것임에도 불구하고 탐욕에 사로잡혀 종업원과 사업성과를 나누려 하지 않는 기업가, 장시간 노동, 저임금, 노동착취를 일삼는 경영자들, 이런 상황 속에서 보상을 받지 못한 종업원들은 고용주를 떠나거나 심할 경우 고용주의 재산을 사취하려 들게 될 것이다. 성공한 고용주가 나누어 먹기를 거부해 우수한 핵심 종업원들이 별도로 동종회사를 설립하여 떠난다는 이야기는 비일비재한 사례이다. 기업가는 근검절약정신이 몸에 배어 있어야 하는데 창업자 사장이라 하여 성공하였다고 술과 허영을 일삼는 행동은 낭비를 초래케 하여 결국 실패의 수렁 속에 빠져 든다.

또한, 이윤에 집착한 나머지 고객에게 정당한 상품이나 서비스를 제공하지 않는 경우이다. 약속을 지키지 않는 기업가의 방만경영에 종업원들이 실망을 하거나, 고객을 속여 이익을 내는 판매방법 등이 그것이다.

끝으로 기업가의 비윤리성의 문제이다. 사업을 하면서 탈세를 하거나, 허위 및 과대광고를 통한 비윤리적 판매행위, 사업을 사사건건 뇌물수수 행위로 이행하려는 사업가, 또는 가격조작과 부당한 금융관행으로 사업을 경영하는 행위는 실패한 기업가의 대표적 사례이다.

21세기 기업가는 탐욕을 버리고, 사회적책임을 다하는 착한 기업가의 윤리경영정신이 사업의 경쟁력을 제고하게 될 것이다.

## 2. 불성실-신용결여

신용은 사업성공의 제일의 비결이라는 것을 기업가는 누구나 다 잘 알고 있다. 삼척동자도 다 잘 알고 있는 것이다. 그러나 사업을 하다가 단 한번의 불성실한 행동으로 인해 파멸의 길로 빠진 사업가들의 이야기는 수없이 많다. 불성실한 행위는 대개 반복되고 그러다보면 결국에는 드러나게 된다. 기업가는 성실해야 한다.

신용이 재산이라고 생각한 정주영 회장은 손해를 각오하면서 계약기간 안에 공사를 끝내는 약속만이라도 지키려고 매일 자금조달을 위해 뛰었다고 한다. 사업은 망해도 다시 일어 설 수 있지만 한번 신용을 잃으면 그것으로 끝장임을 알고 있었기 때문이라고 기술하고 있다.

불성실한 사업주, 신용이 없는 기업가, 약속을 지키지 못하는 고용주 등은 21세기 기업을 할 자격이 없는 자들이다. 기업가는 쓰러지더라도 신용을 지켜야 한다.

## 3. 피해망상 = PARANONIA

정대용 교수는 불행한 기업가의 특성에서 '피해망상'(paranonia)을 들고 있다. 어떤 기업가는 남을 지나치게 믿지 못해서 다른 사람들과 제대로 인간관계를 맺지 못한다. 이들은 상대를 적대시하고 항상 경계자세를 취하기 때문에 상대방에게서 자신이 필요로 하는 협조를 얻어 내기가 아주 어렵다.

말하자면 사고의 이상현상으로 타인을 의심하고, 질투심을 느끼고, 분개하고, 화를 잘 내면서, 폭력까지 나타나는 증세 때문에 종업원에게, 거래처에게, 고객에게, 심지어는 가정까지 피해를 입히는 기업가는 조직에서 고립을 가져오기 때문에 모든 일에 실패한다.

항상 열등감에 사로잡혀 매사에 자신이 없으며, 사소한 과실을 지적당하면 과도한 비난으로 받아들이는 성격의 소유자는 기업가로서 부적합하다. 실패한 기업가가 되기 전에 자신을 다스리는 행동심리학을 더 연구하는 편이 그나마 세상 속에서 이웃과 더불어 살아가는 데 평화를 느낄 것이다.

피해망상을 버리고 고객을 사랑하며, 종업원을 한 식구처럼 여기고, 기업은 나라 발전에 기여한다고 생각해야 한다.

## 4. 판단력 부재

기업가의 자질 가운데에 판단능력이 없어 실패한 사업가가 많다. 경영의사결정에 영향을 미치는 사회적 · 경제적 · 정치적 요인 등을 충분히 이해하지 못하고 판단할 수 없는 능력 때문에 실패한 기업가가 우리 주변에 종종 있다. 대기업의 고용주가 정치적 판단을 잘못하여 하루 아침에 불행한 기업가로 돌아서는 모습을 우리는 볼 수 있다. 정확하게 경영분석, 경제분석, 정치분석을 하여 상황변동에 능동적으로 대응할 수 있는 전략적인 방안을 수립하지 못하는 기업가는 실패한다.

드럭커는 신시대가 요청하는 경영자의 능력 가운데 전략적 의사결정을 수행할 능력과 국내외 경제환경의 정보변화에 대응하는 신속한 판단력을 갖지 못하면 CEO로서 자질이 없다고 결정해도 좋다고 충고하고 있다.

기업가의 신속한 정보 획득과 뉴프런티어적이고, 합리적인 판단력이 없으면 창업을 하지 말라고 지적하고 있다. 21세기는 카멜레온 같은 변화무상한 환경 속에 올바른 판단력만이 사업을 성공시키는 비결이라고 말한다. 국내외 환경변화에 대응하는 전략적 판단력을 가져야 한다.

## 5. 참을성과 인내력 부족

새로운 사업을 이끌어 나가기 위해서는 상당히 긴 시간 끈기와 인내가 필요하다. 때로는 급하게 처리할 수 없는 성격의 일들도 있다. 조급하게 일을 처리하다 보면 종종 나중에 후회하게 된다.

예컨대 빨리 주문이나 입찰을 따 내려는 욕심 때문에 가격을 터무니없이 낮추었다가 나중에 그로 인해 손해를 입게 된다든지 너무 급하게 서두른 나머지 사람을 잘못 고용한다든지, 벤처인 경우 사업을 빨리 개시할 생각에 불리한 리스계약을 맺는다든지 하는 일들이 모두 참을성과 인내심의 부족에서 오는 경우가 허다하다. 현명한 기업가라면 참을성과 인내심 부족 때문에 사업판단을 그르치는 일은 없을 것이다.

시간을 적절히 관리하는 Just In Time 기법을 배우고, 기대 이상으로 시간을 요하고, 참을성과 인내를 요구하는 일들이 발생할 때, 때를 기다리는 심정으로 사업구상을 하라. 그렇다고 무작정 참을성과 인내심을 가지라는 조언은 아니다. 적절하게, 적절한 시간에, 적절한 장소에서, 천년의 고객을 맞이하는 정신을 가지고 기업하라는 것이다.

## 6. 사업지식 결여 – 경영지식 없으면 실패

SK의 창업자 최종현 회장은 경영의 자질문제를 사업지식, 즉 경영지식과 경영에 부수된 지식이 없으면 SK-Man이 아니다라고 하였다. 사업가는 사업지식이 기본인데 사업을 하는 경영의 지식이 없으면 당연히 실패한다.

사업지식이란 기획관리, 인적자원관리, 조직관리, 재무관리, 마케팅 및 시장관리, 생산관리, 구매관리, 정보관리, PR관리 등을 말한다. 그리고 경영에 부수된 지식이란 경영활동에 필요한 부수된 지식으로 상식과 컴퓨터, 외국어에 관한 지식을 말한다.

요즘은 인터넷을 못하면 사업가가 아니며, 외국어는 영어와 최소한 2~3개 국어는 수준 이상이어야 한다. 기업의 세계화에 적응하기 위한 영어와 사업에 필요한 기타 외국어는 해외로 뻗어나가는 사업성공의 비결이다.

21세기는 경영지식기반사회이다. 사업지식을 가져야 한다. 즉, 경영지식과 기술지식, 그에 부수되는 관련지식을 갖고 사업을 경영해야 성공한다.

## 7. 경영관리기법의 무지

창업자가 사업개시 후 일시적으로 사업을 성공하였으나, 얼마 못가서 사업에 실패한 경우 그 원인이 경영관리기법의 무지에 있다는 연구결과도 있다. 실패한 사업가들은 장·단기 ① 비용관리, ② 재고관리, ③ 자금관리, ④ 인력관리 등 4대 경영관리기법을 무시하였거나 전략적 경영을 몰랐기 때문이라고 지적하고 있다.

사업에 실패한 것은 바로 경영의 기본을 무시하였기 때문이라고 본다. 대부분 많은 불행한 사업가들이 그 고리타분한 경제이론을 알아서 무엇하느냐, 경영이론을 알아서 무엇하느냐 등의 식으로 매도하는 사업가나 경영자이었으며 이들은 지난 IMF위기관리체제에서 가장 먼저 부도가 났고, 노사분규가 일어났고, 결국 망하고 말았다. 그리고 망하고 난 다음에 경제공부를 시작한다, 경영학 공부를 한다는 등 경영혁신기법을 배운다는 식으로 떠들어대고 있었으니 경영경제 서적들이 한때 호황을 이룰 수밖에 없었다. 더욱이 지식경제기반시대, 지식경영시대라는 용어가 시대적 유행어처럼 되자 어느 그룹 회장은 연수원에 지시하기를 "교육과 훈련은 기본이 중요하니 가장 기본부터 배우는 경영학, 경제학 등을 공부시키고 대학의 기초가 성공의 비결"이라고 하여, 경제지식, 경영혁신기법, 기업구조조정, 기업합병, 노사관계 등의 기본을 가르치라고 지적한 사실은 유명한 일화이다.

그러나 근본적으로 사업가들은 경영관리체계를 싫어하는 기질이 있다. 비싼 등록금을 내고 경영대학원에 공부하러 와서도 이들 1학기 동안 수업을 등한시 하면서 수료증만 받아가는 기업가나 관리자들이 있는데 이들 대부분은 사업에 실패하거나 망하였다. 스스로의 비용관리체계나 자산과 소유물을 잘 관리하지도 못하고, 인력관리도 못하고, 인재를 제대로 활용도 못하고, 재무구조, 시장개척, 마케팅조사·분석, 정보관리체계도 모르는 무지의 사업가들이 너무나 많다.

초·중·고의 학생은 학교에서 열심히 공부하고 기본을 배워 익혀야 한다. 지식기반사회의 창업은 가능한 대학을 졸업하거나, 경영관리기법을 터득하고 난 다음에 하는 것이 바람직하다. 그러면 결코 후회가 없을 것이다. 어린 나이의 창업은 언젠가는 부족한 지식 때문에 사업을 떠나게 될 것이며 경영지식 없는 창업은 실패하는 사업가가 되기 쉽다.

## 8. 두뇌회전의 지연-창의력의 부재

기업가는 잠을 잘 때만 빼 놓고 생각할 수 있는 시간은 거의 끊임없이 생각한다. 생각을 해야지 하고 의지로서 생각하는 것이 아니라 생각이 스스로 꼬리에 꼬리를 물고 이어지는 것이다. 바로 이것이 창의력이다. 끊임없는 두뇌회전, 이것은 창의력을 생성하고 혁신을 생산하는 재산이다.

아주 작은 생각이 자신의 마음 속에 씨앗으로 자리 잡으며, 거기서부터 출발해서 끊임없이 계속 그것을 가꾸고 키워서 머리 속의 생각을 눈으로 볼 수 있다는 창의력의 결과가 창출된다.

두뇌회전의 지연은 생각을 없애고, 창의력을 무시하며, 혁신력을 제거한다. 감각적 사업구상이 없다는 것이다. 테일러는 일찍이 성공한 기업가의 자질조건 첫째를 두뇌(Brain)회전에 두었다. 두뇌회전의 우수성은 아이디어를 생성시키고, 아이디어의 보고를 개발하는 척도가 된다는 것이다.

두뇌회전은 창조적 혁신을 가져오는 성과, 사업의 강점과 약점을 경쟁력으로 해결하는 지식이라고 생각하며, 두뇌회전은 머리 기술(창의), 마음 기술(혼), 손 기술(기법) 등의 삼위일체의 원동력이라고 지적하고 싶다.

성공하기 위해서는 당신의 두뇌회전에 생명을 걸어라. 창의력과 혁신의 원동력은 두뇌회전이다.

## 9. 신념결여

지성일관의 신념주의 경영이념으로 기업을 성장시킨 창업자가 많다. 지금은 아들의 회사와 합병하였으나 아남그룹을 창업한 우곡 김향수 회장은 대표적인 CEO이다. 그는『작은 열쇠가 큰 문을 연다』라는 저서에서 지성일관의 신념으로 반도체사업에 착수하여 성공을 이룩하였다. "꿈에 신의", "신념"의 글자가 새겨진 것을 보고 경영이념으로 삼았다고 한다.

신념은 인간의 위대한 힘의 근원이다. 세상에 큰 업적을 남긴 사람은 모두 위대한 신념의 소유자였다. 미국의 노만 필(Norman Vincent Peale)은 『적극적 사고의 힘』(*The power of positive thinking*)이라는 저서에서 "인간의 신념과 그 위력의 위대성, 적극적 사고의 힘"을 역설하고 있다. 성공은 신념의 산물이며, 신념을 가진 사업가는 기적에 가까운 일을 가능하게 한다고 피력하여 신념은 사업가의 성공의 비결이라는 사실을 검증시키고 있다. MS의 빌 게이츠는 모든 업무에 자신과 신념을 가져달라고 기도하였다고 한다.

신념이 결여된 사업가, 신념이 없는 기업가는 사업에 실패한다라는 기업가정신이 이미 경영이념으로 정착된지는 오래되었다. 신념을 가져라 그러면 성공할 것이다.

## 10. 도전과 개척정신의 결여

빌 게이츠와 정주영이 가장 먼저 뽑는 기업가정신은 "도전과 개척정신"이다. 젊음의 패기와 열정을 바탕으로 스무살의 나이에 마이크로 소프트를 창립할 때, 빌 게이츠는 가장 망설였던 것이 도전과 개척정신이 약하다는 것을 인식하였다고 한다. 하버드대학 재학시절 폴 앨랜과 함께 여러 컴퓨터 회사에 사업제안서를 발송했을 때, 서부의 도전과 개척정신으로 창업기업으로의 밑바탕을 세울 수 있었다는 것이다.

그는 숨가쁘게 발전을 거듭하는 컴퓨터업계의 선두주자로서 안주보다는 변화와 혁신의 주도자 역활을 수행하였으며, 시장에 대한 마이크로 소프트사의 적극적 도전과 개척정신은 소프트웨어가 하드웨어를 바꾼다는 경영이념을 탄생시켰다. 빌 게이츠는 오늘보다는 내일을 위해 도전하는 자세가 기업가의 정신이라고 주장하고 있다.

한국경영사학회는 정주영 연구에서 그는 초등학교 졸업생으로 학력도, 재력도, 가정도, 재주도 남보다 못한데 세계적 기업가로 성공한 것은 오직 "도전과 불굴의 개척정신"이라고 지적하고 있다.

한 외국의 컨설팅회사에서 IMF관리경제하에서 쓰러지는 우리 기업들에 대한 조사를 한 적이 있었는데 "대부분 한국의 사업가들은 도전정신이 미약하고 실망을 먼저하며, 불평만 늘어놓고, 회사를 살리고자 하는 개척정신이 크게 결여되었다"고 미국 본사에 보고를 했다고 하였다.

당시 그 보도를 본 사람들은 그 조사가 한국사정을 잘못 알고 펴낸 엉터리라고 질책한 바가 있었다. 그러나 실패한 사업가의 마지막 요인은 "도전과 개척정신의 결여"에 있었다는 것은 사례를 통해서 전해지고 있다.

창업을 하는 사업가들이여, 도전과 개척정신으로 사업을 성공시켜라.

**표 6-2** 성공한 기업가정신과 실패한 사업가의 특성

| | 성공한 기업가정신의 특성 | 실패한 사업가의 특성 |
|---|---|---|
| 1 | 도전과 개척정신 | 탐욕과 낭비 - 비윤리성 |
| 2 | 신용제일주의 정신 | 불성실 - 신용결여 |
| 3 | 신념의 정신 | 피해망상 |
| 4 | 근검절약 정신 | 판단력 부재 |
| 5 | 고객만족주의 | 참을성과 인내력 부족 |
| 6 | 인간존중주의 - 인재제일주의 | 사업지식 결여 |
| 7 | 창의와 혁신정신 | 경영관리체계의 결여 |
| 8 | 책임주의 정신 | 두뇌회전의 지연-창의력 부재 |
| 9 | 합리추구의 정신 | 신념결여 |
| 10 | 노사평화주의 - 노사공동체정신 | 도전과 개척정신 결여 |
| 11 | 정직과 정도경영 정신 | |
| 12 | 사업보국주의 | |

# 제4절 미래를 성공으로 이끄는 CEO의 리더십 조건

## 1. CEO 리더십 자질론을 연구한 학자

21세기 CEO 리더십의 자질론을 연구한 학자는 다음과 같다.

① Huston. G. H – 경영자, 관리자들이 구비해야 할 윤리적 자질
② Taylor. F. W – 경영자, 관리자들의 자격과 조건
③ Katz. R. K – 경영자, 관리자들의 윤리적 기능
④ Drucker. P. F – 신세대가 요청하는 CEO의 7가지 과제
⑤ Barnard. C. I – 21세기 CEO의 인간관계와 윤리적 동기부여 등과 HBS(Harvard Business School of Harvard University)에서 제시하는 CEO of Business Ethics 등이 있다.

이곳에서는 이러한 학자들이 제시하는 CEO 리더십의 자질론을 종합하여 아래와 같은 "21세기 CEO의 리더십 조건"을 제시하였다.

## 2. CEO 리더의 자질을 혁신하고 있는 대표적 기업 〈사례〉

① GE
CEO 리더의 자질을 관리자들을 중심으로 혁신하고 창의력을 육성하는 교육을 하고 있다.

② IBM
CEO 리더 자질론을 희망과 꿈을 키우도록 관리자들을 중심으로 교육·훈련하고 있다.

③ MOTOROLA
관리자들의 리더십 조건을 혁신·창조 등을 개발할 수 있도록 교육하

고 있으며 관리자들의 리더십 유형이 경영성과에 어떤 영향을 미치고 있는지 분석하고 있다.

④ MICROSOFT

전직원을 연구원으로 칭하고 관리자 및 연구원 리더십을 봉사형 · 혁신형으로 교육하고 있으며, 경영성과를 향상시키는 방향으로 계속하고 있다.

⑤ 우리나라

우리나라 대기업들이 관리자들에게 혁신형 리더, 봉사형 리더를 육성하고 창조적 상상력으로 경영성과를 측정하고 있는 기업들은 삼성전자, LG전자, 포스코, 신세계 등에 불과하다.

CEO 리더의 자질론을 관리자들에게 교육하고 있는 기업은 황제경영이라는 1인체제의 전근대적 경영을 탈피하고 1인지배 CEO 체제에서 경영성과를 시현하는 것이 아니고 관리자들에게 CEO 리더십의 창조적 상상력의 자질론을 가지게 함으로써 경영관리의 효율성, 경영의 민주화와 자주화 등 기업가치의 향상과 경영성과를 달성하는데 목표가 있기 때문이다.

특히 CEO의 사회적책임이라는 측면에서 뿐 아니라 관리자들의 CEO 자질론교육은 후계자 양성과 경영성과의 핵심적 가치를 창출할 수 있기 때문에 그 중요성이 있다.

## 3. 성공한 기업가정신의 창조적 리더십 조건

### 1) Ethical Brain(윤리적 두뇌)

① 윤리적 두뇌를 가지고 창의력과 회전능력이 뛰어나야 한다.

② 윤리적 두뇌를 활용하여 반드시 경영성과를 시현하라

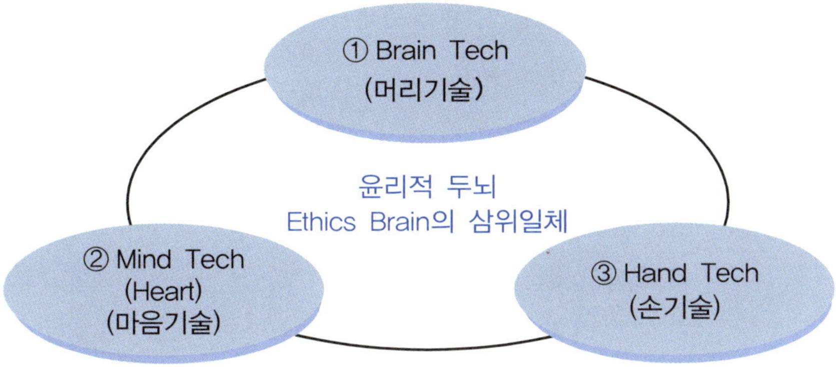


첫째, 머리기술을 활용하라

머리기술에는 善의 선택기술, 이념, 의지, 사상, 정신 등의 창조기술, 그리고 윤리적 의사결정 등을 할 줄 알아야 한다.

둘째, 마음기술을 이용하라

마음기술에는 혼 기술, 윤리적 경영마인드, 사회적책임(사회공헌) 등을 활용해야 한다.

창조적 머리기술에 마음기술을 이용해야 사회공헌에 기여하게 된다.

셋째, 손기술을 활용하라

손기술은 행동 및 실천의 기술이며, 윤리적 경영전략, 윤리적 행동의 성과를 나타낸다.

바로 손기술의 경영성과는 ① 직무만족, ② 조직몰입, ③ 매출액 증가, ④ 수익증가, ⑤ 주가상승 등 5대 경영성과를 달성한다.

## 2) Business Ethics Education(기업윤리교육)

① 윤리경영교육훈련을 받아 본 적이 있는가?

② 윤리경영교육을 통한 시대적 경제환경의 대응지식 습득

③ 환경대응의 윤리경영 교육

- 청렴도와 회사 / 부패방지와 조직 관계
- 종업원 / 노동조합과의 관계 교육

- 윤리와 환경-소비자 권리, 환경문제

④ 윤리경영과 생산성 향상 교육

- 윤리경영과 생산성 향상 교육
- 노사관계 이슈와 기업윤리의 교육
- 학습을 통한 윤리경영의 필요성 교육

([그림 6-1] 참조)

그림 6-1. 4대 준거와 12대 범위

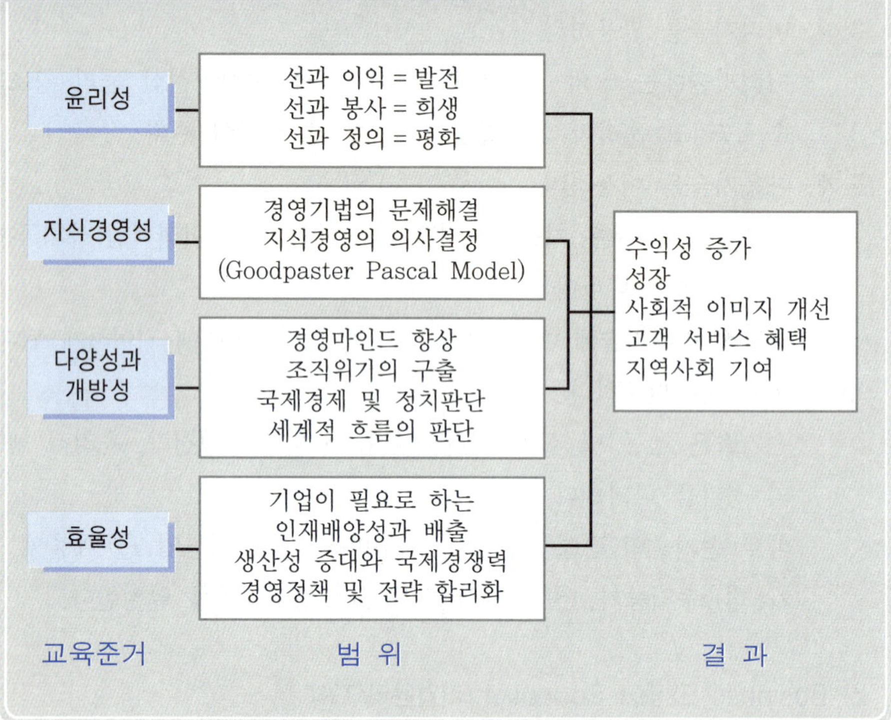


### 3) Innovation Technical Knowledge(혁신기술지식)

① 혁신적 지식과 전문적 지식을 소유한 자

② 구조조정 등 불행한 시기 대비 혁신지식, 전문지식 대응전략

③ The Sprits of Innovation - 혁신의 정신, 슘페터가 지적한 혁신의 필요성

- 신기술의 도입 · 발명
- 신제품의 개발
- 신시장의 개척
- 신원료의 확보
- 신조직의 형성

④ 관리자의 혁신적 사고가 필요하다

- 합리적 성격 → 혁신적 사고
- 전략적 두뇌 → 성과의 생각
- 내적 귀속성 = 경영마인드 → 조직몰입, 직무만족
- 혁신 → 존경받는 기업 창조
- 의사 결정의 윤리적 → 노사공동체 의사결정

### 4) Ethical Judgement & Commonsense(윤리적 판단력과 상식)

① 윤리적 판단력과 상식이 풍부 사례 : 여우와 너구리의 이솝우화

② 윤리적 판단과 상식의 인재 6대 조건

㉠ 골격(몸), 얼굴 ㉡ 언변(말씨), 목소리(음성) ㉢ 경험 ㉣ 문장(보고서, 결재 등) ㉤ 우수한 판단력 ㉥ 정직(도덕)

③ 윤리적 판단력

㉠ 두뇌 ㉡ 상식 ㉢ 노력 ㉣ 실행능력

### 5) Ethical Grit(윤리적 담력)

① 윤리적 담력의 소유자 = 윤리를 실천하는 지도자

② 실패를 두려워 하지 않는 윤리적 담력의 소유자

- 담력 = 정의, 열정, 도전정신
- 노력하는 힘 = 목표달성을 위한 실천행위
- 실천하는 힘 = 신념하의 행동

- 윤리적인 사람은 담력이 큰 사람
- 판매왕, 철강왕/담력이 큰 사람 = 정직을 팔라

### 사례 : 남이장군(윤리적 담력의 소유자)

**南怡 장군의 詩**

白頭山石 磨刀盡
豆滿江水 飮馬無
男兒二十 未平國
後世誰稱 大丈夫

### 6) Entrepreneur Tact(기업가적 수완)

기업가적 수완이 있는 소유자/경영혁신기법 → Business Tact, Jit, M&A, QC, MIS 등을 활용할 줄 아는 경영혁신기법의 전략가

① 생산관리 기법
② 인사조직관리 기법
③ 마케팅 관리 기법
④ 재무관리 기법
⑤ 정보관리 기법
⑥ 환경관리 기법 등 기업가적 수완을 가진 자

### 7) Energy & Passion(에너지와 열정)

① 정력과 열정의 소유자
② 에너지를 부하, 동료들에게 갖도록 함 → 시스템의 에너지 / 열정의 에너지
③ 기업에게 에너지를 생성케 하며 열정을 갖고 일하게 함 → 성과의 에

너지, 이익의 에너지

④ 왕성한 체력과 열정으로 일하도록 함 → 자신, 확신, 신념의 가치 / 경영성과

### 8) Honesty(정직) : 四正經營思想

① 정직을 윤리경영기법으로 활용

② 사정경영사상(四正經營思想) = 정심, 정각, 정행, 정도

③ 뇌물, 주가조작, 가격담합, 탈세, 인권침해, 저임금 등 제거

상어형 ⇒ 돌고래형의 인간으로 변화게 함

X형 ⇒ Y형의 인간으로 변화시킴

Happy Note 만들고 / Happy day를 지정하라

정직 = 용기 + 감동 + (화해, 용서, 봉사, 기여)

사례 : 12척으로 적선 330척 이겼다 ⇒ 이순신 장군/불가능을 가능

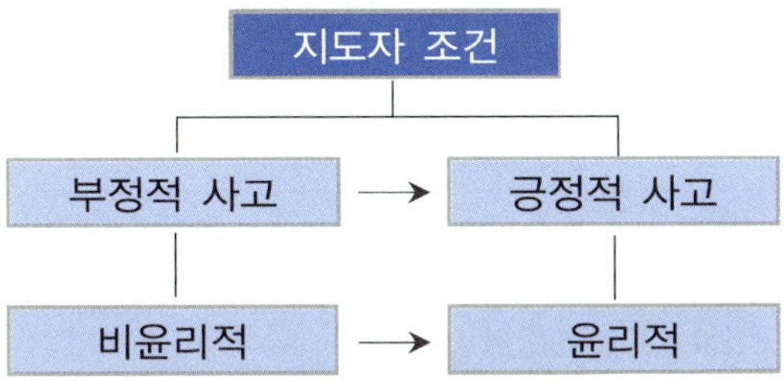


### 9) Health & Human Relations (건강과 인간관계)

① 건강의 소유자 = 육체적 건강 + 정신적 건강

② 인간관계(HR)의 소유자 ⇒ 조직의 구성원 / 집단의 구성원 ⇒ 행동 [욕구, 동기, 태도] ⇒ 인식, 이해

③ 건강한 소유자의 인간관계의 등식

- Knowledge × Skill = Ability(능력)

- Situation × Attitude = Motivation(동기부여)
- Ability × Motivation = Human Performance(인간개인의 성과)
- Human Performance × Material Factor = Business Performance (기업의 성과)

### 10) Dream & Hope(꿈과 희망)

① 정직한 꿈, 희망 = 기본덕목
② 최고를 꿈꾸는 자만이 최고가 된다.

꿈과 희망의 4대 덕목

| ↑ | ↑ |
|---|---|
| · 도전 | · 신념 |
| · 개척 | · 노력 |

③ 꿈 + 희망 = 관리자의 최고의 덕목
④ 관리자의 윤리경영 ⇒ 꿈을 창조 ⇒ 존경받는 기업

CEO 리더십의 자질조건 평가표

| | 수 | 우 | 미 | 양 | 가 | 누계 |
|---|---|---|---|---|---|---|
| 1. Ethical Brain | | | | | | |
| 2. Business Ethics Education | | | | | | |
| 3. Innovation Technical Knowledge | | | | | | |
| 4. Ethical Judgement & Commonsense | | | | | | |
| 5. Ethical Grit | | | | | | |
| 6. Entrepreneur tact | | | | | | |
| 7. Energy & Passion | | | | | | |
| 8. Honesty | | | | | | |
| 9. Health & Human Relations | | | | | | |
| 10. Dream & Hope | | | | | | |
| | | | | | | |
| 합 계 | | | | | | |

- 평가 : 수 = 5, 우 = 4, 미 = 3, 양 = 2, 가 = 1
- 합계 : 매우 우수 = 50~41, 우수 = 40~31, 양호 = 30~21, 개선 = 20 이하

# 제2부

# 성공한 창업자의 기업가정신

1

# 이병철의 경영활동과 기업가정신

# 제1장 이병철의 경영활동과 기업가정신

## 제1절 이병철의 생애와 삼성그룹 형성

### 1. 출생과 청소년기

#### 1) 출생과 가문

호암 이병철은 1910년 2월 12일 경남 의령군 정곡면 중교리 723번지에서 부친 경주이씨 찬우(호 술산)와 모친 안동권씨의 4남매(2남 2녀) 중 막내로 태어났다. 호암(湖巖)은 그의 아호이다.

『호암자전』에 의하면 지금부터 약 480년 전에 그의 16대조가 한양에서 경남 의령군 중교리에 낙향하여 살아온 것으로 되어 있다. 9대조까지는 대과에 급제하여 관직에 오른 이도 있었으나 10대조 이후부터는 선비, 즉 임하유생으로서 전원생활을 영위하였다. 조부인 문산 이홍석은 벼슬은 못하였으나 학문에 소양이 있어서 시문과 성리학에 능통했다고 한다.

#### 2) 청소년기

**서당에서 한문공부**

호암은 5세가 되면서 조부가 세운 서당인 문산정에서 한문을 배우기 시작하였다. 5년 동안 서당에 다니면서 「천자문」, 「자치통감」, 「논어」 등을 통독하였다. 그는 모친의 극진한 사랑을 받으면서 친형 이병각과 함께 서당에 다녔다.

그가 서당에 다닐 때는 이른바 조선총독부의 토지조사사업이 마무리되고 식민지 수탈이 한층 강화되고 있었다. 1919년에 일어난 거국적 항일투쟁인 3.1운동으로 일제의 무단정치는 더 이상 지속되지 못하고 이른바 문화정치로 전환하게 되었다. 우리 민족의 교육사상면에 있어서도 근대지향적 추세가 강하게 나타나서 신식학교 취학률이 높아졌다.

이와 같은 여파로 호암은 12세가 되던 1922년 4월 진주 지수보통학교 3학년에 편입하게 되었다.

### 지수보통학교 편입

그가 진주로 가게 된 것은 둘째 누나의 시댁이 그곳에 있었기 때문이다. 그는 진주에 도착한 후 길게 땋은 머리를 자르고 일본식 교육을 받기 시작하였다. 호암은 당시를 회고하여 "모두가 새롭고 즐거운 것이었으며……내가 자신이나 나의 집, 그리고 그것을 둘러싼 환경을 어렴풋이나마 객관적으로 인식한 최초의 기회였던 것 같다"고 말한 점으로 보아 행동환경의 변화와 신교육에서 받은 충격이 성격형성과 자아인식에 큰 영향을 미친 것 같다.

그러나 서울의 교육환경에 관하여 알게 된 후 그는 소도시의 생활에 회의를 가지기 시작하였다. 첫 여름 방학에 귀성했을 때 서울에 유학중이던 친척 형으로부터 서울의 근대적 도시생활과 교육환경에 관한 이야기를 듣고 상경할 것을 결심하게 되었고 서울에 유학하는 것이 장래를 위하여 바람직하다고 판단했던 것이다.

### 수송초등학교 졸업

그 해 9월 그는 가회동에 정착하여 도보로 통학이 가능한 수송보통학교(현 수송초등학교) 3학년에 편입하였다. 가회동에서 가까운 교동이나 재동보통학교를 택하지 않고 수송보통학교를 택한 것은 이 학교가 조선총독부 시범학교였기 때문인 것 같다.

그는 4학년을 수료하고 방학 때 귀성하였는데, 이때 부친에게 보통학교

과정을 단기간에 마무리 짓는 속성고가 있는 중동중학으로 옮길 것을 간청하여 허락을 받았다. 부친은 단정하고도 근엄하였으나 자녀들에게는 너그러운 편이었다. 호암이 서두르는 것을 보고 사필귀정을 강조하고 무리하게 사무를 처리해서는 안된다고 말했을 뿐 성적의 부진은 탓하지 않았고, 학교성적보다는 순리적으로 바르게 살 것을 가르쳤다고 한다.

그는 삼강오륜(三綱五倫)을 숭상했으며, 인의예지신(仁義禮智信)의 생활윤리 중에서도 특히 신(信)을 강조하였고, 비록 손해를 보는 일이 있더라도 신용을 잃어서는 안된다고 주위 사람들에게 가르쳤다.

### 중동중학교 입학과 결혼

중동중학에 입학한 그는 비로소 차분한 마음으로 공부하게 되었고, 축구와 테니스 등 구기에도 열중하였다. 중학교 3학년에 진급하여 학교생활에 열중하던 1928년 가을 부모가 정한대로 세살 연상인 순천 박씨와 약혼하게 되었고, 19세의 나이로 그 해 겨울에 구식결혼을 하였다. 『月城李氏 司正公派譜』에 의하면, 신부는 사육신 박팽년의 후손인 박기동의 4녀로 되어 있다. 결혼할 무렵 호암은 장래의 진로에 관하여 고민하지 않을 수 없었다. 그는 중동학교를 졸업한 후 귀향하여 평범한 생활을 하려하지 않고, 동경유학을 결심하였다.

### 일본유학

그는 1929년 4월 일본으로 유학하여 와세다대학 정경학과에 입학하였다. 와세다대학 근처에서 이순근 등과 자취하면서 공부에 몰두하였다. 큰 꿈을 안고 동경에 유학하여 차분하게 공부에 열중할 무렵 그는 심한 감기에 걸려 학업을 중단할 수밖에 없었다.

고향에서는 학비를 넉넉히 보내 주었으나 자취생활에서 편식한 탓으로 감기에 걸린 것 같다고 술회하였다. 그는 일본 대학에 입학하고 1년 5개월만에 수료하였다.

## 2. 최초의 창업기(1931~1938)

호암은 귀향한지 얼마 후 건강이 회복되자 바로 상경하여 집에서 보내준 돈으로 생활하면서 소일하였다.

### 세 아이의 아버지

나이 26세에 이미 세 아이의 아버지가 되어 있었다. 달빛을 안고 평화롭게 잠든 아이들의 모습을 보는 순간 문득 악몽에서 깨어난 듯한 심정이 되었다고 한다. 너무 허송세월했다. 뜻을 세워야 한다. 잠자리에 들긴 했으나 그날 밤은 한잠도 이룰 수 없었다. 온갖 상념이 머릿속을 스쳤다. 그리고 뜻을 굳힌 것이 사업이었다. 이와 같이 그는 26세가 되던 해 가을 어느 날 잠든 세 자녀의 모습을 보고 순간적으로 각성하게 되었다. 친구와 어울려 도박이나 하고 허송세월하던 정적(情的) 생활에서 벗어나 이성적인 판단하에 변신하게 되었던 것이다.

즉, 일제하에 관리가 되는 것은 떳떳하지 못할 뿐만 아니라 졸업장이 없기 때문에 관리가 되더라도 한계가 있으므로 차라리 적성에 맞는 사업에 투신하기로 결심하였다. 동경에서 돌아온 후 이와 같은 사업입지가 이루어질 때까지 3년의 세월이 걸렸다. 그는 이 기간을 입지를 위하여 모색하는 과정으로 인식하였다. 어떠한 인생이든 낭비란 있을 수 없다고 생각하고 있었기 때문에 허송생활한 것 같으면서도 사실은 사업입지를 위한 여가이용이었다고 보는 것이 옳을 것이다. 즉, 생산적 여가 내지 아리스토텔레스의 여가(Aristotle's leisure)와 같은 것이다.

### 사업자금 3백석을 받다.

아들이 심기일전하여 사업입지가 확고해진 것을 본 부친은 호암에게 사업자금으로 쌀 3백석을 주었다. 사업자급을 마련한 호암은 치밀하게 사업계획을 수립하여 사전조사한 결과 마산에서 도정업을 하는 것이 최선의 선택이라고 생각하였다. 서울이나 부산, 대구, 평양과 같은 대도시에는 이미 일본인들이 상권을 장악하고 있어서 자신의 자금력으로 끼어들 여지가 없다고 판단하고 고향과 가까운 마산을 후보지로 택하였다.

당시 마산은 작은 항구도시였으나 대일미곡수출항이었기 때문에 경남일대에서 모이는 쌀이 연간 수백만석에 이르렀고, 하주는 도정료를 선불하고도 상당한 기간 차례를 기다리는 것이 예사였으므로 규모가 큰 정미소 시설을 갖추면 승산이 있다고 판단하였다. 특히 한국인은 일본인이 경영하는 정미소를 기피하는 경향이 있었으므로 이 분야는 일본자본과의 경합이 적어서 한국인의 사업으로 적합하다고 판단하였을 것으로 생각된다.

### 첫 사업 정미소 경영의 성공

협동정미소 경영은 첫 사업으로서 성공적이었다고 말할 수 있다. 호암의 예리한 경영분석과 합리적 경영으로 설립 초기의 위기를 극복, 단기간에 2만원의 이익을 올렸던 것이다. 그는 협동정미소 경영이 궤도에 오르자 바로 새로운 투자를 모색하였다. 창업가형 기업가로서의 재질은 이미 이때부터 발휘되고 있었다.

이때 자신의 능력에 맞고 사업성이 있는 업종으로 운수업을 택하였다. 당시 마산에는 운송수단이 크게 부족하였을 뿐만 아니라 협동정미소의 영업용으로도 트럭이 필요하였기 때문에 트럭 운수업을 택하게 되었던 것이다. 마침 일본인이 경영하던 일출자동차회사가 매물로 나와 있어서 인수하였다. 이 회사에는 10대의 트럭이 있었으므로 새로 10대를 보태어 1936년 8월에 개업하였다. 호암의 예상이 적중하여 운수사업도 성공적이었다.

### 토지투자로 성공과 실패의 경험

당시의 큰 정미소는 쌀의 위탁판매뿐만 아니라 생산자로부터 쌀을 매입하여 미곡상에게 판매도 하고 대일수출도 하는 경우가 많았으므로 협동정미소의 경영규모는 점점 커졌으나 역시 한계가 있었고, 자동차회사도 일본인 회사와의 경쟁에 불리하여 중소기업의 범위를 벗어날 수 없는 업종이었기 때문에 호암은 토지투자를 구상하게 되었다. 그는 식산은행 마산지점으로부터 융자받을 수 있는 가능성을 타진한 9월에 김해평야의 일본인 소유 논 40만평을 매입하였다. 그리고 이듬해 6월에는 부산・대구 등지의 토지까지도 매입하여 연수확 1만석을 헤아리는 2백만평의 대지주가 되었다.

조선식산은행 마산지점으로부터 유리한 조건으로 융자받을 수 있었던 것은 호암의 신용과 자금조달능력, 대공황기에 있어서의 일본의 과잉자본 등 여러 가지 조건이 충족되었기 때문이었는데, 중일전쟁이 발발한 1937년 7월 이후는 사정이 달라졌다. 일본정부는 중일전쟁을 계기로 그 해 10월부터 임시자금조정법을 실시할 것을 공포하였고, 식산은행도 군수산업의 육성이란 구실하에 일반대출을 중단시켰다.

일제의 이와 같은 조치로 호암의 자금조달에 차질이 생겼을 뿐만 아니라 지가의 폭락으로 곤경에 처하게 되었다. 호암에게 있어서 청천벽력과도 같았던 것이다. 어느날 식산은행에서 일체대출을 중단한다는 통지가 왔다

지가가 폭락함에 따라 은행은 호암에게 더욱 상환을 독촉하였다고 생각된다. 호암으로서는 시대적 정세로 보아 토지를 처분하지 않을 수 없었다. 그는 전답을 시가보다 싸게 처분하고 협동정미소와 일출자동차회사도 처분하여 모든 부채를 청산하였다. 남은 것은 전답 10만평과 현금 2만원이었는데, 이 현금을 공동출자자인 정현용과 최종적으로 청산함으로써 모든 것이 원점으로 돌아간 셈이 되었다.

### 실패의 경영교훈
### - 三利三害(삼리삼해) -

호암은 이때의 실패를 그 후의 경영에 큰 교훈으로 삼았다. "삼리가 있으면 반드시 삼해가 있다"든가 "교만한 자 치고 망하지 않은 자 없다"는 선인들의 가르침을 되새기면서 은행융자에 안주하여 기고만장하던 자신의 행동에 대해 크게 반성하였다.

"사업은 반드시 시기와 정세에 맞추어야 한다. 이것부터 우선 인식하고 나서, 사업을 운영할 때에는 첫째 국내외 정세의 변동을 정확하게 통찰해야 하며, 둘째 무모한 과욕을 버리고 자기 능력과 한계를 냉철하게 판단해야 하고, 셋째 요행을 바라는 투기는 절대로 피해야 하며, 넷째 직관력의 연마를 중시하는 한편 제2, 제3의 대비책을 미리 강구함으로써, 대세가 기울어 이미 실패라고 판단이 서면 깨끗이 미련을 버리고 차선의 길을 택해야 한다는 것을 절감했던 것이다."

이때 그는 비로소 경영의 어려움을 깨달았으며, 신중치 못하고, 경솔하게 토지에 투자하였다가 낭패당하였음을 크게 후회하였다. 그러나 그 후회는 발전을 위한 후회였다. 후회하고 낙담해서 물러서는 것이 아니라 실패를 성공의 계기로 삼으려는 발전적 후회였다.

## 3. 삼성상회 설립기 경영활동(1938~1945)

### 삼성상회 설립

1938년 3월 1일 대구에서 삼성상회를 설립하였다. 삼성상회는 대구에서 생산되는 청과류와 포항의 건어물 등을 만주와 중국 등으로 수출하는 한편, 제분기와 제면기를 설치하여 제분·제면업도 겸하였다.

개업한지 약 1개월 후 동경유학 시절에 사귄 이순근을 지배인으로 맞이하였다. 은행의 거액융자나 대량의 자재구입, 수주 등 극히 일부분을 제외하고는 어음발행이나 인감관리에 이르기까지 경상적인 모든 업무를 지배인에게 위임하였다. "疑人勿用 用人勿疑(의인물용 용인물의)", 즉 의심이 가는 사람은 고용하지 말고, 일단 채용했으면 대담하게 일을 맡기는 '用人哲學(용인철학)'이 이때 이미 지켜진 셈이다.

삼성상회는 호암의 리더십과 정확한 시장조사 등에 힘입어 빠르게 번창하였다. 특히 명산지 대구의 사과는 맛이 뛰어나 일본뿐만 아니라 만주에서도 인기가 높았기 때문에 수출이 급격하게 증가하였고, 삼성상회의 '별표국수'도 대구, 안동, 봉화 등지의 도매상들에게 인기가 있어서 만들기 무섭게 판매되었다.

그러나 이 무렵 일제의 통제경제가 점차 강화되어, 이른바 가격통제령, 식량관리령, 무역통제령 등에 의하여 자유로운 기업활동이 저해되었다, 이때 삼성상회는 국수 생산량의 95%을 국수조합을 통하여 강제로 공출당하였다. 이와 같이 어려운 상황에서 삼성상회는 1941년 6월 3일 주식회사 삼성상회로 개편되었다.

### 조선양조주식회사 인수

삼성상회와 더불어 이 시기에 대구에서 성공한 또 하나의 사례는 조선양조의 경영이다. 호암은 삼성상회를 설립하여 기초가 다져지자 이듬해에는 가까운 거리에 있는 조선양조주식회사를 인수하였다. 대구에는 당시 규모가 큰 양조장이 8개 있었는데, 한국인과 일본인이 각각 4개씩 경영하고 있었다. 일본인은 대체로 청주를 선호하였기 때문에 전통적으로 청주의 양조와 판매권을 장악한 반면, 막걸리와 약주는 한국인이 차지하고 있었다. 호암이 새로운 사업을 구상하고 있을 때 마침 조선양조주식회사가 매물로 나와서 인수하게 되었는데, 조선양조는 연간 양조량 7천석을 올리는 대구 유수의 기업체로서 매수한 가격은 10만원이었다.

호암은 이 회사를 인수한 후 술의 질을 높이고 시장을 개척하는데 주력하였다. 그 결과 매출액이 크게 증가하여 인수한 지 1년만에 연간생산량 1만석을 돌파하였다고 한다. 그리하여 조선양조 막걸리는 대구뿐 아니라 경산과 칠곡에 있어서도 인기가 있었다.

### 해방 그리고 새로운 기회와 희망

8 · 15해방은 호암에게 있어서 기업가적 소질을 십분 발휘할 수 있는 기회이기도 하였다. "역사의 커다란 변혁은 언제나 혼란을 동반하는 한편 사람들에게 새로운 기회와 희망을 안겨 주기도 한다"고 논할 정도로 해방의 변혁은 그에게 기회와 희망을 안겨 주었다. 즉, 8 · 15해방은 우리 민족에게

희망을 안겨 주었을 뿐만 아니라 그에게 사업보국의 신념을 고취시킨 계기가 되었다.

해방직후의 혼란기는 정치적 사회적으로 매우 유동적이어서 그는 바로 투자를 확대하는 것보다 시국을 관망하는 쪽을 택하였고, 대구의 사업가들로 구성된 을유회의 창립 멤버가 되어 활약하였다. 이 모임의 취지는 해방된 해(을유년)를 기념하여 지역사회의 발전에 기여하자는 데 있었다. 을유회 회원은 매주 한번씩 모여 기업가의 자세와 국가 사회의 장래에 관하여 의견을 나누었다.

### 이승만 박사와의 교분과 새로운 계획 발표

해방과 더불어 호암은 새로운 사업을 구상하게 되었다. 이 시기에 웅비를 결심하게 된 계기가 이승만 박사와의 만남이었다고 생각된다.

이박사는 대구를 방문하게 되었는데, 호암은 조경규 등 30여명으로 구성된 환영위원회에 끼어 왜관까지 출영하였고, 부친 술산과의 교분 때문에 이박사와 쉽게 가까워졌다.

호암은 애국자로서 또는 지도자로서 이박사를 마음속으로 존경하였고 자신은 사업으로 보국하려는 결심을 더욱 굳히게 되었다. 그는 사업보국의 차원에서 양조업만으로 만족하지 않고 본거지를 서울로 옮겨 무역업에 전력투구하는 것이 국가와 민족을 위하여 더 공헌하는 길이라고 확신하게 되었다. 그리하여 최종적 결단을 내렸을 때 그는 회사 간부들을 집합시켜 다음과 같이 계획을 발표하였다.

> "우리 양조업이 오늘과 같이 발전하게 된 것은 우리가 단결하여 열심히 일한 덕분이다. 여러분의 협동과 단결심이 살아있는 한, 이 분야에서 경쟁에 지는 일은 절대로 있을 수 없다. 그동안 축적된 이익을 이 기회에 국가와 사회의 급선무인 새 사업에 투자하고 싶다. 현사업의 경영은 모두 여러분에게 일임한다."

위험이 너무 크다고 회사 간부들은 한결같이 반대하였으나 그는 거기에 굴하지 아니하고 1947년 5월 가족과 함께 서울로 이주하였다. 조선양조는

1948년 4월 대구에 있는 조선효모를 인수하여 성장을 계속하는 가운데, 호암은 서울에서 무역회사 설립을 위하여 동분서주하고 있었다.

### ㈜삼성물산공사 설립

호암이 서울로 이사한지 1년 6개월 후인 1948년 11월 종로 2가에 100여평의 건물을 빌어 주식회사 삼성물산공사의 간판을 걸게 되었고 본격적으로 무역업에 착수하게 되었다.

회사명칭이 생소하게 공사로 되어 있는 것은 주거래선이 마카오・홍콩의 중국상인들이었기 때문에 그들의 이해를 돕기 위해서였다. 회사설립에 있어서는 자본금의 75%를 호암이 출자하고 나머지 25%는 김생기, 이오석, 문철호, 김일옥, 조홍제 등이 부담하였다. 임원은 이병철 사장을 비롯하여 조홍제 부사장, 김생기 전무, 허정구 이사 등 20여명이었다.

삼성물산공사는 홍콩・마카오・싱가포르 등 동남아에 오징어, 한천 등을 수출하고 면사를 수입하는 것부터 시작하여 철강재, 재봉틀, 비료 등 거래품이 100여종에 달하였다. 그 후 무역상대국을 다변화하여 미국 등 선진제국으로 거래선이 확대되어 갔다. 수입품은 긴급불가결한 품목으로 사전에 조사하여 선정하였기 때문에 통관이 되기가 무섭게 판매되었다. 당시 회사경영의 기본방침은 사원이면 누구나 응분의 투자를 하여 이익을 배당받을 수 있게 하고, 공존공영의 정신을 강조하였다.

### 굴지의 무역회사로 성장

발족 당시 삼성물산공사는 규모가 작은 회사였으나 1년만에 우리나라 굴지의 무역회사로 성장하였다. 당시 상공부에 등록된 무역업체 543개사 가운데 천우사, 동아상사, 화신산업, 미진상사, 남선무역, 대한물산, 경향실업 등 대무역회사와 어깨를 겨루게 되었고, 1년만에 최선두에 서게 되었다.

삼성물산공사가 무역업계의 혜성으로 떠오른 1950년 2월 그는 일본경제시찰단의 일원이 되어 일본을 방문하였다. 당시의 동경은 패전의 상처가 아직 가시지 않았고, 공항으로부터 도심에 이르는 연도에는 판자집이 즐비하였으며, 황실 앞 석조 빌딩에 성조기가 유난히 눈에 띠었다.

시찰단은 3개월 동안 각지를 돌아보았는데, 호암의 눈에 비친 현실은 전쟁후유증이 너무나 크다는 것이다. 전쟁중에 중무기를 생산하던 중공업은 공장건물의 골격만 남아 있을 뿐 내부시설이라곤 거의 아무 것도 없어서 폐허나 다를 바 없었다고 한다. 그리고 백화점에 진열된 상품들도 하찮은 것 뿐이었고, 그나마 서민들의 백화점 출입은 여의치 않은 것 같이 보였다.

## 4. 장년기 경영활동

### 1) 장년 전반기 : 삼성그룹 형성

#### 한국 제1의 기업가로 부상

6・25전쟁과 전후 복구기로 특징지어지는 1950년대 전반기는 호암이 한국 제일의 기업가로 부상하는 시기였다.

사업보국의 큰 뜻을 품고 삼성물산공사를 설립하여 겨우 궤도에 올랐을 때 6・25전쟁이 발발하였다. 일찍 일어나는 습관이 있는 그는 라디오를 통하여 충격적인 뉴스를 듣고 대구로 피난하였다.

12월 초순 그는 트럭 5대를 구하여 김생기 상무 등 사원과 가족을 태우고 서울을 떠나서 3일만에 겨우 대구에 도착하였다.

#### 피난지에서 3억원의 비축 - 삼성물산 재기의 기초

조선양조로 내려가서 김재소 사장과 이창업 지배인, 그리고 김재명 공장장을 만났다. 호암은 조선양조가 역경 속에서도 잘 운영되어 3억원 가량의 비축이 있다는 보고를 받고 놀랐다.

6・25 동란으로 낙동강 이남의 영남공업지대를 제외하고는 전 국토가 초토화된 상태에서 입수한 거액의 자금 3억원은 그가 기업경영에서 유리한 고

지를 차지할 수 있는 기초가 되었다. 그가 평생동안 자금조성에 수고한 조선양조 임원(동지)들을 잊지 못하였던 것도 이와 같은 이유 때문이다.

거액을 손에 쥔 호암은 피난지에서 삼성물산의 재건을 서둘렀다. 대구로 피난간 지 1개월 후 임시수도 부산에서 삼성물산주식회사를 설립하게 되었던 것이다. 그러나 전시의 비정상적 무역환경에서 무역을 경영한다는 것은 여간 어려운 일이 아니었다. 수출은 엄두도 못낼 지경이었고, 수입 또한 쉽지 않았다. 정부가 외화사용을 엄격하게 통제하고 있었기 때문에 수입에 필요한 외화확보가 어려웠던 것이다.

그러나 홍콩의 에이전트가 6·25 동란 직전에 선적하였던 미화 3만달러 상당의 상품대금 수출 미수금을 보내준다는 것이다. 그리하여 삼성은 무역에 있어서 발군의 실력을 발휘하여 새롭게 부상하자 한국은행은 삼성을 외화대부 대상에 포함시키게 되었고 그 후 무역업계의 정상을 차지하게 되었다.

삼성물산주식회사는 설립한 지 6개월 만에 10억원의 순이익을 올렸고, 1년 후의 결산에서 출자금 3억원의 20배인 60억원의 수입실적을 올려 순이익이 20억원에 달하였다. 결산상의 수치는 전시 인플레이션에 의한 명목상 수치이지만, 대단한 실적이었던 것이다.

### 상업자본에서 산업자본에로의 전환

해방 후 마카오·홍콩에 의존하여 무역은 1950년 한미무역협정의 체결을 효시로 점차 수출시장을 다변화하게 되었다. 그리고 1953년 2월 휴전협정이 무르익어갈 무렵에 100대 1로 호칭평가절하하는 화폐개혁이 단행되었다. 이와 같은 시기에 호암은 새로운 사업을 구상하게 되었다. 상업자본의 산업자본에로의 전환이 그것이다. 수출시장의 다변화 경향은 무역업자의 기업활동에 유리한 조건이 되지만, 한편 휴전이 성립되고 경제가 안정되면 무역업은 더 이상 비교우위를 지속할 수 없고, 경쟁이 심하여 초과이윤이 언제까지나 보장되지 않는다고 판단하여 경제자립에 도움이 되고 초과이윤도 기대할 수 있는 제조업에 투자하기로 결심하였던 것이다. 이때 정부의 수입대체산업육성계획도 그의 의사결정에 작용하였을 것임은 의심할 여지가 없다.

### 수입대체산업 중 제당업 선택

호암은 숙의를 거듭한 끝에 제지, 제약, 제당 등 유망한 몇 개의 수입대체산업 중에서 제당업을 선택하였다. 삼성물산이 그 동안 설탕을 수입한 경험도 있어서 설탕의 시장성을 알고 있었기 때문에 그는 이와 같은 시장적 기회를 포착하여 제당쪽을 택하였다. 해방전에는 감채(사탕무우)를 원료로 하는 대일본제당계 공장이 평양에 있었을 뿐 남한에는 제당시설이 전무하였다. 그런데 6 · 25 동란후 다방이 크게 보급되고 커피가 중요한 기호품으로 되어 감에 따라,* 설탕수요가 급증하였고, 국내의 설탕가격은 세계시장가격의 3배에 달하였다.

### 제일제당공업과 제일모직공업(주) 설립

시장적 기회의 포착으로 호암은 1953년 8월 제일제당공업주식회사를 설립하였다. 공장용지로 부산 전포동 소재 부산고무공업사의 공지를 매입하였고, 상공부 배정외화 18만달러와 은행융자 2천만환으로 공장건설은 급진전하여 그 해 11월에 가동되었다.

제일제당이 창설되던 1953년의 우리나라 설탕수입량은 23,800톤이었는데, 1954년 제일제당의 생산량은 9,635톤이었으므로 설탕수요가 컸음을 알 수 있다.

제일제당이 경영에 성공하자 사업보국의 차원에서 모색한 새로운 사업은 모직물 제조업이다. 당시 우리나라에는 화학섬유가 아직 싹도 트기 전이었고, 일제시대의 구식 모방직기를 수리한 것 5천여추가 가동하고 있었으나 조제복지를 생산할 정도였다. “말이 모직물이지 군용모포나 다를 바 없는

* 동란후에 다방이 크게 보급된 것은 주거공간이 부족한 피난민들이 면회장소로 다방을 많이 이용하였기 때문이며, 커피가 주요한 기호품으로 된 것은 주로 주한미군의 영향 때문이었다.

제품밖에는 생산할 수 없었다. 양복이라고는 대개 미군복을 염색한 것이었다. 이른바 마카오 복지는 한 벌에 웬만한 봉급생활자의 월급 석달 분이 넘었다"고 한다. 이와 같은 시장성과 사업보국의 경영이념에 따라 1954년 9월 대구에서 제일모직공업주식회사 창립을 하게 되었다.

제일모직은 공장부지를 대구 침산동으로 정하고, 1955년 12월 소모공장의 완공에 이어 방모, 직포, 염색, 가공 등 공장이 차례로 준공되었다. 침산동 공장부지는 그 후 20만평 규모로 되었으며, 자본금은 1960년 4월 현재 30억 환으로 증가하였다. 제일모직의 골덴텍스는 그 후 영국제와 일본제 모직물을 국내에서 구축하게 되었다.

### 금융기관의 참여

제일제당과 제일모직의 경영에 성공한 후 그가 관심을 가진 또 하나의 분야는 금융기관의 경영이었다. 그는 이미 1956~1957년경부터 재벌로 불리었으며 선진국의 예도 있고 해서 재벌이 금융기관을 소유하는 문제를 별로 심각하게 생각하지 않았을 뿐만 아니라 금융의 현대화를 위해서도 필요하다고 생각했다.

이와 같은 시점에서 정부는 은행귀속주의 공매를 단행하게 되어 호암은 1957년에 홍업은행(전 한일은행)주의 83%를 매입하였고, 1959년 조흥은행주의 55%, 상업은행주의 33%를 매수하여 전 시중은행의 거의 절반이 삼성의 소유로 되었다.

이 시기에 은행주 이외에도 몇몇 기업의 주식을 매수하였다. 호남비료주의 45%, 한국타이어주의 50%, 삼척시멘트주의 50%를 매수하였다. 1953년에 풍국주정을 설립한데 이어 1955년에는 삼양물산과의 합작, 안국화재와 동일방직을 인수함으로써 막강한 경제력을 과시하였다.

### 비료공장문제와 4·19 혁명

그는 또한 당시에 심각했던 비료부족 문제를 해결하기 위해서는 비료공장을 건설할 필요가 있다고 생각하였고, 이것은 대기업가가 해야 할 사업보국의 길이라고 생각하였다.

"당시 우리나라는 비료의 전량을 수입에 의존하고 있었다. 연간 원조자금 2억5천만달러 중 1억달러 내외를 비료도입에 충당하고 있는 실정이었다. 물론 원조자금에 의한 수입품목 중 가장 큰 것이었다. 게다가 도입적기를 놓쳐 농사를 그르치는 일이 한 두 번이 아니었다. 비료의 자급자족이야말로 농촌의 사활을 좌우하는 문제일 뿐만 아니라 곡물의 증산을 위한 초미의 과제였다"고 생각하여 비료공장 건설에 각별한 관심을 가지게 되었다.

1960년대초 호암은 경무대(현 : 청와대)를 방문하여 이승만 대통령의 재가를 받았다. 사업관계로 대통령을 방문하기는 이때가 처음이었다고 한다.

그 해 2월 그는 차관도입을 교섭하기 위하여 유럽으로 떠났다. 서독과 이탈리아에서 차관교섭이 진행되고 있을 때 한국에서는 4 · 19 혁명이 일어났다. 그는 미국을 거쳐 일본에 체류하면서 고국의 정세를 관망하다가 7월에 귀국하였다. 사회는 극도로 혼란하였고, 좌불안석으로 하루하루를 보내는 가운데 삼성그룹 15개 기업체가 탈세혐의로 조사를 받았다. 그 후 장면내각은 부정축재자 24명, 46개 업체에 벌과금 87억환과 추징금 109억환을 물도록 조치하였다.

부정축재 문제가 결말을 보지 못한 상태에서 우울한 나날을 보내던 그는 정부의 비료공장건설 종용에도 불구하고 관계서류일체를 재무부장관에게 넘겨 준채 일본으로 갔다. 투자환경이 아직 성숙되지 못하였다고 판단하였기 때문이다.

### 2) 장년 후반기 : 삼성그룹 성장

#### 5 · 16 혁명과 부정축재자의 오명

1961년 5월 호암이 동경 제국호텔에 투숙하고 있을 때 5 · 16 군사혁명에 관한 소식을 들었다. 그리고 5월 29일에는 경제인 11명이 부정축재 혐의로 구속되었다는 신문보도가 있었다. 그 후 국가재건최고회의 당국은 호암에게 귀국할 것을 권유하였다. 그는 귀국에 앞서 국가재건최고회의에 서한을 보내어 "백해무익한 악덕기업인들과 변칙적이고 불합리한 세제하에서도 국가경제재건에 기여하면서 국민에게 일자리를 주어 생활을 안정시키고, 세금을 납부하며 국가운영을 뒷받침 해온 기업인들과는 엄격히 구별되어야 한다고 생각한다.…… 나는 전재산을 헌납하는 일이 있더라도 그것이 국민의 빈곤을 해결하는 방법이 된다면 다행이라고 생각한다"고 말하였다.

### 부정축재자로 지칭되는 기업인에게 죄가 없다.

그는 귀국하는 길에 연행되어 다음 날 박정희 부의장을 만났다. 호암은 박부의장에게 전시비상사태하의 세제에 문제가 있는 것이지 부정축재자로 지칭되는 기업인에게는 아무런 죄가 없다고 말하였다.

그 후 정부는 부정축재에 대한 추징 벌과금을 기업주별로 통고하였다. 27개 기업주에게 378억8백만환이 부과되었는데, 삼성은 103억4백만환으로 27%를 차지하였다. 호암은 벌금 대신 공장을 건설하여 그 주식을 정부에 납부하는 방안을 제시하였는데, 그 제안은 최고회의 의결을 거쳐 투자명령이라는 법령이 제정됨으로써 실현되었다.

그 결과 1961년 말 부정축재자에 대한 재조사 결과가 발표되었다. 27명에 대한 추징금은 당초의 378억환에서 501억환으로 늘었으나 삼성은 23억환이 감액되어 80억환으로 조정되었다. 이와 함께 호암이 호남비료에 투자했던 14억환의 주식을 비롯하여 시중은행의 소유주 전부가 정부에 환수되었기 때문에 결국 150억환을 정부에 바치지 않으면 안되었다.

### 한비사건과 국가헌납

1964년 8월 많은 우여곡절 속에 한국비료공장주식회사의 창립을 보게 되었다. 공장의 위치를 울산으로 결정하고 공업단지에 35만평의 용지를 매수하였다. 한편 일본의 삼정물산주식회사와 요소비료공장 건설계약을 체결하고 그 회사와 차관교섭하여 연간 36만톤 규모의 공장건설에 착수하였다. 내자 40여억원과 외자 4,800만달러를 투입하여 공정의 80%까지 진척되었을 때 이른바 한비사건이 발생하였다.

1966년 9월 16일 이 사건으로 동경에 체류 중이던 호암은 급히 귀국하였다. 보세창고에 있던 OTSA라는 암모니아비료 생산과정 단축용 약품을 정부의 허가없이 시중에 매각하여 큰 소동이 일고 있다는 연락이 있었기 때문이다. 이 한비사건은 그 후 벌금을 물고 일단락되었으나 3개월 후에 여론과 정치적 회오리에 휘말려 다시 문제화하였다. 언론계와 국회에서 연일 이 문제가 거론되었다. 이것은 호암의 기업경영에 있어서의 최대의 시련이기도 하였다.

정부의 강요가 있었을 개연성은 배제할 수 없으나, 호암은 사회 분위기로 보아서 삼성이 공장건설을 속행하는 것은 무리라고 판단하여 한비를 국가에 헌납하기로 결심하였다. 그의 사업보국이념과 일치된다고 보았기 때문이다. 정부는 그의 이와 같은 결의에 대하여 완공후에 헌납할 것을 요구하였다. 이 공장은 정부의 요구대로 1967년 4월 준공을 보게 되었고, 소유주 50%를 한국산업은행이 인수함으로써 헌납의지가 실현되었다.

### 경제개발의 성공과 삼성그룹의 성장

군사정권에 의하여 제1차 경제개발 5개년계획이 성공적으로 마무리되고 제2차 5개년계획이 착수되던 이 시기에 삼성그룹은 지속적으로 성장하였다. 그룹 산하의 삼성물산, 제일제당, 제일모직이 꾸준히 성장하였으며, 그 밖에 여러 기업을 창설 또는 인수하였다.

1962년 11월에 안국화재해상보험주식회사를 인수하여 안국화재와 합병하였다. 또한 그는 생명보험에 관심이 많았다. 소득수준이 높아짐에 따라 장차 시장이 커질 것으로 보았기 때문이다. 그래서 1963년 7월 생명보험회사 경영의 의지가 실현되었다. 동방생명보험주식회사 강희수 사장이 타계한 후 주주와 경영진간의 의견대립이 격화되었고, 경영진으로부터 삼성이 동방생명을 맡아 줄 것을 요청받아 주식을 매입·인수하게 되었다. 동방생명에서 소유하고 있던 동양화재와 동화백화점도 이때 인수하였다. 동양화재는 한국

비료공장 준공 직전에 양도하였고, 동화백화점은 인수한 지 4개월만에 신세계백화점으로 상호를 변경하여 직영하였다. 그 밖에 동방생명이 소유하고 있던 동남증권주식회사도 인수하였는데, 호암은 증권회사 영업 성격상 투기성이 있다고 생각하여 결국 양도하게 되었다.

이 해에는 한국제유, 동화부동산(현 중앙개발), 원형산업, 새한제지 등을 인수하였다. 원형산업은 인수와 동시에 미풍산업으로 상호가 변경되었다가 1968년 제일제당과 합병되었다. 그리고 새한제지는 1968년 전주제지주식회사로 상호가 변경되었다. 부동산관리가 주업무인 동화부동산은 1966년 동화진흥주식회사로 상호가 변경되었다가 중앙개발주식회사와 합병되었다. 그리고 이 회사는 후에 주식회사 중앙엔지니어링과 합병되었고, 안양컨트리클럽과 용인자연농원 조성의 주축이 되었다.

### 언론기관의 설립

호암은 언론기관의 경영에 정열를 쏟던 시기가 있었다. 그는 천부의 기업가적 능력을 의식하고 사업 외길로 살아왔으나 1960년대에 와서는 정치의 중요성을 재인식하여 정치계로 나갈 것을 신중하게 고려한 점도 있었으나 결국 그 길을 단념하고 언론기관의 경영에 손을 대게 되었다. 언론의 힘이 정치 못지 않게 중요하다고 생각하였기 때문이다. 1963년에 동양텔레비전방송주식회사와 라디오서울방송주식회사를 설립 한데 이어 1965년 3월에는 주식회사 중앙일보를 창설하였다.

그 후 동양 TV는 라디오서울방송과 합병하여 주식회사 동양방송이 되었고, 중앙일보는 동양방송을 합병하여 주식회사 중앙일보・동양방송을 거쳐 주식회사 중앙일보사로 상호가 변경되었다. 앞에서 본 바와 같이 1965년에 새한제지를 인수한 것은 중앙일보를 창설한 이후 용지수요가 커짐에 따라 신문용지의 안정적 공급을 목적으로 한 호암의 경영계열화 정책이라고 할 수 있다.

## 육영사업과 문화재단 설립

1960년대 초의 정치적 혼란과 기업환경의 난국을 극복하고 명실공히 한국 제일의 재벌의 위치가 굳어질 무렵 호암은 육영사업에도 관심을 갖게 되었다. "기업은 생산 · 고용 · 소득 증진 등 경제적 가치 추구를 통하여 인간의 행복을 약속해 주지만, 인생에 있어서 경제 이외의 가치를 도외시 할 수 없다"는 생각을 하게 되었던 것이다. 즉, 기업은 자선사업이 아니기 때문에 이윤추구를 생명처럼 생각하고, 경영의 합리화에 노력하였지만, 지천명의 나이인 50세 이후 인생의 가치를 재음미하고 육영문화사업을 시작하였다. 그리하여 54세가 되던 1964년 삼성장학회를 설립하였고, 대구대학을 인수하였으며, 이듬해에는 삼성문화재단을 설립하였다.

### 대구대학 인수

대구는 호암과 특히 인연이 깊은 곳이었기 때문에 대구대학을 인수하여 사학을 육성시키려고 하였지만, 청구대학과 합병하여 종합대학을 만들려는 박대통령의 뜻에 따라 대구대학의 경영에서 손을 뗄 수밖에 없었다. 이 무렵 박대통령과 가까운 사이가 되었고, 10여만평의 현충사 경내 조경이 현안문제로 되었을 때 그는 대통령에게 자청하여 그것을 실현시켰다.

### 성균관대학교 인수

이 시기에 운영난에 빠져 있던 성균관대학교를 인수하여 이사장에 취임하였고, 과학관(호암관)을 기증하였다. 한편 수원에 15만평의 학교부지를 마련하는 등 장기발전계획을 수립하였으나 이른바 학원소요로 운영권을 정부에 넘기게 되었다. 그러나 기존 대학을 인수하여 육성시키려는 의지는 계속되어 그 이후에 성균관대학교를 인수하여 발전시키고 있다.

### 도의문화앙양운동 지속

호암의 문화사업의지를 실천하기 위하여 설립한 삼성문화재단의 일차적

주력사업은 도의문화앙양운동의 지속적 추진이었다. 그의 뜻에 따라 도의의 앙양을 주제로 한 논문·소설 등을 공모하여 우수작을 포상하고 효행상제도의 실시, 도의·문화관계 문고본의 출판·배본운동 등이 그것이다. 1982년 4월 용인자연농원에 호암미술관을 준공하여 개관하였다. 이때 삼성문화재단은 삼성미술문화재단으로 개편되었다.

## 5. 노년기 경영활동 -삼성그룹의 국제화 및 세계화-

1967년부터 호암이 별세한 1987년까지의 20년간의 삼성은 종래의 경공업 중심에서 첨단산업과 중화학공업 중심으로 탈바꿈하였고, 세계적 대기업집단으로 성장하였다.

1960년대 후반 우리나라에 있어서도 전자산업에 손을 댄 기업이 있었으나 외제부품을 도입하여 조립하는 초보적 단계에 지나지 않았으며, 가격도 매우 비싼 편이었다. 이와 같은 사정으로 미루어 그는 전자산업이야말로 기술, 노동력, 부가가치, 내수, 수출전망 등 모든 면에서 우리의 경제수준에 알맞는 산업이란 결론을 얻었다. 즉, 시장적 기회를 포착하여 신속하게 행동으로 옮겼던 것이다.

### 삼성전자공업 시작

1969년 1월 삼성전자공업주식회사가 설립되었다. 이때 삼성전자는 수원근교에 45만평의 부지를 확보하여 기공하게 되었고, 추운 겨울에도 돌관공사를 강행하여 1970년 3월부터 부분적으로 준공되기 시작하였다.

삼성전자는 그 후 비약적으로 발전하였다. 이 회사는 발족한지 9년만인 1978년 흑백 텔레비전 수상기 2백만대를 생산하였고, 1981년 5월에는 1천만대를 돌파하여 세계 최고의 기록을 수립하였다. 그리고 3년 후에는 칼라 텔레비전 5백만대를 생산하였다. 정부가 1980년 말에 와서야 칼라 텔레비전의 시판과 방송을 허가하였기 때문에 흑백 텔레비전의 생산량은 급증하였으나 칼라 텔레비전 생산은 상대적으로 늦어졌다.

삼성전자를 설립한 후 그해 12월 일본의 삼양전기와 합작으로 삼성산요전기주식회사를 설립하였다. 이 회사는 1974년 3월 삼성전기주식회사로 상호가 변경되었다가 1977년에 삼성전자에 흡수·합병되었다. 1970년 1월 일본전기와 합작으로 삼성 NEC주식회사를 설립하였는데, 이 회사는 1974년에 삼성전관주식회사로 상호가 변경되었다.

### 외국과의 합작회사 설립

이 시기에는 외국과의 합작회사 설립에 적극적이었다. 1973년 미국의 코닝글라스(Corning Glass Works)와 삼성전자의 합작으로 삼성코닝주식회사를 설립하여 흑백 TV용 유리 융착공장을 건설하였다. 그리고 1971년 9월 삼성일렉트릭주식회사를 설립하여 약 2년간 경영하다가 삼성전자에 합병되었고, 1977년 12월 한국반도체주식회사를 인수하여 삼성반도체주식회사로 상호를 변경, 2년후 삼성전자와 합병하였다.

삼성전자공업주식회사는 이와 같이 여러 회사를 흡수·합병함으로써 비대해졌고, 1984년 삼성전자주식회사로 상호가 변경되어 오늘에 이르고 있다.

1970년대에 설립된 그 밖의 전자전기계통의 회사로서 삼성산요파츠주식회사와 삼성 GTE통신주식회사가 있다. 삼성산요파츠는 삼성전기파츠주식회사로 상호가 변경되었다가 삼성전자부품주식회사로 되었고, 후에 삼성전기주식회사로 상호가 변경되었다. 미국의 GTE사와의 합작으로 설립된 삼성 GTE통신은 1980년에 인수한 한국전자통신주식회사와 합병하게 되었고, 1982년 말 삼성반도체통신주식회사로 상호가 변경되었다.

### 섬유화학공업에 역점

1970년대에 호암이 가장 역점을 둔 분야는 전자 및 중화학공업이었다. 중화학공업에 역점을 두게된 계기는 앞서 본 바와 같이 우리의 사회적 경제적 여건이 중화학공업을 발전시킬 수 있을 정도로 성숙하였다고 보았기 때문이다. 1950년대 중엽 설탕이나 섬유제품이 국민에게 필요불가결한 것이었고, 수입대체 효과가 컸기 때문에 그와 같은 소비재 위주의 투자를 하였으나 1970년대는 발전단계가 다르다고 판단하여 중화학공업으로 진출하게 된 것이다.

그리하여 그가 이끄는 삼성은 전자공업의 기초를 굳힌 다음 바로 중화학공업 분야에 진출하게 되었는데, 일차적으로 착수한 것이 석유화학 분야였다. 석유화학공업은 원료투입으로부터 최종 화학제품의 생산에 이르기까지 전공정에 걸쳐 유기적인 결합형태가 이루어져야 하는 산업이다.

이와 같이 결합된 생산체계를 석유화학 콤비나트라고 하는데, 우리나라에서는 제3차 경제개발5개년계획 때부터 석유화학공업이 궤도에 올랐고, 그 거점은 울산석유화학공업단지였다. 삼성은 여기에 6만평의 부지를 확보하고, 전적으로 수입에 의존하고 있던 화학섬유 원료인 PTA(고순도 테레프탈산) 생산을 목적으로 미국의 아모코사, 일본의 삼정석유화학과 합작하여 1974년 7월 삼성석유화학공업주식회사를 설립하였다.

### 삼성중공업의 발전과정

삼성석유화학에 이어 조선업종인 삼성중공업주식회사를 설립하게 되었다. 호암이 조선업에 관심을 가지게 된 것은 시장성이 크고 노동집약적 산업에 속하여 우리나라의 경제발전단계에 적합하다고 보았기 때문이다. 1967년 이집트 낫세르 대통령이 수에즈 운하를 폐쇄한 후 아프리카의 희망봉을 우회하는 대형유조선의 수요가 급증하였고, 노동집약적 산업이기 때문에 우리나라의 실정에 적합하다고 판단하였던 것이다.

그는 조선소를 만드는 이상 세계에서 가장 크고 생산성이 높은 것을 만들려고 일본의 IHI와 교섭하여 합작투자에 합의하게 되었다. 그리하여 경남 통영군 안정리에 150만평의 부지를 확보하였으나 오일 쇼크의 영향으로 세계 조선업계가 불황에 처하게 되어 포기하지 않으면 안되었다. 그는 “사업에는 착수하는 용기와 물러서는 용기가 필요하다”고 술회한 바 있지만, 이때의 결단은 현명하였다고 생각된다.

우여곡절을 겪은 후 삼성이 우진조선소를 인수한 후 조선소 건설작업은 급진전하였다. 제1기공사는 부지 60여만평에 건조능력 6만5천톤의 규모였으나 그 후 시설을 확충하여 연간 45만톤의 건조능력을 가지게 되었다.

한편 삼성중공업은 기계공업 분야에도 진출하여 창원기계공업단지에 부지 150만평을 확보하고 공장을 건설하였다. 주생산품목은 수송용기계, 레미콘, 크레인, 대형 보일러 등이었다. 그러나 삼성중공업은 1983년까지 적자가 누적되어 경영위기에 봉착한 일도 있었으나 1983년초부터 경영합리화에 주력하는 한편 한국중공업의 중장비공장을 인수하여 불도저, 지게차, 로드롤러와 같은 품목의 대량생산체계를 갖춤으로써 경영이 크게 개선되었다.

### ㄴ 방위산업의 관심

호암은 방위산업에도 관심을 가지게 되었다. 그는 동경에서 일본의 장갑차, 전차, 항공기 등의 생산실태를 조사한 바 있었는데, 그 결과 기술만 도입하면 한국도 항공기 생산이 가능하다는 결론을 얻었다.

그는 원자력산업에도 관심을 가졌다. 원자력산업은 군수용이면서도 평화적 이용에 무한한 가능성을 가지고 있어서 국가적 차원의 산업임을 확인하였다. 그리하여 구체안으로서 핵연료재처리공장을 구상하기에 이르렀다. 그러나 이것은 정치성이 개재될 수 있고, 당시의 국제정치 상황이나 한국의 외교적 입장이 그것을 용납하지 않아 결국 단념하게 되었다.

한편 그가 구상하던 항공기산업은 1977년 8월 삼성정밀공업주식회사를 설립함으로써 실현되었다. 이어 이 회사는 창원공업단지 내에 자리를 잡고 각종 계측기, 광학기기, 전자정밀기기 등을 생산하는 공정건설에 들어갔다. 삼성정밀은 정부로부터 정밀기계 및 전자기기, 미사일 추진장치 등의 시범제조업체로 지정받았다. 이 회사는 1979년에 정밀기계 가공공장을 준공하였고, 제2공장도 기공하여 본사를 창원으로 옮겼다. 그리고 정밀공업부문에서 특히 항공기산업이 커짐에 따라 삼성정밀은 1987년 2월 삼성항공산업주식회사로 상호를 변경하였다.

이와 같이 이 시기에는 첨단산업과 중화학공업 부분에서 발전을 거듭하는 한편, 합성섬유, 호텔, 건설, 의료기기 등 여러 분야에 걸친 기업들 또한 인수되거나 신설되었다.

### 호텔산업 진출

1972년경 외국관광객이 급증한 시기였다. 1962년에 약 1만5천명이었던 외국관광객이 10년 후에는 37만여명으로 증가하였다. 따라서 호텔 시설의 근대화와 대형화가 요망되었고, 정부는 대기업의 호텔업 진출을 유도하게 되었다. 그 일환으로서 삼성이 운영난에 빠져있던 영빈관을 인수하게 되었다.

호암은 세계 초일류의 호텔 건립을 구상하여 1973년 2월 호텔 사업부를 신설하였고, 5월 주식회사 임피어리얼을 창립하여 영빈관과 호텔 용지로 그 일대 국유지를 불하받았다. 임피어리얼은 그 해 11월에 주식회사 호텔신라로 상호가 변경되었다.

### 건설업진출

호암이 건설업에 관심을 가지게 된 것은 우리나라 건설업체들이 중동에 진출하여 오일 달러를 벌어들이던 1970년대 중엽이었다. 해외건설시장이 단순한 토목공사에서 점차 기술집약형 산업시설건설로 전환되기 시작하였고, 무역형태도 상품거래단계를 넘어서 산업설비와 이의 건설을 수출하는 시대가 되어가고 있었기 때문에 건설업에 대한 인식이 달라졌던 것이다.

1977년 2월 삼성은 건설업 면허를 보유하고 있던 통일건설을 인수하여 상호를 삼성종합건설주식회사로 변경하여 건설업에 진출하게 되었으며, 10월 삼성해외건설주식회사를 설립하여 해외사업 진출의 기반을 굳혔다. 이 회사는 후에 삼성종합건설에 흡수 합병되었고, 또 신진자동차공업 계열의 신원개발주식회사도 흡수 합병하여 삼성종합건설주식회사의 규모는 크게 확대되었다.

해외건설업의 여러 분야 중에서 삼성은 특히 플랜트 수출에 역점을 두었다. 즉, 삼성의 플랜트 수출은 턴키 베이스(turnkey base)에 의한 일괄수주 방식으로 설계부터 완공 후 시운전까지 일괄적으로 해결함으로써 능력을 십분 활용할 수 있었던 것이다. 예컨대, 삼성물산이 정보를 수집하고 설계와 시운전 등은 1978년에 설립된 삼성산하의 코리아엔지니어링이 맡고, 산업설비의 공급은 삼성중공업이, 그리고 건설은 삼성종합건설이 수행하는 식이다.

### 종합광고회사 진출

1970년대에 설립한 회사로서 주식회사 제일기획을 들 수 있다. 1970년대 초까지 우리나라에는 전문적인 광고대행업체가 정착되지 못한 실정이었으므로 마케팅기능의 전문화와 효율화를 위해서도 종합광고회사가 필요하였다. 그리하여 1973년에 제일기획을 설립하게 되었고, 이 회사는 그 후 종합광고회사로서 한국제일의 위치를 차지하였다.

### 신산업분야 개척

1980년대에 신설한 주요기업으로는 삼성시계주식회사(1983년)와 삼성의료기기(1984년), 삼성유나이티드항공(1985년), 삼성데이타시스템(1985년) 등이 있다. 이 시기에는 신산업 내지 시대적 각광을 받는 분야에 착안하여 전력투구하고 있음이 주목된다.

신산업은 아니지만. 1960년대 후반부터 1980년 후반까지 20년간 호암이 사업보국의 정신으로 육성한 사업으로 용인자연농원을 들 수 있다.

### 용인자연농원 조성사업 : 에버랜드의 기대

호암은 일찍부터 우리나라가 부강하려면 산림을 개발해야 한다고 생각해서 1968년에 중앙개발을 주축으로 용인자연농원의 조성사업에 착수하였다. 그는 우리나라 국토의 60%를 차지하는 산야 중에서 25%는 개발이 가능하다고 보아 국토개발의 시범농장으로 자연농원의 조성을 착안하게 되었고,

한편 용인자연농원이 다목적 기능을 갖게 하여 어린이들이 자연을 배우면서 꿈과 낭만을 키울 것을 기대하였다. 오늘의 에버랜드가 호암의 기대가치이다.

1980년대에 삼성은 세계적 기업집단으로서 기반이 한층 더 확고해졌다. 신설된 해외지사와 현지법인이 급증하였으며 첨단상품과 기술 및 플랜트 수출의 증대로 삼성의 이미지가 세계적으로 확산되어 갔다. 특히 1988년 서울올림픽을 앞두고 삼성에서는 창업50주년 행사준비와 더불어 축제 분위기가 고조되고 있었는데, 창업기념일 3개월전인 1987년 11월 19일 호암은 78세를 일기로 많은 아쉬움을 남긴채 세상을 떠났다.

## 제 2 절 이병철의 기업가정신

### 1. 현대성 추구의 기업가정신

1980년대 미국 레이건 대통령은 취임사에서 "신념을 가지고 새로운 고용과 부의 기회를 창출하는 기업가는 영웅"이라고 표현한 바 있다. 호암 이병철은 바로 그와 같은 유형의 기업가라고 할 수 있다. 그는 확고한 신념의 소유자였으며, 그 신념의 정신 때문에 기업경영에 성공하였다고 할 수 있다.

그의 기업가정신은 1973년부터 사업보국, 인재제일, 합리추구정신으로 집약되어 삼성의 지도원리가 되었다. 형식적으로 보면, 사업보국이나 인재제일, 합리추구는 기업가들이 흔히 말할 수 있는 표현이라고 볼 수도 있겠으나, 호암의 경우는 형식적 장식용으로 제정된 것이 아니라, 오랜 기업활동과 민족주의 사상에서 우러나온 조직적 신념체계였다.

즉, 조국에 대한 사랑과 기업의 사회적 책임을 집약한 신념체계이며, 일종의 강령과도 같은 것이었다. 이와 같이 확고한 신념체계를 바탕으로 그는 리더십을 발휘하였고, 기업의 사회적책임을 다하면서 삼성을 정상의 위치로 끌어올렸다고 생각된다. 호암이 경영활동을 통하여 나타난 기업가정신은 다음과 같다.

## 2. 인재제일주의정신

호암의 기업가정신의 가장 중요한 특징은 인재제일주의에 있다고 말할 수 있다. 그는 "일년지계(一年之計)는 곡식을 심는 일이요, 십년지계(十年之計)는 나무를 심는 일이며, 백년지계(百年之計)는 사람을 기르는 일"이라는 동양의 격언을 자주 인용하였다고 한다. 하나를 심어서 하나나 열이 생산되는 것이 아니라 백이 생산된다는 중국적 투자효율사상에 영향을 받았다는 뜻이다. 따라서 "국가와 기업의 장래는 사람에 의해서 좌우된다."라는 경영이념과 용인(用人)철학이 호암의 인재제일주의 정신의 주류가 되었다. 이하에서 살펴보도록 한다.

### 우리 회사의 인재는 국민의 봉사자이다

1982년 4월 22일 삼성종합연수원의 준공을 기념하여 로비 벽에 새겨진 호암 친필의 붉은 화강암 현판에는 "국가와 기업의 장래가 모두 사람에 의해 좌우된다는 것은 명백한 진리이다. 이 진리를 꾸준히 실천해 온 삼성이 강력한 조직으로 인재양성에 계속 주력하는 한 삼성은 영원할 것이며, 여기서 배출된 우리 회사의 인재는 이 나라 국민의 봉사자가 되어 만방의 인류 행복을 위하여 반드시 크게 공헌할 것이다."라고 되어 있다. 우리는 이 글에서 인재양성에 관한 호암의 집념을 엿볼 수 있다.

### 기업은 사람이다

호암의 인재제일주의는 우리나라의 유교적 전통에서 볼 때 당연시 할 수도 있다. 인재를 중요시하는 문화적 전통은 기업가의 역사적 사회적 환경으로서 기업가활동에 영향을 미치기 때문이다. 그러나 호암의 경우는 사정이 달랐다. "기업은 사람이다"라고 말할 정도로 인재제일주의를 경영이념의 최우선 순위에 두고 이를 성취하고자 노력하였다.

최한기(1803~1877)는 천하에서 얻기 어려운 것은 시대에 뛰어난 탁월한 인재이며, 진실로 그러한 사람이 있으면 부귀빈천과 파벌을 물어 볼 필요도 없이 그에게 알맞은 직업이 주어지게 마련이라고 말하였다.

시대적 배경은 다르지만, 호암은 바로 도량과 재질이 탁월한 인재를 구하는데 최선을 다하고, 일단 채용하면 적소에 배치하여 능력을 십분 발휘하게 하는 스타일의 기업가였다. 최한기의 말과 같이 사람을 쓰는 것이 모든 일 가운데 가장 중요하며, 인생의 대도는 용인(用人)에 있다고 생각하였던 것이다.

### 최초의 사원공개채용제도를 시행하다

호암은 사람을 채용할 때 재질과 사람됨을 중요시하였다. 우리나라 기업 중에서 삼성이 가장 먼저 사원공개채용제도를 시행하게 된 것은 호암의 이와 같은 용인관에 따른 것이다. 즉, 최한기의 말과 같이 일을 위하여 사람을 뽑는 것이지 사람을 위하여 일을 고르는 것이 되어서는 안되기 때문에, 혈연이나 지연 또는 정실인사에서 벗어나기 위하여 사원공개채용제도를 실시하게 되었던 것이라고 말하기도 하였다.

### 일단 채용하면 믿고 맡겨라

사람을 일단 채용하면 믿고 맡기는 것이 호암의 경영스타일이었다. "의심이 가거든 고용하지 말고, 일단 채용했으면 의심하지 말고 일을 맡겨라" 이것이 그의 용인철학(用人哲學)이었다.

최한기는 세상에서 가장 귀한 것은 실용의 덕을 지닌 인재이고, 만나기 어려운 사람을 잘 쓰는 식견과 도량을 지닌 사람이라고 말하였는데, 호암은 실용의 덕성을 지닌 인재와 탁월한 식견과 도량을 가진 경영자를 양성하기 위하여 투자를 아끼지 않았다. 삼성이 우리나라 기업 중에서 가장 먼저 종합연수원을 개설하여 인간개발과 인력개발에 노력한 것은 호암의 뜻에 따른 것이다.

## 3. 사업보국주의정신

호암은 기업을 경영하면서 항상 머릿속에는 기업가적 능력과 경험을 나라의 경제발전에 도움이 되는 방향으로 기업활동을 실현하면서 사업보국주의 정신을 기본으로 삼았다.

8 · 15해방이 되자 일제의 억압 밑에서 마음대로 기업활동을 할 수 없었던 우리 기업가들에게 국민경제의 건설에 이바지할 수 있는 기회를 가져왔다고 판단하여 '사업보국의 차원'에서 기업의 진로를 생각하게 되었다고 한다.

'보국(報國)'이란 문자 그대로 나라의 은혜를 갚는다는 뜻이며, 나라의 은혜를 갚는다는 것은 나라를 위하여 충성을 바친다는 뜻이다. 그러므로 주권이 박탈당하고 식민지 종주국의 압제하에 그들을 위하여 일방적 의무만이 강요되던 상태에서 해방이 되고 독립이 약속된 상태에서 사업보국을 생각하지 않는 기업가가 있을까 하는 의문도 있을 수 있으나 호암의 경우는 신념화되었고, 특히 이 문제를 심각하게 생각하였다. 사업을 천직으로 생각하였던 그는 사업을 통해 애국을 실천하겠다고 생각하였고, 해방 직후 대구에서 이승만 박사를 만난 후 사업보국의 의지가 더욱 굳어졌다.

### ⇨ 이승만 박사 만난 후 사업보국이념 확립

이승만 박사와의 만남을 계기로 호암의 새로운 인생관이 확립되었고, 한평생 이 박사의 애국사상을 행동지표로 삼으면서 기업을 성공시켜 나라에 보답하겠다는 의지를 굳혔다. 그는 안일한 방법으로 귀속기업체를 불하받거나 투기업에 종사함으로써 일확천금을 노리지 않았다. 사업보국의 차원에서 그 시대가 요구하는 가장 중요한 사업을 찾아서 투자하고 합리적으로 경영함으로써 기업의 사회적책임을 다하려고 노력하였다.

이것은 다른 말로 표현하면 사업보국의 차원에서 시장적 기회를 포착하여 투자하고 경영에 성공하였다는 뜻이 된다. 즉, 삼성물산공사의 창설에 이어 제일제당, 제일모직, 삼성전자, 삼성중공업 등 무역업, 경공업, 중공업 등의 순서로 국가사회에 꼭 필요하다고 생각되는 업종을 순차적으로 선택하여 투자하고 경영에 성공하였던 것이다. 그가 기업가로서 외길인생을 보낼 수 있었던 것은 이와 같은 사업보국이념 때문이며, 사업을 통해서 나라에 은혜를 갚겠다는 뜻을 가지고 있었기에 사업보국주의 정신이 정립되었다.

## 4. 합리주의정신

호암의 합리추구는 근대지향적 경영이념이라고 말할 수 있다. 서양의 근대화 과정은 산업화 · 합리화 · 민주화로 구분할 수 있고, 산업화와 합리화 · 민주화는 상호 밀접한 관계를 가지면서 발전하였다. 그런데 우리나라는 호암의 말과 같이 일제의 침략으로 말미암아 자율적으로 근대화할 수 있는 기회를 놓쳤고, 선진국에 비해 산업화뿐만 아니라 특히 합리화가 낙후된 것은 사실이다. 호암은 이와 같은 점에 착안하여 의식구조의 개선과 합리추구를 역설하였다고 생각된다.

합리추구의 맹아는 근대화 사회에도 있었으며, 우리나라에 있어서는 실학자 중에 유교적 차원의 순리를 강조하는 경향이 있었다. 그러나 호암의 합리추구는 철저하게 현대지향적이었다. 그는 사회의 모든 면에 있어서 합리화가 이루어져야 한다고 생각하였지만, 특히 경영합리화는 가장 시급한 문제로 생각하였다. 부존자원이 빈약한 우리나라는 생산성향상과 원가절감으로 국제경쟁력을 제고시켜야 하고 국제경쟁력의 제고는 합리추구가 전제되기 때문이다.

호암의 합리주의는 이와 같이 경영에 있어서의 핵심적 가치요, 이성적 지도원리라는 점에서 원칙주의와 통한다. 호암을 원칙주의자라고 묘사할 수 있는 것도 그의 합리주의 때문이다. 즉, 합리주의는 이성존중의 행동철학이므로 조직구성원을 경영의 대도로 인도하고 효율적으로 직무를 수행케 하는 데는 합리주의적 원칙이 필요하며, 호암은 몸소 그것을 실천함으로써 합리주의의 표본이 되었다고 생각된다.

## 5. 일등주의정신

호암은 경영에 실패하지 않으려면 철저하게 1등을 해야 한다고 생각하였다. 그의 기업가정신은 그의 상호제정에 있어서도 나타나고 있다. 제일제당이나 제일모직의 상호제정에서 보는 바와 같이 그는 철저하게 제일이 되기를 희구하였고, 그것을 실현시키려고 노력하였다. 그 밖에 그가 제정한 '삼성'과 '중앙'이란 상호에도 최고, 즉 1등주의, 제일의 뜻이 함축되어 있다.

### 삼성의 의미

1938년 대구에서 삼성상회를 설립하였을 때 선정한 상호를 그는 매우 만족스럽게 회상하였다. "삼성"의 '삼'은 큰 것, 많은 것, 강한 것을 나타내는 것으로서 우리 민족이 가장 좋아하는 숫자다. '성'은 밝고 높고 영원히 깨끗이 빛나는 것을 뜻한다. 크고 강력하고 영원하라. ……재출발하는 사업에 이러한 소원을 담아 호암 스스로 이 상호를 위해 제일이 되었다.

### 최고의 기업-정상의 도전정신

크고 강하고 높고 영원한 기업이란 1등 기업이라고 풀이할 수 있다. 그리고 1965년 중앙일보를 창간하였을 때의 그의 소감을 보면, "제호인 '중앙'에는 제일 크다는 뜻이 담겨 있다. 이 신문이 사회의 공기로서 큰 역할을 완수해 줄 것을 기원하였다." 제일 큰 신문이 되어 언론매체로서의 사명을 완수해 줄 것을 바랬던 것이다.

이와 같이 그의 제일주의, 최고의 정신은 만전불패사상보다도 적극적이고 능동적이다. 소심하여 실수하지 않는 소극적 자세가 아니라, 무엇이든지 정상의 위치를 차지하기 위하여 적극적으로 도전하고, 기업변신을 하면서 만전을 기하려는 진취적 사상이다.

그는 사세의 영속성문제에 대해 부정적 입장을 취하였다. 시장경제체제하에서 기업은 끊임없이 변신하지 않으면 남아 있을 수 없고, 새로운 제품일수록 끊임없이 품질을 개선하여 혁신적으로 변신하지 않으면 경쟁에서 살아남을 수 없다고 보았기 때문이다.

이와 같은 자본주의의 속성에 대한 인식과 남에게 지기를 싫어하는 그의 성품으로 말미암아 1등지향적인 완벽주의가 형성되었고, 그것이 사세를 신장시켰다고 생각된다.

## 6. 책임주의정신

소유경영자로서 인재제일주의 정신에 따라 인재를 육성하면서 권한을 과감하게 위임하였던 호암의 경영행동 양식에는 필연적으로 책임주의가 수반되었다. 기업의 사회적 책임을 희구하고 부실기업을 죄악시하던 호암은 책임주의를 지도원리로 강조함으로써 기업가활동을 발휘하고 목표관리에 만전을 기하였다.

창업초기와 같이 기업 규모가 작았을 때에는 경우에 따라 일인다역(1人多役)이 불가피하였으나 기업 규모가 커지면서 권한위임의 신념은 더욱 강력하게 작용하였다. 그룹산하에 30여개의 회사를 거느리고 10만여 종업원과 수백개의 사업부를 헤아리는 거대한 조직을 운영함에 있어서는 권한위임과 책임주의가 필수적일 수밖에 없다고 생각하였던 것이다.

### 권한위양과 책임정신

호암은 권한이란 자기의 책임을 조직 내에서 공적으로 수행하는 힘으로 간주하였고, 권한에는 항상 책임이 따른다고 생각하였다.

삼성은 삼성상회 시절부터 경영일체를 지배인에게 위임하고 있었는데, 이것은 그 후에 하나의 전통으로 되어 책임경영원칙이 확립되어 거대한 조직을 일사불란하게 통솔할 수 있었다.

사장이 전무에 책임을 나누어주고 전무는 상무에게, 상무는 부장에게 권한을 위임하되, 거기에는 명확한 책임의 한계가 있다. 호암은 권한위임을 빙자해서 책임을 회피하는 것처럼 무책임한 행동은 없다고 생각하였다. 부하에게 지울 수 있는 범위는 직무상의 책임에 국한되며, 일의 성사, 공과에 대한 책임은 당연히 책임자가 져야 한다는 논리이다. 즉, 책임불변의 원칙이라 하여 권한을 위임하여도 책임은 그대로 남는다는 것이 그의 지론이다.

### 책임경영원칙의 예 → 사업부제 도입

책임경영원칙을 구체화한 예가 사업부제이다. 사업부제는 각 업종의 특성을 살리고, 회사경영에 대한 사장의 권한과 책임을 분명히 할 수 있어서 다각적 경영의 기업에 알맞는 관리제도로서 선진국기업에서 대부분 채택되고 있는 제도이지만, 1970년대 초부터 제일모직·중앙매스컴·중앙개발 등에서 그것을 실시하였고, 그룹 차원에서는 삼성이 우리나라에서 처음으로 1975년 9월부터 이 제도를 도입하여 운영하였다. 사업부내에서는 삼성의 경우, 부·과 등 부서별로 임무가 나누어지고 권한도 부여되며, 공과에 대한 책임의 소재를 명백히 하는 것으로 되어 있다.

## 7. 기술혁신주의정신

### 슘페터가 지적한 모든 조건 구비

슘페터(J.A. Schumpeter)는 기업가란 신제품을 생산하고 새로운 기술을 도입하며, 신조직의 형성과 새로운 자원 및 새로운 시장을 개척하는 혁신의 수행자라고 규정한 바 있는데, 호암은 슘페터가 지적한 모든 조건을 구비하고 있었다. 특히 그의 기업활동 중에는 혁신적 신기술의 도입이 현저하게 부각되어 있다.

산업혁명을 3분하면, 제1차 산업혁명은 철과 석탄의 시대가 되고, 제2차 산업혁명은 전기와 석유의 시대, 제3차 산업혁명은 정보혁명시대가 된다.

1970년대 후반까지만 해도 첨단기술산업이란 일반인에게 있어서 생소한 신종산업이었다. 컴퓨터 · 로봇 · 생명공학 · 우주공학 등을 의미하는 첨단기술이란 말은 우리나라의 경우 1960년대 후반에 와서 일반적으로 많이 사용되었지만, 호암은 이미 1930년대부터 신종산업에 대하여 흥미를 가지고 있었다.

1969년의 삼성전자공업주식회사 설립에 이어 1970년대에 중화학공업과 반도체산업, 항공산업 등 여러 분야의 기업을 창설하는 과정에서 그의 기업가적 변신을 엿볼 수 있다. 호암은 기업환경의 변화를 신속하게 파악하여 전자 · 석유화학 · 조선 · 정밀기계 · 항공공업 · 반도체 · 컴퓨터 · 유전공학 등의 분야에 적극적으로 진출하였던 것이다.

그는 세계가 제3차 산업혁명의 와중에서 격심한 변화를 겪고 있다고 판단하고, 정보기술혁신을 어떻게 받아들이고 어떻게 대응할 것인가가 당면과제라고 말하였다. 즉, 반도체 · 컴퓨터 · 광섬유 · 광통신 · 유전공학 · 우주와 해양개발 등 광범위한 영역에 걸쳐 새로운 물결이 일고 있음을 직시하고, 이미 당시에 e-비지니스 경영의 중요성을 역설하였던 것이다.

## 8. 산업평화주의 정신

1987년 6.29민주화선언 이전 민주화 물결이 전국을 풍미하게 됨에 따라 국민적 욕구가 각계에서 분출하게 되었고, 기업은 노사분규로 정신이 없었다. 그러나 이와 같은 분위기에서도 삼성만은 세인이 주목할 정도로 안정된 노사관계를 유지하고 있었다. 그 원인은 대체로 호암이 오랫동안 주력한 노사협력체제의 확립에 있었던 것으로 분석되었다.

### 노사와 공존공영 정신

“기업이 솔선해서 종업원에게 최대한의 성의를 가지고 좋은 복지와 후생을 제공하고, 종업원은 자기 회사라는 신념으로 최선을 다하면 노사는 공존공영할 수 있다"는 그의 노사관계관이 주효하였던 것이다. 즉, 회사는 업계 최고의 대우와 최고의 근로조건을 보장하고, 종업원은 공동체적 신념으로 최선을 다하면 노조와 공존공영 경영체제가 확립된다는 것이다.

## 9. 리더십과 경영의 비결

삼성그룹의 창업주 호암은 창업가형 기업가로서 천재적 능력을 발휘하여 삼성그룹을 성장시키고 우리나라 정상의 재벌자리를 차지하였다. 호암이 기업경영에 성공한 비결이 무엇인가에 대한 해답은 그리 간단하지 않다. 그 이유는 여러 가지 원인이 복합적으로 작용할 수 있기 때문이다.

그는 건강한 신체와 정신력, 뛰어난 판단력과 리더십, 인내와 근면성을 고루 갖추고 있었다. 강인한 정신력과 높은 성취욕구에 수반하는 근면성은 그의 기업가정신과 리더십이 밀접하기 때문에 여기서는 리더십에 대해 살펴보기로 한다.

### 호암의 변혁적 리더십

호암의 리더십은 변혁적 리더십으로 추종자들로 하여금 의식, 가치관, 태도의 혁신을 추구하도록 하였다.

그의 인적자원관리는 사업에 투신할 당시부터 이미 발휘되고 있었다. 그는 26세에 마산에서 협동정미소를 차릴 때부터 '합심협동'의 신념으로 두 사람의 동업자를 영입하는데 성공하였고, 사람 관리를 잘하여 경영에도 성공하였다. 그리고 대구에서 삼성상회를 개업한 후 그는 일본유학 시절의 친구인 이순근을 지배인으로 맞이하여 삼성상회를 궤도에 올려놓았고, 조선양조의 경영에도 성공하였다.

호암은 삼성상회의 경영일체를 지배인에게 맡김으로써 지배인으로 하여금 책임지고 경영하도록 동기를 부여하였다. 은행의 거액융자나 대량 자재

구입과 수주 등 극히 일부 중요한 문제를 제외하고는 어음발행이나 인감관리에 이르기까지 경상적인 거의 모든 일을 지배인에게 맡겼다.

"의심이 가거든 사람을 고용하지 말라. 의심하면서 사람을 부리면 그 사람의 장점을 살릴 수 없다. 그리고 고용된 사람도 결코 제 역량을 발휘할 수 없을 것이다. 사람을 채용할 때는 신중을 기하라. 그리고 일단 채용했으면 대담하게 일을 맡겨라."

이 원칙은 삼성상회의 출발과 함께 터득하고 실천했던 사람 쓰는 방법으로써 그 후 그의 경영철학이 되었다.

### 경영합리화의 선구적 역할실현

호암의 합리추구 이념에 따라 삼성그룹은 경영합리화에 있어서 선구적 역할을 다하였다. 1960년대에는 외부 전문가에 의한 각사의 경영진단을 정례적으로 실시하였고, 1970년대에 도입한 사업부제, 전사적 품질관리(TQC)운동은 삼성의 조직관리를 진일보시켰다. 기능별 · 제품별 사업부제는 사장으로부터 말단 사원에 이르기까지 달성해야 할 목표를 분명히 제시함으로써 전사적 전그룹적인 경영관리의 체계화를 실현시켰다.

삼성그룹이 선구적으로 채택한 여러 제도는 대체로 호암의 제안에 의한 것이다. 1950년대부터 실시한 사원출자제도라든가, 공개채용사원모집과 사원연수제, 인사고과제, 어학검정고시제 등이 삼성에서 처음으로 실시되었다. 공채제도와 연수제도, 인사고과제도는 호암의 인재제일주의를 반영한 것이며, 어학검정고시제도도 외국무역의 발달과 국제화시대에 대비한 인재제일주의의 일환으로 제정되었다고 생각된다.

### 경영성공비결 복합적 요인

호암이 경영에 성공할 수 있었던 비결은 복합적 요인으로 설명될 수밖에 없으나 그 중에서도 가장 중요한 것은 용인술과 리더십이라고 말할 수 있다. 용인의 한 예를 보면, 사람은 각기 기량이 다르다고 생각하고 사장이 될 수 있는지 상무에 머무를지는 기량에 의하여 결정하였다.

기는 가지고 태어나는 것, 즉 선천적 소질에 의하는 바가 많다고 보았으며, 사장이 되려면 적어도 치밀한 계획성, 통솔력, 판단력, 구상력이 뛰어나야 한다고 생각하고, 이것을 실천하였다. 그는 사람을 잘 쓰고 기르면서 목표달성을 위하여 꾸준히 노력하였으며, 그는 성취욕구가 매우 강한 편이었으나 결코 저돌적 기업가는 아니었다. 시장적 기회를 포착하면서 사업보국의 정신으로 끊임없이 변신하는 합리적인 기업가였다.

## 참고문헌


1. 고승제, 「한국경영사연구」, 한국능률협회, 1975.
2. 高在經, 「尖端技術産業」, 12ねける 韓・日比較, 桃山學院大學, 1988.
3. 김교식, 「삼성그룹 이병철」, 1986.
4. 김병하, 「호암 이병철연구」, 한국경영사학회, 1990.
5. ______, 「재벌의 형성과 기업가활동」, 한국능률협회, 1991.
6. ______, 「호암의 생활과 경영이념」, 경영사학 제3집, 한국경영사학회, 1988.
7. 김성수, 「세계화시대 한국기업인의 모습」, 중앙대 산업경영대학원 세계학 아카데미, 1996.
8. ______, 「한국경제론」, 학문사, 1988.
9. ______, 「한국경제의 이해」, 학문사, 1992.
10. ______, 「한국경제사론」, 경진사, 1985.
11. 동아일보, 1969년 7월 1일자.
12. 柳町功, 「韓國半導體産業 新た存展開」, ろシろ經濟, 日本ろシろ經濟硏究會, 1989.
13. 매일경제신문사. 1989년 6월 7일자, 7월 8일자, 9월 3일자.
14. 박동해, 「한국재벌들」, 개족문, 1982.
15. 삼성경제연구소, 「호암의 경영철학」, 중앙일보사, 1989.
16. 삼성그룹, 「삼성오십년사」, 삼성기획실, 1988.
17. 삼성반도체통신(주), 「삼성반도체통신십년사」, 1987.
18. 상공업, 「한국의 공업」, 1970.
19. 송기철, 「경영사」, 박영사, 1988.

20. 양창삼, 「한국의 경영사상」, 양영각, 1993.
21. 이병철, 「호암자전」, 중앙일보사, 1968.
22. ______, 「국부론」, 중앙일보, 1987년 1월 10일자.
23. ______, 「첨단기술 - 그 첨단을 가는 길」, 중앙일보, 1983년 7월 19일자.
24. ______, 「우리가 잘사는 길」, 한국일보, 1983년 5월 30일자.
25. 이원수, 「이병철사상과 철학」, 경영아카데미, 1978.
26. 제일모직공업(주), 「제일모직30년사」, 1984.
27. 제일제당공업(주), 「제일제당오십년사」, 1983.
28. 조기준, 「호암과 제일모직」, 경영사학 제4집, 한국경영사학회. 1989.
29. 조동성, 「한국재벌연구」, 매일경제신문사, 1990.
30. (주)제일기획, 「제일기획오십년사」, 1988.
31. (주)호텔신라, 「호텔신라십년사」, 1985.
32. 중앙일보, 1969년 6월 26일자, 27일자.
33. 한국경영사학회, 「경영사학」 제3집, 1988.
34. ______, 「경영사학」 제4집, 1989.
35. ______, 「경영사학」 제12집, 1996.
36. 한국경제신문, 1989년 8월 27일자, 11월 11일자, 1990년 1월 4일자.
37. 한국산업은행, 「80년대 전략산업」, 1981.
38. 한국생산성본부, 「한국의 광공업」, 1972.
39. 한국일보, 「재계회고」, (원로기업인편)(이병철), 1981.
40. 황명수, 「삼성물산의 성립과 호암의 기업가 활동」, 경영사학 제4집, 한국경영사학회, 1989.
41. Cole, A. H. *An Approach to the study of Entrepreneurship the Takes of Economic History,* Vol. 6, 1946.
42. Kim. S.S. *The Colonial Characterstics of Korean Industrialization under Japaness Rule*, Seminar in Economics, Harvard Extension Monograph, Harvard University, Cambridge Mass, U. S. A. 1982.
43. Martin Hollis, *The Philosophy of Social Science*, Cambridge university press, 1995.
44. Sam Sung Today, *Introduction to Samsung Group*, 1981, 1982.
45. ZO, K. Z. *Types of the Entrepreneur in Modernization Process of the Korean Economy*, Report-international Conference on the Problem of Modernization in Asia-Asiatic Research, 1966.

2

# 정주영의 경영활동과 기업가정신

## - 노사는 "한솔밥" 먹는 가족 -

# 제 2 장 정주영의 경영활동과 기업가정신

## - 노사는 "한솥밥" 먹는 가족 -

## 제1절 정주영의 생애와 현대그룹 형성

### 1. 출생과 소년기

아산 정주영은 현대그룹을 창업한 대표적인 자수성가형 기업가이다. 그는 1915년 11월 25일 강원도 통천군 송전면 아산리의 가난한 농가에서 부친 정봉식과 모친 한성실의 6남1녀 중 장남으로 출생하였다. 아호인 아산은 그의 출생지명에서 딴 것이다.

정주영이 쓴 《이 땅에 태어나서》의 책에서 그의 고향 아산리는 50호 정도의 작은 농촌 마을로 송전 해수욕장과 가까운 위치에 있어서 풍광이 아름다운 곳으로 표현하고 있다. 이렇게 아름답게 표현한 그의 고향배경을 볼 때, 정주영의 금강산 개발은 남북화해, 평화통일의 밑거름이 되는 목적도 있겠으나 순수한 고향의 아름다움을 개발하여 자신의 족적을 남기기 위한 위대한 인간의 자연적 속성이라는 생각이 든다.

정주영이 출생한 시기는 일제강압에 의한 1910년 한일합병이 시작된 이후이고, 1919년 3.1운동이 일어나기까지의 일본제국주의 기초공작기였다.

또한 정주영의 출생시기의 시대적 배경은 제1차 세계대전의 혼란시기와 일제의 식민지지배 통치정책이 기승을 부리는 일본강점기의 시기였다. 일제 식민지하의 토지조사사업 전개와 조선회사령의 공표로 민족기업을 억압하기 시작하였고, 산업권의 착취와 독점이 팽창일로에 있는 등 식민지 지배체제의 수탈정책이 본격화되었던 암울한 시대였다.

## ⇨ 서당공부와 초등학교시절

정주영은 6세가 되던 해인 1921년 3·1 민족독립운동이 우리 강토 구석구석에서 일어나고 있을 때에 서당에서 '천자문', '동몽선습', '소학', '대학', '맹자', '논어', '당시' 등을 3년간 배웠다.

아산은 서당에서 수학한 후 송전공립보통학교에 입학하였다. 우수하였기 때문에 2학년을 거치지 않고 3학년으로 월반하여 5년만에 초등학교 과정을 졸업하였다. 초등학교를 졸업한 후에는 집에서 농사일을 하였고 그의 부친은 아들을 본격적인 농부로 키우기 시작하였다.

상급학교에 진학해서 학교 선생님이 되고 싶었던 그의 꿈은 가정형편으로 꿈에서 끝날 수밖에 없었다고 한다. 고된 농사일은 새벽부터 밤 늦도록 계속되었다. 이렇게 열심히 일을 하였지만 조금만 흉년이 들어도 아침에 강냉이밥을 먹고 저녁에는 죽을 먹는 1일 2식으로 연명하며 겨울을 나고, 여름에 감자 나올 때만 기다려야 하는 궁핍한 생활이 계속되었다.

당시 소년 정주영은 고향을 떠나 무엇인가 농사일이 아닌 다른 일을 해보고 싶었으며, 무슨 일을 하든 농사에 들이는 노력만큼이면 농사보다 소득이 나을 것 같았다고 한다. 어쨌든 소년 정주영은 고향을 떠나 도시로 나가고 싶었다.

## ⇨ 소년 정주영의 가출

고향과 농사일에 불만을 품은 그를 더욱 부추긴 것은 마을 구장댁에 유일하게 배달되어 오는 '동아일보'였다. 글을 읽을 줄 아는 동네 어른들이 한 바퀴 다 돌려보고 난 동아일보를 맨 마지막으로 빼놓지 않고 얻어서 읽곤 했는데, 그것이 바깥 세상과 거의 단절된 농촌에서 갖는 그의 유일한 숨구멍이었다고 술회하였다.

그때 그는 신문 연재소설에 심취하고 있었는데 특히 이광수의 〈흙〉에서 많은 감명을 받았다고 한다. 소년 정주영은 소설의 내용이 작가가 지어낸 이야기라고 생각하지 않고, 실제로 있었던 일로 이해하고 있었다. 그리하여 그는 소설의 주인공 '허승' 변호사처럼 실제로 변호사가 되어 도시에서 생활하겠다는 생각을 하게 되었다고 하였다. 그리고 실제로 도시에 나왔을 때 노동을 하는 한편 변호사가 되어 보겠다고 '법률통신'이나 '육법전서'같은 책을 사서 보통고시까지 본 사실이 있다. 물론 실패로 끝났지만 그가 고향에서의 탈출은 집요하였다.

그는 자신의 아버지처럼 농사꾼으로 일생을 살고 싶지 않았다. 고향만 떠나면 무언가 더 나은 생활이 있을 것만 같았다. 때는 세계 대공황의 여파가 일본을 휩쓸어 한반도는 일본 과잉자본의 배출구가 되던 때였고, 항만시설의 확충과 철도부설로 청진과 나진에서 건설붐이 일고있던 때였다.

그는 신문을 통해 청진이나 나진에 가면 일거리가 있음을 알게되었다. 그리하여 초등학교 3년 친구이자 선배인 지씨와 같이 고향을 떠난 것이 그의 첫번째 가출이었다. 그의 첫번째 가출은 두달만에 끝났고, 두번째 가출은 서울로 향하던 중에 부친에게 붙잡혔다. 세번째 가출은 부친의 전재산이었던 소판 돈 70원을 훔쳐 기차편으로 상경하여 덕수궁 '경성실전부기학원'에 등록하여 공부하기 시작하였으나 부친에게 붙잡혀 귀향하게 되었다.

### ⇨ 인천부두 하역노동과 신축공사장 노동자

고향에 내려온 아산은 이듬해 인천으로 가서 부두의 하역을 비롯하여 닥치는대로 노동을 하였으며, 얼마 후에 서울로 상경하여 보성전문학교 신축공사장에서 노동을 하였다. 그러다가 기술을 배우는 것이 낫겠다고 생각하여 지금의 동양제과 자리에 있는 공장에서 파이프와 연결된 수리견습공으로 일하였다.

## 2. 청년기 : 전반기 상업활동

### 쌀가게 배달원으로 취직 - 근면, 성실

아산 정주영은 1934년 19세 때 복흥상회(쌀가게)에 배달원으로 취업하게 되었다. 그 후 비로소 안정된 생활을 하게 되었다고 한다. 여기서 그의 전심전력한 한 단면을 소개하고자 한다.

"복흥상회에 취직한 그는 다음날 비가 오는데 쌀 한가마와 팥 한말을 주인집에 배달하게 되었다. 당시 자전거는 서투르게나마 탈 줄 알았지만 물건을 싣고 배달하는 것은 처음이어서 여러번 넘어져 핸들이 휘고 쌀가마가 온통 진흙에 범벅이 되었다. 그래서 그날부터 자지않고 밤을 새워가며 쌀을 자전거에 싣고 타는 연습을 했다. 한 사흘 그렇게 연습을 했더니 쓰러지지 않고 쌀 배달을 잘 할 수 있게 되었다. 나중에는 쌀을 두 가마니씩 싣고 배달할 수 있는 사람은 정주영밖에 없다고 하였다. 또 매일 새벽에 일어나서 정미소 앞을 깨끗이 청소하고 열심히 일을 하니까 주인은 정주영을 좋아하였다."고 했다.

이와 같은 아산 정주영의 근면성을 안 주인은 그를 매우 신임하고 재고관리와 장부정리까지 맡기게 되었다. 월급도 처음에는 침식제공 이외에 쌀 한가마니 값되는 12원이었으나 곧 18원으로 올려주었다. 집을 나온지 3년쯤 지나 1년 월급이 쌀 20가마가 되었다. 정주영의 부친은 1년 월급이 쌀 20가마라는 말에 매우 놀랐으며 그때 부친도 비로소 서울에서 취직하는 것이 시골에서 농사짓는 것보다 좋다는 것을 인정하게 되었다고 술회하고 있다.

아산 정주영이 3년동안 복흥상회에서 일하는 동안 주인집의 아들이 노름에 빠져 돈을 헤프게 쓰는 바람에 쌀가게 문을 닫지 않으면 안되었고, 주인의 권유에 따라 청년 정주영은 복흥상회를 인수하게 되었다.

### 쌀가게 "복흥상회 인수"

1938년 1월 복흥상회를 인수한 청년 정주영은 생애 최초로 신당동에서 상호를 경일상회로 바꾸고 상업활동에 노력하였다. 1939년 12월 조선총독부의 전시체제에 따른 쌀 배급제로 경일상회를 폐쇄하기까지 쌀 장사로 신용을 얻었으며, 그 시절 고향의 부친께 논 2천평을 사드리고 고향 면장의 장녀인 17세의 변중석과 결혼하였다.

결혼 후 정주영 부부는 삼정정미소에서 좋은 쌀을 사다가 판매하였기 때문에 경일상회는 고객에게 인기가 있었다. 판매처는 서울여자상업학교와 배화여자고등학교 기숙사 같은 곳에 적극적으로 판매활동을 펴서 쌀을 공급하였다. 그러는 동안 상업자본이 축적됨에 따라 황해도 연백 등지의 쌀 산지에서 쌀을 대량 구매하여 도매업도 겸업하였다.

이와 같이 정주영은 경일상회에서 축적한 자본의 일부를 토지에 투자하여 고향의 논 6천평을 샀고, 1940년 합작회사 '아도서비스자동차 수리공장'을 아현동에 설립하였다.

### 아도서비스 자동차 수리공장 설립

아산 정주영은 25세 때인 1940년 3월 이을학의 소개로 아도서비스 자동차 수리공장을 3천 5백원에 인수하였다. 운전자본까지 합하여 5천원으로 사업을 시작하였다. 이것은 삼정정미소의 오윤근으로부터 빌린 3천원과 오인보로부터 빌린 5백원, 그리고 동업자가 출자한 8백원 등으로 충당하였다.*

정주영은 경성서비스라는 자동차 수리공장에서 기술자로 근무하던 이을학과 김명현에게 합자하는 형식으로 3백원과 2백원을 출자하게 하였는데, 출자금이 소액인 점으로 보아 그들의 기술을 중요시하였다는 점을 알 수 있다.

#### 화재로 공장이 전소되다.

아도서비스는 인수 당시 적자에 허덕이고 있었으나 아산이 인수한 후에는 흑자로 전환되었다. 기술과 신용이 있었기 때문에 많은 고객이 찾아와서 개

* 경일상회를 처분하여 그 일부 1천원을 아도서비스 운영자금으로 사용하였던 것같다. 당시 전문학교를 졸업하고 식산은행에 취직한 사람의 월급이 70원이었음을 상기해 보면 1천원의 가치가 은행원의 1년분 보수 이상이었다고 한다.

업한지 20일만에 부채의 절반을 상환할 정도로 호황을 이루었으나 그것은 잠시 뿐이었다.

개업한 지 20일만에 불이 나서 공장이 전소되었을 뿐만 아니라 수리 중에 있던 트럭 4대, 승용차 1대도 화재를 당하였다. 부채가 있는데 타버린 자동차도 보상해 주어야 했기에 아산은 진퇴유곡에 빠지게 되었다.

### ㄴ. 신용과 신의로 좌절을 극복한다.

아산은 화재에도 좌절하지 않고 고리채를 준 오윤근을 다시 찾아가서 불의의 재난에 관하여 설명하고 돈을 빌려줄 것을 간청하였다. 오씨는 그를 신용하여 담보없이 3천 5백원을 빌려주었다.

아산은 그 돈으로 신설동 뒷골목 빈터에 공장과 대장간을 차려놓고 다시 자동차 수리업을 시작하였다. 아산의 신용과 신의로 일감은 정신없이 밀려들었고 눈코 뜰새 없이 바쁘게 돌아가면서 돈도 많이 벌었다. 따라서 오윤근에게 빌린 돈도 물론 이자까지 모두 갚았다.

여기에서 아산이 단시일에 많은 돈을 벌게된 원인을 살펴보겠다. 1940～1942년 당시에는 자동차 보급률이 지극히 낮은 단계에 있었기 때문에 자동차를 빨리 수리하는 것은 고객을 위해서 매우 중요하였다. 다른 수리공장에서는 수리비를 더 받기 위하여 시간을 끄는 것이 일쑤였으나 정주영은 자동차가 고장나면, 차주인이 발이 묶여 고통을 받게 되므로 빨리 고쳐주는 것이 고객을 위한 길이라고 생각하여 보통 밤 12시까지 작업을 하면서 수리기간을 단축시켰다. 이와 같은 노력의 결과는 당시 일본인도 칭송을 아끼지 않았으며, 경영은 순조로워 많은 수익을 올릴 수 있었다.

그러나 일제의 기업통제정책의 일환으로 '기업정비령'이 실시되어 아도서비스는 종로 5가에 있는 일진공작소에 흡수・합병되었다. 1943년 3월 일제의 통제경제하에서 자동차 수리업에서 손을 뗀 정주영은 당시 조선식산은행 총재 아들이 경영하던 보광광업주식회사 황해도 수안군 소재 홀동금광과 광석운반의 하청계약을 맺고, 보증금 3만원을 예치하고 새 트럭 30여대, 중고 트럭 10여대를 구입하여 약 2년간 광석을 운반하다가 1945년 5월 홀동금광 하청권을 인계하고 고향으로 돌아가 8.15해방을 맞이하였다.

이상과 같이 일제 36년 가운데 아산 정주영은 만 30세에 해방을 맞고, 일제말기에 쌀장사, 3년 동안의 자동차수리와 2년 동안의 자동차운수 경험으로 초기의 자본축적을 하고 해방후의 첫 사업에 도전하는 계기를 만들게 된다.

## 3. 청년기 : 현대의 창업기

### 해방과 더불어 '현대자동차공업사' 설립

1945년 8월 15일 해방을 맞은 정주영은 고향에서 다시 상경하여 자동차 수리업을 구상하였다. 자동차는 문명의 이기로서 자동차 관계사업은 전망이 좋다고 판단하였다. 당시는 정치적으로 혼란한 시기에 미군정청으로부터 서울 중구 초동 106번지의 적산 200평을 불하받아 1946년 4월 '현대자동차공업사'를 설립하였다.

아산은 30여명의 종업원을 거느리고 낡은 차를 수리했을 뿐만 아니라 휘발유차를 카바이트차나 목탄차로 개조하기도 하였다. 휘발유가 귀한 때였으므로 작업내용은 후진적이었으나 현대라는 용어가 가르키듯이 현대자동차공업사에 대한 정주영의 이상은 높았던 것이다.

정주영이 현대라고 한 것은 낡은 것에서 탈피하여 크게 변신하겠다는 의지가 포함되어 있는 것이다. 해방 후에는 미군부대에서 불하받는 낡은 자동차가 점차 증가하여 현대자동차공업사는 날로 번창하였고, 종업원 수는 1년에 70~80명으로 증가하였다.

자동차 수리업의 주된 고객이 주로 미군부대였으므로 그는 관청과 미군부대를 출입하는 기회가 많아졌고, 그러한 기회에 공사청부업이 유망하다는 것을 알게 되었다.

### 현대토건사 설립하여 건설업 시작

1947년 5월 25일 현대자동차공업사 건물에 현대토건사 간판을 걸고 건설업을 시작하였다. 당시의 건설업은 대부분 수리와 영선하는 일이 대부분이었고 미군부대의 일이 약간 있었는데, 미군관계 공사는 큰 토건회사들이 독점하여 군소업자들에게 하청을 주고 있었다.

현대토건사는 이와 같은 군소업자의 하나로 출발하였으며, 1948년 8월 15일 대한민국 정부가 수립되고 정부에서 건설행정체제를 정비하게되자 현대토건사는 이와 같은 추세에 부응하기 위하여 1950년 1월 현대자동차공업사와 합병하여 현대건설주식회사를 설립하고 아산 정주영은 사장에 취임하게 되었다.

### 현대건설주식회사 설립

'공칭자본금 3천만원, 불입자본금 7백50만원, 소재지는 서울 중구 필동 1가 41번지' 이것은 현대건설주식회사의 족보이다.

건설업은 공사를 따내기가 어려운 대신 이익이 많아 할만한 사업이었다. 이 두 개의 회사를 하나로 합병해 놓고 그는 '좋다. 이제부터 제대로 한번 사업을 해보는 거다.'라고 하며 의욕을 불태우며 자신있게 활동하였는데 6개월만에 6・25전쟁이 일어났다.

#### 전쟁을 시장적 기회로 포착

부산으로 피난간 현대건설은 전쟁에 관련된 공사를 수주하는데 앞장섰다. '건설이란 평화시대에는 평화를 건설하는 것이고, 전쟁이 나면 전쟁에 따른 공사를 하게 되니까 일이 있는 것'이라는 신념을 가지고 시장적 기회를 포착한 결과 현대건설은 이 시기에 유리한 고지를 차지하게 되었다.

#### 정주영의 번득이는 창의력과 도전정신

현대건설이 당시 어려운 고비를 슬기롭게 넘길 수 있도록 젖줄이 된 미군

관계공사 2건의 에피소드를 간단히 소개하면서 아산 정주영의 번득이는 창의력과 불굴의 도전정신을 엿보고자 한다.

### ⇒ 미국대통령이 묵을 숙소 마련 성공

1952년 12월 추운 혹한기, 당시 미국 대통령에 당선된 아이젠하워는 선거공약을 실천하는 차원에서 전쟁을 치루는 한국을 방문하기로 전격 결정하게 된다. 그러나 미8군 관계자들은 재앙과 같은 고통을 호소하고 있을 때이다. 문제는 한국에서 미국 대통령이 묵을 숙소가 없다는 것이다. 그래서 한국의 왕 고종이 태어나고 자란 사가인 운현궁으로 일단 정했으나, 보일러시설과 화장실이 없기 때문에 문제가 생겼다. 15일간밖에 없는 기간 내에 화장실을 만들고 난방시설을 해야 하기 때문에 어려움이 무척 많았다. 그러나 정주영은 사흘을 앞당겨 공사를 마무리했고 미8군 관계자는 '현다이 넘버원'이라며 진심으로 고마워했다는 것이다.

### ⇒ 부산 UN군 묘역 단장 – 무조건 파래야 한다.

부산 UN군 묘역을 단장하는 공사는 운현궁 개조공사보다 더 극적인 정주영의 기발한 아이디어와 추진력이 돋보이는 공사였다. 미국 아이젠하워 대통령은 한국전쟁에서 자유를 수호하다 순직한 병사들의 무덤을 참배할 예정이었다.

전쟁 중에 급조된 묘역이라 황량할 뿐더러 추운 겨울이라 잔디를 입히지 않았다. 미8군 관계자들은 "이국 땅에서 죽은 미군 순직 병사들의 묘역을 어떻게 해서라도 파란 잔디가 있어야 한다"고 주장하면서 묘역 단장공사를 현대의 정주영에게 부탁하였다. 유엔군 묘역이 무조건 파래야 한다는 미8군 관계자의 부탁의 말과 아울러 "이것은 또한 국제적인 여론도 문제가 된다"는 말에 정주영과 그의 담당자들은 고민할 수밖에 없었다. "현대라면 할 수 있다. 정주영은 할 수 있다"라는 신념을 미군 관계자들에게 보여주고 싶었다고 한다.

정주영은 쾌히 승낙하고 트럭 30대를 동원하여 낙동강 연안 남지에 펼쳐진 파란 보리밭으로 갔다. 그곳에는 파란 보리싹이 한창 자라고 있었다. 정주영은 몇 시간만에 보리밭 주인과 배상문제를 마무리짓고 30대의 트럭에 파란보리 잔디를 싣고 와 유엔군 묘지 잔디공사를 성공리에 끝마쳤다. 유엔군 묘지는 순식간에 전체가 파랗게 물들었다. 파랗게 단장된 묘역을 둘러보며 미8군 관계자는 감탄을 연발하였다고 했다.

### 미군공사 독점과 전쟁복구공사 수주

#### - 전시에도 일자리가 있다는 정주영의 신화 증명 -

그 후 현대의 미군공사 독점은 이런 신의와 아이디어의 성공 및 개가로 말미암아 전시에도 일거리가 있다는 당시 정주영의 신화가 증명되었다.

이와 같이 정주영은 피난지 부산에서 미군막사 설치, 유엔묘지 단장 등의 미군공사와 상현교 복구공사, 월천교 복구공사 등 관공서 발주공사를 수행했다. 휴전 이후엔 미군공사가 일시 중단되어 민간공사와 정부공사를 수행했는데, 이 중 1953년 4월 낙동강 고령교 복구공사 착공 후 공사기간 중 물가폭등의 어려움으로 막대한 적자를 내면서 회사의 존립마저 위태롭게 되었다. 건설사업의 위험성과 당시 현대건설의 취약성을 드러낸 사례이었다. 당시 부도위기에 몰려 동생의 집을 팔아 사업자금을 충당하는 어려움도 있었다.

그러나 1953년 11월 서울로 환도 후 소공동 삼화빌딩 사무실 2개를 임대하여 현대건설 본사 사무실을 마련하고, 1957년 9월 전후 최대의 단일공사인 한강 인도교 복구공사 등 정부의 전쟁 복구공사와 미군공사를 활발히 수주하여 급성장하였다. 주한미군으로 부터는 인천 제1도크공사, 오산비행장 활주로 포장공사 등 많은 공사를 수주했다.

### 많은 공사의 수주요인과 국내건설도급 1위

중요한 것은 이렇게 많은 공사를 수주할 수 있었던 것은 고령교 공사와 같은 적자공사를 성의껏 마무리 해 준 신용과 미군 불하장비의 용이한 확보, 창의력과 공기단축을 통한 미군의 신임을 얻은 덕택이었다. 여기에다 관계와 재계에 맺은 정주영의 폭넓은 교분, 정주영의 실제 정인영의 미군측 인맥도 중요한 구실을 했다고 본다.

이 결과 1957년경에 이르러 현대건설은 군소업체의 지위를 벗어나 상위 그룹의 일원으로 도약하게 되었다. 정주영은 45세 때인 1960년에 현대건설을 국내 건설업체 중 도급 한도액 1위를 차지하는 수준까지 발전시켰다.

### ㄴ 학습과정을 통한 경영기법 창출

정주영의 혁신적 경영활동은 학습과정을 통하여 이룩되었다. 암스덴(Amsden. A) 교수는 한국 산업화의 특징을 '학습을 통한 산업화'로 파악하고 있는데(Asia's Next Giant, 1989), 이는 바로 1950년대 현대건설의 성장에도 그대로 적용된다고 지적하였다.

그 대표적인 사례가 고령교 공사의 시련을 통한 학습은 한강인도교 공사를 무난히 수행할 수 있게 했으며, 또한 미군공사의 엄격한 품질감독과 검사는 현대의 시공능력을 높이는 결정적 계기가 되었음을 발견하게 되었다. 바로 이런 점이 정주영의 학습과정을 통한 경영기법의 창출이라고 생각된다.

## 4. 장년기 : 현대건설을 재벌로 성장

### 창사 14년만에 사옥건립

아산 정주영의 장년기(45~61세)시절은 현대가 재벌그룹으로 성장하기까지 과정을 몇 가지만 사례를 중심으로 살펴보자.

장년기를 맞은 정주영은 1961년 1월 중구 무교동 92번지 소재의 무교동 사옥을 건립함으로써 창사 14년만에 사옥을 소유하면서 확고한 기반을 다진다. 그해 8월 대한상공회의소 특별위원으로 피선된다. 1962년 7월 단양시멘트 공장을 착공하고, 1963년 7월에는 전국경제인연합회 이사, 동년 12월에는 건설에 대한 공로로 대통령 표창장을 받는다. 1964년 6월 단양시멘트공장 준공, 1965년 2월 수출에 대한 공로로 대통령상을 받는 등 사업에 최대의 열정을 다한다.

### 역사상 최초로 해외건설 진출

1965년 9월 30일은 한국 역사상 최초로 해외건설 진출을 하는 개가를 올리는 날로서 기록된다. 태국의 파타니 나라티왓(Pattani-Narathiwat) 고속도로 공사를 맡게 되었고 1966년 본격적으로 월남에 진출하여 캄란 메콩(Com Rahn) 준설공사를 착공하였다.

이 준설공사는 현대건설이 해외에서 준설기술을 축적하는데 크게 기여하였다. 정주영이 현대건설로 해외진출에 있어 기선을 잡은 것은 기업발전에 매우 중요한 요인이 되었다. 당시 정주영이 해외건설로 진출한 동기는 건설회사들이 정권과 유착한다는 비난으로부터 벗어나고, 협소한 국내시장보다도 해외로 진출하는 것이 수익성이 크다고 판단하였기 때문이라고 생각한다.

### 해외공사 초기의 손해를 딛고 성공

정주영은 태국으로 진출하였으나 경험부족과 현지사정에 어두운 탓에 이 공사에서 엄청난 손실을 보게 되었다. 예컨대 연중 3～4개월이나 되는 우기에 소나기 때문에 온통 물바다가 된 공사를 다시 해야만 하는 경우가 많았다. 그는 자주 현장에 나가서 진두지휘하여 완공은 시켰으나 결과적으로 300만달러 정도의 손해를 보았다.

정주영은 이것을 거울 삼아 태국에서 6건의 고속도로 공사와 1건의 매립공사를 맡아서 마무리하는데 성공하였고, 월남에서 미해군 시설공병단이 발주한 캄란만 준설공사도 수의계약으로 따내 3년만에 완성시켰다. 그 후 월남을 비롯하여 괌 · 알라스카 · 오스트레일리아 · 파푸아 뉴기니 · 인도네시아 · 중동 등지로 활동을 확대하여 자본을 축적함으로써 우리나라에서 가장 큰 건설업체로 성장하였다.

### 세계 고속도로사상 가장 빠른 공기로 완성

1967년 4월 소양강다목적댐 공사를 착수하여 1973년에 완성시켰으며, 전국경제인연합회 부회장으로 피선되고, 동년 12월 29일에 현대자동차주식회사를 설립하였다. 그리고 1968년 2월 경부고속도로를 착공하여, 1970년 6월 27일 세계 고속도로사상 가장 빠른 공기로 경부고속도로의 전 공정 5분의 2를 현대건설이 완성하였다(전장 428km의 경부고속도로 개통). 그 해 11월 경부고속도로 건설공로로 대한민국 동탑산업훈장을 수여받았다.

1967년 어느날 오후, 박정희 대통령은 정주영 회장을 초대하여 저녁식사를 하고 있었다. 두 사람은 태국고속도로 공사로 화제를 모으고 있을 때, 박정희 대통령은 정주영 회장에게 우리나라의 고속도로를 맡아달라는 뜻밖의 제안을 하였다. 그리고 20일만에 경부고속도로 건설공사비를 계산해 달라고 하였다. 이미 그때 박대통령의 지시에 따라 건설부, 재무부, 서울시, 육군공병감실 그리고 현대건설이 따로 공사비를 산출하게 되었다. 이 경부고속도로의 건설공사는 정주영 회장의 3가지의 성공법칙을 만들어 내었다.

### 정주영 회장의 3가지 성공법칙

첫째는 경부고속도로 견적 공사비를 20일만에 산출한 것과 둘째는 당제터널 공사를 막대한 손해를 보면서 오직 사업보국주의 정신으로 완성했다는 사실이다. 정주영은 이것을 표현하는데 '주판알'을 엎고 사업을 해야 할 때도 있다고 기술하고 있다. 셋째는 경부고속도로 공사현장에서 작업과 관련된 인력과 장비와 차량이 최우선이어야 한다는 법칙이다. 즉, '공사현장에서 노동자가 대통령이다'라는 그의 소신은 공사현장을 방문한 박정희 대통령도 예외가 아니었다고 한다.

공사비 산출문제는 공사기간 동안 큰 관심의 대상이 되었다. 단 20일만의 경부고속도로의 산과 강, 터널, 다리, 토지구입비 등의 공사비 산출은 불가능하였는데 건설비용을 정확하게 산출해낸 현대의 견적능력은 정주영 회장의 독창적인 산출능력의 소산으로 당시 하나의 신화로 남겨지고 있다.

1970년 10월 9일 고리원자력 1호기를 착공하고, 1971년 2월 현대그룹 회장으로 취임, 그의 나이 56세 때 드디어 현대재벌 회장으로서 재벌시대가 형성되었다.

## 5. 장년 후반기: 현대그룹의 형성

### 현대재벌회장 시대

아산 정주영은 57세 때 현대를 재벌그룹으로서 형성한다. 그리고 세계 조선사에 기록을 남기게 되는 현대조선소 기공식을 가졌다. 1972년 3월 23일 8천만달러라는 막대한 자금이 소요되는 현대조선소를 건설하였으며, 1973년 울산조선소 1호기 기공식, 동년 12월 28일 현대조선중공업주식회사 설립, 1974년 현대엔지니어링주식회사 설립, 동년 2월 26일 현대자동차서비스주식회사 설립 등으로 사업을 다각화하여 재벌로 형성하였다. 동년 6월 28일 26만톤급 조선 2척 건조와 울산조선소의 1단계 준공을 마침으로써 2년 3개월 만에 조선소 건설에서부터 배를 건설 진수하기까지 선박건조 역사상 전무후무한 기록을 남기게 되었다.

### 거북선이 그려진 500원 지폐의 신화

정주영 회장은 조선소를 건립하는데 '백사장 사진 한장'으로 영국 버클레이즈 은행으로부터 차관 성사, 그리스 선박왕 오나시스의 조카와 유조선 2척 계약, 우리 돈으로 환산하여 14억을 수표로 받아 한국은행에 입금시킨 사례는 이미 널리 알려진 사실이나 이곳에서는 그의 추진력을 소개한다.

정주영 회장은 당시 영국의 A&P애풀도어사의 롬바통 회장에게 조선소건립지원금을 차관으로 성사시키고자 하였다. 그러나 롬바통 회장은 아직 선주도 나타나지 않고 한국의 상환능력과 잠재력도 믿을 수 없어 자금지원이 곤란하다고 거절하였다.

그때 정주영 회장에게 번뜩 떠오르는 기지가 하나 있었다. 거북선이 그려진 한국의 돈 500원짜리 지폐를 생각하게 되었다. 그는 그 지폐를 책상에 내놓고, "이것이 우리의 거북선이요, 영국의 조선건조 역사는 서기 1800년경이라고 알고 있는데, 우리는 벌써 1500년경에 이런 철갑선을 만들어 일본을 혼낸 민족이요, 우리가 당신네 보다 300년이나 조선역사가 앞서 있었소. 다만 그 후 대원군의 쇄국정책으로 산업화가 늦어져 국민의 능력과 아이디어가 녹슬었을 뿐 우리의 잠재력은 그대로 있오." 롬바통 회장은 머리를 끄덕이면서 긍정을 표시하였다고 한다.

결국 롬바통 회장의 도움으로 현대 선박건조가 가능하다는 결론을 내렸다는 것이다. 그의 이런 능력은 선박건조사에 기록을 남기게 되었고, 1975년 4월에 현대미포조선주식회사를 설립하였으며 동년 5월에 경희대학교에서 명예공학박사 학위를 수여받았다.

### 20세기 세계 건설업계 최대의 대역사

1976년 한국 최초의 자동차 고유 모델 '포니'를 생산하고, 고려산업개발주식회사를 설립하였으며, 동년 6월 17일 당해 연도 국가예산의 절반 이상에 해당하는 세계 최대의 초대형 심해공사인 사우디아라비아 주베일 산업항 공사를 수주하여 일명 주베일드라마로 불릴 정도로 20세기 세계건설업계의 최대의 대역사로 지칭되었던 공사를 하게 되었다.

공사규모는 육상과 해상에 걸친 토목부분의 모든 공정과 건축, 전기, 설비 부문까지 총동원된 종합건설공사였다는 것으로도 특기할만한 사업이었다. 이 사우디 국왕의 주베일산업항 계획의 현대시공은 재벌로 성장한 정주영 회장을 세계에 알리는 결정적 계기가 되었다.

### 현대종합상사(주) 설립

1976년 12월 18일 현대종합상사주식회사를 설립함으로써 해외수출 종합상사로서 발돋움하고 해외시장 다각화에 총력을 기울이게 하는 계기가 되었다. 그리고 사회사업의 일환으로 아산사업복지재단을 설립하여 이사장으로 취임하면서 사회적 책임이라는 의무를 다하게 된다.

## 전국경제인연합회 회장

정주영은 1977년 2월 한국경제의 총수 자리인 전국경제인연합회 회장으로 피선되어 가출한 막노동꾼에서 대한민국 재계의 총수 자리인 경제인연합회 회장까지 되는 성공시대를 열었다.

그의 나이 62세의 장년기에서 노년기로 넘어가는 길목에서 그는 쉬지 않고 사업을 하여 그 공로가 인정되어 1981년 4월 국민훈장 동백장을 수여받고, 그 해 9월 IOC에서 열리는 바덴바덴에서 올림픽의 서울 유치를 위해 활동하였으며, 그 해 9월 30일 제24회 세계올림픽 개최지 서울 확정을 성공시키는 데 결정적인 기여를 하였다.

## 정주영 유조선공법 개발

1983년 2월에는 현대전자산업주식회사를 설립하고, 1984년 2월 25일에는 서산 천수만 간척사업의 A지구 최종 물막이 공사에 이른바 정주영공법으로 불리우는 폐유조선공법을 시도하여 4천 7만평을 간척하였으며, 그 결과 연간 5만톤의 쌀을 수확하는 국토는 넓을수록 좋다는 그의 지론을 확인시킨 결과를 낳았다. 이 면적은 여의도의 33배로서 우리나라 최대 곡창지대인 김제평야보다 넓다. 당시 이 유조선공법으로 절약된 공사비는 290억원이었으며, 〈뉴스위크〉와 〈타임〉지까지 유조선공법이 소개되었고, 런던 템즈강 하류 방조제공사를 맡았던 세계적인 철구조물회사에서는 이 유조선공법에 대한 자문을 구하기도 하였다.

총공사비 6천4백70억원을 투입해서 만든 서산농장은 영농사원 1인당 관리면적이 35만평에 이른다. 이 면적은 우리나라 일반농가 80호가 짓는 농사면적과 같다.

## 명예경제학박사 수여 받음

1985년 5월 연세대학교에서 명예경제학박사 학위를 받고, 전국경제인연합회장을 유임하면서 그의 나이 70세에 현대그룹 산하에는 33개의 계열회사와 9개의 비계열회사가 있었다.

계열회사의 총매출액은 13조5천946억원이고, 총자산은 8조6백56억원, 당기순이익은 1천6억원이다. 총자산과 당기순이익은 재벌랭킹 1위를 차지하고 있다. 매출액을 부가가치로 환산하면 GNP의 약 5%에 해당하는 금액이었다.

### 한국 제1의 기업집단으로 형성

정주영 회장 생존시 현대그룹은 모기업인 현대건설의 성장이 현대자동차와 현대조선공업으로 이어지면서 1967년에 재벌의 위치에 오르고, 1980년대에 급성장기를 맞이하게 되었다, 1996년말 매출액은 69조7천2백57억원으로 나타났고, 경상 GNP의 18%를 점유하는 것으로 발표되었다.

수출액은 152억4천6백만달러, 한국 수출총액의 12%를 점유하고 있다. 업종별 세계시장 점유율을 보면, 자동차는 1,218,766대('95년)를 판매함으로써 국내 점유율 48.2%, 세계 점유율 2.6%를 차지한다. 그리고 해외건설, 조선, 반도체, 냉동콘테이너 등이 세계적 산업으로 성장하였다.

### 대통령 출마와 황소 이끌고 판문점 통과

정주영 회장은 1990년대 들어와서 전반기는 대선참여 등과 통일국민당 창당으로 노익장을 과시하였고 1997년 11월의 IMF관리 경제하에서 구조조정으로 재벌을 해체하면서 세계적 초우량기업으로 발돋움하는 교두보 확보에 총력을 기울였다. 1998부터 1999년으로 이어지는 20세기 말 85세의 정주영 회장은 황소를 이끌고 판문점을 통하여 북한을 방문하는 대담성과 용기, 그리고 그의 남북통일관은 금강산개발 목적으로 이어지면서 금강산 유람선 관광사업을 성공적으로 시행하였다. 그러나 21세기를 눈앞에 두고 정주영 회장은 운명하였다. 그는 자수성가형 기업가로서의 면모뿐만 아니라 정치가 또는 외교관으로서의 탁월한 능력을 지녔던 20세기의 대표적 기업가였다.

# 제 2 절 정주영의 기업가정신

## 1. 도전과 개척정신

### 50년 전의 출사표

아산 정주영 회장의 도전과 개척주의 기업가정신은 경영이념을 실현한 기업철학이라고 평가하고 싶다. 희망의 내일을 위해 던진 50년 전의 출사표도 해외건설을 위해 던진 두 번째 출사표도 모두가 그의 도전과 개척정신이 이룩한 성공의 출사표였다.

1997년은 정주영 명예회장이 현대를 창업한지 반세기가 되는 해이다. 현대의 탄생과 성장은 우리나라가 후진국의 잠에서 깨어나 근대화로의 기지개를 켰던 격동의 발전기시였다. 이것은 기업사의 한 페이지에서 높이 평가될 만하다.

이 반세기 동안 아산은 도전과 개척정신으로 시련과 역경을 헤치며 우리나라를 희망과 풍요의 선진국 대열에 들게 하는데 중추적인 역할을 했다.

이러한 정주영의 도전과 개척주의는 현대그룹을 안정 속에 머물게 하지 않았다. 언제나 그랬듯이 개척자답게 앞으로 도전하고 전진하면서, 위기와 난국을 극복하였다. 그리고 보다 발전된 미래를 준비하였다. 지난 반세기 동안 멈추지 않는 현대의 정신은 이런 창업주 정주영의 도전과 개척정신에서 이룩되었다.

### 도전과 개척정신의 사례

아산의 도전과 개척주의는 미곡상 운영에서 자동차수리업(아도서비스, 현대자동차공업사 설립), 현대토건사 설립과 현대건설주식회사의 출범 등 현대 창업부터 시작되었다.

전후 부흥기 성장기반을 마련할 때도 고령교 적자공사로 회사의 위기에서도 오직 도전과 개척주의 경영이념은 실현되고 있었다. 그 후 계속하여 주한미군공사와 현대건설의 근대화 시절에도 그는 도전과 개척정신을 실현시키고 있다. 1960년대의 다각화의 실현과 자동차시대의 개막, 1970년대 해외건설과 중공업체제 구축, 1980년대 사업구조 고도화와 자동차·반도체의 수출산업화, 1990년대 북방시장의 개척과 정치참여, 1998년 말부터 시작한 금강산 관광사업 등등 그 어느 것 하나 도전과 개척주의가 아닌 것이 없는 경영이념하에 성공한 사업들이다.

이런 맥락에서 볼 때, 아산이 만들고, 성장·발전시킨 현대의 경영이념은 창조, 적극의지, 근검의 자세에서 더욱 성공률이 높았으며 강인한 실천력에서 비롯되는 것이 아닌가 생각이 든다.

바위덩어리가 아무렇게나 뒹구는 허허벌판 모래사장에 세계 최대의 조선소를 건설하겠다는 계획은 창조적인 기업가만이 할 수 있는 일이다. 조선소 청사진 한 장만 가지고 26만톤급의 대형선박을 수주한 일, 또한 조선소와 탱커를 동시에 착공하고 조선소가 완공되기도 전에 수주선박의 진수식을 치뤄낸 일 등은 창조주의 창의력과 도전 및 신념의 결정체이다.

### 한국건설업 사상 최초의 해외진출 사례

아산의 도전정신 사례를 한 가지만 더 살펴보고자 한다. 1960년 4.19로 새 정부가 들어서자 현대는 정경유착으로 성장했다는 국민의 지탄을 받게 되었다. 그 당시 큰 공사는 정부공사였고 현대는 전후복구공사와 미군공사 등으로 시공능력을 인정받고 있었다. 자연히 정부의 큰 공사는 현대가 많이 하게 되었는데 이런 것이 정부와 유착되어 구설수에 오를 수밖에 없었다. 이때 아산은 권력과 결탁하여 성장했다는 불명예의 의혹에서 벗어나기로 결심하고 도전과 개척의지를 단행하기로 마음먹었다고 한다.

아산은 해외진출을 하기로 마음을 굳힌다. 1965년 9월 "태국 파티니 나라티왓" 고속도로 건설공업을 수주했다. 이 공사는 우리나라 건설업 사상 최초의 해외진출로 현대는 물론 국가경사로 기록되었다.

### 도전과 개척 50년 사례

이후 현대는 국제적인 건설업체로 급속히 성장할 수 있었으며, 중동으로 알라스카, 괌, 호주 등 그의 개척주의 정신은 빛을 내기 시작하였고 자동차, 조선, 반도체, 항공, 심지어 대선참여, 북방경제협력 사업 등 도전과 개척은 50년동안 계속되었다.

끝으로 아산은 도전과 개척의 현대정신으로 유치한 88서울올림픽을 자랑스러워 했으며, 전경련 회장시절 올림픽 위원장의 직함은 그에게 강력한 추진력과 기지를 갖게 하였다고 서술하고 있다. 아산은 모험적인 개척가이다. 새로운 일, 어려운 일에 더욱 승부를 거는 도전과 개척정신의 신봉자이기도 하다.

## 2. 신념의 정신

### 시련을 겪어야 강하게 된다.

현대의 창업자 아산은 현대를 이끌고 오면서 시련이 오히려 스스로를 강하게 한다는 신념을 갖게 되었다. 그것은 긍정적이며 적극적인 사고방식으로 큰 일을 이뤄낸 사람이나 집단이 갖는 한결같은 자세이다. 정주영 회장은 이같은 적극적 의지(Positive Thinking)로 점철되어 왔다. 1970년대 기업경영은 그야말로 질풍노도 속에 흔들리는 배와 같았다. 기업은 대형화, 고도화, 국제화를 맞으면서 성장으로 인한 사회적, 경제적 반작용을 경험했다.

그는 성장과정에서 좌절과 위기의 늪에 있을 때 그리운 고향 통천을 왜 탈출하였는가, 쌀가게에서 자전거를 수없이 연습하던 때, 막노동꾼 시절, 아도서비스시절, 홀동광산의 전화위복, 현대자동차공업사와 현대토건사의 출발, 미8군관계 부산유엔묘지 보리잔디밭 공사, 고령교 공사, 모욕을 받으면서 시작한 소양강댐 공사, 경부고속도로 당제터널 공사 등등 많은 것을 생각하면서 그는 "하면된다"는 신념 하나를 가지고 이룩하였던 것이다. 아산은 이러한 시련의 시기를 새로운 학습의 결과로 삼았고, 새로운 비약의 기회로 삼아 도전과 성장의 시기로 역이용하였다.

### 신념은 위대한 힘의 근원

신념은 인간의 위대한 힘의 근원이라고 생각한다. 세상에 큰 업적을 남긴 사람은 모두 위대한 신념의 소유자라는 것은 많은 문헌에서 입증되고 있다. 미국의 레이건 대통령은 그의 취임사에서 "신념을 가지고 새로운 고용과 부와 기회를 창출하는 기업가는 영웅들"이라는 유명한 말을 남겼다. 바로 아산 정주영은 오직 신념으로 일평생을 산 이 나라의 영웅이며, 이와 같은 신념주의는 기업가의 Candoism으로 명명하고 싶다.

### Candoism 창출

"하면 된다"라는 Candoism은 새로운 변화를 빠르고 적절하게 수용하는 적응력, 사업의 급브레이크가 걸리는 데서 오는 온갖 충격을 불굴의 도전정신으로 막고, 악조건에서 싸울 수 있는 힘의 정신력을 신념이라고 한다. 그러므로 오늘의 현대의 정신은 창업자 아산 정주영의 "하면 된다"는 신념의 산물, 신념의 정신이라는 것을 인식해야 한다.

노만 필(Norman Vincent Peale)은 "인간의 신념에 대한 위력과 적극적 사고의 힘"을 강조하면서 성공은 신념의 산물이며, 신념을 가진 사람은 기적에 가까운 일을 가능하게 한다고 피력하고 있다. 즉, '하면 된다'는 사고가 그의 신념이다.

아산 정주영은 처음부터 재력, 학력, 지력면에서 어느 것 하나 남들보다 유리한 조건에서 출발한 것이 아니었기 때문에 사업을 하는 동안 한 순간이라도 나태한 마음이나 오만한 행동으로 살아오지 않았다. 언제나 인간미 넘치는 보통사람의 행동양식으로 근검과 절약, 신념과 인내, 신뢰와 신의를 소중히 한 위대한 기업가이다. 그는 훌륭한 기업가가 가지고 있는 덕목을 도전과 개척자적 정신으로 실천한 대표적 창업자임을 증명하였다.

## 3. 신용제일주의정신

**쓰러지더라도 신용을 지켜라** 아산은 현대를 창업하면서 가장 중요하게 생각하는 것은 정직을 무기로 한 신용이라고 술회했다. 미8군관계 공사의 철칙은 신용이었다. 그리고 쌀가게 복흥상회 인수 때부터 그는 사업자본보다 신용을 먼저 얻었다. 아산 정주영이 신용을 지킨 초창기의 한 공사 이야기는 "현대"라는 기업에 커다란 획을 그어준 사건이 되었다.

### 고령교공사 - 최대의 적자

바로 고령교 공사이다. 전쟁의 상흔이 가득하던 1953년 4월에 수주한 낙동강의 고령교 공사는 지리산 공비토벌을 위해 복구가 시급했으며, 그 때까지의 정부발주 공사로는 최대의 규모였다.

아산은 심혈을 기울여 공사에 주력했다. 그러나 큰 공사를 해 본 경험이 없는 터에 장비개념이 부족했고, 건설장비 자체가 없던 때였으니 대부분 인력에 의지한 원시적인 공사로 세워놓은 교각이 홍수에 쓸려 사라지기도 했다. 착공 1년이 지나도록 교각 한 개도 제대로 박아 넣지 못했다.

그동안 물가는 천장부지로 뛰어올라 착공당시 견적에 700환으로 책정한 기름이 2,300환이 되었고 그에 따른 자재와 노임도 덩달아 뛰어 올랐다. 모든 물가가 120배로 상승되었다. 회사의 재정은 바닥이 드러났다. 인부들이 임금을 내놓으라고 파업을 하는 통에 부진한 공사는 더욱 지지부진이었다.

### 신용이 재산

신용이 재산이라고 생각하는 정주영은 손해를 각오하면서 계약기간 안에 공사를 끝내는 약속만이라도 지키려고 매일 자금조달을 위해 뛰었다. 당시 정주영은 회사가 어찌되었든 몸을 팔아서라도 고령교 공사는 마무리짓겠다는 각오를 했다. 사업은 망해도 다시 일어설 수 있지만 한 번 신용을 잃으면 그것으로 끝장임을 정주영은 알고 있었다.

자동차 수리공장 자리를 내놓고 동생들 집을 처분해 자금을 마련하였다. 집 네채를 판돈과 자본금을 합쳐 1억환으로 침체에 빠진 고령교 복구공사에 박차를 가했다. 1955년 5월 고령교는 당초 계약공기보다 두달 늦게 완공되었다. 이 공사는 6,500만환의 엄청난 적자를 보고, 전쟁 중의 인플레, 경험부족, 장비부실 등 비싼 수업료를 지불한 경험이었으나 아산 정주영의 소신대로 신용을 지킨 대표적 사례이다.

### 고령교 공사 마무리-현대그룹이 있게 한 원동력

엄청난 손해를 감수하면서도 신용을 지키느라 고령교 공사를 마무리해준 성과는 정부발주공사 수주를 쉽게 할 수 있는 결과로 나타났고, 그 후 국토개발의 선봉에 서서 공사를 진행하였다. 세기의 대역사 사우디의 주베일 산업항 공사, 세계최대 조선소를 세우는 등 각종 해외건설시장 개척에 척도가 되었다. 결국 그 힘은 오늘의 현대그룹이 있게 한 원동력이 되었다.

## 4. 창의와 기술주의정신

아산 정주영의 기업가정신 중에 오늘의 현대를 있게 한 경영사상은 바로 창의와 기술주의로서 항상 새로운 분야를 개척하는 정신이다. 기술경쟁력과 새 분야의 개척은 기업발전은 물론이고 국가발전의 원동력이 된다는 신념을 항상 가지고 있다.

### 전사원의 창의력 바탕

기업의 경쟁력은 가격과 품질에 있으므로 현대가 기술경쟁력을 높이기 위하여 전사원의 창의를 바탕으로 기술개발에 노력하도록 했다. 또한 미래사회가 필요로 하고 원하는 분야를 예측하여 남보다 한 발 앞서 새로운 분야를 개척해 나갔다. 현대의 경영이념 제3조는 창의와 기술로 항상 새로운 분야를 개척한다는 것이다.

### 기술제일주의 표방

아산은 1960년대 다각화의 시동과 해외건설에 기술제일주의를 표방하였으며, 자동차시대의 개막과 1970년대의 중공업체제 구축에 기술주의를 우선하였다. 특히 1980년대 아산은 전자산업 진출과 첨단기술 경쟁 촉발에 전사원이 스스로 기술자가 되고 관리자가 되어야 한다고 주장하였다.

기술자와 관리자가 따로 없다. 자동차를 판매할 때 영업사원이 자동차의 내부구조를 모르고 어떻게 고객을 설득할 것인가? 1990년대는 전자·정보사업 세계화를 위한 공격적 경영이 필요하니 기술선도사업으로 초우량기업을 만들어 도약하지 않으면 안된다. 그러므로 조선기술의 고도화, 반도체기술, 정보화기술, 항공산업기술 등 기술개발에 내재된 현대정신을 기술중시경영으로 키우자고 역설하였다.*

### 지구를 움직이는 127개 파워집단의 하나

현대는 이러한 아산의 경영이념을 바탕으로 성장을 거듭하여 21세기 지구촌을 움직이는 127개의 파워집단 가운데 하나로 선정되었다.

'월드미디어네트'가 아시아의 무수한 거대 제조업 중에서 유독 한국의 현대를 탈냉전시대에 세계를 움직이는 신진파워 중 하나로 선정한 이유는 "현대그룹은 한국경제 성공의 국가적 상징으로서 자동차, 선박, 반도체 등 30여개 분야에서 세계 최대의 제조업 대국인 일본과 치열한 제품경쟁, 기술경쟁을 벌이며, 연간 500억달러 이상의 놀라운 사업실적을 올리고 있기 때문이라고 하였다."

### 50개의 기술연구센터 중심

현대는 그룹 산하 50개 기술연구센터를 중심으로 한국형 표준모델과 첨

---

* 1996년 5월 23일 한국능률협회가 수여하는 올해의 창업자부문에서 올해의 경영자상을 받은 정몽구 그룹 회장은 수상소감에서 창업자 아산의 경영이념을 계승하여 기술중시 경영철학을 갖는다고 역설하였다.

단기술 개발을 통한 기술자립형화를 서두르고 있다. 이는 현대가 국내의 다른 대기업과는 달리 내수시장이 아닌 수출시장을 겨냥하여 사업을 벌렸고, 그 결과 국제무대에서 끊임없이 일본과 격돌하면서 한국의 국제경쟁력을 기술위주의 경영이념으로서 실천했기 때문으로 본다.

## 5. 근검절약정신-요만니정신

한국재벌 창업자의 대표적 기업가정신 중 하나가 근검절약주의와 정신일도하사불성이다. 근면하고 검소하며, 절약하고 저축하며, 신념을 다하여 부를 쌓았다고 기록하고 있다.

한국재벌 중에 근검절약정신의 제1인자는 아마도 아산 정주영을 따를 자가 없을 것으로 보인다. 그는 고향의 아버지가 농한기 겨울에도 새벽에 삼태기를 들고 나서서 쇠똥과 개똥을 주워다 거름으로 썼고, 멀리 마을에 나가서도 소변이 마려우면, 반드시 집에 와서 거름에 보탰다는 절약정신과 어머님이 치시는 누에는 먼 골짜기에서 산 뽕잎을 따다 먹이셨는데도 항상 다른 사람보다 훨씬 그 수가 많았다는 생활을 잊지 않는다고 하였다.

### 장작값 10전을 절약하다

아산은 열아홉 살 때부터 객지로 나와 부둣가의 막노동과 건설현장의 돌 나르기 등 안해 본 일이 없던 노동자 시절부터 무섭게 절약하는 생활을 했다. 아무리 추운 겨울에도 장작값 10전을 아끼기 위해 저녁 한 때만 불을 지펴 이튿날 아침과 점심 도시락까지 한꺼번에 밥을 지으면서 덤으로 구들장도 불기를 쏘여 냉기를 가시게 했다.

형편없이 적은 수입이라도 쥐어짜고 졸라매어 저축을 하다보니 사글세방이 전세방이 되고, 전세방이 초가집으로, 초가집이 더 그럴듯한 집으로 옮겨졌다고 한다.

### ⇒ 구두 한 켤레 10년을 신다.

정주영은 "저 청년은 착실하다, 든든하다"는 신용으로 연결되는 평판으로 그도 모르는 사이에 부지런하고 검소한 사람으로 인정받게 되었다.

아산은 그 자신이 무서운 절약생활로 집을 장만하고 일을 시작했기 때문에 현장에서 근로자들을 만날 때마다 근검과 절약, 저축을 열심히 하라고 권고했다고 기술하고 있다. 아산은 늘 성장의 최대 비결은 검소함에 있다는 좌우명을 가질 정도이며, 구두 한 켤레로 10년을 버틴 것이라든가, 끝이 헤어진 양복바지를 입은 모습을 많은 사람들이 증언하고 있다.

### ⇒ 전차삯 5전을 아끼다.

최초의 안정된 직장이었던 복흥상회의 쌀 배달꾼 정주영 청년은 전차삯 5전을 아끼려고 새벽 일찍 일어나 걸어서 출근을 했다.

이것은 영국의 근대화 과정에서 나타났던 요만니(yeomany)정신과도 같은 것이었다. 아산은 요만니정신이라고 할 수 있는 청교도의 개척정신을 존경하였으며, 특히 초기 미국 개척의 청교도들의 철저한 근검절약의 기풍에 대하여 흠모하였다.

## 6. 인간존중정신

**인간존중과 사원들의 자기실현** 이것은 현대의 경영이념 제2조이다. 즉, 인간존중의 이념으로 사원의 자기실현을 지원하며 사원복지를 최우선으로 한다.

### ⇒ 사업이 곧 인간이다.

아산은 일찍부터 사업이 곧 인간임을 터득하였고, 개인의 목표와 사업의 목표를 조화시키는 경영활동만이 성공할 수 있으며 인간존중의 경영실현을 경영이념으로 선택하였다.

그리고 반드시 사원들의 자기실현을 지원하며 자기개발 노력이 회사의 발전으로 이어진다는 신념을 가지고 있다. 아산은 수많은 건설현장에서 인적자원 활용의 중요성을 뼈저리게 느꼈다고 술회하고 있다.

### 인재육성을 위한 인력개발

건설현장에서 배우면서 실천하는 그의 학습주의는 외국에까지 알려질 정도로 인재육성을 위한 인력개발이 유명하다. 현대인력개발원은 정주영 경영기법을 가르치면서 인재양성을 하고있다. 비록 적자공사를 하더라도 공법을 배우고 감리·품질관리를 배우는 그의 철저한 경영은 일찍이 미8군관계 사업을 하면서 선진국 사람들로부터 배운 학습과정임을 말하곤 하였다.

## 7. 고객최우선정신

아산 정주영의 기업가정신은 고객 최우선 정신으로 고객만족을 극대화 한다. 아산은 사업의 존재 근거는 고객에게 있으므로 고객이 그 어떤 것보다 우선하는 고객중심 경영을 일찍이 터득하였다.

### 고객만족과 신용을 팔아라.

기업에 있어서 고객은 왕이다. 기업이 품질제일주의, 공기·납기 엄수, 친절봉사 등을 천명하고 이의 실천에 최선을 다 하더라도 고객의 사랑과 고객의 이해가 뒤따르지 않으면 사업은 존속해 나갈 수가 없다. 이것은 아산 정주영이 청년시절 인간관계의 중요성은 우선 고객을 만족시키고 신용을 팔아야 한다고 역설한 데에서부터 지속되었다.

기업의 목적이 이윤극대화인 것은 틀림없지만 그 이윤은 고객을 창조한 결과 기업이 거두어 들인 수확물이므로 고객창조는 곧 이윤창출이라고 해도 과언이 아닐 것이다.

### ⇨ 캐나다 입성 성공 - 서비스 제일주의 표방

아산은 미국 포드자동차와 합작을 하면서 현대자동차를 발전시켰으나 가시밭길이었다. 이때 고유모델로 포니를 개발하여 광고와 고객서비스에 총력을 기록하였다. 서비스 제일주의 표방으로 캐나다 입성에 성공하고 수출 16개월 만에 수입차 판매 1위를 기록하였다. 1986년 2월 미국 전역에 엑셀 광고를 대대적으로 실시했다. 기업광고와 제품광고를 병행하여 서비스 제일주의를 표방하였다.

현대는 자동차를 수출하기 전에 역량있는 딜러를 모집했고 캘리포니아, 조지아, 뉴저지 등에 서비스센터를 구축하여 고객만족주의 판촉을 계속했다. 사전조사를 철저히 하여 소비자 입장에서 가격대를 형성하였다. 자동차를 수출하기 전에 대고객 서비스를 먼저 생각한 것이다. 아산은 창업 때에 미군관계 공사에서 터득한 미국식 고객만족주의를 활용하여 판매시작 한달 만에 엑셀 1만4백대, 수출 4개월째에는 무려 5만2천여대를 판매, 단시간 내 최대판매 기록을 세웠다.

## 8. 산업평화주의 - 노사화합정신

현대그룹이 노사분규가 발생할 때마다 국민들은 의문을 품을 때가 많다고 한다. 노사분규의 원인이 무엇인가? 임금인가, 복지인가, 권력파워적인가, 정리해고인가, 부당노동행위인가, 정치적 갈등에서 오는 것인가 등등 많은 관심을 가지면서 현대노조의 파업결과를 중시한다. 현대의 노사관계는 그 만큼 국민들의 관심과 언론사의 첫째가는 뉴스로서 파급효과가 컸기 때문이다.

그런데 현대의 창업자 아산 정주영은 소탈한 모습으로 젊은 사원들과 팔씨름을 하는 모습이 매스컴에 전달된다. 이런 그가 과연 노동자를 착취하고 종처럼 부리겠는가, 노사관계는 종속관계와 대립관계를 가지면서 사업을 하는 기업가인가 등등 의문을 가진다.

그러나 아산은 노사화합을 경영의 제일주의로 하는 산업평화주의 기업가이다. 현대는 노조가 생긴 이후 파업과 타협의 진통을 수 없이 겪으면서 노사화합의 길에 이르렀다.

### 노사는 "한솥밥"을 먹는 가족

1987년 6·29 민주화 선언 때 현대뿐만 아니라 3천7백개의 노조에서 파업사태를 맞이하여 엄청난 손실액을 가져왔다. 이때 정주영 회장은 현대 노조 간부들과 협상의 테이블에 마주 앉아 진지하게 대화하며 근로자의 조건을 수용했다. 여러 날의 진통 끝에 창업자가 노조간부와 웃으며 악수하는 모습이 TV와 신문지상에 등장하면서 마침내 임금협상이 타결된 것이다.

그는 말하기를 "노사는 적대의 관계가 아니라 한솥밥을 먹는 가족의 입장이라고 하면서 비 온후의 땅이 더욱 굳어지듯 종업원을 아낀다"고 하였다.

어느 해, 그때도 임금협상이 난항 끝에 타결된 직후였다. 아산에게 노사파업 때문에 고생이 많으셨다는 인사에 "파업을 한 노동자들이 고생했지요. 연일 잠도 못자고 먹는 것도 변변치 않았으니까요"라고 대답했다 한다.

### 산업평화를 위한 인력관리 지침

사우디아라비아의 주베일 산업항공사 때는 하루 3천명의 기능공들이 참여했는데, 현장에서 계획된 노사분규가 아닌 폭동이 일어났다. 폭동의 원인은 대단한 것이 아니고 감정의 도화선에서 원인이 되어 직원과 기능공들이 대치상태로 들어갔고, 사태가 심각해지자 사우디아라비아에서 군부대를 출동시켰고, 우리 정부에서는 사우디아라비아 대사를 파견하고, 아산 정주영 회장이 달려가 큰 충돌없이 수습된 일이 있었다.

이 폭동사건 이후 정주영 회장은 다음과 같은 산업평화를 위한 인력관리 지침을 시달하였다.

첫째, 모든 관리직원간에 평등관념을 고취시키고, 근로자에게 인격적으로 대하고 고운 말을 쓸 것 – 노사간의 평등관계와 인격 존중할 것.

둘째, 근로자이기 이전에 나와 똑같은 기분과 평등관념과 감정을 가진 같은 인간이라는 점에 유의, 인간적인 이질성을 갖지말 것.

셋째, 인간은 누구나 자기발전과 자기실현욕구가 있음을 인식하고 명령일변도의 작업진행보다는 작업의욕을 고취해서 인간적 동기부여에 힘써 작업이 자율적으로 진행되도록 할 것.

넷째, 항상 성실한 대화를 통해 그들의 생활에 관심을 기울이고 그들로 하여금 마음으로부터 감명과 복종을 유발토록 할 것.

다섯째, 작업과정에 있어서는 관리자 스스로가 집행당하는 심정으로 지도하고, 근로자 자신도 가치있는 일을 수행하고 있다는 점을 강조·인식시킬 것.

여섯째, 관리자 자신의 인격적 결함이 작업장의 분위기를 크게 좌우한다는 점을 깊이 명심하고 자기개발에 노력할 것.

일곱째, 관리자는 권위의식을 버리고 평등한 자세로 대화와 설득을 통해 인내심을 갖고 책임을 다하는 모범적 행동을 보일 것 등.

아산의 이러한 인력관리 지침은 산업평화를 바라는 노사쌍방의 큰 이정표가 되었으며, 아산 자신 스스로가 근로자는 어느 수준까지 임금을 보장받아야 자신의 능력을 발휘한다고 생각했으므로 근로자의 입장에서 해결하려고 노력했다.

### 정주영 : 나도 막노동자이다.

아산은 자신이 배고픈 고생을 해보았고 막노동을 해보았으므로 근로자의 어려움을 누구보다 잘 이해하며, 그들의 단순함과 우직함을 좋아했다. 아산은 노동자들과 어울리는 것을 스스로 즐기기도 하였다. 그는 언제나 한국경제가 이만큼 발전한 데는 열심히 일해준 근로자의 힘이 컸음을 강조했다.

아산은 산업평화의 중요성과 직장생활을 잘하기 위해서는 주인의식을 가져야 함을 사원들에게 일깨워 주었다. 종업원 모두가 자기가 속한 직장의 주인이라는 의식을 가지고 노사가 화합할 때 그 회사는 불황 속에서도 성장하는 상승곡선을 그으며 발전하게 된다는 것이다.

산업평화를 위한 노사화합정신, 그것은 아산 정주영 회장의 기업가정신이며 경영사상이다.

## 9. 사업보국주의정신

아산은 50년 반세기 동안 국익사상과 사업보국주의로 살아왔으며, 현대의 성장은 나라의 국익에 보탬이 되고 경제발전에 기여하는 사업은 현대가 도전하고 개척을 한다.

현대의 경영이념 제5조는 "풍요로운 국가건설과 인류사회 발전에 공헌한다"이다. 국가와 인류사회에 봉사하는 기업을 지향하는 사업보국주의에 기본을 두었다. 바로 이런 경영이념은 "사업보국 반세기"라는 현대 50년사의 세목에서도 나타난다. 기업의 발전이 국가 및 국민경제 발전에 근본이 되므로 풍요로운 국가건설을 위해서 당연히 사회적책임을 가져야 한다고 아산은 받아들이고 있다. 바로 그 점이 사업과정에서 배태된 많은 오해의 정경유착을 씻는 역할도 하였다고 생각한다.

### 기업활동으로 애국애족한다.

여기 그의 사업보국주의 경영이념을 대변하는 "기업가는 기업활동으로 애국애족한다"라는 타이틀 한 토막을 소개한다.

> "기업을 소유하고 있는 사람은 기업인이지만 기업의 이익을 거두어 가는 곳은 정부라는 것을 국민들이 잊지 말아주기 바란다. 우리는 세액을 뺀 나머지 30%를 다시 고용증대와 재투자에 쓴다. 간단히 말하자면 기업이란 국가살림에 쓰이는 세금의 창출에 큰 몫으로 기여하면서, 보다 발전된 국가의 미래와 풍요로운 국민생활을 보람으로 알고 일하는 집합체이지, 어느 개인의 부를 증식시키기 위해, 혹은 폼내기 위해 있는 것은 아니다. 국가의 이익보다 기업이익을 우선한다거나 정신적 가치보다 물질적 만족이 우선인 사고방식으로 기업을 운영하는 사람은 절대로 대성할 수 없다고 나는 생각한다. 기업인은 기업이익보다 국가이익을 우선하는 기업활동으로 국가와 사회건설에 기여해야 한다."

### 사업보국정신의 사례

아산이 사업보국정신 반세기 중에서 가장 중요하게 여기는 사례를 몇 가지 제시하고자 한다. 아산은 1970년대부터 그의 국익사상과 사업보국주의 경영이념을 생각하고 있었다.

가장 먼저 세계를 누빈 국산 승용차 고유모델 1호 “포니”를 지적하였으며, 거북선을 만들었던 그 기술이 현대중공업, 조선사업과 중동진출의 교두보인 세계 최대의 주베일 산업항 공사를 그 다음으로 꼽았다. 그리고 유조선공법으로 마련한 서산의 대단위 농지확보, 실패의 예견을 물리치고 성공시킨 전자산업, 세계 10대 우주항공 국가로의 도약 등 이루 말할 수 없는 사업들이 모두 국익과 사업보국주의 사례들이라고 기술하고 있다.

### 기업이윤의 사회환원 - 사업보국의 반세기

아산의 사업보국주의로 빛나는 사업은 기업이익의 사회환원 부분으로 특히 아산사회복지사업재단의 설립과 운영이다.

사람을 괴롭히는 것에는 크게 두 가지가 있다. 병고와 가난이다. 이 두 가지 괴로움은 서로 악순환의 관계에 놓여 있다. 병치레하기 때문에 가난할 수밖에 없고 가난하기 때문에 온전히 치료받을 수 없게 된다. 그래서 아산은 돈버는 것도 중요하지만 돈을 어떻게 쓰느냐도 중요하다고 하면서 사업보국주의 경영이념 속에 사회복지사업재단을 운영하겠다고 선언하였다.*

그 이후 아산재단은 의료사업, 사회복지사업, 연구개발지원사업, 장학사업 등 4개 사업을 중심으로 전개되었다. 이상의 모든 것을 살펴볼 때 아산 정주영은 도전과 창조의 반세기가 결국 사업보국의 반세기라는 말로 결론을 지어야 할 것 같다.

### 내 의식 속에 부자란 단어는 없다.

《이 땅에 태어나서》라는 책에 “내 의식 속에 부자라는 단어는 없다”고 한 말을 상기해 본다.

---

* 1977년 7월 1일 현대건설 30주년 기념사업으로 사재를 출연 탄생시켰다.

"남들은 내가 부자라고 부러워하고 질투도 하지만, 실상 나 자신은 부자라는 감각을 느끼지 못한다. 내 재산이라는 생각이 들었던 것은 쌀가게를 할 때까지였다. 차츰 일을 키우면서, 기업이 성장하면서는 일이 좋아 끊임없이 일을 만들어 나갔을 뿐 내 재산을 늘리기 위해서나, 대한민국에서 첫째 가는 부자가 되기 위해서라는 의식은 티끌만큼도 없었다. 나는 회사에 돈이 얼마나 있는지 상관하지 않는다. 내 호주머니에 들어있는 돈만이 내 돈이고 집으로 타가는 생활비만이 내 돈이라고 생각하며, 돈이란 자신의 의식주를 해결하는 그 이상의 것은 자기의 소유가 아니라고 생각한다. 어떤 사람들은 현대의 성장을 더 큰 부자가 되려는 나의 욕심으로 볼지도 모르겠지만, 내 의식 속에 '부자'라는 단어는 없다."

기업가들은 대부분이 사업보국주의 이념으로 기업을 경영한다.

## 참고문헌


1. 고동률, 성공과 실패는 법칙이 있다, 자유문학사, 1997.
2. 김병하, 재벌의 형성과 기업가활동, 한국능률협회, 1991.
3. 김성수, 국제화・세계화시대의 신경영정책과 전략, 법경사. 1994.
4. 김성수 외, 아산 정주영 연구, 수서원, 1999.
5. 아산 정주영 연설문집, 1990～1998.
6. 안병욱, 신념의 힘, 삼육출판사, 1984.
7. 이성태, 위대한 기업가의 가난한 철학, 1991.
8. 이현희, 한국사대계(8) -일본강점기- 1979.
9. 이 호, 또 하나의 기적을 만든다. 자유시대사, 1997.
10. 정석의 생애와 경영이념에 관한 연구, 경영사학 제11집, 한국경영사학회, 1995
11. 정주영, 성공시대, MBC예술단, 1998.
12. ______, 시련은 있어도 실패는 없다. 1992.
13. ______, 이 땅에 태어나서, 솔 출판사, 1998.
14. ______, 이 아침에도 설레임을 안고, 현대기획, 1990.
15. 한국도로공사, 땀과 눈물의 대서사시, 1980.
16. 한국일보사 경제부 편, 한국의 50대 재벌, 1986.
17. 현대건설 35년사, 제1권, 1982.
18. 현대 오십년사, 1997.
19. Donald Kirk, Korean Dynasty : Hyundai and Chung Ju-Yung, Armonk, N.Y.M.E. Sharpe, 1994.
20. "Land of the Can-Do Spirity", Time, September 10, 1984.
21. Richard M. Steers, *Made in Korea-Chung Ju Yung and The Rise of Hyundai*, Rotledge, U.S.A 1999.

3

# 구인회와 구자경의 경영활동과 기업가정신

## - 人和와 정도경영주의 -

# 제3장 구인회와 구자경의 경영활동과 기업가정신

- 人和와 정도경영주의 -

## 제1절 구인회의 생애와 경영활동

### 1. 출생기와 시대적 배경

연암 구인회는 오늘의 LG그룹을 창업한 기업가이다. 일찍이 영남의 토지자본을 상업자본화하고 나아가서는 이 상업자본을 산업자본화한 20세기의 대표적 기업가이다. 그는 1907년 8월 27일 경남 진양군 지수면 승내리에서 연 수확 3백석 정도의 지주 구재서와 진양 하씨 사이의 장남으로 태어났다. 아명은 정득이라 불렀고, 연암은 아호이다. 조부 만회공 구연호는 과거시험에 급제하여 홍문관 교리를 지냈으므로 그의 집은 구교리댁으로 통하였다.

연암이 태어난 시기를 보면 1900년대 초기 20세기가 시작되는 시기로서 우리나라의 국운이 실로 풍전등화같은 어려운 시기였다.

### 2. 소년기와 교육과정

연암은 조부 밑에서 한학을 배웠으며, 13세가 되던 1920년에는 만석군 집안의 김해 허씨(허을수)와 결혼하였다. 보수적 가정에서 태어나 한학을 익히던 연암은 결혼 후 허씨의 가문과 접하게 되면서 그의 사상에 커다란 변화가 일어났다. 손위 처남이며 뒤에 중외일보 경영자가 된 허선구의 권유로 결혼한 다음 해에 보통학교에 편입하게 되었다.

3년간 지수보통학교에서 초등교육을 받고 서울 중앙고등보통학교에 진학하여 다니다가 2학년 때 중퇴하여 귀향하였다. 그 해에 장남 구자경이 출생하였다.

연암이 중앙고등보통학교 2학년에 중퇴하고 귀향하게 된 이유는 첫째, 학비를 도와주었던 장인이 돌아가시자 서울 유학생활이 어려워졌고, 둘째, 할아버지가 서울 유학을 청산하고 귀향하라는 명령 때문이라고 술회하고 있다.

## 3. 청년기와 협동조합

19세의 청년 구인회는 귀향하자 꿈틀대는 대야망에 사로잡혀 승산마을의 장근회*를 이용하여 소비협동조합운동을 전개하였다.

당시 승산마을에는 이미 무라까미(촌상)라는 상술에 매우 능숙한 일본인 상인이 상점을 내어 잡화 등을 팔고 있었다. 청년 연암은 이 일본상인에 대항하는 소비협동운동을 전개하기로 마음먹고 마을 청년들을 설득하였다.

마을 소비자들이 협동하여 석유, 비누, 광목, 비단 등 일용잡화를 공동구매하면 일본인에게 사는 것보다 싼값으로 살 수 있어 조합원들의 이익이 된다는 것을 역설하였던 것이다.

이것이 현실화하여 1929년 지수협동조합을 조직하게 되었고 그는 이사장에 선출되었다. 협동조합을 운영하면서 그는 포목의 유통경로와 마케팅 기법을 체득하게 되었으며, 같은 시기에 동아일보 진주지국장이 되어 활동범위가 넓어졌을 뿐만 아니라 대중매체에 대한 관심도 높아졌다.

## 4. 청년기의 상업활동

### 최초의 창업 “구인회상점”

연암 구인회가 최초의 창업을 한 것은 포목상이었다. 포목상을 하게 된

* 장근회란 승산리 청년들이 근로와 식산의 결과로 잘살아보자는 일종의 협동조합운동임.

동기는 다음과 같은 원인이라고 생각한다.

당시 진주는 유행의 도시요 소비의 도시였다. 도시는 사람들로 붐비고 부유한 사람들이 많이 모여들었다. 그런 관계로 기생들과 돈많은 여인들의 사치는 비단과 외국의 포목에 관심을 집중시키는 데 충분하였다.

당시 일본인들이 진주에 살면서 러시아 석유특약점 상점을 개설하고 사치스러운 비단과 외제의 포목을 파는 일본상인의 동기부여에서 의미를 갖게 된다. 이곳에서 연암은 포목상을 일본인 상인과 경쟁하면 성공할 가능성이 큰 업종이라고 생각하였다. 이 시기에는 사람들이 이미 사농공상(士農工商)적 직업 차별의식에서 탈피하였고 치부욕이 매우 강하게 작용하였던 자본주의적 초기정신이 작용한 때문이라고 생각한다.

그는 지수협동조합과 거래하였던 진주의 천종만이라는 사람이 하는 가게 천종상점을 찾아가 포목상 경영에 관한 지식을 수집하였고 부친께 그 뜻을 알렸다. 그의 조부를 비롯하여 구씨 집안에는 여전히 상업을 천시하는 경향이 있어서 처음에는 반대하였으나, 결국 연암의 설득에 부친으로부터 2천원의 자금을 받게 되었다. 그러나 그 자금으로는 포목상을 하기에는 부족하였다.

연암은 큰댁으로 양자를 간 친동생 철회와 만나 여러 가지로 상의를 하였다. 형제는 쉽게 의기투합하여 함께 일하기로 하고 모두 3,800원의 자본을 확보하게 되었다. 그리하여 마침내 진주 식산은행 건너편의 2층 건물에 "구인회상점"이라는 간판을 걸게 되었다. 그때가 1931년 7월, 연암의 나이 25세 때의 일이었다.

1932년 11월 연암은 새로 마련한 천종상회 맞은 편의 상점으로 옮기고 값을 깍아주지 않는 대신, 자를 속이지 않고 신용을 쌓아 갔으며, 포목을 비수기에 싸게 매점하였다가 성수기에 비싸게 팔아서 이윤을 올렸다. 점차 상업의 묘미를 터득하기 시작하였다.

그의 상점경영은 어떤 합리적 수단이라도 상점경영의 원칙은 이익을 창출해야 한다는 점이다. 그 이듬해 중일전쟁이 일어났을 때에도, 전시의 특수경기를 예측하여 1천짝(2만필)을 매점하여 8만엔의 이익을 보았다. 당시의 상등(上等) 논의 시세가 평당 25전 정도였으므로 8만엔의 이윤은 획기적인 것이었다.

그는 상점경영에도 탁월했을 뿐 아니라 비단이나 인조견직물에 수를 놓거나 무늬를 염색하여 파는 등 소비자의 선호도를 높여 매상이 증가하여 경영에 크게 성공하였다.

개업한지 불과 몇 년 사이에 기반이 잡힌 그는 1936년 11월 진주상공회의소 의원이 되었고, 진주에서 신흥상인으로 널리 알려지게 되었다.

### 혁신적 무역업 도전

포목상 경영으로 구인회 상점이 한창 번영하고 있던 1940년 6월 연암은 사업영역을 넓히기 위해 상호를 "주식회사 구인상회"로 변경하고 주식을 발행하는 등 근대적 경영체제를 갖추어 나갔다. 진주에 정착한 지 10년만의 일로 그 해는 창씨 개명의 충격으로 병세가 악화된 조부 만회공이 80세를 일기로 세상을 떠났다.

사업가로 기반을 닦은 연암은 시야를 넓혀 나갔다. 그 동안 쌓은 경험과 자본을 바탕으로 무역업에 투자할 목적으로 1937년 봄에는 막내 처남 허윤구가 경영하고 있던 선만물산에 투자했다. 허윤구는 와세다대 경영학부 출신으로 당시 만주지방을 상대로 마늘과 명태 등을 수출하고 대두 등을 수입하는 무역업을 경영하고 있는데 연암은 이를 계기로 만주를 다녀오는 등 교역의 안목을 넓혔다. 특히 만주 전역에 일본군이 크게 진을 치고 있는 것을 보고 앞으로 다가올 중일전쟁을 예감하였으며, 광목 1000짝을 사들이는 당시의 상황을 직시하고 이를 활용하는 데 남다른 능력을 발휘했다.

그러나 중일전쟁이 발발한 1937년 7월 이후 일본의 경제통제가 노골화하여 자유로운 포목공급의 길이 막혔고 무역은 점차 어려워졌다.

특히 1939년 11월 기업정비령이 공포되었고, 1940년 1월 유한회사법이 실시되었으며, 2월에는 창씨제도가 강제로 실시되고 민족기업의 식민지적 착취가 극도에 달하였다. 이 무렵 구인회상회는 예금잔고가 무려 40만엔에 달하였다고 하니 그의 사업수완과 구인회상점의 영업실적은 비례하여 성장하였음이 틀림없다.

## 토지투자에 성공하고 독립운동자금 지원

연암은 태평양전쟁으로 어수선한 시기에 은행예금을 모두 찾아 진양, 의령, 함안, 고성 등지의 토지에 투자하여 만석군이 되었다.

일제 말기에 연암은 독립운동 자금을 지원하기도 하였다. 1942년 5월 백산 안희제 선생이 찾아왔다. 그는 연암에게 상해임시정부의 독립운동자금을 기부해줄 것을 부탁하였다. 의령 솔뫼골이 낳은 고명한 유림가의 안교리집안과 승산리 구교리집안은 교분이 있는터라 연암은 그 후 독립운동자금을 서슴없이 헌납하였다. 시기적으로 태평양전쟁이 막바지에 올라 광분으로 날뛰는 일제의 감시 아래에서 독립자금을 헌납한 것은 그야말로 목숨을 건 일과 다름없었다. 그러나 백산선생은 광복을 보지 못한채 일본경찰의 혹독한 고문에 못이겨 1943년 옥사하였다.

이와 같이 연암 구인회는 상업활동을 하면서 남몰래 독립운동자금을 지원하였다.

## 해방과 조선흥업사 설립

1945년 8월 15일 조국은 광복을 맞이하였다. 그리하여 그는 부산으로 사업의 터전을 옮기게 되었다. 그는 토지의 일부를 처분하여 무역업을 주로하는 조선흥업사를 설립하여 미군정청의 허가를 받았다.

이 조선흥업사는 해방 이후 우리나라에서 무역업 허가를 제1호로 발급받은 업체로 기록되었다. 이것은 한국 근대 무역사의 큰 의미를 주고 있으며, 비록 미군정청으로부터 받은 무역업 허가지만 민주주의 국가이행과정에 있는 한국에서 최초로 기록되고 있다. 연암이 소상인적 지주형 기업가에서 탈피하여 근대적 기업가로 변화된 것은 8.15해방 이후이다.

해방 이후 실의에 찬 나날을 보내고 있을 때 그의 아우 구정회가 흥아화학공업사*의 화장품 기사 김준환과 사귀게 되면서 새로운 전기를 맞게 된

---

* 흥아화학공업사는 당시 부산에서 일본인이 남기고 간 화장품공장을 인수하여 이마쯔(天津)란 상표로 화장품 크림, 도란(Dohran : 무대화장용 분), 머리기름 등의 화장품을 생산하고 있는 기업이다.

다. 구정회는 김준환으로부터 홍아화학공업사가 도청에 상공과 지정업체로서 크림, 머리기름 등 화장품을 공급한다는 정보를 알아내었다. 연암은 이와 같은 정보를 듣고 '지구상에 여성이 있는 한 화장품은 영원하다'라는 생각을 하고 화장품사업을 하기로 결심하고 강인한 추진력을 발휘하여 지정업체로 허가도 받게 된다.

## 5. 장년기의 경영활동

### 락희화학공업사 설립

연암은 41세의 장년기 나이로 새로운 가능성을 향해 도전하기 시작했다. 1947년 1월에는 락희화학공업사를 설립하였으며, 동시에 럭키표 크림이 생산되기 시작하였다. '럭키'는 구정회의 제안에 따라 채택되었다. 당시 일제식민지체제하에서 해방된 이 땅에 미군이 주둔하였기 때문에 럭키라는 용어는 행운을 가져온다하여 상표의 선택이 주효했을 것으로 풀이된다. 크림은 날개 돋힌 듯 팔렸다. 기술상 우월했을 뿐 아니라 물자가 귀한 시대에 매점한 원료를 제대로 사용하였기 때문에 다른 회사 제품이 1타스에 5원이었음에 비해 럭키크림은 1천원인데도 불티나게 팔렸다.

회사의 조직은 구인회 사장이 회사를 대표하며, 총괄적인 경영을 맡고 구정회는 주로 대외적인 섭외 일을 담당했으며, 판매수금업무는 허준구, 생산은 김준환이 담당하여 조직의 근간으로 삼았다. 그들은 한결같이 몸을 아끼지 않고, 1인 3역, 4역 등의 역할을 하면서 사업에 총력을 집중시켰다.

호경기는 회사창립 이후 1년 동안 계속 되었으며, 글리세린을 구하기 어려운 고비도 있었으나, 3년만에 3억원의 이윤을 올리는 계가를 이룩하였다.

한편 구인회 사장은 1952년 제5회 대한화장품공업협회 제6대 이사장으로 선입되었다. 구사장은 제7대 이사장에도 재선되어 1954년까지 한국장업을 대표했다. 드디어 한국화장품업계의 제1인자가 되었다.

## 플라스틱공업의 개척과 치약의 개발

연암 구인회는 화장품 사업에서 큰 성공을 거둔 가운데에서도 깨지지 않는 크림통 뚜껑 개발이라는 개척자적 노력은 계속 되었다.

1952년 동양전기화학공업사를 설립하고 10월에는 최초의 합성수지제품인 '오리엔탈'상표의 빗과 비누갑을 만들었다. 이렇게 값싸고 편리하고 다양한 일상용품을 통해 전래의 우리의 생활문화를 획기적으로 변화시키면서 한국 플라스틱공업을 견인했다. 1955년 3월에는 럭키표 치약도 생산하였다. 럭키 치약은 그 후 오랫동안 국내시장을 독점하였고, 치약제조와 판매의 성공으로 연암 구인회의 사업기반은 한층 더 굳건해졌다.

1956년 PVC 파이프를 국내 최초로, 1957년에는 비닐장판과 폴리에티렌필름을, 1959년에는 스폰지레저를 각각 개발하였다. PVC 파이프는 전후 복구사업과 맞물려 수요가 크게 늘었으며, 국내 최초로 개발한 스폰지레저와 비닐장판은 혁신제품으로 호평을 받았다. 이렇듯 합성수지제품이 모두 성공을 거두자 락희화학은 합성수지 및 치약제조 중심으로 업종을 이원화하고 국민생활의 근대화에 이바지하였다. 따라서 연암은 한국 국민생활 편의주의 경영이념을 실천한 기업가로도 기억된다.

## 반도상사의 설립과 무역업진출

1956년 4월 30일을 기하여 락희산업주식회사의 상호를 반도상사주식회사로 변경하였다. 5월 19일자 동아일보에 구인회 사장 명의로 상호변경을 고지하는 신문광고를 게재함으로써 반도상사는 본격적인 무역상사를 지향하고 보다 발전된 체제를 향한 새로운 출범을 시작하였다.

반도상사는 잇따른 락희화학의 공장증설과 사업영역 확대에 따른 수입업무가 확대되고, 그 기능이 강화되면서 조직과 기능이 사실상 분리 독립하는 계기를 마련하게 되었다. 이로부터 반도상사는 장차 무역상사로서의 기틀을 다지면서 오늘의 LG의 수출입 업무를 전담하는 대기업으로 빠른 성장을 거듭하기 시작했다.

우리나라 산업계에서 이와 같이 대외활동을 전담하는 회사가 출범하게 된 것은 산업의 국제화라는 측면에서 큰 의의를 갖는다. 이후 반도상사는 우리나라 무역업의 성장과 궤를 같이하여 이 분야의 발전을 주도했다.

### 전자산업의 효시 금성사 창업

금성사가 설립된 것은 1958년, 연암의 나이 51세 때이었다. 이 회사는 설립 초기부터 국산 라디오 생산을 준비하여 1959년부터 본격적으로 라디오를 생산하였으나 소비자의 외국제 선호 경향 때문에 난항을 거듭하였다. 라디오뿐만 아니라 금성사에서 개발하여 생산한 선풍기의 경우도 사정은 비슷하였다. 전자산업은 당시 기획부장이었던 윤욱현의 건의와 일본통산성에서 아이디어를 얻어 연암의 도전정신과 개척정신의 합작품으로 적지않은 논란과 협의를 거쳐 이룩된 것이었다. 그만큼 어려웠으며 기술문제, 인력문제, 시장성에 대한 결론이 매듭지워진 1958년 봄에 결정을 내렸다. 당시 전자공업의 당위론을 다음 세 가지로 보았다는 데 특징이 있다.

첫째, 락희화학이 수년동안 축적한 플라스틱 기술로 라디오 케이스를 상당부문 자력 생산할 수 있다는 점, 둘째, 전자공업의 발전전망은 일본 통산성의 경제백서가 밝은 근거를 제공하고 있다는 점, 셋째, 독일인 기술자 헨케(Henke)를 유치, 기술적인 문제를 해결할 수 있다는 것 등이었다.

이와 같은 전자공업의 개척은 지난 10여년간 화공분야에서 전력투구를 다한 연암의 일대용단이 아닐 수 없었다. 그가 용단을 내리게 된데는 그의 사업가적 개척정신과 도전의식이 결정적인 요인으로 뒷받침되었다.

### 금성사의 성장과 전자산업의 기여

연암은 우리나라 최초의 전자산업인 금성사를 1959년 2월 17일 주식회사로 새롭게 변신시키면서, 금성사를 개척자정신으로 한국 전자산업의 새 지평을 열어나가기 시작했다.

이 회사는 국산라디오 A-501의 라디오 시작품을 완성시키고 상공부 제

4133호로 상표등록을 마쳤다. 그러나 외제의 밀수품이 지배하던 시대라 국산 라디오는 팔리지 않아 어려움에 봉착하였다.

1960년대부터 밀수품 단속이 강화되면서 국산라디오가 팔리기 시작하여 회생하기 시작하였다. 특히 그 시대 '농어촌 라디오 보내기 운동'이 전개되자 라디오가 품귀할 정도로 많이 팔렸다. 당시 정부에서는 홍보용으로 라디오 매체를 활용하여 농촌 라디오보내기운동을 전국화하도록 하였다.

1962년 경제개발 5개년계획부터 매스미디어의 확대보급정책과 국가경제정책의 홍보활동을 동시에 필요로 하였다. 이에 부응한 저렴한 국산 라디오의 생산 보급은 시의적절하게 맞아 떨어졌다.

바로 1960년대 전가정을 통하여 라디오의 역할이 정보의 확산과 근대화의 동기부여, 그리고 국가의 홍보매체로 그 영역이 넓어지면서 라디오의 판매실적은 무섭게 증가하였다. 1961년 53만대의 라디오 보유가 1974년에는 556만대로 10배 이상 증가하였다.

1961년 12월 KBS텔레비젼이 개국되자 TV수상기 제작에도 박차를 가하였다. 1966년 8월 금성사는 국내 최초로 흑백 TV(19인치)를 조립・생산하기 시작하여 그 후 성장을 계속하였다. 1961년 우리나라 TV 수상기는 2만대에 불과하였으나, 1974년에는 1백60만대를 초과하게 되었다. 이와 같이 연암은 우리나라 최초의 전자산업의 개척과 성장에도 기여하였다.

## 6. 창업시대의 마감

연암 구인회는 1969년 12월 31일 63세의 비교적 짧은 나이에 운명했다. 그는 운명에 앞서 기업이윤의 사회환원과 사회적 기여를 위해 문화재단 설립을 추진하여 그 해 12월 장학육성사업, 문화사업, 사회복리사업에 기초한 연암문화재단을 설립했다.

국내 최초로 라디오의 국산화를 실현한 금성사 설립, 1960년대에 들어와서 금성사는 전자 및 전기공업의 개척을 주도하였다. 수요층의 외제 선호의식 때문에 전자공업의 뿌리를 내리려고 전념하는 그의 경영에 타격을 가해

한때에는 전자사업의 철수론까지 비화되었다. 그러나 그는 굽히지 않고 라디오의 국산화를 신념으로 여기고 생산하였다.

라디오 보급운동의 성공으로 금성사는 경영수지와 기술축적, 기술확보면에서 큰 진전을 이루게 된다. 1964년에 종합전자전기공장을 준공하여 도약의 시대를 맞고 기술금성으로 성장한다. 1960년 선풍기 개발을 시작으로 냉장고(1964), 흑백텔레비전(1966), 에어컨(1968), 세탁기 및 승강기류(1969)에 이르기까지 국내 최초로 국산화에 성공함으로써 국민생활 혁신을 가져오는데 크게 기여하였다.

이에 따라 1969년에는 18개 품목의 전자·전기제품을 비롯해 통신기기, 전선 등으로 생산영역을 확대하고 100억원대의 매출규모로 창업 10년만에 239배라는 비약적인 성장을 이룩했다.

1969년에는 경영사적으로 보다 뜻깊은 해였다. 락희화학의 기업공개, 민간기업 사상 최초의 전산체제 구축 등의 경영선진화, 그룹 본사를 서울로 이전해 본격적인 전국시대를 개막하였다. 오늘날 LG는 당시의 락희화학, 금성사, 반도상사, 호남정유, 금성판매, 한국콘티넨탈카본, 호남전력, 금성통신, 국제신보, 경남일보 등의 다각적인 사업영역의 구축으로 성장하였다. 이렇게 성장을 주도하였던 연암 구인회 회장은 1960년대를 마감하는 1969년 12월 31일 63세, 완숙한 인생의 정점, 너무나도 아쉬운 나이에 영면하였다.

## 제2절 구인회의 기업가정신

### 1. 인화단결주의 : 人和精神

#### 삼기론에 근거를 둔 화기

원래 화기(和氣)란 인생을 살아가는 기본인 삼기론(三氣論)에 근거를 두는데 첫째가 패기요, 둘째가 의기요, 셋째가 화기이다. 화기란 여러 구성원들이 서로 믿고, 서로 이해하고, 서로 아낄 때 이루어지는 분위기다. 직장에서 화기에 찬 분위기와 단결은 생산성을 향상시키고, 구성원이 보람을 갖게 하는 기본이 되고 있다. 연암은 거대해진 럭키가족의 다양성과 가족경영이라는 경영체제를 화기의 사상으로 이끌어온 대표적 창업자라고 지적하고 싶다.

세상에서 인화처럼 중요한 것이 없다. 그래서 공자는 천시(天時)는 지리만 못하고, 지리(地利)는 인화만 못하다고 하였다. 인화 속에 위대한 사업이 이루어지고, 행복한 직장이 실현된다. 따라서 최고의 기업가정신은 인화가 제일이라고 지적하고 있다.

## 2. 도전과 개척정신

연암 구인회의 전 생애는 '창업과 개척시대'로 규정한다. 그의 경영이념은 도전과 개척주의 만이 존재한다는 것이 LG 50년사 속에 담긴 내용이다.

그의 도전과 개척주의 이념은 첫째로 유교적 인습을 과감히 타파하고 당시로서 택하기 어려운 상업의 길로 투신하는 도전정신, 둘째로는 락희의 창업과 화학공업, 전자공업의 새 지평을 여는 도전과 개척주의 정신, 셋째로는 기간산업의 개척정신 등으로 명시할 수 있다.

전국경제인연합회 김용완 회장은 그의 도전과 개척정신을 이렇게 비유하였다. "연암의 60평생을 걸쳐 쌓아올린 빛나는 영광은 그의 피와 땀과 인내로 맺어진 도전과 개척의 결정체이다. 그는 근엄하기 이를 데 없는 영남의 유교 가정에 태어나셨으나 완고한 인습을 타파하고 당시로서는 택하기 어려운 기업인의 길을 서슴치 않고 도전한 그의 결의와 용단은 만인이 추앙받기에 족한 것이다"라고 칭송하였다.

### ⇨ 강한신념 : 할 수 있다, 하면 반드시 된다.

연암은 "신념이 있을 때 인간은 놀라운 힘을 발휘한다"는 말을 몸소 체험하고 그것을 기업의 경영활동에 참여하는 구성원들에게 주지시켰다.

그는 "할 수 있다, 하면 반드시 된다"라는 신념을 항상 가지고 있었다.

미국의 노만 필(Norman vincent Peale)이 지적한 것처럼 "신념과 신앙은 인생의 기적을 낳고 행복을 창조하는 원동력이라고 하였다." 특히 신념은 적극적 사고로 대변되는데 낙관적, 희망적, 긍정적으로 생각하는 것이요, 소극적 사고는 무슨 일이든지 안된다고 비관적, 절망적, 부정적으로 생각하는 것이다. 전자는 우리를 광명과 신념으로 이끌고 후자는 우리를 암흑과 좌절로 이끈다라고 믿고 있다. 이와 같은 점을 고려해 볼 때, 연암 구인회 역시 강한 신념을 가지고 기업을 이끌어 왔다. 창업에서 오늘의 LG의 신화를 만든 성공은 그의 신념의 산물이라고 지적하고 싶다.

## 3. 인재중용주의 정신

연암은 1950년대 후반부터 인재확보 방안으로 대학 졸업생을 대상으로 한 공개채용제도를 실시하여 인재중용주의 시대를 열었다.

### 인간존중의 경영이념

연암은 사업을 시작할 때부터 혈연과 지연 등의 연고성을 중심으로 구성원을 이루었다. 형제, 친척 중심의 경영체제가 지배적이였으며 비공식적인 특채가 전형화되어 왔다. 그러나 연암은 인재를 키워야 기업이 큰다는 신념을 철저히 갖고 있었기 때문에 인간존중이라는 경영이념으로 기업가정신의 바탕을 형성케 하였다.

특히 인재를 중요시한 것은 1956년말 미국에서 돌아온 구평회가 기업의 백년대계를 위해 인재양성의 중요성을 인식하고 이를 연암에게 건의한 바, 이를 실용화한 것이 기본이 되었다.

### 백년지계는 사람을 육성하는 일

유학에서 말하기를 일년지계는 곡식을 심는 일이며, 십년지계는 나무를 심는 일이다. 백년지계는 사람을 육성하는 일이라는 동양의 사상을 상기해 볼 때 국가와 기업의 장래가 모두 인재에게 달려있다는 인간중시사상은 인재중용주의에서 근간을 이루고 있다.

럭키그룹이 후일 대성을 이룩하기까지에는 여러 가지 복합적 요인이 작용했다고 보아야 하겠지만, 이 시기에 우수한 젊은 인재들을 남보다 먼저 선발하고, 적절한 훈련을 거쳐 동량으로 키워낸 데 힘입은 바 크다는 것은 결코 과언이 아니라고 본다.

이러한 과정을 거치는 동안 락희화학의 조직과 사업은 항상 젊은 인재의 순발력을 유지할 수 있었고, 상하 좌우로 끈끈한 인간관계를 유지해 나갈 수 있었다.

## 4. 기술혁신주의 정신

연암의 기술혁신주의 기업가정신은 연구개발의 바탕 위에서 이루어 졌다. 그의 연구개발에 대한 사례를 통하여 기술혁신주의 경영이념의 근간을 살펴보도록 하겠다.

### 창업부터 연구개발 시작

그는 화학산업의 선구자 락희화학공업사 창업부터 연구개발에 시작의 목표를 두었다. 1947년 41세의 나이로 새로운 가능성을 제조업체에서 시작하였다. 럭키크림이 개발되어 생산・출하되었고, 플라스틱 뚜껑개발에 성공하였다. 이와 같은 과정 속에서 화장품연구소가 한국최초로 만들어져 운영되었다.

### 연구개발과 기술혁신의 노력

그는 화학과 전자공업의 새 지평을 여는 성과를 연구개발과 기술혁신의 노력에 두었다. 그는 6・25전쟁 후 플라스틱의 개척과 치약개발에 성공하였다. 합성수지공업의 개발과 캘린더시설의 도입, 우리 기술로 개발한 럭키치약으로 국내시장을 석권하였으며, 상표등록과 광고활동을 전개하였다. 전자산업의 개척은 1958년 10월 1일 우리나라 최초의 전자공업회사인 금성사가 설립된 데에서 그 맥락을 찾아야 한다.

### 기술혁신의 기업가정신

국민생활의 혁신을 가져온 금성의 전자기술은 냉장고의 개발, TV 수상기 개발, 에어컨의 개발, 세탁기와 주방기구의 개발, 승강기류 개발 등으로 발전하였으며, 통신사업의 개척은 전화기 생산, 교환기 사업의 개척 등으로 나타났다.

그리고 유지공업의 진출로는 합성세제 산업의 개척, 다양한 플라스틱 가공제품의 개발, 비닐제품의 개발과 각종 기술도입 및 국제교류의 시작을 통하여 기술혁신이 가속화되었다. 이와 같이 연암의 기술혁신 기업가정신은 창업초기부터 부단한 연구개발 노력의 결과이었음을 증명하고 있다.

## 5. 근검절약정신

연암의 구두쇠 철학은 유명하다. 사람이 성품을 말할 때 돈을 벌고 쓰는 행위를 예를 들어 이야기하는 경우가 많다. 돈이란 그 만큼 사람의 밑바닥까지를 노출시키는 마성이 있다. 그렇기 때문에 근검과 절약은 그만큼 어렵다. 특히 부지런히 돈을 모으고 절약하여 생활하는 사람은 대부분이 큰 돈을 모으는 사람이다. 연암 역시 그의 대표적 경영이념의 하나를 근검절약주의로 하여 근면하고 검소하며, 절약하고 저축하였다. 그러나 돈을 쓸 때는 허세부리지 않고, 낭비하지 않고, 필요한 곳에 서슴없이 썼다. 그는 이것을 용전철학(用錢哲學)이라고 하였다.

### 저축하면서 아끼는 것이 부자가 되는 방법

부산의 공장들이 활발히 가동하고 럭키치약이 미국제품을 물리치면서 시장을 석권해 가고 있던 무렵, 락희화학은 서울의 반도호텔 빌딩에 사무실을 개설하고 있었다. 누가 보아도 일류회사의 사장이었다.

당시 김주홍 상무는 신설동에 살면서 아침 저녁 미니 합승버스로 출퇴근하고 있었는데, 어느날 아침 그 차에 구인회 회장이 올라타는 것이다. "택시를 이용하지 않고 미니 합승버스를 타십니까?"라고 물었더니 "나는 합승버스가 좋습니다. 세상 사람들이 나를 보고 노랭이니 구두쇠니 부르겠지만 나는 그 말이 나를 칭찬하는 말로 들립니다. 돈 몇 푼 벌었다고 거들먹거리며 홍청망청 쓰는 사람들을 보면 딱해서 못 보겠습니다. 돈이란 있을 때 아낄 수 있는 것이지 없는데 무엇을 아낀다 말이요. 그래서 옛말에도 돈이란 벌기보다 쓰기가 어렵다고 했소. 부자라는 것은 돈을 많이 벌어서 부자가 아니라 쓰지 않고 저축하면서 아끼는 것이 부자가 되는 법이요. 벌써 다왔소, 합승버스를 타면 회사까지 오는데 무엇 때문에 휘발유 없애고 길바닥에 돈 뿌리며 택시 탄다는 말이요." 이렇게 절약정신을 실현하고 있었다.

### 절약정신의 실현

일찍이 일제 말기에 백산 안희제에게 독립운동자금으로 당시로서는 거금인 1만원을 선뜻 건네주었던 일이나 부산에서 국제신보사를 인수하여 경영하던 무렵, 재정난으로 허덕이는 라이벌회사 부산일보를 위하여 아들 구자경이 3천만원을 도와달라고 했을 때 흔쾌히 도장을 찍어주던 일 등은 그의 용전철학을 이해하는 데 도움이 되는 일화라 할 것이다.

아우 구태회가 국회의원으로 당선되던 해 고향 사람들에게 식사대접하고 돈 5환을 거슬러 받던 일, 점심식사 때 좁은 골목길의 한식 식당만을 고집하는 절약정신, 부지런하고 근면해야 잘살 수 있다는 공장새마을정신을 실천하던 일 등은 절약정신을 실현한 사례들이다. 자유당시절 국회의장을 하였던 이재형 선생은 연암을 가리켜 "근검, 소탈을 가르쳐준 어른"이라고 칭송했다.

## 6. 국민생활 편의주의 정신

연암의 제조업에 향한 의지는 결국 국민생활 편의주의로도 집약된다. 연암은 "남이 미처 안하는 것을 선택하라, 국민생활에 없어서는 안될 것부터 착수하라. 착수하면 과감히 밀고 나가라. 성공해도 거기서 머물지 말고 그보다 한 단계 높은 것, 한층 더 큰 것, 보다 어려운 것에 새롭게 도전하라."고 역설하고 있다.

연암의 기업가정신의 탄생은 제조업을 하던 시대로서 국민생활품이 없는 저개발국가 생산양태의 가난한 시대이며, 전통적 사회에서 도약을 위한 준비단계의 경제발전단계에 다다른 후진국이었다. 1인당 국민소득은 약 30달러에 불과하였으며 외국제품이 소비시장을 장악하던 그런 시절이였다.

그 이전인 1947년에 럭키크림을 생산하고, 1950년대 럭키치약, 머리빗, 칫솔 등을 만들었으며, 플라스틱의 합성수지제품, 1959년 8월 최초의 라디오 생산, 1961년 7월 국내 최초로 전화기의 국산화 성공, 1963년 합성세제 산업 개척, 1965년 4월 국산냉장고 생산, 1966년 8월 국내 최초로 생산한 흑백TV 생산, 1967년 9월 국내 최초 에어컨 생산, 1969년 5월 국내 최초의 전기세탁기와 주방기 생산 등 국민생활 편의주의 생산에 주력하였다.

연암은 오직 국민생활 향상과 경제부흥만이 국가의 활로임을 생각하고 생활필수품 제조업의 락희화학공업사를 설립해 산업일선에서 국민생활을 위하여 일하였다. 그것이 곧 오늘날 LG의 시원이었고, 우리나라 산업발전의 귀중한 받침돌이 되었다.

# 제 3 절 구자경의 생애와 경영활동

## 1. 구자경의 승계와 2대 회장 취임

LG의 창업자 구인회 회장은 63세를 일기로 1969년 12월 31일에 타계하였다. 당시 럭키금성그룹은 화학, 전기, 전자, 정유, 전선, 무역, 통신, 언론 등 11개 사업군을 포용하고 있었다.

창업자 연암의 타계는 세상의 모든 관심이 당시 럭키금성그룹으로 쏠렸다. 한국 재계에서 정상을 다투는 재벌의 총수가 생을 마감하였으니 그 재산분배 과정이 더 관심거리였고, 과연 누가 총수가 되는냐의 문제로 흥미를 돋우었다.

왜냐하면 각 매스컴들은 럭키금성에 포진하고 있는 6명의 형제와 6남 4녀 등 10명의 자녀들, 사돈가의 허씨들과 창업과정의 공신들이 각각의 이해가 다를 것으로 예상하여 앞다투어 기사화하였다. 그러나 그런 기대는 보기좋게 어긋났다. 여러 이해관계자와 구씨, 허씨네 집안은 옛날과 같이 화목하기만 했다.

### 장자승계의 원칙

연암 구인회가 사망한 지 6일 뒤인 1970년 1월 6일 유교적 집안의 가풍답게 장자인 상남 구자경이 제2대 회장으로 추대되고 장자승계의 원칙을 따라 취임케 하였다.

구인회 회장은 작고하기 이전에 이미 그 많은 형제, 사돈가 형제들에게 능력에 따라 또는 처지에 따라 모두 배려를 했고, 자녀들에게도 각각 합리적인 조치를 마련해 놓았던 것이다. 또 한 가지 사실은 연암과 아들 구자경 사이의 나이가 18세 차이로 부친이 41세 락희화학공업사 창업할 때, 이미 아들 구자경은 23세로서 부친 사업의 창업동반자로써 참여하여 럭키금성그룹을 20여년 동안 성장시키면서 부친으로부터 후계자 경영수업을 충분히 받았다는 것이다.

### Macro적 경영기법 구사

당시 업계에서는 상남 구자경씨가 2대 회장으로 취임하자 모두들 놀라워 했다. 이런 세상의 찬탄 속에서 럭키금성그룹 2세 경영자 자리에 오른 구자경 회장은 당초부터 구인회 회장의 경영이념을 승계하여 각 계열사 업무에 깊숙이 관여하기보다는 전체의 움직임을 파악하는 Macro적 경영기법을 활용하는 경영정책을 구사하여 조화를 이루도록 그룹을 이끌어 나갔다.

이 경영정책은 적중하였다. 이것은 인화단결을 바탕으로 성장해온 럭키금성그룹의 경영이념이기도 하지만 선친 연암 구인회의 창업이념이기도 하다. 바로 그 점이 창업의 효(孝)를 성공적으로 계승하는 구자경 회장의 진면목이기도 하다.

## 2. 구자경의 생애와 경영활동

### 1) 출생과 청소년기의 교육과정

상남 구자경 회장은 1925년 4월 24일 경남 진양군 지수면 승내리에서 부친 연암 구인회와 모친 허을수의 6남 4녀 중 장남으로 출생하였다. 지수보통학교를 졸업하고 진주중학교를 졸업하였다. 17세 때 진양하씨 순봉의 장녀 정임과 결혼하였으며, 1944년 진주중학교를 졸업하고 진주사범학교를 입학하였다. 청년 구자경은 1945년 20세 때 해방과 더불어 독립만세를 부르고 기쁨이 넘칠 때 많은 것을 생각하였다. 무엇을 할 것인가, 교사로 만족할 것인가? 등등 그런 1946년 2월 1일에 장남 구본무가 태어났다. 그리고 그 해 3월 진주사범학교를 졸업하고 4월 진양군 소재 모교인 지수보통학교 교사에 취임하였다.

상남 구자경은 부친 연암의 슬하에서 별 고생없이 교육과정을 수료하였다. 그러나 우리 조선민족의 젊은 청년들이 징병이라는 이름으로 일제 군국주의의 총알받이로 나가자 조부는 장손자인 구자경을 빨리 결혼시키기로 결정하였다. 징용을 피할 수 있는 길은 서둘러 결혼시키는 일이다. 그리하여 17세인 구자경은 유가의 가문 속에서 일찍 결혼하게 되며 조부는 교사가 되기를 원했다.

상남 구자경은 1947년 4월 22세때 부산시 소재 부산사범부속초등학교 교사로 부임발령을 받아 해방된 조국의 미래 지도자를 양성하기 위한 열성에 불타고 있었다.

### 2) 청년기의 경영활동

청년 구자경은 1946년 4월 부산사범학교 교사로 자리를 옮겼다가 1949년 부친의 권유에 따라 초창기의 락희화학공장 관리직을 맡아 기업경영활동에 참여하였다.

그때는 이미 1942년 결혼한 정임씨와의 사이에 장남 본무, 차남 본능 씨가 출생해 있었다. 그 후 1950년 5월 락희화학공업사 이사로 취임, 플라스틱공업 등 화학공업분야의 개척사업으로 각종 생활필수품을 개발하는 사업에 부친 연암과 심혈을 기울였다.

1951년 조선알마이트, 1952년 동양전기화학공업사 대표 취임 1959년 34세 때 금성사(현 LG전자) 이사에 취임하였다. 1962년 락희화학공업사(현 LG화학) 전무이사로 취임하였으며, 동년 10월 한국케이블공업(현 LG전선) 기계발주차 서독, 미국 등을 방문 1963년 3월에 귀국하였다. 1963년 12월 부산시 교육위원회 위원으로 피선되고, 1967년 43세 때 금성사 부사장에 취임하고 1969년 12월 31일 상남 구자경이 44세 때 부친 구인회 회장이 서거하였다.

이와 같이 상남 구자경은 부친 구인회 회장과 창업동반자로서 뿐만 아니라 20여년 동안 경영동반자로 럭키금성그룹(현 LG그룹)을 성장시키는 데 공헌하였기 때문에, 2세 경영자로서 회장직을 승계받는 것은 당연한 귀결이라고 하였다. 그의 기업인으로서의 첫 걸음은 락희화학공업사의 창업과정에서 이루어졌고, 그 후 부친으로부터 이어 받은 20년간의 경영수업은 부친의 경영이념을 '창업의 효'라는 명목으로 이어받기에 충분하였다. 그는 부친의 경영기법과 경영이념의 장단점을 파악하여 2세 경영자시대에 새로운 경영정책과 전략을 전진과 혁신에 중점을 두고 기업경영을 전개하였다.

### 3) 장년기 제2세 경영자로의 승계

#### 제2세 회장시대 시작과 안정적 성장정책의 방향

럭키그룹은 1970년도 신년 시무식을 가진 나흘 후인 1월 9일 아침에 그룹합동 이사회를 소집하고 구인회 창업회장의 뒤를 이어 장남인 구자경 금성사 부사장을 제2대 회장으로 선임하였다. 그의 나이 45세 때 일이다. 창업주의 뜻을 받들어 장자로 하여금 그룹 총수의 대를 잇도록 추대한 것이다.

#### 인화의 경영이념 계승

신임 구자경 회장은 이날 간략한 취임 인사를 통하여 "선대회장의 유지를 받들어 성심성의로 그룹을 이끌어 나갈 것이며, 인화의 경영이념을 계승하여 인화단결과 상호협조를 통해 그룹을 이끌어 나갈 것이며, 인화의 경영이념을 계승하여 인화단결과 상호협조를 통해 그룹의 부드러운 기업풍토를 조성하는 데 힘쓸 것을 다짐했으며, 경영방침을 급속한 확대보다 내실있는 안정적 성장으로 경영을 하겠다고 밝혔다."

상남 구자경이 그룹의 경영방침을 안정적 성장으로 천명한 배경은 1960년대 막대한 자본을 조달하여 설립한 호남정유로 인해 주력업체인 락희화학과 금성사의 재무구조가 상대적으로 약화되었기 때문에 무리하지 않고 내실있는 성장을 도모하여 도약의 발판을 구축하기 위함이다.

#### 자본과 경영의 분리

아울러 자본과 경영의 철저한 분리를 지향하고, 정보화 시대에 대비한 전산화 구축, 국제경쟁력 배양 등에 역점을 둘 것이라고 밝혀 향후 구자경 회장이 지향할 경영구도를 가늠케 했다.

이때의 내실있는 안정적 성장정책을 지표로 한 구자경 회장의 일관된 경영정책을 요약하면, 첫째, 자본과 경영의 분리작업으로 경영을 현대화시키고 둘째, 불굴의 개척정신으로 산업의 고도화를 선도하며 셋째, 부단한 연구개발을 통해 기업활동의 질적인 선진화 추구 등으로 집약되었다. 상남 구자경의 이와 같은 경영철학과 기업정신은 오늘의 LG를 일구어내는 원동력이 되었다.

### 장년 전반기 - 신도약을 위한 규모확대와 성장실현

#### 기업공개와 사업영역 확대

상남 구자경의 진취적인 경영의지에 따라 1970년 4월 락희화학에 이어 두 번째로 금성사를 공개했으며, 연이어 1974년 금성통신, 1975년 한국광업제련의 기업공개가 이루어졌고, 1976년에는 반도상사, 금성전기, 범한화재, 1977년에는 금성전선 그리고 1978년에는 금성계전, 1979년 럭키콘티넨탈카본이 차례로 기업을 공개함으로써 럭키금성그룹은 '국민의 기업'으로 뿌리를 확고히 내리는 기업사의 새 장을 펼쳤다.

'정도의 해'로 설정한 1970년 상남은 범한해상화재보험을 인수하여 유망업종으로 부상한 보험업의 진출을 이룩했다. 이는 당시 막 가동한 호남정유의 원유수송에 따른 위험을 담보하기 위한 것이기도 했다. 이어 12월에는 금성사와 금성통신으로부터 방송통신 장치 및 무선통신 분야의 시설과 영업권을 양수받은 금성전기를 설립, 미개척 분야였던 이 부문을 전문화시켰다.

#### 책임경영 관리체제 확립

상남은 1971년을 기업체질 전환에 따른 탄력적인 적응능력과 안정적 기반을 다지기 위한 '안정의 해'로 정하고 책임경영 관리체제의 확립, 목표관리의 실천, 부가가치의 증대에 경영력을 집중했다.

특히 2월에 금성전공을 설립하여 전력 및 통신용 전선, 케이블 판매업에 참여하고 6월에는 한국광업제련을 대한전선과 공동 인수하는가 하면, 10월에는 부산문화TV를 인수하여 1960년대 좌절했던 방송사업의 진출을 이룩했다.

이어 '체질강화의 해'로 전략화하여 1972년에는 락희화학이 매출액 110억원과 수출목표 530만달러를 돌파하고, 금성사는 전자제품의 수출실적을 전년대비 170% 신장시켰으며, 호남정유는 1·2차 여수정유공장 확장을 완료, 가동 3년만에 생산능력을 3배로 증가시켜 대형 정유사로 발돋움했다.

1973년 6월 국제증권, 1974년 49세 때 락희화학을 '주식회사 럭키'(현 LG화학)로 상호를 변경하였다.

### 석유화학산업의 토대 구축

제4차 경제개발 5개년개발계획의 출발년도이자 그룹 창립 30주년인 1977년을 맞아 상남은 5년 후를 전망하는 "그룹성장의 청사진"을 내놓았다. 상남은 회사가 설정한 1981년도의 외형을 매출 1조원, 매출 10억달러로서 이는 1976년을 기점으로 연평균 33%의 매출신장을 목표로 한 것이었다.

이를 위해 국제적 규모의 생산시설을 효율적으로 운용하고 수출입국의 대의에 부응해 각 계열별 해외영업을 강화하는 한편 반도상사를 종합무역 창구로서 집중 육성하는 전략을 추진했다. 이 해 럭키개발은 럭키해외건설을 설립하고, 당시 각광을 받고 있던 해외건설에 진출하는 한편, 국내 건설사업을 본격화, 건설사업의 활성화를 도모했다.

1978년 상남은 '고도성장·선행투자·기술개발·내부관리·사회적 공헌' 등 5대 경영방침을 설정하고 기술개발에 의한 새로운 차원의 경쟁력 확보에 최우선의 노력을 집중했다. 그 결과 1978년도에 이미 매출 1조원을 초과 달성하는가 하면, 반도상사의 매출실적이 3억2천9백만달러에 달했으며, 금성사도 업계 최초로 1억달러를 돌파했다.

또한 상남 구자경은 오랜 숙원사업인 석유화학의 콤비나이트체제를 확립한 럭키석유화학을 설립하여, 민간기업으로는 최초 최대규모인 나프타 분해공장 건설인가를 획득한다.

### 전략적 투자 집중과 연구소 설립

1975년 50세가 되는 상남은 경기침체 현상이 장기화될 것을 예측한 가운데 본격적인 투자전략을 마련하기 시작해 울산 · 구미 · 창원 · 여천 · 오산 등에 생산단지를 마련하고 1980년대를 위한 장기투자계획 추진에 착수했다. 특히 금성사에 민간기업 최초로 중앙연구소를 설립하여 컬러TV, VCR, 금전등록기, 전자계산기, 컴퓨터, 반도체 등 1970년대 제품개발을 주도함으로써 LG의 성장뿐 아니라 우리 전자산업의 국제경쟁력을 뒷받침한 연구개발의 산실로 자리잡게 하였다.

## 장년 후반기 - 국제화와 첨단기술의 전개

상남은 장년후반기(55세 이후 1980년대)를 국제화와 첨단기술시대를 전개하는 계기로 구축하였다. 이러한 그의 경영정책분야는 첫째, 석유화학 및 에너지와 소재분야의 성장 둘째, 금성사의 혁신과 반도체시장의 확보 및 전략화 - 전기 · 전자사업의 재배치 셋째, 무역 · 금융 · 건설 · 유통 · 서비스산업 등 사업영역 확대로 나타났다.

### 아이디얼 21세기 운동전개

상남은 먼저 석유화학공업을 1983년 이후에 산업구조의 고도화를 이루는 중심산업으로 발전시켰다. 이 시기에 럭키는 석유화학, 플라스틱가공, 생활용품, 정밀화학 등 기존영역의 발전과 함께 소재산업 등 첨단미래산업에의 강력한 의지를 담은 '5각경영체제'의 정책을 적극화하였다. 이에 따라 화장품산업의 재진출, 화성사업 확대, 의약품사업 등 신규사업 확대가 이루어지게 하였다.

1986년 '아이디얼 21세기 운동'을 전개하여 적극적인 해외투자를 통한 다국적기업으로의 변신을 강력하게 추진하는 한편 1985년 국내 최대의 종합생활용품공장(청주공장)을 건설하는 등 전반적인 공장의 통합 재배치를 이루었다.

### GREAT 89의 국제화 성장전략

상남은 1980년대 들어와 금성사 경영전반에 대한 총 점검을 하여 부산공장과 창원공장을 통폐합하고 5개 협력사를 정리하는 과감한 감량경영으로 자구적 노력을 집중함으로써 컬러TV 시판, VCR 및 컴퓨터 응용기기 개발 등 1980년대에 전개되는 첨단기술시대를 견인케 했다. 특히 금성사의 혁신과 개혁에 바탕을 두게 하여 'GREAT 89'라는 국제화 성장전략을 강도 높게 전개하는 한편 첨단산업시대를 주도하기 위해 1987년 평택공장과 청주마그네틱공장, 국내 최대의 세탁기공장, 공조기공장 등을 건설했으며, 1980년에는 TV생산설비를 일관하는 구미 2공장 건설에 착수했다.

### 반도체시장 확보의 전략화

상남 구자경은 1988년에 반도체시장의 확보를 전략화하고 1조6000억원이 장기투자되는 대단위 청주반도체공장 건설에 나서는 한편 금성반도체를 기존 교환기, 반도체, 컴퓨터 등 3대사업에서 사설교환기, 전송, 네트워크 부문에 진출하여 종합통신시스템으로 위상을 정립했다. 특히 AT&T사의 VLSI 반도체 기술과 자일로그사의 마이크로프로세서 설계 및 제조기술을 제휴하는 등 컴퓨터 및 반도체사업을 강화한 금성반도체는 한편으로 사설교환기 '스타렉스' 기종을 개발해 통신사업의 새 지평을 열면서 중핵회사로서 지위를 다졌다.

이와 같이 장년기에는 국제화와 첨단기술분야의 발전뿐만 아니라 무역·금융·건설·유통·서비스 등 사업영역으로 확대하였다.

## 노년기 21세기로 향한 경영구상

### 창업이래로 최고의 경영성과

상남 구자경 회장은 1980년대 중반 이후 ① 미증유의 노사분규, ② 국제무역질서의 개편 예고 등 종전에 체험하지 못한 급속한 변화의 실체를 경험하면서 향후 더 빠른 속도로 전개될 기업환경변화에 대응할 수 있는 총체적 경영력 창출이 럭키금성의 미래상을 결정짓는다고 판단하였다. 그리하여

1987년 이른 바 'V프로젝트'를 가동시켰으며, 1988년 11월에는 조직구조 및 운영체제 개혁, 사업분화단위(CU)에 의한 경영, 자율경영 및 인재육성에 바탕을 둔 '21세기를 향한 경영구상'을 발표했다.

이를 시발로 컨센서스미팅과 새 경영체제를 뒷받침할 제도적 장치를 잇달아 마련하는 등 경영개혁을 본격화함으로써 1990년 2월, 그의 나이 65세 때 고객을 위한 가치창조, 인간존중경영을 제정·선포하기에 이르렀다.

이때부터 각 회사별로 21세기 경영구상의 성공적인 실현을 위한 혁신체계의 수립과 시행이 본격 전개되었다. 이와 같은 경영혁신의 성과로 질 위주의 경영이 이루어지고 고객만족, 인간존중의 경영이 뿌리를 내리는 가운데 세계 최초의 스타제품을 생산하는 등 상남이 69세가 되는 1994년에는 창업 이래로 최고의 경영성과를 거두게 된다.

### 미래의 도약과 LG시대의 개막

상남 구자경 회장은 1995년 1월, 새로운 CI(Corporate Identity)를 발표하고 '럭키금성' 이름을 'LG'란 새로운 이름으로 바꾸었다.

이로써 경쟁요소로서 중요성이 높아지고 있는 그룹 아이덴티티 요소를 하나로 통합하고, 비전 메시지를 정확하게 전달하기 위한 LG브랜드를 세계 최고의 브랜드로 육성하여 제2의 경영혁신을 견인하는 새로운 LG시대를 시작하였다.

상남 구자경 회장은 1995년 1월 3일 신년사를 통해 "격변의 시대에 세계 최우량기업으로 21세기를 맞기 위해 비전달성에 대한 비장한 결의로서 많은 부담을 무릅쓰면서까지 그룹의 명칭을 바꾸는 중대한 결단을 내렸다"고 밝히고 "지금까지의 혁신이 기본을 충실히 다져온 것이었다면 이제부터는 하나 하나 세계 최고를 가시해 가는 혁신, 즉 제2 혁신에 돌입해야 할 때"라고 강조하면서 2월 22일 그의 장자 구본무를 제3대 LG회장에 취임케 하였다.

# 제 4 절 구자경의 기업가정신

상남 구자경의 기업가정신은 구자경의 한평생의 경영활동을 통하여 나타났다. 그가 지은 《나의 경영혁신 이야기》(1992), 구자경 회장의 연설문집 《비전을 향한 혁신의 여정 25년》(1995), 그리고 그의 CD 《도전과 혁신》(재임25년 기록영화), 김병화의 《재벌의 형성과 기업가 활동》(1991), 황명수의 《한국기업경영의 역사적 성격》(1993), LG의 《LG 50년사》(1997), 김성수의 《연암 구인회와 상남 구자경의 생애와 경영이념》(2000) 등을 참고하여 그의 기업가정신을 정립하여 본다.

특히 상남은 그가 지적한 대로 액자 밖으로 끄집어낸 기업가정신이라는 데 큰 의미가 있다. 경영정신에는 두 가지 얼굴을 가지고 있다. 하나는 선언적인 의미만으로 액자 속에 그냥 들어 앉은 정신이고, 다른 하나는 평상시 너무나 당연시 되어 설령 의식하고 있지는 않다 해도 모든 사람의 사고와 행동에 직접 힘의 원천으로 작용하는 살아있는 기업가정신이다.

이러한 두 개의 이념 중에서 상남의 기업가정신은 후자에 속하는 것으로 실천적 행동의 지침이 된다. 따라서 세 가지 특성은 ① 다양한 사업문화에 다 잘 어울리는 정신이고, ② 전통적인 가치관을 반영하면서도 21세기에 이르는 장래의 발전성을 수용할 수 있는 정신, ③ 최고경영자의 의지나 발상에 일치하는 정신이다.

## 1. 정도경영 정신

정도경영 정신은 LG의 기본적인 경영이념인 것이다. 원래 정도경영은 바른 마음, 투명한 경영, 정경유착없는 경영을 의미한다.

상남 구자경 회장은 럭키금성그룹을 정도경영의 원천으로 기업활동을 전개하고자 무척 노력하였다. 정도경영은 정행사상으로부터 도래하며 정심으로,

정각하여, 정도로서 정행하는 기업경영원리를 말한다. 이 기업경영원리는 불교사상에 유래하였는 바, 비윤리적이고 부패적 요소를 제거하는 훌륭한 기업경영이념인 것이다.

실천하기 어렵고 실행하기 어려운 경영이념이지만 상남 구자경 회장은 윤리적 기업이 세계적 경쟁력을 갖출 수 있다는 이념하에 과감히 LG그룹에 도입하여 LG하면 정도경영이라고 할만큼 잘알려진 경영이념이 되었다.

상남은 21세기 경영구상에서 '정도경영'을 기본으로 내세웠다.

그의 정도경영으로 첫째, 인간존중의 경영을 내세우고 둘째, 자율경영을 중시하였으며 셋째, 약속을 지키는 경영 넷째, 경영현장의 준수 다섯째, 자기혁신의 경영 등이라고 지적하고 있다.

## 2. 도전과 혁신주의 정신

상남 구자경 회장은 오늘날 LG를 이룩하는데 도전의 실현과 경영혁신에 심혈을 기울여 온 기업가임에는 부인할 사람이 아무도 없다. 그만큼 그는 도전정신에 투철하였으며 기술혁신과 경영혁신을 경영이념으로 표명하였다.

### 도전정신

먼저 그의 도전정신의 경영은 취임 초기부터 나타났다. 종합화학회사의 꿈을 향하여 중앙연구소의 설립, 정밀화학산업의 착수, 한국광업제련 인수, 전자산업영역의 확대, 패션산업의 확대 등 새로운 산업에 대한 도전을 과감히 개척해 나갔다.

다음으로는 1980년대로 이어지면서 에너지 및 소재산업의 성장, 전기·전자산업의 다각화, 무역·금융산업의 약진, 건설·유통, 서비스산업의 확대 등은 그의 도전정신과 경영혁신주의 경영이념을 현실로 나타나게 하는 요인이 되었다.

### ⇒ 혁신주의 경영이념 실현

‘아이디얼 21세기운동’은 전 부분 혁신(Innovation), 적극적 시장창조(Dynamic Marketing), 효율적 관리(Efficient Mangement), 선진 첨단기술(Advanced Technology) 등 세계 제1의 LG를 함축한 그의 경영혁신운동의 총합을 이루는 것이다.

그의 혁신주의 경영이념은 자기혁신의 경영부터 시작하고 있음을 본다. 지난 무수한 기업이 혁신을 이념으로 하여 우량기업으로 성장하였으나 30년도 못가서 쓰러지거나 사라지는 것을 볼 때 경영혁신이 반드시 기업운명을 바꿀 수 있다고는 볼 수 없다고 지적하고 있다. 상남은 “비즈니스 위크지”의 보도를 인용하면서 “경영혁신을 이념으로 한 우량기업이라고 평가된 대기업 가운데 3할 이상이 몇 년도 못가서 더 이상 우량이라고 부를 수 없게 되었다”고 지적하기도 하였다.

한때 ‘아이아코가 신화’를 만들어 낸 크라이슬러사는 이제 미국 국내시장에서 조차 일본 자동차에 의해 밀려나는 신세가 되었다. ‘수퍼드라이’선풍으로 일본 맥주업계의 판도를 뒤바꾸었다던 아사이맥주가 이제 성장이 정체되고 창사 이래 최대의 위기에 처해 있던 ‘기린’이 경영혁신으로 제2의 전성시대를 맞이할 조짐을 보이고 있다”고 지적하기도 하였다.

## 3. 인간존중주의 정신

인간존중의 정신은 진취적이고 도전적인 인재들에 의한 자율의 기업문화를 형성하며 어떠한 경쟁상황에서도 이겨나갈 수 있는 강인한 경쟁력을 배양하자는데 그 참뜻이 있는 것이다.

그런 의미에서 상남이 설정한 인간존중의 경영정신이란 종전의 인화와는 근본적으로 구분되어진다. 무엇보다도 인간존중의 경영은 개인중시의 경영이다. 인화가 가지고 있는 인간에 대한 진정한 애정의 정신을 그대로 계승하되 개인을 조직 전체의 일부로서가 아니라 개인 그 자체로서 존중하는 것이다.

개인을 존중한다는 것은 결국 조직의 한 사람, 한 사람을 모두 주인으로서 대접을 하는 경영이다. 상남은 이런 인간존중의 경영정신은 구성원이 먼저 주인의식을 가져야 한다는 변화를 촉구하고 있다. 자기가 하고 싶은 일을 지기의 판단에 따라 하는 것이 주인이기 때문에 조직이 허용하는 범위내에서 가장 자유로운 상황을 조성해 주어야 가장 신바람나게 일할 수 있는 것이다.

인간존중의 경영은 대화와 합의에 의한 경영이다. 고객을 위한 가치창조가 사업을 어떻게 해야 하느냐에 대한 사업운영의 철학이라고 한다면 인간존중의 경영은 어떻게 하면 조직을 잘 움직여 사업을 성공시킬 것인가 하는 조직운영의 철학이라고 할 수 있다. 즉, 사원들과 더불어 일해 나가는 가치관이다.

상남은 인간존중의 경영이념을 실천하기 위하여 그룹에 '인재개발위원회'를 설치운영하고 있다. 그리고 인재육성을 위한 '인화원'도 운영하고 있으며 교육과 훈련을 통하여 자기개발의 기회를 주고 있는 것이다.

또 한편 인재육성은 주인의식만 가지게 되는 것이 아니라 업무를 성공적으로 수행해 낼 수 있는 능력의 육성에 두었다. 따라서 그는 과장, 부장들의 직속상사에 의해서 그 능력이 육성되어야 한다는 것을 실천하고 있다. 연공이나 학벌에 상관없이 능력과 업적에 따라 상응하는 대우를 실시하였다.

상남 구자경의 인간존중정신은 ① 직속상사중심의 인재육성, ② 능력과 업적에 의한 대우, ③ 장기적인 관점에서의 인재육성, ④ 이 모든 것의 바탕이 되는 정신으로 사람에 대한 믿음과 진정한 애정이 필요하다는 데 귀결된다.

## 4. 고객가치창조주의 정신

상남의 경영정신 가운데 LG가 성장한 원동력의 하나가 된 것은 고객가치창조정신이다. 그는 무엇보다도 먼저 고객을 최우선으로 생각해야 된다고 강조하고 있다. 고객이라 하면 흔히 우리의 상품이나 서비스를 수용하는 소비자만을 생각하지만 그것에 국한된 개념은 아니다.

그는 고객가치창조 정신을 다음과 같이 지적하고 있다.

"우리가 고객을 도와주기 위해서는 고객의 소리에 항상 귀를 기울이고, 고객의 불편이나 궁금증을 즉시 해소해 주는 서비스 정신을 발휘해야 합니다. 그렇게 함으로써 우리는 고객으로부터 배우며, 고객의 입장에 서서, 고객과 더불어 발전할 수 있는 것입니다. 고객에게 가치를 제공한다는 것은 고객에게 실질적인 도움을 주는 것입니다. 그러기 위하여 우리는 끊임없는 혁신과 개발을 통하여 남이 아직 시도하지 못한 새로운 가치를 찾아내어 제공함으로써 시장을 선도해 나가야 합니다. 고객이 원하는 일을 남보다 먼저 찾아내어 행함으로써 고객을 만족시키는 것이 바로 참된 가치를 창조하는 길입니다. 그리고 고객의 가치에 반하는 행위는 하지 않아야 합니다. 고객에게 가치를 제공하는 것도 중요하지만 고객이 원치 않는 것을 행하지 않는 것도 그만큼 중요한 것입니다.

우리가 기업활동 과정에서 환경오염, 불량품제공 등 고객에게 피해를 주는 행위를 할 경우에 우리는 고객과 고객이 모여 사는 이 사회로부터 외면 당하게 될 것입니다. 따라서 우리는 자유경쟁시장에서의 공정한 거래를 통하여 도움이 되는 가치를 창조하여 제공함과 동시에 고객의 가치에 반하는 행위를 배격함으로써 고객으로부터 신뢰를 받는 기업이 되어야 합니다. 한편 고객을 위한 가치창조는 기업이라는 조직의 운영을 통해서 이루어지고 있으며, 이 조직은 바로 사람으로 형성되어 있습니다."

## 5. 자율경영주의 정신

상남의 경영정신 가운데 자율경영에 대한 사상과 실천의지가 중요하게 대두되고 있는 것을 볼 수 있다. 물론 이 자율경영주의는 LG의 사훈이 되었다.

위에서 간섭 안하고 밑으로는 권한을 위양하고 사명감과 주체의식이 피부에 느끼도록 경영을 하는 것을 의미한다. 상남은 자율경영을 다음과 같이 역설하고 있다.

첫째, 능력있는 후계자를 키워서 믿고 맡기는 경영, 둘째, 현장을 중시하여 현장에서 모든 것을 결정할 수 있도록 해주는 경영, 셋째, 고민과 고통의 책임이 수반되는 경영, 넷째, 스스로 자기를 평가하는 프로에 의한 경영, 다섯째, 팀워크의 경영이다라고 규정한다. 이러한 자율경영의 확고한 신념은 '혼의 경영'과 '전략적인 시간관리'가 필요하다는 것이다.

## 6. 노경화합주의 정신

LG그룹은 1987년과 1988년 두 차례의 대규모 노사분규를 겪은 후 노사문제가 경영의 핵심과제로 떠오르고, 전사적으로 분규없는 안정된 노사관계 정립을 목표로 배전의 노력을 기울여 왔다. 이런 노력의 결과 LG그룹의 노사관계가 업계의 모범으로 인식되고 한 때에는 노사관계 모범사업장으로 대통령이 금성사 평택공장을 방문할 정도까지 되었다.

상남 구자경은 그룹의 노사관계를 "노경관계"로 이름을 바꾸고 세계적 초우량기업과 비교해 봐도 손색이 없는 훌륭한 수준으로 정립하고자 노력하였다. 그의 경영사상이 될 만큼 '노경화합주의'를 주장하면서 우리 그룹은 "노사관계가 아니라 노경관계로서, 노동자와 사용자관계의 문제가 아니라 근로자와 경영자의 관계"라고 설정하고 공동체적 노경관계의 정착을 경영이념 이상으로 생활화하였다.

그는 미국의 모토로라와 GE 등 미국의 기업들이 오직 고객만족과 비전 달성을 위해 경영자와 사원이 일체가 되어서 산업평화적 노사관계를 화합하는 실상을 보면서 세계적 기업은 노사화합이 제일이다라고 생각하였다고 한다. 그는 공동체적 노경관계의 확립을 위해서 다음 4가지 사항을 철저히 갖추도록 노력하였다.

첫째 : 사원들이 자발적으로 참여할 수 있도록 해야 한다. 사원은 스스로 주인의식을 가져야 한다.

둘째 : 회사의 경영을 인사, 노무관리라는 방식으로 푼다는 생각을 버리고 부하를 가장 잘아는 직속상사가 '인간존중의 경영'을 통해서 실현한다는 인식을 분명히 갖도록 한다.

셋째 : 합리적인 제도와 관행을 확립해서 모든 계층을 활성화시켜야 한다. 기능직, 관리자, 사무기술직 사원 등의 불합리적 관행, 제도 등은 과감히 개선시켜 불만요소를 제거시킨다.

넷째 : 노동조합을 경영의 동반자로 생각하고 경영혁신을 추진해 나간다. 그래서 그는 매년 노사교섭에서 임금인상폭과 근로조건의 개선을 위해서 단시일내에 단체교섭을 실시할 수 있도록 지시하고 있다.

이러한 그의 발전적 노사관계의 확립방침은 분규없는 안정적 노사관계를 유지하고 있다는 데서 만족하고 안주할 것이 아니라, '생산적 노사관계'로 한 차원 높게 발전시켜 나가는 경영행동이 필요하다는 것이다.*

## 참고문헌

1. 고승희 외, 아산 정주영 연구, 한국경영사학회, 수서원, 1999. 6.
2. 구본무, LG 50년사, LG, 삼성문화인쇄(주), 1997. 10.
3. 구자경, 오직 이 길 밖에 없다. -나의 경영혁신 이야기-, 행림출판, 1992. 2.
4. 금성사, 금성사 35년사.
5. 기업경영문제연구소, 제2창업을 주도한다, 비즈니스아카데미, 1992. 4.
6. 김병하, 재벌의 형성과 기업가활동, 한국능률협회, 1991. 11.
7. ______, 럭키금성재벌의 형성과 연암 구인회, 한국능률협회, 1991. 11.
8. ______, 한국경영이념사, 계명대학교 출판부, 1994. 12.
9. 김성수, 아산 정주영의 생애와 경영이념의 연구, 경영사학, 제19집, 1999. 6.
10. ______, 우곡 김향수의 생애와 경영이념 연구, 경영사학 제14집, 한국경영사학회, 1997. 6.
11. ______, 연암 구인회, 상남 구자경 연구, 수서원, 2000. 6.
12. ______외, 호암 이병철 연구, 경영사학 제16집, 한국경영사학회, 1997. 6.
13. 럭키금성, 한 번 믿으면 모두 맡겨라 -럭키금성 창업회장 연암 구인회의 삶-, 1993.
14. 박동순, 한국의 재벌들, 취선문, 1982. 1.
15. 상남 구자경 회장의 연설문집, 비전을 향한 혁신의 여정 25년, LG회장실 홍보팀, 1996. 2.
16. 신석호 외, 광복을 찾아서, 한국현대사 5, 신구문화사, 1969. 12.

* 노사관계에 대해서는 상남 구자경 회장의 그룹 합동이사회 "1992. 2. 11, 새로운 노사관계의 정립", 1993. 3. 9.

17. 안병욱, 뜻이 있는 곳에 길이, 삼육출판사, 1984. 4.
18. 양창삼, 한국의 경영사상, 양영각, 1993. 5.
19. LG, 상남 구자경 LG 명예회장 CD자료집, 1972～1997.
20. LG, 연암 구인회 LG 창업회장 CD자료집, 1907～1968.
21. LG화학, LG화학 50년사.
22. 이한구, 한국재벌형성사, 비봉출판사, 1999. 7.
23. 이현희, 한국사대계(8), 일본강점기, 삼진사, 1979. 8.
24. 조동성, 한국재벌연구, 매일경제신문사, 1990.
25. 조선일보사, 재벌의 후계자들, 조선일보 경제부, 1985. 7.
26. 황명수, 한국기업가사, 유니택스, 1998. 9.
27. _____, 한국기업경영의 역사적 성격, 필산 황명수 교수 화갑기념논총, 1993. 6. 10.
28. Amsden Alice, Asia's Next Giant : South Korea and Late Industriali- zation, New York, Oxford University Press. 1989.
29. Chappel. T., The Soul of a Business, Bantam Book, New York, 1993.
30. Cumings Bruce., Korea's Place in the Sun : A Modern History, New York, W.W. Norton, 1997.
31. Steers Richard. M, Yoo Keun Shin & Gerardo R. Ungson., The Chaebol, Korea's New Industrial Might. New York, Harper & Row, 1989.
32. Time, Land of the Can-Do Spirit, Time, September 10. 1982.
33. Vogel Ezra. F., The Four Little Dragons, The Spread of Industriali- zation in East Asia. Cambridge, Mass, Harvard University Press, 1991.

4

# 최종현의 경영활동과 기업가정신

## - SK-Manship 제시 -

# 제 4 장 최종현의 경영활동과 기업가정신

## - SK-Manship 제시 -

## 제 1 절 최종현의 생애와 경영활동

### 1. 출생기와 시대적 배경

최종현 회장은 오늘의 선경그룹의 제2창업자로서 SK그룹을 성장시킨 전문경영자형 기업가이다. 대한민국 경제계를 대표하는 전국경제인연합회 회장으로 당대 국내 경제인 가운데서 가장 경제이론에 밝은 기업가로서 평가받은 창업자형 기업가이기도 하다.

최종현 회장은 1929년 11월 20일 경기도 수원시 평동 7번지에서 기호 유생 부친 최학배(본관 : 수성) 공과 모친 이동대(본관 : 전주) 씨의 8남매 중 차남으로 출생하였다. 비교적 부유한 중농의 가정에서 태어난 그는 일제의 대륙침략정책과 민족구국항쟁운동이 소용돌이치는 1930년대 영향을 받고 식민지정책이 극렬했던 시대적 배경 속에서 어린시절을 보냈다. 1930년대 우리나라는 일제에 대항하는 많은 민족운동과 공산주의운동 등이 일제의 극심한 탄압을 받던 시절이었다.

6 · 10독립만세운동, 신간회투쟁, 1929년 11월 3일의 광주학생항일운동 등 일련의 항일독립운동을 전개해 온 과정에서 언제나 국내외에서 야기되는 각종의 항쟁을 무력으로 탄압하고, 이에 관계된 많은 독립운동자를 투옥 · 감금하는 그런 시대에 그는 태어났고 자랐다.

## 2. 청소년기의 교육과정

### 초・중・고 시절

소년 최종현은 세류 심상소학교에 입학하여 우수한 성적으로 1944년 2월 졸업을 하였다. 세류 심상소학교는 일본인 교사가 있어 당시 조선의 소년들이 학업을 거부하는 운동이 일어나 최종현도 그에 휩쓸리어 곤혹을 치르기도 했다. 그러나 그는 부친 최학배 공의 간곡한 만류로 열심히 공부하여 이 나라를 부유한 농촌으로 만들어야 되겠다고 결심했다.

1944년 3월 제2차 세계대전이 막바지에 이르고 있을 무렵 그는 동성상업학교에 입학하였고, 이어 1945년 8.15 해방을 맞이한다. 1948년 2월 졸업과 동시에 1948년 3월 수원농림고등학교에 입학하여 해방된 조국 땅을 세계 최고의 농업국가로 만들어 보겠다는 결심으로 공부하여 1950년 3월 우수한 성적으로 졸업하였다.

### 서울대학교 농과대학 입학

학업성적이 뛰어났던 최종현은 1950년 5월 서울대학교 농과대학 화학과에 입학한다. 입학과 동시에 6.25동란을 맞아 실망하는 가운데 많은 생각을 하였다. 같은 동족끼리 죽이고 죽는 전쟁의 소용돌이를 보면서 그는 대학생활을 계속했지만 이곳에서는 도저히 희망이 없다는 것을 알게 된다.

큰 나라, 잘 사는 나라 미국에 가서 더 많은 공부를 하여 훌륭한 칼럼니스트가 되거나 또는 무역업계에 진출하는 것이 그의 꿈이었다. 그리하여 1954년 5월 서울대학교 농과대학 화학과 3학년 재학시절 미국으로 유학을 떠났다. 그의 나이 25세 때의 일이다.

### 시카고 대학 대학원에서 경제학 전공

최종현은 1954년 6월 미국 위스콘신대학 생화학과 3학년에 편입하여 1956년 6월 동 대학을 졸업하고 시카고대학 대학원에 진학하여 경제학을 전공했다.

1959년 3월 시카고대학원에서 경제학 석사학위를 취득한 후 부인 박계희 여사와 결혼하였다. 그는 학위를 위한 진학이었다면 대학원에서도 화학을 전공해야 할 일이었지만 최회장은 장래 희망이 칼럼니스트나 국회의원 또는 무역계로의 진출이었기 때문에 대학원에서 경제학 석사학위를 취득한 후에도 보다 더 폭 넓은 지식을 쌓기 위해 계속해서 사회학 전반을 공부했다.

《선경 40년사》에서 보면 왜 그가 박사학위를 취득하지 않았는가를 간단히 피력한 것이 있어 여기에 서술하고자 한다.

당시에는 몇 안되는 미국 시카고대학의 유학생이었고, 그의 형이 선경직물을 이끌고 있어 경제적 어려움은 없었을 것으로 판단된다. 그러나 그는 박사학위를 취득한다 하더라도 귀국후의 활동무대가 거의 대학강단으로 제한되다시피 한 때여서 자신의 성격과 대학교수직은 맞지 않는다고 판단했던 것이다. 더욱이 최회장으로서는 귀국 후에 형이 경영하는 선경직물㈜에서 일하게 되리라는 것은 전혀 생각지도 못한 일이었다고 술회하고 있다.

## 선경직물의 입사와 부사장 취임

여기에서 우리는 최종현 회장이 미국에서(1954~1962년) 귀국하여 부사장직에 취임하기까지 그 동안의 선경직물의 생산시대를 살펴볼 필요가 있다.

폐허 위에서 출범한 선경직물회사는 창업기라고 규정하고 있는 이 시기에 그의 가형 최종건이 창업 제1단계 목표로 직기 20대를 조립・설치하였다. 당시로서는 직기 20대가 최소경제 운영단위이기도 했다. 그러나 선경은 1955년 10월 1일 해방 10주년기념 전국산업박람회에서 닭표 안감이 국내 섬유업계 유수한 공장제품 등과 겨루어 영예의 부통령상을 수상했다.

1956년 3월에는 선경직물㈜을 신규로 설립하고 일본에서 문직기 26대를 도입하여 제3공장 신축계획을 세운다. 이렇게 시작하여 1956년부터 1960년까지 고난의 성장을 계속하면서 닭표 상표의 인기와 봉황새 이불감의 히트는 제4공장과 염색가공공장 신축을 하게 되는 계기가 되었다.

그러나 1960년 4.19를 맞이하여 정치적 혼란과 경제적 악순환에 편승한 밀수입 외래 사치품의 범람으로 국산직물이 설 땅을 잃게 되어 선경직물㈜는 조업을 단축하거나 휴업하는 공장이 속출하였다.

## 3. 청년기의 경영활동

### 인견사 수입공매 불매입 성공

미국에서 돌아온 최종현이 부사장에 취임하면서 만약의 사태에 대비하기 위하여 회사의 자산규모를 조사하여 경영평가를 실시하였다. 그 결과 자산규모는 약 6천500만원으로 최악의 경우 부득이 부도수표를 내더라도 부도총액이 자산규모의 절반을 넘지 않을 것으로 판단, 파산지경에는 이르지 않을 것으로 보았다. 이와 같이 최부사장은 최악의 경우에 대한 대비책을 강구하는 한편 회사를 살리기 위한 비상수단 경영전략을 모색하였다.

1962년 최부사장이 미8군 사령부에서 열린 크리스마스 파티에 초청되었을 때 시카고대학 출신 미군장교가 유솜 킬렌(killen) 처장을 소개했다. 킬렌 처장에게 1963년도 AID자금에서는 인견사 수입분 달러를 배정하지 않을 방침이라는 것을 듣고, 그는 그동안 위기탈출의 비상계획 수립이 완전히 물거품이 될 수 있다고 판단하였다. 최부사장은 당장의 조업중단을 막기 위해서 원사 확보책을 세우지 않을 수 없었다.

이후 최부사장은 국내 무역상들이 확보하고 있는 인견사 수입공매불 10만달러를 손쉽게 매입하는데 성공하였다. 그로부터 얼마 뒤 시중 인견사 가격은 무려 4배까지 치솟았다. 가만히 앉아서 수천여만원을 벌었다는 이야기다.

### 수출상품 생산으로의 전환

최종현 부사장은 정부방침에 따라 선경을 수출상품 생산체제로 전환하기 시작한다. 1963년 1월 5일 정부는 수출진흥책의 일환으로 제1차 경제개발 5

개년계획을 수립하여 외화수입을 증대시키는 한편 소득의 누출현상을 가져오는 비생산적인 수입을 억제하고 수출입의 역조현상을 방지할 목적으로 수출실적에 국한해서 수입을 허가하는 이른바 수출실적링크제 실시를 발표했다. 이것은 수출하는 만큼 수입하게 한다는 정책이었다(수출진흥법 제14조의 규정은 어떤 품목도, 민간무역계획상의 자동승인 품목이거나 허가품목이거나를 막론하고 수출실적 없이는 수입할 수 없게 했다.). 최부사장은 그 해 3월 홍콩 현지에서 한달 동안 머물면서 끈질긴 상담 끝에 레이온 능직 3백만마를 수주하는데 성공했다.

최종현 회장의 형인 최종건 회장은 이 수출실적으로 1963년 8월 15일 금탑산업훈장을 받았다. 선경이 그처럼 오랜 경영난에서 헤어나 업계의 샛별로 떠오르기 시작한 것은 최종현 부사장의 경영능력에서 비롯하였다고 평가할 수 있다.

## 4. 장년기 경영활동

### 선경직물㈜의 사장취임

1970년 12월 30일 선경산업㈜은 선경직물㈜에 흡수・합병되고 최부사장은 사장으로 임명되는 한편 1971년 1월 1일을 기해서 선경그룹 창업 이후 최초의 업무분담을 위한 인사가 단행되었다. 이같은 조치는 대내외적으로 어려운 직물업계 상황 때문에 2년간 결손을 낸 선경직물㈜을 경영합리화 방법으로 회생시키는 데 더 큰 목적이 있었다. 이때가 최종현의 나이 42세로서 장년기에 접어들 무렵이다.

### 최초의 경영합리화 실현

우리는 최종현 사장의 경영활동 중 최초의 경영합리화 방법의 실현을 엿볼 수 있다.

### 생산성향상 기법을 찾아야 한다

먼저, 생산성향상의 기법을 찾아볼 수 있다. 최사장은 회사를 운영함에 있어 용어의 정의를 숫자로 나타낼 수 있어야 한다고 보았다.

예를 들어 제시한 것이 Full Capacity(최대 생산능력)의 정립이다. 이 Full Capacity라는 용어는 최대 생산능력이 100%가 되면 완전가동으로 24시간 생산하는 능력을 말한다.

### 협동과 조정을 잘해야 한다

회사를 유기적으로 잘 운영하기 위해서는 Cooperation(협동)과 Coordination(조정)을 잘해야 한다고 지적하고 있다. 최사장이 취임한 이래로 선경직물 공장의 생산성은 눈에 띄게 향상되어 나아갔으나 불량제품은 여전히 많아 회사 손익에 큰 영향을 미치고 있었다. 도대체 불량품이 많이 나오는 이유가 무엇인가? 최사장은 이러한 불량품의 원인은 종업원간 또는 종업원과 직기와의 협동이 안되고, 목표 달성을 위한 이질적인 힘의 통합과 조종이 이루어지지 못한 데 원인이 있다는 것을 찾아내었다. 즉, 협동과 조정이 불량품 제거에 중요한 기법임을 찾아낸 것이다.

### 사업다변화로 경영을 합리화해야 한다

사업다변화 및 사업영역 확대에서 경영합리화를 찾아볼 수 있다. 1973년 선경은 선경개발(관광)과 서해개발(조림), 그리고 스카이메리트(봉제)를 신규로 설립하여 극동창고를 인수하는 한편 영남방직㈜ 경영에도 참여했다. 특히 1973년 5월과 7월에 선경유화(DMT공장)와 선경석유(정유공장)를 설립하기도 했는데, 이는 정부의 제3차 경제개발 5개년계획에 의한 중화학공업정책에 영향도 있었지만 화학섬유의 원료산업인 석유화학공업진출을 위한 시도가 더 컸다.

## 5. 장년전반기 : 다각경영의 활동

### 1) "석유에서 섬유까지"의 새로운 창업선언

최종현 회장은 1974년 석유파동이 몰고온 불황 속에서 SK의 목표를 모색하고 구상하기 시작하였다. 이러한 최회장의 의중을 헤아리지 못하는 일부 중역들 사이에는 불만의 소리가 높아졌다.

불황에도 불구하고 다른 대기업들은 중화학공업시책에 편승하며 저마다 중화학공업 진출을 앞다투고 있는데 반해 SK에서는 중화학공업에 대한 꿈도 안꾸고 오히려 남들이 안하는 사원교육이나 시키고 있으니 안타깝고 답답하다고 생각되어졌다. 그러나 최회장은 1975년 신년메시지를 통해 그러한 불만을 없애는 '석유에서 섬유까지'라는 SK의 가야할 길을 1973년 선경직물㈜ 창립20주년 기념식 이후에 재천명함으로써 기업확장과 경영능력 배양이라는 선경이 지향해 나갈 새로운 창업선언을 발표하였다.

### 2) 인재개발의 산실 선경연수원 개원

1970년대로 들어서자 최종현 회장은 인적자원개발만이 우리의 자산이며, 이것만이 앞으로의 경영경쟁시대에 유일한 경쟁력의 원천으로 판단하고 한국 최초의 기업의 경영능력과 인재개발을 위한 사원교육의 선경연수원을 1975년 3월 7일에 개원하였다. 이는 선경이 국제적인 일류기업으로 발돋움하려는 구체적 시발이라고 볼 수 있다.

### 3) 종합무역상사 출범과 신규회사 계열화

#### SK종합무역상사 지정

SK는 1976년 11월 23일 종합무역상사로 지정(상공부 고시 제10607호)받았다. 최종현 회장은 선경의 종합무역상사 진출은 우리나라 경제성장과정에서 필연적인 귀결이었다고 말하고 있다.

㈜선경은 완구 및 운동용구, 가정용통신기기, 동식물성 원료, 기계부품 생산업체를 계열화하는 한편 해외지사망을 16개로 확장하는 등 총력전을 전개한 끝에 종합무역상사 지정요건을 충족시킬 수 있는 1억 1천만달러의 수출실적을 올려서 1976년 11월 30일 제13회 수출의 날에 1억달러 수출탑을 수상하였다. 또한 선경합섬㈜에서도 8천2백26만달러의 수출실적을 올려 수출유공 대통령기를 수상했다.

### 극미의 세계에 도전

1975년 12월 16일 최종현 회장은 폴리에스테 필름이라는 극미(極微)의 세계에 도전할 목적으로 기존의 선경유화㈜를 선경화학㈜으로 상호를 변경하고, 사업목적도 '섬유제품의 도산매'를 '폴리에스텔 필름 및 합성수지의 제조・판매'로 바꾸었다. 그는 계속하여 선경매그네틱㈜ (1978년 4월 1일자, 수원전자㈜ 상호변경)을 설비하고, 1977년부터 선경종합건설㈜을 발족하여 중동붐의 건설업계 기상도를 바꾸는 꿈을 실현하고 있었다. 최종현 회장은 이미 10억달러 규모의 석유화학공업시설 건설과 3억달러 규모의 '리아드市' 조경공사 및 3억달러 규모의 '제다市' 하수로 공사에 관한 오퍼를 받고 있었기 때문에 1977년 8월 1일 협우산업㈜을 인수하고 같은 날짜로 선경종합건설㈜을 설립하는 데 성공하였다.

## 4) "선경경영관리체계(SKMS)"의 성립

최종현 회장의 장년기 전반의 마무리는 1978~1980년에 이룩한 선경경영관리체계(SKMS) 정립과 경영자질 배양에 초점을 맞추고자 한다. 왜냐하면 SKMS는 선경의 기업경영에 관한 본질과 방향을 정리한 경영기본이념과 이를 실현하기 위한 구체적 기능인 경영관리 요소로 구성되었기 때문이다.

그가 50세 때 정립한 선경경영관리체계(SKMS)는 이후 경영학계에 주목을 끌었으며, 그가 기업현실을 보면서 기업경영에 대한 오랜 경험과 연구를 기본으로 한 선경인의 경영지침서로서 체계한 것이다.

이를 살펴보면 경영관리 요소를 정적(static)인 것과 동적(dynamic)인 것으로 구분했으며, 일반적으로 경영학에서 등한시되어 눈에 보이지 않는 동적요소를 중요하게 다루었다. 동적요소에서는 특히 관리역량을 다루어 일처리능력을 키울 수 있도록 했고, 선경인의 자세(SK Manship)를 정하여 경영자로서 갖추어야 할 자격요소를 삼았다.

## 6. 장년후반기 : 화학공업시대의 전개

### 1) 제3기간으로 시대 구분

최종현 회장의 생애 중 장년기 후반의 경영활동은 51세부터 62세까지로서 1980년부터 1991년의 기간을 말한다. 이 시기는 선경의 기업사적 측면으로 화학공업시대의 전개로 규정하고, 3개의 시기로 나눌 수 있다.

제1기는 1980~1983년으로 기업변신기, 제2기는 1984~1988년으로 대단위 투자의 수직계열화 착수기, 제3기는 1989~1991년으로 계열화 완성기 등으로 석유에서 섬유까지의 수직계열화 기간으로 규정하였다.

최종현 회장은 1980년 12월 대한석유공사를 인수하여 단순한 국내 정유업체였던 ㈜유공을 종합에너지・종합화학회사로 사업영역을 확대하고, 섬유회사이던 선경합섬㈜을 정밀화학회사로 유도하고, 폴리에스텔 필름 생산업체인 선경화학㈜을 마그네틱 테이프 메이커로 확대・발전시켜 나갔다.

수직계열화를 위한 최회장의 이런 노력은 1991년 6월 1조 5천억원이라는 엄청난 투자로 울산 콤플렉스의 9개 공장을 준공시키는 결실을 맺게 되었다. 이로서 최회장이 이끄는 선경은 원유개발에서 유화, 필름, 테이프, 섬유, 봉제에 이르는 완전 수직계열화를 이룬 세계 최초의 기업으로 기록하게 되었다.

## ■ 제1기, 기업변신기 : 석유사업 진출기

최종현 회장은 1980년 12월 23일 대한석유공사 사장에 취임함으로써 재계에는 새로운 판도의 그림이 그려지면서 석유공사의 민영화시대가 개막되었다.

최회장은 대한석유공사를 인수하고 대망의 석유사업 진출을 기하면서 조직의 운영방침을 의사소통과 상식(Commonsense)을 중요시하였다. 이러한 최회장의 운영방침은 유공인수와 더불어 석유제품회사인 ㈜흥국상사도 자동으로 인수하게 되었고, 1982년 7월 1일 대한석유공사를 ㈜유공으로 변경하였으며, 1983년 5월 21일에는 ㈜유공 창립 20년만에 자체사옥으로 입주했다.

### ⇨ 유공해운㈜ 설립과 손길승 사장 임명

1982년 1월 18일 최종현 회장은 유공이 필요로 하는 원유 및 기타 유류의 적정안정수급체계를 확립할 목적으로 자본금 10억원(발행주식 2백만 주) 규모의 유공해운㈜을 설립하고 대표이사 사장에 손길승 경영기획실장을 임명했다.

유공해운㈜은 그 해 6월과 7월에 파나마로부터 25만톤급의 대형 유조선인 '아나벨라'호와 '야스텔라'호를 도입, '유공리더호'와 '유공파이오니아'호로 명명하고 본격적으로 해운업계에 진출했다. 유공해운㈜은 유공이 도입하는 원유 이외에도 Shell과 에콰도르산 원유 및 브루나이산 원유의 장기운송계약을 체결하고, 국제해운시장에도 진출하여 창립 첫해 2억1천8백만원의 단기순이익을 올린 데 이어 1983년에도 9억2천3백만원의 당기순이익을 실현했다.

### ⇨ 경영능률 극대화를 위한 구조조정 단행

최종현 회장은 그 동안 창업과정에서 문어발식으로 기업을 확장해 오고, 또한 과다한 부동산을 매입해 옴으로써 재무구조의 취약성을 드러냈을 것으로 비추어진 선경그룹의 구조조정을 단행하였다.

최종현 회장은 선경을 1980년부터 1983년에 이르는 기업변신기에 기존의 22개 기업을 꼭 절반수준인 11개 기업으로 구조조정하는 데 성공하였다.

한편 1982년 5월 4일 그룹 중장기 경영전략회의에서 10년 장기경영계획과 5년 중기경영계획을 수립하는 인재양성을 하도록 지시하고, ㈜선경에게는 특화전략을, 선경합섬㈜에게는 정밀화학진출을, 유공에게는 종합에너지 및 종합석유화학사업을 중심으로 하는 장기경영계획을 세우도록 그 방향까지 제시해 주었다.

## ■ 제2기, 대단위 투자기 : 수직계열화를 위한 시작

1984년부터 1988년은 최종현 회장의 대단위 투자기로서 수직계열화를 위한 거보를 내딛는 기간이다.

최회장은 1980년 12월 유공을 인수한 후 3년간의 성공적인 경영성과와 경험을 토대로 1984년을 기해서 '석유에서 섬유까지'로 수직계열화를 보다 심화시키기 위한 석유화학 콤비나드 건설에 필요한 대단위 투자를 확대해 나갔다.

이 시기 ① 종합에너지영역 개척, ② 말리브유전 개발원유 도입, ③ ㈜선경의 내실성장 다지기, ④ 선경합섬㈜, 정밀화학기업으로 변신, ⑤ ㈜선경종합무역상사 출범 10년만에 10억달러 수출달성 등으로 나타나고 있다.

이 시기에 돋보인 것은 1987년 1월 1일 자로 선경화학㈜을 주식회사 SKC로 상호변경하여 세계화로의 약진을 위한 지명도 높은 브랜드로 정착시키고자 했던 조치이다.

㈜SKC는 1983년부터 SKC를 비디오 테이프, 오디오 테이프, 플로피디스크, 컴팩트디스크 등 광 · 자기 기록매체의 종합상표로 정하여 연간 3백만달러에 달하는 해외광고를 통해서 브랜드 선전에 힘써 왔고, SKC상품의 우수성이 국제적으로 인정받음에 따라 세계일류 브랜드로서의 자리를 굳혀 가고 있다.

### ■ 제3기, 계열화 완성기 : 석유에서 섬유까지의 수직계열화

계열화 완성기는 1989년부터 1991년까지로 규정하였다. 이 시기는 최종현 회장이 1973년 선경직물㈜ 창립 20주년 기념사를 통하여 '석유에서 섬유까지'의 경영목표를 선언한 때로부터 19년으로, 선경은 마침내 1991년 6월 15일 울산컴플렉스에서 제4정유시설을 비롯한 제2에틸렌 생산시설 등 9개의 신규공장에 대한 합동 준공식을 가짐으로써 원유개발에서부터 석유화학공업의 하류부분인 필름, 섬유, 봉제에 이르는 완전 수직계열화를 이룩한 국내 최초의 기업으로 기록되었다.

이와 같은 대규모 시설의 완공으로 선경은 물론이고 ㈜유공 자체로서도 2천년대에 세계 일류 종합에너지, 종합화학기업으로 발전할 수 있는 확고한 기반을 구축한 셈이다. 최종현 회장의 나이 62세 때의 일이다.

### 2) 세계화에 대비한 경영혁신전략

최종현 회장은 ㈜SK의 산업구조 조정과 영업기능 고도화라고 하는 '장기발전계획'을 수립하고 'Globalization과 서비스의 첨단화' 등 2개의 축으로 하는 경영이익 극대화를 위한 혁신전략(Innovation Strategy)을 적극 추진해 갔다.

그의 혁신전략은 ① 의류, 생활용품 등 경쟁력을 상실한 부분의 과감한 통폐합을 단행 ② 복합상품 거래, 브랜드 비즈니스 등 고부가가치 사업상품을 선정하여 시장점유율을 확대 ③ 특수시장 진출에 역점을 두어 소련에 모스크바 지사를 설치하는 한편 한국기업 최초로 중국에 북경사무소를 개설 ④ 영업기능 고도화 및 다각화를 위해 철물, 화섬, 석유화학을 중심으로 한 제반 플랜트 수출을 강화 ⑤ 내수기반을 구축하기 위해 스마트, 카스피 브랜드를 시작으로 의류 내수사업에 적극 진출하였다.

그리고 상사 특유의 복합거래를 확대하고 글로벌전략을 전개하는 차원에서 파이낸셜 엔지니어링을 적극 시도하기 위해 미국에 현지법인 ECOBAN을 설립했다. 해외자원 개발에도 적극 진출하여 사할린수산합자회사 경영에 참여했고, 남미의 가이아나 삼림개발 및 목재가공사업을 추진했으며, 포항제철과 제휴하여 말레이시아 냉연강판사업에도 참여했다.

## 7. 노년기의 경영활동 : 정보통신 진출기 - 전국경제인연합회 회장

### 저서 출간 – 도전하는 자가 미래를 지배한다.

1992년 《도전하는 자가 미래를 지배한다》는 그의 주요저서는 최종현 회장의 경영이념이자 경영철학으로서 63세가 되어서 그 결실을 보았다. 그는 1992년 이후부터 21세기를 앞서가는 선경의 청사진을, 그리고 정보통신시대의 개막을 열었다.

1975년 최종현 회장이 '석유에서 섬유까지'의 수직계열화를 천명했을 때 경제계는 물론 선경 내에서도 무모한 결정이라는 의견이 많았다. 그러나 그는 진취적 사고와 패기로 1990년대 초 이를 완성해 내는 의지력과 신념을 보여주었다.

### 전국경제인연합회 회장의 취임

1993년 2월 12일 한국경제계의 총수자리인 '전국경제인연합회 제21대 회장'에 취임하여 1998년 8월 26일까지 69세의 경륜으로 한국의 경제를 이끌어 갔다.

그는 전경련 회장 취임에서 밝힌 '전경련 운영방침'을 통해 기업인의 정치참여와 관련하여 기업인의 첫째 의무는 기업활동임을 강조하고, 정경분리의 필요성을 주장하였으며, 정치자금에 대해서는 "현행 정치자금모금법에 의한 조성에는 협조하되 비공식적인 정치자금은 거두지 않겠다"는 입장을 분명히 했다.

금융실명제에 대해서는 원칙적으로 실시하는 것은 찬성하나 부작용을 최소화함으로써 중소기업 및 일반국민의 피해가 없도록 해야 할 것이라고 말했다. 또한 재벌의 인위적인 해체에는 반대하며 자유로운 기업활동의 보장이 국가경제 발전의 길이라는 견해를 피력하였다.

### 최종현 경영학의 정립

최종현 회장의 생애를 통해 경험으로 결실을 맺은 '최종현 경영학'은 기업운영에 있어 사람만큼 중요한 것은 없다고 강조한 대목에 있다. 흔히 말하기를 기업의 흥망은 사람을 잘 다루느냐 못 다루느냐에 달려 있다고 하였다.

왜냐하면 기업을 경영하기 위해 경영기법을 만들고, 이를 관리하는 주체가 바로 사람이기 때문이다. 그러나 사람이 사람을 다루는 인사관리기법은 나라마다 다르고 회사마다 차이가 있다.

아무리 훌륭한 외국의 인사관리기법이라 해도 그것을 우리가 그대로 받아들이기에는 어려움이 많다. 따라서 우리는 사람이 저마다 가지고 있는 다양한 특성을 인정하고, 이를 받아들인 다음에 우리에게 알맞은 인사관리기법을 개발해 내야 한다는 것이다. 최종현 회장은 이미 1975년에 기업을 흥하게도 하고, 망하게도 하는 요소가 무엇인지를 찾아내어 이를 경영원칙으로 삼았으며, 그것은 2001년 현재와 미래에도 계속 SKMS라는 선경의 경영학으로 정립해 나갈 것이다.

그것은 첫째는 사람을 다루는 것, 둘째는 기업을 합리적으로 운영하는 것, 셋째는 현실을 외면하는 운영을 해서는 안된다는 것으로 요약·정리할 수 있다. 이러한 최종현 회장의 경영관리체계가 SKMS로서 이를 통해 SK를 국제적인 일류기업으로 만들고자 하였다.

그리고 SUPEX 추구를 통하여 "일을 할 때 인간이 달성 가능한 극한치"를 찾아서 목표치로 정하고, 그 목표달성을 위하여 꾸준히 노력해야 하는 경영실천방법을 제시하였다.

일류기업으로의 도약, SKMS실천, SUPEX추구법, 특히 일처리 5단계는 일을 빈틈없고 야무지게 하기 위해 ① 입체적 Location 파악, ② KFS(Key Factor for Company Success=이윤극대화)추출, ③ 목표수준 설정, ④ 장애요인 도출, ⑤ 장애요인 제거방안 수립 및 실행 등의 정의를 개념화하였다.*

* 이상은 선경사십년사 참조 및 SUPEX 추구, 1998 참조.

특히 SUPEX추구・지원・도구 등에 나타난 Can Meeting, Supex 추구 리더십, Profit Sharing System 등은 최종현 회장의 경영실천 도구로서 매우 훌륭한 경영기법이다.

## 제2절 최종현의 기업가정신

### 1. 도전주의 정신

최종현 회장의 기업가정신 중 첫 번째는 도전정신이다. 그의 저서 《도전하는 자가 미래를 지배한다》는 제목처럼 SK를 발전시키고 세계화시키는 데에 그가 가장 먼저 천명한 것은 도전하는 자가 미래를 지배한다는 도전정신이다.

그는 먼저 '해낼 수 있다는 자신감을 갖자'라는 정신 하에 "일본은 못했지만 우리는 해낼 수 있다는 자신감과 패기를 갖는 것이 모든 경쟁력 강화방법의 첫 걸음"이라 하여 그는 정밀화학사업, 정유산업의 사례를 들어 도전과 연구를 계속하는 도전정신만이 성공할 수 있다고 하였다.

그리고 미친 듯이 일에 매달려 뛰는 사람이 성공한다고 했다. 연구도중 한 사람이 쓰러지면 다른 사람이 계속해서 도전하여 연구를 하고 그 사람이 쓰러지면 또 다른 사람이 계속해서 도전하여 연구를 하는 식의 도전정신만 있으면 기업은 성장하고 발전한다는 것이다. 그리하여 도전정신을 가진 사람만이 미래의 유능한 경영자가 될 수 있을 것이라 했다.

### 2. 신념주의 정신

최종현 회장은 '아무리 어려운 일이라도 하면 된다'는 신념으로 이를 해결하는 방안을 찾았다. 그의 SK-Manship관리체계에서 드러나고 있지만 자발적으로 경영문제를 해결하고 목표를 설정하면 어떤 난관이 있다하더라도 이를 극복하여 달성할 수 있다는 것이다. 그리고 자기가 맡은 일은 과학적으로 분석하고, 치밀하게 계획을 수립하여 철저히 처리함으로써 다른 사람이 두 번 다시 손댈 필요가 없도록 해야한다는 신념은 그의 경영철학의 큰 부분을 차지하고 있다.

그의 신념주의 정신의 대표적인 것이 석유에서 섬유까지에 이르는 완전계열화의 성과와 유공의 민영화과정과 선경의 참여, SKMS와 유공의 경영, SKC브랜드를 세계 10대 브랜드로 성공시키는 것은 고급인력양성과 국제경쟁, 3천6백50억원의 이익창출을 위한 Super Excellent 경영, 세계 제일주의 경영, 선경경영관리체제(SKMS) 정립과 보급 등등 그 어느 것 하나 쉬운 것이 없었을 것이다. 그러나 '하면 된다'는 Candoism 사상이 그를 신념의 기업가로 만들었다고 생각한다.

## 3. 조정 · 협동주의 정신

최종현 회장의 경영관리요소로서 동적요소가 되는 Cooperation(협동)과 Coordination(조정)의 정신을 지적하지 않을 수 없다. 조직을 유기적으로 운영할 수 있는 협동과 조정은 중요한 경영관리가 되었으며, 이는 최회장의 경영정신으로 승화시키지 않으면 안될 경영사상이 되었다.

그는 여기에서 협동(Cooperation)정신이란 일정한 목표달성을 위하여 동질적인 일을 수행할 때 힘이 최대한 모아지도록 부서 내 상 · 하가 서로 협력하는 정신이다.

조정(Coordination)정신이란 일정한 목표달성을 위해 이질적인 일을 수행할 경우 힘의 손실이 일어나지 않도록 서로 다른 일을 하는 부서간에 상호 협조하는 정신인 것이다.

## 4. 소통주의 정신

경영관리 요소 중 동적요소 측면을 다루는 소통주의 정신은 조직상호간에 의사전달이 충분히 이루어지도록 하는 경영관리 실천행동이다.

그는 조직구성원 상호간의 의사전달에는 상의하달, 하의상달, 횡적 의사전달 등이 있는데, 횡적 의사전달은 비교적 잘 이루어지는 편이나 상하간의 의사전달, 특히 하의상달은 잘 이루어지지 않으므로 이를 잘 관리하는 것이 중요하다고 지적하고 있다.

의사전달이 충분히 이루어진다는 것은 구성원 서로가 모든 의사를 빠짐없이 자유롭게 전달하여 똑같이 이해하고, 전달하고자 하는 내용에 따라 의견일치나 일체감 형성에까지 이르는 것이다. 따라서 이를 위해서는 Can Meeting을 잘 활용하여야 한다는 것이다.

## 5. 혁신주의 정신

### 1) 연구개발혁신

최종현 회장의 경영혁신기법 중에서 가장 먼저 지적하고 싶은 부분은 연구개발부분을 강조하지 않을 수 없다. 그는 연구개발부분을 혁신(Innovation)에 초점을 맞추고 있기 때문이다.

연구개발관리의 혁신은 이윤극대화를 위해서 새로운 상품을 만들어 내고, 기존상품의 품질 또는 원가를 혁신하거나 경영관리기법을 발전시키는 것이다.

첫째, 새로운 상품을 만들어 낸다. 우리가 만들지 않던 상품을 탐색, 선별, 평가, 결정하여 상품, 자재 및 공정을 설계하여 설비를 갖추고 운전방법을 찾아내어 생산할 수 있도록 하는 것이다.

둘째, 상품의 품질을 혁신한다. 우리 상품의 선호도를 높여 매출량을 늘리거나 매출단가를 높일 수 있도록 상품의 기능, 성능, 형태 등을 개량하는 것이다.

셋째, 상품의 원가를 혁신한다. 우리 상품의 경쟁력을 높이거나 이윤폭을 크게 할 수 있도록 대체자재의 개발, 기술(공정, 설비, 운전방법)혁신 등을 통하여 단위당 제조원가를 낮추는 것이다.

넷째, 경영관리기법을 발전시킨다. SKMS의 수정·보완 및 운영요령을 개발하고, 이를 중심으로 새로운 경영관리기법을 만드는 것이다.

### 2) 마케팅혁신

그는 마케팅혁신을 "소비자의 욕구를 파악하고, 그에 맞는 상품을 만들게 하여 될 수 있는 한 높은 가격으로 파는 것이다."라고 했다.

소비자의 요구를 파악하기 위해서는 Market Research를 철저히 해야 하고, 소비자의 요구에 맞는 상품을 만들게 하기 위해서는 Merchandising을 잘해야 하며, 될 수 있는 한 높은 가격으로 많이 팔기 위해서는 Promtion, Sales, After Sales Service를 잘해야 한다고 강조하고 있다.

### 3) 인력관리혁신

최종현 회장은 인력관리혁신을 혁신기법의 중요한 요소로 활용하고 있다. 그는 기업구성원의 1인당 생산성을 극대화하기 위해서 인사관리 각 영역을 효율적으로 운영하고, 동적요소의 수준을 지속적으로 향상시키는 것이 인력관리라고 정의하였다. 그는 총생산은 구성원의 신체적 활용과 두뇌활용의 결과물이다 라고 보았다.

따라서 생산성을 높이려면 신체적 활용과 두뇌활용이 최대가 되도록 관리되어야 한다고 역설하고 있다. 즉, 직무관리, 채용관리, 교육훈련, 승진관리, 이동관리, 급여관리, 복리후생관리, 퇴직관리 등을 잘해야 하며 동적요소인 의욕, 관리역량, 조정, 의사전달 등을 최대한으로 발휘되도록 해야 한다고 보았다. 또한 신체적 활용도를 제고시키는 데는 한계가 있고, 그 한계를 넘으면 반발이 따르게 된다는 점도 고려하였다.

따라서 인력관리의 혁신은 국제적 감각을 지닌 인사관리와 관리역량을 신장하는 인사관리, 효율성있는 인사관리를 통해서 이룩되어야 한다고 지적하고 있다.

### 4) 생산관리혁신

그는 생산관리 정의를 "가장 좋은 품질의 상품을 가장 싸게 만드는 것이다"라고 제시하고 있다.

가장 좋은 품질의 상품을 위해서는 품질관리를 철저히 해야 하고, 가장 싸게 만들기 위해서는 자재관리·인적관리 및 능력관리를 철저히 해야 한다.

첫째, 품질관리는 소비자가 요구하는 '상품의 질'을 충족시켜 주는 것이다. 이를 위해서는 소비자가 요구하는 상품에 대한 품질수준을 정하여 이와 같게 만들고 불량률이 Zero화 되도록 해야 한다.

둘째, 자재관리는 좋은 품질과 싼 자재를 필요한 시기에 필요한 양을 공급받도록 하여 낭비와 손실없이 사용하는 것이다.

셋째, 인적관리는 같은 일을 적은 인원으로 하도록 하여 상품에 들어가는 단위당 인적코스트를 줄이는 것이다.

넷째, 능력관리는 주어진 설비로 최대한의 능률을 내고, 설비를 개선하여 능력을 향상시키는 것이다.

그는 생산관리의 혁신에서 주목해야 할 것은 "살 수 있는 기술은 사와야 하며, 생산된 제품은 재빠른 처리"가 이루어져야 한다는 것이다.

### 5) 정보관리혁신

최종현 회장은 경영기법혁신 시스템으로 정보관리는 "폭 넓게 정보를 수집하여 경영자가 정확한 지식을 갖게 하고 경영활동에 활용하도록 하는 것이다"라고 정의하고 있다.

① 정보수집을 잘하기 위해서는 필요한 정보를 잘 선별해야 한다. 그리고 정보의 축적과 공유를 잘하기 위해서는 언제든지 용이하게 입력, 검색, 활용할 수 있도록 Database와 Network을 잘 구축하여야 한다.

② 효과적인 정보관리를 위해서는 정보기술(IT)을 잘 이용해야 하며, 정보기술을 잘 활용하려면 일 처리시간을 단축하거나 연구개발능력을 향상시킬 수 있는 신규사업을 창출할 수 있어야 한다.

③ 정보관리를 함에 있어서 정보보안에 유의하여야 한다. 정보보안은 기업의 모든 정보를 도난 · 파손 · 변조 · 유출로부터 안전하게 보호하는 것이며, 이를 위해서는 제도적 · 물리적 · 기술적 보안대책을 수립하고 이를 철저히 준수해야 한다.

## 제3절 최종현이 제시한 경영자질 문제 : SK-Manship 정립

최종현 회장은 경영을 가장 효율적으로 하기 위하여 SKMS를 만들었다. 이러한 선경경영관리체계를 운영하는 주체는 SK인이고, 이 SK인은 특별한 관리가 없어도 SKMS는 운용되지만 가장 높은 성과를 올리는 데에는 SK인의 자질향상을 빼놓을 수 없으므로 이에 필요한 자질관리 문제를 해결하기 위하여 SK-Manship 관리라고 하는 동적요소관리의 문제를 제시하였다고 하였다.

따라서 SK인이 기본적으로 갖추어야 할 자격요건은 ① 패기 ② 경영지식 ③ 경영에 부수된 지식 ④ 사교자세 ⑤ 가정 및 건강관리로 설명하고 있다. 이와 같은 다섯 가지의 선경인이 갖추어야 할 경영자질문제는 오늘날까지 SK-Manship으로 활용되고 있다.

## 1. 패기(覇氣)

최종현은 경영자질 문제에 대해서 많은 연구를 하였다. 결국 그는 경영자질의 첫째 요건으로는 패기를 내세웠다. 패기란 일과 싸워서 이기는 기질이며, 패기의 훈련이 가능하도록 ① 사고는 적극적으로 ② 행동은 진취적으로 ③ 일 처리는 빈틈없고 야무지게 하는 것으로 구분하였다.

따라서 교육과 훈련을 통하여 패기수준을 높이면 Super Excellent 수준을 지속적으로 추구하는데 크게 기여할 수 있는 것이다.

그는 말하기를 "인류의 역사는 패기있는 사람들에 의해서 발전되어 왔다"고 서술하고, "우리의 젊은이들이 학업을 통해 얻은 지식과 함께 패기를 고루 갖추게 된다면 밝은 미래는 바로 여러분의 것이 된다"고 역설하고 있다.

## 2. 경영지식(經營知識)

그가 제시한 경영자질문제 중 둘째는 경영지식에 있으며, 여기에서 경영지식이란 SKMS에 관한 지식으로 경영기본이념과 경영관리요소가 있다.

여기에서 경영기본이념이란 기업관, 기업경영의 정의, 기업경영의 목표, 경영원칙 등이 있으며, 경영관리요소란 정적요소로서는 기획관리, 인력관리, 조직관리, 회계·재무관리, 마케팅·생산관리, 연구개발관리, 구매관리, 안전관리, PR관리, 정보관리 등이 있다. 그리고 동적요소로서는 의욕관리, 관리역량관리, Coordination관리, Communication관리, SK–Manship관리 등이 있다.

이러한 경영기본이념과 경영관리요소 등을 종합적·체계적으로 이해해야 경영자질을 가지고 있는 것이며 경영지식문제를 해결하는 것이라고 서술하고 있다.

## 3. 경영에 부수(附隨)된 지식

경영자질문제 중 셋째는 경영에 부수된 지식문제를 가지고 있어야 한다. 경영에 부수된 지식이란 경영활동에 필요한 부수된 지식으로 생활과학과 외국어에 관한 지식을 말한다.

생활과학에 관한 지식이란 합리적인 경영을 위해 과학적 사고력을 기르는 데 필요한 기초과학지식으로 수학, 물리, 화학, 생물에 관한 지식을 말한다.

외국어에 관한 지식은 기업의 세계화에 적응하기 위해 필요한 외국어 지식으로 최소한 2개 국어, 즉 영어와 경영에 필요한 기타 외국어(일본어, 중국어, 프랑스어, 독일어, 기타 등)에 관하여 외국인과 대화가 가능한 수준 이상의 지식을 말한다.

이와 같은 경영에 부수된 경영지식을 갖추지 않고서는 SK인이 될 수 없다고 강조하였다.

## 4. 사교자세(社交姿勢)

경영자질문제 중 넷째는 사교자세문제를 들고 있다. 우리나라 기업총수 중에 독특하게 그는 경영자질문제 중 사교자세를 강조하고 있으며, 적어도 경영활동의 수행에 따른 대인관계에 있어서 이성과 자제력을 가지고 예의바르게 행동하는 사교문제를 중요시 여기고 있었다.

① 이성적 행동이란 어떠한 경우라도 감정을 내세우지 않고, 이성적으로 행동하는 것을 말한다. ② 자제력을 갖춘 행동이란 사람은 여러 가지 욕구를 갖기 마련이지만 지나친 욕구는 남의 눈살을 찌푸리게 하므로 이를 자제하는 것을 말한다. ③ 예의바른 행동이란 사람이 사는 사회에는 꼭 예의가 있기 마련이므로 최소한 상식에 속하는 예의를 지키는 것을 말한다.

이상과 같은 사교문제는 내일의 기업경영자가 되기 위한 경영자가 갖출 덕목과 자질문제로서 중요시 여기고 있으며, 구성원 모두가 갖추어야 하는 자질문제로 지적하고 있다.

## 5. 가정 및 건강관리(家庭 및 健康管理)

최종현 회장은 SK—Manship에서 경영자질문제로서 가정 및 건강관리문제를 대단히 중요시 하였다.

가정 및 건강관리는 회사업무 수행에 지장이 없도록 원만한 가정생활과 양호한 건강상태를 유지하는 것이 소중하다고 역설하였다. 생전에 그는 『마음을 다스리고 몸을 움직여라!』라는 저서를 통하여 심기신수련방법(心氣身修練方法)과 그의 건강수행비결의 모든 것을 육필원고로 남겼다. 그만큼 건강의 중요성을 역설하고, 건강체험과 이론, 수련의 실체를 책으로 남길 정도로 심기신수련에 일가견을 가지고 있었다.

그의 가정관리에 대한 자질문제는 부모에게 효도하고, 자녀에게 올바른 교육을 시키고, 부부간에 화목하고, 회사업무를 수행함에 있어 가정의 호응을 받을 수 있도록 하는 문제를 해결하는 것이다.

그리고 건강관리란 사람이 행동하는 데 큰 장애를 주는 요소이므로 항상 이를 잘 관리해야 하고, 적당한 운동 등을 하여 양호한 건강상태를 유지함으로써 회사업무를 수행하는 데 지장이 없도록 하는 것이다.

이 연구를 하면서 세상의 어떠한 건강도 인간을 영원히 살게 만들지는 못한다는 것을 다시 한번 느꼈다. 중요한 것은 불사(不死)가 아니라 사는 동안 건강한 몸과 왕성한 정신력을 가지고 의욕적으로 활기있게 사는 것이다.

사람은 몸과 마음을 함께 지닌 존재이다. 이제 우리는 몸을 위주로 해 왔던 건강관리를 생명력관리의 차원으로 바꾸는 건강관리의 신패러다임의 정립이 필요하다는 그의 이론에 동의하면서 많은 것을 생각하게 한다.

## 참고문헌


1. 김성수, 아남그룹 창업자 김향수 연구, -우곡 김향수의 생애와 경영이념 연구-, 한국경영사학회, 1997.
2. ______, 호암사상의 재조명 연구, 한국경영사학회, 1997.
3. ______, 한국재벌의 경영사적 연구, 한국경영사학회, 1998.
4. ______, 아산 정주영 연구, -아산 정주영의 생애와 경영이념-, 한국경영사학회, 1999.
5. _____, LG 창업자 연구, -연암 구인회와 상남 구자경의 생애와 경영이념-, 한국경영사학회, 도서출판 수서원 2000.
6. ______, 한국공업, KPC, 1971/한국광공업, 상공부, 1972.
7. ______, 인적자원관리, 경희대 경영대학원, AMP과정(편), 1998.
8. 대학문화사, 최고경영자, 로버트 헬런(기업경영연구원 역), 1985.
9. 선경, 사보, 1995~1997, 2000, 선경 홍보실, 각 년도 참조.
10. 선경그룹, 선경 40년사, 한국기업문화연구원, 1993.
11. ________, 선경 40년사(약사), 선경그룹 홍보실, 1993.
12. 손병두, 최종현 전경련회장 재임자료집 발간사, 전경련, 2000.
13. 隨城崔氏 族譜, 시조 및 본관의 유래, 성씨의 유래, 1992~1999.
14. 안병욱, 신념의 힘, 삼육출판사, 1984.
15. 양창삼, 한국의 경영사상, ㈜양영각, 1993.
16. SK. Management, 1994. 1.~2000. 12.
17. SK, SKMS, SK Management System(10차 보안), 1998.
18. __________, SUPEX 추구, 1998.
19. 이현희, 한국사대계(8), -일본강점기-, 삼진사, 1979.
20. 전경련, 21세기를 향한 도전, 최종현 전경련 회장 재임(21-23대) 자료집, 전경련, 2000.
21. 전경련, 한국경제연감, 1974.
22. 조동성, 한국재벌연구, 매일경제신문사, 1990.
23. 중앙일보사, 사장학, 중앙일보사 경제문제연구소, 1988.
24. 최종현, 도전하는 자가 미래를 지배한다, 한국기업문화연구원, 1992.
25. _____, 마음을 다스리고 몸을 움직여라, -고 최종현 회장의 육필원고-, 디자인하우스, 1999.
26. ______, 21세기 일등국가가 되는 길, SK, 1999.

27. 황명수, 한국기업의 역사적 성격, 신양사, 1993.
28. ______, 한국기업가사 연구, 정년기념논집, 단국대, 1997.
29. Ansden Alice., Asia's Next Giant : South Korea and Late Industrialization. New York, Oxford University Press, 1989.
30. Chappel. T., The Soul of a Business, Bantam Book, New York, 1993.
31. Cumings Bruce., Korea's Place in the Sun : A Modern History, New York, W.W. Norton, 1997.
32. J.A. Schumpeter, Theorie der Wirtschaftlichen Entwicklung, 1929. J.A. Schumpeter, The Theory of Economic Development, An Inquiry into Profit, Capital, Tr. from Germany by Redners Opie, Cambridge, Harvard University Press, 1955.
33. John F. Mee., Management Thought in a Dynamic Economy, New York, University Press, 2nd ed, 1996.
34. Steers Richard M. Yoo Keun Shin and Gerardo R. Ungson., The Chaebol : Korea's New Industrial Might, Harper & Row, 1989.
35. Vogel Ezra F., The Four Little Dragons : The Spread of Industrialization in East Asia, Cambridge, Mass, Harvard University Press, 1991.

5

# 신용호의 경영활동과 기업가정신

## - 세계 최초로 창안한 교육보험 -

# 제 5 장 신용호의 경영활동과 기업가정신

## - 세계 최초로 창안한 교육보험 -

## 제1절 신용호의 생애와 경영활동

### 1. 출생기와 배경

대산(大山)은 교보생명보험(주) 창업자 신용호의 호이다. 그는 1917년 8월 11일 부친 晩翠 신성언(愼聖彦) 선생과 모친 유매순(柳每順) 여사의 6남 중 5남으로 태어났다. 대산의 집안은 사대부 가문으로 전남 영암에서 대대로 거주해 왔으며, 부친은 한학자이며 애국지사였다.

대산 신용호가 태어난 곳은 전남 광주 동구 선동이지만 부친의 활동관계로 출생후 얼마안되 영암군 덕률면 노송리 송내(솔안) 마을의 조부모 슬하로 옮겨 어린 시절을 보냈다. 이와 같이 대산은 어린 시절을 광주와 영암 땅에서 보냈다.

#### ⇨ 독립운동가의 집안

대산의 맏형 신용국은 영암의 항일농민운동의 주동자이며 독립운동가였으며, 셋째 형도 독립운동가로서 일본 동경에서 항일학생운동에 가담했다. 맏형 용국은 항일농민운동 주동자라는 낙인이 찍혀 검거되어 투옥되었으며, 셋째 형도 체포되는 등 일제의 탄압을 받았다.

일제는 소년 신용호 일가를 항일가족으로 지목하고 감시와 탄압을 계속해 왔으며, 이러한 일제의 탄압과 감시를 피하기 위하여 신용호 일가는 조상 대대의 향리였던 영암 땅을 등지지 않을 수 없게 되었다. 신용호 일가는 일단 가까운 목포로 주거를 옮겼다.

일제의 신용호에 대한 감시와 탄압은 소년 신용호에게 정신적 충격을 주었고 일제에 대한 증오심을 갖게 했다. 그는 나라를 잃은 국민의 슬픔을 직접 느꼈다.

## 2. 소년기의 독학으로 한문공부

집안에 항일가족이 많아 정규학교 진학은 뜻대로 되지 않았으며, 독학으로 한학을 공부해야 했던 신용호는 마침내 20세(1936년) 때 서울을 거쳐 중국대륙으로 건너가게 되었다.

그는 만학으로나마 학문을 마음껏 닦고, 장차 더 높이 웅비할 수 있는 실력을 가꾸어 보고자 중국대륙행을 결행하였다. "조국에서 다 할 수 없는 향학의 일념을 대륙으로 건너가 펴자!", "그리고 배움을 위해 쫓겨가는 이 아픔에서 얻어지는 열매를 언젠가는 조국에 돌아와 조국 땅에 여한없이 심자!". 이 마음은 대륙을 향해 떠날 때 그가 결심한 약속이었다.

## 3. 청년기 : 중국대륙에서의 활동

### 애국지사 신갑범 · 이육사의 만남

대산 신용호가 소년시절 일제의 만행을 참을 수 없어 향리를 떠나 중국대륙으로 건너간 것은 20세 때인 1936년이었다.

친지의 호의와 연줄로 단신 만주 대련으로 간 신용호는 그곳 대련중학에 진학하여 우선 초지(初志) 그대로 수학의 길을 밟았다. 집안 어른이자 애국지사인 신갑범 선생의 도움으로 이육사 등 많은 애국지사들의 지우(知友)를 얻게 된 것은 바로 이 대륙시절이었다. 신갑범, 이육사와의 교류에서 받은 감화와 영향은 그에게 있어 결정적인 것이 되었다. 바야흐로 이 두 지사와의 교류와 지도로 그는 목적과 목표를 더욱 확고하게 인식하는 투철한 소신을 갖은 청년으로 성장해 갔다. 그의 민족관, 사회관이 확고히 형성되어 간 것이다.

대산은 학업을 중단하고 신·이 두 지사를 따라 북경으로 갔으나, 그가 일찍이 간직한 바 있는 꿈의 실현인 중국의 화북대학, 북경대학에 합격하였음에도 불구하고 진학계획을 포기하지 않을 수 없었다. 그는 당시의 사정이 이미 조국광복이라는 민족공동의 투쟁목표 앞에 안온하게 면학에만 몸담고 있을 수 없다는 실천적 가치관을 갖고 있었던 것이다.

### 내일생을 조국을 위해

대산은 그 시절을 여러 번 회고한 바 있다.

> 나의 대륙에서의 생활은 참으로 감내하기 힘든 결단의 시절이었습니다. 무엇인가 해야한다는 생각에 중학, 대학 등 안들어가본 학교도 없고 졸업한 학교도 없게 되었지만 내 조국을 위해 일생을 바쳐야겠다는 굳은 결심을 한 것도 그 시절이었으며, 그 결심을 한 번도 잊어본 적이 없습니다.

일제는 패전의 시기가 가까워지면서 독립투사에 대한 검거를 한층 강화시켰다. 그로 인해 독립투사들의 고귀한 희생은 날로 늘어나고 일제의 검거의 손은 마침내 청년 신용호의 주변에까지 미치게 되었다.

1944년 광복을 1년 앞두고 신갑범, 이육사가 일본군에 의해 피검, 투옥되고, 광복의 그 날을 바로 눈앞에 둔 채로 끝내 두 지사는 그들의 손에 무참히 학살당하고 말았다.

### 참고 : 이육사와 신갑범 지사의 소개

李陸史(1904~1944년)의 본명은 原祿(原三), 시인이며, 호는 육사(陸史)이고, 경북 안동출신이다. 그는 퇴계 이황의 14대손이며, 부친은 이가호(李家鎬)이다. 그는 5형제 중 차남으로 태어났다. 조부 이중식에게서 한학을 배웠고 조부가 연 예안(禮安)의 보문의숙에서 신학문을 수학했다. 후에 중국

북경대학 사회학과를 졸업하였다. 그는 1927년에 대구 형무소에서 3년간의 옥고를 치를 당시 수인번호가 '264'호였기에 이를 따서 아호를 육사라고 제정하였다. 그의 이력이 보이듯이 그는 1944년에 일제에 의해 처형될 때까지 1927년, 1930년, 1934년에 각각 투옥되는 등 일제하에서 끝까지 항거하면서 겨레의 얼을 지킨 시인이다. 1946년 유고시집 "陸士詩集"이 발행되었다.[1)]

愼甲範 지사에 대해서는 상세히 알 수 없으나 일제하의 독립운동가로 1911년에 출생하여 1935년에 일제의 재판을 받은 기록이 있다.[2)]

대산은 이육사, 신갑범, 두 독립지사의 영향을 많이 받았다. 즉, 이육사, 신갑범 지사는 대산의 인생도야의 길잡이요 스승이었고, 대산은 그들에게 투철한 민족관과 인생관을 배웠던 것이다.

대산은 북경에서 8・15광복을 맞이하고 다음 해인 1946년 여러 애국지사와 함께 귀국 길에 올랐다. 그것은 고국을 떠난 지 10여년만의 귀국이었다. 일찍이 20세의 젊은 나이로 대륙으로 건너간 후 한시도 잊지 못하고 그리워하던 고국산천으로 돌아온 것이었다.

## 4. 중국에서 귀국과 기업활동

### 1) 해방과 더불어 귀국

대산은 1946년 5월 25일 중국으로부터 부산항에 귀국했다. 이때 그의 나이는 만 30세였다. 대산은 쫓기던 지난 날의 망국의 소년으로서가 아니라 떳떳한 광복조국의 포부에 불타는 한 청년으로 그리던 내 나라의 산천을 밟

---

1) 이육사(출생 : 1904년 4월 4일(음력), 사망 : 1944년 1월 16일(양력))
1904년 경북 안동 출생. 1920년 예안 보문의숙에서 신학문 배움. 1925년 형・아우와 함께 대구에서 의열단에 가입. 1927년 조선은행 대구지점 폭파사건에 연루되어 대구형무소에서 3년간 옥고. 1929년 조선일보 대구지사 기자. 1930년 봉천 조선군관학교(교장 김원봉) 입교. 1933년 조선군관학교1기 수료 후 귀국 『신조선』에 최초의 시 「황혼」을 발표. 1934년 조선군관학교 출신자로 피검되어 투옥. 1935년 「자오선」, 「시학」동인. 1943년 서울에서 동대문 경찰서 형사대와 헌병대에 의해 피검. 북경으로 압송. 1944년 사망. 1946년 유고시집 『陸士詩集』 발행.

2) 신갑범에 관한 기록은 「서대문형무소 자료」에 기록되어 있다(자료출처, 역사문제연구소 편, 「일제하 사회운동 인명색인」(下), 1986년, p. 1,089).

았던 것이다.

대산은 1936년 20세 때 중국대륙에 건너간 후 대륙에서 10여년을 체류하고 30세 때 귀국한 것이다. 대산의 회고에 의하면 "대륙생활에서 억울하고 분하면 성공해서 이겨야 한다는 신념으로 지식도 쌓고 사업에도 참여해 큰 성공을 거두기도 했다."3)는 것이다. 이 회고록에서 보이듯이 대륙시절에 겪은 고통이 그의 생애에 결정적으로 작용했던 것이다.

그는 나라 잃은 국민의 설움을, 또한 배움을 중단하지 않을 수 없었던 설움을 평생 잊지 않았다. 그가 애국적 사업으로 교육보험사업을 평생의 과업으로 선택하게 된 것은 이러한 설움을 잊지 않았기 때문이기도 하다.

## 2) 교육보험사업의 창업

### 창업기본정신 : 교육진흥사업보국

대산 신용호는 1958년 8월 대한교육보험주식회사(현 교보생명)를 창설하였다. 대산의 창업기본정신은 '국민교육진흥과 민족자본형성'이다. 이것은 국민교육의 진흥을 위해 기업을 일으켜 국가발전에 기여한다는 뜻으로 해석된다. 즉, 그것은 바로 '教育振興事業報國'의 경영이념을 나타내는 것이다.

이하에서 대산의 대한교육보험주식회사의 창업경위와 그 시대적 배경을 간단히 살펴보기로 한다.

1946년 대산은 귀국 후 분단된 조국의 경제, 사회의 대혼란을 목격하였다. 즉, 사회기풍은 신생국에 넘쳐야 할 새로운 이념추구와 생기 활발한 생산적 의욕은 없어지고 대신해서 심각한 대중생활의 빈곤과 방황과 갈등, 불안과 실의만이 가득차 있었다. 대산이 직면한 조국의 현실은 이와 같이 암담한 것이었다.

대산은 일찍이 대륙에서 신갑범·이육사의 유지 앞에서 다짐한 바 있어 조국에서 헌신할 수 있는 일이 무엇인가를 찾기에 몰두했다. 그는 전국의

3) 「광주매일」(특집기사), 1994년 11월 1일 9면.

도시와 농촌을 돌면서 그 과제를 찾는데 정열과 지혜를 집중하였다. 그러던 중 당시 한국사회의 저류에 흐르고 있던 향학열에 착안했다. 지난 세월 박해받은 민족의 억눌리고 굶주렸던 향학열에 대한 국민적 한은 뿌리 깊은 것이었다. 그는 조국재건의 기초를 닦기 위해서는 국민교육진흥이 무엇보다 귀중하고도 선도적인 과업이라고 믿었다. 이리하여 그의 교육입국이념이 정립되었고 결국 그의 필생의 과업이 선정되었다.

그것은 대륙으로 떠날 때 "배움을 위해 쫓겨가는 이 아픔에서 얻어지는 열매를 언젠가는 조국에 돌아와 여한없이 심자!"고 맹세했던 그 스스로의 결심을 실천에 옮기는 길이기도 하였다. 그는 광복조국의 경제재건을 위해 서둘러 민족자본을 형성하는 일이 또한 시급한 과제임을 통감했다.

### 3) 교육보험사업 창업이념의 동기

대산은 교육보험사업 창업이념의 동기를 다음과 같이 지적했다.

> 교육사정을 놓고 볼 때 일제가 우리 민족에게 굳게 봉쇄했던 학문의 길이 8·15해방으로 활짝 열리고, 정부와 많은 독지가가 각급 학교를 세워 국민교육의 문호도 넓어졌습니다.
>
> 그러나 국민일반의 살림을 일제와 6·25동란이 모두 앗아간 뒤라, 대부분의 부모는 자녀의 학비를 조달해야 했고, 그 결과로 그나마 집간이나 생계의 수단인 전답과 영농 밑천인 농우(소)마저 고리채의 대가로 넘기고 이농의 길을 떠나야 했습니다. (중략) 한마디로 사회는 실업자의 홍수요 국민생활은 빈곤과 불안의 악순환을 거듭하여 그런 현상이 그대로 계속되면 중산층 이하의 자녀교육의 길은 다시 지난날의 어둡던 시대로 되돌아갈 수밖에 없는 심각하고도 암담한 상황이었습니다.
>
> 한편 경제사정은 일제의 수탈과 6·25동란으로 산업시설이 완전히 파괴됨으로써 물자는 고갈되고 물가는 날로 치솟았으며 경제질서는 궤도를 잃고 국민생활은 거의 해외원조에 의존하고 있었습니다.
>
> 산업을 재건하려 하여도 축적된 민족자본이 없어 불가능하였고 외자를 도입하려 하여도 워낙 민족자본의 토대가 영세한 터라 믿고 투자하거나 차관을 주려는 곳마저도 없었습니다. (중략) 참으로 민족자본의

육성과 형성없이는 근원적으로 국가와 민족의 정치적 독립마저 전망이 흐렸던 상황으로서 그 무엇보다도 먼저 국내저축이 최대로 요구되었던 것입니다.

이러한 사회사정에서 본인은 국민의 저축심을 불러일으키고 설혹 부모가 불행한 경우를 당한다 하여도 그 자녀만은 배움을 중단하지 않아도 될 수 있는 제도적 장치의 구현을 염원하면서 애오라지 교육보험을 창안했던 것이며, 이 교육보험을 본인의 필생의 사업으로 실천하여 국민교육진흥과 민족자본형성에 기필 기여할 것을 결심하였던 것입니다.

대산은 교육보험의 창업을 위해 스스로 현장에 뛰어들어 사전조사와 검토를 게을리 하지 않았다. 그는 직접 교육현장에 나아가 철저한 실태조사를 시도했다.

1954년과 1955년 사이의 당시 전국의 각급 학교수는 6,090개교에 학급수는 62,200여개, 학생수는 320만명에 이르렀고, 1년에 30만명에서 50만명의 교육인구 증가추세를 보이고 있었다. 결국 1개 학급당 학생 한 사람만 학자금을 위한 교육보험에 가입한다고 해도 기본적으로 7만건의 보험이 확보되며 이는 기업성을 보아서도 교육보험이 우리 사회에 뿌리내릴 수 있다는 충분한 판단 근거가 되었다.

### 4) 집소성대의 원리

대산은 원조경제나 특혜·융자 등에 의존하는 생각은 전혀 없었다. 더더구나 부당하고 불투명한 군력과의 결탁 등은 상상도 하지 않았다. 그는 적은 서민자금을 모아 거대자본으로 만드는 이른바 대중참여에 의한 집소성대의 원리에 입각해야만 진정한 민족자본형성을 구현할 수 있다는 경제관과 기업관을 신봉하고 있었다.

그는 당시 인플레이션에 편승해서 성행한 사설고리계 등은 건전한 국민경제를 좀먹을 뿐 그 자금의 활용이 국가사회가 필요로 하는 목적과는 아무런 인연도 갖지 못하는 것이라 하여 이를 자본동원수단에서 배격했다. 그는 민족자본형성을 목적으로 한 교육보험사업은 집소성대원리에서 출발하는 것이어야 한다고 확신하였던 것이다.

그는 목적을 위하여서는 수단과 방법을 가리지 않는 천민자본가와는 달랐다. 그는 올바른 목적을 올바른 수단에 의해 달성되어야 한다고 믿었던 것이다. 그것은 그의 생활신조였으며 기업관이었다. 그는 합리적 근대 자본주의정신의 소유자였으며, 그것은 그의 애국, 애족의 정신에서 연유된 것이었다.

## 6. 장년기 : 대한교육보험(주) 설립과 발전과정

### 1) 교보생명의 설립과정

대한교육보험주식회사는 위와 같은 대산 신용호의 집념과 이상과 실천력에 의하여 설립되어 발전하였다.

대산은 1957년 3월 서울 중구 을지로 1가 52번지 30여평의 목조건물 2층에 창립사무소를 얻어 동년 5월 15일 오전 10시 동사무소에서 보험회사의 설립을 위한 발기인총회를 개최하였다.

발기인단은 창업자 신용호를 비롯하여 조준호, 이규갑, 최봉렬, 구기운, 조동완, 국오현 7명으로 구성되었다.

발기인총회에서는 발기취지서, 사업목적 및 동 부대사업의 내용 등을 결정하였고, 상호문제도 토의하였다. 정부당국은 보험업법 제4조에 의하여 상호에 '생명보험'이라는 용어표시를 삽입하지 않는 한 상호승인을 하지 않았다. 때문에 발기인총회는 설립업무를 신속히 처리하기 위하여 '태양생명보험회사'라는 명칭을 잠정적으로 결정하여 1957년 12월 30일 재무부에 사업인가신청서를 제출하였다. 그리하여 1958년 1월 27일 재무부 재리 제454호로 보험사업내허가를 받았다. 이에 따라 동년 6월 30일에 신용호가 대표취체역사장, 조준호가 전무취체역에 각각 취임하였다.

당시 생명보험사업을 수행하는 회사 상호에 '교육보험'이라는 용어 사용이 불가하였으나 신용호 사장은 '교육보험'이라는 상호변경허가를 얻기 위해, '교육진흥'사업은 국가적 차원의 사업임과 특수상품 '교육보험'의 탁월한 가치를 들어 재무당국을 설득하는 등 끈질긴 노력 끝에 드디어 1958년 7월 11일 재무당국으로부터 '재리 제3370호'에 의해 상호변경인가를 받아 '대한교육보험주식회사'로 상호를 변경했다. 상호변경과 동시에 생명보험사업 면허와 특종보험상품으로서의 '진학보험'의 인가를 받았다. 그리하여 1958년 8월 7일 대한교육보험주식회사의 개업을 보게 되었다. 즉, 세계최초의 교육보험인 진학보험, 아동보험, 육영보험을 주력상품으로 자본금 2억환, 전국 11개지사의 조직을 갖춘 대한교육보험주식회사(현 교보생명보험주식회사)가 출범하였던 것이다.

대한교육보험주식회사의 창립과정과 창립후의 회사발전에 있어서 대산은 "발명가적 창의와 개척정신, 맨손으로 생나무를 뚫는 집념으로 피나는 노력"을 하였다고 기술하고 있다.

### 2) 교보생명의 발전과정

교보생명보험주식회사(이하 교보생명이라고 함)에서는 창업 이래 오늘날까지 발전과정을 크게 4개 시기로 나누고 있는데, 제1기는 기반구축기(1958~1963년), 제2기는 초기성장기(1964~1973년), 제3기는 고도성장기(1974~1985년), 제4기는 21세기를 향한 선진경영체제로의 혁신기(1986~현재)로 구분한다.

제2의 창사운동이 전개되는 것은 제2기에 해당하는 초기성장기와 제3기의 고도성장초반기까지이다. 즉, 1970년 3월 25일에 '제2의 창사'선언이 선포되고, 이를 계기로 초기성장기를 마무리 짓고 1974년부터는 고도성장기에 돌입하게 된다. 즉, 제2의 창사를 계기로 도약의 길을 달리게 되는 것이다.

#### 제2창사운동의 전개

대산은 1967년 5월 조준호 부사장에게 사장직을 맡기고 자신은 회장(이사회장)직에 취임하였다. 이와 동시에 창업 이래 지난 10년간의 경영일선에서의 체험을 되새기면서 경영전반에 걸친 대대적인 혁신을 구상하기 시작했다.

대산은 1967년 7월과 1968년 2월 두 차례에 걸쳐 전국의 일선외야기관을 순시하고 외야기관의 운영실태, 외근직원 의식조사, 계약자 요망사항 등을 직접 청취 및 조사하는 등 경영혁신을 위한 기초자료 수집을 행하였다. 또한 1968년 8월과 1969년 7월 두 차례에 걸쳐 다시 선진제국의 보험시장과 경영정책, 경영기법 등을 조사, 연구한 후 귀국한 바도 있다.

이와 같은 대산의 경영혁신을 위한 치밀한 시장조사와 검토를 거쳐 '제2의 창사'운동의 기틀이 마련되었던 것이다. '제2의 창사운동'이란 교보생명의 경영전반에 걸친 혁신운동을 통하여 1970년대의 도약을 성공하기 위한 전개된 일련의 경영혁신 작업을 말한다.

이 운동은 창립 10년째를 맞는 1967년부터 1969년까지 3년간의 경영 각 부분에 걸친 제도개혁 등 준비단계가 있었고, 1970년부터는 본격적인 추진, 전개과정을 거치게 되었다. 이러한 작업은 창립 20주년이 되는 1978년에 일단락 지어졌다.

### ㉡ 제2창사 운동 : 경영혁신운동

제2의 창사운동은 예산관리제도의 도입(1967년 6월)을 비롯하여 학사지부장제도의 도입(1968년 8월), 보험기술혁신대회의 개최(1970년 3월), 지표제정(1970년 4월), 외야신제도의 도입(1970년 4월), 연수지부장제도의 도입(1970년 4월), 경영기본이념제정(1970년 6월), 사무전산화추진(1971년 2월), 계약선택체제의 확립(1971년 2월) 등 경영전반에 걸친 일대 혁신운동이었다.

제2의 창사운동을 전사적으로 추진하기 위해서는 전 임직원의 과감한 의식구조의 전환과 재정립이 요청되었다. 이에 따라 회사의 실천항목으로서 '제2의 창사'의 지표를 제정하는 한편, 회사 창립이념과 경영신조를 구체화해서 '경영기본이념'을 정신적 지주로 하여 전개된 것으로 그것은 대산의 경영정신을 반영한 것이다.

### 제2창사운동의 지표제정

1970년 3월 25일 '보험기술혁신전국대회'에서 대산 신용호 회장은 "제2의 창사"를 제정발표하였다.

#### ❐ 제2의 창사(지표) ❐

- 어제를 반성하고 내일을 창조하자 -

1. 전투적 조직을 생활화하자
2. 지능계발을 의무화하자.
3. 전시민을 교보가족화하자.
4. 계약자 배당을 조기화하자.
5. 업적에 직결되는 후생복지를 극대화하자.

지표가 지향하는 바는 다음과 같이 요약될 수 있다.

첫째, 조직은 보험사업의 생명이므로 끊임없이 증원하고 훈련, 양성하여 어떠한 난관이라도 능히 극복할 수 있는 도전의지로 무장된 조직을 만들자.

둘째, 현대는 전문화시대이며 상황이 급변하고 있어 남보다 새롭게 뛰어난 지식과 기술만이 승리할 수 있으므로, 다각적인 교육을 통하여 모든 조직원의 지식수준을 높여 나가자.

셋째, 사회보장의 구현이라고 하는 숭고한 이념은 전시민이 회사의 계약자가 될 때 이루어지므로 전국민을 회사의 가족으로 만들자.

넷째, 생보사업의 값진 결실인 계약자배당을 조기에 실현하여 진실로 계약자를 위하고 계약자에게 이익이 돌아갈 수 있도록 노력하자.

다섯째 사업이익은 계약자, 종업원, 회사 3자공영의 원칙 하에 귀속되는 것이다. 후생복지의 극대화는 업적의 극대화로써 이루어지는 것이므로 내외야 합심하여 업적 증진에 매진하여 후생복지를 극대화하자.

### 경영의 기본이념 제정

공존공영 상부상조의 정신을 바탕으로 한 생명보험사업은 국민의 복지와 밀접하게 관련되며, 또한 사업의 번영은 국민의 깊은 이해와 신뢰가 있음으로써 비로소 가능하다는 점에 비추어 우리는 '誠實'의 사훈 아래 국민생활 향상에 기여할 것을 굳게 결의하여 이에 경영의 기본이념을 정하였다.

① 국민 각층이 참으로 바라는 보험을 제공하고 충실한 봉사로써 계약에 대한 경제적 보장책임을 성실히 이행할 것을 제1의로 한다. – **경제적 보장책임**
② 생명보험사업의 공공성을 자각하고 적정한 자산운영과 사회의 복리증진에 전력하며 나아가 국민경제발전에 기여한다. – **공공성의 자각**
③ 경영전반에 창조성과 신념에 충만한 실행력으로 경영의 생산성을 높이고 모든 업적발전을 기한다. – **경영의 생산성 향상**
④ 회사의 번영과 더불어 전 종업원의 생활향상을 도모하고 우수한 사회인으로서의 자질육성에 노력한다. – **생활향상과 자질 육성**
⑤ 생명보험업계의 일원으로서 자주성있는 협동정신으로 보험사상의 보급과 업계 전반의 진보, 발전에 공헌한다. – **협동정신**

이와 같은 경영의 기본이념 제정은 사헌(社憲)과도 같은 것으로 전임직원의 정신적 지주가 되었다.

## 7. 노년기 : 교보생명의 제2창사 지표 재정

노년기에 정립된 교보생명의 제2창사지표 재정은 1980년대에 접어들어 금융시장의 개방화와 경영의 국제화로 정책방향이 바뀌어짐에 따라 새로운 지표로 재정립되었다.

즉, 1982년 1월 1일부터 '우리의 지표'로서 재정립되었으며, 이는 1980년대의 시대적 감각에 맞는 내용으로 개정되었다.

❐ 우리의 지표 ❐

- 어제를 반성하고 내일을 창조하자 -

1. 세계속의 대한교육보험으로 도약하자.
2. 전시민을 대한교육보험 가족화하자.
3. 계약자봉사를 신계약에 우선하자.
4. 모든 조직을 대형으로 활성화하자.
5. 맡은 과업 완수하여 자기발전 이룩하자.

새로 개정된 지표에서 보듯이 1980년대 금융시장의 개방화와 국제화 방향에 대응하기 위해서 회사의 규모도 대형화하고 전국민을 보험에 가입하도록 하여 세계적인 교육보험회사로 성장시키자는 것이었다.

제2창사의 경영이념과 지표의 제정 및 그 후 지표의 재정립 등이 기본이념 및 기본행동지침이 되어 '교보문고'의 설립(1980. 12. 24), '계성원'의 설립(1987. 6. 1), '교보투자자문'의 설립(1988. 4. 1), '교보증권'의 설립(1994년 4월 1일, 대한증권을 인수하여 교보증권으로 출범) 등으로 금융시장의 개방화와 경영의 국제화에 대비한 사세확장이 이루어진 것이다.

그 후 1987년에는 대산의 경영식견과 철학이 담긴 '새 경영'이 발표(후술)되어 교보생명의 정신적 기반은 한층 강화되었다. 1995년 4월 상호를 대한교육보험주식회사에서 교보생명보험주식회사로 변경하여 21세기의 세계화에 대비하게 되었다.

## 8. '세계보험대상과 한국창업대상'을 받다.

교보생명의 경영기법이나 행동지침은 시대의 변화에 따라 개정・보완되어 왔으나, 그 기본이념은 일관성을 유지하고 있다. 교보생명의 경영기본이념은 대산의 기업정신에 입각하고 있다.

대산의 경영능력과 기업가정신은 국내외의 주목을 받게 되었고, 그 결과 세계보험학계에서도 인정을 받게 되었다. 대산은 세계대학 총장회의에서

'왕관상'을 수상(1976년 7월 17일)하였고, 세계보험총회 IIS(International Insurance Seminars, Inc)에서 '세계보험대상'을 시상(1983년 6월 27일)하였고, 미국 알라바마대학교(University of Alabama)에서 '보험의 대스승'으로 추대(1983년 10월 14일)받았으며, 미국 알라바마대학교 '최고명예교수'로 추대(1994년 10월 12일)된 것 등은 대산의 경영이념과 세계에서 유례없는 교육보험이라는 새로운 상품을 개발한 그의 경영자적 능력에 대한 공헌으로 수여된 것이다.

드디어 1996년 6월 1일 한국경영사학회에서 성공한 창업자에게 수여하는 한국최고의 '창업대상'을 받았다.

대산은 새로운 상품(보험상품)을 개발하여 기업을 성장시킨 창조적이며 개척자적인 자수성가형 기업가로서 한국경영사의 대표적 인물이다.

## 제 2 절 신용호의 기업가정신

해외보험사에 의하면 인보험회사(人保險會社)가 기초를 확립하기까지는 대체로 50년의 시일이 필요했으며, 일본의 경우는 30년이 걸렸는데 대산 신용호는 교보생명보험회사를 22년만에 성년 교보생명보험으로 길러낸 것이다.

대산은 교보생명을 어려운 여건 하에서도, 재벌의 계열기업과는 달리 단독기업으로 육성해 왔다. 국내 대부분의 보험회사들은 재벌에 흡수되어 재벌의 후광으로 성장하면서 모기업의 자금공급원의 수단으로 이용되고 있는 실정이지만 교보생명만은 오직 단독기업으로서 설립되고 대기업으로 성장하여 온 것이다.

### 1. 교육진흥과 자본형성보국주의

대산의 창립정신은 국민교육진흥과 민족자본형성이다. 대산은 해방된 우리 한국민족의 독립성을 강조하기 위한 '국민' 및 '민족'이라는 말을 쓰고 있다. 이것으로도 그는 철저한 민족주의 정신의 소유자임을 알 수 있다.

그는 교육진흥은 한민족의 생존을 위해서 실천되어야 하고, 또한 한민족의 경제발전을 위해서는 자본형성을 행하여야 하며 그것들을 행하는 것이 자신의 사명으로 생각한 것이다.

이렇듯 그는 교육진흥사업은 국익을 목적으로 하는 것이며, 기업의 육성도 국익을 목적으로 한다는 것이다. 그것은 단순히 영리추구를 목적으로 한 것이 아니라 교육진흥사업은 보국을 위한 것이었으며, 그의 자본형성 역시 보국을 목적으로 한 것이었다.

따라서 그의 창립정신=경영이념은 교육진흥보국과 자본형성보국이라고 할 수 있을 것이다.

### 풍부한 인적자원 활용이 경제자립의 원동력

1958년 교보생명 창립 당시 피폐한 경제환경 속에서 우리나라를 문화복지국가로 발전시키기 위해서는 무엇보다도 풍부한 인적자원을 활용하는 것과 경제자립의 원동력이 되는 민족자본을 형성하는 것이었다.

대산은 이를 위해 국민교육진흥과 민족자본형성을 창립정신(창립이념)으로 정하고 생명보험의 원리에 자녀교육과 민족자본 형성이라는 두 이념을 상호 접목시킨 교육보험제도를 세계 최초로 창안하여 생명보험업계를 선도하였던 것이다.

창립당시 진학보험을 비롯한 아동보험, 육영보험 등의 교육보험상품은 세계 보험역사상 최초의 상품으로 기록되어 있다.

### 생명보험상품의 독창적 개발

대산은 교육보험을 비롯한 생명보험 상품을 독창적으로 개발·공급하여 국민교육수준의 향상과 민족자본형성에 일대 전기를 마련하였다. '진학', '교육' 등 무형의 개념적 용어를 '교육보험'이라는 이름으로 신상품화하여 높은 교육열을 가진 많은 국민들로부터 커다란 호응을 얻었다.

특히 '매일 담배 한 갑으로 자녀의 교육을 평생보장'이라는 상징적 구호가 국민에게 잠재된 자녀 교육요구와 저축의 필요성을 구체적으로 연결시켜 주어 국내 개인보험시장의 획기적 성장의 전기를 마련하게 된 것이다.

### ⇒ 세계보험업계의 큰 영향

대산의 '교육보험 창안'은 세계보험업계에도 영향을 미쳐 당시 세계 기존 보험의 주영역이었던 생명보장기능에 사회보장기능을 추가·확대하였고, 교육보험을 통한 문맹(교육)문제와 산업자본형성문제를 일시에 해결할 수 있는 선진적 방안이어서 전세계 개발도상국의 국가발전 모델이 되기도 하였다.

대산은 교육보험, 각종 교육사업지원, 각종 문화사업지원 등을 통하여 학교교육의 발전과 동시에, 사회교육의 발전에 기여하고 있으며, 또한 교보문고의 설립에서 보듯이 과학 및 문화서적의 대중보급을 통하여 사회와 국가에 보국하고 있다.

## 2. 인재양성 최우선주의

대산은 인재양성을 최우선 과제로 정하여 이를 실천해 왔다.

대산은 1958년 8월 7일 대한교육보험주식회사(현 교보생명보험주식회사)의 창립과 동시에 대표이사 사장에 취임한 후 1967년 5월 15일에는 회장(이사회장)에 취임했고, 1975년 11월 14일에 명예회장에 취임하였다. 그는 41세에 회사를 창립하여 사장이 되고 16년 후인 57세의 아직 기운이 왕성한 초로의 나이에 명예회장에 취임함으로써 제2선으로 물러났다.

대산은 경영 제2선으로 물러난 후 젊은 전문경영인들을 사장직에 기용하고 있을 뿐만 아니라 유능한 사원들을 회사의 요직에 기용하고 있다. 대산은 탁월한 인재기용의 능력을 가지고 있다. 특히 인재육성을 위한 "계성원"의 설립은 대표적 사례이다. 그리고 경영자의 경영능력이 자본조달, 시장개척 그리고 인재기용 등에 있다는 점을 생각할 때, 대산은 그러한 경영능력을 충분히 갖추고 있다고 평가된다.

### 유능한 전문경영자의 기용

대산은 교보생명의 15대에 걸친 사장단 기용에 있어서 경영자적 능력을 갖춘 자를 엄선하여 사장직에 기용하고 있다. 특히 대산이 명예회장직으로 물러난 시기부터는 유능한 젊은 기수들을 사원 중에서 발탁하여 사장으로 기용하고 있는 것이다.

역대 사장으로 기용된 사람들은 임기 중 창업자의 창업정신과 경영철학을 성실히 지키면서 그 시대가 요구하는 상품개발이나 조직개편 등에 있어서 창조적이고 혁신적인 능력을 발휘하고 있다.

오늘의 교보생명의 발전은 창업자의 탁월한 경영능력과 이를 이어 받은 탁월한 전문경영인이 있었기에 가능하였다고 해도 과언이 아닐 것이다. 이와 같이 대산은 탁월한 인재기용의 능력을 가지고 있었던 것이다.

### 소금이 있어야 간을 먹는다.

대산은 인재양성을 위해 계성원(啓性院)을 설립하여 사원의 교육과 훈련에 힘을 기우려 왔다. 대산의 철학을 집대성한 '새경영'(1987년)은 인력육성을 위한 기본교재로서 활용되고 있다.

대산은 "소금이 있어야 간을 먹는다"는 비유를 자주 쓰고 있다. 이 말은 기업의 생존은 '소금'의 역할을 하는 우수한 인재를 얼마나 많이 확보하고 있느냐에 달려 있다는 인식을 바탕으로 인적자원의 체계적 육성·활용의 중요성을 강조한 표현인 것이다. 이 말에서도 알 수 있듯이 대산은 인재양성 및 인력육성을 최우수과제로 인식하고 있는 것이다.

대산의 인재양성은 단순히 개인이나 회사의 이익을 위한 것이 아니고 국익을 위한 것이다. 그가 교육진흥을 창업이념으로 한 것에서도 알 수 있듯이, 그가 인재양성을 최우선과제로 한 것은 인재양성이 국익을 위한 사업이기 때문인 것이다.

## 3. 성실경영주의

대산은 성실을 생활신조로 삼고 평생을 성실하게 생활해 왔으며 일일삼성(一日三省)하는 생활태도를 지켜왔다. 대산의 생활신조인 성실은 사훈으로 승화하여 교보생명인의 경영정신으로 지켜지고 있다.

성실은 근면, 인내, 봉사, 희생 및 자기개발정신 등을 근저로 하여 실천되는 행위인 것이다. 그것은 유교의 修身=修己의 정신과 상통하는 것이다. 유교의 삼강오륜 사상은 상하계급간의 위계질서 유지와 신의(의리)를 지키는 것을 기본원리로 하고 있다. 성실은 바로 이러한 유교적 기본원리의 실천이념이라고 할 수 있다.

보험사업은 고객(계약자)에 대한 성실봉사 및 책임봉사에 의해서 발전할 수 있는 것이며, 따라서 성실경영은 보험사업의 성패를 좌우하는 기본정신이라고 할 수 있다. 성실경영에 의해 고객(계약자)에 대한 신뢰성을 높혀, 보험계약의 증가를 초래하고, 또한 성실경영으로 보험저축에 대한 신뢰성을 높혀 대중자본의 동원 및 증가를 실현할 수 있었다. 교보생명은 현재 삼성생명에 이어 우리나라 생보사 30여개 중 제2위의 랭킹을 차지하고 있다. 더욱 삼성생명이 삼성그룹의 계열회사임을 감안할 때 단독기업인 교보생명의 기업위상은 높이 평가되는 것이다.

교보생명이 과거 45년의 반세기 기간 내에 생보사 정상급에 오르기까지 확장되어 온 것은 대산의 성실경영정신이 사훈으로 승화되여 전사원이 성실을 경영의 기본이념으로 지켜 왔기 때문인 것이다.

## 4. 사회적 책임주의

대산의 기업관은 기업(교보생명)을 '만인을 위한 기업', '만인이 지키는 기업'으로 육성하는데 있다. 그는 기업을 키워, 기업을 만인의 사회로 환원하는 것을 기업윤리로 삼고 있다.

그는 기업을 하는 목적은 사회적책임을 위해서라고 역설하고 있다. 사회적책임은 기업에서 돈버는 것을 국가에 세금으로, 지역사회 공헌으로, 이해관계자의 이익으로 환원해야 한다고 생각하고 있다.

### 기업의 사회봉사

대산은 공익이나 국익을 목적으로 기업경영에 임하여 왔다. 그가 사회공익재단 등을 설립하여 기업이윤의 사회환원을 실행하고 있는 것은 기업경영의 목적이 공익이나 국익을 목적으로 하고 있는 반증인 것이다.

생명보험은 '1인은 만인을 위하여 만인은 1인을 위하여'라는 상호주의원리에 입각한 인류복지증진을 추구하는 사업이므로 사회적 역할을 수행하는 것은 당연한 일일지 모르나 대산의 사회공익에 대한 인식에서 출발한 공헌은 남다르다고 할 수 있다.

#### 대산농촌문화재단의 설립

대산은 공익사업으로서 한국농업기술의 선진화를 위해 1991년 11월 '대산농촌문화재단'을 설립하였고, 한국문학의 세계화 지원사업을 위해 1992년 12월 '대산재단'을 설립하였다. 이 외에 어린이들의 체육제전인 '체육 꿈나무 가꾸기 사업', '1천만명 독서인구 저변확대사업', '암퇴치사업' 등 사회공익사업에 적극 참여하고 있다.*

대산농촌문화재단의 주요사업은 첨단농업기술연구 지원사업, 농촌문화창달사업, 농민교육사업, 장학사업, 대산농촌문화상시상사업 등이다. 전국적으로 매년 장학생을 선발, 장학금이 지급되었으며, 첨단농업기술진흥, 농업구조개선, 농촌교육문화창달 등 농촌문화발전에 기여하는 개인이나 단체를 발굴하여 시상하는 국내 최대규모의 농업상인 '대산농촌문화상' 시상을 통해 많은 유공자에게 시상금이 지급되었다.

---

* 「재단법인 대산농촌문화재단」, 「재단법인 대산재단」 등의 보고서(팜플렛)가 이들 재단에서 발행되어 있어 참고하기 바람.

### 국내창작문학계의 기여

대산재단에서는 대산문학상 공모, 창작지원, 번역・출판지원, 해외한국학 연구지원, 국제문화교류지원, 청소년 문예공모사업을 통해 국내창작문학계에 활력을 불어넣는 데에 기여하고 있다.

체육꿈나무 지원사업도 활발하다. 미래의 체육을 이끌어 나갈 꿈나무들을 조기에 발굴 육성하기 위해 1985년부터 초등학교 학생을 대상으로 육상, 체조, 핸드볼, 테니스, 탁구, 유도, 빙상 등 비인기 7개종목에 대해 지원해 왔다.

### 국내암연구기금 출연

1980년 국내 최초로 암보험을 개발 판매해 온 교보생명은 암의 예방과 치료를 위해 암연구 및 계몽단체인 '대한암연구재단', '한국암연구재단', '대한암협회' 등에 암연구 기금을 출연하고 있으며, 국내 의과대학에 암연구를 위한 의학 발전기금을 지원하고 있다.

1980년에는 세계최대의 서점인 교보문고를 설립하였다. 대산은 평소 "사람은 책을 만들고 책은 사람을 만든다"는 지론을 가지고 있었는데, 이 지론의 실현으로 책과의 만남 공간인 교보문고를 설치한 것이다.

### 교보문고 설립

교보문고는 매장면적 약 2천 7백평으로 서가길이 24.7km, 20만종 180만권의 책을 보유하고 있다(참고로 세계적 규모의 서점들인 영국의 포일스는 2,100평, 미국의 반즈앤노블은 1,400평, 일본의 기노쿠니야는 1,200평의 매장을 가지고 있다). 개장 이후 1995년 5월까지 약 8천만권의 도서를 보급해 왔으며 또한 교보문고는 사랑의 책보내기 운동, 작가와 독자와의 만남, 독서지도 교양강좌, 도서전 등 각종 이벤트행사를 전개하여 독서인구 저변확대에 힘쓰고 있다.

또한 교보문고는 대산의 뜻에 따라 하버드대(미), 동경대(일), 쉐필드대(영), 파리대(프), 튜빙게대(독), 콜롬비아대(캐나다 UBC), 북경대(중), 스톡홀

롬대(스웨덴), 빈대(오스트리아) 등 총 9개국의 대학교 및 연구기관에 1,500여 종 225,000여권에 달하는 한국학도서를 기증하였다.

이와 같은 사회공익사업은 기업의 사회봉사를 통한 사회적책임의 실천사항을 나타내는 것이며, 그것은 기업이윤의 사회환원을 나타내는 것이다.

## 5. 고객의 이익우선주의

고객이익을 최우선경영으로서 계약자 이익배당을 들 수 있다. 계약자이익배당은 기업이윤을 고객인 계약자에게 환원하는 생명보험의 최고·최선의 제도라고 할 수 있다.

교보생명은 1988년 업계 최초로 계약자 이익배당을 실시하였으며, 1984년 업계 최초로 순보험료식 책임준비금을 100% 적립하였다(참고로, 삼성, 흥국생명 등은 1991년에 들어서야 책임준비금을 100% 적립하였다). 그리고 1985년말에는 176억원, 1986년말 136억원, 1987년 3월말 총 517억원의 계약자이익배당준비금을 각각 적립하기에 이르렀다. 이리하여 1988년 4월 1일부터 업계최초로 계약자 이익배당을 실시하였다.

1995년 3월까지 지급한 계약자 이익배당액은 총 5,220억원으로 계약자 일인당 업계 최고금액을 기록하고 있으며, 2001년 12월까지도 재무구조가 가장 튼튼한 회사로 평가되기도 했다.

이와 같이 계약자 이익배당은 기업이윤을 계약자(고객)에게 환원시켜 주는 것이며, 그것은 기업의 사회적책임을 실천에 옮긴 행위인 것이다. 또한 계약자 이익배당은 고객의 이익을 최우선으로 하는 경영이념의 실천인 것이다.

## 참고문헌


1. 교보생명보험(주), 「대산 신용호 창립자 세계적 수상기록」, 1995.
2. ______________, 「새경영 새교보」(제8호), 1995. 6. 1.
3. ______________, 「교보생명보험경영정책기조」—이중효 사장 취임 이후 자료, 1994. 1. 20.
4. ______________, 「38사업년도 출발조회사」, 1994. 4. 1.
5. ______________, 「교보생명보험탄생경축사」, 1995. 4. 3.
6. ______________, 「교보생명 21C비전」, 1995. 4.
7. ______________, 「신입사원교본」, 1995. 7.
8. ______________, 「제50기 영업보고서」, 교보증권주식회사, 1994. 4~1995. 3.
9. ______________, 「종합상품해설서」, 1995. 12(제공).
10. 구하서, 「보험학요론」, 법문사, 1989.
11. 김광석 · M로머, 「성장과 구조 전환」, 한국개발연구원, 1979.
12. 김병기, 「우리나라 보험사업에 대한 정부의 규제 · 감독 연구」, 한양대학교 대학원박사학위논문, 1987.
13. 김성수, 「교보생명보험의 성장과 발전」, 경영사학 제11집 제1호, 한국경영사학회, 1996. 3.
14. _____, 「한국경제의 이해」, 학문사, 1994.
15. 김종국, 「생명보험총론」, 형설출판사, 1995.
16. 대한교육보험, 「대한교육보험 30년사」, 1989.
17. 보험감독원, 「2000년대 보험산업의 전망」, 1990.
18. 생명보험협회, 「변모하는 생명보험」, 1990.
19. 생명보험협회, 「생명보험 통계연보」, 1994.
20. 송기철, 「초기 보험업계의 회고와 전망」, 생협, 1987.
21. 신수식, 「한국보험사」, 무역경영사, 1974.
22. 신용호, 「새경영」, 대한교육보험(주), 1987.
23. 재무부, 「한국의 재정구조와 정책」, 1967.
24. 하영기, 「생명보험산업의 과제」, 생협, 1989, 8.
25. 한국보험학회, 「생명보험정책방향연구」, 1990, 5.
26. 한국생산성본부, 「생산성대상 심사자료」, 1995.
27. 한국은행, 「경제통계 연보」, 1970.
28. 황병준, 「한국의 공업경제」—그 역사 · 구조 및 정책중심—, 고려대학교 아세아연구소, 1971.

29. 國崎裕,「生命保險」, 東京大學出版局, 1980.
30. 小林玉夫,「生命保険の知識」, 日本經濟新聞社, 1985.
31. Ferrari, John R, *Life Insurance Company Investment*, In Investment Manager's Handbook, Chapter 28, edited by Dow Johnes Irwin, 1980.
32. Huebner. S. S., *Life Insurance*, tenth edition, Prentice-Hall, Inc. englewood cliffs N. J. 1982.
33. Jones, Lawrence D., *Investment policies of life insurance companies*, *Boston* : *Graduate school of Business Administration*, Harvard University, 1968.
34. Kennth Black, JR. Harold Skipper, JR., *Life Insurance*, Prentice-Hall, Englewood cliffs, N. J, 1987.
35. Mishra R., *Life Insurance* : *Thoery and Practice*, rev. ed, Austin, Tex : Business Pub, Inc, 1977.

6

# 조중훈의 경영활동과 기업가정신

## - 땅의 길, 바다의 길, 하늘의 길의 개척자 -

# 제6장 조중훈의 경영활동과 기업가정신

## - 땅의 길, 바다의 길, 하늘의 길의 개척자 -

## 제1절 조중훈의 생애와 경영활동

### 1. 출생과 청소년기

靜石 조중훈은 1920년 2월 11일 서울 서대문에서 부친 조명희(趙明熙)씨와 모친 태(太)씨의 8남매 중 둘째로 태어났다.

그는 미동국민학교를 졸업하고 휘문고보(지금의 휘문중학)에 입학하였다. 고보 1학년에 재학 중 나라에서 운영하던 진해의 해원양성소(지금의 해양대학교 전신) 기관과에 입학 후 열심히 공부하여 17세 때에 우등생으로 졸업하였다. 이후 꿈을 실은 관부 연락선을 타고 일본으로 건너가 고베(神戶)에 있는 선박회사에 취직하여 배 만드는 기술을 익히며 최고의 선박제조기술자가 되기 위하여 열심히 노력하여 20세가 되던 해에 2등 기관사 자격증을 취득했다.

#### 세상을 여행하는 국제인으로의 꿈을 키우다.

조중훈은 엔지니어로서 뿐만 아니라 조선인 기관사로서 세상을 여행하는 국제인으로서의 꿈을 갖게 되었다. 그는 오늘날 '땅과 하늘과 바다의 길을 개척한 수송의 외길 반백년'을 걸어온 기업가로서의 꿈을 그때부터 시작하였다.

조중훈은 땅과 하늘과 바다의 길을 닦은 인생의 대부분을 운송 외길에 종사한 것은 소년시절부터 자동차, 기선, 비행기의 그림보기와 모형 만들기를 좋아한 그의 취미에서도 잘 나타난 것이 아닌가 하고 회상하기도 하였다. 그런 과정을 겪고 자란 그는 이날까지 항공기, 자동차, 화물선과 관계되는 운송사업을 계속하고 있으니 어쩌면 숙명이라고 할 수 있을 것 같다.

이러한 기술자로서의 어린 꿈은 실제로 잠수함과 구축함 등 군함을 만들어 내는 조선소에 취직하여 일하는 동안 그의 노력과 성실성은 곧 모든 사람으로부터 인정을 받게 되었다. 그는 힘든 노력의 결과로 3년만에 1급 기술자 대우를 받기에 이르렀다. 그리고 드디어 천진, 상해, 홍콩, 마카오, 마닐라 등 동남아시아 일대를 두루 돌아볼 기회를 얻었으며, 이것이 그로 하여금 운송사업에 눈을 뜨게 한 계기도 되었다.

### 중국의 광활한 대륙에 매혹되고 넓은 세계에 흥분하다.

당시 그는 중국의 광활한 대륙에 매혹되었고 번화한 홍콩 거리를 보면서 그 동안 느끼지 못했던 넓은 세계에 대한 흥분 같은 것을 맛보게 되었다고 한다.

당시의 일을 그는 이렇게 회고하고 있다.

> "나는 천성이 직장생활과는 인연이 먼 것 같았다. 우수한 엔지니어로 인정받고 두둑한 봉급을 받아 주위의 눈길을 끌기는 했지만 마음 한구석에는 무언가 항상 허전한 감이 느껴지는 것은 어쩔 수 없었다. 광활한 중국 대륙을 돌아본 나는 내가 할 일이 따로 있다는 것을 절실히 깨달았다."

### 보링기계 한 대를 구입하여 관부(關釜) 연락선을 탔다.

나이 23세 때 청년 조중훈은 "사업가의 길로 매진하자!"라는 신념의 인생관을 가슴에 안고 일본에서 귀국을 결심하였다. 바로 1942년 여름 푼푼이 모아 저축한 돈으로 보링기계 한 대를 구입하여 고국을 향하는 관부 연락선을 탔다.

당시 국내외의 자동차들이 목탄차였기 때문에 엔진 소모가 많을 것이라는 데 착안하여 '보링기계'를 설치해서 엔진 재생공장을 설립하였다. 그는 '理研工業社'라는 간판을 내걸고 엔진, 용접, 기계수리 등을 전문으로 하는 첫 사업을 시작하였다.

그 후 사업이 궤도에 오르는듯 하자 개업한지 불과 두달밖에 안 되었지만 보링기계 1대를 더 구입하여 설치하였다. 그는 작은 사업이지만 운영과 장래에 대한 검토를 했다. 그의 첫 번째 사업은 불과 1년을 넘기지 못하고 문을 닫는 불운한 상황이 되었다.

## 2. 청년기 : 창업

정석 조중훈의 청년기는 1945년 8월 15일 해방부터 1955년까지 6·25동란과 전후 복구의 10년간이다. 이 시기가 한진상사의 창업기로서 6·25의 비극과 시련 그리고 재기의 기간을 거치는 격동의 시기였다. 이 시기에 합자회사 한진상사의 출범과 동시에 카바이트와 인견사 판매사업, 대한산소공업주식회사 총대리점을 중심으로 사업하는 등 중견업체로 성장하였다. 이러한 과정에서 6·25동란으로 또다시 전부 폐허가 되었으며 그 폐허 속에도 다시 운송사업을 재출범하여 용역 군납사업 등을 추진하는 등 박차를 가하게 되었다.

### 한진상사의 창업

정석 조중훈은 인천에 내려와 매일 선창가를 거닐면서 미래에 대한 설계에 골몰하였다. 만여톤짜리 대형무역선에 선적되고 하역되는 거대한 물량의 각종 화물을 머리 속에 그리면서 무역의 꿈을 키우고 있었다.

중국의 국제항을 대표하는 상해와 서울을 연결하는 가장 가까운 거리의 항구는 인천이기 때문에 전쟁이 끝나고 평화가 오면 중국무역을 하겠다는 것이 그의 꿈이기도 하였다. 실제로 인천항의 무수한 화물선을 보면서 화물을 부두에 부리고 서울로 운반하는 운송사업을 하리라 생각하였다.

서울로 돌아온 조중훈은 해방전 일제의 기업정비령에 의하여 운영하던 보링공장을 정리할 때 받아 저축한 돈과 주변에서 빌린 돈을 합쳐 트럭 한대를 장만하였다. 25살 청년 정석은 트럭 한대로 '한진상사' 간판을 내걸었다. 바로 1945년 11월 1일, 인천시 해안동 2가 9번지가 그 자리이다. 사업내용은 운송업과 무역업을 겸한 합자회사를 설립하여 인천지방 재판소 등기과에 등재하였다. 바로 이 회사가 오늘날 한진그룹의 모체가 된 '합자회사 한진상사'였었다.

### '한진'이란 '한민족의 전진'을 의미한다.

여기서 '한진'이란 '한민족의 전진'을 의미하며 우리 한국의 진보를 위하여 한진상사가 노력하겠다는 사업보국의 이념과 의지가 두 글자로 함축된 것이라고 풀이하고 있다.

한진상사는 인천항의 화물선에서 내려지는 물자들을 소비자의 손에까지 운반하는 운송사업에 정력을 쏟기 시작하였다. 아울러 운송업의 보조사업으로 카바이트와 인견사 유통업에도 진출하였으며 이 사업은 장비와 자금을 효율적으로 운용하는데 큰 도움을 주었다.

당시에는 전력이 부족하여 카바이트를 많이 쓴다는 점에 착안한 것으로 강원도 삼척에서 카바이트를 사다 도매상에 넘긴 뒤 그 돈으로 인천에 들어오는 수입 인견사를 구입하여 염색공장이 많이 있던 강화에 유통시키는 등의 방법으로 자금을 원활하게 회전시킬 수 있었다.

### 박리다매와 신용을 원칙으로 경인가도를 달렸다.

박리다매와 신용을 원칙으로 부지런히 2~3년 경영한 결과 꽤 많은 돈을 벌 수 있었다. 이러한 창업 초기의 사업기반은 성공을 거둘 수 있었으며 인천에서 수송업에 승부를 건 그의 판단은 그대로 적중하였다. "경인가도를 달리고 또 달려도 수요는 계속 증가하고 있었으며 그는 급할 때는 짚차를 직접 몰고 현장을 돌며 진두진휘를 했다"고 기술하고 있다.

이러한 사이에 한진상사는 그 의욕만큼이나 꾸준히 성장하여 2년후인 1947년에는 보유차량이 15대에 이르렀다. 아울러 그해 10월 교통부장관으로부터 경기도 일원에 대한 화물자동차 수송사업 면허를 받아 본격적인 운송사업의 기틀을 마련했다.

그의 사업에는 정확한 판단능력과 함께 무엇보다 타이밍이 중요하다는 것도 바로 체험으로부터 터득한 것이다. 그는 당시에 이러한 경영능력이 책에서 배워 익힌 것도 아니고 누가 가르쳐 주는 것을 배운 것도 아니었다. 말하자면 체험의 철학이었다라고 술회하고 있다.

### 시련과 재기

창업한 지 5년이 지나자 한진상사는 종업원 40여명을 비롯하여 트럭 15대를 보유하게 되었다. 이제 중소기업의 규모에서 발전의 토대를 잡고 도약기에 있었는데 1950년 6·25전쟁이 일어났다.

그동안 땀흘려 늘려놓은 차량과 장비들은 군용으로 징발되어 흩어지고 말았다. 어차피 공산군이 밀려들면 온전하게 남아 있을리 만무했다. 그는 예금을 모두 찾아 그동안 동고동락했던 직원에게 공개적으로 월급을 지급하고 후일을 기약하였다.

이렇게 주변정리를 마치고 겨우 남은 한 대의 트럭으로 가족들과 피난 길에 올랐다. 태평양전쟁에 이어 같은 민족간의 동족상잔의 가슴아픈 전쟁은 정석 조중훈을 다시 원점으로 돌려놓았다.

#### 휴전과 더불어 폐허가 된 인천으로 다시 돌아오다

1953년 휴전과 더불어 잿더미로 폐허가 된 인천으로 돌아온 그는 참담한 마음을 억누르면서 폐허 위에 가건물을 세워 한진상사의 간판을 다시 내걸고 회사재건에 몰두하게 되었다.

그는 당시 젊음과 투지 그리고 무엇보다도 초창기부터 굳건히 다져 놓았던 신용으로 재기를 할 수 있었다. 가장 큰 애로점은 사업자금이었으나 전쟁전의 신용을 인정받아 무담보로 대출을 받을 수 있었다. 인천에서 꾸준하게 쌓아온 신용이 재기의 기틀을 다지게 되는 결정적 계기가 되었으며 2년 뒤에는 거의 6·25동란 직전의 사세를 회복할 수 있었다고 한다.

#### 운송업체의 난립을 뚫고 미군수품 수송기회를 가지다.

휴전 무렵 경인지역에는 한진상사와 비슷한 규모의 운송업체가 약 50개

정도 난립해 있었다. 특히 인천에는 전후복구 물자하역으로 상당히 경쟁이 심하였다. 대부분 인천항으로 반입해 들어오는 미군의 보급물자 운송이 관심의 대상이었다.

당시 미군은 한국업체의 운송능력을 근본적으로 인정하지 않고 있었으며 한국인 자체를 신용하지 않았다. 유감스럽게도 인천부두에서는 군수품 도난사건이 가끔 발생했고, 심지어는 달리는 트럭에까지 뛰어올라 물건을 탈취해 달아나는 경우도 종종 있었다.

그러나 그는 이 어려운 가운데서 미군수품 수송기회를 얻게 되었다. 당시 미군이 납품업체로부터 직접 수송하던 캔맥주를 시험적으로 대리 수송해 볼 기회를 만들었다. 본격적인 용역형태의 계약이 아니라 한 납품업체로부터 특정부대까지 수송하는 잠정계약에 불과했지만 당시에 차량에 대한 사전검사와 신용보증까지 거친 뒤의 부대 출입증을 발급받아 이루어진 것이기 때문에 대단한 것이었다.

지금 생각해 보면 정석은 그때의 일을 작은 일이라고 말할 수도 있겠지만 당시로서는 큰 의미가 있는 계약이었다. 이같은 업적은 집념과 노력을 쏟아 스스로 찾아낸 기회였다고 그는 술회하고 있다.

## 3. 장년 전반기 : 성장기

정석의 장년 전반기는 1956년부터 1965년까지로 한진의 성장기로 규정할 수 있다. 이 기간은 크게 전반기와 후반기 두 부분으로 전개되었다.

전반기는 기업의 초석을 다지는 주한미군 구매처와의 제1차 계약이 체결되는 미군수품 수송사업의 막이 오름과 동시에 '한진상사주식회사'로 상호를 변경하면서 드디어 서울로의 진출과 미군사업의 계속적인 계약체결로 사업의 발전을 꾀하는 기간이었다.

특히 이 기간에 수입상품판매사업 및 디젤엔진센터 개설 등으로 무역업을 시작하게 되었다. 따라서 유수한 해외거래처와 손잡고 세계의 정상을 향한 사세신장을 위하여 항공회사의 대리점을 개설하는 등 활발한 경영활동을 갖게되었다.

후반기는 주식회사 한국항공의 설립과 한진관광주식회사의 설립 등 사업확장을 꾀하면서 여러 가지 사업실적을 나타내는 성장기간이었다. 그중 중요한 것 몇 가지를 제시하면 다음과 같다.

### 미군수품 수송계약실적

1956년 11월 1일 미8군 군수참모부 장관과 계약금 7만달러, 6개월 잠정계약으로 수송도중에 사고로 인한 손해는 한진상사가 일체 배상하고 수송에 따르는 유류는 미군이 별도로 현물지급하는 것을 골자로 한 미군수품수송계약을 체결하였다.

당시 36세의 조중훈은 이 계약에 가슴이 뛰었으며 특히 미군의 신뢰심을 얻었다는 자긍심과 더불어 "이것은 시작에 불과하다. 내년에는 보다 나은 조건으로 더 큰 계약을 체결하겠다"는 각오를 했다고 한다. 마침내 계약한 그 날이 바로 한진상사 창립 11주년 기념이 되는 날이었기 때문에 의미가 더 컸다고 후술하고 있다.

### 한진상사주식회사의 설립

주한 미8군과 본격적인 수송계약을 체결한 이듬해인 1957년 1월 자본금 1천만환의 '한진상사주식회사'로 설립등기를 마치고 회사의 발전을 위하여 인천본사를 서울로 이전하였다.

한진상사는 이 해 10만달러에 달하는 계약을 체결한 이래 연평균 300%씩 급신장을 거듭해 불과 3년 뒤인 1960년에는 한해 동안 100만달러의 외화를 획득하고 가용차량 400대에 이르는 눈부신 성장을 기록하게 되었다. 그는 외형적인 성장 못지 않게 이러한 사업을 통해 '외교'가 무엇인지를 터득하게 되는 값진 기회를 얻게 되었다고 술회하고 있다.

### 한・일 민간외교사절의 역할

1960년 4・19 학생혁명, 1961년 5・16 군사쿠데타, 1963년 12월에는 제3공화국이 탄생하는 격동의 시기에 정석 조중훈 사장은 한국용역군납조합의 대표가 되며 전국화물자동차 수송사업조합연합회 이사장에 피선되는 등 정치와 경제가 요동을 치는 살얼음판에서 제3공화국의 한・일 민간외교사절로서 2천만달러를 일본에서 차관으로 들어오는 역할을 맡아 성공하게 된다.

1964년 우리나라 가용외자가 4천7백만달러에 불과하던 시절, 2천만달러는 큰 금액이었다. 당시 정부에서 조중훈 사장을 사절로서 지목한 이유가 있다. 당시 백상 장기영 총리는 조중훈 사장이 일본이나 한국에 주둔하고 있던 미군장성들을 통해서 알게 된 일본 기업인들이 정계나 관계 실력자들과 줄이 닿아 있는 것을 알고 있었기 때문이라고 전하고 있다. 그 중의 한 사람이 일본대장상이었던 다나카 카쿠에이(田中角榮) 대신인데 다나카는 당시 차기총리를 노리고 있던 자민당의 막강한 실력자이기도 했다. 정석이 그와 친하게 된 것은 평소 교분이 두텁던 일본인 기업가 오사노겐지(小佐野賢治) 씨의 소개를 받아서였다.

어려운 시점이었는데 그의 설득 끝에 2천만달러의 협력기금차관을 성사시켰으며 그의 탁월한 집념과 신용을 바탕으로 한 사업능력이 외교능력으로 변신된 수완(Tact)이었다고 평가할 수 있다.

### 경인간 한진특급버스 시작

한진은 1960년 11월, 국내외 항공운송과 관광을 사업목적으로, 한국항공(Air Korea)을 설립하였으며, 1961년 8월, 외국 관광객 유치와 건전한 국민관광의 레저활동을 위한 서비스 제공 목표로 (주)한진관광을 창립하여 처음으로 경인간 한진특급버스를 운행하였다. 이상과 같이 정석의 생애 제3기의 업적은 그룹차원으로서 꽃을 피우는 성장의 의미를 지니고 있다.

## 4. 장년 후반기 : 도약기

정석의 생애업적으로 볼 때 이 기간은 하나의 큰 획을 가르는 시기라고 본다. 그 이유는 이 시기에 첫째 월남진출, 둘째 대한항공공사의 인수, 셋째 인하공대의 인수, 넷째 해운항만사의 족적을 남기는 민자부두 건설의 참여, 다섯째 고속버스 사업의 개시, 여섯째 컨테이너 하역, 운송전문업체로 발돋움, 일곱째 기업공개 그리고 사회운동의 참여 등이 나타났기 때문이다.

그는 한진그룹을 형성하면서 ① 조직의 체계화, ② 회사 심볼마크 제정, ③ 사훈제정, ④ 해외지사설치 및 운영, ⑤ 경영합리화를 위한 시도 등을 추진하면서 동양적 사고에 기초를 둔 경영체제의 틀을 갖추게 된다. 이때 그의 머리와 가슴에는 한진그룹의 사훈이 정해지고 있었다고 한다. 그것은 바로 '창의와 신념, 성의와 실천, 책임과 봉사'로 오늘날까지 한진그룹의 기업경영의 지표가 되고 있다.

이 시기 그의 업적 몇 가지를 제시해 보고자 한다.

### 월남진출과 국제화 전개

1966년 3월 10일 주월 미군사령부에서 한미 두 나라의 국기를 앞에 세우고 군수담당 부사령관 앵글러 중장과 월남사업 계약서에 서명하였을 때 그는 감격 그 자체였다고 술회하고 있다.

남들이 전혀 가능하리라고 생각지도 못했던 일을 집념 하나로 해냈다고 한다. 그는 자금과 장비를 마련하는 동안 노심초사한 그 어려웠던 고비 등은 맨주먹으로 시작하여 무에서 유를 창조함과 다를 바 없었다고 술회하고 있다. 오직 한 가지 있었다면 그동안 쌓아온 '신용과 이를 바탕으로 맺어진 인간관계가 결실'이라고 그 자신은 지적하고 있다.

1966년 1차 계약고는 8백5십만달러 규모였으나 1967년 5월 2차 계약에서는 1차 계약의 4배에 달하는 3천4백만달러로 사업규모가 늘어났다. 1971년 월남철수와 함께 용역사업을 마무리할 때까지 약 5년 동안에 한진이 월남에서 획득한 외화는 총 1억2천만달러 규모였다.

이 기간 중 우리나라 1인당 국민소득은 125~300달러 정도의 수준이었음을 감안해 보면 그것은 엄청난 거액이었다. 이같은 외화획득이 당시 우리나라 경제발전에 큰 기여를 하게 되었다. 정부에서는 외화획득 우수업체로 한진을 선정해 매년 '수출의 날'에 대통령 표창, 금탑·은탑 등의 산업훈장, 대통령우승기 등 당시 기업 중에서 최고상 최다수상을 기록했다.

## 대한항공의 출범과 세계화 실현

어려울 때마다 이를 극복하는 정신적 지주가 된 또 한 가지로 그의 가장 큰 업적은 27억원의 적자로 고전해 오던 '국영KAL'을 인수하여 민항으로 출범을 하였다는 것이다.

정부측에 국영 대한항공공사 인수의사를 정식으로 전달한 것은 1968년 11월 1일이었다. 공교롭게 이 날은 한진상사창립 23주년이 되는 날이었다. 주위의 많은 반대에도 불구하고 수차례에 걸친 정부의 간곡한 인수권유를 받아들여 '국영KAL'을 인수하였다.

한진상사가 월남에서 번 돈은 국익을 위해 재투자되어야 하고 사업보국의 이념이 있어야 한다는 정석의 경영철학과 육·해·공 삼위일체를 이룬 수송기업의 구축은 그의 이상이라고 표현한 것 등은 대한항공을 인수하면서 구체화되었다. 대한항공공사법이 존속하고 있던 1969년 2월 28일 주주총회에서 그는 대한항공의 사장으로 취임하였다. '주식회사 대한항공'의 창립일자를 3월 1일로 정하고 있는 것은 바로 그런 이유 때문이라고 한다.

## 하늘의 전쟁을 벌리고 있다.

이 무렵 세계의 선진항공사들은 대형제트기로 수송체제를 갖추고 치열한 '하늘의 전쟁'을 벌리고 있었다. 그러나 당시 대한항공의 규모는 고작 8대의 낡은 보유기와 그나마 유일한 제트기인 DC-9마저 도입한지 한달만에 엔진부분의 고장으로 일본에서 대수리를 해야 할 정도였다.

대한항공이 민영화된지 2년만의 우여곡절 끝에 1971년 4월 서울~도쿄~로스엔젤레스를 잇는 태평양 횡단노선에 정기적으로 화물기를 취항하게 되었다. 그 다음 해인 1972년에 정기여객기 취항으로부터 1995년까지 세계 수송실적 10위권의 국제적인 항공사로 발전했다. 1995년 6월 B747 점보기 등 대형기 74대를 비롯, 총 97대의 항공기를 보유하고 전세계 27개국 67개 도시에 국제선 300여회, 국내선 200여회를 운항하며 세계항공운송사상 경이적인 성장을 기록하고 있었다. 그러나 1998년 IMF 이후 대한항공도 구조조정 등 어려운 시련을 겪으면서 21세기의 새로운 도약을 계획하고 있었다.

### 석유파동의 시련을 극복하다

1973년 10월 석유파동의 시련은 1974년 대한항공을 80억원이라는 엄청난 적자로 몰고 갔다. 그러나 세계의 모든 항공사들이 겪는 경영위기 속에서 이 정도의 적자에 머문 것은 다행스러운 일이라고 정석은 생각하였다고 한다.

1974년 불가피한 적자에도 불구하고 매출성장은 13%나 되었다. 그는 '이 불황기에 앞으로 다가올 호황에 대비해야 한다'는 경영신념으로 경영합리화 기법을 도입하여 실행하기로 하였다. 먼저 프랑스 '소시에테 제네랄'은행에서 5천만달러를 꾸어 위기를 넘기고, 내부적으로는 임직원의 애사심을 호소하면서 원가절감운동의 전개, 시설과 항공기재 장비현대화, 항공서비스 개선, 김포공항에 대한항공과 계약을 맺은 모든 외국항공사들의 기내용 식음료를 조달하는 '케이터링 서비스 빌딩'도 세웠다.

그리고 DC10기 3대의 구매예약과 확장에 힘을 쏟아 일본항공에 앞서서 태평양 상공에 최초의 점보화물기를 투입하여 서울~LA노선에 취항하는 등 불황극복을 위한 경영전략들을 실행시켜 나갔다.

### 주식공개에 앞장서다.

1974년 5월 한진그룹을 낳게 한 모체기업으로서 (주)한진의 주식공개가 있었다. 당시 정석은 정부의 기업공개정책에 적극호응하여 대진해운을 기업공개한데 이어 (주)한진의 기업공개를 결정, 1974년 5월 16일~17일 양일간 자신이 보유하고 있던 구주 900,000주를 매각, 이미 공개된 동양화재, 대한항공, 대진해운 등을 포함한 4개 계열사를 공개하여 국내 타재벌 그룹을 뒤로 두고 기업공개에 앞장서게 되었다.

## 학교법인 인하학원의 경영권을 인수하다

국내 최고 수준의 공학교육을 목표로 설립된 학교법인 인하학원의 경영권을 인수하였다. 특히 1969년 3월에는 국영 대한항공공사를 인수하여 전문인력양성, 기종현대화, 노선망 확장은 물론 장비현대화 및 과학화에 노력한 결과 현재 10위의 세계적 항공사로 성장하였고 1972년 3월에 축산업 및 광산개발업체인 제동흥산(주), 1973년 2월에 한진증권(주)를 각각 설립하였으며 기업공개를 함으로써 그의 최고경영자로서의 면모를 일신시켰다.

이와 같은 도약기 주요실적을 정리하면 다음 〈표 6-1〉과 같다.

**표 6-1** 도약기의 주요업적

| 년도 | 한진그룹의 주요업적 |
|---|---|
| 1966 | 한진, USMAC(주월미군 병참사령부)와 군용화물 수송 및 부두 하역작업서비스에 대한 계약을 체결 |
| 1967 | 한진, 삼성그룹으로부터 동양화재해상보험 인수<br>한진, 외화획득분야에서 은탑산업훈장 수상 |
| 1968 | 한진개발과 한국공항 설립<br>한진, 용역산업에 의한 외화획득으로 금탑산업훈장 수상 |
| 1969 | 한진, 미국 씨랜드사와 대리점 계약체결<br>국영이던 대한한공이 민영화되면서 한진그룹으로 경영권 이전<br>대한항공, 제주~부산~오사카 노선, 서울~포항 노선 취항 |
| 1970 | 26층 규모의 해운센터 빌딩(구KAL빌딩) 본관완공<br>대한항공, 서울~오사카~타이페이~홍콩~방콕 여객노선으로 변경 |
| 1971 | 인하학원, 종합대학으로 승격<br>대한항공, 김포국제공항에서 KAL격납고 준공<br>대한항공, 서울~오사카~타이페이 여객노선 개설 |

| 년도 | 한진그룹의 주요업적 |
|---|---|
| 1972 | 한진관광과 한진상사를 합병하고 주식회사 한진으로 상호 변경<br>제동흥산 설립<br>한일개발이 미국 신탁통치령이었던 남태평양 지역과 말레이시아 연방공화국 등으로 활동영역을 확대<br>대한항공, 국제노선 대폭 조정<br>대한항공, 한국최초로 정기 미주여객기 노선 개설 |
| 1973 | 한일증권과 한진주철공업주식회사 설립<br>대진해운이 원양어업 진출<br>대한항공 구주화물노선(서울~파리간 북극항로)개설 |
| 1974 | 제주 KAL호텔 개장<br>한진에 의해 인천컨테이너 부두 가동<br>세계최초로 B747 화물기 태평양 노선에 투입 |
| 1975 | 대한항공, 서울~파리, 서울~마닐라 여객 노선 개설<br>서울~싱가포르간 정기화물노선 개설 |
| 1976 | 21층 규모의 해운센터 빌딩 신축완공<br>한진그룹 종합수송센타 개관<br>대한항공, 서울~바레인~취리히 여객노선 개설 |

자료 : 필자가 1966~1976년까지 한진의 도약기에 나타난 주요실적을 요약 정리하였음.

## 5. 노년 전반기 : 성숙기

### 중동진출의 성공 –중동에 "하늘의 길"과 "바다의 길"이 열리다–

중동의 최대 산유국이며 최대 항공시장이었던 사우디아라비아에 대한항공이 노선을 개설한 것은 1977년 4월이었다. 그간 냉담한 반응을 보였던 대한항공의 취항에 따른 바레인과의 로열티 문제 등 숱한 어려움을 극복하고 '제다'에 운항을 개시하였다.

바레인과 사우디에 이어 1978년 7월 쿠웨이트에도 정기여객노선을 개시했다. 이라크, 이란, 요르단 지역에 기술인력진출이 점증함에 따라 중동행 항공사업이 활기를 띠기 시작하여 1979년 사우디아라비아 담맘항에 진출하였다. 1980년 5월 사우디아라비아 제다항의 200톤급 해상크레인 운영 및 정비계약을 체결하고, 1981년에 제다항의 일반하역 및 이슬람항의 항만관리용역계약을 체결함으로써 중동진출의 교두보를 확보하였다.

이렇게 하여 중동에도 '하늘의 길'과 '바다의 길'이 열리고 한진 사우디아라비아 합작회사까지 설립하게 되었다.

## 박정희 대통령의 권유 –해운사업의 활성화–

1977년 고 박정희 대통령의 권유로 바다의 길 '해운사업'을 활성화하기 시작하여 한진해운을 설립하게 되었다고 그는 『수송외길 반백년』에서 회고하고 있다.

한진해운 설립후, 1만8천톤급 컨테이너전용선 4척을 울산 현대조선에 발주하는 등 바다로의 꿈을 다시한번 실현해 나갔다. 그러나 1986년 10월에 적자와 부실기업으로 허덕이던 대한선주의 인수권유는 중대한 결단을 하지 않으면 안되었다고 한다. 당시 4천억원에 달하는 천문학적인 부채를 떠안고 대한선주를 인수하라는 정부의 세번째 권유에 육·해·공 종합운송업체로서 한국의 수송업계를 대표한다고 자부하는 그는 타산적인 차원으로 정부관계자들의 고뇌와 업계현실을 외면할 수만은 없었다고 한다.

## 신형 경제선을 도입하다

그는 대한선주의 인수와 더불어 사업성이 없다고 판단된 비경제 노후선박들을 차례로 처분하기 시작하였다. 가격은 반값으로 과감히 처분하고 신형 경제선들을 도입하였다. 또한 취항을 합리적으로 조정하여 줄이면서 하주에게는 신속 안전한 서비스를 제공하는 경영정책을 실시하였다.

또한 새로운 배를 건조하면서 당시 세계에서도 드문 고강력강(高强力鋼)에 대한 최신기술이 있음을 알고 이를 채택, 원료절감효과까지 하였다. 이러한 노력으로 한진해운은 1994년 매출액 1조5천억원을 넘는 등 3년 연속 국적선사 중 1위를 기록하며 21세기를 지향하는 그룹의 경영목표에 발맞추어 세계적 종합물류시스템의 중요한 축을 만들었다.

## 최초의 국산전투기 출고식 거행하다

1982년 9월 9일 대한항공 사업본부 김해공장에서 최초의 국산전투기 '제공호'출고식이 거행되었다. 공군에 인도된 '제공호'는 미국 노드롭사의 F5 모델을 기초로 한 고성능 초음속전투기로 북한 공군의 주력기인 미그21보다 성능이 뛰어난 기종이었다.

이런 과정에서 조중훈 사장은 많은 모략을 받았다. 그 요인을 살펴보면 ① 기술축적을 하지 않고 조립생산만 한다. ② 우리나라 방위산업은 시기상조다. ③ 운송사업만 할 것이지 제조업의 경험없이 생산을 한다는 것은 무리다. ④ 정부특혜에 의존하여 그룹을 키운다는 등 중상모략이 많았다고 전한다.

그는 정비에서 면허생산단계로 이어지고 부품의 국산화 및 공동개발단계를 거쳐 설계생산으로 발전해 가는 항공산업의 전부를 잘 알고 있기 때문에 중상모략에 일일이 대응하지 않고 누구든 원한다면 시설과 능력을 둘러보라고 권했다. 그는 '묵묵히 만들어 내는 것'만을 기본철학으로 삼았다. "누구든지 의심이 난다면 와서 보라"며 항공기 제작에만 충실했다고 술회하고 있다.

뒤이어 1984년 미국의 휴즈사와 1억달러에 달하는 헬기 수출계약을 체결하였다. 2년 뒤에는 세계 최대의 항공기 제작사인 보잉사 및 에어버스사와 3억달러가 넘는 중대형 항공기 부품 수출계약을 체결할 만큼 발전하였다.

이러한 항공기 제작의 초석은 1987년 업계의 협조와 동참을 위해 한국항공우주연구조합을 설립하여 독자 모델의 항공기 발전에 착수하였다. 이에 따라 탄생한 '창공-91호'는 1991년 시험비행에 성공하고 교통부에서 형식증명도 획득했는데, 국산자가용 비행기 시대의 가능성을 보여주는 역할을 해냈다.

이상과 같이 한진그룹의 성숙기 주요업적을 요약정리하여 보면 〈표 6-2〉와 같다.

**표 6-2** 성숙기(1977~86) 업적

| 년 도 | 한진그룹의 주요업적 |
|---|---|
| 1977 | 한진해운, 국적 컨테이너선 운영사업 개시<br>한불종합금융을 프랑스와 합자로 설립<br>한진그룹, 한국항공을 인수<br>한진관광, 한진여행사로 상호변경<br>대한항공, 서울~바레인 여객노선을 제다까지 연장운항 |
| 1978 | 한진해운 정석호 컨테이너선 운항<br>한국항공대학 인수<br>대한항공, 서울~쿠웨이트 여객노선 개설 |
| 1979~80 | 정석기업이 인천 정석빌딩 준공<br>정석학원설립 및 김포공항 화물터미널 운영 |
| 1981 | 한일개발, 금탑산업훈장 수상<br>한진, 사우디아라비아 제다항 일반하역사업 진출<br>대한항공, 서울~바레인~트리폴리 여객노선 개설 |
| 1982~86 | 동양화재해상보험 사옥 여의도로 이전<br>한일개발, 서소문 KAL 빌딩 신축공사 준공<br>한일개발, 서귀포 KAL 호텔 준공<br>한진그룹, 한미병원 인수<br>한일개발, 은탑산업훈장 수상 |

자료 : 필자가 1977~1986년까지 한진의 성숙기에 나타난 주요업적을 요약 정리하였음.

## 6. 노년 후반기 : 제2도약을 위한 준비기
### - 정석 조중훈이 회장으로 최고의 CEO가 되다 -

정석의 생애 노년 후반기는 1991년부터 1995년말까지로 규정하였다. 이 기간은 시련과 활로의 모색이 교차하는 시기로서 한진의 제2도약의 준비기로 특징지을 수 있다.

표 6-3 제2도약을 위한 준비기(1987~94)업적

| 년 도 | 한진그룹의 주요업적 |
|---|---|
| 1987 | 한진항행정보 설립<br>한미병원을 인하병원으로 상호변경<br>한국공항용역, 한국공항으로 상호변경<br>한진그룹, 대한선주 및 선주통운을 인수<br>(대한선주는 인수와 동시 대한상선으로 상호 변경) |
| 1988~89 | 한진해운, 대한상선과 합병<br>한일레저와 한진정보통신 설립<br>한진그룹, 대한조선공사와 극동해운을 인수 |
| 1990 | 대한준설공사가 한진종합건설로, 조선공사가 한진중공업으로,<br>한일증권, 한진투자증권으로 상호변경<br>제동흥산이 제주생수, 평해진업개발, 제동흥산 등 3개 회사로 분리<br>유니온 익스프레스사 설립 |
| 1991~92 | 한진그룹, 코리아 타코마 조선공업을 인수<br>한국여행정보, 한진데이타 통신으로 상호변경 |
| 1993 | 한진정보통신이 (주)한진데이터통신 흡수 합병<br>극동해운(주), (주)대한종합운수, (주)유니온 익스프레스와 3사 합병 계약 체결<br>한진중공업, 국내 최초 멤브레인형 LNG 운반선 건조 착공 |
| 1994 | 한일개발이 한진건설(주)로 상호변경<br>(주)항공화물터미널 설립, 한진지리정보(주) 설립, 한진중공업 국내최초 중국<br>철도차량시장 진출<br>한진정보통신이 물류수송 VAN 시범운영 개시 |

자료 : 필자가 요약 정리함.

KAL민항 32주년이자 그의 나이 82세, 이제 그는 아들에게 회장을 물려주고 CEO가 되었다. IMF 이후 격변의 경제적 수난 속에 대한항공의 위기를 잘 넘기고 기업경영을 예술작품처럼 조화와 균형을 이루어야 한다는 신념을 후계자에게 승계하는 20세기의 성공한 기업가로 각인되고 있다. 이러한 정석 조중훈은 20세기의 후반기 반백년을 "땅의 길", "바다의 길", "하늘의 길"을 개척한 수송외길을 걸어온 신념의 기업가이다. 한진의 창업자 정석의 기업가정신은 21세기를 맞이하는 이 땅의 젊은 창업자들에게 큰 귀감이 되리라 생각한다.

# 제 2 절 "땅의 길, 바다의 길, 하늘의 길"을 개척한 조중훈의 기업가정신

## 1. 신념주의정신

한진그룹의 창업자 정석 조중훈의 기업가정신 가운데 가장 먼저 지적하고 싶은 것은 그의 신념주의이다. 신념은 인간의 위대한 힘의 근원이다. 세상에 큰 업적을 남긴 사람은 모든 위대한 신념의 소유자였다.

인생의 아무 신념도 없는 회의주의자나 허무주의자에 의해서 사회의 큰 사업이 이루어진 일이 없다. 미국의 레이건 대통령은 그의 취임사에서 "신념을 가지고 새로운 고용과 부와 기회를 창출하는 기업가는 영웅들"이라고 표현했다.

### 수송외길 반백년을 신념의 힘으로 성공하다

정석 조중훈 회장은 해방과 더불어 50년간 오직 '수송 외길 반백년'을 '신념의 힘'으로 오늘의 한진그룹을 창업한 사업가이다.

그는 해방과 더불어 트럭 한대로 사업을 시작한 '신념의 기업가'이다.

그는 근면하고 검소하며 혁신적이고 신용을 가장 중시하고 있다. 그리고 그는 '사업은 예술'이다. '기업은 인간'이다. 기업은 사회적 책임주의의 공익정신이며, "사업보국주의를 공익목표로 삼아야 한다"고 주장하고 있다. 이것은 그의 경영신조이며 동시에 경영이념이다.

### 국익을 우선하는 경영이념 표명하다.

오늘날 한진그룹의 사훈이 "창의와 신념, 성의와 실천, 책임과 봉사"를 강조하면서 국익을 우선하는 경영이념을 표명하고 있는 것은 오랜 기업활동과 이윤보다 값진 신용제일주의사상에서 우러나온 조직적 심신체계이다.

그의 국익우선주의 사업방침과 기업의 사회적책임을 집약한 신념체계는 확고한 경영의 힘이 되었으며 강인한 신념체계를 내세워 리더십을 발휘하였고 민간외교의 사절로서 국가사업에 기여할 뿐만 아니라 한진을 정상의 위치로 끌어 올렸다고 생각된다.

### 사업은 예술이다 - 예술가의 돈과 철학이 담긴 경영자 -

그는 특히 '사업은 예술'이라고 하여 한 예술가의 혼과 철학이 담긴 창작품은 수천년이 지나도 그 아름다움을 잃지 않듯이 경영자의 독창적 경륜을 바탕으로 발전한 기업은 오랫동안 좋은 평가를 받게 된다는 생각을 갖고 있다. 그리고 신념을 갖고 추진한 창업자의 철학이 면면히 살아 숨쉬는 기업이야말로 훌륭한 예술작품처럼 균형을 이루어 만인을 위해 기여할 수 있으리라고 믿는다.

그는 남의 도움을 받기보다 남을 돕는 편이 더 즐겁고 아름답듯이 부실기업이라고 손가락질을 받으면서 구제금융이나 받아야 하는 기업보다는 착실한 성장으로 납세의 의무를 다하고 사회복지증진에 기여하는 기업체라야만 진정한 존재가치를 지니는 것이라고 늘 생각하고 있다고 말한다.

## 2. 예술주의정신

1994년 4월 28일자 한국경제신문에 연재된 정석 조중훈 회장의 「수송 외길 반백년」 비망록에서 다음과 같이 술회하고 있다.

### 땅과 바다와 하늘의 길

조국의 해방과 함께 인천 항구에서 창업을 하여 50년의 반세기에 걸친 사업의 여정에서도 줄곧 '땅과 바다와 하늘의 길'을 닦는 외길 인생만을 살아왔다. 남이 터를 다져놓은 사업에 뛰어들지 않고 스스로의 창의로 사업을 개척함을 신조로 삼았다. 바로 이러한 의미에서 '사업은 예술적이어야 한다'고 생각하였다.

한 예술가의 머리 기술과 마음 기술 그리고 손 기술, 혼과 철학이 담긴 창작품은 수천년이 지나도 그 아름다움과 예술적 가치를 잃지 않듯이 경영자의 독창적 경륜을 바탕으로 발전한 기업은 오랫동안 좋은 평가를 받게 될 것이다.

그는 국내에서 돈을 번 것이 아니라 해외로부터 달러를 획득해서 규모를 키워온 국제기업인이라고 말할 수 있다. 또한 이 과정에서 사업을 영위하기 위해서 뛰어다니는 동안 겪은 풍상과 온갖 고난을 뼈속 깊이 체험했을 것이다.

"그는 세상에 남이 거저 가져다 주는 것은 없는 것이기에 자본이 없으면 노력으로 보충한다는 각오가 필요했다"고 술회하고 있다.

### 적수공권(맨손과 맨주먹)으로 창업했다

적수공권으로 창업을 했기에 남들보다 더 많이 뛰어야 했고 남이 두세 시간 생각할 때 다섯시간을 생각해야만 했다. 또한 문제가 발생하여 고뇌에 빠질 때는 남들이 단잠에 든 깊은 밤에도 뜬눈으로 보내야 했고 몇 번이나 밤을 지새며 눈물을 삼키던 기억도 생생하다고 80세의 정석은 회고하고 있다.

### 한진그룹을 존재하게 한 원동력

창업자의 ① 집념과 노력, ② 신용을 바탕으로, ③ 미래를 내다보며, ④ 기회를 놓치지 않는 센스와 결단이 오늘의 한진그룹을 존재하게 한 원동력이 되었다고 평가하고 싶다.

원래 경영이념이란 경영자의 경영철학과 사상이 담긴 각종 경영목표 및 전략의 핵심이 된다. 따라서 기업의 관리자나 기술자 그리고 종업원에게 기업경영의 목표나 지도원리가 되는 정신적 좌표가 되며 창업자의 경영철학・경영사상이 모두 함축된 기본적 기업의지의 표출이며 의사결정의 열쇠라고 규정하고 싶다.

이렇게 한진의 경영이념을 '사업은 예술이다'라고 규정한 것을 보면 관념적이거나 이론이 아니라 몸에 익힌 사업에 대한 경영체험에서 승화되어 이루어진 것이라는 점에서 매우 독특하고 특징적이다.

### ⇨ 사업의 예술주의

그의 두 번째 경영이념인 '사업은 예술'이라고 규정한 사업의 예술주의를 그의 기업가정신으로 승화시켰다.

그가 사업은 예술이라고 한 말은 '예술가가 자기의 착상을 예술적으로 표현하려고 노력하듯이, 기업가도 예술가적인 신념과 노력으로 모든 사업에 전념한다는 그 자체가 기업활동을 예술로 표현할 수 있다는 것이며, 훌륭한 예술작품은 균형과 조화, 그리고 창의를 통하여 기대할 수 있듯이 기업경영도 마찬가지'라는 것이 그의 경영철학이다.

이윤을 추구하는 것이 기업이기는 하지만 결코 추해서는 안되며 아름다운 결실을 맺어야 하는데 이를 위해서는 훌륭한 예술작품과 같이 균형과 조화, 개성과 창의력이 발휘되어야 하는 것이다.

## 3. 신용제일주의정신

정석은 한진상사를 창업하면서 가장 중요하게 생각한 것은 정직을 무기로 한 신용이라고 술회하고 있다.

한번 잃은 신용도는 다시 찾기란 힘든 것이다. 그는 6·25동란 이후 사회 분위기가 어수선했지만 사업을 위해 고객관리 이상 중요한 것은 없기에 신용을 철저히 유지하고 경조사에는 빠짐없이 찾아다니며 인사를 잊지 않으려고 하였다고 한다.

그는 25세때 사업 성공을 위해서 신용제일주의를 경영정책의 목표로 삼아 항상 치밀한 사업적인 두뇌와 일에 집착하는 지구력 그리고 일에 대한 열성과 신용을 으뜸으로 삼았다.

그는 신용을 생활신조와 사업이념으로 삼았고, 이것이 젊은 나이에 사업을 성장시킬 수 있었던 근본요인이 되었다.

## 신용에 얽힌 일화 한토막

그의 신용에 얽힌 일화 한 토막이 오늘날에는 귀감이 되기에 여기에 소개한다.

> 한진상사가 한창 탄탄대로를 걷고 있을 6·25동란 직전 아주 성실하고 꼼꼼한 직원 한 사람이 있었다. 그는 마침 얼마간의 돈을 갚아야 하는 날이어서 아침 일찍 거래처에 나가면서 그 직원에게 돈을 맡기고는, 오후 5시까지는 틀림없이 전주(錢主)에게 전하도록 지시하였다.
>
> 연일 계속되던 야간작업으로 극도로 피곤해 있던 그 직원은 쏟아지는 졸음을 도저히 견딜 수가 없었던 것이다. 그 직원은 돈을 맡은 채 깜박 잠이 들었다. 오후 5시가 좀 지나서 정석이 사무실로 돌아왔다. 거의 6시가 되었을까, 그 직원이 푸석한 얼굴로 들어왔다.
>
> 「여보게, 돈은 틀림없이 5시 이전에 전했겠지 신용이 제일이야…」
>
> 「아차, 내 정신 좀 봐, 사장님 그만 깜박 잊고…」
>
> 그 직원은 용서를 구하였다.
>
> 그러나 그는 「자네 고단한게 문제가 아니야, 신용이 떨어지면 어떻게 된다는 걸 모르나? 달리 직장을 구해 보게」 하면서 냉정하게 그 날로 그를 해고시켰다.

그로서는 참으로 마음이 아픈 일이지만 공사를 분명히 구분하고 후일의 경계로 삼기 위해 그 직원을 해고하고 바로 채권자에게 정중히 사과한 적이 있다고 한다. 오히려 그 채권자가 자기 돈 때문에 해고된 그 직원의 복직을 청하였으나 신용의 값어치가 어떤 것인지 깨달은 그 채권자는 그의 신용제일주의에 감탄하였다고 전한다. 그 후 항상 신용을 앞세우는 그의 경영철학은 오늘날 한진그룹으로 발전하는 과정에서 기업경영의 이념이 되었다.

### ⇨ 신용이 미국 펜타곤에 알려지다

그의 신용에 대해서는 월남진출 추진 당시 미국 펜타곤(국방성)에서도 알고 있었다고 한다. 정석은 미군 용역사업을 하면서 10년동안 사귄 많은 수송계통의 장교들이 월남사업에 큰 도움을 주었다고 한다.

미국의 주한근무는 1년 주기로 교체되었기 때문에 10년의 세월동안 3천명에 가까운 미군장병들과 지면이 있었다고 한다. 그들의 고된 해외생활에 여러 가지 편의를 봐주고 철저하고 완벽한 인간관계와 인간적 유대를 쌓은 것이 무형의 자산이었다고 한다.

그들의 뇌리 속에 남아있는 당시 정석의 모습은 어떤 일에서든 정직을 바탕으로 한 신용을 지키던 젊은 사업가가 당당하게 벤츠를 타고 다니며 계약 당사자로서의 면모를 지키던 성실한 한국 기업인이었다고 전한다.

이러한 정직한 신용이 낳은 열매는 월남진출, 국영KAL 인수와 민항출범, 보잉 747기 도입, 한・일, 한・불 민간외교 성사, 석유파동 극복, 중동진출, 중국민항기 송환문제 등 그 자신 나름대로 몸으로 터득한 신용도가 체험의 경영철학으로 오늘의 대그룹 한진을 이루었다고 본다.

## 4. 국익우선주의 정신

### ⇨ 설득 끝에 협력기금차관 성사되다

1964년 정부로부터 심각한 외환위기 극복에 필요한 2천만달러를 일본에서 변통해 오는 사절로 나서 달라는 요청이 왔다. 1964년도 우리나라 가용외화가 4천7백만달러에 불과하던 시절 2천만달러는 큰 금액이었다. 그러나 그는 정부의 요청을 받아들여 일본으로 건너갔다.

일본으로 건너온 정석 조중훈은 일본 각계에 협력을 요청하여 최선의 노력과 설득 끝에 2천만달러라는 당시로는 거금의 협력기금차관을 성사시켰다. 그는 우리나라 경제재건의 원동력이 된 제1차 경제개발 5개년계획 성패의 갈림길에서 사업보국을 위한 기여를 했다.

### ⇨ 국익우선주의 50년간을 지키다

우리 기업가들에게 국민경제의 건설에 이비지할 수 있는 기회가 왔다고 판단되면, 사업보국의 차원에서 기업을 경영하고 국익우선주의에 앞장서야 한다고 주장하고 있다. 그는 50년간 사업을 하면서 보국이라는 단어를 잊어 본적이 없다고 하였다.

보국이란 국익우선으로서 나라의 은혜를 갚는다는 뜻이며 나라의 은혜를 갚는다는 것은 나라를 위하여 충성을 바칠 수 있다는 의미이다.

### ⇨ 우리나라 비행기 타고 해외나들이 하고싶다

1969년 9월경 박정희 대통령은 당시 한진 사장에게 '대통령 재임 기간중에 별도의 전용기는 그만두고라도 우리나라 비행기를 타고 해외 나들이를 한 번 해보는게 소망'이라고 예기했다고 한다.

그리고 또한 월남에서 휴가를 나오는 우리 장병들이 외국 비행기를 타야 하는데 그들의 사기문제와 귀중한 외화가 낭비되고 있다는 지적을 했다고 한다.

박정희 대통령의 이러한 요청에 정석은 국익우선주의 신념에 의하여 KAL의 인수를 결정하였으며, 경제개발 5개년계획에도 적극 참여하고 지원하였다.

그뒤 그의 사업보국과 국익우선주의는 중동진출, 한진해운 설립으로 해운사업의 본격화, 대한항공의 노선확장, 국산항공기 제작착수, 서울올림픽 유치작전, 인재양성 등 많은 부문에서 여실히 나타나고 있다.

## 5. 인재중시주의 정신

정석 조중훈의 기업가정신의 특징은 '기업은 인간'이라는 인간중시사상과 인재육성을 위한 인재개발주의에 있다고 말할 수 있다.

### ⇨ 기업은 인간이다.

기업은 인간이라는 극히 평범한 진리가 한진그룹의 경영이념이 되었고 사람의 중요성은 기업을 성장시키는 원동력이 되었음을 표명하고 있다.

아무리 여건이 훌륭하게 갖추어져도 그 일을 추진해 나아가는 사람이 마땅치 않으면 무슨 일이든 제대로 이루어질 수 없음을 잘 알았으며, 주위에 좋은 사람들, 즉 좋은 인재들이 없었다면 지금의 한진은 있을 수 없다고 생각했다. 그렇기 때문에 사람을 알아보는 데에도 남다른 안목을 지니게 되었다고 전하고 있다.

### 국제경쟁에서 이기는 길은 지식투자에 있다

한진의 전직원에 대한 끊임없는 교육을 경영의 원천으로 삼아 왔으며 제3자가 생각할 때에는 어처구니 없을 정도의 많은 교육비를 직원의 지식투자에 지출하여 왔다. 날이 갈수록 치열해져가는 국제경쟁에서 기업이 살아남는 유일한 길은 오로지 지속적인 지식투자에 있다는 것을 정석은 일찍이 깨달았기 때문이었다.

이처럼 그는 사람을 귀중히 여기고 인력개발주의에 따른 인재육성에 남다른 관심과 정열을 쏟아온 것은 인하학원과 정석학원에 대한 남다른 애착을 통해서도 잘 알려져 있으며, 1988년 3월 국내기업으로는 최초로 개설된 대한항공의 사내산업대학을 통해서도 그 면모를 엿볼 수 있다.

### 평생교육과 평생직장을 표방하다

평생교육, 평생직장을 표방하여 1988년 3월 출발한 한진산업대학은 대학교육을 받지 못한 직원들에게 대학교육과정을 이수할 수 있는 기회를 부여함으로써 직원들의 자기계발을 유도하고, 노사화합 및 직원 복지향상을 도모하는 것을 목적으로 하고 있다.

교육을 통하여 습득한 지식을 현업에 활용함으로써 업무능률과 생산성향상에 기여할 뿐 아니라 원만한 노사관계 구축에도 크게 이바지하고 있었다.

### 인하대학과 항공대학 인수

특히 국내최초의 민간조종사 양성과 사내산업대학의 설립, 그리고 인하공대와 항공대학을 인수하여 인하학원과 정석학원으로 발전시켜 운영함은 오늘날 인재육성의 요람이며 인간개발과 인력개발의 산실로서 큰 역할을 하고 있다.

## 6. 사회적책임 정신

그의 기업가정신의 또 다른 측면은 사회에 대한 기업의 능동적인 책임범위를 규정하고 있는 것으로서 사회적책임 정신 부문이다.

### 25년만에 세계유수의 항공사로 키우다

1969년 누구도 인수하기를 꺼려하던 대한항공공사를 인수하여 25년만에 세계 유수의 항공사로 키운 사실과 적자를 무릅쓰고 국내항공노선을 확장하고 서비스향상을 실천해 온 것은 모두 공익에 우선하는 한진의 공익정신의 사회적 책임주의를 말해주고 있다고 한다.

정석은 기회가 있을 때마다 기업의 사회적책임에 대해서, 특히 대기업은 특정 개인의 것이 아니라 국가와 민족의 기업이므로 사회에 봉사하는 것을 기업의 책임으로 삼아야 하며, 한진그룹은 특정지역이나 특정인의 이익보다는 국민 모두의 편의를 위하여 봉사하는 공기업이라는 투철한 사명감을 가지고 기업을 발전시켜야 한다고 강조해 왔다. 한진그룹 산하에 26개의 회사를 거느리고 4만여명의 종업원과 수백개의 사업부를 헤아리는 거대한 조직을 운영함에 있어서는 이러한 권한위양과 책임주의, 그리고 사회에 기여하는 사회적 책임주의가 필수적일 수밖에 없다고 생각하였다.

### 기업이윤은 사회로 환원해야 한다.

한진그룹은 인하학원, 정석학원을 운영하여 육영사업을 펼치고 있는 일이며, 또한 '靜石敎育賞'을 만들어 우리나라 교육발전에 공헌하는 중고등학교

교사들에게 격려금을 지원하고 해외여행을 통해 연수기회를 제공하는 일이며, 정석장학회제도를 만들어 매년 수백명의 학생들에게 장학금을 지급하는 일 등이 사회로 환원하는 과정이다.

1986년도에 경기도 성남시에 소재한 한미병원(현 인하병원)을 인수, 운영한 것도 지역사회 발전에 기여하기 위해 펼친 또 하나의 사회사업이었다. 또한 한진이 추구하는 사업은 국가 기간산업의 발전에 기여하고 있다고 할 수 있다.

### 수송사업은 국가의 기간산업이다

국가경제의 대동맥과 같은 역할을 수행하는 수송사업은 국가의 기간산업으로서 모든 산업에 영향을 미치고, 국민의 복리향상과 국민경제의 균형적인 발전에 견인차 역할을 하며 국가경쟁력 강화에 이바지한다.

특히, 부존자원이 없고 무역에 의존할 수밖에 없는 우리나라의 경우 육운, 해운, 항공은 중요한 기간산업이며, 국민경제가 발전할수록 더욱 더 중요성이 높아지고 있다. 한진은 남들이 제조업에 관심을 보이고 있을 때 수송의 중요성을 인식, 대부분의 사업을 수송에만 전념해 왔다.

### 부정은 조기에 발본색원하다 : 투명경영

부정은 조기에 발본색원하는 것이 조직을 살리는 길이기 때문에 투명경영을 중요시 하였다. 즉, 부정행위는 자신을 죄인으로 만들고, 동료와 회사 그리고 국가를 망하게 하는 가장 비애국적 행위로 보기 때문에 자신을 냉혹하다는 평을 들을 정도로 가혹하지만 이 원칙을 지켜가는 경영자가 될 것을 결심하고 있다고 술회하고 있다.

참고

# 민간외교의 경영사상

## 1. 기업가는 민간외교의 첨병역할

정석은 기업이나 기업인이 단지 이윤을 추구하는 기업 자체의 활동에만 매달릴 것이 아니라, 가지고 있는 모든 수단과 능력을 이용하여 국익을 증대시키기 위한 민간외교의 첨병역할을 맡아야 한다고 믿고 이의 실천을 강조해 왔다.

1964년 당시 장기영 부총리의 부탁을 받고 한국정부에 대한 일본정부의 2천만달러 협력기금문제를 해결함으로써 성공적인 민간외교를 수행하였다는 사실은 이미 앞에서 지적한 바 있다. 그러나 이 문제는 후에 많은 논란을 가져오기도 하였다. 한 · 일 관계 반대 문제가 제기된 시초가 되었기 때문이었다.

또한 1969년에도 정석은 일본으로부터 쌀 50만톤을 도입하는 과정에서 일익을 담당하여 한일외교 관계의 숨은 공헌자로서 역할을 하였을 뿐만 아니라, 1973년부터는 우리나라와 프랑스의 협력기구인 한불경제협력위원회의 한국측 위원장을 맡아 양국간의 외교관계와 경제협력을 증진시킴으로써, 일본과 미국에 편중되어 있던 우리나라의 외교영역을 다변화시키는데 크게 기여하기도 하였다.

## 2. 올림픽을 서울로 유치하는 과정에 큰 역할

그는 올림픽을 서울로 유치하는 과정에서도 남이 모르는 큰 역할을 수행하였다. 1981년 올림픽을 서울로 유치하기 위해 바덴바덴에서 활약중이던 올림픽 유치위원단은 현지의 분위기로 보아 프랑스와 아프리카 대다수 국가들이 올림픽의 서울 개최를 반대하고 있음을 알고 그에게 도움을 청하게 되었다.

사실 대한항공은 프랑스에서 생산되는 항공기 에어버스를 최초로 구입한 회사이고 정석은 한불경제협력위원회의 한국측 위원장이며 1977년에는 프랑스의 일등공헌 국가훈장을 수상하여 프랑스의 저명인사치고 모르는 사람이 거의 없을 정도였기 때문에 특별히 부탁을 한 것이었다.

프랑스의 IOC위원 2명이 서울올림픽을 지지하도록 부탁을 받은 정석은 그들을 만났고 결국 확답을 받아낼 수 있었다. 프랑스 대표의 확답은 받았지만 아프리카의 여러 표를 움직일 수 있는 리비아 대표가 한국을 지지할 수 없다는 강경한 자세를 취함에 따라 다시 그가 나설 수밖에 없었다고 한다.

### 3. 아프리카 대륙의 선수를 위한 특별전용기 운항

당시 상황 아래 서울올림픽의 타당성을 설명하고 아프리카 대륙의 선수를 위한 특별 전용기까지 운항하겠다는 그의 제의에 그들 대표도 결국 서울올림픽을 지지했다.

정부에서는 이러한 공로를 인정, 1981년 10월 30일 제1회 '항공의 날'을 맞이하여 정석에게 '修交勳章 光化章'을 수여하였다. 정석이 받은 '광화장'은 국권의 신장 및 우방과의 친선의 공이 혁혁한 사람에게 수여되는 것으로서, 직업외교관이 아닌 국내 민간인에게 수여된 것은 처음있는 일이었다고 한다.

이처럼 지난 수십년간을 산업대사로서 활약을 해 온 정석에게 외국 정부로부터 훈장을 수여함으로써 그 공로에 보답하였다.

### 4. 각국의 공로훈장받다

정석은 한·불간의 경제협력을 추진하여 많은 성과를 거두어 온 공로로 프랑스 정부로부터 1977년 일등보훈국가훈장을 받았고 1982년에는 '레지옹 도뇌르 꼬마대르' 훈장과 프랑스의 루앙대학에서 명예경영학 박사학위를 받았다.

1978년에는 포항종합제철 건설에 필요한 낮은 금리의 차관을 주선하고 오스트리아 제철설비기술 용역이 우리나라에 진출할 수 있는 길을 열어 준 공로로서 오스트리아 공화국의 일등금조공로훈장을 받았으며, 1986년에는 사우디아라비아에서 벨기에와의 공동 프로젝트를 성공적으로 끝마침으로써 벨기에 정부로부터 최고훈장인 레오폴드훈장을 수훈했다.

1985년 서울올림픽 공식 항공사로 지정된 대한항공은 20년 역사의 항공수송능력을 총결산하는 각오로 올림픽에 임했다. 아프리카 선수단과 헝가리 선수단을 수송하는 두 차례의 특별기를 내부적으로 '사하라 차터'라고 명명했으며, 사상 처음으로 중국영토를 통과하는 '昆明路線'을 이용했다. 이것은 중국과의 항공교류에 새 장을 여는데 기여했다.

모든 사업이 마찬가지이지만 국제 항공사업에는 국익과 직결되는 사업이 많다 보니 어떤 경우든 국가에 기여하는 방향으로 판단을 내려야 한다는 민간외교 사절의 외교철학이 그의 경영사상적 이념으로 승화된 것이다.

21세기 글로벌(Global) 사회에서 국제적인 人的·物的·知的 수송유통을 책임지고, 정석 조중훈의 훌륭한 기업가정신과 "창업의 효"를 승계하는 후계자들의 기업가정신을 기다리면서 끝맺는다.

## 참고문헌


1. 기업경영문제연구, 제2의 창업을 주도한다. 비즈니스 아카데미, 1992.
2. 기업경영연구원 역(Robert Heller), 최고경영자, 대학문화사, 1985.
3. 김경섭(역), 21세기의 창조자, 뉴리더의 조건(Warren Bennis on Becoming Leader), 김영사, 1992.
4. 김교식, 한국재벌 3편, 계성출판사, 1984. 5.
5. 김병하, 한국경제이념사, 계명대학교출판부, 1994.
6. _____, 재벌의 형성과 기업가활동, 한국능률협회, 1991.
7. 김성수, 국제화・세계화 시대의 신경영정책과 전략, 법경사, 1994.
8. _____외, 광복50주년기념 행방등이 기업연구, 경영사학 제11집, 한국경영사학회, 1996.
9. 박동순, 한국의 재벌들, 문출판사, 1982.
10. 백승열, 재벌그룹・재벌총수들, 문원, 1995.
11. 소영일(역) Hickman, C.R./Silva, M.A., 21세기 세계 500대 기업에의 도전, 창지사, 1993.
12. 신장명, 일류의 지도자(일등기업은 일류리더가 만든다), 생산성본부, 1993.
13. 양창삼, 한국의 경영사상, (주)양영각, 1993.
14. 전유상, 한국기업의 생존과 성장전략, 어문각, 1993.
15. 조동성, 한국재벌연구, 매일경제신문사. 1990.
16. _____외, 철학이 있는 경영자들, (주)유나이티드 컨설팅그룹, 1991.
17. 조선일보경영부, 재벌의 후계자들, 1985.
18. 조중훈, 수송외길 반백년(나의 비망록), 한국경제신문, 1994. 2. 15～4. 28.
19. 주식회사 한진, HANJIN, Brief History of Hanjin, 1995.
20. 한국경제연구원, 기업의 사회봉사, 1984.
21. 한진, 우리의 오늘이 있기까지, HANJIN, 1995.
22. 한진그룹, HANJIN, 계열사현황, 1995.
23. AMA, Research Study, No. 76, 1962.
24. Broom, H.N., Business Policy and Strategy, Action. Prentice-Hall, 1969.
25. Chappell, T., The Soul of a Business, Bantam Book, New York, 1993.
26. Davis, R.C., The Fundamentals, Harper-Brothers. 1961.
27. Higginson, M.V., Management Policy, AMA. Research Study. No. 76, 1969.
28. Mace, M.L., The Board of Directors in Small Corporations, McGraw-Hill, 1948.

# 7

# 박승직과 박두병의 경영활동과 기업가정신

## - 100년 기업의 기업가정신 -

# 제 7 장 박승직과 박두병의 경영활동과 기업가정신

## - 100년 기업의 기업가정신 -

## 제 1 절 박승직의 생애와 경영활동

### 1. 출생과 청소년기

매헌 박승직은 개항 초기에 적수공권(赤手空拳)으로 상업에 투신하여 꾸준히 상업자본을 축적하고 두산그룹의 기초를 만든 입지적인 창업자이다. 그는 1864년(고종1년) 6월 22일(음) 경기도 광주 탄벌리에서 밀양박씨와 김해김씨 사이에서 태어났다. 부친 박문회는 적빈무의(赤貧無依)할 정도는 아니지만 적빈여세(赤貧如洗)하여 토지 한 평도 가진 것도 없었다. 그는 광주 돌마 임의실(이매리) 과골에 살면서 15마지기 정도 되는 여흥 민씨의 위토(位土)를 경작하였다. 즉, 8남매의 자녀를 거느리고 생계를 유지하는 소작인이었던 것이다. 5형제 중에서 셋째인 매헌 박승직은 모친이 일찍 세상을 떠났기 때문에 조모 밑에서 살았다. 그는 이목구비가 뚜렷한 우량아형인데다가 영리하여 조모의 사랑을 독점하였으며, 8세부터 틈틈이 한문을 배웠으나 가사를 돌보느라 소년시절을 어렵게 보냈다.[1]

그의 정상적인 교육과정은 알려진 것이 없으며, 15세 때에 결혼하였다. 그리고 17세에는 민씨 집안 민영완 군수를 따라 단신 전라도로 갔다. 그곳에서 행상의 길은 구체적으로 규명할 수는 없으나 다만 한 가지 확실한 것은 타향살이 3년 동안 꾸준히 맏형(승완)에게 송금하여 300냥을 모았다는 것이다. 그가 어떤 종류의 상품을 취급하여 돈을 모았는가 하는 문제인데 한

1) 朴承稷, 深夜中自筆, 蓮崗 朴斗秉, 합동통신사 출판국, 1975, pp. 25~27.

국경영사학회 초대회장인 김병하 박사는 지적하기를 처음에는 주로 포목행상을 하였을 것으로 생각된다고 기술하고 있다.[2]

### 해남에서 3백냥의 장사 밑천

당시 호남선이 부설되고 제주–목포 항로가 개설될 때까지 해남과 강진은 제주도에서 생산된 산물의 중개지였고, 제주도로 수송되는 상품도 이 지방을 경유하는 것이 일반적이었다. 당시 제주목에서는 탕건(宕巾)[3]과 양대(凉臺)[4]의 제조업이 발달하여 그 물품들을 사상도고(私商都賈)가 수집하여 해남과 당진을 경유하여 각 갓제조장으로 분산시켰다. 이와 같은 중간 수집상들은 흔히 포목, 종이, 붓, 벼루 등 비자급적 생활필수품을 제주로 가지고 가서 판매하고 육지로 나올 때는 탕건과 양대 등 그 지방의 특산물을 구매하여 해남과 강진에 분산시키기 때문에 이 지역의 상업이 발달하였던 것인데, 매헌 박승직도 이와 같은 기회를 이용하였을 것으로 보인다. 처음에는 거간(居間) 노릇도 하고 객주의 위탁판매업을 돕다가 자본을 축적하여 행상에 종사하였을 것으로 생각된다. 그는 근검절약하여 모은 돈 3백냥을 밑천으로 장사를 해야겠다는 부푼 꿈을 안고 다시 고향으로 돌아 왔으나, 그 돈은 맏형 박승완이 포목장사를 하는 데 쓰게 되었다.

### 환포상 외길 10년 - 자수성가

2년 후에 맏형은 100냥을 박승직에게 돌려 주었다. 그는 그 돈으로 '마판상'이 되어 광목과 옥양목 등을 말에 싣고 돌아다녔다. 그의 장사길은 제물포에 가서 면포를 사서 경기도 산간지방과 강원도 일대로 행상을 하는 것이었다. 그가 1886년 무렵 강원도 산길을 다닐 때 두달 동안 오직 감자만 먹

2) 김병하, 재벌의 형성과 기업가활동, 한국능률협회, 1991, p. 578.

3) 宕巾(탕건) 재료는 말총이고 탕건제조업은 일찍이 제주도에서 전국으로 공급되었다.

4) 凉臺(양대)는 갓 양태로서 갓 몸의 둘레에 붙이는 둥근 바닥 부분을 가리킨다. 양대 재료는 제주도에서 생산되는 대나무이므로 이것 역시 제주도에서 공급되고 있었다. 제주도에서 갓의 완제품을 만들 경우 부피가 커지고 수소과정에서 파손될 우려가 있기 때문에 완제품을 만들지 않고 양대만을 전문적으로 제조하였다.

으며, 상인의 기본인 근검절약정신을 골수 깊이 체득하기도 했다. 이 피나는 고생의 결과 1888년 25세 무렵에는 어느 정도 저축이 되어 광주 대왕면 둔전리에 30여석을 추수할 수 있는 전답을 구매하였고 박승직 일가는 이곳으로 이사하였다.[5]

그러나 박승직은 서울에서 상업활동하는 것이 꿈이었으므로 맏형과 상의하여 1889년에 배오개(종로 4가 90-92번지)에 260냥을 주고 집을 마련하여 1920년까지 그 곳에서 살았다.

서울에 정착한 후 약 10년 동안 그는 경기도와 강원도 뿐 아니라 전라도의 영암, 나주, 무안, 강진 등지를 왕래하면서 각종 포목행상을 하였고 때로는 위탁판매와 같은 객주의 기능을 수행하였다. 그의 강인한 체력과 정신력은 이와 같은 장구하고 고된 행상생활에서 축적되었다고 생각된다. 그는 이런 고된 포목행상을 하는데 정직과 신용을 생명으로 하였다고 하며, 그가 거래하는 곳마다 그의 약속과 신용으로 후일 박승직 상점의 단골 고객이 되었다고 한다. 여기에서 1936년 1월 10일자 조선일보 기사를 소개하고자 한다. "무명 한필은 침척 마흔 자로 당오 두냥 두돈을 헤였고, 한냥이면 열대자, 그리고 소 한 마리에 엿냥, 쌀 한섬에 여덟돈을 헤었나니 당오 한푼에 술 두잔, 그리고 엽전 한푼 거슬러 주던 그것과 어수룩한 품이 같지 않은가, 그렇게 헐한 무명을 한 번 무역에 서른 필 가량씩 헤다가 그것을 서울 가져다 팔기를 10년 동안 하였다." 이와 같이 그는 돈 모으는 재미로 고난을 무릅쓰고 행상을 계속하였던 것이다.[6]

## 2. 청년기의 '박승직상점' 창업

1896년 8월 1일(음력 6월 말일), 박승직은 서울로 이주한지 7년 후가 되는 해, 종로 4가 15번지에 자신의 이름을 딴 '박승직 상점'을 개설하였다. 10여년 동안 전국 방방곡곡을 누비며 오직 행상으로, 근면과 절약의 상인정신으

---

5) 蓮崗 朴斗秉, 합동통신사 출판국, 1975, p. 28.
6) 朝鮮日報, 1936년 1월 10일자, 연강 박두병, pp. 29~32.

로, 이룩해낸 자신의 꿈의 실현이자 두산그룹 100년의 역사가 시작되는 순간이었다. 그의 나이 33세 되던 해의 일이었다.

박승직이 1896년을 상점 개업시기로 결정한 것은 우리 근대사의 흐름으로 보아 매우 중요한 의미를 두고 있다. 개업 2년 전인 1894년에 단행된 갑오개혁은 육의전 폐지라는 변화를 가져왔다. 어떤 특권을 누릴 수 있는 배경이나 물려받은 재산 같은 것과는 거리가 멀었던 박승직은 비로소 자신의 상점을 개업하기에 더할 나위 없는 호기가 왔다고 판단했다.7)

이제까지 육의전의 시전인(市廛人)들은 자신들이 취급하는 상품을 일반 상인들이 거래하지 못하도록 하는 특권을 관으로부터 부여받고 있었고, 그 결과 종로 일대에서 활동하는 일반 상인들은 상업상의 불이익을 당하거나 아예 발붙일 곳마저 얻지 못하는 실정이었다. 더구나 자국의 세력을 등에 업은 청국과 일본 상인들의 상권 장악이 나날이 심각해지는 상황에서 국내 상계는 전반적인 침체를 맞고 있었다. 따라서 육의전 특권의 폐지는 일반상인들의 상행위의 자유화를 의미했을 뿐만 아니라 조선상계 전체에 활력을 불어넣는 계기가 되었다.

## 3. 장년기 기업가 활동의 전개

### 전반기 : 배오개의 거상으로 상업활동 본격화

#### 장안의 부상으로 중추원 의관에 임명

배오개는 종로 4가 15번지 일대이다. 1905년 41세인 박승직은 뛰어나 상술과 넘치는 정력으로 상업활동을 경영하여 크게 성공하였다. 박승직 상점은 몇 년 사이에 매출액이 크게 증가하였으며, 특히 백동화 인플레이션이 누진되고 있었으므로 면포의 매점에 의한 이윤은 매우 컸을 것으로 생각된다. 매헌 박승직은 장안의 거상으로 알려지게 되었으며, 재력과 타고난 리

7) 두산, 배오개에서 세계로 –두산 100년 이야기–, 1996. 12, pp. 54~55.

더십을 지닌 그는 일찍부터 사회활동을 하였고 서울지역 포목상계의 지도자가 되었다. 구한말 한국정부의 신임을 얻어서 성진 감리서 주사(1900년)와 중추원 의관(1906)에 임명되기도 하였다. 이것은 명예직이며, 실제로 관직에 봉사하지는 않았지만 이 시기에 그는 적극적으로 활동하였다. 1905년 7월 그는 종로, 동대문 소재 포목상들과 손잡고 동대문시장 경영을 목적으로 조선인으로만 설립된 국내 최초의 주식회사인 광장주식회사 설립에 참가하였고, 이듬해 1월에는 한성상업회의소를 발기하여 창립총회를 갖고 1911년까지 상임의원으로 활약하였다.

### 합명회사 공익사의 설립

1907년은 매헌 박승직에게 매우 분주한 한 해였다. 그는 조선박람회 협찬회 임원으로 활약하였고 장안의 주요 객주계통 포목상인 30~40명과 결합하여 자본금 2만 9백원으로 합명회사인 공익사를 설립하였다. 공익사를 설립하게 된 동기는 삼정계(三井系)의 광목 독점횡포를 대항하기 위한 것이다.[8]

공익사는 그 후 일본 大阪의 거상 伊藤忠 兵衛商店과 합작하여 순조롭게 발전하였고, 8.15해방 직전까지 매헌 박승직이 사장직을 맡았다.

### 박가분의 제조본포

면포를 주로 취급하던 박승직 상점의 성격상 이색적인 상품으로 '박가분'이란 화장품이 있었다. 이 상품은 1915년 4월부터 매헌의 부인인 정정숙이 사업 내조의 일환으로 집안에서 수공으로 제조해 면포 상품고객에게 사은품으로 주던 것이었다. 그러나 제품을 사용해 본 여성들의 반응이 뜻밖에 좋았고 방물장수를 통해 판로가 생겨나면서 박승직 상점의 어엿한 거래품목으로 자리잡게 되었다. 박가분의 제조방식은 재래식 제조공정을 모방하였으나 여기에 자신의 새로운 아이디어도 첨가하였다. 소규모로 시작한 박가분 제조본포는 1918년 8월 특허국으로부터 상표등록증을 교부받음으로써 가내수

8) 조선은행, 회사-조합요록, 1929, p. 261.

공업 단계에 머물고 있던 당시 국내화장품에서 선도적인 위치를 차지하게 되었다. 이후 박가분은 박승직 상점의 판매망을 통해 전국적으로 판매되었고, 여성들의 인기 화장품으로 부각되었다.[9]

여기에서 한 가지 중요한 점은 1920년대 초와 1930년 불경기에 처했던 박승직 상점의 운영에 크게 기여했을 뿐만 아니라, 주로 여인들의 손에 의해 다루어지는 공통점으로 해서 박승직 상점의 주력인 면포의 선전에도 큰 역할을 하였다.

### 후반기 : 근대 민족기업의 형성과 기업가활동 전개
#### — 1925년 : 주식회사 박승직 상점으로 개편 —

1916년 배오개 자택에서 박가분이란 화장품을 제조하기 시작하였고, 이듬해 미곡상인 공신상회를 개설하였다. 제1차 세계대전 직후의 불경기의 여파로 박승직 상점에도 어려움이 많았다. 궁여지책으로 1925년 이 상점을 주식회사 박승직 상점으로 개편하여 매헌이 사장이 되었다. 그리고 1921년 경성곡물신탁주식회사 감사역에 취임하였고, 1933년 12월 소화기린맥주주식회사(昭和麒麟麥酒株式會社)의 주주가 되었다. 대주주는 일본의 기린맥주회사로서 6만주 가운데 5만 7천 8백주를 차지하였고, 유화정책으로 박승직과 김연수 등 2명의 조선인 주주를 참여하게 하였는데, 두 사람은 이에 각각 2백주식 사서 취체역(이사)이 되었다.

1925년 12월 박승직 사장은 "한국 상공업계의 발전에 기여하고 상공인 상호간의 협동적 이익을 도모한다"는 취지 아래 중앙번영회라는 단체를 조직, 회장으로 활동하기 시작했다. 일본인 중심의 경성상업회의소와는 달리 한국인 상공업자들로만 구성된 이 단체는 회원운동회 개최, 종로에 야시장 개시 등 여러 의미있는 사업을 전개하면서 그의 리더십으로 회원간 친목도모와 결속력 강화에 노력하였다. 이후 회원의 참여범위가 확대되면서 중앙번영회는 1930년 단체명을 경성상공협회로 변경하였다.

---

9) 두산 배오개에서 세계로, 두산100년의 이야기, pp. 61~62.

1927~1990년 사이 박승직 상점도 경제 전반에 걸친 불황기의 영향으로 큰 이익은 올릴 수 없었지만, 그 동안 임대 사용해 온 점포와 토지를 매입할 수 있어 장기적인 비용절감 효과를 거두었다. 1929년 박승직 상점의 경영도 불황에 허덕이며, 현상유지 수준을 겨우 넘겼고, 이듬해인 1930년에는 마침내 큰 적자를 보면서 최악의 경영실적을 기록하였으나 수입면직물, 인조견 등 국내 직물류까지 판매하는 사업다각화로 경영의 일대혁신을 단행하여 난국을 모면하였다.

## 4. 동양맥주(주) 창설

장년기 후반기까지 포목상으로서의 길을 일관되게 걸어가던 박승직이 자신의 사업과 전혀 관련이 없는 소화기린맥주주식회사에 참여하게 된다. 창립 당시 소화기린맥주는 1주당 액면가 50원의 기명식 주권 6만주를 발행했다. 공칭 자본금은 300만원(불입자본금 120만원)이었다. 대부분의 주식은 일본 기린맥주주식회사 소유였고 한국인 주주인 박승직과 김연수는 각각 200주를 소유했다. 1934년부터 첫 시판을 단행한 소화기린맥주는 1939년 최고의 판매액을 올리는 등 맥주산업의 시작을 열었다. 1941년 박승직 상점은 통제경제 하에서 배급제 실시로 직물의 판매가 침체의 늪에 빠지자 경영정상화의 일환으로 박승직 사장이 주주로 참여하고 있던 소화기린맥주의 대리점을 개설해 위탁판매업을 개시하였다. 이때는 맥주도 직물과 마찬가지로 배급제였는데, 소화기린맥주로부터 주 2회 공급을 받아 2~3일 이내에 접객업소나 맥주도매상으로 출고했다.

1945년 광복을 맞아 일본인들이 물러간 뒤, 소화기린맥주의 한국인 종업원들은 자치위원회를 구성하고 주주였던 박승직을 지배인이 되어줄 것을 간청하였으나 81세라는 고령의 이유로 사양했다. 결국 그 책무는 박승직의 장자인 연강 박두병이 맡게 되었고, 이러한 인연이 나중에 동양맥주주식회사를 창설하게 되는 뿌리가 되었다.

## 5. 매헌 박승직의 타계

1945년 8월 해방과 더불어 미군청청 적산의 동결단행으로 앞에서도 지적한 바와 같이 박승직 상점은 개업한지 48년, 주식회사 박승직 상점으로 개편된 후 20년만에 영업을 중단하였다.

81세의 매헌 박승직은 일제치하의 파란만장한 시절에 상인으로 시작하여 상업자본을 축적하고, 광복된 조국에 산업자본으로 투자하는 계기를 만든 민족기업가로 한국기업가사에 족적을 남겼다. 해방 이듬해인 1946년 휴업중이던 박승직상점을 두산상회로 재개업하여 두산의 여명기를 열고, 1950년 6.25전쟁의 소용돌이 속에서 12월 20일에 86세로 타계하였다.

# 제 2 절 박승직의 상인정신과 기업가정신

## 1. 민족기업가의 상인정신과 경영이념

일제강점기에 출신성분에 따라 귀족출신이면 귀족형 기업가로 분류하고, 상인출신이면 상인형 기업가, 지주의 경우는 지주형 기업가 그리고 광산출신이면 대부분 덕대형 기업가로 나눌 수 있다. 기업의 형태에 따라 매판형 기업가, 친일형 기업가, 민족형 기업가로 나누기도 한다.

이론적으로는 친일형과 민족기업가로 분류가 가능하나 실제에 있어서는 극소수의 기업가를 제외하면 상인으로서 친일형 상인, 민족형 상인 등으로 구분하기란 참으로 어려운 것이다.

일제하의 일부 기업가 중에는 식민지의 매국노적 천민형 기업가가 존재하였다. 소수이기는 하지만 이들의 의식구조에 있어서 민족주의와는 거리가 멀었고, 수단과 방법을 가리지 않고 돈만 벌면 된다고 생각하는 식민지화의 과정에 있어서 매국노에게서나 볼 수 있는 특유한 유형의 기업인도 있었다.

여기에서 매헌 박승직은 판단력이 뛰어나고, 정직과 신용으로, 상업의 다각적 경영능력을 갖고 있었으며, 토지 및 주식투자는 신중히 하고, 정치와 사업을 분리해야 한다는 경영철학 등 진취적 성격과 보수적 성격을 동시에 가지고 있는 민족상인의 정신을 가진 민족기업가로 규정한다.

매헌은 17세부터 33세까지 포목행상을 하다가 34세에 박승직 상점을 개업한 후 몇 해 사이에 포목상계의 거물이 되었다. 매헌이 이와 같이 성공할 수 있었던 것은 그가 강한 성취욕구를 가지고 노력하였기 때문이다. 그가 86세에 타계하기까지 50여년의 상업활동을 통한 상업자본을 축적하는 과정에서 보여준 타협정신, 인화정신, 근검정신, 민족자립정신 등이 기본이 되어 경영이념을 형성하였다고 생각한다. 경영이념은 상업활동이나 경영활동과정에서 나타나는 상인이나 기업의 행동양식으로 표출되는 것이기 때문에 정확히 정립되고 규정된다.

## 2. 박승직의 기업가정신

### 인화주의 정신

가정에서나 기업에서 매헌 박승직이 늘 강조한 것은 인화제일주의였다. 합목적적 공동행위는 인화가 이루어져야 성취된다고 판단하였기 때문이라고 해석할 수 있다. 매헌 박승직이 좋아하는 우화 중에 “잘사는 사돈과 못사는 사돈” 이야기가 있는데, 여기에서 그의 인화와 리더십에 관한 사상을 간파할 수 있다. 즉, 옛날에 각기 슬하에 3형제를 둔 잘사는 사돈과 못사는 사돈이 있었는데, 못사는 사돈이 잘사는 사돈을 보고 잘사는 비결을 가르쳐 달라고 했다. 잘사는 사돈은 3형제에게 외양간 황소 한 마리를 지붕위에 올리라고 명령했다. 그 명령이 떨어지자 3형제는 협력하여 쌀가마를 갖다가 쌓아서 그대로 실행하였다. 이것을 보여준 잘사는 사돈은 못사는 사돈에게 돌아가서 그대로 명령하여 실현된다면 금화가 굴러들어 온다고 했다. 못사는 사돈은 집에 돌아가서 그대로 명령하였으나 3형제는 말대꾸만 했다. 못사는 사돈은 이것이 가난의 원인이라고 한탄하였다는 것이다.[10)]

매헌이 인화제일주의를 강조한 것은 슬하에 4남 6녀를 두었고, 자부와 손자까지 3대가 같이 사는 대가족이었으므로, 인화가 강조되지 않을 수 없었겠지만 온 가족은 그의 뜻에 따라서 화목하였다. 매헌이 좋아하는 잘사는 사돈 이야기는 바로 자신을 비유해서 표현한 것 같다. 그만큼 자신의 리더십과 인화를 강조하면서 기업을 경영하는 이념과 정신으로 삼았던 것이다.

### 정직과 신용의 정신

매헌은 빈농의 아들로 태어났으나 선천적으로 강한 체력을 가졌고, 한 번 뜻을 세우면 끝까지 관철시키려는 집념과 신념이 있었다. 그는 상업을 천직으로 여겼으며, 신중을 기하면서 계속 일로 매진하였다. "상인은 정치에 관여해서는 그 본래의 뜻을 잃어버리는 것이다"[11)]고 강조한 것은 이와 같은 신념 때문이다. 아침 4시에 기상하여 사업계획을 세우고 열심히 일하는 것이 일과처럼 되었다. 그리하여 돈이 모이면 분수에 맞게 투자하였다. 적수공권으로 전라도에 내려가서 포목행상을 하였고, 3년간 모은 돈으로 전답과 집을 마련하였으며, 서울로 이주 한 후에는 마판상이 되어 경기도와 강원도를 위주로 돌아다녔다. 강원도 산골에서는 식사대용으로 감자를 씹으면서 행상하는 일이 많았다. 그 뒤 그는 사업을 계획하면 집념으로 밀어붙이는 박력과 오직 신용과 정직을 금과옥조로 삼은 것은 행상을 통하여 터득한 상훈(商訓)의 경험이었다. 따라서 오직 정직과 신용을 무기로 한 상업정신으로 상업자본을 축적하였다.

### 근검절약주의 정신

매헌 박승직이 자유행상부터 근대 기업가활동까지 빼놓을 수 없는 경영이

10) 동아일보, 1931년 1월 1일자, 연강 박두병, p. 97.
11) 매헌 박승직의 경영이념 참조.

념이 근검절약사상이다. 가화가 이루어지면 근검이 따르게 마련이다. 매헌은 가장으로서 근검을 실천하여 생활의 안정과 부의 축적을 지향하였고, 가족은 가장의 뜻을 받들고 행동하였다. 그는 검소한 생활을 하면서 평생동안 잡곡 혼식을 하였다.[12] 철저한 근검생활은 욕망을 억제할 수 있는 강한 의지가 있어야 하는데 매헌은 제욕력이 강하여 한결같이 근검생활을 지속하였다고 생각한다. 그는 가톨릭 신자였으며, 사람은 술과 담배 중에서 한가지는 끊어야 한다고 주장하였다. 그의 검약정신은 1930년 1월 2일자 동아일보에 실린 의식주생활개선 문제에 관한 담화 일면에 잘 나타나고 있다. "……우리 상업계에 있어서는 수량과 품질을 속이는 일이 절대 없기 바라며, 긴축과 절약을 이행하여야 되겠소이다. 술이나 담배 중 어느 것이든지 한 가지 끊어야 되겠으니, 나는 이십 여명 식구에 대하여 벌써 금연을 단행하여 실시하는 중이외다"[13]라고 하여 근검사상을 생활화하자는 경영정신을 발표하고 있다. 그는 한평생을 살면서 인화와 근검절약정신을 경영이념으로 생활하였다.

## 타협주의 정신

타협은 시대의 조류에 흐르는 정신이라고 하였다. 19세기말 아직도 상업천시사상이 남아 있었으나 그는 거기에 개의치 않았다. 개항 이후의 급격한 사회변동과 상업상의 변혁을 목격한 그는 부의 축적방법으로 상업을 선호하게 되었고, 그리하여 일찍이 행상의 길을 택하게 되었다. 당시의 행상은 상인조합의 성격을 지닌 전통적인 보부상이 주류를 이루고 있었으나 매헌은 보부상단에 가입하지 않았다. 시대의 조류에 민감한 그는 시장에서 볼 수 있는 전근대적 상인조합의 제약을 선호하지는 않았을 것이며, 그들과 마찰이 적은 자유행상의 길을 택하였다. 한일합방을 전후하여 한일합병회사를 조직한 것도 시대감각의 소산이었다. 일제 강압에 의해 1940년 그는 국민총력 조선연맹평의원이 되었는데, 끝까지 거절하지 않은 것은 사업을 위해 시대에 타협하려는 그의 성격이 반영되었기 때문이라고 생각된다.

12) 연강 박두병, 전게서, pp. 96~99.
13) 동아일보, 1930년 1월 2일자, 연강 박두병, p. 99.

### ⇨ 판단과 결단력의 정신

그는 판단력과 결단력이 뛰어난 사람이었다. 상점의 위치를 종로 4가에 정한 것이라든가, 광목, 옥양목과 같이 수요가 폭발적으로 증가하는 새로운 기계제 면직물을 취급한 것만 보더라도 기업가능력의 일면을 짐작할 수 있다. 그는 매사에 신중을 기하였으며 철저한 신용을 기본으로 상업의 다각적 경영과 토지 및 주식투자 같은 것도 그의 결단력을 말해주는 행동양식으로 반영하는 것이다. 즉, 투자의 분산은 위험의 분산이라고 보아 매우 조심스럽게 재산을 관리하였다. 이와 같은 자산관리방식은 반드시 근대적 기업가 활동의 특징이라고 할 수 있다.

## 3. 상업의 전문성 : 상인정신

매헌 박승직은 상인이란 상업에만 전념해야 한다는 상업의 전문성을 지적하고 있다. 즉, 상인이 정치에 관여해서는 그 본래의 뜻을 잃어버리는 것이라고 하였다. 매헌의 뜻에 따라 아들 연강 박두병은 경성고등상업학교를 졸업한 후 조선은행에 잠시 근무하다가 사업(가업)을 계승하였다. 대학 동창들 중에는 정치계로 진출한 사람이 많은데 가업을 고수한 것은 매헌의 뜻을 따르기 위해서이다. 그러면 왜 매헌 박승직은 그토록 상업에 집착하였는가에 대해서 장남 연강 박두병은 지적하기를 "첫째는 그의 지분지족 때문이며, 둘째는 상업으로 부를 축적해서 일본인이 식민지 백성인 조선인을 얕보지 못하게 해야 한다는 집념 때문이라고 생각한다"라고 말하고 있다.[14] 그는 자기의 분수를 알고 자신의 처지로서는 상업이 가장 만족하다고 생각하였다. 가장으로서 대가족의 책임을 져야하고, 떳떳한 백성이 되기 위해서는 부를 축적하여야 한다는 논리가 성립되는 것이다. 지극히 비정치적 사고라고 말할 수 있다. 그는 자제 교육에 있어 "일본인이 무시 못하는 상인을 만들겠다"고 했는데, 이것도 그의 이와 같은 상인정신 때문이라고 생각한다.

---

14) 연강 박두병, 전게서, p. 61.

## 4. 인화 · 근검 · 정직 · 민족자립 실천

매헌 박승직은 초창기에는 생소한 제조업분야의 경영을 기피하였고, 상업에 혼신의 노력을 다하였다. 즉, 인화, 근검, 정직, 신용, 민족자립 등 5대 경영이념을 시대의 흐름에 따라 기업정신으로 활용하였다. 그의 인화사상은 동양맥주의 사시가 되었으며 후손들까지 이어지고 있지만, 그는 가정에서와 마찬가지로 기업경영에서도 늘 인화를 강조하였고, 종업원들에게 인화, 근검, 정직, 신용, 민족자립 5대 기업정신을 주지시키고 있다. 당시의 포목상들은 수량과 품질을 속이는 일이 많았는데, 매헌 박승직은 그와 같은 악덕 상인을 비난하였다. 상인은 근검하고 합리적으로 경영함으로써 부를 축적하여야 한다고 생각하였다. 그가 거상으로 성장할 수 있었던 것은 인화, 근검, 정직, 신용, 민족자립의 5대 경영이념을 실천하였기 때문에 성공할 수 있었다고 생각한다.

**표 7-1** 박승직의 상인정신, 경영이념, 행동양식

| 5개의 상인정신 | 5개의 경영이념 | 7개의 행동양식 |
|---|---|---|
| (1) 정직과 신용정신<br>(2) 타협정신<br>(3) 인화정신<br>(4) 근검정신<br>(5) 민족자립정신 | (1) 인화제일주의<br>(2) 근검절약주의<br>(3) 정직주의<br>(4) 신용주의<br>(5) 민족자립주의 | (1) 이윤추구사상<br>(2) 대가족주의 - 충효사상<br>가문주의 - 유교사상<br>(3) 전문성추구<br>(4) 대인관계 : 카리스마의 리더쉽<br>(5) 판단력과 결단력<br>(6) 비정치적 사고방식<br>(7) 민족경제사상 |

주 : 필자가 매헌 박승직의 상인정신, 경영이념, 행동양식 등을 종합적으로 정리하였음.

## 5. 소결론

매헌 박승직은 '배오개'의 포목상계를 주름잡을 정도로 성공한 입지적인 상인출신 기업가이다. 그는 1929년에 쓴 휘호 '근자성공(勤者成功)'의 신념

으로 부지런히 사업을 경영하여 성공하였다. 그리고 1933년 12월 소화기린의 주식 6만주 중에서 2백주를 사고 김연수와 더불어 조선인 임원이 된 것이 '연고'가 되어 뒤에 2세 연강 박두병이 그 회사를 불하받음으로써 두산 형성의 계기를 가져오는 창업자가 되었다.

그의 상인정신은 ① 신념정신, ② 타협정신, ③ 인화정신, ④ 근검정신, ⑤ 민족자립정신 등으로 규정한다. 그리고 그의 경영행동양식은 7개로 규정할 수 있다. ① 이윤추구 사상, ② 대가족주의 : 충효사상, 가문주의, ③ 전문성 추구, ④ 대인관계 : 카리스마의 리더십, ⑤ 판단력과 결단력, ⑥ 비정치적 사고방식, ⑦ 민족경제사상 등을 발견할 수 있었다.

끝으로 그는 후계자들에게 "오른뺨 왼뺨에서 뺨때린 사람의 손까지 주물러 주라"는 가르침을 인생좌표로 남겼다.

## 제 3 절 박두병의 생애와 경영활동
## - 가업 2대의 근대적 경영체계 확립 -

### 1. 출생과 청소년기 교육과정

한일합방 직후인 1910년 10월 6일(음 9월 4일) 서울에서 매헌 박승직의 4남 6녀 중 장남으로 출생하였다. 앞에서 살펴본 바와 같이 그의 부친은 가난한 가정에서 어려운 소년시절을 보내다가 행상으로 성공하여 배오개(종로 4가)에서 포목상을 차리고 기반을 잡아 거상이 되었다. 소년 박두병은 1918년 3월에 동대문 심상소학교에 입학하였으며, 1929년 3월에는 경성중학교를 졸업하였다. 연강의 교육과정에서 나타난 특징은 그가 유치원에서부터 고등학교에 이르기가지 일본인 위주의 교육기관만을 택하여 교육을 받았다는 사실이다. 이는 일본인과 경쟁하기 위해서는 먼저 일본인을 알아야 한다는 부친 매헌 박승직의 교육관에서 비롯된 것이었다.[15]

## 2. 청년기 (주)박승직 상점의 전무취체역 및 가업의 계승

연강 박두병은 1932년 3월 경성상업고등학교 재학 중에 명씨와 결혼하여 졸업 후 조선은행에 입사하였고, 4년 뒤 조선은행을 사퇴할 당시 1남 1녀를 둔 26세의 청년 가장이 되었다.

연강은 70대의 매헌의 뜻에 따라 주식회사 박승직 상점의 전무취제역으로서 가업의 계승자가 되었다. 이는 1930년대의 세계대공황이 식민지인 조선에까지 충격을 가하게 되자 매헌은 스스로의 한계를 느끼게 되어 그의 주력 사업인 주식회사 박승직 상점만은 근대적 경영이론을 습득한 아들 연강 박두병에게 맡겨야 한다고 판단한 결과였다.[16)]

따라서 연강은 부친 매헌의 뜻에 순응하여 26세라는 젊은 나이에 기업인으로서 첫발을 내딛게 된 것이다. 1930년대에 몰아닥친 세계대공황의 후유증 때문에 종로 일대의 포목상은 타격을 받았다.

1940년대에는 더욱 경제통제가 강화되었고, 이와 같은 상황에서 박승직 상점 도매부는 삼목상사주식회사로 개칭되었다. 이 회사는 소매상조합과 도매상조합인 포목상연합회의 결의에 따라 할당받은 강원도 일대를 상대로 배급활동을 하였으니 본래의 자유로운 기업활동은 위축될 수밖에 없었다. 삼목상사는 1942년부터 소화기린맥주의 대리점을 경영하면서 겨우 명맥을 유지하다가 1945년 8.15해방을 맞이하였다.

## 3. 해방과 두산의 창업기

1945년 8월 15일 해방이 되고 남한에 미군정이 실시되자 군정당국은 9월 25일 법령 제2호로 "일본인 재산이양에 대한 법령"을 발포하였다. 그에 따라 한국내의 모든 일본인재산은 군정청 관할하의 귀속재산이 되었고, 일본

---

15) 연강의 출생과 그의 교육과정은 "연강 박두병" 제1편 출생과 가계 및 "OB 20년사", p. 235.

16) 연강 박두병 전게서, pp.112~117 참조; 윤재걸, 화려한 두산그룹 일가, 정경문화, 1984. 3, pp. 201~202 참조; 재인용, 필산 황명수, 한국기업경영의 역사적 성격, 1993, p. 364.

인기업 소화기린맥주주식회사도 당연히 미군청 관할하의 귀속업체가 되었다. 이때 연강은 시국을 관망하면서 소일하고 있었는데, 소화기린맥주주식회사 자치위원회 핵심위원들이 회사를 위한 관리지배인이 되어달라고 부탁하였다. 핵심위원 중에는 최인철과 윤현두가 포함되어 있었는데, 최씨는 기린맥주 경성지점에 근무할 때 업무관계로 자주 만난 사이이며, 후에 동양맥주 사장을 지낸 사람이다. 그리고 윤씨는 동경농업대학 양조학과 출신의 일류 기술자로서 일제 말기부터 소화기린 영등포공장에 근무하고 있었다. 이상의 핵심위원들은 우선 소화기린 주주인 매헌 박승직에게 회사경영을 맡아달라고 부탁했으나 82세의 고령을 이유로 아들인 연강을 추천하게 되었고, 결국 연강 박두병이 지배인이 되었다. 연강은 그 해 9월 말 영업이 부진한 박승직 상점을 휴업하고 10월 6일부터 소화기린에 근무하였다.[17]

새로 관리인으로 추대받은 연강은 군정청의 승인을 얻어 정식으로 지배인이 되었고, 10월 13일 잔류 일본인으로부터 결산서류와 공장서류 일체를 인수받았다. 노사분규, 전력난 등 어려움은 있었으나 원료와 포장재료인 빈병재료가 있어서 공원 70명과 사무직 사원 15명으로 생산을 재개하였다.

이때 연강의 매부 이인기의 소개로 경성상고 후배이며, 영어에 능한 정수창을 평사원으로 영입하여 군청정관계 업무를 맡게 하였다. 정수창은 이때부터 두산그룹의 가족으로 입사하여 두산그룹의 회장까지 되었다.

1948년 7월 연강 박두병은 동양맥주사장에 취임하여 경영의 쇄신에 노력하는 한편, '두산상회'라는 간판을 걸고 무역업을 개시, 1950년 초 홍콩에 게살 통조림을 수출한 바 있다. 두산이란 상호는 연강의 이름에서 딴 것이며, 한 말 한 말 쌓아서 태산같이 커지라는 뜻으로 부친인 매헌 박승직이 지었다.

---

17) 연강 박두병, 전게서, p. 145.

## 4. 장년기 경영활동과 OB그룹의 형성기

### 두산의 요람기

연강 박두병은 1952년부터 1961년까지 OB(Oriental Brewery)그룹을 형성하고, 그의 나이 42세부터 51세까지의 이 시기를 두산의 요람기로 형성해 놓았다. 1953년 6월 10일 종래의 주식회사 두산상회를 두산산업주식회사로 재개편하고, 두산산업을 동양맥주주식회사의 총판회사로 만들고 동양맥주주식회사는 생산만 전념케 하고, 두산산업은 운송·판매 및 수금업무 등을 담당케 하였다. 이리하여 1953년 8월 9일에는 맥주의 첫 제품이 생산되어 나왔으며, 8월 12일부터는 시판을 개시하게 되었다.[18]

그는 우선 이미지 쇄신을 위해 OB라는 상표를 새로이 도안하여 1954년 3월부터 사용했는데 이는 시각적인 이미지 쇄신의 효과를 얻기 위한 것이었다. 그리고 제품에 대한 이미지 쇄신과 함께 판매성과를 올리기 위해 하나의 특이한 판매제도를 도입하였다.

그것은 맥주의 총 생산량을 총판기구를 통하여 각 수요자에게 판매토록 하는 이른바 총판제도였는데, 생산은 동양맥주주식회사가 담당하고 판매와 수금업무는 두산산업이 담당하는 경영전략이 그것이었다. 또한 1956년에 와서는 판매망의 확장을 위해 대리점 조직을 전면 확장하여 종래의 13개소(1953년)에서 32개소 크게 늘렸으며, 대리점 확장에 있어서는 인품을 중시하여 신의를 바탕으로 대리점을 선정함으로써 큰 성과를 거둘 수 있었다.

그 결과 1958년에 와서는 시장점유율이 57%로 상승하여 크라운맥주를 능가하게 되었다. 이처럼 제품에 대한 이미지전략과 판매전략을 통해 목표를 달성할 수 있었다.

18) "신동아", 1970년 7월, 박두병 인터뷰 참조, 상게서, pp. 215~216.

## 두산그룹의 형성기

1960년대 들어오면서부터 연강 박두병은 동양맥주의 시설확충과 더불어 계열기업의 형성에 주력했으며, 그 결과 동양맥주주식회사를 중추로 하여 일련의 기업집단, 두산그룹을 형성하게 되었다. 광복 후 우리나라에 형성된 대부분의 재벌그룹이 당대에 이루어진 것과는 달리 두산그룹은 광복 전의 상업자본이 광복 이후에 산업자본으로 전화하여 2대에 걸쳐서 형성되었다는 점에서 하나의 특징을 찾아 볼 수 있다. 이는 곧 두산그룹이 다른 기업집단에 비해 상대적으로 정상적인 발전과정을 밟아왔다는 것을 의미하기도 한다.

연강 박두병은 장년기부터 예순의 나이까지 그가 생존시에 관여하여 설립 혹은 인수하게 된 각종 방계기업은 모두 14개 회사인 것으로 밝혀지고 있다. 여기에서 중요한 것만 갖추려 보면 다음과 같다.

두산산업주식회사는 그가 1946년 무역회사 두산상회로 출발하여 1951년 8월 부산에서 제3모터폴을 설립하면서 동년 10월 29일 주식회사 두산상회로 정식 발족했다가 1953년 6월 10일에 이르러 두산산업주식회사로 개편된 두산그룹의 모기업이 되었다.

그 뒤 한국맥아공업주식회사, 대관농산주식회사, 동산토건주식회사, 금강융단주식회사, 한양식품주식회사, 주식회사 윤한공업사, 한국병유리주식회사, 합동통신, 한양투자금융 등을 설립하거나 흡수 합병하였다.

1960년대까지는 동양맥주와 두산산업주식회사를 소유하고 있었을 뿐이었으나 1960년 경제개발 5개년 계획부터 사정이 달라졌다. 1960년 7월에 동산토건주식회사를 설립하였고, 11월에는 합동통신사를 인수하여 건설과 언론분야로 경영을 다각화하였다. 1960년부터 1973년까지 13년간, 즉 50세부터 63세까지 연평균 1개의 회사를 신설하거나 흡수, 합병하여 두산재벌을 형성하였다. 두산재벌은 1973년 이후 급성장하였다고는 하지만 재벌로 부상한 것은 1960년대 연강 박두병의 공헌이라고 평가한다.

연강 박두병은 무리하게 사업을 확장하지 않았으며, 경영의 합리화로 내실을 다져나갔다. 그는 대담한 반면, 돌다리도 두드려 보고 건널 정도로 조심성도 많았다. 그리고 강력한 리더십이 있어서 기업을 성공적으로 경영할 수 있었다.

### 5. 이순(耳順)의 상공업계 총수와 공적활동

연강 박두병이 기업경영에 성공한 시기에는 공인으로서 사회적 활동도 활발하였다. 출신학교 계통의 동창회장을 비롯하여 한양로타리클럽 회장, 서울컨트리클럽 이사장, 대한상공회의소 회장, 제1회 한국무역박람회 회장, 한국마케팅 개발센터 회장, 통일주체국민회의 대의원, 1970년 5월 아시아 상공회의소 연합회 회장 등 공인으로 다양하게 활동하였다. 그 중에서도 연강이 가장 심혈을 쏟은 공적활동은 3회에 걸쳐 중임한 대한상공회의소 회장직이었다고 지적할 수 있다. 일제하에 고등교육을 받은 기업가가 많지 않던 시대에 그는 엘리트 기업가로서 오랫동안 기업과 단체를 대표하였다. 그는 대한상공회의소 회장직에 있던 1973년 8월 4일 63세로 짧은 인생을 마감하였다.

## 제 4 절 박두병의 기업가정신

### 1. 창업의 효 계승

연강 박두병은 부친 매헌 박승직과는 달리 경영학을 배운 근대적 기업가였으나 기업가정신에서는 매헌의 그것을 따르려고 노력하였다. 매헌은 인화와 근검, 정직, 신용을 실천함으로써 거상이 되었는데, 연강 박두병도 부친의 이와 같은 기업가정신을 이어 받아서 경영이념의 신조로 삼았다. 이것은 경영사학에서 규정하는 창업의 효를 계승한 매우 훌륭한 기업가정신으로 평가된다.

연강은 부친의 경영이념 중에서 특히 인화사상에 많은 영향을 받았으며,

이것을 평생의 기업경영의 좌우명으로 삼았다. 연강 박두병이 해방 후 소화기린맥주주식회사의 지배인이 되었을 때에는 늘 인화를 강조하여 당시 격화되었던 사원간의 반목과 노사분규를 수습하는데 성공하였다. 즉, 인화를 내세워 "회사와 노동조합은 원래 견원지간"이란 구호를 뒤집고, "내가 살면 너도 살고, 나도 세끼 너도 세끼 먹는다"는 신념으로 생활하여 시범을 보임으로써 화합체제를 구축하였다.

이와 같이 그는 부친 매헌 박두병의 기업가정신을 그대로 계승하여 실천함으로써 ① 인화경영주의, ② 근검경영주의, ③ 정직경영주의, ④ 신용경영주의 등을 기본으로 삼아 오늘의 두산그룹을 이루는 근간이 되게 하였다.

## 2. 박두병의 기업가정신

### 인화 및 인간중심주의

연강 박두병의 기업가정신은 인적자원을 중심으로 하는 상호 화합의 인화에 달려 있음을 강조한 것이 돋보인다. 여기에서 인화라 함은 상하, 좌우의 모든 사람이 참된 조화를 이루어야 한다는 것을 뜻하며, 그것은 강요된 인화가 아니라 구성원 각자의 마음에서 우러나오는 인화가 참된 인화라 강조하였다. 연강 박두병의 인화 및 인간중심주의 사상은 부친 매헌에게 물려받은 경영이념이라고 볼 수 있는데, 그의 이런 기업가정신은 그의 경영사상에서 가장 근간을 이루고 있는 것이어서 그는 인화를 사시로 정하기도 하였다. 연강 박두병의 인화 및 인간중심사상은 거의 기업활동 전반에서 일관되게 기업경영의 기본정신이었으며, 그것은 특히 기업경영환경이 어려움에 처했을 때 진가가 발휘되었다.

그 사례로서 ① 창업 초기의 황폐화된 공장을 복구하는 과정에서 연강의 인화주의 및 인간중심경영은 전 사원의 일치단결을 촉진시킴으로써 큰 성과를 거두게 하였다. ② 1950년대 후반 조선맥주주식회사와의 경쟁과정에서도 연강의 인화주의 및 인간중심경영은 대리점과의 인간관계, 즉 信義에 의한 결속과 공동의 이익을 추구한다는 협동관계를 통하여 판매망을 확장해 감으로써 조선맥주(주)의 시장점유율을 앞질러 OB의 시장점유율을 크게 높이는 성과를 거두기도 하였다.[19] 그는 "천시 불여지리 지리 불여인화(天時 不如地利 地利 不如人和)"라는 옛말을 즐겨 인용하면서, "하늘이 도움을 주는 시기를 기다리는 것은 땅에서 이익을 얻는 것만 같지 못하고, 땅에서 이익을 얻는 것은 인화만 같지 못하다"고 하여 인화정신의 경영이념을 기업가정신으로 승화하였다.

### 신용과 정직주의

연강 박두병의 인화주의 못지 않게 소중하게 여긴 기업가정신은 신용과 정직이었다. 박승직은 아직 전통적인 상거래 질서가 수립되지 않았던 19세기 후반에 모든 상행위의 기본을 신용과 정직에 둠으로써 거상으로 발돋움할 수 있었던 것이다.

> "사람이란 어떤 인물, 어떤 사업, 그리고 어떤 상황 속에서라도 오직 정직·성실하고 또 노력한다면 무슨 일이든 남보다 뒤떨어지지 않게 할 수 있고 또 누구에게나 신망과 존경을 받을 수 있다."[20]

연강 박두병은 신용을 얻기 위해 사업가가 갖추어야 할 전제조건으로 "신용과 정직성"을 강조했다. 그는 항상 "이익도 도의를 밑바탕으로 할 때 정당한 것이 되며, 도의를 배척하는 재능, 지식, 발명은 생명이 길지 못하다. 무리하게 이익을 탐하면 오히려 재산을 상실하고 화를 초래한다"고 가르쳤다.

그리하여 그는 "백 개의 계단을 한꺼번에 뛰어 오른다거나 천리를 단숨에 달린다던가 함으로써 일확천금을 꿈꾸는 것"을 철저하게 배격하였다. 그에게 신용을 얻는 확실한 지름길은 "정직성을 지키면서 한 걸음 한 걸음 착실히 전진하는 태도"였다. 그의 신용사례를 보기로 하자. 단 한번의 부도도 낸 일이 없었던 것과 같이 회사 세금이건 개인의 재산세, 소득세건 단 한번

19) 박동순, 재벌의 뿌리, 박두병 : 삼대의 經營의 底力, 1982, pp. 173~174.
20) 두산, 배오개에서 세계로, 두산100년 이야기, 1996, p. 185.

의 체납도 스스로 용납하지 않았다. 1973년 맥주세율이 생산가의 150%까지 치솟았을 때에 밝힌 그의 세금에 대한 견해를 들어보면 국가경제의 일익을 담당하고 있다는 기업인으로서의 높은 긍지와 사명감까지도 엿볼 수 있다.

> "납세는 국가를 부강하게 하는 첩경이다. 다른 회사가 세금을 안낸다고 해서 우리도 안낸다면 국가재정은 파탄에 이르고 급기야는 국가존망의 위기가 초래될 것이다. 주세는 소비자 부담이다. 고객은 술을 마시면서 세금을 내는 것이며, 우리는 그 납부를 대행할 뿐이다. 그러므로 소비자와 회사는 5 대 5의 주주라는 생각으로 철저하게 세금을 납부해야 한다."[21]

### ⇨ 성실제일주의

연강 박두병의 기업가정신 중 사업가로서 가장 돋보이는 기업가정신은 성실제일주의라고 할 수 있겠다. 성실은 우선 근검과 통하는 것으로서 두산이라는 그룹의 명칭이 말해주듯이 근검, 절약하여 한 말 한 말을 쌓아서 산과 같이 만든다는 정신자세로 기업을 경영해야 한다는 연강의 신념을 말한다. 그리고 성실은 순리와도 통하는 것이어서 연강은 과욕과 무리를 절대금물이라고 강조하였다. 즉, 과욕은 필연적으로 무리한 행위를 낳게 하고 무리한 행위를 하게 되면 타인과 사회에 피해를 주기 쉬우며, 그 반대급부로서 궁극적으로는 스스로를 파멸시키게 된다는 것이 연강의 신념이었다.

연강은 시대 역행도 같은 논리에서 절대금물이라고 보았다. 다시 말하면 시대의 흐름에 순응하는 것이 그가 살아간 처세술이었고, 또 하나의 기업경영의 정신이었다. 따라서 그는 근검과 순리를 바탕으로 하여 성실하게 기업을 하는 것이 자신의 발자취였다고 밝히고 있다.

### ⇨ 사회적 책임주의

연강 박두병은 기업의 공익이념과 관련하여 기업인의 사회적책임의 이행

---

21) 배오개에서 세계로, p. 186.

을 강조하고 이를 가능한 범위내에서 스스로 실천해 나갔다. 연강은 기업을 합리화하고 발전시킴으로써 값싸고 품질 좋은 상품을 소비자에게 공급하는 것, 그 자체가 곧 기업인의 사회적책임의 이행이라 생각하였다. 그리고 더 나아가서는 실현된 기업이윤의 사회적 환원을 실천하는 것이 보다 더 적극적인 사회적책임의 이행이라고 믿고 있었다. 다시 말하면 돈을 벌면 그 대부분을 사회복지적인 면에 돌려져야 한다는 것이 그의 투철한 신념이요, 기업경영정신이었다.

그 사례로서 첫째, 1960년 11월 연강은 경영난에 봉착한 합동통신을 인수하였다. 이는 언론기관이 사회적 공기라는 관점에서 적자운영을 감수하였고, 또한 기업이윤의 사회적 환원의 정신이라는 의미를 두고 인수했다고 하였다. 둘째, 1961년에는 사내장학제도를 창설하여 종업원 자녀 중 우수한 학생을 선발해서 수업료 등 학비 일체를 지원하였다. 또한 연강은 1967년 상과대학 동창회에 장학금을 기탁하는 등 어려운 학생에게 장학혜택을 주었다.

셋째, 1970년대에 들어와서 더욱 적극적인 사회적책임의 이행을 위하여 약 10억원에 달하는 사재로 의료 및 과학 등 연구분야에 대한 재단설립을 구상하기도 했으나, 당시 일부 재벌이 문화재단을 빙자하여 탈세를 획책한다는 세간의 잡음이 많아 중단한 것은 안타까운 일이 아닐 수 없다.[22]

### 정경분리주의

연강 박두병의 기업가정신 가운데 기업가가 지켜야하는 도리는 "상공인은 모름지기 정치와도 초연해야 한다"고 지적하였다. 그래서 연강은 평생 그런 정신자세로 정치와는 초연한 입장에서 오직 기업만을 천직처럼 성실하게 경영한 기업인이었다고 평가할 수 있는데, 이는 결국 부친 매헌의 신념을 착실히 이어 받은 경영이념이라고 볼 수 있다. 기업의 영속성을 위해서 '정치와의 불원불근' 등의 철학을 남겼다. 그가 주장하는 '불원불근의 이론'은 기

22) 연강 박두병, 전게서, pp.252, 260, 304 참조; OB 20년사, pp. 392~395.

업을 경영함에 있어 정치와는 멀리도 가까이도 하지 않겠다는 것인데, 이 역시 선대 박승직의 가르침을 계승한 것이었다. 사업은 영속성을 추구하는 만큼 정치와 너무 밀착하게 되면 그 체제나 주도세력이 변할 때마다 사업 또한 변동을 겪지 않으면 안된다.

정치인과의 관계를 소홀히 하지 않으면서도 부단히 사업을 영속시키고자 했던 것이 박두병의 정경분리주의 경영이념이었다. 그가 대한상공회의소 회장 재임시절에 마음만 먹었다면 정치와 결탁하여 기간산업 업체를 설립할 수도 있겠으나, 그는 이것을 "남이 하니까 나도 한다는 부화뇌동이거나 탐욕의 소치"라고 여기고 자신의 경영철학을 소신있게 지켰다.[23]

> "송충이는 솔잎을 먹고 살아야 한다."
> "한 우물을 파라."
> "새로운 것을 벌이는 것보다 지키는 것이 더 어렵다."
> "먼 장래를 걱정할 때만이 현재에 걱정이 없게 된다."
> "책무를 다함으로써 신뢰를 얻고, 사회와 국가 발전에 기여한다."

이것들은 모두 연강 박두병이 평소 가슴속에 새기면서 후대에게 가르친, 그의 기업가정신을 잘 반영한 경구들이었다.

## 3. 소결론

연강 박두병은 과묵한 편이었으나 민주적 리더십과 카리스마 리더십을 동시에 가진 그리고 상업자본으로서 산업자본을 형성한 20세기의 위대한 기업가의 한 사람이었다고 평가한다. 그는 리더로서 결단력이 있었고, 용인술에도 능하였으며, 공과 사를 명백히 하여 사소한 금액일지라도 부정은 용납하지 않는 반면, 유능한 사원에 대한 예우에 인색하지 않았다.

예컨대 경성고등상업학교 후배이며, 대한상공회의소 회장을 역임한 정수창을 평사원으로 입사시켜 두산그룹 발전에 기여케 하는 한편, 그를 예우하

23) 상게서, pp. 186~187.

는데 인색하지 않았다. 이와 같이 연강 박두병은 두산재벌을 형성한 기업가로서 한국기업가사에 매우 특이한 점을 발견할 수 있었다.

첫째는 전통적 상업자본이 축적되어 산업자본화하고 2세인 연강 박두병에 이르러서 재벌로 부상한 점이고, 둘째는 근대적 경영교육을 받은 연강이 강력한 리더십을 발휘하여 맥주산업계의 치열한 경쟁에서 성공하였다는 점이다. 셋째는 창업의 효를 승계한 기업가로서 우리나라 유교적 가문주의 표본으로 남겨졌다. 매헌 박승직의 장남인 연강 박두병에게 부친의 경영이념을 이어 받고, 임기응변으로 시대의 흐름에 대처하여 두산그룹이 성공하였다.

넷째, 성공요인이 된 기업가정신으로는 ① 인화주의 경영, ② 근검절약주의 경영, ③ 신용 · 정직주의 경영, ④ 사회적 책임주의 경영, ⑤ 노사화합주의 경영, ⑥ 품질제일주의 및 고객만족주의 경영 등이 발견되었다.

다섯째, 연강 박두병의 경영사상과 행동양식 9가지는 두산그룹의 성장요인이 되었다. 그것은 ① 가문주의 사상, ② 자본과 경영의 분리, ③ 정치와 경영의 분리, ④ 기업공개, ⑤ 국산화, ⑥ 민주적과 카리스마적 리더십, ⑦ 인재의 용인술, ⑧ 경쟁력제고, ⑨ 경영합리화 등으로서 규정할 수 있다.

**표 7-2** 박두병의 기업가정신과 경영사상

| 기업가정신 | 경영사상과 행동양식 |
|---|---|
| 1) 인화주의 경영<br>2) 근검절약주의 경영<br>3) 정직 · 성실주의 경영<br>4) 신용주의 경영<br>5) 노사화합주의 경영<br>6) 품질제일주의 경영– 고객만족주의 경영<br>7) 사회적 책임주의 경영 | 1) 가문주의 사상<br>2) 자본과 경영의 분리<br>3) 정치와 경영의 분리<br>4) 기업공개<br>5) 국산화<br>6) 민주적과 카리스마적 리더십<br>7) 인재의 용인술<br>8) 경쟁력제고<br>9) 경영합리화 |

주 : 김성수 교수가 정리하여 종합적으로 체계화함.

# 제5절 두산창립 100주년을 맞이하면서 단행한 구조조정

## 1. 창업100주년의 구조조정

박용오 회장은 1996년 두산 창립 100주년을 맞이하면서 1997년 이후 신개화기를 전개하는 구조조정을 단행하였다. 그는 구조조정의 철학을 가진 기업가이다. 그는 뉴욕대학 출신으로 1996년 12월 그룹회장에 취임하면서 구조조정의 성공적 완수를 위하여 21세기의 새로운 도전과 경영철학을 창출하였다. 먼저 가치에 의한 의사결정을 원칙으로 제시하였다. 다음으로 성역의 타파로서 가치창출에 기여하지 못하는 자산은 성역없이 처분하며, 그리고 "나에게 걸레는 남에게도 걸레"라는 경영철학을 발표하고, 구조조정을 위해서 과감하게 알짜배기 기업이나 사업을 매각하여야 한다는 사례를 남겼다. 끝으로 구조조정의 혼란에 빠지지 않고 흔들림 없이 추진할 수 있도록 구조조정의 방향성을 제시한 훌륭한 오너 겸 전문경영자이다. 그는 2001년 한국중공업의 지분을 인수하면서 중공업의 기치를 높이 세우는 한편, 제1단계 현금유동성 확보, 제2단계 재무구조의 획기적 개선, 제3단계는 성장기반 구축, 제4단계 성장엔진 발굴, 제5단계는 2002년부터 2006년까지 수익성 위주의 New Start전략의 추진 등 5단계의 사업구조조정을 제시하면서 21세기 두산 100년 후의 장기경영계획을 착수한 경영자로 남을 것이다.

그는 21세기의 새로운 도전과 경영이념을 가지고 기업가정신을 정립할 것이다.

오늘 두산의 경영이념이기도 한 ① 고객으로부터 사랑 받는 기업, ② 국가와 국민에게 봉사하는 기업, ③ 사회적책임을 다하는 기업, ④ 긍지와 자부심을 갖는 기업 등을 만들어가야 한다는 박용오 회장의 경영철학은 무겁기도 할 것이다.

그림 7-1. 두산의 기업가정신

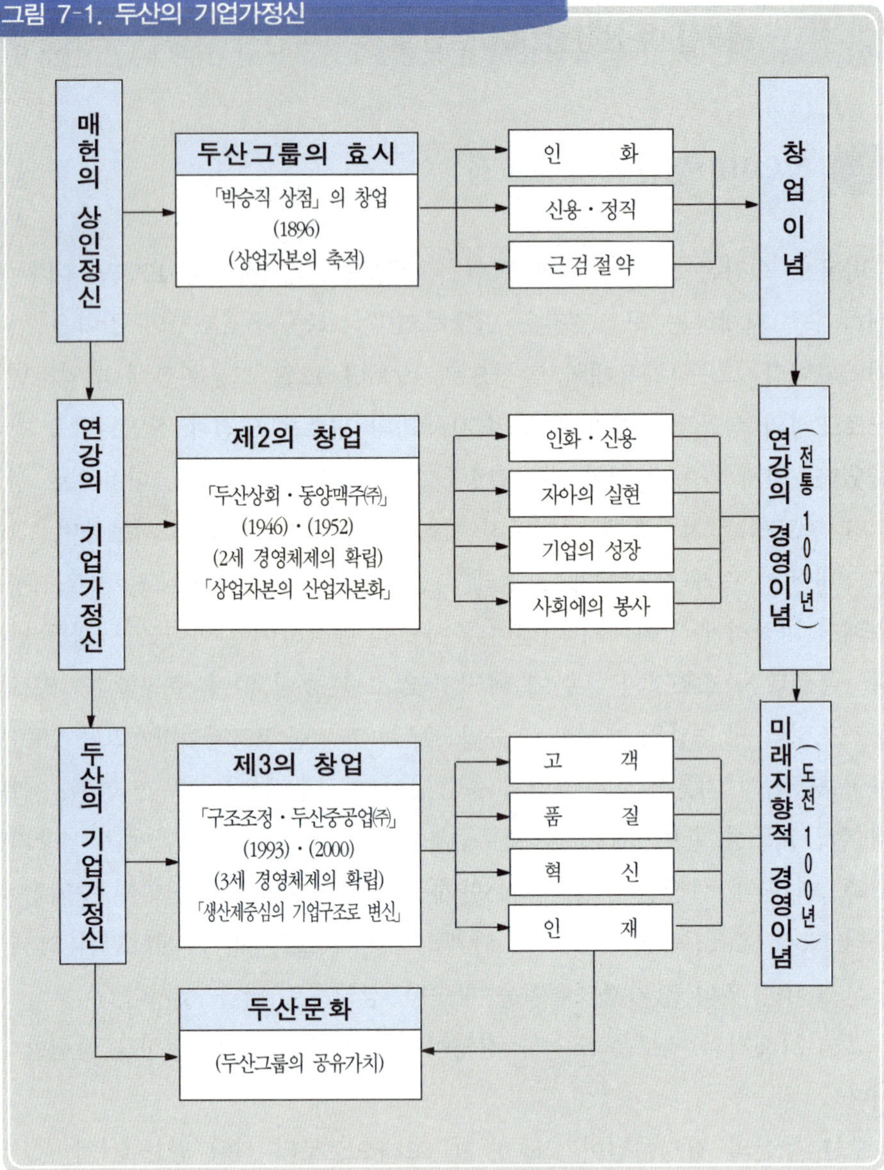


자료 : 고승희, 두산그룹의 기업문화, 2002. 6, p. 358.

그러나 두산의 1세기는 평탄하지만은 않았다는 사실을 직시해 볼 때 두산의 기업가정신은 성공할 것으로 본다. 일제시대 매헌 박승직의 상업행동양식, 해방 이후와 경제개발시대의 연강 박두병의 기업경영의 고뇌, 박용곤의 페놀사고, 박용오의 IMF의 구조조정과정의 업종전환문제와 경영이념 승계의 문제 등 과거의 어려운 시절, 즉 정권이 바뀔 때마다 가치관의 변화와 부도덕이고 비윤리적인 사회문제 등 시대적 상황을 바라보면서 많은 문제를 해결해 왔음을 엿볼 수 있었다.

## 참고문헌


1. 高承濟, 한국경사연구, 한국능률협회, 1975.
2. 金東雲, 박승직 상점 1882～1951, 도서출판 혜안, 2001.
3. ______, 한국재벌의 초기형성과정 : 두산그룹의 1대 박승직 상점(1925～ 1945), 경제학연구, 한국경제학회, 1996.
4. ______, 두산그룹의 형성과정 1952～1996년, 경영사학 18, 한국경영사학회, 1998.
5. 金柄夏, 재벌의 형성과 기업가 활동, 한국능률협회, 1991.
6. ______, 재벌의 형성과 기업가 활동, 한국능률협회, 1991년, 매헌 박승직편.
7. ______, 한국경제경영사상사, 계명대학교 출판부, 1989.
8. ______, 한국경영이념사, 계명대학교 출판부, 1994.
9. ______, 매헌 박승직의 기업가활동과 동양맥주-재벌의 형성과 기업가 활동, 한국능률협회, 1991.
10. 金聖壽, 매헌 박승직과 연강 박두병의 생애와 경영이념, 제2차 Workshop자료, 2002.
11. ______, 성공으로 가는 경제학원론, 양서원, 2000.
12. ______, 일제하 한국경제사론, 경진사, 1985.
13. ______, 호암사상의 재조명 연구, 한국경영사학회, 1997.
14. ______, 아산 정주영 연구-생애와 경영이념-, 한국경영사학회, 1999.
15. ______, 성공한 창업자의 기업가정신, 삼영사, 2002.
16. 박동순, 재벌의 뿌리, 박두병 : 三代의 經營의 底力, 문출판사, 1982.
17. 박두병, 자필이력서, 1973.
18. 朴承稷, 深夜中自筆, 蓮崗 朴斗秉, 합동통신사 출판국, 1975.
19. 백승열, 재벌그룹, 재벌총수들, 문원, 1995.
20. 동아일보, 1930년 1월 2일자. 연강 박두병.

21. ______, 1931년 1월 1일자. 연강 박두병.
22. 두산, 배오게에서 세계로-두산100년이야기-, 1996.
23. 두산그룹기획실, 두산그룹사, 상·하, 1989.
24. ______, 斗山四季, 1995.
25. 두산전자(주), 폐놀백서, 1994.
26. 서울대학교 경영연구소, 경영사례연구 1977~1993.
27. 송기철, 경영사, 박영사, 1988.
28. 新東亞, 1870년 7월, 박두병 인터뷰.
29. 신장명, 일류의 지도자-일등기업은 일류리더가 만든다-, 한국생산성본부, 1993.
30. 양창삼, 한국의 경영사상, 양영각, 1993.
31. 蓮崗 朴斗秉, 합동통신사 출판국, 1975.
32. 연강의 출생과 그의 교육과정은 "연강 박두병" 제1편 출생과 가계 및 "OB 20년사".
33. 尹在杰, 화려한 族譜, 斗山그룹一家, 經濟文化, 1984.
34. 이한구, 한국재벌형성사, 비봉출판사, 1999.
35. 이현희, 한국사대계(8)-일본강점기-, 1979.
36. 전유상, 한국기업의 생존과 성장전략, 어문각, 1993.
37. 조기준, 배오개의 거상, 박승직, 한국기업가사, 1974.
38. ______, 한국기업가사, 박영사, 1974.
39. 조동성, 한국재벌연구, 매일경제신문사, 1990.
40. 조선은행, 회사-조합요록, 1929.
41. 朝鮮日報, 1936년 1월 10일자, 연강 박두병.
42. 최태호, 연강 박두병의 기업경영정신, -황명수, 한국기업경영의 역사적 성격-, 1993.
43. 한국경영사학회, 매헌 박승직과 연강 박두병 연구, 제1차 발표자료, 2002. 1. 25.
44. 한국경제연구원, 한국의 기업집단, 1995.
45. 황명수, 매헌 박승직의 생애와 기업활동, 한국 기업경영의 역사적 성격, 1993.
46. A.H. Cole, A New Set of Stages Exploration in Entrepreneurial History, Vol. 9, 1956.
47. A.H. Cole, What is Business History, Business History Review, Spring 1962.
48. D.C. Coleman et al, Enterprise and History, Cambridge University Press 1984.
49. Financial News, 2002, 1. 25.
50. OB News, 1969. 12, 동아일보, 1993. 11. 22. 〈緣〉 시리즈 6번.
51. S.S. Kim, The Colonial Characteristics of Korean Industrialization under Japanes Rule, Seminar in Economics, Harvard Extension Monography, Harvard University, Cambridge Massachusetts, 1982.
52. T.C. et al, Business History, London, 1971.

8

# 유일한의 경영활동과 기업가정신

## - 무지·기아·질병 3대 공적 퇴치, 유한양행 창업 -

# 제 8 장 유일한의 경영활동과 기업가정신

**- 무지·기아·질병 3大 공적 퇴치 유한양행 창업**
**- 한국 최초의 종업원지주제도 실시**

## 제 1 절 유일한의 생애와 경영활동

### 1. 출생기와 소년기

유한양행의 창업자 유일한은 1894년 동학혁명과 청일전쟁이 발발하던 격변기에 평양소상인의 가정에서 9남매의 장남으로 태어났다. 그의 본명은 유일성(柳一聲)이었으며 일한이라는 이름은 그가 미국에서 성장한 후 한국사람이라는 것을 잊지 않기 위해 스스로 바꾼 이름이다.

그의 부친 유기연은 계산에 철저한 평범한 상인이면서도 모험심이 강하고 정의감에 투철한 사람이었다. 그는 행상을 하면서 어느 정도 재산을 모을 수 있었고 29세에 평양 소상인의 딸인 김확실과 결혼하여 평양에 정착하였다. 그는 그곳에 비단 상점을 내 상업을 하던 중 유일한을 낳게 된 것이다. 유일한이 취학할 무렵에는 한반도를 둘러싸고 러시아와 일본 사이에 각축이 심한 때였으며, 외국 선교사들이 평양에서 선교활동을 활발히 전개하던 때였다. 당시 평양은 기독교활동의 중심지로서 많은 기독교 학교가 있었으며 유일한은 기독교 학교인 숭실학교에 다녔다.

부친은 당시 미국 선교사를 사귀게 되었고 마침내 선교사를 찾아가 아들을 미국에 데려가기를 간청하였다. 그 뜻이 이루어져 유일한은 9세의 어린 나이에 멕시코로 가는 한국순회공사 박장연을 따라 기선을 타고 미국으로 보내어졌다. 부친은 그 후 가족을 이끌고 북간도로 이주하여 독립당의 재정

담당의 책임을 맞는 등 활약하였으며 독립운동을 하였다.

## 2. 청년기 : 미국에서 대학졸업과 결혼

미국에 도착한 소년 유일한은 네브라스카주에서 독신생활을 하던 침례교 신자 자매 이사벨과 엘리자베스의 양아들이 되었다. 그는 네브라스카에서 국민학교를 거쳐 중학교, 고등학교를 졸업하고 이어 미시간대학(경영학사)에서 경영학을 공부하였다. 고등학교 재학시절에 미식축구 스타플레이어로 활약하여 학교당국으로부터 장학금을 받기도 하였다.

그는 미시간대학 재학중에 중국인 학생들과 친교를 맺게 되었는데, 이 인연으로 광동출신의 중국인 2세 메리 우(胡美利)와 1924년에 결혼하였다. 우 여사는 소아과 의사로서 나중에 유한양행 경영에 많은 조언을 한 것으로 알려져 있다.

유일한은 부친의 소원대로 1905년부터 1919년에 이르는 15년 동안 초등학교부터 대학에 이르기까지 미국의 교육과정 모두를 밟을 수가 있었다. 유일한처럼 미국 교육을 모두 마친 사람은 우리 근대기업사에서 찾아보기 어렵다. 그는 미국 유학과정에서 개척정신과 청교도정신을 체득하였다. 그가 어릴 때 체득한 동양적 보수성과 미국의 개척정신 및 서구적 진취성이 훗날 그의 신념과 가치관의 확립에 기초가 된 것이다. 그의 이러한 정신은 귀국한 후 부친의 소원대로 우리나라를 위해 봉사하는 선각자 역할을 담당하는데 크게 활용되었다.

### 신문배달시작 - 대학과정을 고학으로

그의 미국 유학은 특히 경영자로서 유일한의 진로를 결정짓는 커다란 요인이 되었다. 독립심이 강한 그는 11세에 양모의 반대에도 불구하고 신문배달을 했다. 그는 어느 비오는 날 신문이 비에 젖지 않도록 가슴 속에 넣어 배달했는데, 이것을 본 신문사 간부로부터 "너야말로 유능한 사원이자 우리 신문사의 보배이다"라는 칭찬을 받은 일도 있었다. 이 한마디는 그의 좌우명이 되었다. 즉, '유능한 사람은 최대의 자본'이라는 교훈이 바로 이 무렵 유일한의 가슴 속에 새겨졌으며 이 말은 훗날 그가 많은 사람에게 역설한 명언이 되었다. 그는 대학의 전과정을 고학으로 마치고 GE에 회계사로 입사하였다.

### 3 · 1 독립운동에 동조

그는 제너럴 일렉트릭(General Electric)사의 회계사가 되었다. 당시 회계사는 단순한 경리업무만 보는 것이 아니라 회사의 모든 운영과정을 총괄하는 직책을 수행하는 것이어서 기업을 관리 · 운영할 수 있는 법을 배울 수 있는 절호의 기회가 되었다.

마침 조국에서 일어난 3 · 1 독립운동에 동조한 그는 이 운동을 돕기 위해 보스턴으로 떠나야 했기 때문에 회사를 그만두게 되었다. 다른 자료에 따르면 그가 회사를 떠난 것은 백인회사에서 수동적으로 일하는 것보다는 독자적으로 사업을 하기 위한 것으로 기록되어지고 있다.

## 3. 창업기 : '라초이'(La Choy)식품회사 창업

### 숙주나물공장설립 : 동양인이 좋아하는 통조림 공장

제너럴 일렉트릭사를 나온 그는 1922년 동양인이 좋아하는 숙주나물 · 죽순 · 연뿌리 등을 재료로 한 통조림을 만들기로 결심하고 디트로이트에서 라초이(La Choy)식품주식회사를 설립하고 부사장에 취임하였다.

그는 부인을 알게 되면서 중국인들이 만두를 잘 먹는데, 그 만두에는 다른 어떤 채소보다 숙주나물이 제일이라는 것을 알게 되었다. 또한 그는 한때 중국 음식점에서 일한 적이 있었는데 그 곳에서 잡채에 대한 이해를 하게 되었다. 당시 미국에서는 잡채를 당면이 아닌 숙주나물로 만들고 있었는데 그 인기가 대단했다. 그는 숙주나물이 하나의 독립된 시장을 형성할 수 있으리라는 판단 아래 숙주나물의 판매를 시도하게 된 것이다. 라초이라는 중국어는 바로 숙주나물을 뜻한다.

디트로이트에서 식료품상을 하고 있던 대학 동창 월리스 스미스(W. Smith)와 합작으로 이 식품회사를 설립하고 자신은 부사장에 취임했다. 판매량이 늘어나자 그는 숙주나물의 원료인 녹두를 수입하기 위해 중국을 방문하고 그리던 모국도 방문하게 된다. 그는 1926년 귀국할 때까지 약 5년 동안 50여만달러의 수익을 올렸다.

### 경영난 극복의 기회 : 교통사고

그는 이 회사를 운영하는 과정에서 경영난으로 회사가 위기에 처한 일도 없지 않았다. 미국인 대부분이 라초이라는 식품을 알지도 못했고 이것을 먹어보지 못한 사람들에게는 그 식품의 장점과 특성을 설명하기가 어려웠다.

그는 판매촉진을 위해 통조림대신 유리병을 사용하여 병의 내용물을 볼 수 있도록 했으나 파손율만 심했다. 그는 최후수단으로써 이 식품을 미국인에게 알리는 기묘한 방법을 생각해 냈다.

1923년 8월 그는 판로를 개척하고 상품을 선전하기 위해 숙주나물을 통조림한 유리병을 가득 싣고 오하이오주 번화가에 있는 한 백화점 쇼윈도를 들이받아 교통사고를 냈다.

#### 교통사고가 준 광고효과

교통사고로 순식간에 군중이 모여들고 경찰이 달려오고 신문기자 및 사진사들이 달려왔다. 그는 경찰과 기자들의 질문을 받고 숙주나물에 대해 상세히 설명하였다.

다음 날 신문에는 유일한의 교통사고가 크게 보도되고 아울러 라초이가 무엇인가에 대해 상세한 해설이 각 신문에 기재되었다. 교통사고는 오히려 유일한의 광고효과의 기회가 되어 당시 엄청난 광고료를 부담할 능력이 없었던 그로서 오히려 교통사고는 자기의 목숨과 함께 사운을 건 광고효과를 보았다.

### 4년만에 자본금 200만달러의 대회사로 성장

교통사고 광고는 라초이식품을 유명하게 만들고 판매고는 급성장하여 4년 후에는 자본금 200만달러의 대회사로 성장하게 되었다. 엄청난 광고효과로 인해 회사의 형편이 급전환된 것이다.

그는 이처럼 위기를 기회로 만드는 광고의 아이디어 발상자로 유명하다. 후일 우리나라에서 최초로 현대적 광고방법을 시도한 것이 유한양행이었고, 그 창안자는 바로 유일한이었다.

## 4. 귀국한 청년실업가 뜨거운 조국애로 헌신하다.

### 부모와 친척을 만나보고 영구 귀국 결심

유일한은 1925년 7월 20여년만에 일시 귀국했다. 그의 귀국 목적은 고향의 부모와 친척을 만나보고 아울러 라초이식품회사의 원료사정도 조사하는 것이었다. 그는 도착하자마자 일본 경찰로부터 심한 감시를 받게 되어 조국이 없는 민족의 쓰라림을 느껴야 했다.

당시 한국 사회는 마침 창씨개명단계에 들어섰고 일본은 본토내 산업자본을 한국에 적극적으로 유치하던 때였다. 그가 본 조국은 너무나도 비참하고 처절한 것이었다.

그의 눈을 끈 것은 한국 의학계의 후진성이었다. 그는 철마다 찾아드는 돌림병과 그 병에 걸렸다 하면 영락없이 죽을 수밖에 없는 비참한 현실과 게다가 난무하는 돌팔이 의사들에 주목하였다(이근우, 1974:7월호 235). 이 비참한 현실은 청년실업가 유일한에게 뜨거운 조국애의 감상을 불러일으켰다(오재호, 인간 유일한전, 인천상의보, 1972:4월 25일자). 그는 북간도에 가서 부모와 형제를 만났다. 그리고 영구히 귀국하기로 결심하였다. 1926년 3월 32세의 청년 유일한은 그 동안 모은 재산을 가지고 부인과 함께 귀국하였다. 당시 세브란스병원 겸 연희전문학교 창설자인 언더우드 박사와 연희전문학교 교장인 에비슨 박사의 주선으로 유일한은 연희전문 상과에서 강의를 맡게 되었고, 부인은 세브란스병원 소아과 과장으로 초빙되었다.

그러나 그는 자신의 진로에 대해 망설이지 않을 수 없었다. 당시 우리 민족의 생활이 너무 비참했고 특히 의학계의 후진성으로 말미암아 많은 사람들이 요절하거나 질병 때문에 평생을 불행하게 보낸다는 사실을 목격했기 때문이다. 결국 그는 강의도 중요하지만 “건강한 국민, 병들지 않은 국민만이 주권을 회복할 수 있다”고 생각하고 강의를 중단하고 제약회사를 차리기로 결심하였다.

## 5. 유한양행의 창립 : 무지·기아·질병의 三大 공적 퇴치

당시 유일한은 무지 · 기아 · 질병은 우리나라의 3대 공적으로 간주했다. 이 가운데 무지는 학교와 언론을 통해 어느 정도 성과를 거두고 있고 기아는 단시일 내에 몇몇 사람의 힘으로 개선되지 않지만 질병은 독지가와 전문가들이 조금 노력하면 비교적 짧은 시간 안에 많이 퇴치할 수 있다고 생각하고 의료사업에 전념하기로 하였다.

그리하여 그는 1926년 12월 20일 종로 2가 국일관 골목에 자리잡고 있던 덕원빌딩 안에 유한양행(柳韓洋行)을 창립하였다. 사무실은 덕원빌딩 아래층으로 정하고 2층은 부인이 소아과 의원을 개업하여 사용하였다.

### 상징인 “버드나무”는 서재필 박사의 따님이 선물한 목각화의 그림

회사의 심벌마크는 잎사귀와 가지가 무성한 한 그루의 버드나무였다. 이 마크는 서재필의 따님이 귀국하는 유일한에게 선물로 만들어 주었던 목각화의 그림과 같은 것이었다. 이것은 그의 성인 유(柳, 버들 류)에서 착상하여 나라와 겨레를 위해 한 그루의 버드나무처럼 끈질기게 무성하여 대성하기를 바라는 간절한 소망이 담겨 있는 목각화였다.

의약이나 약품에 관하여 아무런 소양도 가지고 있지 못했던 그는 부인뿐 아니라 에비슨 박사의 도움을 받았던 것으로 알려져 있다. 그러나 에비슨

박사가 그에게 어떤 도움을 주었는가에 대해서는 기록이 남아 있지 않다. 하지만 1963년에 그가 유한양행의 주식 12,000주를 세브란스 후신인 연세대학교 의과대학에 기증한 것으로 보아 창업당시 에비슨의 도움이 컸던 것으로 미루어 짐작케 한다.

### 식민지시대 일본제약회사와 경쟁 그러나 '양행'으로 경쟁 피해

유일한이 유한양행을 창립할 당시 한반도는 일본의 식민지로서 일본에 본사를 둔 제약회사의 제품이 시장을 거의 독점하고 있었다. 당시 한국의 경제력은 이미 일본에 의해 제압되어 있었고 이 형편은 제약회사의 경우도 예외가 아니었다. 당시 제약회사는 완전히 일본인에 의해 지배되었다. 일본 제약회사들이 병이 많기로 소문난 조선을 결코 놓치지 않으려 했기 때문이다.

유일한은 불리한 여건하에서 일본계 제약회사와 처음부터 경쟁하였다. 유한양행은 창립과 더불어 네오톤이라는 강장제를 만들어 팔기는 했으나 설립당시 영업기조는 의약품을 위주로 한 잡화수입에 두었다. 즉, 의약품 이외에 농기구 · 염료 · 사료 · 화장품 등을 수입하여 판매하였다. 제약회사라 하기보다는 약품무역회사라는 뜻에서 양행이라는 단어를 사용한 것으로 풀이되고 있다. 이것은 식민지 일본제약회사와의 전면적 경쟁을 피하기 위해서라고 생각이 든다.

### 중국 대련에 지점개설

유한양행의 사세가 확장됨에 따라 거래처인 미국의 아보트회사와 교섭하여 중국 대련에 창고를 설치하였다. 대련에의 창고유치에는 3가지의 목적이 있었다.

첫째는 미국 물품을 수입하는 데 장기간의 시일이 필요하고 수송비도 많이 들기 때문에 수시로 필요한 만큼 기차로 가져다 쓰기 위해서였다.

둘째는 아보트회사에서 허용한 대금결제기간이 4개월로서 충분한 기간이기는 하지만 대련에 창고를 설치함으로써 수송기간을 단축하여 결제기간에서 더욱 유리한 입지를 확보하자는 것이었다.

셋째로는 이를 계기로 대련에 유한양행의 지점을 설치하여 대륙진출의 발판을 삼자는 것이었다. 이리하여 1933년 아보트가 비용의 일부를 부담한 가운데 대련에 유한양행 지점을 개설하였다.

### 세계일주 후 '프론토실' 성공, 대기업의 성장

1934년에 유일한은 세계일주의 여행에 나섰고 1935년 귀국한 후에는 제약업에 착수하였다. 특히 그 해 일본보다 앞서 도입하여 시판한 설파제 프론토실(Prontosil)이 엄청난 판매고를 기록했다.

이 약은 당시 우리나라에 흔히 발생하는 이질에 대한 치료약품으로 시장기회를 잘 포착한 것이었다. 유일한이 이 제품을 들여올 수 있었던 것은 각국에 잘 정비된 정보망을 가지고 있었기 때문이었다. 이 약품의 성공적인 보급은 유한양행을 대기업으로 성장시키는 원동력이 되었다.

### 우리나라 최초의 "종업원지주제도" 실시

1936년 6월 유한양행은 재산재평가를 받아 납입자본금 75만환의 주식회사를 설립하였다. 유한양행이 법인체로 개편되면서 주식을 종업원에게 나누어줌으로써 우리나라에서는 제일 처음으로 종업원지주제도를 실시하였다.

당시 유일한의 기업이념은 "정성껏 좋은 상품을 만들어 국가와 동포에 봉사하고 정직 · 성실하고 양심적인 인재를 양성 · 배출하며 기업을 키워 일자리를 만들고 정직하게 납세하며 남는 것은 기업을 키워준 사회에 반환한다"는 것이었다.

## 6. 장년기 : "상업자본의 축적으로 산업자본화" 성공

1937년 43세의 장년기 유일한은 20개가 넘는 외국의 대리점과 계약하였고 구미 각국에 정보망을 구축하여 새로 개발된 약을 신속하게 수입하는 한편 제약공장의 설립계획을 수립하고 동년 5월 소사에 2만평의 대지를 구입하여 건평 2천평의 제약공장을 완공하였다.

상업자본으로 출발한 유한양행이 자본축적과정에서 산업자본으로 전환한 것이다. 그는 생산시설 못지 않게 종업원의 복지향상에 주력하였다. 이러한 유일한의 종업원관은 오늘날까지 유한양행의 사내 인간관계를 유지하는 밑거름이 되었다. 유한양행의 황금시기였던 1939년도 총주식수는 15,000주였고 주주는 22명이었다. 이 가운데 유일한은 7,650주, 부인 메리 우는 1,200주를 소유하고 있었다. 당시 자본금은 80만달러이었고 연간 수익은 50만달러에 달했다. 뿐만 아니라 19만5천원을 투자하여 한국비타민간유회사를 설립하였고 경영활동을 중국쪽으로 확장하여 지점인 대련유한공사와 천진유한공사를 설치하였다. 또한 유한만주제약회사를 자본금 185,000원으로 설립하였으며, 이 시기의 유한계 회사의 총자본금은 160여만원에 달했다.

## 7. 일제말기 유한양행의 도산위기

1939년 회사가 크게 확장될 무렵 유일한은 고려인삼·나전칠기·슬리퍼·공예품 등 동양의 물품을 각국에 수출하기 위하여 미국을 방문하였다.

미국에 체류하는 동안 중일전쟁과 태평양전쟁이 발발하여 귀국을 할 수 없게 되었다. 국내에서는 통제경제체제가 강화되었고 해외의 원료에 의존하고 있었던 유한양행은 큰 타격을 받게 되었다. 특히 유일한이 미국 국적을 가지고 있다는 이유로 일본 관헌은 유한양행을 적산(敵産)으로 취급하였기 때문에 경영은 더욱 어려워졌다. 유한양행은 침체기로 들어갔다. 1941년 12월 유한양행은 주주총회를 열어 사장 후임에 유일한의 동생인 유명한을 임명함으로써 일본 관헌의 세금공세로부터 겨우 연명할 수 있었다. 당시 일본은 세금으로 유한양행을 도산시키려 하였다. 그러나 해방이 되기까지 도산을 면할 수 있었고 유한양행이 이때까지 명맥을 유지할 수 있었던 것은 원료를 충분히 보유하고 있었을 뿐 아니라 소비자와 국민 전체로부터 받고 있었던 신망 때문이었다.

## 8. 8.15해방과 6.25전쟁의 수난기

유일한은 미국으로 다시 건너가 8.15해방을 맞이한다. 그곳에서 태평양전쟁과 관련된 미군의 고문으로서 활약하였다. 한국과 일본에 대해 전문적 지식을 가진 인물이 필요했기 때문이었다. 미군 고문으로 생활해 온 유일한은 시간적 여유를 갖자 공부를 더 하기로 결심했다. 그가 남가주대학에서 경영학 석사학위를 받고 스탠포드대학에서 법학을 공부할 수 있었던 것도 바로 이 무렵이었다.

1945년 8.15해방은 유한양행에 새로운 전기가 되었다. 유일한은 기다리던 조국의 해방으로 즉시 귀국하여 유한양행의 재건에 노력하였다. 그는 상공인들의 총집결체인 대한상공회의소가 결성되자, 초대회장으로 선출되기도 했다. 해방 직후 정치적·경제적 혼란 속에서 유일한을 선두로 한 유한양행의 재건노력은 1950년 6.25전쟁으로 인해 공장이 파괴됨으로써 기업자산 모두를 잃고 말았다. 유일한은 모든 것을 잃었다.

동족상잔의 피눈물나는 남북한간 전쟁을 지켜보면서 노년기로 접어드는 유일한은 자신의 온 정력을 조국의 통일과 질병으로 고통받는 국민을 위해서 헌신할 것을 다짐하였다. 1953년 환도 이후 유한양행은 제약공장건설에 주력하였다. 1955년에는 ICA원조자금 15만달러와 대출자금 5천2백만환으로 기계설비를 새로이 도입하고 항생물질 소분실·유리공장 등의 시설을 확충하였고, 1957년에는 원조자금 10만달러를 받아 현대적 화학실험연구실을 건설함으로써 한국 최대의 제약회사가 되었다. 1962년에는 사옥 겸 공장을 대방동에 건축하였다. 1964년에는 수입에만 의존해 왔던 결핵치료제 원료 파스칼(Pascal)의 합성제조를 위하여 국내 최초로 합성공장을 신축했으며, 1969년에는 안양에 합성공장과 유한킴벌리제지공장을 신축하였다.

## 9. 노년기 : 유한양행의 기업공개

### 기업공개와 전문경영인에게 승계

유한양행은 계속 발전하여 좋은 품질의 약을 만드는 제약회사로 평가를 받게 되었다. 유한양행은 1968년 3월 기업을 공개하여 자본시장 육성에 기여한 공로로 정부로부터 표창을 받기도 했다.

1969년 유일한 회장은 회사경영의 일선에서 은퇴하였다. 70세의 고령으로 자신이 직접 경영하는 것보다 혈연이나 인척관계가 전혀 없는 전문경영인에게 경영을 맡기는 전통을 수립하는 것이 바람직하다고 생각했기 때문이다. 그 해 10월에 개최된 주주총회에서 사장직을 조권순 부사장에게 물려주었다.

### 한 생(生)을 마감하면서

유일한은 일선에서 물러나 조용히 여생을 보내다 건강이 악화되어 오랜 입원생활 끝에 1971년 3월 11일, 77세의 일기로 별세하였다. 슬하에는 1남 1녀가 있다.

그는 시후에 연세대학교에서 명예법학박사학위를 받았다. 이처럼 어려운 시기에도 불구하고 유한양행을 지키고 성장시킬 수 있었던 것은 그의 뛰어난 경영능력과 투철한 기업관 및 경영이념 때문이었다. 그는 한생을 마감하면서 사업영역을 "애국애족의 정신에 바탕을 두었다"고 말하였다.

# 제 2 절 유일한의 기업가정신

## 1. 애국애족의 정신

유일한의 기업가정신은 한 마디로 민족주의, 특히 애국애족의 정신에 바탕을 두고 있다. 즉, 그가 기업가로서의 길을 택하고 제약을 사업영역으로 정한 것은 애국애족에 그 목적을 두고 있다.

그는 "정성껏 좋은 제품을 만들어 국가와 동포에 봉사하고 정직 성실하고 양심적인 인재를 배출하며 기업이익은 첫째, 기업을 키워 일자리를 만들고, 둘째, 정직하게 납세하며, 셋째, 남는 것은 기업을 키워 준 사회에 환원한다"는 것을 기업이념으로 제시했다. 이것은 유일한의 기업이념이자 생활신조로서 이른바 유한양행의 정신과 신조의 바탕을 이루고 있다. 이 이념은 지금도 유한양행의 여러 벽면뿐 아니라 유일한의 묘비에까지 새겨져 있는 유한의 기본적인 정신이다. 특히 그는 조국의 산업발전에 남다른 관심을 가지고 있었으며 굶주린 국민들에게 일터를 제공해 주고자 하는 마음이 앞섰다.

그는 언제나 애국애족의 정신을 견지하고 공익을 최우선으로 생각했는데, 이것은 그가 어릴 때 일제침략에 의한 사회적 혼란과 나라없는 민족의 슬픔을 몸소 체험했을 뿐 아니라 애국심에 불탄 부친의 영향이 컸기 때문이라고 기술하고 있다.

그의 애국애족정신은

① 정성껏 좋은 상품을 만들어 국가와 동포에게 봉사한다.

② 유한양행(제약업)을 창업한 직접적 기업동기가 바로 애국애족사상이다.

또한 유일한의 사상적 근원은

첫째, 투철한 애국애족정신을 가진 부친의 사상적 영향을 받은 결과이며 둘째, 미국에서 이승만·서재필 등 주요독립인사들과 한인자유대회에 참석하고 결의문을 낭독하는 등 독립운동에 참여한 것.

셋째, 일제의 수탈과 경제적 고통의 절망적인 상황으로부터의 조국을 구해야 한다는 신념 등이다.

## 2. 납세보국정신

유일한은 납세에 있어서도 모범이 되었다. 정직한 납세는 기업가의 사회적 책임에도 해당된다. 그는 합리적 경영으로 수익을 올려 국가에 납세를 잘함으로써 경제발전에 이바지하고자 하는 납세보국정신에 철저한 사람이었다.

유일한은 납세문제에 대해 기본적으로 남다른 시각을 가지고 있었다. 그는 유한양행이 결코 어느 개인의 소유가 될 수 없다는 신조를 가지고 있었다. 1967년 국세청이 차 한잔 마실 틈도 없이 철저히 세무사찰을 했을 때도 1환 한 장 틀리지 않은 빈틈없는 기업으로 판명되었다. 이러한 사실은 당시 기업들이 수백억환을 탈세하는 것과는 너무나 대조를 이루고 있었다. 이것은 우리 사회에 비리와 축재가 얼마나 성행했었는가를 보여 준다. 이에 비해 유일한의 일화는 매우 대조적이다.

유한양행은 1968년에 모범납세 우량업체라 하여 대통령으로부터 국내 최초로 산업동탑훈장을 받고 1년간 세무감사 면제를 받았다. 그 밖에도 여러 차례 표창을 받은 바 있으며 그 때마다 유한양행을 가리켜 '한국제일의 자진납세업체', '한국제일의 장부공개업체' 등으로 불리었다.

유한양행은 정직하고 조속한 납세를 통해 국내최고 납세자의 하나로 부각된 것이다. 유일한은 국가는 세금없이 운영이 불가능하고 기업은 세금으로 운영 유지되는 국가의 법적 보호없이 존립할 수 없다는 이념을 가지고 있었다(유한양행, 1964.7).

## 3. 인재제일주의 정신

유일한은 기업의 성공요건으로 인재를 중요시하고 인재양성에 힘썼다. 인간성이 좋고 능력이 있다고 판단되면 끝까지 밀어주었다. 그러나 혈연관계나 인척관계에 의한 인재등용은 철저하게 배격하였다. 즉, 혈연과 인척관계에 의한 비합리적인 경영에 대해서는 철저하게 경계하였다.

유일한의 교육이념은 인재제일주의 정신에서 이룩되었으며 당시, 보성전문학교(오늘날의 고려대학교)를 설립한 인촌 김성수의 영향을 받은 바 크다.

그는 지적하기를 교육은 사회의 원동력이 되며 교육목표는 근면, 성실, 협동하는 민주적인 국민으로서의 자질을 길러 국가발전에 기여할 수 있는 참된 기술인 양성에 두어야 한다고 역설하고 있다.

그리하여 유한공업고등학교를 설립하였다.

유한공업고등학교의 설립과정을 보면, ① 고려공과기술학교(1953년 소사공장안-1957년 3월 폐교) 설립, ② 고려공과학원(-1961)과 한국직업학원으로 교명을 변경(-1963), ③ 재단법인 유한학원 설립(1962-1964), ④ 한국고등기술학교(1964-)를 교명을 바꾸어 1966년 유한공업고등학교 설립, 오늘의 유한대학 등 그의 인재제일주의 사상은 "연마된 기술자와 훈련된 사원은 기업 최대의 자본이 된다."라고 지적하고 유능한 양심적인 인재를 양성하고 배출해야 한다는 신념을 가지고 있었다.

기업의 기능에는 유능하고 유익한 인재를 양성하는 교육까지 포함되어 있어야 한다고 역설하고, 산업발전을 위해서는 숙련된 기술자가 필요하다는 인식하에 고려공과기술학원을 설립하였다.

그는 미국 유학시절 신문배달 중에 깨달은 인재제일주의의 중요함을 이곳에서 펼친다고 피력하였다.

## 4. 근검절약의 정신

### ⇒ 공짜를 바라지 않는 철두철미한 성품

유일한은 근면, 개척, 철저한 계산에 입각한 사업가로서 이름이 나있는데 이것은 부친으로부터 받은 교육 때문인 것으로 알려져 있다. 부친은 "모든 가치척도를 돈으로 삼되 그 돈은 응분의 노력의 대가이어야 한다"는 것을 생활신조로 삼고 있었다. 그는 이런 부친 아래서 엄격한 상벌제도를 통해 선악의 구분과 아울러 상도를 배우며 자랐다.

가령 심부름을 제대로 못했을 때 벌금이 일전이어서 어린 유일한으로서는 상벌제도에 매우 민감하였다. 그 제도가 얼마나 철저했던지 벌금이 부족했을 때 세배돈에서 추가 징수를 했고 그래도 모자라면 일전에 물 한동이를 뒤집어써야 했다. 이 상벌제도는 그로 하여금 돈에 대한 가치개념을 철저히 인식시켜 주었고 절대로 공짜를 바라지 않는 철두철미한 성품을 갖게 했다.

### ⇒ 근면정신

유일한은 근면정신을 강조했다. 그는 미국에서 교육을 받을 때도 손수 학비를 벌만큼 근면한 사람이었다.

그는 미국에서 개척정신과 청교도정신을 체득하였으며 이 가운데 근검절약정신은 동양의 보수적 전통과도 어우러져 우리는 유일한을 통해 동양전통과 서양전통의 만남을 읽을 수 있다.

그를 가리켜 한국적 애국애족정신과 청교도적 직업윤리정신의 혼합체라고 말하는 것은 이 때문이다. 그는 부정직이나 불합리성과는 절대 타협하지 않고 애국적이고 건전한 사업에 최선을 다하고자 했다.

① 유학시절 양부모들의 몸에 배인 근검절약 정신과 독일계나 스웨덴계의 민족들이 근검절약하는 생활모습을 배웠다.

② 유일한이 19년 동안 한개의 만년필을 사용하다가 고장이 나서 수리를

요청하였다. 이때 만년필 회사에서 유일한의 만년필을 새 것으로 바꾸어 준 일화는 그의 근검절약정신의 대표적 사례이다.

### 청지기 사상

유일한은 청지기 사상을 가지고 있었다.

청지기란 기업과 재산을 이웃과 겨레, 온 인류를 위해서 관리하는 사람을 의미한다. 기업에서 얻은 이익은 그 기업을 키워 준 사회에 환원해야 한다. 나는 다만 내 기업과 재산을 청지기로 지킬 따름이다 라고 말했다.

그리고 평소에 입던 양복을 수의로 입혀 줄 것을 유언하고 1971년 타계할 때도 가족에게 유산을 물려주지 않고 주식 전부를 재단법인 한국사회 및 교육신탁기금에 기증하여 사회에 환원하였다.

## 5. 합리주의 정신

유일한은 경영을 합리주의 정신에 입각하여 실행하였으며, 합리주의 정신은 몇 가지 그의 경영합리화를 통하여 나타나고 있다.

첫째, 그는 주식공개와 종업원지주제를 실시하여 주식분산의 고도화를 실현함으로써 기업이윤을 기업가 개인이 독점하지 않도록 했다.

둘째, 기업이윤을 통한 국가에의 기여를 위하여 납세에 성실한 점이다. 그는 언제나 기업활동의 성공이 곧 국력의 신장이며 기업가가 애국하는 길은 충실한 납세에 있다는 것을 신념으로 삼고 있었다.

셋째, 그는 사회사업 및 공익사업기관에 주식을 증여함으로써 기업이윤의 사회에의 환원을 실현했다.

특히 유일한이 세운 유한공업고등학교는 학비가 없는 전액 무료 교육기관으로 기업이윤으로써 순수하게 사회사업을 하는 대표적인 보기에 속한다. 그는 기업활동의 성과로서 획득된 이윤은 사회구조 내에서 순환적으로 환원될 때에 비로소 의의가 있는 것으로 보았다.

## 6. 기술개발과 혁신주의 정신

유일한은 당시의 창조적 기업가로 불리어지고 있었다.

① 신상품인 숙주나물 통조림을 개발하여 돈을 벌었다.
② 1934년 독일의 〈프론토실〉을 수입 〈GU사이드〉라는 상표를 붙여 시판하여 혁신적 기업가로 불리어졌다.
③ 두 차례의 세계일주여행을 하면서 정보를 수집 신시장 개척에 적극성을 보이고 미국의 '존슨 앤 존슨', 프랑스의 '피스톨' 등 영국, 독일 등과 거래를 시작, '멘소래담', '아스피린', '안티프라민' 등 특효약을 도입, 개발하여 일본약을 누르고 국내시장을 석권하여 그의 기술개발과 혁신주의 사상을 유감없이 발휘하였다.

기술개발에 관한 유일한의 관심은 매우 높았다. 유한양행의 정신과 신조는 다음과 같이 시작된다. "우리는 힘을 다하여 가장 좋은 상품을 만들어 국가와 동포에게 도움을 주자." 유일한의 기업정신은 이와 같이 좋은 상품 생산으로 국가와 동포에게 이바지함을 사명으로 삼고 있다. 좋은 상품의 생산이란 열성이나 정성만으로 되는 것은 결코 아니다. 이를 위해서는 전문적인 연구활동의 수행, 생산능률의 향상, 그리고 생산비의 절감 등이 따라야 하는 것이다. 이 세 가지는 좋은 상품을 생산하기 위한 필연적인 조건이다.

유일한이 제2차 ICA시설자금 10만달러를 빌려 오랫동안 소망해 왔던 최신시설의 연구실 설치를 추진하게 된 것은 1958년이다. 세계제일의 제약회사들과 어깨를 나란히 한다는 자부심과 끊임없는 품질향상, 그리고 신제품 개발로써 국가와 사회에 봉사한다는 사명감으로 소사공장에 건립을 서둘러 연구실험실이 준공된 것은 그 후 2년 뒤인 1960년 10월이다. 이 밖에도 일찍부터 사무실을 미국식으로 개조한 일이나 컴퓨터를 도입하여 과학적인 자료를 바탕으로 의사결정을 내리는 것 등도 주목할만한 일이다.

## 7. 사회적책임의 정신

유일한은 기업의 사회적책임에 대해 매우 광범위하고 적극적인 생각을 가지고 있었다. 무엇보다 그는 기업목표에서 보여주는 바와 같이 기업을 사회적 이익을 증진시키기 위한 기구로 생각하였다. 따라서 기업이 마케팅활동을 벌이기 이전에 어떠한 제품이 사회에 가장 크게 이바지될 수 있는가를 먼저 고려하였다. 또한 그는 양질의 제품을 염가로 공급함으로써 기업의 사회적책임을 다하도록 하였다. 그는 제품의 품질개선을 위하여 시험연구실을 강화하였다. 나아가 그는 엄격한 윤리기반을 신념으로 기업윤리를 실현코자 하였다. 그의 제약업 경영은 국민보건에 기여하는 것을 최대의 목표로 하였고 이 신조에 위배되는 제품의 공급은 아무리 수익성이 높은 품목이라 할지라도 엄격히 배제하였으며 간부진에서 그러한 행위를 건의하는 경우에는 징계를 불사하였다.

사회적책임이란 인간가치의 존중에 입각한 경영체의 이해집단을 포함한 사회 및 국민에 대한 사회적 공헌 혹은 사회적 봉사를 의미한다.

### ⇨ 기업이윤은 사회적 환원의 바탕

그는 기본적으로 기업이윤은 사회에 환원한다는 데에 바탕을 두고 있다. 교육에 대한 그의 열정은 여기에서 그치지 않았다. 그는 이보다 앞선 1963년에 연세대 의과대학에 유한양행 주식 12,000주를 기증했고 한국보건장학회에 5,000주를 기증했다. 이외에도 수많은 학생들에게 눈에 보이지 않게 많은 장학금을 주었다.

기업이익의 일부는 반드시 사회에 환원되어 유익하게 사용되어야 한다는 유일한의 신조는 철저하게 지켜져 유한의 총주식 중 3분의 1 이상이 공익사업에 쓰여지고 있으며 그의 유언에 따라 그의 개인 소유주식 140,941주는 한국 사회 및 교육신탁기금에 기증되었고 그 배당금은 주로 교육사업비에 쓰여지고 있다.

이와 같이 유일한은 기업의 사회적책임을 기업활동의 과정에서 수행되는 것으로 보았고 기업윤리에 대해서는 기업가의 인격이나 가치관에 속하는 문제로 이해하였다. 따라서 유일한의 사회적책임에 대한 가치관은 경영자의 인격문제와 밀접하게 연관되어 있음을 알 수 있다.

### 기업을 통하여 국가와 사회에 공헌할 길을 찾았다

유일한이 미국에서 식품회사를 했던 것과는 달리 한국에서 의료사업에 뛰어든 것은 이윤추구만이 기업가로서의 목표가 아니었음을 보여주고 있다. 그는 기업을 통하여 국가와 사회에 공헌할 길을 찾았으며 결코 자신이나 가족만을 위해 사업을 하려고 하지 않았다.

1925년 7월 그가 일시 귀국했을 때 그는 우리 민족의 비참한 생활과 의약계의 후진성으로 인해 고통당하는 모습을 보았다. 이같은 현실은 그로 하여금 의약계에 투신하도록 만들었다. 그의 이러한 생각은 다음과 같은 이야기 속에서도 잘 나타나 있다.

한창 사세가 뻗어가고 있던 1930년대에 만주를 돌아보고 온 한 간부가 "지금 만주에는 마약중독자가 많으니 마약을 만들면 큰 이익을 보게 될 것입니다"라고 제의했을 때 그는 크게 화를 내며 "나는 불쌍한 동포들에게 도움이 되는 일, 사회에 조금이라도 이익을 줄 수 있는 일을 하려고 제약업을 하고 있는데 어찌해서 나로 하여금 인류에게 큰 해악을 주는 마약을 만들라고 하느냐. 내가 지금까지 자네 머리에 넣어 준 것이 그런 것이냐. 내 앞에서 썩 물러가라"며 한마디로 거절했다.

참고

# 기업이 지향해야 할 길

## 1. 기업인이 가져야 할 윤리경영관 확립

유일한은 기업인이 가져야 할 윤리관을 확립시킨 공로를 가지고 있다. 그는 경영자와 기업, 기업과 사회의 공동운명체제 기능을 인식하고 땀흘려 일하는 풍토, 건전한 기업활동, 확고한 도덕관과 윤리관의 실천, 공정하고 합당한 분배, 기업의 사회적책임의 실현 등을 통해 우리 기업이 지향해야 할 바가 무엇인가를 일깨워 주었다.

## 2. 시종 기업가로서 일관

- 교육계나 정계로 진출할 기회가 많았으나 -

유일한은 일본에 의한 식민지배시대를 거쳐 해방 직후의 혼란기, 한국전쟁, 4.19, 5.16 등을 체험하면서 시종 기업가로서 일관해 왔다. 그는 교육계나 정계로 진출할 기회가 많았으나 경영자 이외의 길을 걷지 않았다. 그러면서도 일생 동안 보여 준 경영자로서의 그의 활동은 한국 기업의 발자취를 이해하고 또 기업가가 어떻게 행동해야 하는가를 일깨워주고 있다. 그는 확고한 애국애족의 정신 아래 건전한 생산, 건전한 이윤창출, 이윤의 사회환원을 실현시켰다.

## 3. 부정한 방법으로 이윤을 창출하지 않았다.

- 한국적 기업풍토 새롭게 한 주춧돌 -

그는 결코 국민의 건강을 해치는 제품을 만들거나 부정한 방법으로 이윤을 모으고자 하지 않았고 그 이윤으로 자기의 욕심을 채우는데 사용하지 않았으며 종업원의 희생만을 강요하는 일은 없었다. 그는 정직·성실·근면·합리적 경영을 통하여 한국 사회의 발전에 기여한 전형적인 기업가의 한 사람이다. 한국의 많은 기업가들이 국민들로부터 비난을 받고 있는 지난

날을 회고해 볼 때 유일한의 발자취와 그의 경영사상은 한국적 경영풍토를 새롭게 하고 기업이 국민의 기업으로 자리를 잡아가도록 하는 데 주춧돌 역할을 할 것이다.

## 참고문헌


1. 김성수, 「유한양행의 성장과 발전」(경영사학, 1995, 한국경영사학회).
2. 매일경제신문사, "기업가열전", 「매일경제신문」(1981년 7월 16일 - 8월 19일).
3. 박경수, "유일한전", 「신동아」(1971년 6월호).
4. 박판영, "기업사가연구 : 유일한의 경영이념", 「경영연구」(고려대학교 기업경영연구소, 1973년 10월).
5. 양창삼, 「한국의 경영사상」((주)양영각, 1993).
6. 오재호, "인간 유일한전", 「인천상의보」(1971년 7월호- 1972년 5월호).
7. 유한양행, 「유경」(1970년 3월) ; 「유한양행약사」(1964[추정]) ; 「주식회사 유한양행」(1974).
8. 이근우, "유일한전", 「건강인생」(건강인생사, 1974년 7월호, 8월호).
9. 인사이더월드사, "유일한과 이병철이 걸어온 길", 「인사이더월드」(1989년 11월 - 1990년 3월).
10. 조기준, "한국근대기업가의 형성과 행동양식에 관한 연구", 「학술논문집」(1970).
11. 황명수, 「기업가사연구」(단국대학교 출판부, 1982).
12. 홍현오, 「한국약업사」(한독약사관, 1972).

9

# 장영신의 경영활동과 기업가정신

## - 愛人敬天 經營思想 -

# 제 9 장 장영신의 경영활동과 기업가정신

- 愛人敬天 經營思想 -

## 제 1 절 장영신의 생애와 경영활동

### 1. 출생기와 교육과정

장영신 회장은 1936년 7월 22일 서울 종로구 명륜동 1가에서 출생하였다. 부친 장희근 씨와 모친 문금조 씨에 3남 2녀 중 막내로 출생했다. 아버지 장희근 씨는 일본 와세대 대학 영문과를 전공한 일본 유학생으로 문학가이며, 본관은 충절로 유명한 인동 장씨 후예로 대지주의 아들로 태어나 부유하였다.

장영신은 혜화동 성당 유치원을 나온 뒤 혜화국민(초등)학교를 졸업하고 경기고녀(지금의 경기여중 · 고)에 입학하여 계속 우등생이었다. 장영신은 노력해서 받아야 하는 암기과목에는 자신이 없었지만 수학, 과학 등 응용하는 것이나 생각해야 하는 과목을 더욱 잘했다. 그리고 수학을 잘했고, 좋아하여 그것이 나중에 화학전공을 하게 된 기초가 되었다고 한다.[1)]

### 2. 미국의 유학시절 - 꿈을 현실로 만든 슐리만처럼 -

1950년 6 · 25동란 제주도 피난에서 서울로 올라온 장영신은 고등학교 2학년 때부터 문교부(현 교육부)와 대사관 등에서 주관하는 3가지의 시험에 몇

1) 장영신, 『밀알심는 마음으로』, 동아일보 2000, p. 90.

십 명의 친구들과 함께 미국 유학시험에 응시했는데 가장 먼저 합격하였다. 장영신의 꿈은 미국 유학이었고, 미국의 대학들 중에 장학금을 받을 수 있는 대학을 찾았는데 체스넛 힐 대학(Chestnut Hill College)에서 이공계 전공자에게는 풀 스칼라십을 주겠다는 답신이 왔다. 장영신은 가톨릭교신자였고, 그 학교는 가톨릭재단의 대학이어서 여러 가지로 적합한 곳이라고 생각해 유학을 결정했다.

그가 화학을 전공한 것은 이공계에만 풀 스칼라십이 있었기 때문이고, 4년 동안 열심히 공부한 것은 그 장학금을 놓치지 않기 위해서였다.

다시 말하면 1955～1959년 동안 미국 필라델피아 체스넛 힐 대학 화학과 장학생으로 입학하여 이공계 장학생 전공자로 선발되어 4년간 풀 스카라십(장학금)을 받은 것은, 당시 미국에선 화학 전공자를 경쟁적으로 채용하였기 때문이기도 하였다.

1955년 화학전공 최초의 유학생이 된 대학생 장영신의 대학생활은 “먼저 뜻을 가져라 그리고 꿈이 없는 젊은이는 미래가 없다”는 진정한 의미를 실현하기 위한 인생과의 싸움이었다고 한다. 그가 꿈을 현실로 만든 “슐리만의 이야기”를 신념으로 여기는 이유도 여기에 있다.

### 슐리만의 이야기를 실현시킨 꿈을 가진 여성 유학생

인간이란 참 무한하고도 지독한 동물이란 생각을 한다. 트로이의 유적을 발견한 슐리만의 이야기같은 것은 스스로 노력해서 자신의 운명뿐 아니라 역사책마저 뒤바꿔 놓은 좋은 예이다.

슐리만은 어렸을 때 들은 호메로스의 서사시에 나오는 트로이 전쟁을 현실의 이야기라 굳게 믿고, 성장하여 마침내 수십 년 후에는 그 유적을 발견해냈다. 당시 모든 사람들이 꿈 이야기로 밖에 믿고 있지 않았던 것을 그는 실제로 있었던 이야기로 확신하고 유적의 발굴을 꾸준히 연구해 그것을 실현해낸 것이다.

슐리만의 이야기는 역사상 유명한 것이며 우리는 일상생활에서도 그와 같은 상황을 대입할 수 있다. “뜻이 있는 곳에 길이 있으며, 뜻이 있으면 언젠가 이루어 진다"는 말들은 단지 언어로서의 진리일 뿐만 아니라 생활에서도 진리다(장영신, 1994). 먼저 뜻을 가져라. 그리고 그 뜻을 이루기 위해 노력하는 것을 멈추지 말아라. 반드시 길이 나타날 것이며 성공은 그대들의 발 앞에 무릎을 꿇게 될 것이다.2)

### 누워서 잔 적 없는 유학생 장영신 -프리마돈나 나비부인 주인공-

유학가서 영어가 익숙하지 않았던 그는 1년간을 옷을 벗고 누워서 잔적이 없을 정도였다. 깊은 잠에 빠지면 일어날 수 없을 것 같아 책을 베고 책상에 앉아서 잤다. 일요일에도 아침미사가 있을 때까지 도서관에서 지내며 하루 24시간 책을 손에서 놓지 않았다.

그는 실험실에서 밤 늦게까지 혼자 남아 끝없는 화학실험을 계속하여 화학이론과 실험의 결과를 연구하였다. 체력과 끈기, 또한 체격 등 서양 학생들에게 지지 않았으며, 합창, 무용, 연극, 오페라 등 다양한 분야에 관심을 가진 유명해진 동양의 여성 유학생이 되었다.

대학 3학년 때에는 필라델피아 오페라하우스와 협연하는 "나비부인" 프리마돈나를 맡아 열연하는 예술적 재능도 발휘하여 유명한 사람이 되기도 하였다. 대학에서는 2년에 한번씩 발표회를 갖는 합창단에서 동양인의 마스크를 가진 것이 히로인으로 발탁된 계기가 된 것이라고 한다. 입단하기도 힘든 합창단의 오페라에서 한국 사람이 프리마돈나를 맡은 것은 지금도 그 학교의 유명한 일화로 전해 내려오고 있다고 한다.3)

### 체스넛 힐 대학의 영향

애경그룹의 장영신 회장은 대학 유학시절 체득한 전공인 화학 및 영어실력과 서양인의 국제적 감각 등으로, 애경을 16개사로 그룹화시키고 국제적 기업으로 발전시킨 원동력이 되었다.

---

2) 장영신, 상게서, 제2부, 나의 인생, 나의 사랑 중에서, pp. 92~93 참조.
3) 장영신, 상게서, 제2부, 누워서 잔 적 없는 나비부인, pp. 95~96 참조.

그의 미국 유학생활의 국제적 감각 등은 후에 장영신 회장이 애경을 경영하는 전략적 두뇌의 기반이 되었으며, 특히 다국적기업 쉘, 유니레버, 미쯔비시 등과의 합작사 설립에 크게 기여하게 되었다.

1985년에는 모교인 체스넛 힐 대학에서 개교기념 69주년을 맞아 장영신 회장에게 최고 영예인 명예법학박사 학위가 수여되었다.

명예법학박사의 수여동기가 장영신 회장의 재학시절의 우수한 성적과 예술적 활동, 남성 위주의 한국에서 女社長으로 남자들에게 지지 않고, 열심히 기업을 성장시킨 공로에 대한 평가 때문이라고 했다.

## 3. 경영인생 출발기 : 개척과 모성의 길

### 애경유지공업(주) 창업주 남편의 죽음과 네 아이의 어머니

1959년 6월, 23세의 꽃다운 장영신은 애경유지공업(주) 창업주 채몽인과 신당동 성당에서 결혼하고 평범한 주부의 길을 선택하였다.

채몽인은 1954년 6월 9일 우리나라 화학공업의 효시라고 하는 애경유지공업주식회사를 설립하고 미국에서 공부하고 있는 친구의 동생 장영신을 부인으로 맞는다. 아마도 장영신이 화학을 전공하여 애경유지공업을 경영하면서 부인의 도움을 받고자 한 것이 아닌가 생각이 들기도 하였다.

이때는 우리나라의 1960년대 초기 경제개발시대로서 애경은 국내최초의 미용비누인 '미향비누'를 발매하는 등 유지제품을 중심으로 초기의 국내 생활용품산업을 중심으로 편리한 국민생활을 위해 노력한 시기였다. 바로 애경의 성장사에서 영등포 공장을 중심으로 한 "영등포 공장시대"라고 했다.

이러한 영등포 공장시대 장영신은 결혼한 지 11년만인 1970년 7월 12일 남편 채몽인이 갑자기 심장마비로 사망하자 그녀는 한마디로 하늘이 노랗다는 말뜻을 체험했다고 하였다. 너무나 기가 막혀서이다. 당시 막내아들을 낳은 지 사흘밖에 되지 않았던 터라 남편의 사망소식을 산모에게 알리면 나쁘다고 얘기조차 안해주어 운명의 날은 아무 것도 알지 못하고 지나가야 했다.

네 아이의 어머니 34세 주부 장영신에게 당시 그가 다니던 성당의 피터 양 신부는 포도주 한 병을 가져와 하는 말이 "이것은 교황이 주신 선물이라고 위로하고, 너에게 인생은 새롭게 시작할 기회가 왔다. 하느님만이 운명을 아실뿐 현실로 돌아와 네 아이를 생각하라"고 충고하였다. 장영신은 슬픔과 운명을 이겨내고, 불행과 절망을 극복하기로 다짐하였다.

### 회사경영에 직접 참여하기로 결심

네 아이의 어머니 34세의 장영신 주부는 슬픔과 불행을 극복하는 힘을 인간 장영신보다, 네 아이의 어머니로서 네 아이를 자랑스러운 아들로 키우기로 결심했다.

장영신에게 나온 필사적 노력의 결과는 당시 큰아들 10살이던 채형석이가 아버지가 죽고 실의에 빠져 있는 모습이 안쓰러웠던 어머니를 보고 "엄마 걱정마! 학생들 상대로 떡볶이 장사하면 되잖아!"라는 말에 장영신은 자랑스러운 아들로 키우기로 결심하였다고 전한다.

1971년 7월 남편이 타계한 1주기 장영신 어머니는 경영의 천애고아가 된 상태에서 회사경영에 직접 참여하기로 결심하고 6개월간 경리학원에 수강하여 복식부기 등 경영의 일반 수업을 공부하기 시작하였다. 이때부터 여성편견이 심화된 것을 피부로 알기 시작하였으며, 이를 극복하기로 결심하고 홍일점 인생을 시작하였다.

장영신이 회사경영에 직접 참여하기로 결심하자 주위에서는 "암탉이 울면 집안이 망한다", "여성이 회사를 망친다" 등으로 결사 반대하면서 당시 사장직을 맡고 있던 큰 오빠와 몇몇 임원들조차 회사를 외면한 채 애경을 떠났다. 그 당시 장영신은 처음으로 우리나라의 여성에 대한 편견, 여성의 사회진출에 대한 장벽이 심하고, 답답함을 느꼈다고 한다. 운명의 여신은 뒤머리채가 없지만 운명의 주인공 장영신에게는 "손과 발"이 있다. 손과 발을 이용해 운명을 개척하자는 새로운 결심을 하게 되었다.[4)]

---

4) 장영신, 상게서, 여성들이여, 회전의자를 더 높이 올려라!, 신화적 메시지. pp. 16~17.

### 신임대표이사 취임(1972년 8월 1일)

장영신은 남편이 타계한 후 2년간 외출도 삼가고, 집에서 아이들과 지내며, 깊은 생각을 많이 했다. 그래서 3대 과제를 해결해야 한다는 결론에 도달하였다.

먼저 아이들을 훌륭하게 키우자(자식), 두 번째 회사를 어떻게 발전시킬 것인가(회사), 세 번째, 나 자신에 대한 문제 해결(자신)을 하자 등이다. 주변에 그 많은 사람들이 모두 반대하였으나 오직 단 한분 친정어머니는 장영신에게 용기를 주었다. “너의 결심이 그렇다면 해봐라. 내가 도와주마.” 하시고 어머니는 살림을 맡아주셨고 아이들을 키워주셨다. 어머니가 도와주시지 않았다면 오늘날 이렇게 성공하지 못했을 것이라고 기술하고 있다.[5]

## 4. 30대 : 애경의 제2창업기

### 장영신 사장의 새로운 경영체제 확립

대표이사 업무를 시작한 장영신 사장은 향후 애경유지의 경영목표를 (1) 사업 다각화 (2) 해외시장 개척 (3) 고도성장기반 구축 (4) 업계 선도기업의 위상 확립 등에 두고, 비누제조업을 포함 화학공업분야가 무한한 가능성이 있다는 판단을 내렸다.

장영신 사장은 1972년도의 국내외 경제환경의 어려운 상황에도 불구하고 (1) 원가절감 (2) 안정관리 (3) 품질관리 (4) 설비투자 확대 등에 중점을 두고, 守城보다는 擴大一路의 공격적 경영을 한 결과 1973년 3월에는 트리오, 우유비누와 관련해서 창립 이래 유례가 없는 최대의 매출을 달성하는 눈부신 경영성과를 이룩하였다.

그 결과 영등포 공장을 24시간 풀가동하는 비상체제로 돌입했으나 비누 및 세제제품이 한때 품절되는 사례까지 발생하였다.

---

5) 상게서, pp. 17~19. 참조.

애경은 1970년대 합성세제 공장 준공과 함께 주방세제의 대명사인 애경 '트리오'를 비롯하여 세탁세제 애경 '크린 엎', 애경 '써니' 등을 생산해 국내 세제류 시장의 선두주자가 되었으며, 우수한 품질과 합리적인 가격으로 주부들로부터 가장 신뢰 받는 기업으로 자리 잡았다.

## 대전공장 준공 (1974년 6월 24일, 착공식)
## - 합성세제를 생산한 "대전공장시대" 개막 -

### 제1차 석유파동과 과감한 불황 타개책

1973년 10월 제1차 석유파동은 중동산 석유 1배럴당 3달러가 무려 15달러로 5배가 상승하는 석유무기화 전쟁의 시작이었다. 자원민족주의 열풍에 세계경제는 급격히 악화되고 스태그플레이션(Stagflation)에 빠져 혼돈을 거듭하고 있는 상황이어서 선진국의 경제성장은 마이너스를 시현하고 있었다. 한국경제도 예외 없이 경기침체, 인플레이션, 국제수지 악화 등 三重苦에 시달리면서, 정부주도형 경제정책도 실패의 늪에서 허덕이고 있었다. 다만 유신정책으로 국난극복의 경제정책을 마련하는 데 급급하였다.[6] 이런 가운데 장영신 사장은 취임 초기부터 위기의 불황 타개책을 마련하지 않을 수 없었다.

그는 불황 타개책으로 과감한 시설투자와 조직 활성화를 위한 대대적인 인사개편을 단행했으며, 아울러 수입원자재 조기확보, 품질향상, 경영합리화에 전사적 노력을 기울였다. 장영신 사장은 선도업체로서 국내시장에 안주하면서 현상유지만 바라는 안일하고 구태의연한 자세를 철저히 배격하고, 국제수준의 품질향상을 통해 수출활성화를 모색하는 길만이 회사발전을 도모할 수 있다는 판단 아래 실무를 위해 해외 순방에 직접 나서는 용단을 내렸다.

### 해외순방의 길 - 해외공략의 신기원

취임 이래 처음으로 1973년 11월 제1차 석유파동의 여파로 발생한 극심한

6) 김성수, 『세계화시대를 위한 韓國經濟의 發展』, 학문사, 1996. pp. 340~341

원부자재난을 해결하기 위해 일본의 미쓰비시 개스캐미컬사, 미국의 걸프사 등을 방문했으며, 1976년 11월에는 동경, 홍콩, 자카르타, 방콕, 싱가포르, 카이로, 아디스아바바 등 동남아 및 중동지역에 대한 시장조사와 수출확대를 위한 협의차 순방에 나선 결과 회사 창립 이래 우유비누, 유아비누, 보들비누, 크린 업, 트리오 등의 제품에 대한 첫 수출계약을 체결하는 성과를 거두었다. 특히 국내기업 최초로 비누 및 세제류에 대한 홍콩 수출을 성사시킴으로써 업계를 비롯한 국내기업들의 비상한 주목과 관심을 불러일으켰다. 해외 첫 수출과 관련하여 1976년 11월 30일 제13회 수출의 날에는 수출유공자상을 수상하였다.

### 대전공장 준공

장영신 사장은 취임 이후 오랜 구상 끝에 불황타개를 위한 과감한 시설투자의 일환으로 대전공장 건설을 결정했다. 일반 가정에 세탁기가 보급되면서 향후 성장의 한계가 분명한 세탁비누보다는 합성세제 시장이 확대되리라는 확신을 바탕으로 한 결정이었다.

1973년 애경유지는 공장건설을 위한 첫 걸음으로 한국개발금융(주)의 협력을 받아 합성세제 시설부문에서 세계적으로 공인받는 이태리 발레스트라(Ballestra)사에 시설을 발주했고, 1974년 대전공업단지 안의 대지 6,354평을 확보하여 1975년 7월 8일 동업계의 비상한 관심 속에서 최신식 합성세제공장 준공식을 거행하였다.[7)]

이날 준공식에서 장영신 사장은 대전공장의 건설배경, 최신식 설비도입과정, 향후 발전과정을 자세히 소개한 다음 "우리는 아무쪼록 우수한 품질의 제품을 소비자들에게 소개할 수 있게 된 것에 무한한 기쁨을 갖는다"는 요지의 인사말을 전하며 대전공장시대의 개막을 알려, 장영신 사장의 경영자로서 첫 시험을 성공하는 계기가 되었다.

7) 『애경50년사』, 2004, pp. 164～156 참조.

### 창립 20주년 성년 애경유지 경영합리화

창립 20주년을 맞는 장영신 사장의 감회는 남다르다. 사보 "애경"에 기고한 글에서 한 개인이 독립체로서 성년이 되기까지 개인적인 노력 외에 부모 형제 등 주변의 도움이 절대적이듯이 애경유지가 20년 세월을 겪으면서 발전한 것은 그간 재직했던 임직원들의 노력이 유기적으로 융화되고 또 결집된 결과의 소산이라고 밝혔다.

지난 20년간 자금난, 원료난, 시장개척의 어려움, 기술극복의 난관, 품질개선의 어려움, 동업계 경쟁의 극복 등을 치하하였다. 그리고 경영합리화와 기술개선을 통한 합리적인 가격으로 소비자에게 보답했고, 개척자정신으로 창의성을 발휘하여 품질을 개선하였으며, 더 나아가 기술혁신 등 소비자를 위한 사회적 책무를 다했기 때문이라고 피력하였다. 장영신 사장은 창립 20주년을 맞이하여 조직 활성화 및 경영합리화의 필요성을 인식하였으며, 이때부터 애경의 새 역사 창조의 시대를 열어야 한다는 결심을 굳혔다.

### 장영신 회장 창사 이래 경영목표 설정과 사훈 제정

장영신 사장은 경영합리화를 실현하기 위해 1976년 5월 1일 창사 이래 최대규모의 인사 및 조직개편을 단행하고, 1977년 3대 경영목표를 설정하였는데 첫째는 매출신장, 둘째는 원가절감, 셋째는 신제품 개발이었다.

같은 해 다시 한번 인사이동을 단행한 후 새로운 시대의 감각을 반영하는 뜻으로 한글로 사훈을 제정 공포하였다.

사훈 ① 앞서서 나가자, ② 열심히 일하자, ③ 마음을 모두자 등이다. 이 사훈에 담긴 내용을 장영신 회장은 다음과 같이 기술하고 있다.

#### 앞서서 나가자

앞서서 나가는 사람은 모름지기 신념과 패기로 뭉친 그것이다. 그러한 사람은 창조적 정신과 개척자 정신으로 무장한 진취적 자세로 매사에 임할 것으로 믿어진다.

유명한 석학 아놀드 토인비가 "역사는 언제나 창조적 소수(creative minority)에 의해 만들어져 왔다"고 말했듯이 "나라의 역사는 물론 사회의 발전 그리고 기업도 조직체의 유기적 발전도 앞서서 나가는 사람들의 노력의 결정인 것이다"라는 의미를 담고 있다.

### 열심히 일하자

"뜻이 있는 곳에 길이 있다"든가 "하늘은 스스로 돕는 자를 돕는다"라는 속담이 있다. 앞서서 나가자고 했지만 쉼 없고 흐트러짐이 없이 열심히 일하는 실천적 노력이 없고서는 무의미한 것이다. 무사안일을 떨쳐 버리고 과감하게, 처음부터 마지막 마무리까지 최선을 다하는 데 절대적인 책임감이 있어야 한다는 의미를 담고 있다.

### 마음을 모두자

구성원이 화합하여 인간관계를 돈독히 하면, 인화, 협동으로 불가능이 없게 된다. 그리고 동료간에 정직성을 바탕으로 마음의 문을 활짝 열어, 허심탄회하게 대화가 이뤄져야 한다. 그런 가운데 "우리"라는 집단의 인력이 강력하게 농축되어 그 힘이 발휘될 때, 모든 일은 쉽게 이루어 질 수 있을 것이라는 의미를 담고 있다.8)

## 영등포공장 화재 사건에 보여준 애사심과 희생정신

### 장영신 사장 특별상여금과 임금인상으로 고마움 표시

1978년 7월 8일 토요일 밤 9시 영등포 공장 화재는 장영신 사장에게 슬픔과 충격을 안겨주었다. 그러나 이날 화재 때 보여준 직원들의 용기 있는 행동과 협동정신은 장영신 사장의 슬픔을 잊게 해준 감격의 드라마였다.

오로지 회사의 재산을 보호하겠다는 일념으로 불길 속으로 뛰어들던 용감한 현장 종업원들과 위급한 상황에서도 질서유지를 위하여 일사불란하게 움

8) 상게서, pp. 168~171 참조.

직여준 사원과 화재 소식을 듣고 단숨에 달려온 전국 각지의 직원들과 거래선 인사들, 그리고 같이 밤을 지새우며 사후대책을 걱정해 주던 방계회사의 임직원들, 장영신은 가슴 벅찬 감격을 느꼈다고 기술하고 있다.

장영신 사장은 회사가 화재로 큰 손실을 보았음에도 불구하고 화재가 수습된 후 특별상여금을 지급하고 임금인상을 단행함으로써 임직원들에게 고마움을 표시하였다.

이 결과는 애경유지 노동조합은 물론 동료 업계의 모범이 되었음은 물론 1978년 기록적인 판매신장으로 나타나 영등포 공장 화재사건을 전화위복의 기회로 삼았다.[9)]

## 5. 40대 : 국제화시대를 향한 대약진기 - 장년 전반기 애경그룹의 형성

### 경영의 천재로 변모한 경영자 장영신 어머니

장영신 사장은 이제 40대의 여성경영자로 변모함과 동시에 1987년 1월 애경그룹의 회장으로 취임한다. 경영의 천애고아가 아닌 경영의 천재로 변모한 어머니 경영자이다.

그는 44세에서 53세까지 장년 전반기 애경유지공업(주)을 애경그룹으로 형성시키는 한국 최초의 화학공업 전문경영자가 되었다. 이때 장영신 회장의 탁월한 경영능력을 네 가지로 규정한다.

첫째, 빅 브랜드를 육성해내는 뉴브랜드의 창조능력

둘째, 틈새시장을 공략하는 틈새마케팅의 경영능력

셋째, 신시장 개척의 천재적 능력

넷째, 내실경영에 앞서 흑자경영 실현의 경영능력

장영신 회장은 이 40대를 애경그룹을 국제화시대로 향하는 대약진의 시기로 만든다. 그는 국제화시대를 향한 대약진기를 1980년부터 1989년으로 규

---

9) 상게서, pp. 172~173 참조.

정하고 있다.

## 지역영업망 확대

### 국내 직영체제 확립

장영신 사장은 국제화시대를 맞이하기 위하여 애경유지의 지금까지 위탁 판매제도를 탈피하고, 직영체제를 도입하였다. 직영관리체제를 도입함에 따라 시장관리의 과학화는 물론 전제품의 판매활성화를 실현함으로써 회사의 외형적 발전에 일익을 담당하게 되었다. 또한 종래의 수도권과 영남권 중심의 영업에서 탈피해서, 호남권과 강원권에도 영업소를 설치하고 시장 확대를 도모했다.

한편 1980년 6월에 애경의 종합조정실에서는 일반 유지재품과 관련해서 ① 점포의 전시현황, ② 유통정보, ③ 지불조권, ④ 운반관계, ⑤ 거래 또는 무거래에 대한 원인과 문제점 파악 등을 분석해 영업정책 수립에 기초자료를 수집하는 목적에 대대적인 시장조사를 실시하였다. 이때 280여 점포를 표본조사했는데 조사대상을 주택가 밀집지역 및 슈퍼마켓, 도매상 및 슈퍼마켓 본부 등으로 구분하여 조사한 결과 영업전략과 영업활성화 정책에 새로운 이정표를 갖게 되었다.

### 지방사옥 준공

직영체제 도입과 아울러 영남지점 및 전주연락사무소를 개설하고 영업활동을 활성화하였으며, 이어 1986년 1월 12일 애경그룹 대구 신 사옥을 준공하고, 애경산업, 삼경화성, 애경화학, 애경 폰즈의 영업소가 입주해서 애경그룹의 경북지역에 대한 영업활성화의 토대를 마련했다.

이 밖에도 장영신 회장은 1987년 8월 12일 전주사옥, 1985년 8월 부산사옥, 1987년 7월 광주사옥, 1990년 대전사옥 등을 준공함으로써 전국 각 지역에 영업 네트워크 형성했다.

## 연구개발 및 사업영역 확대

### 화장품연구소의 역할

애경유지는 1955년 출범 이듬해부터 시험연구실을 시작으로, 연구조직을 운영해 오던 중 1983년 11월 유니레버사와의 기술제휴를 계기로 "중앙연구소"를 영등포공장에 설립했다.

이 중앙연구소는 1983년 설립된 이래 21세기를 지향하는 기업의 사회적 역할을 수행하는데 필수적인 집약된 기술력을 펼쳐 나갔을 뿐만 아니라, 기술자립, 독창적인 기술확립을 위한 선도적 역할을 수행해 나갔다.

따라서 1991년 7월 중앙연구소 산하에 화장품 연구부를 신설하고, 운영해 오던 중, 조직을 확대 개편하여 1994년 1월 중앙연구소와 별도로 청양공장에 애경산업 "화장품연구소"를 출범시켰다.

이 화장품연구소는 ① 제품연구계발, ② 제품의 안전성, 효능, 효과와 신소재개발, ③ 기초화장품 및 색조화장품 향수 개발, ④ 국내화장품 관련 기술정보 수집, 분석 등 전문연구 역량에 총력을 집중하도록 했다. 그 결과 기술개발촉진법에 따라 기업부설연구소로 인증받았으며, 2000년 1월 그간의 연구실적을 공인받아 병역특례 연구기관으로 지정되기도 하였다.

### 사업영역 확대

한편 장영신 회장은 본격적으로 사업영역을 확대하기 시작하였다. 그 대표적인 것만 기술해 보면 ① 성우산업 계열사 편입, 즉 매출액 100억 달성과 에이텍으로 상호 변경, ② 포장재 전문회사의 경신산업 설립, ③ 애경공업주식회사 설립(1985), ④ 포항공장 준공(1986), ⑤ 광주개발 출범과 레저산업 진출(1986) 등이다.

이처럼 계열사 가운데 처음으로 레저산업과 사회교육사업 부문에 진출하여 사업의 다각화에 기여한 광주개발은 1994년 7월 1일 상호를 애경개발주식회사로 변경하고 오늘에 이르고 있다.

### 미국 체스넛 힐 대학에서 명예법학박사 학위

1985년 5월 장영신은 모교인 미국 체스넛 힐 대학에서 개교기념 60주년을 맞이하여 최고영예인 명예법학박사 학위를 받는다. 학위를 받는 공적은 첫째, 유교적 사상이 크고, 남녀차별이 심한 국가에서 그것을 극복하고 여성경영자로서 한국 경제발전에 기여한 공로, 둘째, 재학시절의 성적과 활동으로 학교의 명예를 드높인 자랑스러운 동문이라는 공로이다. 특히 남성위주의 사회에서 여사장으로 남자들에게 지지 않고, 열심히 일하고 있는 것에 대한 평가 때문이라고 치하했다

그는 말하기를 "인간은 칭찬을 듣는 것만으로도 기뻐하는 지구상의 유일한 동물이다. 그것은 인간은 사회적 동물이기 때문에 다른 인간관계에서 칭찬을 인정받음으로써 정신적인 만족감을 얻는다. 나 역시 내 전공과 다른 분야의 명예법학박사 학위를 받음으로써 나는 이제 큰 세계에서 더 큰 칭찬을 받도록 부단한 노력을 하겠다고 결심하였다."[10]

## 6. 50대 : 선도기업의 위상 확립기
## - 장년후반기 애경그룹의 도약과 성장기

### 케미토피아 실현을 위해 경영활동 전개

장영신 회장은 50대를 맞으면서 1990년대 애경그룹의 각 계열사들이 선도기업으로서 위상을 확보하고 국가경제발전에 공헌하도록 노력한다.

1990년대 애경그룹은 생활용품에서부터 의약부외품, 화장품 분야까지 사업영역을 확대하여 명실상부한 종합 생활용품회사로 성장하고 있었다.

장영신 회장은 애경그룹의 외형적 발전을 지속적으로 유지하기 위해서는 계열사 단위가 아닌 그룹 차원의 새로운 생산기지를 건설해야 한다는 경영상 판단을 내리고, 1993년 청양공단을 준공하고 서해안 시대와 다가올 21세

10) 장영신, 『밀알 심는 마음으로』, "누워서 잔적 없는 나비부인", 동아일보사, 2000. p. 97.

기에 대비했다. 그리고 1995년 마침내 21세기 케미토피아 실현을 위한 경영 활동의 일환으로, 중국 및 동남아시아 교역의 중심지인 홍콩에 애경홍콩유한공사를 설립하여 애경그룹의 세계화 전초기지를 마련하게 했다.

1996년 애경그룹은 내부 혁신의 필요성을 절감하고, 미래지향적인 21세기 경영이념 제정에 나서 "앞서가는 사고, 앞서가는 기술, 앞서가는 경영으로 풍요롭고 행복한 삶을 창조하는 기업이 되자"는 신 경영이념을 선포하는 등 선도기업의 위상 확립기를 맞는다.[11)]

### 생산기반 및 사업영역 확대와 고도성장의 기반 구축

장영신 회장은 50대에 먼저 생산기반 및 사업영업 확대와 고도성장의 기반을 구축한다. 이 시기는 1990년에서 1999년까지로 장영신 회장의 나이 54세에서 63세까지의 시간이다. 이 기간에 그는 최고경영자로서 애경소재주식회사를 설립(1990. 9)하고, 환경보호를 위한 국가산업에 부응하는 코스파를 출범(1991. 4)시켰다.

그리고 1991년 6월 14일 청양군 정산면에 최첨단 자동화시스템을 갖춘 청양공장 기공식을 갖는다. 또한 장영신 회장은 정부의 환경정책의 수립에 문제가 제기되는 환경문제에 지대한 관심을 가져 각종 저공해 기능성 세제 등을 개발케 하며, 하나로 샴푸가 시장점유율 1위를 하고, 1991년 1월 울, 실크 등 고급의류용 중성세제인 '울 샴푸'가 IWS(Internationai wool secretariate)에서 품질을 보증하는 울마크를 국내 최초로 획득하는 등 국제적 품질 공인을 인정받게 된다.

이 시기에 삼경화성이 세계 3대 무수프탈산 생산능력을 달성하였으며, 드디어 2004년 현재 애경유화는 이탄콘산공장을 포함하여 제13공장을 보유하고 있으며, 무수프탈산 부문 생산시설 세계 1위, 생산량 세계 1위, 가소제 생산량 세계 3위를 점유하고 있는 세계유수의 화학공장으로 성장했다.

---

11) 『애경50년사』, pp. 94~95 참조.

### 대망의 유통부문 진출 : 애경백화점 출범

애경유지는 1991년 3월 25일 서울시 구로구 구로동 소유부지에 새로운 지역화 사업의 일환으로 백화점, 스포츠센터, 커뮤니티, 아트리움을 구비한 애경타운 공사에 착수했다. 이는 생활편의 시설의 부재로 인하여 서울의 부도심 가운데 가장 소외된 서남부 지역에 "도시문화 서비스를 위한 종합타운센터"를 건설하여 지역주민에게 ① 생활의 편의, ② 생활의 즐거움, ③ 지역사회에 대한 자긍심을 심어줌으로써 지역사회와 지역주민의 조화를 창출할 뿐만 아니라 부도심 기능을 복원하려는 목적에서 시행되었다. 약 2년 6개월 공사 끝에 애경백화점은 마침내 1993년 9월 10일 장영신 그룹회장, 채형석 대표이사, 채용석 이사 등 각계인사 500여명 지역주민 5만여 명이 참석한 가운데 개점식을 거행하였다.

현재 진출해 있는 신세계백화점, 롯데백화점, 현대백화점 등과 치열한 경쟁이 예상되는 가운데 특히 새로운 젊은 경영자인 채영석 대표이사가 펼치는 21세기 유통부문의 차별화전략이 기대되는 대목이다.

### 품질경영시스템 및 품질환경시스템 구축

혁신경영전략 특징의 첫 번째는 품질경영시스템 및 품질환경시스템을 구축하는 데 두었다. 특히 애경유화, 애경화학, 애경산업, 코스파, 에이텍 등에 ISO 9002인증 획득에 총력을 기울이게 하였다. 또한 애경화학을 업계 최초로 ISO 14001 환경 경영시스템 인증을 획득하도록 하였다. 그리고 애경공업은 ISO 9001과 ISO 2000을 인증 받도록 하였다.

두 번째는 내부혁신을 위한 21세기 경영이념을 선포하였으며, 21세기를 준비하는 애경인의 자세, 애경그룹 및 각 계열사별 미래 비전을 선포하였다.

세 번째는 그녀의 혁신적 경영전략에서 돋보이는 장점은 "무재해 운동과 노사평화체제의 성공적 정착"을 들 수 있다. 특히 정부에서 신노사문화 우수기업으로 애경그룹 각 계열사를 선정하였다. 애경화학 대전공장은 380일 동안, 애경산업 청양공장은 200일 동안, 애경 쉘 대전공장은 780일 동안, 드디어 애경공업은 1998년 3월 24일부터 2000년 9월 8일 까지 900일 동안 무재해 신기원을 달성하였다.12)

### 노사평화체제 구축과 인사제도 혁신

장영신 회장은 혁신적 경영전략의 하나로 노사평화체제 구축을 중심으로 인사제도 혁신을 성공적으로 실시하였다. IMF 이후 외한위기를 맞이하여 1998년 구조조정을 끝내면서, 회사의 흥망성쇠는 곧 노사 모두의 손에 달렸다는 인식 아래 신뢰경영, 열린경영을 통해 내부 결속력 실현은 물론 인사제도를 혁신하고 가족적 분의기의 기업문화를 조성해 갔다.

이와 같이 노사평화체제를 회사성장의 가장 중요한 요소로 인식하고, 상생의 노사무드 조성을 성실히 이행시켜 갔다. 그 결과 2002년 애경산업과 애경화학이 신노사문화 우수기업으로 선정되었고, 2003년도 애경유화의 노사평화 선언 등을 통해 노사평화 구축이라는 화려한 결실을 맺기에 이르렀다.

마침내 2000년 4월 4일 애경공업 포항공장 임직원들은 창립 기념 15주년을 맞이하여 공장 정문에 애경공업의 노사화합 기념석에 대한 제막식을 가졌다. 아마도 노사평화를 기념하는 제막식에 "노사화합기념석"을 세우는 것은 매우 드문 일이라고 생각한다.13)

### IMF 외한위기를 극복한 여성경영자로 평가

1997년 한 해 동안 대기업집단인 30대그룹 가운데 16개 그룹이 몰락하는 등 국내기업은 최악의 국면에 직면했으나 애경그룹은 IMF 외환위기에도 불구하고 흑자기조를 유지했을 뿐만 아니라 1999년 그룹 전체 매출액이 전년대비 11%의 고도성장을 시현(示顯)했다. 이는 그룹의 주력기업이 내수에 기반을 둔 기업이라는 점 외에도, 1993년 유니레버사와의 합작 청산 이래 한때 부채비율이 870%에 이를 만큼 어려움을 겪는 과정에서 1995년부터 1997

12) 『애경50년사』, p. 231 참조.
13) 상게서, p. 233 참조

년까지 시행한 경영합리화와 마케팅 강화 등의 노력이 주효했기 때문이다. 그러나 특히 중요한 것은 장영신 회장이 인적자원을 회사성장의 가장 중요한 전략으로 설정하고, 가족적 분위기의 기업문화를 조성해 온 원인이라고 평가하고 싶다. 실제로 살펴본 결과 다른 기업들이 전가(傳家)의 보도(寶刀)처럼 앞 다투어 인력감축을 단행했으나, 장영신 회장은 특별한 위기감 없이 노사가 공동운명체라는 신뢰를 바탕으로 신뢰경영과 열린경영을 실현함에 따라 국가적 위기를 극복해 낼 수 있었다.

이처럼 애경그룹이 외환위기를 효과적으로 극복할 뿐만 아니라, 나아가 고도성장의 토대를 마련함에 따라 장영신 회장은 회사를 대표하여 한국능률협회 및 한국경제신문에서 각각 선정하는 "1999년 한국의 경영자상"과 "제8회 다산경영상"을 수상하였다.[14)]

## 7. 60대 : 21세기를 향한 도약기

2000년대 장영신 회장은 청양공장시대를 선포하면서 애경유화의 기업공개, 유통부문 사업다각화, 사회공헌활동, 케미토피아 실현을 위한 연구활동, 그리고 창립 50주년을 맞이한 애경그룹의 경영구상을 하면서 21세기를 향한 도약기를 준비하고 있었다.

### 기업공개 및 유통부문 사업다각화 추진

1999년 애경유화는 그룹사 가운데 최초로 기업공개를 단행하였다. 마침내 1999년 8월 11일 증권거래소에 주식을 상장함으로써 공익기업으로서 첫발을 내디뎠다는 데 의의가 크며, 첫 거래는 기준가격 34,500원으로 시작했다. 이로써 애경유화는 대외적으로 국민이 공유하는 공익기업으로서의 재출범이라는 제2도약을 실현했을 뿐만 아니라, 세계의 선도기업에 걸맞은 위상을 구축하게 되었다. 그리고 유통부문 사업다각화를 실시하여 애경백화점 인천

14) 상게서, p. 244 참조.

공항점을 개점하고, 애경백화점 수원점 출범 등 민자역사의 새 역사를 시작하는데 동참하고 있다.[15)]

## ⇨ 사회공헌활동 전개

장영신 회장의 사회공헌활동은 기업의 사회적책임의 일환으로 적극적으로 이루어졌으며, 가장 먼저 애경복지재단을 들 수 있다. ① 애경복지재단 설립은 2000년 7월 보건복지부의 재단설립 승인을 받아 이루어졌다. 재단의 사업목적은 소년소녀가장 지원사업, 사회복지시설 지원사업, 재가노인 지원사업, 무료급식 지원사업, 장학사업 등을 수행하고 있다. 현재 기금 총액은 42억 1,600만원으로 되어 있다.

또한 ② 1997년 5월 한국외국어대학교 통역대학원 애경홀을 건립하는 데 지원하였다. ③ 장영신 기금을 설치하였으며, ④ 순샘후원활동을 전개하는 등 사회공헌활동에 이바지하고 있다.[16)]

## ⇨ 케미토피아 실현을 위한 연구활동

오늘날 기업의 성장을 가능하게 하는 경쟁력의 원천은 핵심역량에 있다.

핵심역량(Core Competency)을 지속적으로 개발할 수 있느냐의 여부는 기업성장의 경쟁력 원천에 달려 있다. 이는 급변하는 경영환경으로 인하여 시장에 대한 전망이 어려워진 만큼, 외부환경보다는 기업내부에서 성공의 원천을 찾으려는 노력과 깊은 연관을 갖고 있다. 따라서 애경그룹은 애경종합기술원(2001. 10. 17)을 개원하여 21세기 각종 산업분야는 물론 정보, 나노, 생명, 환경 등 미래지향적인 기술과 유기적으로 결합하여 무한한 신 영역을 구축해 나가고 있다. 따라서 애경종합기술원은 성숙단계에 접어든 기존 사업영역에 머물기보다는 핵심 신기술개발을 통한 경쟁력을 확보함으로써, 새로운 사업분야로 진출하기 위한 성장동력을 마련해야 할 시점으로 보고 미

15) 『애경50년사』, pp. 248~250 참조.
16) 『애경50년사』, pp. 252~253 참조.

래에 대비한 ① 애경산업중앙연구소, ② 애경화학기술연구소, ③ 애경유화중앙연구소 등의 비전을 설정하였다.

### ⇨ 장영신 국회의원으로서 정치와의 첫 만남

1999년 11월 장영신 회장은 신당 창당추진위원회 공동대표에 선임되면서 정치에 뛰어 든다. 2002년 2월 새천년민주당 구로구(을)지구당 위원장을 맡고, 국회의원에 당선된다. 당시 그녀는 “30여년간 기업경영에만 몰두한 내 인생에서 정치와의 첫 만남은 일종의 ‘신선한 충격’이었다”고 기술하고 있다(한경에세이, 2001).

새로운 정치인생에서 기업경영의 경험을 토대로 더욱 부지런하고, 열심히 국가에 봉사하는 마음가짐으로 정치활동을 하고자 하는 마음을 가졌을 것이다. 국회의원 장영신이 생각하는 정치관은 ‘정치도 기업활동과 마찬가지로 경쟁력이 있어야 한다’는 것이다. 국민이 진정으로 원하는 것이 무엇인지 모르는 정치인은 더 이상 살아남을 수 없다고 피력하였다.[17]

정치인에 대해 부정적 시각을 가진 사람이 더 많다는 것은 우리 정치에 대한 기대와 애정이 많다는 역설적인 풀이도 가능하다. 우리나라는 ‘경제살리기’가 최우선과제이다. 정치와 기업경영 모두 전문성을 갖추는 것이 선행돼야 한다. 최고의 상품만이 살아남는 시장논리는 기업과 정치가 똑같이 적용된다고 본다. 정치인의 고객인 우리 국민을 가장 귀하고 어렵게 여기고 섬기면서 봉사하는 마음이 절실하다고 했다. 그러나 그녀는 결국 정치를 포기하고 다시 애경그룹 회장으로 돌아왔다. 전문경영자는 기업에서 펼친 경영이념과 사상, 기업가정신, 자기의 경험과 기술, 거기에서 얻은 경영기법을, 한국경영기법으로 여성경영자의 경영이념으로, 경영전략으로 남기고 싶은 욕심이 더 컸기 때문이라고 생각된다.

---

17) 한국경제신문, 한경에세이, 2001년 5월 29일자.

## 창립 50주년 아들에게 "創業의 孝"의 중책을 맡게 하다

장영신 회장은 애경 창립 50주년을 앞두고 2002년 1월 1일 채형석 애경유지 대표이사를 그룹 부회장으로 선임했다. 창립 50주년에 아들에게 경영권의 중책을 넘겨주면서, 지난 세월의 변화에 대한 무상함을 느꼈을 것이다.

장영신 회장은 "創業의 孝"를 아들에게 이어가도록 하였다는 데 企業家史的 의미를 담고 있다. 이로써 당시 채형석 그룹 부회장은 애경유지, 디피앤에프, 수원역사, 평택역사의 대표이사를 겸임하면서, 애경그룹의 외형성장을 내실 있게 주도해 나가야 하는 중책을 맡게 되었다.

그룹 전체의 일반을 주도하는 것은 물론이고 21세기 애경그룹의 비전을 도출해 내야 하는 중책을 맡은 채형석 부회장의 경영능력이 어머니의 최고경영자 장영신 회장의 경영능력과 리더십을 어느 정도 만족시켜줄 것인가는 경영학계의 비상한 관심으로 대두하고 있었다. 지난 50년간 그룹의 양대 주력사업인 화학 및 생활용품 외에도 면세점 사업, 민자역사 사업, 구로 프로젝트 등의 유통사업을 또다른 주력사업의 축으로 성장시키겠다는 사업구상을 밝혀 기대가 크다.

## 여성경영자 장영신 회장의 공적과 명예

장영신 회장의 공적과 명예에 관한 것은 그의 경력을 살펴보는 것으로 대신할까 한다. 1972년 애경유지공업(주) 대표이사를 시작하여, 1976년 1월 애경그룹 회장으로 취임하고, 1985년 5월 미국 Chestnut Hill College 명예법학박사 학위를 취득하였다. 그리고 1994년 8월 한국외국어대학교에서 명예경영학박사 학위를 받았다. 1998년에는 중소기업청 중소기업특별위원회 위원, 교육부 새교육공동체위원회 위원, 1999년 2월에는 전국경제인연합회 부회장을 역임하였고, 1999년 6월 한국능률협회 "한국의 경영자상" 수상, 그리고 한국경제신문 "다산경영상"을 수상하였다. 1999년 7월 한국여성경제인협회 초대 회장을 역임하여 한국의 최고경영자로서 우뚝 섰다.

2004년도에는 한국의 경영, 경상계열 교수 1,000여명의 학술단체인 사단법인 한국경영사학회에서 2004년도 우리나라 여성경영자로서는 최초로 "한국창업대상"을 수상하여 한국경영사학계는 물론 국제경영학계에서 한국의 최고여성경영자로서 평가를 받았다.

장영신 회장은 36세 때 애경유지공업(주)을 시작으로 2004년 8월 현재까지 16개 회사, 4개 해외지역, 5개의 연구개발부문을 가진 사업장으로 성장, 발전시킨 공적을 인정하지 않을 수 없다. 1980년 석유화학업체인 삼경화성 등 특히 1987년 6·27 민주화선언 전후의 극심한 노사분규를 애경직원은 "한가족"이라는 정신으로 "애경이 살아야 근로자가 산다"는 노사평화공동체 형성으로 극복하여 오늘을 이룩하였다. 이제 그의 성장의 비결, 성장의 원동력이 무엇인지, 이하에서 기업가정신을 발굴해 보고자 한다.

## 제 2 절 장영신의 기업가정신

### 1. 愛人敬天 經營思想(애인경천 경영사상)

#### 회사명 속의 경영사상 "愛人敬天"의 "愛敬"

기업심벌이 시대에 따라서, 발전의지에 따라 자주 변신하는 데 비해 세월이 가도, 의지가 바뀌어도, 바뀌지 않는 것은 바로 회사명이다. 그것은 사람의 이름이 일평생 바뀌지 않는 것과 마찬가지로 이름은 변화하지 않음으로써 그 기업의 생명을 유지시키는 골격이 된다. 愛敬은 조국의 재건과 산업부흥을 목표로 "양심의 기업"이라는 기업이념을 정립하여 출발하였다.

愛敬이란 忠, 孝, 愛, 敬이라는 우리 민족 전통사상에서 유래된 것으로 애인경천(愛人敬天)의 정신에 기초하여, "국민을 사랑하고, 국민을 하늘과 같이 존경하는 마음으로, 좋은 제품을 만들겠다는 정신"과 또한 "국민으로부터 사랑받고 존경받는 기업으로 성장 발전하겠다는 기업정신"의 의미가 함축되어 있다.

## 愛敬의 사훈

애경의 사훈은 "앞서서 나가자, 열심히 일하자, 마음을 모두자"로 하였다. 흔히들 다른 회사의 사훈은 인화, 단결, 협동 등의 간결한 한자체로 되어있는데 애경은 누구에게나 쉽고 새로운 시대감각에 부합되며 친근감을 느낄 수 있다는 취지에서 한글 표현방식을 택했다고 했다. 1976년 대대적인 조직 개편과 함께 모든 사원의 공모를 통해 결정된 세 가지 문구의 사훈은 회사의 선행된 경영이념이 담겨져 있다.

장영신 회장은 애경의 "사훈"을 다음과 같이 설명하고 있다.

### 앞서서 나가자

세상일의 발전 속도는 점점 가속화하고 있다. 이 가속화 시대에 적응하고 이겨나가려면 앞서서 나가지 않으면 안 된다. 앞서서 나가는 사람은 신념과 패기로 뭉친 사람이다. 그런 사람은 ① 창조적 정신과 ② 개척자 정신으로 무장한 ③ 진취적 자세로 매사에 임한다. 그것은 바로 솔선수범의 자세를 말한다.

역사는 언제나 창조적 소수에 의해 만들어져 오듯이 나라의 역사는 물론 사회의 발전, 그리고 작게는 회사라는 조직체의 유기적인 발전도 앞서서 나가는 사람들 노력의 결정인 것이다.

### 열심히 일하자

"뜻이 있는 곳에 길이 있다"는 속담과 같이 앞서서 나가자고 했지만 ① 쉼 없이 ② 흐티러짐 없이 ③ 열심히 일하는 실천적 노력이 없이는 무의미한 것이 된다. 무사안일을 버리고 과감하게 적극적으로 탐구하고, 연구하지 않으면 안 된다.

① 성실성 ② 근면은 모든 난관을 극복하고, 열매를 맺게 해주는 땀이며,

정성이다. 열심히 일한다는 표현 속에는 일의 처음부터 마지막 마무리까지 최선을 다하는 절대적인 책임감이 담겨 있다.

#### 마음을 모두자

조직과 구성원은 아무리 열심히 앞서서 나가고, 열심히 일하더라도 유기적인 구심점이 없다면 알맹이 없는 열매를 거두기 십상이다. 기업은 그 나름대로 뚜렷한 목표를 갖고, 그 목표를 달성하기 위하여 구성원간의 인간관계가 ① 인화 ② 협동을 축으로 하여 ③ 인간관계를 형성하고, ④ 동료간의 정직성을 움직여지지 않으면 안 된다. 따라서 회사의 구성원들, 즉 사원들이 "한 가족같이 마음을 합쳐" 열심히 일한다면 해내지 못할 일이 없다는 것이다. 우리 모두 마음을 합쳐 일하자.

### 애경그룹의 경영이념

애경그룹은 사훈과 더불어 경영이념을 설정하였다. 이 경영이념은 애경인의 전사적 행동강령이며, 실천 철학이다. 그리고 장영신 회장의 기업가정신이며, 경영사상이다. 이러한 애경그룹의 경영이념을 살펴보면 다음과 같다.

#### 앞서가는 사고

영원한 미래를 내다보며, 모든 임직원들이 긍정적이고, 진취적인 사고를 갖는다.

#### 앞서가는 기술

경쟁사들보다 앞서가는 기술로 고객들이 만족할 수 있는 제품을 만든다.

#### 앞서가는 경영으로

경영자 및 관리자들은 탁월한 경영관리 능력으로 앞서가는 기업이 되도록 한다.

**풍요롭고 행복한 삶을 창조하는 기업이 되자 :**

경쟁에 앞서가는 기업은 이윤을 창출하고, 지속적인 성장을 함으로써, 국가와 사회에 풍요롭고 행복한 삶을 창출한다.

## 2. 장영신의 기업가정신

### 도전과 개척주의 정신

장영신은 36세 때 네 아이의 어머니로서, 극심한 난관과 좌절, 남녀 편견 때문에 어떻게 사장 노릇을 해낼까 하는 의아심과 극심한 반대와 부정적인 시각, 그리고 "경영의 천애고아 상태인 경영지식의 공백상태"에서 이 모든 것을 "오직 할 수 있다는 Candoism", 기업가정신 하나로 성공을 이룩하였다. 이 부문에 대해서 애경그룹 장영신 회장 신화적 메시지, 밀알 심는 마음으로"(동아일보사, 2000, 11판), "여성들이여, 회전의자를 더 높이 올려라!" 라는 진솔한 글속에 잘 검증되어 나타나고 있다.[18]

장영신 회장은 창업의 뜻을 이루기 위하여 목표를 향하여 도전하고, 시련과 역경을 극복하며, 극한의 어려움을 무릅쓰고 개척하여 성공한 여성기업가 그는 슘페터(Schumpeter, J. A.)가 지적한 혁신적(Innovation) 사업정신을 가진 "創造的 企業家"이기도 하다. 그녀는 신기술을 개척하고, 신제품을 발명하며, 신시장을 개척하는 데 경영의 최우선 전략으로 하였으며, 신원료 확보, 신조직 형성 등 혁신적 기업가정신 이론을 기업경영에 실천한 여성 전문경영자이다.

### 학습과 상식주의 정신

경영의 학습과정과 상식주의 기업가정신은 실패를 통한 교훈, 실패는 사람을 긴장시키고, 경계하도록 하며, 실패는 좋은 스승이라는 암스덴(Amsden,

18) 장영신, 『밀알 심는 마음으로』, 동아일보사, 2000, 참조.

A. 1989) 교수의 말이 장영신 회장에게 적용된다. 장영신 회장의 기업가정신의 특징은 초기의 신생기업을 그룹으로 성장시키는 과정에서 학습과 상식주의 기업가행동으로 성과를 일구어 내었다.

여성이기 때문에 다른 회사에서 해내지 못한 일을 해내게 되었고, 석유화학사업의 어려움을 극복한 대표적 사례가 상식주의 정신이었으며, 애경그룹을 성장, 확대시킬 때마다 "상식"은 사업경영의 지식으로 축적되는 장영신 경영학의 대표적인 사례가 되었다.(장영신, 1994) 한 번의 실패를 사랑하라. 실패를 경험과 학습으로 생각하는 정신이 중요하다. 그는 솔직함과 상식을 이 세상 어느 사회에서도 통하는 미덕이라고 지적하고 있다.

계란은 삶을수록 단단해 진다. 전문가가 되려면 학습과 상식을 풍부하게 하여 실력을 향상하도록 해야 한다고 지적했다. 상식은 기업가능력에 중요한 요소가 되며, 상식주의 정신은 기업가의 자질조건이 된다.

### 노사화합주의 정신 – 산업평화주의

2003년 5월 13일 애경유화 울산공장은 장영신 그룹회장, 채형석 그룹부회장, 전기철 대표이사, 노조위원장, 기관장 및 노동계 인사 등이 참석한 가운데, 노사평화선언 선포식을 개최해서 노동계를 비롯한 전체 국민에게 큰 반응을 갖게 했다. 그 결과 신노사문화 우수기업으로 선정되었다. 신뢰와 화합을 바탕으로 신노사문화형성은 무한경쟁시대에 가장 중요한 기업가의 덕목이기도 하다.

장영신 회장의 "불고기 파티로 끝난 노사분규"는 장영신 회장이 초기에 노조문제로 큰 위기를 겪고 이겨낸 적이 있는 사례의 이야기이다. 당시 장영신 회장은 노조의 목적은 회사를 망하게 하는 것이 아니라 회사가 성장하고, 발전하도록 하는 것이다 라는 것을 확신하였다. 그는 노사관계가 사용인과 고용인이라는 상반된 입장이지만 마음을 합하여 대화의 실마리를 찾으면, 노사분규란 일어날 수 없다고 생각하고 있다. 오직 노사공존공영주의 정신이 존재하는 한 산업평화는 이룩되며, 회사도 살고, 노조도 사는 상생의 화합정신이 중요하다고 깊이 인식하고 있다.

신노사문화 실천요소를 ① 열린 경영에 두고, 경영설명회, 노사간 정보공유, 노사협의회, 복리후생 등으로 하며, ② 인적자원의 개발 및 활용 등으로 전문교육부서를 설치하여 실시하며, 공정한 인사관리를 통한 적재적소 배치 실시, (3) 참여경영 방법 도입은 선진국 경영참가제도인 성과배분제도, 종업원지주제, 이익분배제 등을 실천하고 있어 놀라운 경영을 하고 있었다.

### 신용제일주의 정신

장영신 회장은 믿음과 약속을 바르게 지켰으며, 신용을 자산과 철칙으로 여기면서 사업을 성공으로 이룩하였다. 이러한 신용을 제일로 한 정신을 신용제일주의 정신이라고 한다. 장영신 회장은 영국의 유니레버사와의 합작 및 기술제휴, 애경 쉘 창립, 애경폰즈 설립, 코스파 설립, 중동 및 아프리카 수출시장 확대, ISO환경인증 등 그 어느 것 하나 신용을 필요로 하지 않은 것이 없었다. “성공에는 속임수가 없다” “정도를 벗어난 사업은 할 수가 없다. 정도를 지켜라” 등을 좌우명으로 삼고 있다.

성공한 기업가의 “쓰러지더라도 신용을 지키라”는 말은 당연한 사업가의 기본이며, 날짜 약속, 납품 약속, 자금 지불약속, 제품수급 약속, 거래약속, 원료확보 약속, 노조와의 약속, 소비자와의 약속 등은 신용의 정신에서 기반이 된다.

그는 미국의 거부인 데일 카네기도 “성공에는 아무런 속임수가 없다. 바르게 신용과 신뢰로 나의 주어진 일에 전념을 다했을 뿐”이라고 했다. 장영신 회장도 솔직함, 신용, 약속은 미덕이요 비결이라고 지적하고 있다.

그의 신뢰는 (1) 고객에 대하여 (2) 개인/업무에 대하여 두 부문에서 잘 나타나고 있다. 고객의 신뢰에 대하여 고객의 불안에 대해 신속하고 적절히 피드백하여, 고객을 확보 유지한다. 제품의 적기공급을 위하여 역량과 체계를 운영한다.

그래고 개인/업무에 대하여 비리, 부패를 척결시키고, 부서간의 정도를 지키고 소비자에게 최고의 품질을 제공하는데 최선을 다하도록 한다.

### 고객만족주의 정신

장영신 회장의 기업가정신 경영이념 중에 소비자 제일주의 정신이 있다. 기업에 있어 소비자 고객은 왕이다 "소비자 그대 이름은 장미"라는 글에서 고객의 입장에서 생각하고, 진정한 의미에서 소비자 생활편의주의, 일용품 산업인 비누 및 유지, 세제류 등 고객을 만족시켜야 하는 제품을 생산하는 애경으로서는 소비자를 위해서 생산하고, 고객을 위해서 판매하는 고객만족주의 정신은 품질제일주의 정신, 기술혁신주의 정신에 총력을 기울이지 않으면 안 된다고 장영신 회장은 말하고 있다.

'소비자, 그대 이름은 장미'에서 "생텍쥐페리"의 〈어린왕자〉에 나오는 장미를 비유했다. 소비자는 기업에서 마치 "어린왕자"에서 나오는 장미와 같다. 신제품이 나오면 금방 반색을 하다가도 또한 금방 싫증을 내며, 기분이 언짢을 때는 아무리 좋은 제품이라도 거들떠보지도 않는다. 그런가하면 이렇게 해 달라, 저렇게 해 달라 요구사항도 많고 트집도 잘 잡는다. 마치 기업은 "어린왕자"와 같은 마음을 가져야 성공한다. 토라진 소비자를 달래고, 기쁘게 해주기 위해 노력하고 요구사항은 충실히 들어주어야 한다. 이런 정신이 고객감동으로 이어지며 매출액도 증가한다.

장영신 회장은 소비자는 국민이요, 전 국민을 상대로 하는 순수기업이 애경이기 때문에 애경은 국민이 만족하는 좋은 제품을 계속하여 생산할 의무가 있다고 피력하고 있다. 고객1등주의 확대, 애경백화점 고객중심주의 선언도 일회성이 아니라 장영신 회장의 고객만족주의 경영이념에서 나왔다. 이것이 소비자 고객만족주의 정신의 기본이다.

### 시테크에 강한 완벽주의 정신

장영신 회장의 철저한 기업가정신 중의 하나가 시간관리 완벽주의 정신이다. 시간은 쉴 새 없이 지나간다. 누구도 시간을 축적해 둘 수는 없다. 그래서 시간은 찾아내고, 모으고, 아껴서 사용해야 한다는 것이다.

그녀는 "나인 투 파이브 생활로"라는 글에서 시간에 대한 개념을 피력하고 있어 주목을 끌고 있다.

(1) 시간은 영원이기 때문에 가장 길다. 한편 시간은 인간이 일생을 다 끝내지 못하고 끝나므로 가장 짧다.
(2) 시간은 행복한 사람에게는 빠르게 불행한 사람에게는 느리다.
(3) 시간을 헛되이 보낸 사람은 반드시 후회하게 마련이다.
(4) 인간은 시간 속에서 살고 있으므로 시간이 없이는 아무것도 할 수가 없다.
(5) 시간은 후세에 가치가 없는 모든 것을 망각 속에 집어삼키고 위대한 것은 영구히 보존한다.

이와 같이 시간관리의 완벽주의 정신이 약속과 신용을 지키는 원동력이 되며, 이것은 기업가정신의 최고라고 지적하고 싶다. 시간은 돈이다. 시간관리 없이 돈 관리를 생각하는 것은 문제가 있는 경영자라고 규정하고 있다.

장영신 회장은 24시간을 1,440분으로 환산해 보라고 권고한다. 그리고 시간은 철저히 관리하라고 권고한다. 부자는 분, 초단위로 하고, 가난뱅이는 일, 달로 한다는 시테크를 활용해 보라고 권하고 있다.

시간관리는 경영전략에서 곧 돈이라고 생각한다. 사업시간도 돈이다. 마케팅 시간도 돈이다. 과학적 관리법의 창시자 테일러(Taylor, F. W.)는 노동시간을 생산성 향상으로 적용하여 노동강화를 하지 않아도 보통 하고 있는 3~4배의 일을 할 수가 있다고 시테크의 중요성을 주장하여 빠름의 미학, 느림의 미학 같은 경영자 이론이 나타나기도 하였다. 빠름의 기법, 낭비나 실패를 시간의 예산으로 환산하는 것이야 말로 기업가의 경영이념으로 정착되어야 한다고 주장한다.

성공하는 경영자는 시간을 가장 잘 경영하는 사람이라는 것이다. 성공관리를 이룩한 경영자는 시간관리를 철저히 한 사람이라고 그는 평가하고 있다.

### 기술혁신에 의한 품질관리주의 정신

장영신 회장의 경영이념은 기술혁신주의와 연구개발에서 시작된다. 그룹 창업 때부터 연구개발을 시작하여 기술혁신의 결과는 품질관리의 개가를 올리는 계기를 만들었다. 1983년 7월 애경유지 중앙연구소는 국내 최초로 혁신적인 저공해세제 원료 AOS를 개발함으로써 우리나라 저공해세제 시대를 개막했다. 특히 마케팅을 품질관리에 접목시켜 AOS와 효소의 상승작용에 따른 탁월한 세척력, 포장용기 카튼 백의 편리성, 고품질에 대비한 가격의 경제성 등을 집중적으로 부각시킴에 따라, 출시 3개월 만에 전체시장에서 15% 이상을 점유하는 놀라운 성과를 거뒀다.

애경산업은 품질관리 선도기업으로, 애경화학은 공인품질등급인 KS허가인증, 한국선급, 로이드선급, 애경공업의 도료제품 KS표시허가 및 Q마크 획득 등 품질관리를 최우선 기업정신으로 하고 있다. 국내 생활용품산업을 주도하여 최고의 품질을 더 싼 값에 공급하겠다는 것이 애경인들의 끊임없이 되새기는 경영이념의 각오라고 기술혁신에 의한 품질관리주의 정신을 지적하고 있다.

### 사회적책임의 사업보국주의 정신

장영신 회장의 사업보국주의 정신은 『애경 50년사』 에서 잘 표현되고 있다. 지난 1954년 애경유지공업 단일회사로 시작한 애경그룹은 50주년을 맞는 2004년 5월까지 16개회사로 확대 발전하였으며, 6개의 해외 네트워크까지 기업은 유지되고 존속되어야 한다는 사회적책임을 다하고 있다. 특히, 장영신 회장은 종업원의 인간적 만족의 책임, 이해관계자의 이해조정 책임, 국민생활 편의제품의 생산 및 저가판매주의 책임, 환경방지의 책임 등 사회적책임의 사업보국주의, 세금, 고용증대, 기업발전까지, 저가격 보급 생활용품 부문, 화학공업부문에서 레저, 유통부문 까지, 국가경제발전을 기여하는 경영자로서 성공하여, "내 인생은 사업이다, 기업인은 애국자"라는 사업보국주의 정신이 경영이념으로 확고하다.

장영신 회장은 고객에게 감동을 주는 기업, 국민으로부터 사랑 받고 사회와 더불어 발전하는 기업이 될 수 있도록 최선을 다하는 기업가정신을 지니고 있다.

## 제3절 장영신 회장이 제시한 여성경영자 능력과 자질조건

여기에서는 장영신 회장이 지난 32년간 애경그룹을 성장 발전시키면서 자신이 경험으로 만들어 낸 여성경영자의 능력과 자질조건을 최고경영자가 되고자 하는 여성들에게 제시하고 있다.

물론 여성경영자가 되고자 하는 여성은 우선 자기계획에 대해 충분히 검토를 해야 한다. 계획에 따른 철저한 설계를 하고 그리고 내가 할 수 있는 도전능력과 꼭 하고자 하는 꿈, 자신이 계획한 목표를 향해 계속 노력해야만 한다. 이것이 성공의 비결이다.

사전의 준비와 능력, 자질조건은 무엇인가에 대하여 설명하고자 한다.

### 1. 건강한 신체

장영신 회장은 건강했다. 건강을 상시 점검했다. 남자와 똑같이 경쟁해야 하는 학력과 능력도 갖추었다. 그러기 위해서는 건강한 신체가 무엇보다도 필요하다는 인식을 했다.

### 2. 부지런함과 연출

부지런했다. 그리고 자기를 연출할 줄 알았다. 화장도 하고, 옷도 신경을 쓰고, 가능한 필요한 거래처나 손님 계층에 따라 색조화장이나 의상도 신경썼다. 그리고 남보다 부지런했고, 기초화장 등 5분 만에 끝나는 화장기술도 익혀야 했다.

## 3. 가정환경의 여건조성

결혼한 사람이기에 반드시 일에만 전념할 수 있는 가정환경의 여건을 만들어 놓았다. 친정어머니가 준 용기 때문에 성공할 수 있었다. 만일 가정과 일 중 양자택일의 문제가 발생하면 불행에 빠져 모처럼 다져진 열의는 물거품이 되고 만다는 사실을 인식하고 있었다.

## 4. 인내심 강한 성격

성격, 인내심이 강했다. 경영에는 난관도 많고, 그에 따른 실의나 좌절의 시기도 많았다. 그때마다 꺾이지 않는 의욕적인 도전력과 개척정신을 강하게 가지고 있었다.

## 5. 경영의 전문지식 습득

경영에 대한 전문지식도 익혔다. 학교에서 전공하지 못한 경영에 대한 기초지식은 학원에서 배웠다. 기초경영전문 지식은 그야말로 경영의 ABC에 속하는 일이다. 경영지식에 숙달해야 한다.

## 6. 자금조달능력

금전조달능력도 있었다. 사업을 시작하는 데 기본적인 얼마간의 자본금이 필요하다. 그러나 계획서가 마련되면 은행이나 신용을 담보로 하여 자금을 빌릴 수 있었다. 이때 경영자의 신용이 무형의 자산이 될 수도 있다는 것을 터득하였다. 장영신 최고경영자의 철학, 이념, 사상 등을 고려하여 대출도 받을 수 있었다. 그러나 처음 시작하는 여성은 반드시 초기에는 재산, 유가

증권, 집문서, 주식 등을 담보로 하여 대출을 받은 이래 신용을 지키면서 계속 거래를 해야 한다.

## 7. 담력과 열정

마음을 크게 먹어야 했다. 담력(Grit)도 있어야 한다. 경영을 하다보면 못하겠다는 생각이 든다. 힘들고, 어렵고, 여성편견 속에 남자도 못하는 데 여성이 어떻게 하겠는가라는 생각을 버려야 했다. 오히려 여성이기 때문에 쉬운 일도 많다. "남자도 하는 데 왜 내가 못해" 하는 대담한 마음과 열정을 가졌다.

## 8. 여성의 미덕

여성의 미덕을 잃어서는 안 된다고 생각하였다. 아무리 남녀와 똑같이 행동한다고 해서 남자처럼 행동해서는 마이너스가 된다. 남자가 갖추지 못하는 여성의 미덕, 그것은 남자보다 유일한 장점이며, 남자와의 경쟁에서 이길 수 있는 관건이 되기도 했다. 남자들과 조화를 이루면서, 일하되 여성경영자가 곁에 있으면서 "안정을 느끼게 되고, 기분도 좋게, 분위기도 좋게, 그래서 일도 더 잘 된다는 사고를 갖도록 해야 한다. 이렇게 되어야 성공적인 경영인이 될 수 있다. 그것은 사원 개개인에 대한 따뜻한 관심, 배려에서 출발한다. 또한 그것은 남성경영자가 할 수 없는 여성만의 영역이기도 하다."

## 9. 경영자의 가치관

경영자의 가치관을 가질 수 있었다. 여성경영자는 사회를 위해서, 인간을 위해서, 좋은 일을 하겠다는 철학이야 말로 모처럼 시작한 경영을 지탱하는 튼튼한 밧줄이 된다고 생각했다. 특히 자신의 능력을 발휘해서 성취감을 얻고, 그 사회에 공헌하는 일이라고 생각해야 만족감을 맛볼 수 있다. 납세보국정신, 인간존중정신, 근검절약정신, 합리주의정신 등 기업가정신을 갖는 경영자 가치관이 있어야 한다고 생각했다.

## 10. 희망과 꿈

마지막으로 장영신 회장은 "여성들이여 희망과 꿈을 가져라"라고 역설하고 있다. 희망과 꿈이 없으면 인생도 재미가 없다. 특히 사업가 또는 여성 CEO가 되고자 하면 희망과 꿈을 가지고 그것을 실현하는 실천과 행동이 필요하다. 자신이 꿈과 희망이 없는데 어떻게 자식들에게 꿈과 희망을 가지라고 말하겠는가? 여성들이여 그대들의 능력은 꿈과 희망에서 창출된다는 사실을 직시해야 한다.

## 참고문헌

1. 김성수, 『성공한 창업자의 기업가정신 : 세계를 움직이는 경영자들』, 삼영사, 제2판, 2004.
2. 김성수, 『세계화시대를 위한 韓國經濟의 發展』, 學文社, 1996.
3. 김성수, 유일한 연구, 호암 이병철 연구, 다산 정주영 연구, 연암 구인회 연구 등등, 경영사학, 한국경영사학회, 1995~2003.
4. 매일경제신문, 나의 사업이야기, 제1부~제12부, 2000 11. 14~12.4
5. 매일경제신문, 여성 CEO : 21C 디지털 경제 "중심축", 2001. 1. 12.
6. 서울경제신문, 경제칼럼, "로터리" 제1회~9회, 2001. 1~2001. 2. 26.
7. 애경그룹, 『애경50년사』, 2004.
8. 장영신, 『밀알 심는 마음으로 : 애경그룹 장영신 회장의 신화적 메시지』 동아일보사, 제11판, 2000.
9. 조선일보, 애경50주년 새 CI 선포, 2004. 6. 9.
10. 주간 매경, 떠오르는 "경제계 여성파워", 1991. 5.
11. 중앙경제, 임직원 되려면, 1991. 10. 9.
12. 현대경영, 한국경영의 "존경받는 어머니", 1994. 5.

13. 松本邦輔,『顧客本位의 經營理念』, 일본, 생산성 출판, 1994.
14. 高橋達男 역,『明日의 經營理念』, 産業能率短期大學 出版部, 1967
15. AEKYUNG PETROCHEMICAL, Company History, 2004. 8.
16. Amsden Alice, *Asis's Next Giant : South Korea and Late Industrialization*, New York, Oxford University Press, 1989.
17. CHIEF EXECUTIVE, vol. 12. Nov. 2003.
18. Cole (A.H), *What is Business History*, Business History Review, Spring. 1962.
19. Coleman (D.C) et al, *Enterprise and History,* Cambridge University Press, 1984. Financial News, 2002, 1. 25.
20. Cumings Bruce, *Korea's Place in the Sun : A Modern History*, New York. W.W. Norton, 1997.
21. Schumpeter(J.A), Theorie der Wirtschaftlichen Entwicklung 1929
: Schumpetr(J.A), *The Theory of Economic Development, An Inquiry into Profit, Capital, Credit, Interest and the Business Cycle, Cambridge*, Harvard Business Review on Innovation, Harvard Business School Press. U.S.A, 2001.

10

# 김재철의 경영활동과 기업가정신

## - 지도를 거꾸로 보면 한국인의 미래가 보인다 -

# 제10장 김재철의 경영활동과 기업가정신

- 지도를 거꾸로 보면 한국인의 미래가 보인다 -

## 제1절 김재철의 생애와 경영활동

### 1. 출생과 시대적 배경

김재철 회장은 1934년 3월 30일 전라남도 강진군 군동면 금강리 584번지에서 부친 김경묵(金敬默) 선생과 모친 김순금(金順今) 여사와의 6남 4녀 중 장남으로 태어났다.

김재철 회장의 집안은 안동 김씨 문중으로 유학의 예의범절을 갖춘 가정이며, 특히 인의예지(仁義禮智)의 사상을 존중하고 '분수에 맞는 생활'을 가훈처럼 강조하는 부친 김경묵 선생의 영향으로 일찍부터 근검절약하면서 매사에 성심과 노력을 다하는 생활철학을 지니고 있었다. 특히 남달리 도전의식과 탐구심이 많고 부모에게 효도하는 장남으로서 효심과 여러 형제들 간의 우애를 돈독히 하기 위해 애를 많이 쓰고 노력하였던 것으로 알려져 있다.

김재철 회장의 고향 강진은 다산 정약용(丁若鏞) 선생이 18년간 생활하던 곳으로 다산이 학문을 크게 이루고 많은 후학들을 배출한 실학의 고장으로 널리 알려져 있는 곳이다. 김재철 회장은 강진의 고향에서 다산의 '사의제(四宜濟)'를 익히면서 유년기와 소년기를 보냈다. '사의제'란 생각, 용모, 언어, 동작 등 4가지를 올바르게 하는 사람이 거처하는 곳이다. "생각을 마땅히 맑게 하고, 용모는 마땅히 엄숙하게 하며, 말은 마땅히 과묵하게 하고, 동작은 반드시 더디게 해야 한다는 뜻"이 담겨져 있다.

## 2. 소년기 : 초 · 중 · 고 · 의 교육과정

김재철은 고향에서 강진 군동공립보통학교, 강진농업중학교, 강진농업고등학교를 다니며 청운의 꿈을 키웠다. 강진농업고등학교는 2007년부터 전남생명과학고등학교로 변경되었다.

김재철 회장의 집안은 다른 농촌가정과 마찬가지로 매우 가난하였으나 그는 이를 힘들게 생각하지 않고 언제나 밝은 모습이었다고 한다. 부친 김경묵(1914~1991) 씨는 부락의 향교장(鄕校長)으로서 마을 주민들의 존경을 받았다. 소년 김재철은 그의 집과 강진 농고까지 4km 이상 떨어진 먼 길이었으나 늘 걸어서 학교를 다녔으며, 중고등학교 6년간 한 번도 결석하지 않고 개근상과 우등상을 받은 우수하고 모범학생이었다고 양태승 씨(전 동원건설 부회장 : 동기생)는 술회하고 있다.

그는 농촌에서 새벽 일찍 일어나 밭에 농사일을 도우며 학교에 다녔고, 힘들고 어려운 환경이었지만 매사에 침착하고 부지런하였으며 성적도 우수하였다. 또한 리더십이 뛰어나 같은 반 친구들은 늘 그를 잘 따라다녔으며 선생님들도 이러한 그를 매우 칭찬하고 좋아하였다.

## 3. 청년기 : 대학진학 및 입지 성취기

### 국립수산대학 어로과에 입학

강진농업고등학교를 졸업할 무렵 우등생이었던 청년 김재철은 서울대학교 농과대학 장학생으로 선발되었다. 당시 강진농고의 교사들 중에는 서울대학교를 나온 교사들이 많았다고 한다. 그 교사들의 노력으로 강진농고 우수생은 필기시험을 거치지 않고 면접시험만으로 서울대학교 농대에 입학할 수 있었다.

그런데 대학입시를 앞둔 어느 날 김재철은 평소 존경하던 은사 최석진(崔錫珍) 선생에게 진로문제를 상의하자 최 선생으로부터 생의 입지에 대한 의

미 있는 말을 듣게 되는데 바로 이 말은 그의 일생을 결정짓는 큰 계기가 되었다.

최석진 선생은 말하기를 "지금 우리나라는 경제적으로 낙후를 면치 못하고 있지만 언젠가는 오대양을 누빌 시기가 올 것이다. 생각해 봐라! 우리나라는 국토가 좁고, 지하자원도 없는데 뭘 가지고 세계에 나가 경쟁하겠느냐, 바다를 개척하는 길밖에 없다. 바다는 무진장한 자원의 보고다. 우리나라가 더 잘 살려면 우수한 젊은이들이 바다를 개발해야 한다."

농업고등학교에서 농업발전의 꿈을 키웠던 김재철은 은사의 이야기를 듣고 마음이 흔들렸다고 한다. 대대로 물려받은 '가난과 무지' 이곳에서 벗어나려면 한자라도 더 배워 도시에서 출세를 해야 한다는 당시 농촌사람들이 갖고 있던 생각을 그 역시 갖고 있었으므로 배를 타고 험한 바다로 나간다는 것은 한 번도 생각해 본 일이 없었다.

최석진 선생은 계속하여 설득하였다.

> "내가 너처럼 새로 시작하는 젊은 사나이라면 서슴치 않고 바다에 미래를 걸겠다. 내가 제국대학이라는 명성만 믿고 지금의 서울대학교 문리대를 다녔지만 청년시절의 꿈을 펼치지도 못하고 안타까워하는 것을 보아라. 너는 이제 좀 다른 시각으로 시야를 넓혀 장래를 설계해야 한다."

이렇게 하여 청년 김재철은 1954년(20세) 국립수산대학(현, 부경대학교) 어로과(漁撈科)에 입학하게 되었다. 국립수산대학에 입학한 김재철은 고학으로 학교를 다니면서 수산학도로서 실력을 키웠다. 그는 틈틈이 실습을 하면서 우리나라 수산업계가 낙후된 것을 깨달았으며, 그때마다 수산업 발전을 위해 할 일이 너무도 많다는 것을 새롭게 느꼈다고 술회하고 있다.

1958년 청년 김재철이 수산대학을 졸업할 무렵 강진농고 교장이었던 분이 여수수산고등학교 교장으로 근무하고 있었기 때문에 진로 상담겸 인사를 드리러 스승을 뵈러 갔다. 교장선생님은 옛 제자에게 "졸업하거든 우리 학교 교사로 오게."라고 권유를 받았다. 당시 수산대학 졸업생들은 해무청, 수산시험장, 수산검사소, 어업조합 같은 곳에 취직하는 것이 대부분이었고, 수산고등학교에서 교편을 잡는 것은 그나마 자리가 많지 않아 힘들었다. 그러나 청년 김재철은 이를 마다하고 위험스럽고 고생 많은 원양어선에 승선하기로 마음을 굳혔다.

### 국립수산대학 졸업

청년 김재철은 1958년 1월 졸업식을 한 달여 남겨놓고 우리나라 최초의 원양어선 지남호(230톤급)의 실습항해사로 사모아에 출어하였다. 원양어선을 타겠다는 청년 김재철의 요청에 당시 제동산업 수산관계자들은 "우수한 성적으로 대학까지 졸업한 사람이 육상의 좋은 취직자리도 많을 텐데 뭣 하러 고기 배를 타려고 하느냐"며 쉽사리 승선시키려 하지 않았다. 그러나 그는 "보수는 바라지 않는다. 또한 항해 중에 사고를 당해도 책임을 묻지 않겠다."는 서약까지 하고 간신히 승선할 수 있었다고 한다. 그는 실습항해사라는 자격으로 승선했지만 정원 이외의 인원이라 월급은 물론 침대도 없어 군 야전용 침대를 가지고 승선해야 했다.

### 험난했던 첫 선원생활

청년 김재철의 첫 선원생활은 몸의 고됨보다는 바다를 알고 개척해야 한다는 집념이 더욱 강화된 시기였다고 한다. 참치가 어떤 고기인지도 모르는 상황에서 먼 바다로 참치잡이를 떠나면서 청년 김재철은 두려움보다 안타까움이 앞섰다. 한국 수산업계가 수산 선진국에 비해 너무 낙후되었고 어로기술과 어로장비가 절망적인 수준이었기 때문이었다. 그는 일본에서 어류도감(魚類圖鑑)을 구입하여 우선 고기의 종류와 특성부터 연구하였다. "배운 사람이 원양어업을 연구하지 않으면 한국 수산업은 절망적인 상황에서 벗어나기 어렵다."고 판단하여 그 분야의 외국자료를 구해 항해 중에도 선진어법을 집중적으로 공부하였다.

### 한국 최초의 원양어선 지남호(指南號) 적도를 넘어

1958년 한국 최초의 원양어선인 지남호가 적도를 넘어 남태평양까지 항해한 것은 그 당시로서는 비장한 모험이었다. 우리나라 해군이 적도를 넘은 것이 그로부터 4년이 지난 1962년의 일이었다. 오늘날과 같이 행해운용술이 발달되지 않았던 때며 낡고 작은 배로 대양을 항해한다는 것은 지극히 위험한 일이 아닐 수 없었기 때문이다. 일행이 무사히 사모아에 도착하자 현지인들은 "이런 배로 어떻게 그 먼 길을 왔느냐?"며 의아해 했다. 사실 대부분의 선원들은 부산항에서 지남호가 출항할 때 "죽어 못 돌아올지도 모른다."며 고향의 흙을 한줌씩 담아 베개 밑에 넣고 출항하였다. 청년 김재철 역시 남모르게 유언장을 써서 간직해 두고 항차(航次)를 마쳤다고 한다.

이렇듯 비장한 각오로 대양에 나가 위험을 무릅쓰고 시행한 첫 조업은 온갖 어려움에도 불구하고 성공리에 끝났다. 이렇게 하여 청년 김재철의 해양과의 인생은 시작되었고 이때의 경험이 온갖 어려움이 따르는 원양생활을 항상 긍정적이고 적극적으로 행동할 수 있게 해주는 원동력이 되었다고 전한다.

### 원양어선의 26세 청년선장

청년 김재철은 1년 만에 2등 항해사가 되었고 1년 후에는 1등 항해사가 되었으며, 다시 1년 후인 1960년도 말에 지남 2호의 선장이 되었다. 배를 탄지 3년 만에 그것도 26세의 젊은 나이에 선원으로서의 최고의 자리인 선장이 된 것은 획기적인 일이었다.

그는 선장이 된 후에도 원양어선의 업무를 치밀하고 과학적으로 처리했다. 그리고 사모아 어장에서는 언제나 최고의 어획을 올리기 위하여 노력하였다. 또한 종교가 없었음에도 불구하고 종교적 사고를 마음속에 간직하고 있어 조업이 시작되기 전에 일찍 일어나 깨끗하게 목욕을 한 뒤 갑판에 올라가 하늘에 안전조업이 이루어지도록 기도하는 것을 한 번도 거르지 않았다고 한다.

청년 김재철은 1962년 28세 때 결혼하였다. 그 당시 신부 조덕희 여사는 신랑의 초등학교 동창이던 조여사의 오빠 조영채 씨의 소개로 만나 6개월 만에 결혼하였으며, 그 슬하에 2남 2녀를 두었다.

청년 김재철은 사모아에서 '캡틴 제이 씨 킴'(Captin J. C. Kim)이란 이름으로 국내에서보다 외국 수산업계에서 더 잘 알려졌다. 당시 사모아에서는 일본어선 7-8척을 포함하여 80여 척이 조업을 했는데 그 중에서 제이 씨 킴은 언제나 최고의 어획성적을 올림으로써 그와 같이 명성이 널리 퍼지게 되었던 것이다.

1964년 당시 광명인쇄소를 운영하였던 이학수(李學洙) 사장이 원양어업에 뛰어들어 '고려원양어업'을 설립하고 튼튼한 자금력과 정치적인 배경을 기반으로 250톤급 참치연승선 10척을 신조하여 선발 원양업체들을 놀라게 했다. 이학수 사장은 신설회사에 인재의 필요성을 절감하고 30세 된 김재철을 스카우트하여 수산부장에 중용하였다. 신생 고려원양은 신조선 3척을 국내에서는 최초로 인도양에 출어시켰고 7척은 태평양의 사모아 해역으로 출어시켰다. 김부장은 자신도 광명 11호의 선장으로 인도양 조업현장에 나갔다. 이학수 사장은 김선장에게 수산부장직을 맡기면서 3척의 선단장 임무도 겸임하게 하였다.

바다에 나아가 확실하게 경험한 어로기술과 선원을 통솔하는 능력을 갖춘 김선장은 끊임없이 연구하는 모습으로 자기선단에 속한 선박은 물론 다른 선박들에게도 모범을 보였다. 이러한 움직임은 큰 성과로 돌아왔는데 고려원양을 한국 최고의 원양어업회사로 발전시킴은 물론이고 그 공로를 인정받아 입사한 지 4년 만에 전격적으로 이사로 승진하게 되었다. 더불어 어획물, 판매, 차관, 선박도입 등에 이르는 수산경영의 임무도 주어졌다.

외국상사들과 거래하면서 김재철 이사는 성실성과 최선을 다하는 모범을 보였다. 사업에서 까다롭기로 소문난 일본인들도 그의 성실성에 칭찬을 아끼지 않았다. 이 무렵 일본인은 김재철 이사에게 "그만한 능력을 가지고 있으면서 왜 독립해서 사업을 하지 않습니까?"라며 독자적으로 원양어업회사를 운영할 것을 수차에 걸쳐 권유하였다. 그러나 김재철 이사는 경영을 쉽게 생각하지 않았다.

## 4. 장년전반기 : 창업 실현기

### 동원산업(주) 창업 : 신용을 재산으로 동원산업(주) 설립

10년동안 쌓아온 역량을 바탕으로 김재철은 드디어 독자적인 사업에 착수하였다. 그는 "바다는 보고다. 바다를 가까이하고 현명하게 이용한다면 바다는 반드시 노력한 만큼 보답할 것이다."라는 진리를 터득했다. 35세의 젊은 나이였지만 업계의 지인들은 물론 외국의 업체들까지 독자적인 사업을 해보라는 권고를 자주 받아 온 그는 1969년 4월, 그동안 승선하며 모은 돈 1천만원을 자본금으로 '신용'이라는 재산 하나로 동원산업(주)을 창업하였다. 그가 창업을 하기로 결심한 배경에는 가난한 나라에 대한 뼈저린 고민속에 부국의 꿈과 사업가로서 돈 버는 것 이상으로 나라를 위한 일에 헌신하고 싶었던 마음이 크게 작용하였다.

김재철은 그동안 국내외에 쌓아둔 신용을 자산으로 1969년 7월초에 일본 '도쇼규(東食)'의 미국 현지법인인 'Olimpia Trading社'로부터 지불보증 없이 5백톤급 연승어선 제31동원호와 제33동원호를 37만 달러에 달하는 현물차관으로 도입하였다. 당시 국내 경제사정으로는 정부의 지불보증 없이 외국의 거액차관을 도입한 것은 불가능한 일이었으나 김재철의 높은 신용은 이를 가능케 하였다. 그는 정부로부터 복잡한 차관도입 승인을 거치지 않고 그동안 외국회사에서 인정받아온 신용만으로 외국에서 배를 먼저 도입하고, 어로작업을 하여 벌어서 갚는 조건으로 계약을 체결하고 드디어 힘찬 출항을 하게 되었다.

### 창업회사의 운명은 선장의 능력에 달려있다는 믿음

김재철 사장이 10여년 동안 바다생활에서 얻은 또 하나의 결론은 어업회사의 운명은 회사를 창업한 후 첫 출어시의 선장능력에 달려있다는 것이었다. 그래서 그는 어로기술이 뛰어날 뿐만 아니라 선박이나 선원들을 잘 통솔하는 리더십이 있는 선장을 스카우트하는 데 고심했다.

김재철 선장은 과거에 자신이 선장이었으므로 사모아 어장에서 유능한 선장과 기관장이 누구인지 잘 알고 있었다. 그는 선단장 시절에 자신의 밑에서 착실하게 훈련받았던 이중기 선장을 스카우트하고 그를 중심으로 45명의 정예 선원을 구성하였다. 당시 원양업계는 호황을 누려 많은 사람들이 원양어선을 타고자 다투어 수산회사로 몰려들었다. 그러나 막상 쓸 만한 선원은 많지 않은 실정이었다. 김재철 사장은 "1인 3역이라는 성인력전략(省人力戰略)을 구사하여 우수한 인력을 확보하는 것이 동원산업이 사는 길이다."라고 믿고 한명의 선원을 뽑는 데도 신중을 기했다. 그는 자신의 명성을 듣고 찾아드는 사람을 일일이 면접하여 그 사람의 능력과 의지, 특히 개척자적인 정신이 남다른가를 우선적으로 보고 채용하였다.

### 제31동원호 한국에서 최초의 탑재모선식(搭載母船式) 어선

제31동원호는 우리나라에서 처음으로 시도하는 어법인 탑재모선식 어선으로 5백톤급 모선에 20톤의 작은 자선(子船)을 싣고 다니면서 같이 조업하는 방식이었다. 항해술과 어로기술이 뛰어난 이중기 선장은 출어한 지 4개월 만에 중간보급도 받지 않고 만선하는 대성공을 거두었다. 그 후에도 이선장은 계속 좋은 성과를 올려 인도양에 출어한 지 25개월 만에 2천5백톤급의 조업실적으로 1백2십만 달러의 수출실적을 올렸는데 원양어선 한 척이 이정도의 외화를 획득했다는 것은 당시로서는 대단한 업적이었다. 회사 초창기 사업은 이렇듯 순조롭게 풀려나가고 있었다.

### 한국어선 최초의 오징어채낚기 어업진출과 아프리카 가나 어장출어 등 대서양으로 진출

제31동원호에 이어 제38동원호(선장 강명구), 제51동원호(선장 정영석), 제53동원호(선장 정송태), 제56동원호(선장 임해용), 제58동원호(선장 김영천)가 인도양 어장을 개척하는 한편 제35동원호(선장 김용문)는 일본 야마토다이를 중심으로 한 동해안과 사할린 해역의 북해도에서 오징어채낚기 조업을 실시하여 좋은 실적을 올렸다. 사할린 해역은 근해어장이긴 했지만 우리나라 어선으로선 최초의 오징어채낚기 어업에 진출했다는 점에서 매우 큰 의미를 지니고 있다.

이때는 미국과 소련의 200해리 경제수역선포 전이긴 했지만 제35동원호가 당시 적성국가인 소련영해에 접근하면서 조업한 것은 훗날 동원의 북양진출의 발판을 구축하는데 교두보 역할을 했다. 북양은 명태, 연어, 송어가 풍부한 어장으로서 그동안 미국, 캐나다, 일본, 소련 4개국이 독점무대로 삼아왔으며 한국어선의 진출에 여러모로 견제를 해왔던 까다로운 수역이었다. 동원은 인도양과 사할린 해역에 이어 1971년 12월 스턴트롤 어선 제81동원호(선장 이주목)를 북태평양에 진출시켜 명태조업을 실시했다. 김재철 사장의 도전과 개척은 1972년 6월 김용문 선장과 19명의 선원이 태평양 남서부 뉴우브린트섬의 Rabaul해역에서 9개월 동안 가다랑어 채낚기 실습을 했다. 그리고 그 이듬해인 1973년 3월 15일 제801동원호가 아프리카 가나어장으로 출어함으로써 대서양에까지 진출하게 되었다.

### 「바다의 보고」 국정교과서에 채택

김재철 회장은 10여 년 동안 바다에서 생활하면서 생동감 있는 글을 써서 신문과 잡지를 통해 한국에서 처음으로 바다를 이해시키는 글을 발표하기도 했다.

정부에서는 1960년대 초반부터 바다개발의 중요성을 인식시키고 자라나는 학생들에게 해양탐구정신을 고취시키기 위하여 그의 글을 교과서에 채택하여 실었다. 지금은 교과과정 개편으로 볼 수 없지만 초등학교 4학년 국어교과서에 '남태평양에서', 중학교 2학년 국어교과서에서는 '바다의 보고', 실업고등학교 2학년 국어교과서에서는 '거센 파도를 헤치고'가 실려 30여년간 학생들에게 바다에 대한 이해와 탐구심을 일깨워 주었다. 심지어 러시아의 블라디보스톡에 있는 '극동대학 출판사'가 펴낸 대학생을 위한 '조선어교본'에도 그의 글이 실려 있다. 김재철 회장이 10여 년 동안 승선하면서 쓴 여러 편의 글은 한결같이 넓은 바다의 신비와 중요성 그리고 원양어선의 실태를 진솔하고 간결, 명료하게 표현하고 있다. 다음은 김재철 회장의 바다에 대한 마음을 가장 잘 보여주는 '바다의 보고'에 실린 글의 일부이다.

> "바다를 모르고 바다에 덤벼들 때에는 바다가 주는 시련에 부닥치게 되지만, 바다를 알고 사랑하면서 바다의 신비를 벗겨 나갈 때, 인류는 새로운 해양시대를 맞이하게 될 것이다. 인류의 역사(歷史)를 돌이켜볼 때, 먼저 바다를 알고 바다로 나간 민족이 오랫동안 강대국의 지위를 누렸음을 알 수 있다.
>
> 새로운 해양시대를 맞으려는 지금, 지구의 마지막 보고인 바다에 눈을 돌려, 바다를 개발하고 보존(保存)하는 일은 어느 일 못지 않게 중요한 일이다."

### 시련의 극복과 활로개척

1973년 10월 제1차 석유파동으로 배럴당 3달러에 불과했던 유가가 1974년에는 11달러, 1975년에는 12달러로 치솟았다. 석유파동으로 한국경제는 경기침체, 물가상승, 국제수지악화라는 삼중고에 시달리지 않을 수 없었으며 불황의 여파는 1975년까지 이어졌다. 이러한 한국경제의 악화는 급성장해 가던 한국 원양업계를 강타했다. 설상가상으로 세계 각국은 2백해리 경제수역을 선포하기 시작하였다. 한국 원양업계는 이러한 경제위기에 대처하지 못하고 도산하는 기업이 속출하였다. 원양어선의 어로원가 가운데 유류비가 40% 이상을 차지하기 때문에 석유파동과 연안어장 규제는 원양업계의 채산성을 극도로 악화시켰다.

김재철 사장도 1969년 회사를 시작할 때 어선을 분활 상환식으로 구입하여 운영하고 있던 실정인지라 선가의 상환과 선박운영의 이중고를 겪고 있었다. 그러나 그동안 바다에서 험한 파도와 싸우면서 새로운 어장을 개척한 도전정신과 창업정신을 바탕으로 이 어려움을 다음과 같이 극복해 갔다.

#### 위기를 기회로

"여러분은 배를 타고 항해할 때 큰 태풍을 만나기도 할 것입니다. 그 태풍의 엄청난 힘 앞에 맥없이 주저앉아 버리면 영원히 살아날 수 없지만 파도와 싸워 이겨 태풍권을 벗어났을 때 여러분은 어떤 감회를 느낄 수 있었습니까? 그 때 만큼 감격스럽고 벅찬 희열을 느낀 순간이 없었을 것입니다. 태풍을 겪어보지 못한 사람은 그 희열을 맛볼 수 없겠지요. 위기는 좋은 기회를 동반한다는 것을 잊지 말고 노력합시다."라고 당부했다. 그리고 그는 이 어려움을 극복하기 위해서 물자절약과 같은 극도의 내핍생활로 정신자세를 다지는 한편 다각도로 경영상의 변화를 모색하였다.

### ㄴ 위기극복을 위한 다각도의 경영상의 변화 모색

첫째, 참치기지 어업에서 독항어업으로 과감하게 전환시켰다. 해외기지에서 저렴한 가격으로 판매되던 다양한 종류의 참치를 섭씨 영하50도 이하로 냉동 유지되는 독항어선으로 교체 출항시켜 어가가 높은 일본에 직접 판매토록 하였는데 이는 많은 부가가치가 창출될 수 있는 길을 열어주었다. 또한 양질의 참치를 잡기 위해 인도양 해역에서 대서양어장으로 새로운 어장을 개척하기도 하였다.

둘째, 어업의 경제성을 높이는 방안을 강구하였다. 어업의 경제성을 높이기 위해 잡아온 고기가 저가일 때는 냉장보관 하였다가 적시에 판매하여 유통효과 및 자금운용의 극대화를 꾀하였다.

셋째, 트롤어업 활성화 방안을 마련하였다. 단위 어획량당 유류가 적게 소비되는 트롤어선을 도입하여 북양으로 진출, 저서어(底棲魚)를 대량 어획하는 트롤어업을 활성화시켜 자금운영을 원활하게 했다.

넷째, 위기에 대처하는 자금계획을 수립하였다. 예측할 수 없는 위기에 대처하기 위해서 해마다 10월에는 이듬해의 자금계획을 세워놓고 다시 3개월씩 새로 계획을 세워 나가는 운영방식을 취했다. 이렇게 하여 김재철 사장은 어려운 경제적 위기를 슬기롭게 극복할 수 있었다.

## 해외기지건설 : 새 어장 찾아 5대양으로

1973년에는 가다랑어선을 도입하여 대서양 테마어장에 국내 최초로 가다랑어 채낚기 조업에 출어시킴으로써 새로운 어장개척에 과감하게 투자했다.

테마에 기지를 설치하고 이 어장에서만 4척의 채낚기 어선들이 조업할 수 있도록 하였으며, 우리나라와 미수교국인 인도양의 마다카스카르의 타마타브항에 기지를 설치하고 제51동원호 등 4척의 참치 연승선을 운영하는 등 해외의 2곳에 어업기지를 운영하였다. 또한 북양트롤 외에 대서양 트롤어장에도 본격적으로 진출하기 위하여 1974년 라스팔마스 기지를 설치하였다. 아직 석유파동에 시달리고 있을 때 그는 과감하게 이곳의 트롤어업에 투자함으로써 다시 한번 국내업계에 신선한 충격을 주었다. 트롤어업은 연승어업보다 어획량과 수익성이 월등하게 높기 때문에 그는 수산업의 국제화 추세에 대응할 수 있는 자신감을 가지고 운용하였다.

그 결과 라스팔마스 기지를 설치한지 7년만에 국내업계에 신선한 충격을 주었다.

### 대형공모선 동산호의 신조 - 사운을 건 동산호의 건조와 선폭증대

1975년 2월 그의 나이 41세에 스턴트롤 공모선 4천5백톤급이 드디어 진수되었다. 4천5백톤급 트롤선이란 선내에 공장시설을 갖춘 선박으로 당시로서는 세계적 수준의 대형어선이었다. 김재철 사장은 이 배에 승부를 걸었다. 그러한 노력의 결과 이 공모선은 그 해 1975년 5월에 북태평양 캄차카 해역에 첫 출어하여 3개월 만에 만선 3,000톤을 기록하였으며 그 후에도 계속 조기 만선을 거듭하여 수산계의 혹심한 불황에도 불구하고 미쓰비시상사와 계약한 선가 상환기일을 하루도 어기지 않고 완불함으로써 양국 수산계의 화제가 되었다. 이를 계기로 동원은 놀랄 만큼 사세가 확장되었고 경기불황 속에서도 열성과 도전의 기업이미지를 분명하게 심어 갔다.

김재철 사장은 의지를 굽히지 않고, 우리의 인건비가 일본에 비해 싸고, 북양어업의 주요 어획물인 명태에 대한 수요량이 일본보다 많은 점, 선박이 건조되면 김재철 사장이 직접 현장에 나가 조업지도를 하겠다는 약속 등을 주지시키며 미쓰비시상사를 설득해 나갔다. 드디어 미쓰비시상사 측은 미래를 내다보는 김재철 사장의 뛰어난 경영감각을 인정하여 적극 지원하기로 결정했다. 당시 건조비는 1천2백5십만 달러로서 동원의 전 재산보다 많은 액수였다.

1973년 10월 정부의 금융기관의 지불보증 없이 김재철 회장의 서명만으로 미쓰비시상사와 동산호의 건조에 대한 6년 분할 연불계약을 체결하여 2년 만인 1975년 2월 스턴트롤 공모선을 진수시키는데 성공하였다.

## 사업다각화의 추진 : 동원냉장과 오리온광학의 설립

### '잡는 어업에서 가공어업'으로의 전환

제1차 석유파동으로 인한 불황을 극복하기 위해서 어업의 경제성을 높이는 방안의 하나로 고기를 냉장 보관함으로써 유통효율을 높일 필요성을 가지게 되었다. 이에 따라 1976년 11월 동원냉장주식회사를 설립하고 '잡는 어업에서 가공어업'으로의 전환을 본격화하였다. 먼 바다에서 힘들게 잡아온 고기를 제대로 보관하려면 냉장시설이 필요했다. 냉장시설을 확보하지 못해 제때에 고기를 하역하지 못하면 매우 큰 손해일 뿐만 아니라 선박의 출어기간이 그 만큼 늦어져 경제적인 조업을 할 수가 없기 때문이다. 따라서 선박의 가동률을 높이고 육지에서의 유통분야에 참여함으로써 사업의 다각화차원에서 냉동공장을 시급히 설립해야 했다. 설립당시 650톤이던 냉장실을 1979년 5월 1,250톤으로 확장했고, 1982년 4월 제빙실을 냉장실로 개조하여 1,570톤의 저장능력을 갖추도록 하였다.

### 2차 산업에의 도전 : 정밀산업분야인 오리온광학의 설립

1차산업인 수산업 분야에서 착실한 성장을 거듭해온 동원산업(주)은 여기에서 축적된 힘을 바탕으로 제조업분야인 2차산업에도 진출하기에 이른다. 1차산업을 하면서 2차산업과 3차산업 전부를 제대로 해보겠다는 큰 목표를 가지고 있었던 김재철 회장은 먼저 2차산업분야로의 진출을 신중히 검토한 끝에 정밀산업분야인 광학분야에 진출하기로 결심하였다. 그것은 당시 이 분야의 국내제품 수준이 크게 떨어져 있었고, 외국 특히 일본 제품에 크게 의존할 수밖에 없는 실정을 안타깝게 생각하고 이를 극복해야 한다는 개척자적 정신이 작용했기 때문이다. 이에 따라 동원산업(주)은 현미경제조업체인 오리온 광학을 1977년 10월 15일 자본금 5,000만원으로 설립하였다.

김재철 사장은 선장으로 대양을 항해시 별을 보고 배의 위치를 알아내기도 했는데 그 즈음 그가 가장 좋아한 별이 오리온성좌였다. 별 중에서도 밝은 빛을 내는 오리온성좌처럼 광학사업이 크게 빛나기를 염원하며 회사이름을 오리온광학이라고 했으며, 1984년 1월 '동원정밀광학주식회사'로 이름을 바꾸었다.

### 창사 10주년과 제2차 석유파동 극복

1970년대 말 한국은 정치적 · 경제적으로 큰 변혁기를 맞았다. 특히 1979년에 이란의 원유수출 중단으로 제2차 석유파동이 일어나 경질유가가 1978년 배럴당 12달러에서 1981년 12월에는 34달러로 대폭 뛰어 올랐다. 석유파동으로 인한 국내경제는 물론 수산업계도 또다시 타격을 받게 되었다. 1차 석유파동 때와 마찬가지로 회사를 폐업하거나 적자운영에 시달리는 업체가 속출했다. 게다가 연안 국가들이 2백해리 경제수역 규제를 강화함으로써 한국 수산업계는 사면초가에 직면하게 되었다.

#### 헬리콥터 탑재식 선망어선 코스타 데 마필호 도입

1979년 동원산업(주) 창사 10주년을 맞이한 김재철 사장은 다시 몰아친 제2차 석유파동의 경제난을 극복하고 재도약할 수 있는 발판을 마련하기 위해 국내 최초로 헬리콥터 탑재식 참치 선망어법을 개발할 계획을 수립하였다.

선망어법은 미국에서도 1943년 이래 이 어법을 개발하기 위해서 꾸준한 노력을 계속해왔으나 실패했었다. 그 원인으로는 이 어법에 알맞은 배를 구하기가 어려웠으며, 특히 어업선진국의 배타적인 면이 강해서 쉽게 기술을 익힐 수 없었다. 또한 배 1척 값이 3백톤급 참치 독항선 10여척 값에 해당되었기 때문에 대기업에서도 뛰어들기를 주저해 왔다.

이러한 어려움에도 불구하고 김재철 사장은 선망어법 개발에 과감하게 뛰어들었다. 1979년 1월 국내 최초로 헬리콥터 탑재식 선망어선인 코스타 데 마필호(807톤)를 3백2십만 달러에 도입하였다. 그러나 배를 인수하고 보니 많은 문제점을 안고 있었다. 우선 이 배에 승선하고 있는 선원 24명 가운데 90%가 스페인 사람이었고, 나머지는 미국, 남미, 파나마인으로 구성되어 있었다.

### 선망어선의 난제해결을 위해 직접 승선한 김재철 사장

코스타 데 마필호의 첫 출어시 선원을 모두 외국인으로 구성한 가운데 수산부장을 승선시켜 50여 일 동안 조업해 보았으나 별다른 성과를 거두지 못했다. 국내 선원 중에서 이 분야에 상당한 경험과 기술을 가진 4명을 추가 배치하여 조업하면서 스페인 선원들로부터 기술을 하루 빨리 익히도록 하였지만 그들은 한국인에게 기술을 가르쳐 주지 않았다.

참치 선망어법은 헬기를 비롯하여 각종 현대식 장비를 활용하는 최선진어법이기 때문에 고도의 기술이 필요한 어법이다. 그러나 스페인 선원들은 일보다는 노는데 관심이 많아 선박내에 술이 떨어지면 작업을 중단하고 무조건 귀항해 버렸다. 김재철 사장은 이런 선원으로는 도저히 조업을 할 수 없다고 판단하고 스페인 선원을 모두 하선시키고 미국인 선원으로 교체했다. 그러나 미국인 선원들도 난폭한 행패를 부리기 일쑤여서 어획실적이 부진하였다.

김재철 사장은 사운을 걸고 어장을 동부 태평양에서 서부 태평양으로 옮겨 일본인 어로장(漁撈場)을 새로 영입하고 선원 25명을 우리나라 선원으로 교체 구성한 후 직접 승선했다. 직접 승선한 김재철 사장은 우리나라 처음으로 괌에 기지를 설치하고 파푸아뉴기니아 해역의 참치선망 어업에 도전했다. "잘못 운영하다가는 어렵게 이룩한 동원이 도산될지도 모를 형편이었으므로 선망사업에서 실패해서는 안 되겠다."는 각오로 그가 직접 승선함으로써 다음과 같은 효과를 얻게 되었다.

첫째, 김재철 사장이 선장 출신이기 때문에 선박운영상 안전운항이 가능하다는 신념을 인식하고 있으며 선망어선의 기술적인 면을 개괄적으로 파악하였다.

둘째, 회사의 경영자가 직접 첫 조업에 나섬으로써 선원들의 사기를 진작시키고 성실하게 최선을 다하여 조업에 임할 수 있었다.

셋째, 각 분야의 기술자들이 함께 승선하였기 때문에 서로간의 반목을 가져올 수 있었으나 이를 불식하고 협력체계를 다지는 조화로운 조업을 가능하게 하였다.

넷째, 새로운 어구·어법의 운영상 문제점을 직접 파악하여 대책을 강구할 수 있었다.

다섯째, 경영자가 직접 승선함으로써 거래처에서 동원의 의지를 믿고 적극 지원할 수 있게 되었다.

이러한 효과는 파푸아뉴기니아 근해에서 1회 투망에 2백50톤(당시 22만달러)정도의 어획을 올려 감격의 축배를 들게 해주었다. 그리고 김재철 사장은 이를 통해 선망어선에 대한 매력을 가지게 되었고, 이는 그 후 선망사업에 확신이 서자 태평양의 참치선망 어장을 독무대로 만들고 헬리콥터를 탑재한 선망선의 선명에 'Captin Kim'을 비롯하여 모두 Kim을 붙여 'Universe Kim', 'World Kim', 'Giant Kim' 등 10여척으로 늘리게 되는 계기가 되기도 하였다. 당시 김재철 사장의 모험가적인 개척정신과 도전정신은 새로운 어법의 개발과 새로운 업종의 전환을 예고하고 있었다.

## 5. 장년중반기 : 기업성장기

### 동원산업(주)을 종합식품회사로 전환

1982년은 그의 나이 48세로서 동원산업(주)을 종합식품회사로 발돋움시킨 역사적인 해로 기록되고 있다. 그동안 원어형태로 해외에 수출해 오던 참치를 동원산업(주)이 통조림으로 가공하여 국내시장에 선보이게 된 것이 이해 11월 12월이었다. 이것은 동원의 장기적인 성장전략의 일환으로서 수산물 종합가공회사로 발돋움하기 위한 포석이었다.

김재철 회장은 참치캔으로 안정된 시장을 확보한 뒤 수산물 제조판매부분을 확대하기로 하고 가공식품의 다양화를 위한 제품으로 꽁치 통조림, 조미김, 어육연제품을 생산하여 판매하였다. 우리의 식생활이 육류보다 해산물을 선호하는 새로운 시대에 부응해서 수산식품을 다양하게 개발하여 국내외 시장에 대량공급 하겠다는 꿈을 이루기 위해 동원산업(주)을 수산물 종합식품회사로 전환시켰다. 그는 1986년 성남에 동원 조미김 공장을 건립하였고, 이어서 경남 창원에 대지 1만 5천평, 건평 5천3백평, 연간 3만톤 이상의 생산능력을 갖춘 동양 최대 규모의 수산종합식품 가공공장을 건립하였다. 이 공장의 주요 생산품목은 동원참치를 비롯하여 각종 통조림과 어묵 등 각종 수산가공품이다.

그 외에도 1987년 일본의 일본수산(니쓰이)과 합작하여 동일냉동식품을 설립한데 이어 동원식품을 설립하여 각종 가공식품들을 생산하였다. 동원은 종합식품회사로서 성장하기 위해 농산물 가공공장을 광주, 축산물 가공기지 진천, 샘물공장인 연천과 중부, 이어 중국 청도에 연제품 해외수출 기지인 청도동원식품유한공사를 설립하여 성공적으로 운영하였다.

또한 김재철 회장은 1988년에는 우리나라 기업으로는 처음으로 제주도 남제주군 표선면 해안가에 1만2천평 규모의 어류 축양장과 4백80평의 종묘배양장 및 현대식 연구실 등 동양최대 규모의 양식장을 건립하였다. 이 양식장에서는 광어, 복어 등을 양식하는데 바닷물을 육상에 까지 끌어올려서 육지에서 직접 바다 어패류를 양식하는 방법을 사용하였는데 이는 태풍과 같은 재해를 입지 않고 안전하게 양식하는 방법이었다. 이러한 동원의 제주양식장은 '잡는 어업에서 기르는 어업'으로의 전화에 큰 역할을 하였다.

### 증권회사 인수를 통한 금융업 진출

국내 원양업계에서 탄탄한 기반을 다진 김재철 회장은 여기에서 축적된 자금과 경영의 힘 등을 바탕으로 2차·3차산업에 진출할 길을 모색하고 있었다. 김재철 회장은 금융산업의 미래를 밝게 내다보고 이 분야의 진출을 검토하고 있었으며, 증권업계의 진출은 김재철 회장의 진취적인 경영철학이 이루어낸 또 하나의 개가였다. 김재철 회장이 증권업계에 진출한 배경에는 다음과 같은 계기가 있었다.

김재철 회장이 1981년 2월부터 3개월 동안 미국 하버드대학에서 AMP과정을 이수하는 동안 하버드대학에서 MBA를 취득한 우수한 학생들이 어떤 곳으로 진출하는가를 조사해보니 뜻밖에도 제조회사가 아닌 투자은행이나 증권회사로 나타났다. 그는 자본주의의 본 고장인 미국에서 증권회사가 이처럼 인기가 있는 것을 보고 한국에서도 앞으로 유망 성장산업이 되리라는 확신을 갖고 국내에 돌아와 증권업계에 관심을 가지게 되었다. 이에 따라 1982년 70억 규모의 한신증권(한국투자증권)을 성공적으로 인수하였다.

김재철 회장은 새로운 한신증권의 경영방안에 대하여 신문사와 인터뷰에서 다음과 같이 밝혔다.

> "앞으로 의욕적인 업무자세를 뒷받침할 수 있도록 동기부여에 힘쓸 계획이다. 구체적으로는 능력에 따른 승진 및 승급제도를 과감히 실시하는 한편 노력한 만큼의 대우가 뒤따르는 경영을 해나갈 계획이다. 또 인센티브제를 도입, 땀 흘리는 직원이 혜택 받는 직장분위기를 만들 것이다. 회사의 발전은 직원의 사명감에 달려 있다고 해도 과언이 아니다. 증권사의 재산이야 말로 사람이다. 그래서 합리적인 인사관리에 만전을 기하려고 한다."

이것은 신중을 기하면서도 적절한 기회에 과감한 투자를 아끼지 않는 남다른 경영감각과 인재를 소중히 여기는 김재철 사장의 경영철학에 따른 것으로 이로 인하여 한신증권은 새로운 발전의 기틀을 마련하게 되었다.

김재철 회장은 한신증권을 인수함으로서 무엇보다도 사업전망이 밝은 금융업에 진출하는 계기를 마련, 사업다각화의 새로운 장을 열게 되었다. 이후 잇따라 한신기술개발금융(1986), 한신경제연구소(1986), 한신투자자문(1988)을 설립하여 결과적으로 동원은 2차산업과 3차산업에 소요되는 자금지원의 토대를 마련하게 되었다. 한신증권은 1996년 4월에 동원증권으로 상호를 바꾸었다.

### 창립 20주년 제2도약의 해

김재철 회장은 동원산업(주)이 창립한지 20주년을 맞는 1989년을 '제2도약의 해'로 삼고 체질강화와 경영합리화에 매진할 것을 선언했다.

이어 그는 1989년 2월에 기업을 공개하고 1982년 인수한 동원증권(구, 한신증권)을 포함하여 그룹체계로 확대하면서 회장으로 취임함과 동시에 사장을 선임하여 전문경영인체제로 전환했다. 김재철 회장은 1989년 신년사를 통해 "동원산업이 걸어온 길을 뒤돌아보면 순탄하기만 했던 것이 아니고 오히려 어려움에 처했던 때가 많았다. 그러나 그때마다 동원은 열성과 도전의 정신으로 난관을 극복하며 오히려 회사발전의 계기로 삼는 전통을 만들어왔다."고 20년을 회고했다. 김재철 회장은 이어 화합과 열성으로 제2도약을 이룩하자며 의지를 다짐했다.

## 6. 장년후반기 : 경영성숙기

### 경영혁신운동의 전개

#### 신바람운동의 전개 : '나부터, 지금부터, 작은 것부터' 변화

우리 경제는 1990년대로 들어서면서 밖으로는 개방화, 국제화의 거센 물결이 밀어 닥치고 안으로는 고비용, 저효율의 구조 속에서 성장이 둔화되어 위기의식이 높아져 갔다. 김재철 회장은 급변하는 국내외 경제환경의 변화에 능동적으로 대처하고 기업의 경쟁력을 높이기 위해서는 지금까지의 성공에 안주하지 않고 심기일전하여 새롭게 기업체질을 강화하여 전진해야 할 필요성을 느끼게 되었다.

1993년 3월 김재철 회장은 동원산업(주)에 경영혁신팀을 신설하여 전사조직을 팀제로 전환, 조직의 전략화에 신속하게 대응하였다. 이어 6월에는 경영혁신운동을 전개하여 '신바람운동'으로 확정하고, 그 캐치프레이즈로 '다 함께, 새롭게, 신나게'로 규정하여 실천하도록 하였다.

이 신바람운동을 성공적으로 수행하기 위해서 4가지 전제조건을 실행하였다.

첫째, CEO의 확고한 의지를 보였다. 최고경영층의 확고한 의지와 지원 없이는 실천이 불가능하다.

둘째, 기업현상에 대한 정확한 진단이 실시되었다. 회사의 비효율적이고 개선되어야 할 약점 등 어떤 강점을 살려서 운동의 방향을 전개해야 하는지 정확한 조직진단을 해서 사원들도 경영혁신운동의 필요성을 공감하도록 적극적으로 참여시켰다.

셋째, 혁신운동을 전담하는 스탭을 구성하였다. 강력한 추진력을 가진 전담스탭이 구성되어 신바람운동의 지속적인 실시로 소기의 목적을 달성하였다.

넷째, 일선에서 변화를 주도할 변화담당자의 역할을 성공시켰다. 경영혁신의 주체가 될 이들은 혁신의 요체를 자신들이 몸소 체득하고 스스로 먼저 변화하며 개혁의 전도사가 되어 주위를 변화시켜 나가는 매개체 역할을 하도록 하였다. 따라서 이들은 창의력과 신념을 가지고 강도 높은 교육을 체계적으로 소화해 냄으로써 변화를 주도할 수 있었다.

이와 같은 김재철 회장의 신바람운동의 추진은 '품질향상과 불량률 제로화'를 목표로 실현되었으며, 오정운동(五正運動)이 추진되었다. 오정은 '정리, 정돈, 청소, 청결 및 이의 생활화'로 실현되었다.

### 3S 운동의 전개

김재철 회장은 품질경영을 효율적으로 추진하기 위해 1994년 4월 16일 창립 25주년 기념일을 맞아 '3S운동'을 전개하였다. '3S운동'은 신바람운동에 이은 2단계 '경영혁신운동'으로서 신바람운동이 의식과 행동에 역점을 둔 것이라면 '3S운동'은 실천적 경영혁신에 역점을 둔 운동이었다. '3S운동'은 동원품질경영의 3대 핵심요소인 '현장중시(Spot), 신속성(Speed), 종합적 사고(Synthetic thinking)'의 영문 머리글자인 3개의 S를 따서 지은 이름이다.

## 경쟁력 강화를 위한 사업구조 고도화

### 해양산업의 경쟁력 강화

김재철 회장은 그동안 축적된 역량과 기술을 바탕으로 변화하는 환경에 능동적으로 대응하여 선단을 증대시키고, 선박관리, 운항관리체제의 합리화를 통해 생산성을 향상시키며 수익성을 한층 높이는 전략적 노력을 계속적으로 전개하였다.

동원은 1993년에는 43척의 선단을 보유하고 있었으나 이후 신・구어선 도입과 노후선박 대체를 거치면서 1998년에는 51척의 선단으로 늘어나 선단확보전략의 성공으로 국내 해양 수산회사 중 최대 규모의 선단을 확보하고 장비와 인력자원 측면에서 최고수준을 실현하였다. 특히 동원은 우리나라 참치선망선 총 26척 가운데 50%인 13척을 보유, 세계 최대의 참치어획선단의 위상을 지켜왔으며 이러한 선단의 보유로 1998년 참치어황이 좋을 때 매출액을 크게 늘릴 수 있어 1997년~1998년의 IMF시대를 이겨나가는 데 많은 기여를 하게 되었다.

### 식품사업의 경쟁력 강화

1993년 11월부터 참치캔을 출시하였고, 동원은 광주공장과 진천공장의 준공과 더불어 조미료, 레토르트, 김치, 육가공 제품의 양산체제를 갖추고 식품사업 시장에 본격 진출하였다. 그리하여 참치캔 시장의 정상유지, 어묵시장의 시장점유율 확대, 게맛살시장의 정상확보, 냉동식품시장의 선두그룹을 유지하였다.

그리고 신규진출 제품의 전략적 육성을 위해 육가공 제품시장의 진출, 김치시장의 진출, 음료시장의 진출, 먹는 샘물시장의 진출 등을 실현하였다. 그리고 조미료 및 레토르트식품의 시장진출은 마요네즈와 케찹 등 조미식품의 출시, 레토르트식품의 출시 등을 실현하였다.

### 물류시스템의 선진화 실현

김재철 회장은 동원산업(주)이 종합식품회사로 성장하는 동안 어획물의 운반, 보관, 가공처리를 하는 수산물 유통혁신에 남다른 노력을 기울인데 이어 식품제조업으로 수많은 제품이 전국으로 배송되는 체제로 복잡화되면서 물류시스템의 선진화 실현에 큰 성과를 올리게 되었다.

동원이 물류시스템의 선진화를 강력히 추진하게 된 배경은 제품시장의 급격한 신장에 따른 판매물량의 급증, 적기 소량 다빈도 배송요구, 냉식제품 진출에 따른 콜드체인의 구축 필요성, 성수기 및 비수기 판매량 기복 심화 등이다. 이와 같은 필요성에 따라 동원은 1993년부터 1995년까지 '물류합리화 3개년 계획'을 수립하여 성과를 거두었다. 물류센터의 개설과 물류선진화 작업추진으로 동원의 물류업무는 큰 성과를 시현하였다.

## 금융회사의 설립과 정보통신사업분야 진출

### 금융회사의 설립과 인수

김재철 회장은 금융서비스 관련사업의 확장을 위하여 1995년 5월 자본금 100억원으로 '한신팩토링주식회사'를 설립하였다. 이 회사는 1996년 2월 '동원파이낸스주식회사'로 상호를 변경하였으며 향후 여신종합금융회사로 성장시키어 할부금융, 리스, 신기술금융, 일반대금업까지 업무영역을 확대하는 것을 목표로 하고 있었다. 그 동안 '동원증권', '동원창업투자', '동원경제연구소', '동원투자신탁운용', '동원파이낸스' 등을 설립한데 이어 1996년 8월 '고려상호신용금고'를 인수함으로써 금융관련 자회사를 6개사로 증가시켰다.

### 정보통신 사업 분야의 진출

동원은 1차산업인 수산업에서 2차산업인 종합식품회사로 성장하고 3차산업인 금융분야까지 사업을 확대한데 이어 1990년대는 첨단유망업종인 정보통신분야로의 진출을 모색하게 되었다. 1995년 7월 국내통신기기 관련분야의 건실한 중견업체인 '성미전자'를 인수하였다. 그 동안 '성미전자'의 사업부문은 무선통신, 유선통신, 네트워크로 나누며 90여종에 이르는 통신장비 분야에서 국내 최고의 경쟁력을 보유하고 있다.

또한 만화영화 및 비디오제작을 하는 영상사업 애니메이션업체인 '에스미디컴'(S-MEDICOM)을 인수하였다. 그리고 1995년 3월 건설장비와 산업장비 그리고 이벤트용품을 임대해 주는 종합렌탈업체인 '동일렌탈주식회사'를 설립하였다.

### 차별화 된 그룹경영체제의 확립 : '동원그룹'으로의 출범

동원산업(주)는 창업 이래 1차산업과 2차산업 그리고 3차산업으로 사업다각화를 성공적으로 이루었으면서도 여타 회사들처럼 그룹이란 용어를 자제하고 사용하지 않았다. 그것은 동원의 기본경영철학이 "기업을 무조건 문어발식으로 확장하지 않고 필요한 분야만 진출하여 건설하게 육성한다."는 정신이 자리잡고 있었기 때문이다.

김재철 회장은 동원을 1차산업인 수산업에 뿌리를 둔 한계를 뛰어넘기 위해 2차산업인 어획물 및 농축산물을 가공・제조하는 종합식품회사로 변신하였고, 이들 1차, 2차산업을 건실하게 뒷받침하기 위해 3차 산업인 금융산업에 진출한 것이므로 여타 대기업들의 사업확장 개념과는 차별화를 보여주었다.

그러나 1990년대 후반기에 들어 첨단산업분야인 전자통신분야에 진출한 이후 계열사가 10여개에 이르자 김재철 회장은 동원의 조직내부에 구심점을 잡고 일체감 형성을 위해, 그리고 잘 알려지지 않은 동원의 실체를 대외적으로 나타내기 위해 '동원그룹'이란 표현을 사용하였다.

### 무역협회 회장 취임

김재철 회장은 1999년 2월 10일 제23대 한국무역협회 회장으로 선임되었다. 그는 1991년 2월 무역협회의 부회장으로 선임되어 공인으로서 한국의 무역정책에 관여하기 시작하였다. ASEM 및 무역센터 확충사업추진 위원장 등 무역협회의 운영에 참여하였으며 한국무역협회 회장이 되어 한국의 무역 정책에 기여하였다. 김재철 회장은 무역협회 회장에 취임한 즉시 그간 무역협회가 비영리사단법인으로서 경영의 효율성이 상당히 미흡한 점을 지적하면서 전 임직원에게 향후 무역협회의 경영방향을 제시하였다.

첫째, 무역협회가 먼저 설립목적인 회원사의 권익을 옹호하고 한국의 무역진흥을 위한 보다 적극적인 노력을 경주하면서 전시효과나 외형적인 사업보다는 성과위주로 실사구시를 추구하겠다는 것이다.

둘째, 효율적인 경영관리를 통해 재정기반을 확고히 하고 신상필벌의 원칙에 따라 투명하고 공정한 인사조직을 운영하겠다는 것이다. 그리고 전 임직원에게 변화를 위한 개혁에 적극 동참할 것을 촉구하였다. 이와 함께 효율적인 경영관리를 통해 무역협회를 '작지만 강한 조직'으로 환골탈태시킬 필요가 있다고 판단해 3차례의 조직개편을 실시하였다.

## 7. 노년기 : 사회공헌기(봉사·공헌)

### 노년기 왕성한 경영활동(2001~현재)

김재철 회장은 21세기 비전을 실천하기 위해서 2001년 4월 동원그룹지주회사인 (주)동원엔터프라이즈를 설립하고 김치제품으로 '전통식품 품질인증'을 획득하였다. 2002년에는 경산 및 양산 물류센터를 개장하고, 동일냉동식품(주)를 흡수합병하였다.

2003년 (주)이팜의 인수로 유기농 사업에 진출하였으며, Sand Presso의 영업권을 인수하여 커피프랜차이즈 시장에 진출하였다. 그리고 동원금융지주(현, 한국투자금융지주)를 분할설립하고 동원와인플러스(주)도 설립하였다.

2004년도에는 동원식품(주)를 합병하고 중국 ORG사와 판매망 제휴, 중국 참치캔 사업을 강화하였다. 2005년에는 DM food를 인수하여 유가공 사업에 진출하였으며, 동원증권과 한투증권을 한국증권으로 합병시켰으며, 동원식품과학연구원이 KOLAS(국제공인시험기관) 인증을 받았다.

또한 2006년에는 (주)동원데어리푸드를 인수하고, 레스코를 흡수합병하였으며, 2007년에는 Samjo Celltech(조미식품 생산)를 인수하고 티에스큐 Samjo Celltech로 합병하였다. 2008년에는 아주택배(주)와 (주)부원물류를 합병하고, 동년 10월에는 세계 최대 참치 통조림 회사인 StarKist를 3억 6,300만달러(약 4,719억원)에 인수하는 큰 성과를 올렸다.

### '언스트 & 영(Ernst & Young) 최우수 기업가상' 수상(75세 : 2009년 1월)

김재철 회장은 2009년 1월 '꿈의 비즈니스 어워드'로 불리는 '언스트 & 영 최우수 기업가상' 최고 영예 마스터상을 2009년 1월 14일 수상함으로써 그가 20세기 말과 21세기를 걸쳐서 '해양수산업의 CEO'로서 '창조적 기업가', '혁신적 기업가'임을 다시 한 번 세상에 알리는 기회가 되었다.

김재철 회장은 수상소감에서 "지나보니 힘든 고비가 경쟁사를 제친 기회였다."면서 "이 어려운 경제위기가 오히려 동원그룹이 세계로 뻗어나가는 좋은 기회가 될 것."이라고 말했다.

### 사회봉사와 각종 수상실적

#### 지칠 줄 모르는 향학열

1958년 부산수산대학을 졸업한 김재철 회장은 기업을 경영하는 바쁜 과정에서도 1969년 고려대학교 경영대학원과 1978년 서울대학교 최고경영자과정을 마쳤다. 또한 1981년에 미국 하버드대학 AMP과정을 밟으면서 미국 경영방식인 매니지먼트시스템을 익혔으며, 일본기업을 상대로 그들의 경영전략을 연구하였다.

이와 같이 끊임없는 노력으로 그는 1987년 8월 31일 부산수산대학에서 명예 수산학박사를 수여받았다. 또한 2001년 9월 고려대학교에서 명예 경영학박사를, 동년 10월 한국 외국어대학교에서 명예 경영학박사를 수여받았다. 그리고 2008년 2월 26일 조선대학교에서 명예 문학박사까지 수여받았다.

특히 그의 저서 중 『지도를 거꾸로 보면 한국인의 미래가 보인다』(2000)는 새로운 한국해양발전의 미래와 전략 등을 조명해 볼 수 있는 21세기 한국 해양산업 발전의 바이블로 꼽힌다. 그리고 '남태평양에서', '바다의 보고', '거센 파도를 헤치며' 등은 역시 초·중·고교 교과서에 수록된 글들이다.

### 활발한 사회봉사 활동

사회에 공인으로서 봉사한 내용을 보면 1979년~현재 재단법인 동원육영재단 이사장, 1985~1991년까지 한국수산회 회장, 1990~1992년까지 한국원양어업협회 회장, 1993~1998년 대통령자문기관 행정쇄신위원회 위원, 1998~2000년 대통령자문기관 규제개혁위원회위원, 1999~2006년 한국무역협회(KITA) 회장, 한국종합전시장(COEX) 회장, 대한상사중재원 이사장, 1999~ 2000년 새천년준비위원회 위원, 2001~2002년 국민경제자문회의 부의장, 1999년~현재 해상왕장보고기념사업회 이사장, 2000~2006년 한미경제협의회(KUSEC) 회장, 2005~현재 광주과학기술원 이사장, 재단법인 세종재단 이사, 2006~2007년 여수세계박람회유치위원회 위원장 등의 공직을 맡아 봉사하고 있다.

### 각종 수상내역

김재철 회장은 성공적인 기업경영의 공로로 1991년 금탑사업훈장을 수상했다. 이 수상은 김재철 회장의 신용과 창의 및 개척정신을 바탕으로 회사를 경영하여 지금까지 실패를 모르는 대기업으로 성장시켜온 결과일 것이다. 또한 1993년에 마케팅프런티어대상, 1995년 인촌상, 1998년 국민훈장 모란장, 2001년 한국전문경영인 CEO대상, 2001년 5월 자랑스런 부경인상, 벨지움 국왕으로부터 'Commander in order of Leoppld the Second'를 수훈했다.

2003년 제1회 대한민국 가장 존경받는 기업인 선정, 2005년 자랑스런 한국인 대상 'Global CEO 대상' 2006년 21세기 경영자대상 수상, 2008년 여수박람회 유치위원장의 공로로 '국민훈장 무궁화장' 수훈 그리고 2009년 1월 14일 새해벽두에 받은 '언스트 & 영 최우수기업가상' 등은 김재철 회장의 노년기에 받은 값진 수상으로 그의 기업가의 자질과 조건을 인정하는 '21세기 경영자'로 평가된다.

## 제 2 절 김재철의 기업가정신

### 1. 성실과 신용주의 정신

동원산업(주)의 창업이념은 '성실한 기업활동으로 사회정의 실현'이다. 이것은 김재철 회장의 창업정신과 기업관이 반영된 것으로 창업 이래 지금까지 사시로 규정되었으며 회사경영의 정신적 지주가 되어 동원의 정신문화 속에 굳건히 자리잡고 있다. 성실이란 일을 추진함에 있어서 열과 성을 다하여 중간에 포기하는 일이 없이 끝까지 맡은 사명과 책임을 다하는 진실된 마음가짐과 겸허한 몸가짐을 의미하는 것이다. 김재철 회장은 성실을 제일의 덕목으로 삼아 이를 솔선수범하고 이러한 자세로 회사를 창업하고 성장으로 이끌었다.

그는 믿음과 약속을 바르게 지켰으며, 신용을 자산과 철칙으로 여기면서 사업을 성공으로 이룩하였다. 김재철 회장은 이러한 성실과 신용을 제1로 한 기업가정신을 바탕으로 하고 있다. 직원들에게 "능력에 다소 차이가 있더라도 성실한 자세로 열성적으로 일하면 성공할 수 있다."고 제시하면서 바로 이것이 성실의 조건이라고 말하고 있다.

"쓰러지더라도 신용을 지켜라." 이 말은 현대그룹을 창업한 아산 정주영 회장이 지적한 대표적 기업가정신이다. 정주영 회장은 현대를 창업하면서 가장 중요하게 생각하는 것은 정직을 무기로 한 신용이라고 말한바 있다. 이와 같이 신용은 창업기업가의 기본적 경영정신이다. 마찬가지로 동원그룹의 김재철 회장 역시 성실을 무기로 한 신용제일주의 정신으로 동원을 창업하여 성공시킨 기업가이다.

## 2. 창의와 혁신정신

김재철 회장의 창의와 혁신주의는 동원의 3대정신의 하나이다. 급변하는 국내외 경제환경 변화에 능동적으로 대처하고 회사가 설정한 목표를 달성하기 위해서는 새로운 기술, 새로운 상품, 새로운 시장의 개척 등에 끊임없는 노력을 기울여야 하는 것이 혁신정신(Innovation Spirit)이다.

김재철 회장의 기업가정신의 하나가 새로운 가치를 창조하는 혁신정신이다. 그는 첫째, 혁신추구, 둘째, 탁월함 추구, 셋째, 비전실현 경영 등 지속적 혁신과 탁월함으로 고객과 사회에 대한 새로운 가치제공을 원칙으로 하고 있다. 그의 창의와 혁신주의 정신의 사례는 동원의 사무실을 '思務室'로 활용하라는 정신이 존재하고 있다. 사무실은 그냥 앉아서 일하는 곳이 아니라 창의적인 생각과 발상의 전환을 통해서 부가가치를 만드는 곳이 되어야 한다는 것이다. 동원그룹 사무실에는 '思務室' 액자를 걸어두고 창의와 혁신을 실용화하고 있다.

## 3. 도전과 개척정신

도전과 개척정신은 김재철 회장의 대표적 기업가정신의 하나이다. 그가 수행한 원양어업은 특히 프론티어 정신이 없다면 성장할 수 없으므로 언제나 모험을 한다는 도전정신을 내면에 갖고 있어야 했다. 김재철 회장이 남보다 앞서 새 어장에 진출하고 새 어법을 개발한 것은 바로 이러한 프론티어 정신의 발로였다. 그가 1970년대 1·2차의 석유파동을 겪으면서도 위기를 겁내지 않고 과감한 투자를 통한 정면돌파로 '위기를 기회'로 발전시킨 힘은 바로 험한 대양의 파도와 싸우던 시절부터 몸에 익힌 도전과 개척정신이었다.

그 사례는 많으나 대표적인 것만 제시하면 첫째, 국내 최초의 탑재모선식 참치연승 어업개발 둘째, 대형공모선 동산호 도입과 북양진출 셋째, 국내 최초의 헬리콥터탑재식 참치선망 어업개발 넷째, 해외 합작회사의 설립 다섯째, 국내 최초의 참치캔 개발 등 그의 40년 생애는 언제나 남보다 앞서 새로운 것에 도전하고 개척하는 정신이 그의 보람의 역사라고 평가되고 있다.

## 4. 열성주의 정신

열성정신은 동원의 3대정신의 하나이다. 김재철 회장의 정신중 하나인 열성정신이란 괜찮아, 대충대충, 적당주의와 타협하지 않는 것을 의미한다. 구성원 한 사람이 자기가 맡은 일이 아무리 작은 것이라 할지라도 첫째, 열심히 최선을 다하는 자세 둘째, 치밀한 계획과 정성을 다하는 열성 셋째, 목표달성을 위해 최선을 다하는 열성 등이 없이는 결코 좋은 성과를 기대할 수 없다.

김재철 회장은 "늘 최선을 다하고 하늘의 섭리에 따른다."는 '진인사대천명(盡人事待天命)'의 자세로 일해 왔으며, 직접 배를 타고 출어하거나 동원 선박을 내보낼 때 경건한 마음으로 "할 수 있는 노력을 다 했는가?"를 반문해 보면서 좋은 결과가 있기를 기원했다. 그의 열성주의 사례는 "현장에서 답을 찾아라."는 말로 대표된다.

## 5. 고객만족주의 정신

김재철 회장은 1993년 7월 1일 새로운 경영이념으로 '고객에게 기쁨을 주는 경영'을 제정하였다. 이곳에 그의 기업가정신 고객만족주의 정신이 있다. 그는 고객에게 기쁨을 주는 경영이란 '고객은 우리의 사업기반이며, 우리 회사의 존재근거'로서 첫째, 고객우선 경영 둘째, 고객만족 추구 셋째, 고객과 함께 발전하는 것 등으로 정하고 있다. 특히 동원은 21세기의 미래 비전에서 '21세기 생활문화를 선도하는 기업'으로 추구하는 기업가치를 고객가치와 주주 제일주의로 보았다.

그의 '무대경영론'에서 지적하는 관객과 청중은 고객인 것이다. 종합식품회사로 21세기에 성장하기 위해서 고객을 왕으로, 고객을 기쁘게 하는 기업가정신이야말로 종합식품회사로 성장하는 바로메터가 될 것이다.

김재철 회장은 수산이미지의 회사로서 젓갈사업 검토시 짠 젓갈을 가족에게 많이 먹으라고 권할 수 없으니 젓갈사업은 하지 않도록 지시한 것으로 볼 때 그의 고객만족정신에서 경영실천으로 옮겨지는 행동양식을 엿 볼 수 있다. 그는 경영의 모든 부분을 고객의 입장에서 생각하고, 고객의 심정으로 생산하고, 진정한 의미에서 고객을 만족시켜 기업의 상장을 유지하고자 하는 기업가정신을 지니고 있다.

인간존중경영은 동원이 인사관리에서도 잘 나타나고 있다. 즉, 범재경영론, 인재육성경영, 능력위주의 인사관리, 주요 임직원 채용원칙, 적재적소배치주의, 보직 및 승진·승격 등의 승진관리, 교육훈련관리 등에서 그의 인간존중주의 경영이념이 실천으로 나타나고 있다. 특히, 임직원을 채용하기 전 신중을 기하되, 한번 채용하면 끝까지 믿는다는 인적자원관리정신이 특징으로 나타나고 있다.

## 6. 정도경영과 책임경영정신

동원은 창업 이래 '원칙을 철저히'하는 정도의 정신을 생명처럼 여기고 있다. 김재철 회장의 정도경영정신이란 일을 함께 함에 있어서 항상 기본에 충실하고, 정당한 방법을 택하여, 공정하게 경쟁하는 정직한 자세를 의미한다. 정도의 실천을 위해서는 소신과 용기를 가지고 철저히 실천하는 성실한 자세가 뒷받침 되어야 한다. 동원산업(주)을 성장시키면서 사업다각화를 통해 많은 계열사를 가진 그룹규모의 큰 회사로 발전했지만 흔히 말하는 정경유착이나 특혜로서 기업을 확장한 적이 한번도 없다. 오로지 신용과 근면에 바탕을 두고 스스로의 역량을 키워 시장경쟁 원리에 입각하여 정도경영으로 기업을 성장시켰기 때문에 김재철 회장은 숱한 정치적 격변기에도 흔들림

없이 자기자본에만 충실할 수 있었던 것이다.

정도경영정신의 사례를 보면 1996년 1월 6일 동원그룹 사장단회의에서 김재철 회장이 “정도경영, 품질경영으로 최고의 회사를 만들어 갑시다.”의 지적한 말이 있다. “동원그룹은 비록 작지만 큰 꿈을 가지고 있고, 또한 알차게 경영되고 있는 데 이것이 바로 기업경영의 정도라도 생각한다.”는 것이다. 정도경영이야 말로 흑자경영을 내는 회사, 1인당 생산성이 최고의 회사, 업계에서의 최고의 업적을 내는 회사를 만들 수 있다는 확신이다.

동원의 윤리경영은 지속가능경영의 일환으로 투명경영 및 청렴도를 기본으로 하고 있으며, 윤리헌장과 윤리규범 등을 경영현장에 솔선수범하고 있는 것으로 평가되고 있다. 동원의 전 직원은 사장에서부터 말단사원까지 회사의 손익에 대해 알고 있으며, 선원들도 자기 선박의 결산내용을 잘 알도록 공시체제가 되어 있다.

김재철 회장은 ‘작은 것도 소중히’라는 행동규범을 만들어 책임정신을 전사원에게 보급시키고 있다. 동원인이 가져야 할 책임정신은 ① 자신의 역할을 명확히 인식하고, ② 주인의식으로, ③ 자신의 역할을 끝까지 완수하는 정신을 의미한다. 진정한 책임정신은 남이 시켜서 하는 일이 아니라 스스로 찾아서 실천하는 자율정신이 뒷받침되어야 한다고 가정하고 있다.

## 7. 무대경영주의 정신

동원의 창업자인 김재철 회장의 기업가정신은 무대경영론으로 대변된다. 무대경영론이란 그의 경영철학에서도 지적한 바와 같이 회사를 무대로 비유한 것으로 경영자는 회사라는 무대를 제공하고, 종업원은 그 무대에서 열심히 연기를 해서 관객들로부터 좋은 호응을 얻어 더 좋은 무대를 만들도록 해야 하고 또한 경영자는 좋은 연극이 공연되도록 잘 연출해야 한다는 경영자・종업원・고객의 삼위일체 경영철학이다.

이 무대경영주의 정신은 일명 예술주의 경영정신이라고 한다. 하나의 제품을 생산하기 위해서 그 제품은 예술품이 되어야 한다는 것이다. 그 생산제품에는 혼이 깃들인 예술품이 되어야 고객이 감동하는 명품이 생산된다는 것이다. 연출은 경영자, 연기는 종업원이 ① 하루를 연습하지 않으면 자기가 알고, ② 이틀을 연습하지 않으면 동료가 알고, ③ 사흘을 연습하지 않으면 청중이 안다는 정신을 가지고 작품을 만드는 정신으로 관객인 고객을 감동시키는 생산품을 예술품이 되도록 만들도록 해야 한다는 기업정신이다.

## 8. 사업보국주의 정신

김재철 회장은 지난 40여년동안 단 하루도 국가를 생각해보지 않은 날이 없다고 진술하였다. 2000년에는 『지도를 거꾸로 보면 한국인의 미래가 보인다』라는 제목의 책까지 출판하였다. 세계의 물자, 돈, 사람, 정보가 모여드는 매력 있는 대한민국을 만들자는 것이다. 거꾸로 보면 반도의 기적이 보인다는 것이며, 천시, 지리를 얻고 있는 한반도를 미래로 가는 교두보, 신무역 전략의 동북아시아의 물류중심으로 발전시켜야 한다는 것이다.

사업으로 국가에 보답해야 한다는 사업보국주의는 김재철 회장의 기업가정신의 대표적 사상이다. ① 성실한 기업활동을 통해 이익창출과 납세의무를 준수하며, ② 수출제일주의 정신으로 수출강국이 되는 길을 택하며, ③ 사업을 성장시켜 고용창출을 확대하며, ④ 동원육영재단을 통해 교육지원사업을 확대하며, ⑤ 복리후생의 증진과 복지시설의 기증 등 사회공헌을 실천하는 사례로 나타나고 있다. 그의 이러한 경영실천의 사례는 다음과 같다.

첫째, 창업 이래 40년 동원의 기업역사 중 1996년과 1997년을 제외하고는 매년 흑자를 기록하고 있으며, 2년간의 적자시기에 그는 사회의 죄인이라 판단하여 일체의 외부활동을 중단하고 골프회원권과 개인차량을 매각하고 가족들에게도 대중교통을 이용하도록 하는 등 기업의 기본적인 사명은 성실한 기업활동을 통해 이익창출과 납세의무를 실행해야 한다는 정신을 실행한 기업가이다.

둘째, 한국의 미래는 수출강국이 되는 길이 되어야 한다는 수출제일주의 정신을 가지고 있다. 그는 1999년 2월부터 2006년 2월까지 한국무역협회 회장시절 회사업무를 제처두고 한국무역의 발전을 위해 혼신의 노력을 기울였다.

셋째, 동원육영재단 설립과 운영으로 중・고・대학생 총 4,123명에게 장학금을 지원하였으며, 교육발전기금으로 서울대 생활관, 고려대 리더십센터, 부경대 장보고관 등과 아동도서지원(책 꾸러기 사업), 유소년 축구지원 등 각종 교육사업을 지원하고 있다.

넷째, 복리후생의 증진과 복지시설의 기증 등이다. 동원산업(주)은 회사의 성장과 함께 1993년부터 현재까지 사원들의 복리후생 증진에 노력하고 있다. 사원들의 안정된 주거생활 지원을 위한 사내복리기금의 신설 및 주택자금대출, 사원들이 원하는 시기에 휴가를 사용할 수 있는 연중휴가제실시, 연월차 휴가사용의 권장, 재형저축 가입자에 대한 장려금 지급, 동원한마음 전진대회 개최, 고객지원센터 운영 등 다양하게 전개하여 왔다. 그는 인간사회의 최대의 미덕은 사회봉사이며, 성실납세이고 일자리창출의 고용증대라고 말하고 있다. 이것은 바로 사업보국주의 기본이라고 평가된다.

## 참고문헌

* 도전과 정도경영의 40년
  - 동원그룹, 김재철 회장 연구 -
  한국경영사학회, 2009년 5월
  · 연구책임자 : 최종태, 이광주
  · 집필진 : 김성수, 이건희, 이한구, 박영렬, 김성현
* 김성수 교수 집필분야 : 김재철 회장의 생애와 기업가정신

11

# 빌 게이츠의 경영활동과 기업가정신

## - 세계 제1의 부자 -

# 제 11 장 빌 게이츠의 경영활동과 기업가정신

## - 세계 제1의 부자 -

## 제 1 절 세계 제1의 갑부

### • 현재 빌 게이츠는 ?

마이크로소프트는 다양한 컴퓨터 기기에 사용되는 소프트웨어 및 하드웨어 제품들을 개발 · 생산 · 판매 · 관리한다. 마이크로소프트의 가장 유명한 제품은 마이크로소프트 윈도라는 운영체제이다. 1975년에 빌 게이츠와 폴 앨런이 베이직 인터프리터를 개발하여 판매하기 위해 미국 뉴멕시코주 앨버커키에 Micro-soft라는 이름으로 이 회사를 세웠다.

2006년 6월 15일 빌 게이츠는 2008년 7월 31일에 은퇴하겠다고 선언하였으며 이후 직접 세운 자선단체인 빌 & 멜린다 게이츠 재단에 전력하겠다고 밝혔으며, 대신 마이크로소프트의 이사회 회장을 맡고 있다.

1998년부터 2000년까지 빌 게이츠의 대학시절 친구인 스티브 발머가 사장직을 담당했다. 2009년 경, 빌 게이츠가 그의 오른팔인 스티브 발머에게 회사의 최고 리더십을 이양하는 과정에서 바통을 정확히 넘기는 방법에 관한 교본을 마련하기도 했다. 게이츠는 2000년 발머에게 CEO직을 넘겼다. 그러나 게이츠는 2008년 6월에야 회사의 일상 책임에서 완전히 벗어났는데 그 2년 전에 미리 이 사실을 알려 대비토록 한 바 있다. 그렇지만 게이츠는 여전히 워싱턴 주 레이먼트에 있는 회장실의 주인이다. MS는 발머의 인도 아래 세계 최고 수익성을 갖는 강력한 IT 기업으로 존재하고 있지만 2008년 여름 게이츠 퇴장 이후 주가가 30%나 떨어졌는데 발머에게 갖는 불안감 보다는 세계 경제의 어려움 탓으로 그 원인을 돌리기도 한다.

직원은 2013년 현재 전 세계적으로 약 10만 여 명이며, 인도 · 중국 · 영국 등에 컴퓨터 연구소를 운영하고 있다.

2011년 5월 10일 마이크로소프트가 인터넷 전자회사 스카이프를 85억 달러에 인수하였다. 더불어 2013년 9월 2일, 마이크로소프트는 핀란드의 휴대전화 생산업체인 노키아의 휴대전화 사업부문을 54억 4,000만 유로(약 7조 8,654억 원)에 인수한다고 발표했다.

2013년 8월, 마이크로소프트 CEO 스티브 발머가 12개월 안에 은퇴한다고 밝혔다. 2014년 2월 4일, 사타아 나델라를 CEO로, 존 W. 톰손을 회장으로 임명했다.

**현황**(2013년 현재)

1. 매출액 : US$778억5,000만(2013)
2. 순이익 : US$218억 6,000만(2013)
3. 종업원 : 100,518명(2013)
4. 제 품 : MS윈도, MS오피스, MS서버, 인터넷 익스프로, 비주얼 스튜디오 스카이프, 그 외 다수.

## 1. 빌 게이츠의 출생과 소년기 - 수학·물리학·화학을 좋아하는 컴퓨터광 -

1955년 10월 28일생인 빌 게이츠는 두 명의 여동생과 함께 미국의 서부 시애틀에서 출생하고 성장했다. 그의 아버지 윌리엄 H. 게이츠 2세는 시애틀의 변호사로 활동하고 있으며 돌아가신 어머니 메리 게이츠는 워싱턴 대학재단 학교의 교사와 United Way International의 회장을 역임했다.

빌 게이츠는 공립초등학교와 사립 레이크사이드 고등학교를 다녔으며, 그곳에서 13세의 나이에 처음으로 PC를 접하고 컴퓨터 프로그래밍을 시작하면서 컴퓨터광이 되었다. 성적은 다른 학생보다 우수하였으며, 특히 수학, 물리학, 화학과목 등을 좋아하였으며, 성격이 활달하고 박력이 있으며, 도전정신이 강하였다.

## 2. 빌 게이츠의 청년기 - 하버드대학 입학과 중퇴 -

1973년 하버드대학에 입학하여 법학을 전공하면서 그 곳에서 현재 마이크로소프트의 사장으로 있는 스티브 발머를 만나 기숙사에서 함께 생활했다. 하버드대학 재학시절 게이츠는 최초의 마이크로컴퓨터인 MITS Altair용 프로그래밍 언어인 BASIC을 개발했다.

빌 게이츠 회장은 대학 2학년 때 폴 알렌과 함께 1975년에 설립한 마이크로소프트에 보다 전력하기 위해 대학을 중퇴했다. 이들은 PC가 모든 사무실과 가정에서 중요한 툴이 될 것이라는 믿음을 가지고 PC용 소프트웨어를 개발하기 시작했다.

## 3. 빌 게이츠 회장의 비전 : 마이크로소프트와 소프트웨어산업의 성공

개인용 컴퓨터에 관한 빌 게이츠 회장의 비전은 마이크로소프트와 소프트웨어 산업의 성공과, 21세기 소프트웨어 산업을 통해 인류의 번영과 행복추구의 원동력을 가져오는 것이다. 현재에도 마이크로소프트의 주요 관리 및 전략적 결정에 적극적으로 참여하고 있으며 신제품 기술개발에도 중요한 역할을 하고 있다. 그는 대부분의 시간을 고객과의 만남에 소요하고 있으며 전세계의 마이크로소프트 사원들과 전자우편을 통해 지속적으로 대화하고 있다.

빌 게이츠 회장의 지휘 하에 마이크로소프트는 지속적으로 소프트웨어 기술을 진보, 향상시키고 사람들이 컴퓨터를 보다 쉽고 저렴한 비용으로 즐길 수 있게 하고자 노력하고 있다. 마이크로소프트는 장기적인 안목을 가지고 투자하고 있는데, 매년 평균 회계년도의 연구개발 투자비가 30억달러가 넘는다는 사실이 이를 입증한다.

## 4. 『Business@생각의 속도』 저서 출간

1999년 저술한 빌 게이츠의 『비즈니스@생각의 속도』(*Business@The Speed of Thought*)에서 게이츠는 어떻게 디지털 프로세스가 완전히 새로운 방식으로 비즈니스를 풀어갈 것인가를 제시하고 있다.

콜린스 헤밍웨이(Collins Hemingway)와 공동 저술하고 25개 국어로 60개국에서 출간된 이 책은 뉴욕 타임스, USA 투데이, 월스트리트 저널, 아마존닷컴 등이 선정한 베스트셀러 목록에 올라있다.

1995년 출간된 게이츠의 이전 저서, 『미래로 가는 길』(*The Road Ahead*)도 뉴욕타임즈 선정 베스트셀러 목록에 7주간 1위를 차지한 바 있다. 게이츠는 이 두 책의 수익금을 교육부문의 과학기술사용을 지원하는 비영리기관에 기증했다.

## 5. 컴퓨터 외에 생물공학에도 관심

빌 게이츠는 컴퓨터에 대한 열정 외에 생물공학에도 관심을 가지고 있다. 그는 아이코스사(Icos Corporation)의 이사이며 영국의 차이로사이언스(Chiro-science) 자회사인 다윈 몰레큘러(Darwin Molecular)사의 주주이기도 하다.

그는 또 전세계에서 가장 큰 규모의 시각정보자원 중의 하나(전세계 공공 및 민간 부문에서 수집된 예술품 및 사진의 포괄적인 디지털 기록)를 개발하고 있는 코비드사(Corbid Corporation)를 설립했다.

게이츠는 또한 이동전화 부문 선구자인 크레이그 맥케이스(Craig McCase)와 함께 세계적인 쌍방향 광역통신 서비스를 제공하기 위해 전세계에 수백만 개의 저궤도 위성을 발사하는 야심찬 계획을 수행하고 있는 회사인 텔레데식(Teledesic)에도 투자하고 있다.

### 6. 교육, 인구, 기술 등 3가지의 중점분야 활용

마이크로소프트가 상장된 지 10년만에 빌 게이츠 회장은 윌리엄 H. 게이츠 재단(William H. Gates Foundation)에 2억달러를 내놓는 등 지금까지 총 170억달러를 기부했다. 게이츠가 중점을 두는 세 가지 분야는 교육, 인구문제, 기술활용 문제이다.

게이츠는 멜린다 프렌치 게이츠(Melinda French Gates)와 1994년 1월 1일 결혼했으며 1996년에 딸 제니퍼 캐더린 게이츠(Jennifer Katharine Gates)와 1999년 아들 로리 존 게이츠(Rory John Gates)가 태어났다.

빌 게이츠 회장은 독서광이며 취미로 골프와 브리지(카드놀이)를 좋아하며 교육문제, 인구문제, 기술개발 및 이의 활용문제 등 3가지 문제에 대한 토론을 좋아한다.

그리고 21세기에는 이 세 가지 중점분야를 집중적으로 개발하고 활용하는 문제를 검토하고 있다.

## 제2절 빌 게이츠 창업시기의 활동

### 1. 빌 게이츠와 폴 앨런은 독학으로 미니 컴퓨터 공부

1960년대초에 IBM에서 출시한 산더미만한 PC는 한해 30억달러 이상의 실적을 올리며 혁명적인 정보산업의 총아로 자리잡지만, 1960년대 중반 DEC(Digital Equipment Corporation)가 IBM에 못지 않은 제품을 중저가로 내놓으면서 수많은 회사가 컴퓨터시장에 뛰어드는 계기를 만들었다.

빌이 다니던 레이크 사이드학교는 1968년 진보적인 결정을 내려 이듬해인 1969년부터는 이웃에 위치한 G.E(General Electric)에 있는 DEC PDP-10

이란 미니컴퓨터에 관한 공부를 할 수 있도록 했다.

빌과 그의 2년 터울 친구인 폴 앨런(Paul Allen)은 독학으로 PDP-10에 대해 공부를 하게 되었는데, 두 사람은 서로 다른 분야에 관심을 가지고 있었다. 빌은 실제사용을 위한 프로그램을 만드는데 더 홍미가 있던 반면 폴은 컴퓨터의 모든 부분을 제어하고 작동하는데 필요한 언어인 어셈블러와 낮은 레벨 언어의 정교함에 빠져들었다. 그래서 폴이 복잡한 PC의 언어연구에 몰두할 동안 빌은 그의 첫 프로그램인 '세목놓기'(Ticktatktoe)란 오락게임을 만들게 되었다. 그러나 이들의 열의에도 불구하고 6개월 후 학교 재정부족으로 터미널접근에 제한을 받게 되지만 우연한 기회에 이들은 컴퓨터를 무한정으로 사용할 수 있는 기회를 가지게 되었다.

그 당시 빌과 폴이 속해 있던 레이크사이드학교가 GE와 계약했던 방식인 '시간분배제도'(Time Sharing Relationship), 즉 컴퓨터를 가지고 있는 회사와 계약을 맺어 사용시간을 정해 빌려쓰는 방식을 체택하고 있는 회사들을 위해서 워싱턴대학을 졸업한 몇몇 사람이 CCC(Computer Center Corporation)를 설립하였다. 그러나 CCC는 DEC로부터 컴퓨터를 구입할 때, 그 컴퓨터의 소프트웨어의 결함을 발견할 경우 컴퓨터 값의 지불을 연기하기로 하는 계약을 맺었다. 그 당시만 하더라도 소프트웨어의 문제로 컴퓨터가 제대로 동작하지 않고 중간에 시스템이 정지되는 일들이 많아서 기술자들이 골치를 썩고 있어서 (물론 지금도 그렇지만 요즘은 이렇게 계약은 하지 않는다) CCC에게는 그보다 더 좋은 구실은 없었을 것이다.

## 2. 소년기 빌 게이츠와 폴 앨런 CCC와 계약 -그러나 컴퓨터 사용특권 박탈

10대 소년인 빌과 폴이 CCC로 찾아와 자신들을 소개하고 DEC 제품에 대한 프로그래밍에 솜씨가 뛰어나다고 설득해서 CCC는 자칭 '레이크사이드 프로그래밍 그룹'(빌과 폴 두 사람으로 구성됨)과 계약을 체결하게 되고, 두 사람은 무한정 컴퓨터를 사용할 수 있는 계기를 만들었지만 컴퓨터가 갑작스러운 기능정지를 일으키는 세부사항을 수록한 결함일람표를 정기적으로 CCC에 제공하기로 하였다.

그러던 중 열의가 넘친 빌은 넘지 말아야 할 선을 넘고야 말았다.

그것은 요즘의 랜이나 일반 통신에 접속하는 것과 같이 DEC PDP-10 사용자는 아이디와 비밀번호를 입력해야만 터미널에 접근이 가능하였고 정식으로 승인받은 정보만 이용할 수 있었다. 그러나 물론 악의는 아니겠지만, 빌은 그 자신의 한계를 깨고 회사의 중요한 비밀정보에 침입하였다. 그때 시스템이 작동을 중지해 버려 빌은 CCC 직원들에게 호되게 꾸짖음을 당한 후 일체의 컴퓨터 사용 특권을 박탈당하였다.

하지만 그는 워싱턴대학에 있는 PDP-10이 사이버네트(Cybernet), 즉 CDC(Control Data Corporation)가 운영하는 국내 통신망에 연결되어 있다는 것을 알게 되고, 시험준비를 가장해서 워싱턴대학에 들어가 그 컴퓨터망의 설치에 대한 세부적인 정보를 수집하였다. 이때 빌은 16살이라는 나이보다 더 어려 보였다.

모든 정보를 수집한 그는 성공적으로 사이버네트에 침투해 주컴퓨터에 자신이 만든 프로그램을 입력시키고 주컴퓨터는 그 프로그램을 네트워크에 연결된 모든 컴퓨터로 보냈다. 하지만 몇 분 후 모든 시스템은 작동을 중지하였고, 사보타지의 근원을 알 수 있는 사이버네트 시스템의 우수성 덕분에 빌 게이츠는 다시 한번 잡히게 되었다. 이번엔 그 징벌의 정도가 너무 심해 그 충격으로 빌은 컴퓨터에 대한 열정을 일시적으로나마 잃어버리게 되었다. 그 사이 폴 앨런과 릭 바일랜드, 켄트 에반스는 계속 CCC를 위해 일했지만 그들도 DEC가 CCC와의 계약을 파기함으로써 끝나게 된다. 결국 CCC도 파산한 것이다.

## 3. 트래프-오-데이터 회사 창업

빌은 일년동안의 휴식기를 가진 후 우여곡절끝에 정보과학사(Information Sciences)에 PDP-10의 정보와 급료지불용 프로그램을 작성하였다. 그리고

학교 수업시간표 작성프로그램을 당시 고등학교를 갓 졸업한 폴과 함께 만들었다.

이 시기에 캘리포니아에 있는 인텔이란 회사는 수백만개의 아주 작은 회로를 한개의 실리콘칩에 담는데 성공하고 이 마이크로프로세서를 4004라고 불렀다. 하지만 4004는 소프트웨어 작성과 같은 업무에는 부적합하다고 판단되자 인텔은 이것을 가전제품의 제어장치로만 사용하기로 계획을 세운다.

그 후 1972년 4004를 대체할 8008이 나왔으나 빌은 아직도 베이직을 지원해줄 만큼 강력하지 않기 때문에 프로그래밍도구의 개발은 시도할만한 가치가 없다고 생각했다. 하지만 폴은 최소한 이를 이용해서 시애틀거리에 교통정보를 분석할 수 있는 장비는 만들 수 있을 것이라고 판단하고 빌과 같이 '트래프-오- 데이터'(Traf-O-Data)라는 회사를 창업하였다.

## 교통흐름 프로그램 작성으로 첫 번째 작품 성공

폴과 빌은 3백60달러를 주고 인텔이 만든 첫 번째 8008 중 하나를 구입, 전자기술자에게 자신들의 회사를 위해 프로그램을 짤 수 있는 기기를 한대 만들도록 주문한 후 전부터 해 온대로 두 사람은 업무분업을 시작했다.

아직 워싱턴대학의 학생이었던 폴은 8008칩의 작동상태를 모의실험하기 위해 PDP-10에 어셈블리언어로 프로그램을 작성했고, 폴의 모의실험장치에 근거해서 빌은 교통의 흐름을 관찰하는 프로그램을 작성했다.

그들의 첫 번째 작품은 성공해서 1972~73년동안 2만달러를 벌어들였으나, 그 이듬해 봄 연방정부가 이와 비슷한 프로그램을 무상으로 나누어줌으로써, 두 사람의 첫 창업회사인 '트래프-오-데이터'(Traf-O-Data)사는 문을 닫고 말았다.

## 국회의원 수행원으로 세일스맨으로서 판매기술 터득

1972년의 조지 맥거번과 리차드 닉슨이 대결한 대통령선거에서 빌 게이츠는 국회의원 수행원으로 잠시 일하였다. 그때 맥거번-이글톤 배지를 3센트에 5천개를 구입하여, 최고 20불25센트까지 값을 부르면서 취미 수집품으로 팔았다. 이 과정에서 그는 세일즈맨으로서의 판매기술을 갈고 닦을 수 있었으며, 완벽한 설득력도 갖추게 되었다. 이때 빌은 고객의 만족도를 어떻게 채울 수 있는가를 터득하였다고 술회하고 있다.

## 4. 방위산업체 TRW 입사 : 주급 165달러 받고 일함

그 후 두 사람은 TRW라는 방위산업체에서 주급 165달러를 받고 폴은 작동정지된 시스템을 다시 복구시키는 일을 했고, 빌은 데이터 보관과 실행시간 코드에 대한 일을 했다.

이때 TRW에서 두 사람은 존 노턴(John Norton)이란 사람을 만나게 되는데, 그는 빌의 코드를 재검토하여 비논리적인 부분을 지적하고 더 단순화시킬 수 있는 방법을 조언해 주었다. 빌은 지금도 그때 그가 자신의 프로그래밍기술 연마에 많은 도움을 주었다고 술회하고 있다. 이때 빌의 나이 18세, 폴의 나이 20세 때의 일이다.

## 5. 청년기 빌 게이츠 하버드에서의 갈등

하버드에 진학한 빌 게이츠는 스티브 볼머(Steve Ballmer)와 교분을 가지며 소프트웨어와 법학 사이에서 갈등하고 있었다. 그는 하버드에서 계속 공부를 하느냐 아니면 소프트웨어를 위해서 하버드를 중퇴하느냐의 문제로 갈등하고 있었다. 빌 게이츠는 소프트웨어를 위해서 하버드대 2학년에서 중퇴하는 용단을 내렸다. 1974년 4월 인텔은 8080이란 마이크로프로세서를 선보인다. 폴은 빌에게 이 기회를 놓치면 안된다고 말했으나 정작 둘에게 필요한 것은 8080으로 만들어진 컴퓨터였다. 이즈음 멀리 앨버커키에서 애드 로버츠(Ed Roberts)와 그가 운영하는 MITS라는 회사는 이미 그 일에 도전하고 있었다.

1975년은 IBM, DEC, H.P.(Hewlett-Packard)같은 일부 대형생산업체들이 시장을 지배하고 있었다. 이들은 대형과 미니컴퓨터를 주종으로 이미 수십억 달러에 달하는 수입을 올리고 있었기에 아직 마이크로프로세서의 중요성을 잘 이해하지 못하고 있었다. 하지만 소규모 기업에서는 컴퓨터시장에 뛰어들 수 있는 절호의 기회가 되었고, 곧 컴퓨터 디자인과 이용의 관계를 근본적으로 변화시키는 기술개발에 착수했다.

## 6. 1974년 세계 최초로 개인용컴퓨터 생산

1968년 에드 로버츠는 소형전자회사로 출발하여 계산기를 생산하는 MITS (Micro Instrumentation and Telemetry Systems)를 설립하고, 1974년 세계최초로 실질적인 개인용 컴퓨터를 만들어 냈다.

그의 직관력은 인텔의 8080칩에 눈을 돌리게 했고, 마이크로컴퓨터의 토대가 될 수 있다고 확신한 그는 컴퓨터제작을 결정하여 이를 '알테어'라고 명명했다. 이는 잡지에 '상업용에 필적하는 세계최초의 미니컴퓨터부품 키트'라는 명제하에 제품주문용지와 함께 대서특필되었고 그 후 MITS로 주문이 쇄도했다.

이는 컴퓨터잡지와 이를 토대로 한 애호가 모임도 한몫을 했는데, 그 중 캘리포니아의 맨로(Menlo)공원에서 1975년 3월에 결성된 '자작컴퓨터클럽'이 가장 두드러진 활동을 했다. 그 클럽 회원 중에는 후에 애플컴퓨터를 설립한 스티브 잡스(Steve Jobs)와 스티브 워즈넥(Steve Wozniak)이 있었다.

제목같이 알테어는 컴퓨터가 갖추어야 할 최소한의 조건은 다 갖추고 있었다. 그러나 키보드와 모니터같은 주변기기를 쓸 수 없었으며 데이터의 입출력은 스위치판을 통해 이루어졌다. 그러나 박스 안을 보면 인텔8080칩과 256바이트의 기억장치가 장착되어 있었다(30여년이 지난 지금에는 보드에 인텔 80486계열이나 아님 80586계열의 CPU와 256KB의 캐쉬메모리가 들어 있는 것과 비슷하다. 물론 지금은 박스가 아닌 보드 안에 다 있다).

### 1970년대 이 제품의 사용법

1970년대 초, 이 획기적인 제품 사용법을 잠깐 설명하고 넘어가 보자.

일단 유저가 3백97달러의 대금을 지불하면 조립용 부품키트를 받는다. 그러고 나면 납땜용 인두를 이용해 엄청난 인내를 가지고 설명서대로 조립한다. 그 후에 모든 것이 끝나느냐 하면 그것이 아니다. 모든 것이 완벽하다고 해도 전원을 넣은 후 토글스위치를 이용해서 명령을 넣는다. 예를 들어 0은 위 1은 아래 이런 식으로 말이다. 단, 전원이 나가면 모두 지워진다는 것에 유념해야 한다.

이렇게 실질적으로 사용하기에는 거의 불가능했던 제품을 애호가들은 맹목적으로 사들이기 시작했는데, 그 중에는 스티브 돔피어(Steve Dompier)같은 알테어를 실질적으로 사용할 수 있는 능력을 가진 사람도 있었다. 알테어가 근처에 있는 라디오 수신을 방해한다는 것을 발견한 돔피어는 주파수를 조절하여 컴퓨터가 비틀즈의 '언덕 위의 바보'를 라디오를 통해 연주할 수 있는 프로그램을 만들었다. 1975년에 있었던 한 자작 컴퓨터 모임에서 그는 스위치를 조작해 프로그램을 한줄씩 입력해 넋잃은 사람들처럼 앉아 있는 관중 앞에서 컴퓨터가 그 노래를 연주하도록 했다.

우리는 학원이나 책에서 쉽게 BASIC을 배운다. 그러나 베이식은 언제 누가 만들었을까?

### 베이식은 프로그래밍을 쉽게 하려는 목적으로 만들다

1964년 존 G. 케미니(John G. Kemeney)와 토마스 G. 쿠르츠(Thomas E. Kurtz)가 프로그래밍을 쉽게(물론 미국사람들의 기준에서) 하려는 목적으로 만들어졌다.

이렇게 '알테어'가 히트를 하자, 당연히 발생하는 문제들이 있었다. 그건 바로 좀더 좋게 사용하고자 하는 사용자들의 욕구였던 것이다.

에드 로버츠는 사방에서 날아오는 프로그래머들의 편지와 전화를 받았고, 시험을 했지만 그 결과는 실망스러운 것이였다. 하지만 빌과 폴은 1974년

12월 그에게 '트래프-오-데이터'사의 이름으로 편지를 보내고 4개월의 모의실험 끝에 보지도 못하는 알테어에 인식하는데 성공하고, 한 카피당 50센트의 로열티를 받게되면서 나온 것이 바로 '알테어베이직'이다. 그러나 양쪽은 종이테이프를 이용한 데이터 입력과정은 자동화되었지만, 불안정하다고 생각하고 이상적인 방법은 디스크드라이브를 연결시키는 것이라고 생각하고 바로 시스템의 변경작업에 들어갔다.

## 7. MS사 공동 설립

MITS와의 관계가 잘 되자 이를 더 잘 이끌기 위해서 빌과 폴은 마이크로-소프트(Micro-Soft:마이크로컴퓨터-소프트웨어의 줄임말, 나중에 하이픈이 없어진다)라는 회사를, 뉴 멕시코주의 앨버커키에서 1975년도 공동으로 설립하였다. 이때 MS의 목표는 알테어와 곧 시장에 등장할 타 마이크로컴퓨터용 언어의 개발에 있었다. 이로서 알테어베이직을 MITS와 정식으로 계약하였다. 요즘 프로그램에 동봉되어 있는 계약서란 내용의 근간이 이때 두 회사간의 계약에서 최초로 등장하였다.

바로 아래의 글이다.

"마이크로소프트는 MITS에게 마이크로소프트베이식을 배포할 수 있는 권리를 인가한다."

이는 바꾸어 말하면 MS는 MITS에게 그들이 만든 소프트웨어를 쓰고 팔 수 있는 권리를 주었지만, 계약서엔 MS를 제외한 그 어떤 생산자나 개발자 혹은 최종 수용자도 그 소프트웨어의 100% 주인은 될 수 없다고 명기하는 것으로 현재도 MS사의 제품이나 다른 제품군에서도 많이 볼 수 있다. 여담이지만 변호사가 작성한 이 협정서와 계약서의 상당부분을 빌 게이츠가 직접 재작성하여 손질하였다고 한다.

알테어베이식은 4K베이식으로 50라인정도의 프로그램을 짜기에 충분한 기억공간이였다. 그러나 MITS와의 잡음이 생기기 시작하자, 빌은 다른 마이크로컴퓨터 생산자들을 자신들이 만드는 베이식에 관심을 가지도록 할 필요성에 점점 눈을 돌리기 시작하였다.

1972년 프로그램과 데이터를 저장하는 마이크로 컴퓨터용 디스켓이 나오게 된다. 하지만 이것은 1956년에 만들어진 후로 크기만 작아진 수준이였다. 그러나 자기 테이프 드라이브 카세트 플레이어(필자도 1980년대 초반에 나온 SPC-1000을 사용해 보았지만 정말로 불편했다) 또는 천공 테이프 판독기보다는 나은 편이였다.

### 하버드 대학생 빌 : 알테어용 디스크 베이식 개발

1976년초 아직 하버드대학생이였던 빌은 닷새동안의 연구와 며칠동안의 작업 끝에 알테어용 디스크베이식(Disk BASIC)을 만들어냈는데, 중요한 점은 디스크베이식의 파일 관리방식이다. 바로 FAT(File Allocation Table)방식으로 유효한 공간을 분배하며 디스켓의 모든 파일을 관리하는 방식으로 1980년대에나 개인용 컴퓨터에 널리 사용될 개념을 당시에 만들어 냈던 것이다.

그때까지 고가였던 디스크드라이브가 슈가트(Schugart)에 의해 만들어진 것은 1976년 12월의 일로 여러 가지 문제가 있었지만 낮은 가격의 디스크 드라이브가 공급됨으로써 회계, 예산용 프로그램이나 컴퓨터게임같은 응용프로그램의 대규모 시장형성에 시발점이 되는 중요한 계기가 된다.

### 빌 게이츠, 저작권에 대한 보호의지 확고히 하다

1975년과 76년은 빌 게이츠의 저작권에 대한 보호의 의지를 확고히 하게 되는 시점이기도 했다. 사건의 발단은 MITS의 알테어 메모리카드의 판매에서부터 시작된다.

그때까지만해도 베이식의 가격은 500달러로 고가였으나 카드를 구입하면 150달러로 인하해 주는 일종의 할인정책을 MITS가 폈다.

하지만 일부 극성스런 컴퓨터클럽의 회원 사이에 복사판이 돌기 시작하였고 그 피해는 소프트웨어만을 만들어 파는 MS에게는 엄청났다. 거기다 그 버전은 결함이 있었다. 그러자 빌은 공개서한 등의 방법으로 브레이크를 걸게 됐고, 1976년 4월 알테어회보를 통해 두번째 공개장을 작성했으며, 이를 통해 초창기 소프트웨어시장에서의 소프트웨어보호에 대한 필요성을 선언하는 계기가 되었다.

이무렵 새로운 마이크로프로세서가 시장에 나타나기 시작하는데 모토롤라(Motorola)의 6800, MOS테크놀로지의 6502 그리고 자이록(Zilog)의 Z80이라는 제품들이 그것이었다. MS는 이것들을 위해 코드를 고치는 일들을 시작하였고, 이를 위해 4명의 프로그래머를 채용하고 사무실다운 사무실을 임대하게 된다. 그리고 1976년 12월 빌은 하버드를 그만두고 MS사에 전념하게 된다.

# 제 3 절 빌 게이츠의 기업가정신

## 1. 빌 게이츠의 기업가정신 형성 배경

### 시대적 배경

(1) 제2의 산업혁명이라는 정보사회로의 전환 속에 경제발전의 원동력인 유형의 자원을 무형의 정보자원으로 전환시키고, 시시각각 발전을 거듭하는 정보사회로의 변화시기에 미국은 정부주도의 '정보고속도로'(미국과 전세계 디지털정보망의 연결) 건설정책을 추진하고 있다.

(2) 1980년대 컴퓨터산업의 눈부신 성장과 기술의 발전을 통한 컴퓨터의 대중화로 개인용 컴퓨터의 대중화에 따른 관련 서비스 산업이 급성장하고, 실생활 속에서 보다 간편하고 쉽게, 비전문화된 사용방법을 원하는 대중의 요구가 증대되는 시기이다.

(3) 1980년대 후반 NSF(미국립과학재단)의 네트워크를 통해 세계를 하나로 연결한 인터넷의 등장과 그에 따른 새로운 경영환경 변화가 요구되는 시대이다.

### 사회적 배경

(1) 빌 게이츠의 기업가정신 형성의 사회적 배경은 새로운 기술의 발명 및 도입, 새로운 생산공정, 조직의 신편성과 혁신이 요구되는 시기로서 '화폐가치로 표현된 비즈니스의 성공'이란 자본주의적 측면을 강조한 사회적 지위형성이 대두되고 있다. 특히 물질적 진보제일주의, 비즈니스의 성공, 사회적 성공을 제일요소로 간주하는 사회적 통념이 대두한 시대이다.

(2) '기회의 나라'로 대변되는 인종, 종교, 출생환경 등이 무시되는 개방적인 사회분위기가 나타나고 자립적인 인간을 키우고자 하는 독립성과 개인책임이 강조되는 성장환경으로의 변화가 기대되고 '서부 개척자 정신'에 바탕을 둔 모험심과 활발한 혁신적 정신을 기업가활동에 반영시키는 사회구조가 나타나는 시기이다.

(3) 미국적 우월주의가 팽배하고 전세계 거의 모든 국가에 최고의 위치에 있는 미국 제일주의의 우월감과 패권주의가 팽배하게 나타나는 시기이다.

## 2. 빌 게이츠의 기업가정신

이러한 시대적, 사회적 배경 속에서 경영활동을 전개한 빌 게이츠의 기업가정신은 다음과 같다.

(1) 도전과 개척정신

빌 게이츠는 젊음의 패기와 열정을 바탕으로 청년(20세)기에 Microsoft 사 창립(하버드 재학시 폴 앨랜과 함께 컴퓨터 회사들에 사업제안서 발송. 기업으로의 밑바탕을 세움)하고 숨가쁘게 발전을 거듭하는 컴퓨터 업계의 선두주자로 안주하는 것보다는 변화와 혁신의 개척자로서 역할을 수행하였다. 특히, 시장확대에 대한 빌 게이츠의 Candoism의 정신 실현은 거인 IBM과의 시장점유율 경쟁을 시도하였고, 새로운 소프트웨어 운영체제인 Windows의 개발과 보급의 적극화로 성공을 이루었다.

그는 오늘보다는 내일이 좋아진다는 확신과 도전의 생산성향상 정신의 실현으로 '소프트웨어가 하드웨어를 바꾼다'는 신념을 구현한 정보기술 과학자적 기업가(CEO)이다.

(2) 근검 · 절약정신

빌 게이츠는 근면하고 절약을 기본으로 하는 청교도정신을 실현하고 비행기는 2, 3등석만을 이용하고 일반 호텔을 이용하는 절약정신을 가지고 있었다. 점심은 주로 햄버거를 먹고, 가능한 한 스스로 근검한 생활을 하는 절약정신의 기업가이었다.

(3) 일등기업주의 정신

자신의 분야에서 최고가 되고자 하는 일등기업주의 경영사상과 일등주의 기업추구를 통해 경쟁자를 비정하게 굴복시키는 독재적 경영방식-카리스마적 리더십 소유자이었다. 특히 일등주의를 뺏기면 패배한다는 강한 정신적 신념의 소유기업가이었다.

(4) 사업보국주의 정신

빌 게이츠는 그의 재단설립을 통하여 ① 지역사회의 기여, ② 영재육성의 주력, ③ 환경에 대한 책임 등을 강조하였다.

첫째는 지역사회의 기여로 라이브러리 온라인(Library On-Line)프로그램을 통해 컴퓨터, 현금, 소프트웨어를 제공하고 수백개의 비영리기관 기금지원, 소프트웨어 및 자원봉사 제공 등을 실천하였다.

둘째는 영재육성에 주력하고 1999년 미국 내 약 200개의 대학과 고등학교에 소프트웨어를 기증하였다. 연간 1천만달러의 교육분야 투자와 장학금을 지원하였으며 1997년 6월 서울 과학고등학교 방문(1억3천만원 상당의 PC와 소프트웨어 기증)하는 등 전세계적으로 사회공헌을 하고 있다.

셋째는 환경에 대한 책임을 강조하고 자원보호 및 지구환경 및 산업공해문제 해결에 선도적 역할을 강조하고 있다.

(5) 창조주의정신

빌 게이츠는 인류의 생활 전반을 바꾸어 놓은 소프트웨어 분야의 선구자 정신을 가지고 있으며 "소프트웨어 분야에 있어서 그는 전구를 발명한 에디슨과 같다."는 평가를 받고 있다. 특히 창조적 기술개발을 성공적인 결과로 만들고 있으며 윈도우 개발 성공이 그 대표적 사례로 나타나고 있다. 그는 끊임없는 새로운 아이디어 창출을 요구하고 있으며 "경쟁사의 최고경영자는 두렵지 않다. 그들이 갖고 있을 새로운 아이디어가 두려울 따름이다."라고 피력하여 '아이디어' 창출을 경영의 마술로 생각하고 있다. 언제나 창조적 모방활동의 적극화 실현을 통하여 타사의 혁신적 아이디어를 '벤치 마킹'하여 새로운 부가가치 창출을 위한 진보한 형태의 제품개발 실현에 노력하고 있다. 그는 벤치 마킹으로 스타제품전략을 수립하는 과학기술자적 기업가이다.

(6) 시테크 정신

빌 게이츠는 철저한 시간관리와 시간의 귀중함을 인식하고 단 5분의 시간도 절약하며 철저한 미래계획 수립에 전념하고 있다.

그는 여러 가지 일을 동시에 하는 것을 즐기고 1인 5역의 역할을 실행하는 기업이다.

(7) 인재제일주의 정신

빌 게이츠는 "일 벌레라야 하고 천재적인 두뇌를 갖고 있어야 한다"는 인사철학으로 기업발전을 위한 적재적소 인재배치주의 정책을 성공시켰다. 그는 소프트웨어 전쟁은 두뇌전쟁이라는 사고 속에 "우수한 수재들을 많이 거느리지 않고는 살아남을 수 없다"는 인재확보 제일주의정신을 경영사상으로 삼고 있었다.

이에 따라 철저한 능력급 보상제도의 실현과 조직 내에서 성과급(인센티브, 스톡옵션)을 강화하여 사원들의 동기부여를 촉진하고 성공적 성과급 연봉제를 실시하여 성공하였다.

특히 근로자를 연구원으로 우대하는 제도적 장치 마련은 그의 인재제일주의정신을 실현한 대표적 사례이다.

(8) 반성의 정신

빌 게이츠는 자만을 경계하고 자기만족을 철저하게 배제하는 정신을 가지고 있으며 아부와 겁쟁이를 싫어하고 논쟁을 즐기며, 늘 경쟁요소를 경계하는 삶의 자세를 실현하였다. 자신의 뜻에 반대하는 의견도 기꺼이 수용하는 포용력을 가진 신념의 기업가로 칭송받는다.

(9) 워크 홀릭(Work-Holic) 정신

빌 게이츠의 워크홀릭 정신은 1975년 창업당시 베이직 소프트웨어를 5일만에 완성하는데 기숙사에서 온종일 아무 것도 먹지 않고, 아무도 만나지 않으며 소프트웨어 완성에 성공한데부터 시작한다. 미친듯이 일하는 일벌레 정신으로 1978년부터 1984년까지 단 15일만을 쉬었을 정도로 일에 대한 강한 열정을 가지고 있다. 9시에 출근해 자정까지 일하고 그때서야 저녁식사를 하려 카페를 찾는 하루 13시간 이상의 업무를 통해 사원들에게 성실성과 열정의 본보기가 되었으며 최고경영자임에도 불구하고 신제품개발과 기술개발에 직접 참여하는 연구자의 자세는 21세기 창업하는 젊은 CEO들이 본받고 싶은 가장 중요한 사상이기도 하다.

## 3. 빌 게이츠의 성공전략

### 우수한 인재 발굴전략

(1) 기술과 사업을 충분히 이해하는 CEO(최고경영자)를 발굴하여 같이 일한다.
(2) 제품시장과 사업부문 전반에 걸쳐 조직을 유연하게 구축한다.
(3) 기술과 사업을 깊이 이해하는 우수한 관리자를 채용한다.
(4) 기술과 사업을 깊이 이해하는 우수한 종업원을 채용한다.

### 창조적 인력과 기술관리 전략

(1) 기능별 전문가를 두고 작은 팀에 중복 참여케 한다.
(2) 전문가 스스로 연구영역을 규정, 필요한 인력을 채용한다.
(3) 실습과 조언을 통해 신입사원 교육을 강화한다.
(4) 기술인력을 지원, 포상하기 위한 경력체계와 직능별제도를 확립한다.
(5) 승진제도를 만든다. 특히 직능별 승진제도를 구축한다.

### 제품의 표준화로 경쟁력을 확보하는 전략

(1) 표준을 주도하는 '좋은' 제품으로 거대시장 개척에 조기 진입하거나 새로운 시장개척에 주력한다.
(2) 신제품을 점차적으로 증대시키면서 주기적으로 구형제품들은 용도 폐기시킨다.
(3) 자사제품이 시장의 표준화를 주도하도록 대량판매를 강화하고 독점적인 계약을 체결한다.
(4) 신제품을 기존 제품들의 연계성을 꾀하면서 표준제품 공급자로서의 위치를 최대한 활용한다.
(5) 새로운 시장에 진입하기 위하여 제품들을 통합하거나 확장하고 단순화시킨다.

### 일정인원을 한정된 제품개발에 배치함으로써 창조성을 집중시키는 전략

(1) 규모가 방대한 프로젝트는 다단계 개발주기로 나누고, 개발주기 사이에는 완충기를 두며, 제품은 일률적으로 관리한다.
(2) 프로젝트를 진행시켜 나갈 비전 설명서와 개요 사양서를 이용한다.
(3) 고객 활동과 데이터를 기초로 하여 제품기능과 개발우선순위를 결정한다.
(4) 프로젝트 구조에 반영되는 제품구조를 규격화하고 수평적인 설계로 발전시킨다.

(5) 세분된 업무에 각 개인을 참여시키고 프로젝트의 자원을 일정한 규모로 한정시킨다.

### 제품개발과 출시 전략

(1) 병행하여 업무를 진행시키면서 동시화하고 매일 오류를 수정한다.
(2) 주요한 플랫폼이나 시장에 대응할 버전의 제품을 언제든지 출하할 수 있도록 한다.
(3) 개발은 한 장소에서 행하고 공통의 언어를 사용한다.
(4) 개발 도중 끊임없이 반복하여 테스트한다.
(5) 중간목표 및 제품출하를 결정하기 위해 수치 데이터를 사용한다.

### 학습조직의 구축을 위한 전략

(1) 과거와 현재의 프로젝트 및 제품으로부터 체계적인 학습을 실시한다.
(2) 양적 지표와 벤치 마킹 기법을 통해 업무개선 및 피드백을 촉진한다.
(3) 제품개발과 제품개선을 위한 자료로서 고객을 확보한다.
(4) 제품 부문간의 연계 및 정보공유를 증대시킨다.

## 4. 빌 게이츠가 제시하는 성공경영

### 경영에 마술같은 비법은 없다

훌륭한 경영에 마술같은 비법이란 없다. 그러나 다음에 제시하는 "10가지 지침"은 효율적인 경영에 도움을 줄 것이다.

#### 업종을 신중히 선택하라

당신이 즐길 수 있는 일을 하라. 자신있는 업종을 신중히 선택하여 노력하라. 광적인 정열없이 생산적인 것이 되기는 어렵다.

### 조심스럽게 고용하고 기꺼이 해고시킬 준비를 하라

당신은 강팀을 필요로 한다. 아무리 경영을 잘한다 해도 변변치 못한 팀은 변변치 못한 결과를 낳기 때문이다. 그저 웬만큼 일하지 못한 사람을 그대로 두는 것은 큰 실수다. 훌륭한 경영자는 그를 교체하거나 그가 분명히 성공할 수 있는 다른 일을 맡기도록 한다.

### 생산적인 환경을 조성하라

각 회사가 처한 상황에 따라 서로 다른 생산적 환경을 조성하고 접근법을 요구하기 때문에 그에 대응하는 전략을 수립한다.

각자 자신의 사무실을 주거나 아니면 모두 열린 공간에 둠으로써 생산성을 극대화할 수 있다. 때로는 금전적인 인센티브를 도입할 수도 있다. 대개는 여러 접근법의 조합이 요구된다.

### 성공의 개념을 정의하라

당신의 직원들에게 성공이란 무엇이고 어떻게 그들의 업적을 측정할 수 있는지를 분명히 밝혀라.

목표는 현실적이어야 한다. 프로젝트의 작업일정은 그 일을 직접 하는 사람이 정해야 하는 것이다. 달성이 불가능한 목표는 조직을 좀 먹는다. 따라서 목표는 반드시 달성된다는 확신을 가지게 한다.

### 훌륭한 경영자가 되려면 사람을 좋아하고 대화에 능숙해야 한다

이것은 가장 하기 어려운 것이다. 사람들과 교류하는 것을 진정으로 즐기지 않는다면 그들을 잘 다루는 것은 힘들다.

### 직원들이 사장보다 더 일을 잘 할 수 있도록 발전시켜라

당신의 기술을 그들에게 전수하라. 똑똑한 경영자는 자신을 자유롭게 하고 미개척분야에서 새로운 일을 해낸다. 그리고 당신의 직원들이 사장보다 더 일을 잘할 수 있다는 확신을 한다.

### 윤리를 확립하라

직원들에게 그들의 일이 회사와 고객에게 얼마나 중요한지를 느낄 수 있도록 하라. 윤리적 기업이 경쟁력이 있다는 확신을 갖게 한다.

### 프로젝트를 직접 수행하라

직원들이 제일 싫어하는 상사는 일을 분배만 하고 정작 자신은 일하지 않는 사람이다. 가장 중요한 프로젝트는 자신이 직접 수행한다.

### 똑같은 결정을 두 번 내리지 마라

한번에 확고한 결정을 내릴 수 있도록 시간과 생각을 잘 활용하고 다시 그 문제를 다루지 않도록 하라.

### 직원들에게 누구를 기쁘게 할지를 알게 하라

그것은 당신일 수도, 당신의 사장일 수도 있으며 혹은 다른 사람일 수도 있다. 누구를 기쁘게 할 것인가를 알게 하고 성실히 실행하라.

## 빌 게이츠의 사업 마인드

빌 게이츠의 사업 마인드는 다음과 같은 경영행동실천에서 찾아볼 수 있다.

(1) e-mail을 통한 의사소통의 효율화를 기하라.
(2) 숫자파악이 성공의 관건이다. 온라인으로 각종 사업통계를 수집하고 분석하라.
(3) bottom up 방식의 생각과 지식전달을 성과로 변화시켜라.
(3) virtual team을 상시 구성하라.
(5) 서류의 digital화로 경비를 줄여라.
(6) 디지털 기기 활용의 효율화로 경쟁력을 제고하라.
(7) 배달시간 최소화로 고객을 만족시켜라.
(8) 중간상인 생략 등으로 유통혁신을 이루도록 하라.

# 제4절 빌 게이츠의 저서

## 1. 빌 게이츠의 저서 : 미래로 가는 길

### ◇ The Road Ahead

시애틀 레이크사이드에 있는 사립학교에 다니던 빌 게이츠는 열세살 때 어머니들이 자선바자에서 나온 수익금으로 학교에 마련해준 컴퓨터를 처음으로 접하게 됐다. 이 컴퓨터는 모니터가 없어 타자기처럼 생긴 자판을 누른 다음 프린터가 시끄러운 소리를 내며 결과를 종이에 찍어 보여줄 때까지 기다려야 하는 불편이 있었지만 신기하기만 했다. 그는 컴퓨터 앞에서 떨어질 줄 모르는 학생 중의 하나였고 이내 서양식 오목 프로그램을 만들었다.

### ⇨ 빌 게이츠 인생의 놀라운 모험은 하버드에서 시작됐다

빌 게이츠 인생의 놀라운 모험은 하버드대학 2학년 때 시작됐다. 1974년 봄 친구 폴 앨런과 함께 하버드스퀘어 신문가판대에서 훑어본 포퓰러 일렉트로닉스지에는 인텔의 새로운 '8080칩'에 관한 기사가 실려 있었다. 그들은 진짜 컴퓨터의 핵심을 보고 대형컴퓨터시대는 끝났다고 확신했다. 그렇게 되면 이 만능기계의 엄청난 잠재성을 살려주는 소프트웨어가 크게 부각될 수밖에 없었다. 폴과 빌은 새롭고 혁신적인 소프트웨어에 승부를 걸기로 했다.

곧 새로운 인텔칩에 맞는 베이식프로그램을 만들어주겠다는 제안서를 굴지의 컴퓨터 회사들에 보냈지만 답장은 오지 않았다. 그 해 말 다시 집어든 포퓰러 일렉트로닉스 1975년 1월호 표지에는 인텔8080칩을 내장한 토스터 크기만한 작은 컴퓨터 '알테어 8080'의 사진이 실려 있었다.

"이럴 수가! 우리 없이 일이 벌어지고 있구나! 8080을 위한 제대로 된 소프트웨어도 곧 나올거야" 이렇게 생각하고 그들은 일을 시작하였다.

빌은 PC혁명의 초기단계에 참여한다는 것이 평생에 한번 올까말까 한 기회로 보였고 남들이 그와 비슷한 생각을 하고 있을까봐 불안했다고 한다.

결국 1975년 폴과 빌은 헛간에서 뮤지컬연습을 하면서 스타의 꿈을 키우는 영화 속의 주인공처럼 젊은 패기 하나만으로 회사를 차렸다. 작은 컴퓨터를 위한 프로그램을 개발하는 것이 그들의 첫 사업이었다.

### "내 몸은 파김치가 됐다"고 빌 게이츠는 말했다

"그동안 내몸은 파김치가 됐다. 나는 생각을 집중할 때 방안을 왔다 갔다 하는 버릇이 있는데, 그 해 겨울 나는 기숙사 방안을 수없이 맴돌았고 늘 수면부족에 시달렸다. 어떤 때는 하루종일 아무 것도 먹지 않았다. 5주만에 베이식이 완성됐고 드디어 세계 최초로 중형컴퓨터 소프트웨어 회사 마이크로소프트(MS)가 탄생했다."

"나는 지금 뛰어들지 않으면 장래의 소형컴퓨터를 위한 소프트웨어 세계에 진출할 수 있는 기회도 영원히 놓치게 된다고 판단, 하버드대학에 휴학원을 제출했다"고 술회하고 있다.

### 빌 게이츠는 폴과 스스로의 힘으로 자금을 조달했다

처음부터 폴과 빌 게이츠는 스스로의 힘으로 자금을 조달했다. 빌 게이츠는 기숙사에서 벌어지는 심야포커판에서 짭짤한 부수입을 올리고 있던 터였다. 두 사람이 구멍가게처럼 벌인 사업이 1만6,000여명의 종업원에 연간매출 60억달러가 넘는 대기업으로 성장한 것은 행운도 따랐지만 그들이 처음에 가진 비전때문이었다.

"1980년 여름 대형컴퓨터시장의 80%를 장악하던 IBM은 개인용 컴퓨터(PC)개발문제 논의를 위해 두 명의 밀사를 우리 회사에 보내 왔다. IBM은 1년안에 PC를 시판할 작정이었으므로 자체 소프트웨어를 개발하는 대신 MS의 운영체계를 쓰기로 결정, 우리를 흥분시켰다"고 빌 게이츠는 그의 저서에서 술회하고 있다.

## MS-DOS를 만들어 냈다

빌은 시애틀의 한 회사에서 초기개발단계에 있던 소프트웨어를 구입하고 기술자를 영입, 수정에 수정을 거듭한 끝에 'MS-DOS'를 만들어냈다. 1981년 8월 이를 장착한 IBM PC가 시장을 강타했다.

처음에 IBM PC는 3종의 운영체계 중 하나를 선택할 수 있었는데, 빌 게이츠는 아주 낮은 사용료를 한번만 지불하면 앞으로 MS의 운영체계를 얼마든지 사용할 수 있는 권리를 IBM에 주었다. 빌 게이츠의 목표는 IBM으로부터 직접 돈을 벌어들이는 것이 아니라 이 PC와 호환성을 갖는 컴퓨터를 만들고자 하는 업체로부터 DOS 사용료를 받는데 있었던 것이다.

## 빌 게이츠는 놀라운 성공을 거뒀다

성공은 별로 좋은 스승이라 할 수 없다. 얼마전부터 빌 게이츠는 실패한 기업에 몸담은 경력이 있는 간부들을 채용하고 있었다. MS도 반드시 실패를 겪을 것이지만 어려운 상황일수록 이들 실패한 경험이 있는 사람들의 경험이 빛을 발할 것이다.

멀티미디어・주문형비디오(VOD)・정보고속도로 등의 미래 모습에 궁금증을 가진 사람은 시애틀 근처 워싱턴 호수너머 산 자락에 자리잡을 빌 게이츠의 새 집을 방문해줄 것을 권하고 싶다. 창조의 열정이 강한 만큼 휴식과 재충전이 필요한 빌 게이츠에게 집이란 우주의 중심이며 모든 것의 출발점이다.

## 빌 게이츠 집은 100명이 식사할 수 있는 홀과 소극장, 체력단련실이 있다.

빌 게이츠는 그의 저서 『미래로 가는 길』에서 다음과 같이 집을 소개하고 있다.

"1980년대말 첫 삽을 뜬 우리집의 외견상 특징은 100명이 식사할 수 있는 홀과 직원 단합대회를 위해 소극장・풀장・체력단련실이 있다는 것이다. 얼른 봐서는 지진에 대비, 엄청나게 많은 콘크리트를 부어 기반을 다진 것만 눈에 띌 것이다. 그러나 이 집의 보이지 않는 곳은 실리콘과 소프트웨어로 '중무장' 되어 있다.

방문객들은 대문을 들어서기 직전 가슴에 전자핀을 꽂아야 한다. 이 핀은 당신과 우리 집안 전자장치를 연결시켜주는 고리로 당신이 누구며 어디에 있는지, 원하는 것이 무엇인지 헤아려 준다. 전자핀은 당신이 복도를 지나갈 때 근처 조명장치가 스스로 켜지도록 해주고 지나가고 나면 꺼지게 한다. 당신이 모차르트 호른협주곡을 듣고 싶으면 가까운 스피커에서 멋진 호른 소리가 흘러나올 것이다. 전화가 와도 온 집안 벨이 울릴 필요가 없다. 전자핀이 당신 위치를 확인, 가장 가까운 전화벨만 울리도록 하기 때문이다.

그러나 우리집은 숨막히는 첨단기술로만 가득찬 것은 아니다. 우리집에 쓰인 목재는 80년전 컬럼비아강가에 세워진 제재소를 헐어 가져 온 것이다. 이 제재소는 수령 500년 이상인 전나무로 지은 것인데, 정보통신이 환경보호에 큰 몫을 한다는 신념을 가진 나로서는 따로 나무를 벨 필요가 없다는 것이 다행스럽게 느껴진다"고 기술하고 있다.

### 집안에 첨단기술을 도입하려면 두 가지 원칙이 있어야 한다

빌 게이츠는 지적하기를 집안에 첨단기술을 도입하려면 두 가지 원칙이 있어야 한다고 하였다. 첫째는 컴퓨터 시스템에 사람이 주눅들지 않도록 가급적 첨단기술냄새가 나지 않게 해야 한다는 것과 둘째는 반드시 도움을 원하는 사람에게만 작동되어야 한다는 것이다. 그리고 다음과 같이 기술하고 있다.

"고전음악을 좋아한다고 해서 매번 똑같은 음악만 틀어주어서는 안된다. 주인이 항상 오후 10시30분에 잠자리에 든다고 한창 파티가 열리는 도중 컴퓨터가 집안 전등을 모두 꺼버린다면 이 또한 낭패가 아닐 수 없다. 사람이 원하는 것을 정확히 헤아리지 못하는 컴퓨터시스템이라면 차라리 없느니만 못하다.

일일이 내가 원하는 것을 컴퓨터에 입력하기 어렵다면 정보고속도로에 연결된 원격모니터시스템이 나의 수고를 덜어줄 수 있기 때문에 내가 정보고속도로에 거는 기대는 크다.

나의 이런 바람은 '코비스'를 통해 더욱 구체화되고 있다. 코비스는 미국 역대 대통령 모습, 안데스산맥 스키장 전경, 진귀한 프랑스 우표, 비틀즈의

데뷔시절 공연실황 등 100만 가지 화상데이터베이스(DB)를 보관하고 있는 디지털저장회사다."

### 빌 게이츠는 예술을 사랑한다

빌 게이츠는 예술을 사랑한다. 루브르박물관에서 며칠이고 구경해도 지루하지도 않으며 간혹 옆에서 전시품에 대해 설명해주는 사람이 있으면 좋겠다는 생각이 든다고 한다. 코비스는 빌 게이츠처럼 바쁘고 새로운 지식을 얻고 싶어하는 사람을 위해 충실한 설명을 곁들인 고급 시각정보를 제공해주는 회사다.

일부에서는 빌 게이츠가 막대한 부로 괴팍한 기호를 즐긴다고 말할지 모른다. 그러나 빌 게이츠는 남보다 몇년 앞서 체험해보는 것일 뿐 조만간 모든 사람도 똑같은 즐거움을 누릴 수 있을 것으로 확신한다.

그렇다고 첨단기술이 사람들을 집안에만 머무르도록 하지는 않을 것이다. 인간은 사회적 동물이다. 전자공간 안에 공원·백화점·박물관이 있어도 현실공간에서의 직접 체험을 원한다. 정보고속도로의 장점은 현실공간에서 접하기 힘든 넓은 영역에서 새로운 친구를 사귈 기회를 만들어준다는 것이다.

컴퓨터와 담쌓은 빌 게이츠의 친구인 워렌 버펫도 컴퓨터통신망으로 온라인 브리지게임을 배우면서 별로 가깝지 않던 사람들과 친해져 여섯달동안 컴퓨터 옆을 떠나지 않았다고 한다.

### 손끝으로 모든 정보를 찾아낸다

정보고속도로는 유사한 관심을 가진 사람을 쉽게 찾아준다. 온라인 공동체가 커질수록 정보에 대한 갈증이 커져 정보고속도로를 찾는 사람이 늘어날 것이다. 여러분은 단지 집안에서 '손끝으로 모든 정보'를 찾아내기만 하면 된다.

빌 게이츠는 어디를 가든 이렇게 얘기한다. "정보고속도로는 아직 어디에도 존재하지 않는다." 이럴 때마다 장거리전화망을 통한 인터넷 연결이 가능한 세상인데 무슨 소리냐고 반문하는 사람이 있다. 물론 지난 몇년동안 급성장한 인터넷은 형식면에서는 정보고속도로의 가장 근접한 형태지만 정보고속도로가 되긴 아직 까마득하다. 그렇다면 정보고속도로시대의 생활상은 어떨까.

빌 게이츠는 정보고속도로에서는 지금까지의 친구·이웃·공동체의 개념이 바뀐다고 하였다. 국경장벽이 없어지면서 세계인이 하나로 연결되는 것이다. 또한 산간벽지 등에서도 화상수업과 같은 방식으로 도심지와 똑같은 교육혜택을 누릴 수 있어 지역간 불균형이 없어지는 셈이다.

전자문서나 PC지갑이 일반화되는 것도 정보고속도로시대의 한 현상이다. 이미 많은 기업은 종이와 팩시밀리 대신 컴퓨터를 통해 문서를 주고받고 있다.

### ⇨ PC지갑은 휴대용 정보기기가 된다

PC지갑은 휴대용 정보기기로 신분증·신용카드·휴대폰 등이 하나로 통일된 시스템이다. 정보고속도로와 연결하면 각종 예약이나 정보열람 등 다양한 서비스를 언제 어디서나 신속히 받을 수 있게 된다.

여기에다 전자우편은 젊은 남녀직원들간의 교제에도 그 위력(?)을 발휘한다. 빌 게이츠는 아내 멜린다와 처음 데이트를 할 때 전자우편을 활용했다고 한다. 사람들은 전화를 걸거나 얼굴을 맞대고 이야기할 때보다 전자메시지를 보낼 때 덜 수줍어한다는 것을 빌 게이츠 경험으로도 분명하다고 하였다.

정보고속도로시대에서 기업환경이 변하는 것도 물론이다. 소프트웨어는 좀더 쓰기 쉬워지고 기업들은 세계 각지의 부품공급업체·컨설턴트·고객에까지 닿아있는 네트워크와 쉽게 연결된다. 그 결과 기업의 효율성은 높아지고, 군살빼기도 가능하다.

미래에 형성될 정보고속도로시장은 소비자와 생산자가 1대1로 만나는 곳이다. 소비자는 정보고속도로에 전시된 샘플을 보고 생산업체에 물건을 주문하며 생산업체는 주문받은 만큼만 생산하고 배달한다. 이러한 시장에서는 광고비·재고처분비 등이 들지않아 상품가격이 당연히 내리게 된다. 일석이조의 혜택을 누리게 되는 것이다.

### 미래는 밝게 보지만 감수해야 하는 희생도 있다

빌 게이츠는 낙관론자라고 표현하고 있다. 그렇지만 그가 미래를 아무런 우려 없이 밝게만 보는 것은 아니다. 정보화 사회는 우리에게 많은 혜택을 주지만 그만큼 감수해야 하는 희생도 있다. 여기에서 빌 게이츠가 "미래로 가는 길"을 어떻게 생각하고 있는가를 살펴보도록 하자.

지금 정보고속도로란 말이 유행처럼 번지다보니 대대적인 기업합병과 과감한 투자가 서부개척시대의 '골드 러시'를 방불케 할 정도로 활기차게 진행되고 있다. 그러나 정보고속도로는 아직 단 한푼의 이익도 내지 못했다. 따라서 이 과정에서 도태되는 기업도 생기게 마련이다. 그렇다고 정부가 개입, 정보고속도로의 본질을 설계하거나 장악하려고 해서는 안된다. 기업의 성공과 실패는 전적으로 자본시장 결정에 맡겨두어야 한다. 수백개의 기업이 저마다 위험부담을 안고 소비자의 요구를 알아내기 위해 최대한 노력할 때 사회는 중앙계획에 의한 방식보다 훨씬 올바른 답을 찾아낼 수 있기 때문이다.

현재 가장 넓게 퍼져있는 개인적인 불안의 내용은 대강 이런 질문으로 집약될 것이다. '발전된 사회에 내가 어떻게 적응할 수 있을까' 사람들은 자기의 직업이 무용지물로 변할까봐, 새로운 작업방식에 적응하지 못할까봐, 대량실업사태를 만날까봐 불안해하고 있다. 다행히 경제는 그런 식으로는 운용되지 않는다, 일자리 하나가 없어지면 다른 새로운 일거리가 생겨나게 된다. 그래서 장기적으로는 더 많은 벌이가 생기고 생활수준도 올라간다. 기술발전은 일자리를 늘려주는 결과를 낳는다.

정보고속도로가 와해될 가능성에 대해서도 미리 대비해야 한다. 디지털기술에 대한 지금의 보안시스템은 완벽하지 못하다. 개인의 사생활은 물론 금전거래 내용을 총괄하는 정보시스템은 암호화에 크게 의존하고 있으나 이 암호시스템이 깨지면 대재앙이 초래될 수 있다.

하지만 이같은 여러 가지 문제에도 불구하고 정보고속도로에 대한 나의 열정은 여전히 뜨겁다. 우리는 역사의 대변혁 한가운데에 서있다. 그것은 인쇄기의 발명이나 산업혁명이 세상을 뒤흔들었던 것처럼 우리의 삶을 근본적으로 바꿔 준다. 그래서 나는 지금 '미래로 가는 길'을 따라 여행에 나섰다는 것만으로도 황홀할 따름이다.

이상과 같이 빌 게이츠의 저서 『*The Road Ahead*』의 중요한 내용을 중심으로 살펴보았다.

## 2. 빌 게이츠의 저서 : 비즈니스@생각의 속도

**BUSINESS@THE SPEED OF THOUGHT**

**– USING A DIGITAL NERVOUS SYSTEM –**

### 다가올 10년동안은 지난 50년보다 큰 변화를 겪게 된다

비즈니스는 다가올 10년 동안에 지난 50년보다 훨씬 더 큰 변화를 겪게 될 것이다.

빌 게이츠는 1997년 봄, 처음으로 열리는 'CEO(최고경영자)회담'에서 행할 연설을 준비하면서, "디지털시대가 앞으로 비즈니스를 어떻게 근본적으로 변화시킬 것인가에 대해 곰곰이 생각해 보게 되었다"고 술회하고 있다. 우선 그는 눈부신 기술적 진보 운운하는 연설보다 비즈니스 경영자들이 항상 관심갖고 있는 문제들에 대해 직접 언급하고 있었다.

'어떻게 하면 오늘날의 기술을 이용해 보다 나은 경영을 실행할 수 있을까?'

'기술은 비즈니스를 어떻게 변형시킬 것인가?'

'어떤 식으로 기술을 이용해야 앞으로 5년 내지 10년 후에 승자가 될 수 있을까?'

### 2000년대는 속도의 시대

빌 게이츠는 다음과 같이 지적하고 있다.

1980년대가 질(質)의 시대요, 1990년대가 리엔지니어링(reengineering)의 시대였다면, 2000년대는 속도의 시대가 될 것이다. 비즈니스의 본질이 매우 빠른 속도로 바뀔 것이고, 비즈니스의 처리속도 또한 빨라질 것이기 때문이다. 아울러 정보의 접속으로 소비자의 생활양식과 비즈니스에 대한 그들의 기대치가 바뀔 것이고, 그에 따라 제품의 질적인 향상과 비즈니스 과정의 개선도 훨씬 더 빨라질 것이다.

비즈니스의 속도가 충분히 빨라지면 비즈니스의 본질 또한 변화하기 마련이다. 주(週) 단위가 아니라 시시각각으로 판매변화에 민감하게 반응해야만 하는 제조업체나 소매상은 이제 더 이상 생산하거나 판매만 하는 입장이 아니라 제품에 대한 서비스 제공자로 그 성격이 변하는 것이다.

이런 변화는 '디지털 정보의 흐름'(Flow of Digital Information)이라는 의외로 단순한 개념 때문에 발생하게 될 것이다. 지난 30년간 우리는 '정보시대'(Information Age)를 살아왔지만, 비즈니스간 정보이동이 주로 서류를 통해 이루어진 탓에 구매자가 판매자를 찾는 과정에는 변화가 없었다.

대부분의 기업들은 현재 디지털 도구(digital tool)를 이용해 생산시스템을 가동시키고, 거래처에 보낼 송장을 발부하고, 세무신고를 위한 회계를 관리하는 등 그 기초적 운영을 제어하고 있지만, 이러한 이용은 대개 예전의 작업과정들을 자동화한 것에 불과하다.

현재 새로운 프로세스에 디지털 기술(digital technology)을 이용해 회사의 기능을 급진적으로 향상시키고 직원들의 능력을 최대로 활용하는 한편, 부상하는 고속 비즈니스 세계에서 경쟁하는데 필요한 대응속도를 갖춰나가고 있는 기업은 매우 드물다. 사실 대부분의 기업들은 이러한 변화를 이룰 수 있는 도구들이 주변에 널려 있다는 사실조차 인식하지 못하고 있다. 실로 비즈니스 문제들은 대부분이 정보와 관련된 문제들임에도 불구하고 거의 대부분의 기업들이 정보를 제대로 다루지 못하고 있는 현실인 것이다.

게다가 너무나 많은 경영진이 아직도 시의적절(時宜適切)한 정보의 부재를 당연시하고 있다. 너무나도 오랫동안 정보를 제대로 다루지 못하며 지내오다 보니 자신들이 무엇을 놓치고 있는지조차 알지 못하는 것이다.

1997년 봄, CEO들에게 행한 연설에서 빌 게이츠가 목표로 삼았던 것 중의 하나가 바로 그들에게 이러한 현실에 대한 자각을 일깨우고, 그들의 기대치를 높여주는 것이었다. 그는 CEO들이 현재 행하고 있는 정보기술(Information Technology) 투자로부터 이익이 되는 정보는 거의 얻지 못하고 있음을 스스로 인식하고 경각심을 갖기를 바랬다. 그리하여 고객의 실제 상황에 대해 빠르고 실제적인 지식을 주는 정보의 흐름을 그들 스스로 요구하게 되길 바랬다.

심지어 정보기술에 상당한 금액을 투자한 기업들조차도 합당한 성과를 얻지 못하고 있는 게 현실이다. 재미있는 것은 이러한 문제가 투자규모가 부족해서 야기되는 결과가 아니라는 점이다. 사실 대부분의 기업들은 기본적인 정보기술 설비를 모두 구축해 놓고 있는 상태이다. 생산성 응용프로그램을 위한 PC, 통신을 위한 네트워크와 전자우편(e-mail), 기본 비즈니스 응용프로그램 등이 그것이다. 하지만 이들 기업들은 대개 정보기술 투자의 80을 정보의 원활한 흐름을 돕는 기술에 투자해 놓고서도 한결같이 가능한 이익의 20밖에 건지지 못하고 있다.

투자하는 것과 얻는 것 사이의 이러한 현격한 차이는 과연 어디에서 오는 것일까? 그것은 실현 가능한 것이 무엇인지를 이해하지 못하고, 적절한 정보를 기업 내 모두에게 신속하게 전달하는 기술을 이용할 때의 잠재력을 알지 못하는 데서 생기는 것이다.

### 기술과 기대치 바꾸기(Changing Technology and Expectation)

오늘날 대부분의 기업들이 정보를 가지고 행하는 업무는 몇년 전이었다면 훌륭하다는 평가를 받았을 만한 것들이다. 1980년대나 1990년대 초만 보더라도 풍부한 정보를 얻기 위해서는 엄두도 못낼 만큼 많은 비용이 들었고, 설령 정보를 얻는다 하더라도 그것을 분석해서 유포하는 도구가 실용단계에 있지를 않았다. 그러나 바야흐로 21세기를 맞이하는 우리는 이제 디지털 시대의 연결성과 도구를 이용해 새롭고 비상한 방식으로 정보를 얻고, 공유하며, 활용할 수 있는 방법을 갖게 되었다.

이제 우리는 사상 처음으로 숫자·텍스트·음성·비디오 등 모든 종류의 정보들을 어떤 컴퓨터라도 저장하고, 처리하고, 전송할 수 있는 디지털 형식으로 전환할 수 있게 되었다. 또 사상 처음으로 표준 하드웨어에 표준 소프트웨어 플랫폼을 결합함으로써 기업의 규모에 관계없이 강력한 컴퓨팅 솔루션(computing solution)을 저렴하게 이용할 수 있게 되었다.

그리고 개인용 컴퓨터의 '개인용'이란 말은 이제 지식노동자(knowledgy worker)들이 그러한 솔루션에서 제공되는 정보를 분석하고 이용할 수 있는 강력한 도구를 개별적으로 지니게 되었음을 의미한다. 마이크로프로세서 혁명은 개인용 컴퓨터의 성능을 기하급수적으로 증가시키고 있을 뿐만 아니라. 완전히 새로운 세대의 휴대용 디지털 기기(포켓용 컴퓨터, Auto PC, 스마트카드, 기타 등등)의 출현까지 예고하고 있다. 그리고 이러한 기기들은 다시 디지털 정보의 이용을 전세계적으로 보편화시켜줄 것이 분명하다. 이러한 '보편화'의 열쇠는 세계적인 연결망을 구축하고 있는 인터넷 기술의 향상이다.

디지털 시대에 있어서 '연결성'이라는 말은 단순히 둘 혹은 그 이상의 사람들을 서로 연결해주는 것 이상의 의미를 지닌다. 인터넷은 정보공유와 협동 그리고 상거래를 위한 전인류의 새로운 공간이다. 또한 TV나 전화같은 우리 생활에 밀접한 기술의 즉시성(卽時性)과 자연성(自然性), 즉 아무 때나 즉각적으로 이용할 수 있고 또 자연스럽게 이용할 수 있는 점을 취하고 거기에 서신왕래 고유의 깊이와 넓이를 더한 새로운 매개체이다. 뿐만 아니라 인터넷은 정보를 찾아주고 공통의 관심사를 가진 사람들을 서로 연결해주는, 완전히 새로운 능력도 지니고 있다.

### 웹 생활양식의 시대

하드웨어와 소프트웨어, 통신표준(Communication Standards)은 비즈니스나 소비자의 행동양식을 탈바꿈시킬 것이다. 앞으로 10년 이내에 대부분의 사람들이 가정과 직장에서 PC를 일상적으로 사용하게 되고, e-mail에 익숙해지며, 인터넷에 수시로 접속하게 된다는 얘기다.

또한 사람들은 개인적인 정보나 업무 관련 정보를 담는 디지털 기기를 휴대하고 다니게 될 것이다. 반복되는 얘기지만, 새로 나오는 소비자용 기기들은 텍스트 · 숫자 · 음성 · 사진 · 비디오 등 거의 모든 종류의 정보를 디지털방식으로 처리할 것이다.

빌 게이츠는 이러한 디지털 접속을 활용하는 기업의 직원들이나 소비자들의 영향력을 강조하기 위해 '웹 업무양식'(Web Workstyle)이라는 용어와 '웹 생활양식'(Web Lifestyle)이라는 용어를 사용하였다. 오늘날에는 대개 책상 앞에 앉아 물리적 전선을 통해 인터넷에 접속하고 정보를 찾지만, 앞으로는 주로 휴대용 디지털 기기를 통해 다른 시스템이나 사람들과 상시적인 접촉을 유지하게 될 것이다.

그런가하면 수도나 전기계량기, 경보장치, 자동차 등과 같은 일상적인 기계들도 컴퓨터로 연결되어, 그 사용량이나 작동상태 등을 보다 쉽게 파악할 수 있을 것이다. 디지털 정보에 대한 이러한 응용프로그램들 각각은 조만간 소비자들의 이용에 있어서 갑작스럽고도 방대한 변화가 발생하는 시점, 즉 그 정점에 다다를 것이고, 더불어 우리의 생활양식과 업무환경에도 급격한 변화를 불러올 것이다.

'웹 업무양식'은 이미 마이크로소프트(Microsoft, MS)와 몇몇 다른 회사들의 비즈니스 프로세스를 공조기능을 가진 디지털 프로세스로 대체함으로써, 우리는 예산안 기획이나 여타 업무과정에서 시간을 몇주씩이나 단축할 수 있게 되었다.

### 디지털 신경망의 개념 발표

빌 게이츠는 '디지털 신경망'의 개념을 발표하였다. 여기에서 그 내용을 간단히 제시해보고자 한다.

디지털 시대에 제대로 활약하기 위해 빌 게이츠는 그 동안 새로운 디지털 인프라스트럭처(infrastructure)를 구축해 왔다. 그것은 흡사 인간의 신경계와 같은 것이다. 위험에 처하거나 뭔가 필요할 때, 그에 걸맞은 속도로 반응하도록 반사신경을 자극해주는 생물학적 신경계 말이다. 생물학적 신경계는 뭔가에 대해 숙고하거나 판단을 내려야 할 때 필요한 정보를 제공해 줄 뿐만 아니라, 중요한 문제에 신경을 쓰고 있으면 중요하지 않은 정보들은 차단해주기도 한다.

기업도 역시 이와 같은 종류의 신경계를 보유할 필요가 있다. 그래야 원활하고 효율적으로 움직여 위기상황이나 기회에 재빨리 대응할 수 있고, 직원들에게 값진 정보를 빠르게 전달하는 한편, 신속하게 결정을 내리면서 고객과 상호작용할 수 있는 것이다.

CEO회담에서 연설할 내용을 최종 손질하고 있을 때, 불현듯 새로운 개념 하나가 뇌리를 스치고 지나갔다. 그것이 바로 '디지털 신경망'(digital nervous system)이라는 개념이었다. 디지털 신경망은 인간의 신경체계를 기업에 적용한 디지털 신경체계로서, 적절하게 통합된 정보의 흐름을 꼭 필요로 하는 부서에 적시에 제공해 준다. 디지털 신경망을 구성하고 있는 프로세스들은 기업이 자신의 외부환경을 인식해 반응할 수 있도록 해주고, 경쟁사의 도전과 고객의 요구를 감지할 수 있도록 해주며, 이러한 것들에 대해 시의적절하게 대응할 수 있도록 해준다.

하드웨어와 소프트웨어의 결합을 필요로 한다는 점에서 여타 네트워크와 마찬가지지만, 디지털 신경망은 단순한 컴퓨터 네트워크와는 현격히 다르다. 우선 지식노동자들에게 안겨주는 정보의 정확성과 신속성, 풍부함에 있어서 다르고, 결과적으로 정보를 통해 얻게 되는 '통찰력'과 '상호협력'에서도 큰 차이가 나기 때문이다.

빌 게이츠의 목적은 CEO들에게 정보의 흐름을 실행하는 기술의 잠재력을 일깨우고, 그들이 사업을 보다 잘 운영하도록 도와주는 데 있었다. 다시 말해서, 그들이 효과적인 정보의 흐름을 실행시키기만 하면 개별적인 비즈니스 솔루션 또한 쉽게 얻을 수 있음을 인식시키려는 의도였다.

또한 디지털 신경망은 기업 내 모든 부서와 직원들에게 이로운 것이기 때문에, 빌 게이츠는 그들에게 기업 전체의 사고방식과 문화를 변화시키려면 CEO들이 직접 나서야 한다는 점을 강조하고 싶었다. 디지털 정보의 흐름과 웹 업무양식에 기초한 행동양식을 전직원에게 재교육하는데 필요한 변화를 추진할 수 있는 사람은 CEO뿐이라는 뜻이다. 아울러 그러한 결정에 접근한다는 것은 그들 자신이 디지털 기술에 대한 이해의 폭을 충분히 넓혀야 함을 의미했다. 즉, 디지털 기술이 비즈니스 프로세스를 근본적으로 변화시키는 방식에 대한 이해의 폭 말이다.

### ⇨ 디지털 신경망이 비즈니스에 활력을 준다

빌 게이츠는 기업의 CEO와 여타 조직의 지도자, 그리고 지위 고하를 막론한 모든 직급의 관리자를 위해 『비지니스@생각의 속도』라는 책을 썼다고 한다. 이 책을 통해 그는 디지털 신경망이 어떻게 비즈니스의 3대 구성요소(고객/협력사 관계, 종업원, 프로세스)에 활력을 불어넣고, 나아가 어떤 식으로 비즈니스를 변형시키며, 또 어떻게 소비자들로부터 보다 민감한 반응을 이끌어내는가를 설명하려 하였다.

이 책은 위의 3대 구성요소들을 구현하는 3가지 기능, 즉 상거래(commerce), 지식관리(knowledge management), 사업운영(business operation)을 중심으로 구성되었다.

제일 먼저 살펴볼 것은 상거래 전반에 관련된 내용이다. 왜냐하면 웹 생활양식으로 인한 상거래 전반의 변화가 먼저 일어날 것이고, 거기에 보조를 맞추기 위해 기업들이 지식관리와 사업운영방식을 재구성하게 될 것이기 때문이다. 책의 나머지 부분에서는 다른 조직체에 일반적인 교훈을 주는 몇몇 특수 기업의 사례와 정보 흐름의 중요성에 대해 다룬다. 디지털 신경망의 목적이 직원간의 원활한 업무협조를 통해 비즈니스 전략을 개발하고 실행하는 것이기 때문에, 빈틈없는 디지털 피드백 루프(digital loop)를 구축해야 회사가 신속하고도 지속적으로 변화에 적응할 수 있다는 사실도 거듭 언급할 것이다.

『빌 게이츠@생각의 속도』는 기술서가 아니라, 실제적인 비즈니스 문제들을 해결해주는 디지털 프로세스에 대한 사업적 타당성과 실무적 용도를 설명하는 책이다. 최근에 이 책을 읽어보았던 어느 CEO는 이 책에 나오는 사례가 자신의 회사에서 디지털 신경망을 활용할 방법을 이해하는 데 하나의 템플릿(template, 型板) 역할을 해주었다고 말했다. 그는 친절하게도 이렇게 덧붙였다.

"당신에게 도움이 될까해서 나름대로 촌평을 몇 줄 적었고, 또 우리 회사에 가져가서 실행할 내용도 따로 베껴 놓았소"

이 책을 읽는 다른 독자들도 위와 같은 식의 '방법론적' 가치를 발견하길 바란다. 보다 기술적인 문제에 관심이 있는 분들은 이 책을 위해 마련한 웹사이트인 www.Speed-of-Thought.com에 들어가 보길 바란다. 여기에 접속하면 기존의 정보시스템의 성능을 평가하는 기법과 디지털 신경망을 구축하기 위한 구조적 접근 및 개발방법, 몇몇 사례에 대한 배경정보 등을 얻을 수 있을 것이다. 이 사이트는 또한 빌 게이츠가 중간중간에 언급하는 다른 사이트들과도 연결되어 있음을 참고하기 바란다.

## 디지털 정보흐름의 12가지 핵심단계

### 지식업무(knowledge work)를 위해서 5가지

1. 조직내의 의사소통은 모두 e-mail을 통해 이뤄지도록 하라. 사업환경 변화에 즉각적으로 대응할 수 있도록 하기 위해서이다.
2. 판매관련 자료는 온라인상에서 분석하라. 손쉽게 구매유형을 파악하고, 이러한 결과를 공유하기 위해서이다. 고객의 전반적인 트렌드를 분석하고, 고객 각각의 기호와 취향에 맞춰 서비스를 개별화하라.
3. 비즈니스 분석에 PC를 활용하고, 지식노동자들의 힘을 제품과 서비스, 수익성에 관련된 수준 높은 사고작업으로 이동시켜라(지식노동자에게 기존의 업무를 맡길 경우 생산성이 오히려 떨어질 수도 있다는 점을 유의하라).
4. 디지털 도구를 활용하여 부서를 초월한 가상(virtual)팀을 만들어라. 그것은 세계 어디서나 실시간(real time)으로 정보를 공유하고, 서로의 아이디어를 교환할 수 있도록 해준다. 디지털 시스템을 이용해 전반적인 사업자료를 축적하고, 모든 직원이 이를 활용할 수 있도록 하라.
5. 모든 서류작업을 디지털 프로세스로 전환하라. 이를 통해 업무 적체를 해소하고, 지식노동자들이 보다 중요한 과업을 수행할 수 있게 하라.

### 사업운영(business operation)을 위해서 4가지

6. 디지털 도구를 활용하여, 단순・비효율 업무를 아예 없애버리거나 아니면 지식노동자들의 기술을 이용하는 고부가가치 작업으로 전환하라.
7. 디지털 피드백 루프를 구축해서 물리적인 프로세스의 효율을 높이고, 제품과 서비스의 질을 향상시켜라. 모든 직원이 주요 일상 작업의 실행과정을 쉽게 파악할 수 있어야 한다.
8. 디지털 시스템을 이용해서, 고객의 불만이 신속하게 제품이나 서비스를 개선할 수 있는 담당자에게 전달되게 하라.
9. 디지털 통신을 활용해 현재 행하고 있는 비즈니스의 성격과 영역을 다시 설정하라. 고객상황에 따라 (반응이 좋으면) 사업의 규모를 더욱 크고 실질적으로 만들고, (좋지 않으면) 작고 친밀하게 줄여라(이는 기업 전체에 해당할 수도 있고, 어느 한 사업부문에 해당할 수도 있다).

### 상거래(commerce)를 위해서 3가지

10. 정보를 활용해 시간을 벌어라. 모든 공급업자나 협력사들과 디지털 거래를 이용해 거래과정상의 소요시간을 줄이고, 모든 비즈니스 프로세스를 적시(just-in-time) 출하 체제로 바꿔라(주문량을 적시에 공급하는 것이야말로 디지털시대의 기본적 비즈니스 요건이다)
11. 전자상거래(E-commerce)를 통해, 제품판매 및 서비스 제공 등 고객과의 거래로부터 중간상인을 제거하라. 만약 당신이 중간상인이라면, 디지털 도구를 활용하여 그러한 거래에 가격 이외의 독특한 가치를 부가하라(예컨대 온라인으로 상품정보를 알려주거나 공연정보를 알려주는 등 어떤 서비스라도 좋다).
12. 디지털 도구를 활용하여 고객이 문제를 스스로 해결하도록 도와라. 고객과의 직접적인 접촉은 보다 가치있고, 복잡한 요구에 대비해 유보해 두어라.

## 참고문헌

[서 적]

1. 기업경영발전사(김영래, 법영사, 1995).
2. 빌 게이츠의 멀티미디어 전략(아키히데요, 명진출판, 1995).
3. 빌 게이츠의 미래로 가는 길(빌 게이츠, 삼성, 1996).
4. 빌 게이츠의 미래를 바꾸는 기술(자넷 로, 문학세계사, 1999).
5. CEO 27인의 리더십을 배우자(신완선, 물푸레, 1999).

[인터넷 사이트]

http://www.microsoft.com/korea

[기 타]

1. 경제관련 잡지(이코노미스트, 주간매경, 포춘, 뉴스위크)
2. Microsoft 한국지사 방문(전원)
3. 글로벌시대의 초일류기업(이상문, 명진)

12

# 손정의의 경영활동과 성공전략

- 21세기 아시아의 억만장자 -

# 제12장 손정의의 경영활동과 성공전략

## - 21세기 아시아의 억만장자 -

## 제1절 손정의의 생애와 경영활동

### 1. 출생과 성장배경

손정의는 1957년 8월 11일, 일본 큐슈 사가켄 도수에서 손삼헌 씨의 4남 중 차남으로 출생하였다. 어린 시절 고향은 경북 대구 부근의 시골이었으며 가난에 시달린 그의 부친과 가족은 할아버지를 따라 일본 쓰구도오 광산으로 이주하여 할아버지는 힘든 광부생활을 하였다. 그 후 아버지 손삼헌 씨는 빠찡코와 음식점을 경영하여 크게 성공하였으며 그 덕에 손정의는 유복한 어린 시절을 보내게 되었다.

그는 어려서부터 동네 아이들 20~30명을 이끌며 골목대장 행세를 하였던 것을 보면 어린 시절부터 리더십을 지녔음을 알 수가 있다. 유치원 때 친구가 던진 '조센진'이라 쓰인 돌을 맞고 한국인임을 숨기기 위하여 일본명인 야스모토 마사요시라는 이름을 가지게 되었다고 한다. 그러나 아버지는 그에게 이름은 일본명으로 창씨하였으나 핏줄은 한국인임을 일깨워 주었다고 한다.

### 2. 청소년기

#### ⇨ 초등학교 시절

초등학교 시절 공부에는 흥미가 없었고, 오로지 미술과 공작 등 예능에 홍미를 보여 미술, 공작 대회에서 입상하기도 했다. 즉, 자신이 하고 싶은 일에만 열중하고 그 열중한 일은 반드시 이루는 성품이 있었다.

어려서부터 아버지 손삼헌 씨는 손정의에게 자주 '너는 천재다.', '일본인에게 절대 지지 마라.'라고 강조하면서 희망을 주었고 항상 한국인임을 잊지 않도록 하였다. 그런 아버지의 말을 새겨두는 습성을 가지려고 노력하였다고 한다.

### 중학교 시절

큐슈의 야하다에 위치한 중학교에서 1학기를 마치고 일본사회에서 성공하기 위해서는 좋은 학교를 들어가야 한다는 그의 야망과 포부 때문에 그의 집은 큐슈에서 후쿠오카로 이사를 하게 되었다.

2학년 2학기 때 학생회장으로 출마를 하여 실용적인 선거공약으로 당시 유명한 일본인 대학교수의 아들을 이기고 당당히 학생회장으로 당선되어 리더십을 마음껏 발휘하는 계기를 만들었다.

3학년 때는 뛰지 못하는 실력으로 마라톤 대회에서 1,000명 중 10위에 입상하였는데 그때의 일화 한 가지가 있다. 그 당시 마라톤 코스는 호수를 한 바퀴 도는 것이었는데 손정의는 호(弧)와 현(弦)을 무시하고 직선으로 달려서 실제거리를 줄여서 좀더 효율적인 방법으로 10위에 입상하였다고 했다. 그 때부터 그는 정도에 벗어나지 않고 효율적인 방법으로 이기는 방법을 연구하기 시작하였다고 한다.

### 고등학교 시절

중학교를 마치고 명문 구루메대학교 부설 고등학교에 입학하였다. 이 고등학교는 1년에 동경대를 40명 이상 보내는 후쿠오카 최고 명문고등학교이었다.

이런 명문고등학교에서 1학년 때 미국 캘리포니아 주립대학 버클리 캠퍼스로 영어연수를 하게 되었는데, 이때가 손정의의 인생에서 가장 큰 전환점이 되었다. 어학연수를 가서 미국의 자유분방함에 매료되어 미국에 대한 동경을 가지게 되었다. 그 당시 미국은 히피문화가 유행하였는데 이는 손정의의 뇌리에 깊은 인상을 심는 계기가 되었다.

손정의는 이때의 어학연수를 계기로 미국유학을 결심하였으나 아버지의 병환으로 가족의 만류가 있었지만 아들의 의지를 믿는 아버지는 결국 유학을 허락하였다.

## 3. 미국에서의 유학시절

손정의는 1974년 2월 16세의 나이로 미국 유학을 하게 된다. 처음부터 학교를 다닌 것은 아니고 홀리네임즈대학교 랭귀지스쿨에서 반년간 영어연수를 한 후 이듬해 샌프란시스코 살라몬테고등학교에 입학하였다.

그러나 이 당시 손정의는 한달만에 고등학교를 졸업하는 계기를 갖고 그의 생애 한 사건으로 기록하게 되었다. 이것을 일화로 설명하면 다음과 같다. 손정의는 미국 고등학교에 입학하면서 교과서를 정독했는데 이미 일본에서 배워 본인이 다 아는 내용이었으므로 학교에 월반을 요청하여 1주일만에 2학년이 되었다. 그러한 방법으로 2주만에 3학년으로 다시 월반하였고 이번엔 대학에 가고 싶어 교장 면담을 요청했지만 교장은 졸업을 해야만 대학에 갈 수 있다고 하면서 이듬해 대입검정 시험에 합격하면 졸업을 시켜주겠다고 약속했다.

그러나 손정의는 그 해 대입검정 시험이 2주밖에 없었으나 응시하였으며 2주 동안 열심히 공부하여 시험장에 들어갔다. 그러나 책 한권 분량의 영어로 된 문제지를 보고 시험 감독관에게 형평성에 어긋난다며 대담하게 일본어로 된 문제지를 요구하였다. 감독관이 거부하자 주(州)정부의 교육책임자와 면담하여 민족적 차별없이 균등하게 교육받을 미국헌법의 권리를 주장하여 영일(英日)사전을 들고 2주일간 시험을 치를 수 있는 자격을 획득하였다. 그래서 결국 한달만에 자격을 얻게 되었다. 이것은 미국 교육사상 처음 있는 사건으로 이때 부터 손정의의 교섭력과 돌파력 그리고 도전정신을 단적으로 표현하는 사례라고 지적한다. 검정고시에 합격하고 1975년 홀리네임즈대학교에 입학하였다. 대학에 가서는 오직 공부에만 열중하였는데 이때부터 손(Son)이란 성(姓)을 사용하여 자신은 한국인임을 밝히게 되었다.

1977년 홀리네임즈대학교에 2년 다닌 뒤, 캘리포니아주립대 버클리 경제학부로 편입하여 경제 · 경영에 대한 전반적인 공부를 하게 되었다.

대학시절부터 '1일 1발명'을 생활신조로 삼아 큰 사업을 하기 위해서는 아르바이트보다 돈버는 발명으로 큰 돈을 벌겠다는 야망을 갖게 되었다. 이런 신조로 드디어 결국 '음성장치 부착 다국어 번역기'를 발명하였다. 그러나 이 발명기는 기술력이 없는 손정의로서는 어려웠기 때문에 대학교수나 연구원 등 우수한 기술인력들을 성공후에 지급하는 보수(제품이 성공한 후에 임금지급)제도로 고용하여 사업을 펼치는데 성공하였다.

1978년 발명한 시제품을 일본 기업에 팔기 위해 귀국한 손정의는 샤프사와 1백만 달러에 계약하였는데 이때에도 간단한 일화를 통해서 손정의의 투철한 경영마인드를 엿볼 수 있었다. 손정의는 시제품을 들고 그런 장치에 관심을 보이는 마쓰시타사에 찾아갔으나 이미 미국 스탠퍼드대학교와 산학협력으로 제품을 연구중이라는 거절과 문전박대를 당하였다. 그러자 경쟁사인 샤프사에 찾아가 연구소장 겸 전무인 사사키 마사를 설득하여 협상함으로써 계약을 성사시키는데 성공하였다. 이때부터 사사키는 손정의의 후견인이 되었다.

발명을 통해 번 돈으로 1979년 2월 버클리 근처에 '유니언 월드'라는 소프트웨어 개발업체를 설립하게 되었다. 이 당시 회사설립과 동시에 일본에서 중고 인베이더 게임기를 들여와 버클리 최대의 게임센터를 운영하게 되었으며 경영활동을 하는데 한국 출신이라는 약점을 극복하기 위해 부단한 노력을 하였다고 한다.

## 4. 일본에서의 경영활동

### 일본 소프트뱅크 설립

1980년 3월 버클리대학을 졸업 후 미국에서 사업 동업자이자 부사장인 중국계 대학동창인 론루에게 게임센터를 팔고 일본으로 귀국하였다.

귀국 후 일본에서 회사를 차리기 위해 고향인 후쿠오카에 사무실을 정하고 1년반 동안 철저한 시장조사를 한 결과 기존 업체들이 소프트웨어 개발능력은 탁월하나 유통능력은 영세하고 미비하다고 판단하여 일본 소프트뱅크를 설립하게 된다.

1981년 9월 소프트웨어 유통업체인 일본 소프트뱅크를 설립하였고 당시 소프트뱅크는 도쿄 이치가야역 근처에 자본금 1억엔으로 회사를 설립하고, 아르바이트생으로 시작하게 되었다.

일본 소프트뱅크 시절 오사카 최대 소프트웨어 매장(J&P)과 독점계약을 하여 소프트웨어 시장에 본격적으로 진입하였다. 이에 대한 일화가 한 가지 있는데 일본 소프트뱅크 창업 후 오사카에서 일렉트로닉스 관련 산업전시회가 열렸다. 이때 손정의는 이 전시회에서 8백만엔을 들여 전시회 입구 가장 가까운 곳에 제일 큰 부스를 확보하여 소프트회사 10여개에 무료로 제공하였는데 이런 실적은 자본금 1천만엔의 회사로선 대단한 모험이었다고 볼 수 있다. 하지만 계약은 한 건도 성사되지 않고 사람들의 조롱을 받았다.

그러나 2개월 후 오사카의 조신전기사로부터 계약제의를 받았으나, 이때 손정의는 오사카로 가는 차비가 아까워 제의를 거절했다. 그러자 조신전기사의 기요히로 사장이 직접 도쿄로 찾아오는 상황까지 벌어졌다. 조신전기사의 기요히로 사장은 손정의의 당당한 태도에 반하여 독점계약을 체결하였다.

또한 하드슨사(일본내 소프트웨어의 90% 제작)와 독점계약을 하였는데 이때 당시 소프트웨어 유통분야에서 기반을 다진 손정의는 소프트웨어 성공을 위하여 당시 일본 최대의 소프트웨어 제작사인 하드슨사의 고토하로시 사장을 찾아가 다른 거래선과 다 끊고 자기와 독점계약하자고 제의했다. 그러자 고토하로시 사장은 한편으로 손정의의 당돌함에 놀라면서 다른 한편으로 마침 소프트웨어 유통에 어려움을 느끼던 터라 손정의의 제의를 받아들이게 되었다. 이때 손정의는 3천만엔의 구두계약을 선불로 결제하여 고토하로시 사장의 신의를 얻었다.

이렇게 두 업체와의 독점계약으로 소프트웨어 유통의 수원지와 하류지를 함께 갖추게 되는 계기를 마련하였다. 이후로 계속 발전하여 1982년에는 사원 35명, 매출액 35억엔이 되는 회사로 성장하였다.

### 출판사업으로의 진출

1982년 5월 퍼스컴 출판사인 아스키사로부터 광고 거절을 당하였다. 이때 아스키사는 니시가즈히코 사장이 미국 마이크로소프트사와 극동판매 대리점 독점계약을 따낸 일본 최대의 퍼스컴 관련 출판사였다.

이에 손정의는 NEC사 제품만을 다루는 두 종류의 잡지를 발간하여 처음에는 1천만엔의 적자를 내고, 6개월 후 독자의 요구를 적극 수용하고 페이지 수를 늘리고 값을 내린 뒤 텔레비전 광고로 지명도를 높여 흑자로 전환하였다. 이런 흑자로의 전환도 잠시, 소프트뱅크는 첫 위기를 맞게 되는데 손정의 만의 독특한 교섭력으로 1주일 만에 해결하였다.

여기에서 첫 위기의 극복사례를 살펴보고자 한다.

당시 일본 다이이치 은행은 부정대출 사건으로 은행들이 대출금을 회수하기 시작하였다. 소프트뱅크 또한 자금사정이 어려워지자 손정의는 제일권업은행의 고지마치 지점장 고기다니에게 찾아가 무담보, 무보증, 우대금리(prime rate)로 1억엔 대출을 요구하였다. 이에 고기다니 지점장은 지점장 전결은 2천만엔이고, 손정의의 요구가 너무나 황당하였으나 그의 당당함에 신용조사를 시작하였다. 그러자 조신전기사의 기요히로 사장과 샤프사의 사사키 전무 등이 보증을 서 주어 1주일만에 융자를 받아 첫 위기를 넘기게 되었다. 이런 측면에서도 손정의 사장은 어려운 상황에서도 불굴의 의지로 해결하고 풀어나가는 지혜와 용기를 엿볼 수 있었다.

그러나 1986년 또 다시 위기가 찾아왔다. 신규사업으로 추진한 데이터네트(잡지)가 창간호부터 적자를 내기 시작하여 무려 10억엔의 적자를 보았다. 결국 이 잡지는 반년만에 폐간하게 되었다.

그러나 손정의는 투지로 또 다시 발명을 통하여 위기탈출을 하는데 성공한다. 당시 시설투자에 의욕적이고 자금이 넉넉한 신전전(제2전화사업)을 선택하여 NTT사보다 4자리를 덜 누르는 어댑터를 2개월만에 발명하였다. 그래서 포바르사의 오구보 히데오 사장과 10억엔에 계약을 하였는데 이때 포바르사는 국내의 온세통신과 비슷한 경우라고 할 수 있다.

이런 어려움을 겪고 1990년 회사 이름을 일본을 빼고 소프트뱅크로 개명하게 되어 마침내 세계화의 발판을 마련하게 되었다.

## 5. 글로벌화 경영활동 -세계적 인터넷 그룹의 왕자

### 일본국적 취득

1991년 일본에서 살아갈 두 딸을 위해 일본국적을 취득하려 했지만 한국성인 손을 지키기 위해 부인(손우미)의 성을 손으로 고치게 하였다. 그런 후 일본에도 '손'씨가 있다면 '손 마사요시'로 국적을 취득하는 결과를 낳았다. 그래서 일본에 '손'씨가 처음으로 창시하는 계기를 맞게 되었다.

### 제휴 및 M&A를 통한 사업확대

손정의 사장은 1990년부터 2000년까지 10년간 제휴 및 합병을 통해 〈표 12-1〉과 같이 사업확대를 성공시켰다.

손정의 사장은 세계적 인터넷 그룹의 왕자, "21세기 아시아의 억만장자" 랭킹 1위를 차지하였으며, 자산액이 약 380억달러(약 41조원)로 추정된다.

**표 12-1 제휴 및 M&A를 통한 사업확대**

1990년 4월, 미국의 네트워크 회사인 노벨과 합작
1991년 4월, 미국의 로스 페로와 시스템 통합사업 제휴.
로스 페로의 대선 출마로 1992년 취소,
1994년 11월, 지프 데이비스의 전시회 부문(인터롭) 200억엔에 인수.
1995년 4월, 미국 인터페이스 그룹으로부터 컴덱스(COMDEX) 인수. 750억엔.
6월, 마이크로 소프트와 게임뱅크 설립.
가정용게임기 시장의 변화로 1998년에 합병 취소.
1996년 1월, 미국 야후 인수. 야후 재팬 설립.
2월, 지프 데이비스 퍼블리싱(출판) 1,800억엔에 인수.
4월, 미국 사이버캐쉬 인수.
6월, 뉴스코퍼레이션(스타TV)의 루퍼트 머독과 아사히 TV 인수. 418억엔.
9월, 미국 메모리보드 업체 킹스턴 테크놀로지 매수. 1,628억엔.
미국내 메모리 시장의 60% 점유.
12월, 뉴스코퍼레이션(스타TV)의 루퍼트 머독과 위성방송 사업 진출 (J스카이B)
1997년 3월, 아사히 TV주식 다시 아사히에 양도.
일본 여론의 영향. 위성방송 사업에 전력하는 계기.
소니, 후지TV와 제휴. 선발업체인 퍼펙트TV와 제휴.
스카이 퍼펙트 TV로 출범. 위성방송 사업의 선두.
1998년 1월, 소프트뱅크 주식 최초로 장외에서 2부 거치지 않고 1부 상장.
6월, 미국 온라인 증권사 e*트레이더와 합병. 인터넷 금융업 진출.
7월, 미국 인터넷 경매회사 온셀과 합병.
10월, 일본 중견 증권사 오사와 증권 매수.
1999년 1월, 홈페이지 업체 지오시티 인수.
4월, 마이크로 소프트와 인터넷 자동차 판매회사 카포인트 설립.
9월, 소비자 금융회사 아콤과 합병. e네트카드 설립.
12월, 소프트뱅크 홀딩스 코리아(SBHK) 설립.
국내 벤처기업에 4억달러 투자.
2000년 1월, 미국 버티칼 네트와 합작. B2B 진출.
1월, 야후 재팬 주식 1주에 1억엔 돌파.
1억 140만엔(10억 5,000만원, 1월 19일 오전)
2월, 전미 증권협회와 나스닥 재팬 설립.
3월, 일본 주식 시가총액 17조 5,906억엔으로 2위.
(1위 NTT도코모, 3위 도요타자동차)
5월, 킹스턴 테크놀러지, 지프 데이비스(출판) 매각.(2,650억엔 손실)
2000년 하반기 이후, 일본 내 보수세력의 견제로 일본채권은행 인수 실패.
종합금융회사로의 도약에 걸림돌.
주가 폭락과 보수층의 견제로 고전.

## 제 2 절 손정의의 경영사상

손정의의 기업가정신을 나타내주는 경영사상은 동양적인 정신에 그 기초를 두고 있는 독특한 것이다. 대표적인 기업가정신을 살펴보면 다음과 같다.

손정의 기업가정신의 대표적인 이승병법(二乘兵法)사상은 2,500여년전 중국 춘추시대에 오나라 병법가였던 손무가 저술했다고 하는 중국 최고의 병법서인 『손자병법』이 토대가 되었다. 요컨대 손정의는 "경영은 싸움"임을 깨닫고 싸움에 이기기 위해 독자적인 경영행동지침을 만들고 이것을 실천에 옮기고 있다. 이하에서 이승병법 경영사상 다섯 가지를 구체적으로 설명하고자 한다.

이승병법(二乘兵法) 경영사상

1. 일류공수군(一流攻守群)
2. 도천지장법(道天地將法)
3. 지신인용엄(智信仁勇嚴)
4. 정정략칠투(頂情略七鬪)
5. 풍림화산해(風林火山海)

### 1. 일류공수군 : 一流攻守群

제 일인자가 되려는 자는 시대의 흐름에 미혹되지 않고 시대의 흐름에 흘러가지 않고 공격과 수비에 균형을 이루어 무리를 지어 싸워야 한다.

늘 첫째를 목표로 하고 시대의 흐름을 확인하고 공격과 수비의 균형을 먼저 생각해야 한다. 그리고 상승효과와 위험분산의 두 가지 측면에서 복수의 안건을 동시병행적으로 다뤄야 한다.

## 2. 도천지장법 : 道天地將法

싸움에 이기는 데는 다섯 가지 조건이 있다. 즉, 도(道), 천(天), 지(地), 장(將), 법(法)이 그것이다.

자기와 상대방의 전력을 분석하는 기본요건으로, 도-방침, 천-시기, 지-상황, 장-지휘관, 법-조직형태를 전략으로 갖는다.

## 3. 지신인용엄 : 智信仁勇嚴

지휘관에게 요구되는 조건으로 지(智), 신(信), 인(仁), 용(勇), 엄(嚴)이 있다. 경영간부에게 요구되는 것은 지모, 신의, 인의, 용기, 위엄이 있어야 한다. 그리고 최고경영자에게는 지혜, 믿음, 어질고 정의, 용기, 리더십 등의 자질을 갖추어야 한다.

## 4. 정정략칠투 : 頂情略七鬪

정상에 이르려면 먼저 목표로 삼는 것부터 현실에 입각하여 최대한의 정보를 모아 전략을 짜고 7할의 승산이 있다고 생각되면 일을 실행에 옮겨야 한다.

목표를 달성하려면 높은 곳에 서서 정보를 모아 전략을 짠다. 7할의 승산이 보이면 과감하게 싸운다. 승산이 7할에 달하지 않은 경우는 위험이 너무 크고, 또한 7할 이상의 승산을 기대하면 승산을 놓친다. 따라서 7할의 승산을 가지면 과감하게 도전하라는 정신이다.

## 5. 풍림화산해 : 風林火山海

그 빠르기가 바람(風)과 같고, 그 조용함이 숲(林) 속 같으며, 공격함이 불(火)같고, 움직임이 산(山)과 같으나 삼키는 것은 바다(海) 같이 하라.

다게카 신겐의 목표로 유명한 풍림화산에 바다를 더한 것으로 여기서 말하는 바다는 '넓은 바다처럼 집어 삼킨다.'는 가슴 속의 깊이를 표현하고 있다.

손은 일본 소프트뱅크를 창업할 당시 목표가 소프트 유통사업에서 '10년 이내에 일본 최고의 회사'로 키우는 것이 목표였다. 그 목표는 실현되었다. 다음 목표는 디지털 정보 인프라 사업에서 '세계 제일의 회사'가 되는 것이 손정의의 꿈, 비전, 전략이었다. 그리고 세계 제일의 회사가 되기 위한 지름길로서 디지털 정보산업과 관련된 '세계 넘버원인 회사'를 차례로 기업합병(M&A)하고 각각의 사업이 상승효과를 발휘하여 영속적으로 발전해 가는 '왕국'을 구축하는 것이 궁극의 목표였다.

이 목표를 실현하기 위해 손은 '하늘의 도움이 있는 시기, 땅의 형편과 시기'를 최대한으로 활용하여, 먼저 주식공개를 단행해 막대한 자본금을 손에 넣었다. 그리고 자본시장에서 막대한 M&A 자금조달에 성공하여 '7할의 승산이 있다.'고 보면 전격적으로 세계 넘버원인 회사와 합병해 나갔다.

손의 '최고'를 향한 일련의 기업가정신과 스스로가 재창조한 '이승병법'을 비교해 보면 완전히 그의 경영이념과 일치한다.

## 제 3 절 손정의의 경영기법과 경영전략

### 1. 철저한 경쟁원리를 추구한 경영기법

소프트뱅크가 급성장을 한 데에는 사장인 손정의의 사업 구상력과 멀티미디어의 장래에 대한 통찰력, 해외 기업과의 교섭기법이 큰 몫을 했다. 그러나 기업가로서의 천부적인 재능만으로는 기업을 크게 키울 수 없다.

소프트뱅크의 쾌속 진격을 지탱하는 것은 철저한 경쟁원리를 추구하는 손정의의 경영기법이다. ① 팀제, ② 일일결산제, ③ 인센티브제, ④ 1만개 노크제, ⑤ 컴퓨터의 철저한 활용 등 이것이 소프트뱅크의 골격을 이루고 있는 5개의 기둥이다.

### 팀제 : 10인 단위의 독립채산제 - 가상기업을 만들어 모든 결정권을 일임한다 -

1980년대부터 팀제를 도입해 왔다. 팀제란 10인이 한 단위가 되는 각 팀이 하나의 기업(가상기업)이 되어 독립채산제로 운영되는 경영 시스템이다. 팀장에게는 팀원의 채용에서부터 상품개발, 설비투자, 마케팅에 이르기까지 일체의 권한이 주어지고 팀의 실적에 따라 성과급이 주어지거나 가상파산을 선고받게 된다.

『사장이나 본사가 상품개발이나 마케팅을 비롯한 모든 권한을 가지고 있는 것은 1,000미터 이상 떨어진 곳에서 피스톨로 목표물을 쏘려고 하는 것이나 다름없다. 권한을 현장에 위임하면 1미터 앞에서 과녁의 중심을 명중시킬 수 있다.』

팀장에게 모든 권한을 위임하는 것이 효율적인 경영을 위해 바람직하다는 것이다.

### 일일결산제 - 골프공의 낙하지점뿐만 아니라 공의 구질도 알 수 있다-

일일결산제란 사원 한 명마다의 판매실적과 경상이익을 매일 산출해서 어떤 팀의 누가 예상실적을 달성하고 있는가를 그날 그날 알 수 있도록 했다. 자신의 실적을 알고 업무에 자극을 받으니 성과가 좋고, 신속하게 의사를 결정해서 업무를 처리할 수 있는 장점이 있다.

소프트뱅크의 기업회계에는 3가지가 있는데 재무회계, 관리회계, 전략회계가 그것이다. 이 중 연말결산이나 월별결산을 하는 재무·관리회계는 효율적인 경영에 미치지 못하는 문제점이 있는데, 전략회계에 일일결산제가 적용되어 의사결정을 신속히 하게 한다.

일일결산제로 인해 업무에 대한 부담으로 역효과를 낼 수도 있지만 이것을 하면 사원들의 비용에 대한 의식이 명확해진다고 했다.

### 인센티브 : 특별성과급
- 연봉과는 별도로 수천만엔의 특별 보상금이 주식으로 지급된다-

대기업의 문제인 조직의 비대화와 그에 따른 사원들의 안이한 근무자세라고 생각하고 이를 예방하기 위해 사원들이 기업의 성공에 직접 참여하고 성취감을 느낄 수 있도록 실적에 따라 성과급을 지급하는 인센티브제를 도입했다. 즉, 회사에 기여를 한 만큼 보상을 해 줌으로써 열심히 일할 맛이 나게 해 주어야 한다는 것이 그의 경영철학이다.

소프트뱅크의 인센티브제의 또 하나의 특징은 보상대상이 팀장 이상의 간부들이라는 점이다. 이 점에서 "세포의 핵은 하나면 충분하다. 핵이 활성화되면 세포 전체의 활성화는 저절로 이루어진다"고 말했다.

이런 인센티브제는 일본에서는 처음으로 미국의 실리콘 밸리에서 유행하던 스톡옵션제를 도입함으로써 탈 일본식 경영의 진수를 보여 주고 본격적인 스톡옵션제 도입의 계기를 만들었다는 평을 듣고 있다. 당시 일본에서는 미국식의 스톡옵션제가 법률상 허용되지 않고 있었으므로 손은 자신의 개인주식을 양도하는 스톡옵션제를 실시하고 있었다.

### 1만개 노크(knock)제
- 1인당 매출액과 경상이익을 산출하는 경영분석 지표를 1만개 준비하다 -

1만개 노크제란 모든 각도에서 자사의 경영상태를 분석하여 균형잡힌 경영을 하기 위해서 경영분석 지표 1만개를 준비하는 것을 말한다. 이것은 총 매출액 대 경상이익, 총 매출액 대 인건비, 1인당 매출액, 1인당 경상이익 등 경영상태를 분석할 수 있는 지표를 말한다. 이 지표들을 그래프화하여 한눈에 파악할 수 있도록 시계열화하면 경영상황은 일목요연해진다. 소프트뱅크에서는 이 1만개 노크를 한 달에 5회 작성하고 실제로 경영상황에서 어떻게 통용될 것인지를 시뮬레이션화하여 철저히 분석하고 결론을 내린다.

### 컴퓨터의 철저한 활용 - 컴퓨터는 전국시대의 조총과 같다-

손정의는 현대의 조총은 퍼스널 컴퓨터라고 생각한다. 일본 기업체의 퍼스널 컴퓨터 장비율이 25%인데 반해 소프트뱅크사는 100%를 갖추고 있다. 일일결산제와 1만개 노트제를 가능케 한 것은 100%를 자랑하는 컴퓨터 시스템이었다.

그리고 LAN으로 사장부터 평사원까지 연결되어 있는 모든 업무보고와 결재는 컴퓨터 통신망으로 처리되어 전보다 3배 이상의 업무량을 소화해 낼 수 있게 되었다.

## 2. 자금조달 전략

소프트뱅크는 적극적이고 대규모적인 M&A를 전개해 왔다. 과연, 소프트뱅크의 주머니가 얼마나 두둑하길래 그토록 거침없이 M&A를 계속할 수 있는지 그들의 자금조달에 대해 알아보자.

### 사채발행을 통한 직접금융 의존

1995년 9월, 소프트뱅크는 국내 처음으로 사채관리회사를 두지 않고 5백억엔의 보통사채를 발행했다. 재무대리인만을 둔 결과 발행비용은 1천3백만엔이 들어갔다. 사채관리회사에 위탁하면 수수료가 2억7천만엔인데 반해 엄청난 비용을 절감한 것이다.

일본에서는 1993년 상법 개정으로 액면가 1억엔 이상의 사채를 발행할 때는 담보관리를 대행하는 사채관리회사를 두지 않아도 되도록 법이 되었지만 대부분의 기업들이 주거래 은행과의 관계 때문에 실천을 못하고 있던 실정이었다. 그런데 소프트뱅크가 앞장서자, 지금까지 신일본제철과 일본항공, 야마토운수 등이 잇달아 사채관리회사 없이 사채를 발행하기 시작함으로써 기업의 자금조달 수단이 직접금융 의존으로 나아가고 있다.

### 핵심은행제의 도입

소프트뱅크는 효율적인 자금조달을 위해 주거래 은행제를 폐지하고 더 싼 값에 안정적인 자금을 조달해 주겠다면 어떤 금융기관이라도 거래를 하겠다는 핵심은행제를 도입했다. 그래서 도쿄 하고자키 소프트뱅크 본사 앞에 있는 로텔호텔 로비에는 새벽부터 손사장과의 면담을 기다리는 일본의 은행과 증권회사 간부들로 붐빈다고 한다.

기업가가 은행에 들어가 지점장의 면담을 기다리는 현상과 정반대가 소프트뱅크에서는 일어나고 있는 것이다. 이러한 현상을 이용하여 컴텍스를 매수할 때 지점장들과 은행담당자를 자금조달책으로 활용하여 성공했다.

### 증자와 액면분할, 보통 사채발행으로 자금조달

소프트뱅크사에서는 1994년 주식공개를 기회로 다양한 자금조달 수단을 통해 자본을 엄청나게 불렸다. 역사상 초유의 3%대 저금리시대와 엔고에서 오는 저렴한 조달비용을 최대한 활용하여 디지털정보산업의 기수가 되기 위한 기지개를 편 것이다. 1995년 9월에는 처음으로 재무대리인 방식으로 5백억엔의 보통사채를 발행하여 전액을 차입금 변제에 충당했다. 이 사채발행으로 소프트뱅크의 주식평가는 BBB에서 BBB+로 승격되었다.

지프 데이비스 출판부문 매수를 위한 신규 자금확보를 위해 1995년 11월에는 280만주를 공모 증자해서 665억엔의 자금을 조달하기도 했다.

그리고 1995년 3월말까지 주주가 보유하고 있던 소프트뱅크 주식을 1995년 5월 19일부터 1주를 1.4:1의 비율로 분할하였다. 소프트뱅크가 이처럼 자본전략을 유리하게 전개할 수 있었던 것은 고주가 덕택이기도 하였다. 소프트뱅크의 주가는 1994년 7월 신규등록 후 1995년 3월 8,870엔의 바닥 시세에서 9월에는 3만엔을 돌파했다.

### 고주가와 초저금리, 엔고 타이밍의 활용

1994년 7월 주식을 공개한 후 소프트뱅크가 M&A에 투자한 금액은 1996

년 8월까지 5천억엔에 이른다. 지금까지 일본 기업계에서는 M&A와 같은 공격적인 경영에 거부감을 나타내는 경향이 있었다. 그러나 손정의는 이러한 M&A를 외교전으로 표현한다.

> "M&A는 싸우지 않고 진지를 확대해 나갈 수 있는 최선의 방법이다. 한쪽이 쓰러질 때까지 경쟁하는 것은 전쟁으로 말하자면 상대가 전멸할 때까지 싸우는 것과 다름없다. 그것은 쌍방을 피폐화시킬 뿐이다."

그래서 손사장은 M&A로 기업을 확대시켜 나갈 시기를 1994~1996년으로 잡았다. 3%대라는 사상 최저의 금리와 엔고 시기를 놓치면 기회는 영영 오지 않을 것이란 판단에서였다.

손정의는 사채발행을 통한 직접금융을 의존하면서 고주가와 초저금리 그리고 엔고타이밍을 활용하는데 성공하였다. 이에 대해 "보다 싼 조달수단이 있으면 그것을 쓰는 것이 당연하다"라고 지적하였다. 합리적 사고이긴 하지만 은행과의 관계를 생각하면 쉽게 실천할 수 없는 문제이지만 자금조달에 자신이 있다는 뜻으로 해석할 수 있다.

## 3. 기업매수와 제휴전략

### M&A 전략의 배경사상 및 이념

> "일본의 경영자나 매스컴 관계자들은 나의 M&A 전략을 이해하지 못하는 것 같은데, 손자병법이나 란체스터의 법칙을 신중하게 읽어보면, M&A에 대한 사고방식이나, 나의 경영전략에 대한 관점이 바뀔 것으로 생각한다."(손정의)

'손자병법'과 '란체스터의 법칙'은 그 기본적인 사고방식에서 매우 유사성을 보인다고 손정의는 말한다. 지는 싸움은 하지 않는다. 이기는 싸움을 한다. 싸우지 않고 이긴다. 손정의는 이것이야말로 손자병법의 심오한 원리이며, 란체스터 법칙의 정수이고, 따라서 싸우지 않고 특공대를 항복시킬 수 있는 방법은 기업합병(M&A)이다. 이것이야말로 싸움의 왕도라고 주저없이 말한다.

M&A를 긍정하는 손정의의 냉철한 경영관은 손정의 자신의 합리적이며 공격적인 성격과 미국 대학에서 경제학을 공부한 경력이 함께 발효된 결과로 나타난 사고방식이 아닐까 한다. 그 증거로 손정의는 소프트뱅크를 창업하고 얼마 안되어서, 싸우지 않고 이기는 것을 자신의 경영전략에서 가장 이상적인 것으로 삼고 있었다. B형 만성간염으로 투병 중에 손자병법을 참고로 하여 손정의 자신이 고안한 '손정의의 제곱병법' 가운데 있는 '풍림화산해'라는 구절에 그런 사고방식이 내재해 있는 것이다.

### 바다의 전략

소프트뱅크가 아직 소규모였던 시기에는 '풍림화산'의 깃발을 높이 치켜들고 한 지점을 돌파하는 방법으로 싸우지 않을 수 없었다. 그러나 주식공개를 달성하고 난 후, 쓸데없는 싸움을 하지 않고도 승리를 얻을 수 있을 정도로 자금력을 손에 넣었다. 이런 상황에서 쓸데없이 싸우는 것은 좋은 전략이 아니다. 처음부터 평화적으로 모든 것을 삼켜버릴 수 있다면, 그보다 더 좋은 것은 없다. '바다의 전략'. 그것이 바로 손정의의 M&A 전략인 것이다.

아사히 텔레비전의 주식매매를 매개로 하여 루퍼트 머독과 손을 잡은 것도 그야말로 '바다의 전략' 그 자체라고 할 수 있을 것이다. 일본의 디지털 위성방송 분야에서는 J스카이B보다 앞서, 퍼펙트 TV와 다이렉트 TV가 명함을 내밀고 있다. 퍼펙트 TV는 이토추상사, 닛쇼이와이, 미츠이물산, 스미도모상사 등 주로 상사를 중심으로 소니, 도요타자동차, NEC, NTT 등이 주주로 이름을 올리고 있다. 다이렉트 TV는 미국 휴즈사와 비디오 렌탈 회사로 유명한 컬처컴비니언스 클럽을 중심으로 마쯔시다전기산업, 미츠비시상사, 미츠비시전기 등이 주주로 참가하고 있다.

강인한 추진력을 가진 손정의로 잘 알려져 있지만, 소프트뱅크 단독으로 디지털 위성방송에 진출하여, 선두주자인 두 회사에 대적할 수 있으리라고는 생각할 수도 없었다. 아무리 계산해도 승산이 없었다. 쟁쟁한 멤버를 끌어안고 있는 퍼펙트 TV, 다이렉트 TVDHK와 경쟁을 벌여 이기려면, 그들에 비해 전혀 손색이 없는 파트너를 찾아야 한다는 것이다.

다행히도 아사히 텔레비전이라는 접착제를 매개로 하여, 소프트뱅크는 루퍼트 머독이 이끄는 뉴스 코퍼레이션사와 손을 잡을 수 있었다. 세계의 미디어 제왕과 손을 잡으면 이미 사업을 시작한 퍼펙트 TV, 다이렉트 TV를 추격할 수 있다. 손정의는 그렇게 판단했기 때문에 즉시 뉴스사와 손을 잡고 디지털 위성방송 사업에 진출하기로 결정한 것이다.

### Win-win 전략

너도 좋고 나도 좋은, 누이 좋고 매부 좋은 승승장구의 전략으로서 서로의 공동발전이라면 적과의 동침도 불사한다는 엄청난 시너지 효과를 가지고 있는 전략이다. 손정의는 이 승승전략을 구사하여 기업합병을 성공시키고 있다.

그 사례로는 M&A를 통해 내국 MS의 빌 게이츠와의 파트너십 프로젝트 진행으로 인프라를 구축한 것을 보면 알 수 있을 것이다.

### 30% 지주전략제도

투자한 기업들의 주식을 100% 소유하려 하지 않고, 단지 20～35%만 소유하려고 하였다. 투자한 기업들의 주식을 30% 정도만 소유하면 성공한다는 '30%지주전략제도'는 손정의의 독특한 주식소유제도로서 현재 실험되어 검증되고 있는 제도이다.

### M&A 전략 포인트

디지털 정보 분야에 집중하고, 노하우와 기술축적을 기도한다.

그리고 압도적인 시장점유율을 확보할 자산이 없는 한, 신규분야에는 진출하지 않는다. 또한 돈을 버는 기업에만 투자한다.

그림 12-1. M&A 전략 포인트

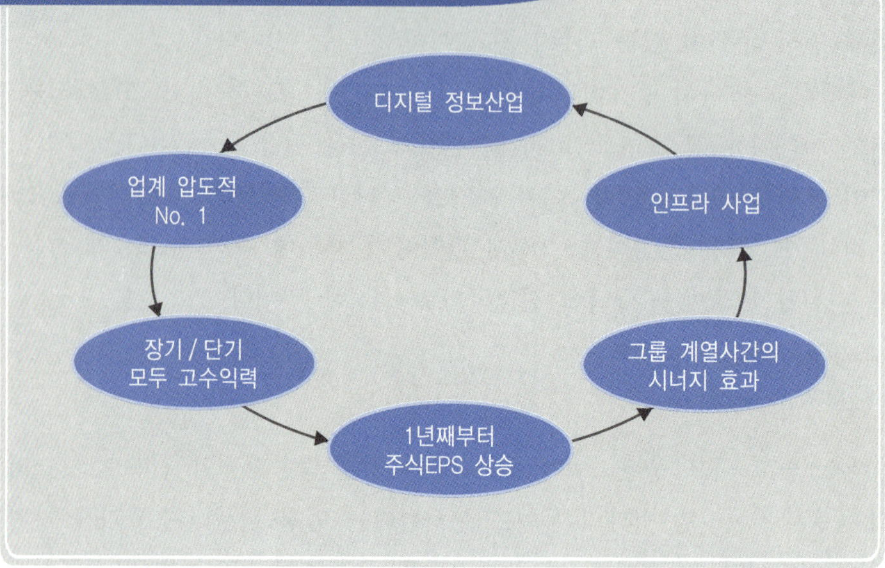


### 사업확장 대원칙 삼계(三戒)

손정의는 사업을 확장할 때 사업선정의 대원칙을 정하여 이를 철저하게 지켜가며 실천에 옮기고 있다. 이 대원칙은 '삼계'로 불리고 있다.

#### 디지털 정보산업 이외엔 일체 손을 대지 않는다.

소프트뱅크는 창업 이후 컴퓨터 소프트라는 문자 그대로의 디지털 정보 관련 상품만을 대상으로 유통사업과 출판사업에 집중 특화하여 오늘날의 강력한 사업기반을 확립하여 급성장했다. TV아사히의 주식취득도 현상태의 아날로그 방송에 매력을 느껴서 매입한 것이 아니라 디지털 방송으로 본격 참여하는데 목표를 두었기 때문이다.

디지털 정보 이외의 사업에는 일체 손을 대지 않는 디지털 정보를 키워드로 하여 다각화를 강력하게 추진하고 있다.

### 그 분야에서 최고가 되는 사업 이외엔 절대 손을 대지 않는다.

결국 목표는 세계 최고가 되는 것이고 최저로 잡더라도 일본에서 최고가 되는 것이므로 섣불리 시작하지는 않는다.

### 인프라 프로바이더로서의 일 이외는 일체 참여하지 않는다.

손정의가 말하는 '디지털 정보산업의 인프라'란 유통, 네트워크, 미디어, 서비스, 전시회, 인터넷 등이다. 그리고 손은 철저한 과학적 분석에 의하여 독자적인 매니지먼트 시스템을 '발명'하여, 늘 활력을 유지하는 참신한 사내조직을 창출하여 고성장과 고수익을 만들어내는 강인한 기업체질을 실현하고 있다.

## 4. 세계화 경영전략

### 목표는 컴퓨터 관련 인프라의 압도

손정의는 1990년에 회사명을 '일본 소프트뱅크'에서 '소프트뱅크'로 바꾸고 국제적인 시야에서 사업을 확대하였다.

그 첫 번째로 손을 댄 것이 1990년 미국 노벨사의 일본 현지법인 설립이었다. 노벨사는 컴퓨터 LAN용 기본 소프트웨어로 세계시장을 석권하고 있는 업체다. 또한 손이 '인터롭'과 '컴덱스' 등 유력 전시회를 잇달아 매수한 것과 2천2백억엔이라는 거액을 들여 컴퓨터 관련 출판사를 인수한 것은 모두 풍부한 콘텐츠를 확보하기 위한 전략이다.

지프 데이비스 출판은 『*PC Week*』, 『*PC Magazine*』 등 미국 내에서만 80개의 잡지에 총 6백만부를 발행하는 미국 최대의 컴퓨터 관련 출판사로 편집 스태프만도 3천명이 넘고 세계 1백여개국 30개의 잡지와 라이센스 계약을 맺고 있다.

이런 지프 데이비스를 소프트뱅크는 1990년 5월에 제휴하였고, 이후에 출판부문을 인수함으로써 취재정보의 교환은 물론이고 미국과 일본 동시 광고 전략도 가능하게 되었다. 손정의의 목표는 바로 '컴퓨터와 관련된 모든 인프라를 압도하는 것'이다.

### 세계 최대의 "WWW" 정보검색업체 야후사와 제휴

소프트뱅크는 1995년 11월 1억2천만엔을 출자해서 월드 와이드 웹상에서 정보검색 서비스를 제공하고 있는 미국의 야후사 주식의 50%를 취득했다. 손사장이 노린 것은 야후사와 소프트뱅크의 다른 사업부문과의 시너지 효과였다. 또한 손사장은 인터넷 분야로의 본격적인 진출을 위해 야후사와 합작, 야후사사 일본 현지 법인인 'Yahoo주식회사'를 설립했다.

**야후의 설립목적**

야후가 제공하고 있는 정보 검색 서비스는 매일 천만건 이상의 액세스 수를 가지는 세계 최대의 WWW사이트의 하나이다. 따라서 야후주식회사는 이러한 야후의 노하우를 활용, 일본 독자에게 정보를 제공하는 콘텐츠를 첨가시켜 일본 국내에서의 일본어 정보검색 서비스를 제공하거나 밀러 사이트를 운영한다.

### 유니텍텔레콤과 제휴, 중국진출의 전진기지 마련

1995년 10월 소프트뱅크는 미국 자회사인 소프트뱅크 홀딩즈를 통해 미국의 전화서비스회사인 유니텍텔레콤 주식 30% 취득에 합의했다고 발표했다. 취득액은 3천만달러. 유니텍텔레콤은 주로 중국에서의 이동전화와 인터넷 접속 서비스로 급성장하고 있는 회사였다.

소프트뱅크가 유니텍텔레콤에 지분참여를 결정한 것은 장래 중국시장에서의 소프트유통이나 네트워크 기기 판매사업을 위해서는 유니텍텔레콤의 도움이 필요하다고 판단했기 때문이다.

출자와 동시에 손정의 소프트뱅크 사장이 유니텍텔레콤 회장에 취임했다. 유니텍텔레콤은 미국 유학생 출신의 중국인이 주체가 되어 1991년에 설립한 회사로 150명의 사원 중 140명이 중국인이다. 유니텍 텔레콤에서는 중국을 비롯한 인도네시아, 싱가포르 등지에서 자동전화응답시스템이나 루터를 사용한 통신 네크워크시스템을 직접 개발하고 있다. 매출액은 1994년도 390만달러 1995년도는 1,570만달러였다.

손정의 사장은 현재로서는 중국에 거대한 컴퓨터 시장이 형성될 것을 확신하고 소프트뱅크의 주력업종인 소프트 유통과 네트워크 사업의 중국전개를 모색하고 있는 중이다.

소프트뱅크가 유니텍텔레콤과의 제휴를 단행한 것은 미래의 온라인 정보서비스나 소프트 유통에 응용하기 위한 노하우를 쌓기 위해서다. 또한 중국기업에 직접 투자하기보다는 미국기업을 통해 중국 비즈니스의 노하우를 취득하는 쪽이 리스크가 적다는 손사장의 판단이다.

### 타임머신 경영

손사장은 선진화된 미국 사례를 도입한 다음 역으로 이것을 세계에 확산시킴으로서 각국에서 투자수익을 얻어내는 독특한 비즈니스모델을 구사한다. 손사장은 이같은 경영방식을 스스로 '타임머신 경영'이라고 부른다.

우선 미국내 소프트뱅크 지주회사가 유망한 인터넷 기업에 직접 출자하고 나스닥(NASDAQ) 시장 등록까지 추진, 첫 번째 투자수익을 얻는다. 다음에 일본에 합병회사를 설립해 나스닥 저팬에 공개하고, 유럽에서도 이같은 방법으로 나스닥 유럽에 상장한다. 결국 미국, 일본, 유럽 등 3대 주요 지역에서 모두 투자수익을 챙길 수 있게 된다. 여기에 한국과 중국 등을 포함 글로벌 시장경제를 실현시켜 이익창출의 기회를 늘리겠다는 공산이다.

아울러 전 세계에 포트폴리오를 분산시킴으로써 소프트뱅크의 리스크를 분산시킬 수 있다는 점이 '타임머신 경영'의 또 하나의 장점이다.

그림 12-2. 소프트뱅크 그룹

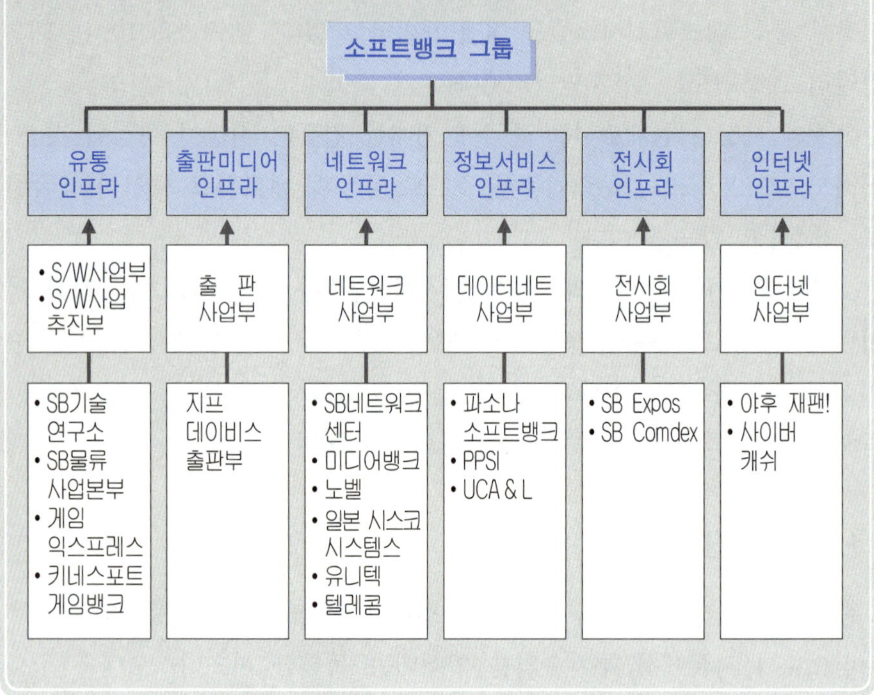


이제 21세기 중반기를 향하여 전진하고 있는 손정의 회장의 소프트뱅크 그룹의 여정은 세계경제환경에 대응하는 신경영전략과 그의 빛나는 기업가 정신으로 "시련의 계절" 등을 극복하고 성공할 것이다.

## 참고문헌

1. 기타오 요시다카, 소프트뱅크@가치창조의 경영, 동방미디어, 2000.
2. 기획연재「21C 비즈니스 리더 손정의 연구」, 디지털조선일보, 1999. 11. 7.
3. 김선영, 빌 게이츠&손정의, 민중출판사, 2001.
4. 다카타세이지로, 손정의 인터넷 제국의 지배자, 황금가지, 2000.
5. 에도 유스케(김현기 번역), 손정의 경영스토리, 평범사, 2000.
6. MBC성공시대, 손정의 편, 1999. 11. 7.
7. 이시카와 요시미(소담 역), 손정의 21세기 경영전략, 소담출판사, 2000.
8. 인터넷 한겨레, 손정의 연구
9. 정충영, 생산관리, 무역경영사, 2000.

13

# 잭 웰치의 경영활동과 기업가정신

## - 20세기 가장 화려하게 갈채를 받은 최고경영자 -

# 제13장 잭 웰치의 경영활동과 기업가정신

## - 20세기 가장 화려하게 갈채를 받은 최고경영자 -

## 제1절 잭 웰치의 성장배경

### 1. 출생과 교육과정

존 프랜시스 웰치 주니어(John F. Welch. Jr)는 1935년 11월 19일, 매사추세츠주 피보디에서 태어났다. 그의 아버지는 보스턴&메인 철도회사의 직원이었고, 어머니는 평범한 가정주부였다. 매사추세츠대학에서 화학공학을 전공한 잭 웰치는 그의 가족 중에서 처음으로 대학 문턱을 넘은 사람이었다. 전공으로 화학공학을 선택한 배경에 대해 그는 다음과 같이 말했다.

"세일럼 발전소에서 엔지니어로 근무하시던 삼촌이 한 분 계셨다. 그 삼촌을 보면서, 엔지니어가 대단한 사람이라고 생각했다. 한편 나는 화학을 선택했고 그것에 매료되었다. 덕분에 화학과 공학을 병행하게 되었다."

기업을 경영하고 있거나 사업을 구상중인 사람들은 공학에 대해 상당한 매력을 갖는다. 가령 톰 피터스, 마이클 포터, 게니치 오마에, 헨리 민츠버그 등이 그렇다.

"나는 잘 훈련된 엔지니어였지만, 한편으로는 그런 기질을 타고난 것도 같다."라고 톰 피터스는 말한다. 그는 코넬대학에서 토목공학을 전공했고, 후일 베트남에서 교량을 건설하기도 했다. 또한 하버드 경영대학원의 마이클 포터 교수도 항공엔지니어였고, 맥킨지사의 전직 경영전략가였던 게니치 오마에는 핵물리학자였으며, 헨리 민츠버그도 유능한 엔지니어였다.

잭 웰치는 일리노이 대학의 화학공학 박사과정에 들어갔다. 그는 학교를 마치면서 "나는 늦어도 서른 살에는 3만달러의 연봉을 받겠다."고 말했었다.

## 2. 청년기 : GE에 입사

1960년에 대학을 졸업한 잭 웰치는 매사추세츠 피츠필드에 위치한 GE플라스틱 사업부에 입사했다. 그가 GE에 매력을 느낀 이유는, 가족이 살고 있는 고향집이 가깝다는 것과 1만500달러라는 연봉을 받을 수 있었기 때문이다. 하지만 그가 꿈에 그리던 연봉 3만달러는 조금 더 기다려야 했다.

GE의 첫 인상은 잭 웰치에게 별다른 감흥을 불러일으키지 못했다. 입사해서 1년이 지난 후, 그는 일리노이주 스코키에 있는 인터내셔널미네랄&케미칼사로 직장을 옮기기 위해 GE를 그만 두려고 했다. 젊지만 완고한 성격의 잭 웰치는 그 동안 경험한 GE의 관료주의에 신물이 나 있었다. 그러나 주위의 만류로 결국 잔류를 결정했고, 상사는 관료제의 폐단을 없애겠다고 그에게 약속했다. 상사는 약속을 지켰지만, 관료주의에 대한 웰치의 감정은 좀처럼 사그러들지 않았다.

## 3. 최연소 상무 : 33세

잭 웰치는 눈부시게 빠른 승진가도를 달렸다. 1968년 33세의 젊은 나이로 최연소 상무가 되었다. 당시 GE크레디트사의 부회장이면서, 소비재 제품 및 서비스 부문을 책임지는 수석부사장에 임명되었다. 1979년, 그는 GE의 부회장 겸 대표이사가 되었다.

그는 플라스틱 사업을 20억달러 규모로 성장시켰으며, 의료진단기사업을 크게 개선했고, GE캐피탈사의 발전을 추진했다. 그리고 그의 처방은 주효했다.

GE에서 승진을 위한 마지막 도약은 1977년에 있었다. 당시 회장이었던 렉 존스는 잭 웰치에게 코네티컷주 페어필드에 있는 GE본사로 전근할 것을 제안했고, 자신의 후임자 명단에 그를 포함시켰다. 존스 회장은 후임자가 갖추어야 할 자질이 무엇인지 잘 알고 있었다. 그리고 오래지 않아 그는 잭 웰치가 최고경영자에 가장 적합한 인물이라는 사실을 알게 되었다.

"우리는 사업상 노출될 수 있는 위험에 효과적으로 대처하고, 동시에 전체적인 시각에서 실무를 조화롭게 운영해 나갈 수 있는 사업가를 필요로 한다."

자신의 한계를 솔직하게 인정할 줄 알았던 렉 존스는 이렇게 덧붙였다.

"지금 우리에게 가장 필요한 것은 단순화된 조직보다 지적 능력을 소유한 사람이다."

물론 존스 회장의 이런 결정이 어느 순간 갑자기 이루어진 것은 아니었다. 그는 1974년부터 후임자 물색을 가시화하기 시작했다. 100명에 가까운 임원으로 구성된 후보자들이 최고경영진에게 보고되었다. 물론 여기에 잭 웰치도 포함되어 있었다.

경영학자 노엘 티키와 스트랫포드 셔먼은 이 과정을 다음과 같이 평가했다.

"후계자로 잭 웰치를 선정한 경영승계 절차는 오랜 GE문화의 가장 중요하면서도 뛰어난 특성을 잘 보여준다. 존스는 오랜 기간에 걸친 엄격한 심사과정을 통해 산출된 자료를 근거로 가장 합당한 후보를 신중히 선택해야 한다고 주장했다. 결국 그 과정은 GE기업 역사상 가장 모범적으로 꼽히는 경영사례로 기록될 것이다."

## 4. 장년기 : 45세에 GE 최연소 회장

1980년 12월, 잭 웰치는 GE의 최고경영자이자 회장에 임명되었다. 그것은 전무후무한 일이었다. 45세의 역대 최연소 회장이 탄생한 것이다. 실제로 그는 92년의 역사를 지닌 GE에서 여덟 번째로 임명된 최고경영자였다.

잭 웰치가 물려받는 기업은 당시 미국 기업의 대표격이며 현대적인 경영기법의 모델이었다. GE는 시대의 흐름에 따라 변모해 왔다. 그 속도는 상당히 느린 편이었지만, 당시에는 그 정도의 변화도 거의 파격적인 것이었다. 방향을 선회하고 새로운 경영기법을 도입하는 것은 결코 자연스럽게 이루어지는 것이 아니다.

GE의 기업관은 신중한 판단을 통해 변화를 모색하고 위험을 최소화하는 것이었지만, 어쨌든 지속적으로 진보를 향해 한 걸음씩 나아갔다. 그것은 상당한 집중을 요하는 것이다. 하지만, 그럼에도 불구하고 GE는 다른 어떤 대기업보다도 세상을 폭넓은 시각으로 바라보고 경영해 왔다.

잭 웰치가 회장에 취임했을 때, GE의 순이익은 17억달러에 달했다. 대부분의 지표에서 GE는 전년대비 9%의 성장을 기록했으며, 모든 것이 낙관적으로 보였다. 새 회장이 업무에 익숙해지면 더욱 평탄한 순항이 예상되는 시점이었다.

잭 웰치는 1980년과 90년대에 미국의 정리해고 열풍을 불러일으킨 인물로 유명하다. 그 외 경영기법은 대규모 정리해고를 통한 자본력 구조조정과 기업의 인수합병 및 국제화 추진에 있다. 2010년 현재 개인재산은 약 7억2천만달러이다. 〈포춘〉지에서 20세기 최고의 경영자로 선정되었다.

## 제 2 절 발명왕 토머스 에디슨의 창업회사 GE

「잭 웰치가 회장직을 물려받았을 때 GE는 어떤 기업이었는가?
GE는 과거뿐 아니라 현재에도 거대기업 신화의 하나로 손꼽히고 있다. 시대의 요구에 탄력적으로 대응하며 현재까지 생존해 오고 있기 때문이다.」

### 1. 발명왕 에디슨의 창업회사

1878년 발명왕 토머스 에디슨이 "에디슨 일렉트릭 라이트사"를 창업한 것이 최초이다. 이 회사는 그 후 "에디슨 제너럴 일렉트릭사"로 개명되었고,

1892년에 톰슨-휴스턴 일렉트릭사와 합병해 오늘날의 "제너럴 일렉트릭사(GE)"를 탄생시켰다. 1896년, 다우존스산업지수가 등장하며 GE의 이름이 리스트에 올랐다. GE는 지금까지도 리스트에 올라 있는 유일한 초기멤버이다.

기업은 합법적 존재이긴 하지만, 영속적인 존재는 될 수 없다. 아리 드 귀스는 그의 저서『살아 있는 기업』(*THE LIVING COMPANY*)에서 스미토모 그룹과 스칸디나비아의 스토라사와 같은 몇 안 되는 존속기업의 예를 들며, "기업의 수명은 길어야 200년 내지 300년 정도에 불과하다"라고 기술했다.

"포춘지가 선정한 500대 기업과 그에 준하는 다국적기업들을 조사한 결과 평균 기대수명은 40년에서 50년 이내였다."

아리 드 귀스는 1970년대의 포춘지 선정 500대 기업 중 20세기 전까지 약 1/3이 사라졌다는 점에 주목해 위와 같이 주장했다. 그는 이러한 실패원인을 경영자들이 조직을 구성하는 인적 공동체보다 눈앞의 이익과 성과에만 치중했기 때문이라고 보았다.

GE는 든든한 토대 위에서 성장을 거듭해 왔다. 창립 7개월 만에 300만달러의 수익을 올렸고, 그 후 경영에 신중을 기해 오늘에 이르렀다. 전 세대는 다음 세대로 자연스럽게 교체되었고, 경영진 모두 보다 발전된 GE를 만들기 위한 변화에 적극적이었다.

## 2. GE의 탁월한 점 : 우수한 최고경영자 선택

"다른 기업들에 비해 GE가 탁월한 점은 우수한 최고경영자를 선택하는 데서 비롯된 것으로, 역대 회장들은 전임자의 장단점을 파악해 기업의 진보를 이끈 인물들이었다." 리처드 파스칼은 GE의 역사를 연구한 후에 위와 같은 결론을 내렸다.

실제로 GE 역대 회장들의 업적은 매우 우수했다. 제리 포라스와 제임스 콜린스는 "기업의 영속성"에서, 취임 후 10년동안 이룩한 잭 웰치의 경영성과가 GE 역사상 가장 우수한 것은 아니었다고 지적했다.

20세기 말에 GE의 최고경영자로 이름을 날리고 있는 잭 웰치는 자기자본수익률(Return Of Equity) 측면에서 평가했을 때, 실제로 일곱 중 다섯 번째밖에 되지 않는다는 것이다. 따라서 "잭 웰치 같은 인물을 보유하고 있다는 것은 매우 인상적이라고 한다. GE는 잭 웰치처럼 내부에서 성장한 최고경영자를 보유하고 있는 유구한 역사를 지닌 기업이다. 그리고 그것은 GE가 왜 비전있는 기업으로 인정받고 있는지를 설명하는 중요한 단서를 제공한다"라고 평론가들은 지적하고 있다.

GE의 성공을 견인한 또 하나의 이유는, 허상에 치우치지 않고 위험을 자초하지 않으며, 지나치게 똑똑한 척하지 않는 단순하고 상식적인 기업문화에서 찾을 수 있다.

"물론 우리에겐 인재들이 많다. 그러나  다른 기업들도 우리처럼 유능한 직원들을 많이 지니고 있을 것이다. 그럼에도 불구하고 우리에겐 뭔가 독특한 것이 있었다고 생각된다. 그 독특성은 서로를 존중하고, 가능한 일을 하면서 즐거움을 찾는 그런 분위기에서 생기는 것 같다."라고 GE의 전 회장이었던 프레드 보치가 언급한 내용이다.

단순성을 유지했다는 것은 GE의 총수들이 경쟁기업들에 비해 느린 속도로 교체됨을 의미한다. 20세기 말 포춘지가 선정한 500대 기업 총수들의 19%는 3년의 임기를 채 넘기지 못했다고 평가하고 있다.

## 3. GE의 사업영역

### 항공기엔진

1996년부터 1997년까지, GE는 전세계 상업용 제트엔진 주문량의 70%를 수주했다. 21세기 현재는 대형 소형을 막론하고 항공기 제트엔진의 세계 최대 생산자이다.

### 가전

GE가전은 세계 150여개 국가의 시장에 1,000만대 이상의 다양한 가전제품(냉장고, 냉동기, 전자레인지, 가스레인지, 오븐, 식기세척기, 세탁기 등)을 판매하고 있다. 물론 한국의 삼성, LG 가전제품과 경쟁하고 있다.

### 금융서비스

GE캐피탈은 GE의 하늘에 반짝이는 별과 같은 존재로 떠오르는 사업부문이다. 소규모로 시작했으나 21세기 현재는 고성과의 다각화된 금융회사로 인정받고 있다.

### 산업시스템

회로차단기, 교환기, 변압기, 개폐기, 계량기 등을 생산한다. 특히 산업시스템분야를 개설하여 21세기 신산업생산기술개발 분야로 발돋움하고 있다.

### 정보서비스

기업간 전자상거래 솔류션을 제공한다. 현재 GE는 4만이 넘는 거래자를 확보한 세계 최대의 전자상거래 커뮤니티를 운용하고 있다.

### 조명

할로겐 램프에서 옥외 조명까지, GE는 일반 소비시장, 상업시장, 산업시장에 조명제품을 제공한다.

### 의료시스템

X레이 장비를 포함한 각종 의료진단기기를 제공한다. GE는 21세기 의료시스템 첨단 신기술개발로 이 분야의 최고의 영역으로 나서고 있다.

### 방송

GE는 미국의 텔레비젼 방송사인 NBC를 소유하고 있고, NBC는 2008년까지 올림픽에 대한 미국의 중계권을 확보하고 있다. 소속기구로는 CNBC,

MSNBC 등이 있다.

### 플라스틱

건축자재와 컴퓨터기기를 포함, 다양한 산업적 용도에 맞는 플라스틱을 제조한다.

### 발전시스템

가스, 증기, 수력발전터빈, 발전기 디자인, 생산 및 서비스가 핵연료에 관련된 서비스도 논란의 여지가 제공된다.

### 수송시스템

기관차를 포함한 각종 수송수단 생산 및 서비스, GE는 북아메리카 디젤수송기관차의 절반 이상을 생산하고 있다. 21세기는 미국, 카나다, 남미 등 전 대륙의 수송시스템을 구상하고 있다.

## 제 3 절 CEO가 된 잭 웰치 최초의 3단계 개혁

### 1. 첫 번째 단계 : 중성자탄 잭

평탄한 항해는 잭 웰치가 원하는 방식이 아니었다. 소극적이고 자기 만족적인 진보 역시 그의 구상과는 거리가 멀었다. 그는 안락의자에 파묻혀 있을 때가 아니라고 스스로를 독려했다. GE에게는 강력한 폭풍이 예고되고 있었다.

1980년대, 잭 웰치는 GE와 미국 기업계에 역동적인 발자취를 남겼다. GE의 전 영역에 대한 엄격한 검토를 결쳐, 일부 사업을 과감히 퇴출시키고 다양한 신규사업 영역을 확보했다.

GE직원들은 경쟁력 재고를 위한 잭 웰치의 요구에 정면으로 맞섰다. 그러나 GE는 결국 덩치 줄이기에 돌입했다. 거의 20만명의 종업원이 회사를 떠났고, 약 60억달러를 절감했다.

잭 웰치의 존재는 언론을 통해 '중성자탄 잭'으로 각인되었다. 즉, 건물은 그대로 남겨 둔채 사람들만 비질하듯 쓸어낸 인물로 묘사되었다. 그는 당시 GE 내부에서나 업계 전체적으로 인기있는 인물은 아니었다. 한동안 그는 공공의 적으로 치부되었고, GE 내부에서는 상황에 촉각을 곤두세웠다.

하지만 그런 상황은 잭 웰치가 표현한 대로, 직무상의 한 부분으로서 환영받을 일은 아니지만 반드시 필요한 과정이었다.

"나도 도덕적인 차원에서 그 일을 시작한 것은 아니다."

그가 진지한 어조로 리처드 파스칼에게 털어놓은 얘기다.

"직원들이 필요하다고 생각하는 것과 다른 방향으로 거대조직의 변화를 이끌어야 하는 리더는 큰 어려움을 겪게 마련이다. 나도 과거에는 이런 식으로 일을 처리해 본 적이 없다. 그저 새로운 사업을 시작하고 그것을 응원하는 화려한 리더의 역할만 담당했었다. 그러나 지금 우리가 처한 상황에서, 세계적인 기업으로 살아남기 위해서는 그런 변화를 피할 수 없다."

## 2. 두 번째 단계 : 워크아웃

잭 웰치의 두 번째 단계 조치는 '워크아웃'(work-out)이었다. 이것은 새로운 기업환경에 적응하기 위한 냉철한 현실인식에서 비롯되었다. 아마 그의 조치가 혹독한 것이었음에는 이견이 없을 것이다. 그러나 1980년대 후반에 이르러 GE가 독자적으로 생존하기 어려운 조립공들의 조직에 불과했다는 사실을 부인할 사람 또한 많지 않을 것이다. 따라서 당시로선 어떠한 불만도 설득력을 가지기는 어려웠다.

돌이켜보면, 잭 웰치의 그런 중대한 결정은 온갖 비난의 불길 속으로 뛰어드는 자살행위나 마찬가지였다. 상대적으로 단기간에 이루어진 급진적인 변화였지만, 그 결과는 점진적인 변화보다는 양호한 편이었다.

"당장 눈에 보이는 수익증대에 연연하지 말고 조직의 도약을 추구하라."

이것은 잭 웰치의 방침이다.

21세기에 부합하는 조직으로 회사를 재건하는 일에 착수하는 것을 중요하게 생각하였다. 하드웨어는 이미 준비되었고, 소프트웨어가 필요한 시기였다. 소프트웨어의 핵심은 1989년부터 착수하기 시작한 '워크아웃'(work-out)이라는 개념이었다. 이 용어는 콜롬비아 대학의 커비 워렌트 교수와 잭 웰치의 대담 시간 이후에 유행된 것이다.

워렌 교수의 질문은 이러했다.

"최근 회장께서는 엄청난 인원을 회사에서 내보냈습니다. 그렇다면 언제부터 워크아웃을 시작할 계획입니까?"

당시 약 10만명의 직원이 GE를 떠난 상태였다. 잭 웰치는 이 '워크아웃'이라는 용어에 호감을 느꼈다. 그리고 그 용어는 곧 현실화되었다. 그는 워크아웃의 개념을 현실화하기 위해 20여 명의 경영학 교수들과 컨설턴트들로부터 자문을 구했다.

잭 웰치는 '워크아웃'에 대해 이렇게 정의를 내리고 있다.

"워크아웃이란 우리가 하고 있는 모든 일을 더욱 잘하기 위한 방법을 쉬지 않고 끊임없이 찾아가는 전사적 차원의 노력을 지칭한다."

당초 워크아웃은 GE의 직원들에게 스스로 자신들의 직장생활을 극적으로 변화시킬 수 있는 기회를 제공하는 일종의 의사소통 방법이었다.

워크아웃은 엄청난 성공을 거두었고, 일반 직원들과 경영진 사이의 신뢰관계를 다지는 데도 크게 공헌했다. 또한 직원들에게 자신의 업무와 관련된 관심사를 표출할 수 있게 해주고, 해오던 일의 방식을 바꿀 수 있게 하는 기회를 제공했다. 이것을 통해 거대한 장벽이 무너졌다. 혼란과 파괴의 광풍은 지나가고, 새로운 창조의 기운이 움트기 시작한 것이다.

## 3. 세 번째 단계 : 6시그마

워크아웃을 통해 잭 웰치는 모든 GE직원들이 서로 의사소통을 원활히 하고 함께 일하며 정보와 경험을 공유할 수 있는 토대를 마련했다. 잭 웰치식 혁명을 위한 세 번째 단계는 폭넓은 품질관리 프로그램의 도입이었다.

'6시그마'(Six Sigma)라 명명된 이 프로그램은 1995년에 실행되었다.

"6시그마는 급속도로 사내에 확산되었고 우리가 행하는 모든 일들을 변혁시키고 있다."라고 2년 후의 사업보고서에 기술되어 있다.

GE는 6시그마 운동을 통해 품질에 대한 책임의식을 저변으로 확장시킬 수 있었다. 제품생산에 초점이 맞춰졌던 과거와는 달리, '제품의 품질'이 모든 일에 있어 주요 관심사로 대두된 것이다. 파괴와 창조 그리고 품질관리라는 변혁을 위한 3단계를 통해 GE는 크게 변화하였다.

과거에도 고성과의 거대기업이었고 지금도 여전히 고성과의 거대기업이지만, 군더더기를 없애고 보다 융통성 있는 조직으로 탈바꿈한 것이다. 즉, 잘 짜여진 조직의 모습을 갖춘 것이다.

결국 GE는 2000년 『포춘』지가 선정한 500대 기업 중 다섯 번째에 올랐다. 각 계열사별로 분리해서 비교했다면, 아마도 9개 계열사 각자가 『포춘』지의 상위 50대 기업에 선정되었을 것이고 여전히 거대기업으로 남아 있다. 그러나 지금은 있어야 할 제자리에 있는 대기업으로 인정받고 있다.

## 제 4 절 잭 웰치의 기업가정신

2000년 대 접어들면서 잭 웰치의 퇴임기사가 신문들을 장식했다. 신문들은 그의 변모과정을 "지난 20년간 모든 사람의 적이었던 그가 지금은 가장 화려한 갈채를 받는 최고경영자가 되었다."라고 표현했다. 진보의 노력을 보이지 않는 보수적인 조직에 불과했던 GE는 잭 웰치 하에서 차세대 기업모델로 도약할 수 있도록 빠른 변화를 시도했다. 이런 변화의 기저에는 잭 웰치의 경영과 비즈니스에 대한 철학이 자리하고 있었다.

잭 웰치의 경영이념, 즉 기업가정신은 다음과 같이 7개로 요약 정리될 수 있다.

## 1. 인재제일주의

잭 웰치의 경영 스타일은 사람의 가치를 최우선으로 두고 미래를 위해 인재를 개발하는 것에 결코 시간을 아끼지 않는 것이다.

그는 사람에 대한 생각을 이렇게 말했다.

"인간이 창조해 낼수 있는 아이디어는 무궁무진하다. 당신이 할 일은 그 창조의 샘을 두드리는 것이다."

### ⇒ 사람들과 지속적으로 대화를 나누어라

리더는 고립상태에서 리더십을 발휘하는 것이 아니라, 조직 내외부에서 사람들과의 의사소통을 통해 그들이 잠재력을 최대한 발휘할 수 있도록 도와주는 사람이다. 끊임없이 직원들과 대화를 나누도록 노력해야 하는 것이 리더의 역할 중 하나라고 한다.

### ⇒ 고립을 피하라 : 인간애와 친화력에 큰 비중을 두어라

최고의 위치에 있는 자는 항상 직원들이 있는 곳에 가까이 다가가지 않으면 혼자 고립되는 것이다. 훌륭한 리더는 항상 주위와 관계함으로써 고립되는 것을 경계해야 한다. 직원들과의 거리감이 없이 인간애와 친화력에 더 큰 비중을 둔다.

### ⇒ 현재뿐 아니라 미래를 위해 직원의 능력을 계발하라

잭 웰치는 단순히 직원들과 함께 시간을 보내는데 그치지 않고, 그들의 지속적인 계발을 위해 힘쓴다. 1956년에 세워진 '크로톤빌'이란 경영개발센터에는 과감한 구조조정을 단행하는 동안에도 아낌없는 지원을 쏟았으며 현재에도 크로톤빌에 대해 애착을 갖고 투자를 멈추지 않고 있다.

그가 크로톤빌에 지원을 아끼지 않는 이유는 인적자원의 개발이 너무나도 중요해 여타 경영대학원이나 교육훈련 전문업체에 이를 위탁할 수 없다고 생각하고 있기 때문이다. 이런 크로톤빌 모델은 각광을 받아 형태와 규모를 막론하고 모든 산업분야에 걸쳐 이 추세가 확산되고 있다. 오하이오의 자동차부품 생산업체인 다나사, 포드사, 선마이크로시스템사, 애플사 등이 GE의 크로톤빌 모델을 따라 부설 대학교설립, 교육운영을 하고 있다.

### 경영권 승계를 준비하라

그는 차기 최고경영자에 대해서도 관심을 쏟았다. 차기 최고경영자에게 유익한 방향을 제시하기 위해 부단히 노력하고 있으며, 그의 퇴임 후에도 GE가 영원하길 바란다. 그런 이유로 미래에 조직을 이끌 차세대 리더의 확보를 위해 주도면밀한 계획을 수립하였다고 언급하였다.

## 2. 최고지향주의

### 성공을 위한 명확한 지표를 설정해야 한다.

잭 웰치는 BCG 매트릭스에서 비롯된 시장점유율을 선호한다.

기업의 성공여부를 판단하는 척도로서의 시장점유율은 현재는 그다지 각광을 받고 있지 못하지만 잭 웰치는 여전히 시장점유율을 선호한다. 그는 "포트폴리오 전략"에서 항상 '스타'(star)라는 성장사업과 '캐쉬 카우'(cash cow)라는 수익사업에만 초점을 맞추고 있다.

### 누구라도 쉽게 이해할 수 있는 명확한 지표를 제시하라

시장점유율이 GE의 기업활동을 대변하는 유일한 지표는 아니지만 잭 웰치가 강한 집착을 보이고 있는 이유는 누구나 쉽게 이해할 수 있는 지표이기 때문이다. 사업을 하는 사람이라면 누구나 어디서 어떤 사업을 하는지에 관계없이 쉽게 시장점유율의 개념을 이해할 수 있고, 사업의 승패를 가늠할 수 있는 명확한 기준이 되기 때문이다. 그러나 그는 시장점유율에 얽매이기보다는 하나의 편리한 의사결정의 근거로 보고 있는 것이다. 어떤 사업이건

시장점유율에서 1등이나 2등의 위치를 확보해야 함을 강조했다. 그래서 그는 시장점유율에 따른 전략경영으로 기업전략가들에게 지지를 얻어 왔다. 또한 그는 시장점유율을 넘어 6시그마 운동으로 양질의 서비스를 제공하는데 주력하여 시장점유율로부터 가치점유율로의 인식전환을 가져왔다.

### 결단력을 가져라

그는 이런 명백한 지표를 근거로 운영하고 성과자료를 통해 실천을 이끌어내면서 이렇게 분명하게 세워진 기준을 바탕으로 하여 그만의 독특한 결단력을 가질 수 있게 된 것이다. 그는 항상 '예스' 아니면 '노'라고 단언한다. 절대 '어쩌면'이라는 애매한 표현을 쓰지 않는다.

## 3. 혁신주의

잭 웰치의 세 번째 정신은 끊임없이 회사를 변화시켜 그 모습을 보여주는 것이다.

그는 개인과 조직변화의 선구자로서의 길을 걸어왔다. 그 자신이 할 일 없이 가만히 앉아 있는 경우가 전혀 없는 것처럼, 그의 회사 역시 늘 역동적으로 움직이고 있다. 그가 사람들에게 현실에 안주하지 말라며 "당신에게 뭔가 남다른 아이디어가 없다면, 당장 일을 그만두는 것이 좋다."라고 말한 것과 같이 매일이 다르고, 매일이 도전이다라는 생각으로 경영을 하고 있다. 그런 변화에 대한 확고한 의지가 현재의 GE를 지탱하고 있는 힘인 것이다.

### 사람들의 열정을 자극하라

잭 웰치의 열정은 사람들에게 동기를 부여하고 그들 속에 잠재된 열정을 이끌어내는 중요한 역할을 한다. 열정에 관해 그는 "세계는 강한 열정을 지닌, 그래서 그들이 이끄는 사람들의 열정까지도 자극할 수 있는 리더들의 손아귀에 들어가게 될 것이다."라고 의견을 밝힌 바 있다.

### 당신 자신의 일을 파악하라

그는 자신의 일에 대해 물어보면 당장 달려와 대답해 줄 수 있을 정도로 자신의 일에 대한 확실한 자세로 항상 변화를 준비하고 있어야 한다고 말했다.

### 변화시켜라

'현재에 머물러서는 안 된다'라는 신념으로 1980년대의 다운사이징에서부터 워크아웃, 6시그마에 이르기까지 잭 웰치의 한결같은 생각은 GE의 모든 부문을 변화시켜야 한다는 것이었다. 그는 "나는 우리가 오늘 서 있는 이곳에 조금도 만족하지 않는다. 나는 현재의 영광 때문에 멈출 수가 없다. 만약 그렇게 되면 나는 죽은 것과 마찬가지이다."라며 대부분의 조직들이 안주하기 쉬운 현재의 영광에 얽매이기를 단호히 거부했다.

## 4. 서비스 제일주의

그가 경영권을 쥐기 전, 고객서비스에 대한 GE의 태도는 전통적인 제조업체의 전형이었지만 '산업화된 서비스'에서 '고객과의 친밀감'으로의 전환은 잭 웰치의 GE가 그동안 끊임없이 추구해 온 방향이다.

잭 웰치는 과거의 서비스를 비난하며 GE의 최고경영자로 취임한 후 다음과 같은 방식으로 많은 것을 바꾸었다.

### 서비스부문 사업의 개발

GE는 제조업체에서 제조 및 서비스업체로 변신하였다. 1998년 GE 총수익의 2/3 이상이 금융, 정보, 제품서비스로부터 창출되었다. 이러한 변신의 근간은 금융 서비스 운용의 획기적인 개선에서 비롯되었다.

트리플에이(AAA)라는 높은 신용등급을 받은 GE캐피탈은 세탁기부터 제트엔진 생산에 이르기까지 GE의 모든 사업부문에 자금을 제공하고 있으며 멀지 않은 미래에 GE의 모든 계열사가 벌어들이는 수익의 합계를 능가하는 수익을 창출하게 될 것으로 보인다.

### 복합적 유통경로의 구축

GE는 다양한 유통경로를 형성하기 위해 대규모 유통기업의 경쟁압력에 대항해 소규모 소매상들의 요구를 충족시켜 주는 다양한 경로를 개척하였다. 이는 소매상들이 대규모 도매상들과의 경쟁에서 살아남을 수 있도록 해주어 그들을 한 단계 도약시키는 중대한 계기를 만들었다. 이로 인해 GE는 소매상과의 관계에서 단순한 공급자가 아닌 협력자로서 새롭게 자리매김 하였다.

### 고객 관련 지식의 계발과 축적

GE는 변화하는 고객의 기대수준에 대해 심도있는 접근을 시도하려고 노력했다. 그 결과 GE의 고객서비스 창구를 통해 변화하는 제품 및 서비스의 선호도를 파악할 수 있는 시장조사 자료를 확보할 수 있었다.

### 6시그마의 시작

1995년 GE의 품질수준은 3.5시그마 정도였다. 이는 타 기업과 비교할 때 매우 양호한 것이었지만 잭 웰치가 원하는 수준은 6시그마였다. 워크아웃에서 비롯되어 폭넓은 품질관리 프로그램인 6시그마를 도입하여 즉각적으로 새로운 수익을 창출했다. GE는 보통 영업마진율이 10%정도였지만 1997년도에는 15%를 넘어섰고 6시그마를 통해 얻은 영업이익이 1997년 한해에만 3억달러 이상이고 6시그마를 통해 절감한 비용이 4억달러에서 6억5,000만 달러에 이르는 것으로 추산하고 있다.

이러한 변화로 인해, 현재 가전제품은 GE의 서비스 왕국으로 고객들을 끌어들이기 위한 미끼에 불과하다. GE크레디트사가 자비를 들여 각 소매점에 구축한 시스템을 통해 고객은 가전제품을 신용구매한다. 그리고 고객의 고유번호와 구매내역이 입력된다. 고객이 하드웨어를 들고 가게를 나서는 동안 GE의 소프트웨어는 활동을 개시하는 것이다. 제품은 그렇게 중요한 것이 아닌 셈이다.

## 5. 학습주의

잭 웰치는 자신이 모든 것을 다 알고 있다고 생각지 않는다. 그런 이유로 리더로서의 자질을 키우기 위해 끊임없이 학습하고 사람들과 대화를 나눈다.

그는 어디에서든 누구에게서든 아이디어를 구한다. 그리고 GE의 직원들에게도 쉼없는 학습을 종용한다. 즉, GE는 개방적인 거대 학습조직이다.

학습에 대해서 그는 "훗날 내가 새로운 것에 대한 배움을 그만두고 과거에 대해 떠벌리고 다닌다면, 그때야말로 내가 GE에서 사라져야 할 시기이다"라고 견해를 밝혔다.

실제적인 변화이고 현실적인 도전이기도 하기 때문에 오늘의 리더는 끊임없이 배워야 한다는 것이다. 또한 리더는 학습을 통해 변화의 불꽃을 부채질하고 사람들이 변화의 필요성을 인식할 수 있도록 이끌어 주는 매개자라는 것이 그의 생각이다.

## 6. 반(反) 관료주의 : 부서와 기능간의 벽을 없애자

변화를 위한 프로그램과 기업변혁에는 활기찬 슬로건이 필요하다. 1980년대와 1990년대 잭 웰치의 GE가 내건 슬로건은 부서와 기능간의 벽을 없애자는 것이었다. 이에 대해 "우리가 꿈꾸는 벽이 없는 기업은 기획과 생산, 마케팅, 판매, 고객서비스 등 모든 분야의 장벽을 철폐할 것이다. 또한 경영자, 일반 직원, 시간제 근로자 등 직원들간의 화합을 저해하는 지위체계와 등급을 무시하거나 철폐해 함께 일하는 문화를 조성할 것이다."라고 설명하였다.

거대한 규모에도 불구하고 계층구조의 짐을 던 GE는 조직모델로 몇 가지 특징적 요소를 지닌다.

### 조직모델의 특징적 요소

첫째, 속도를 가져야 한다. 대부분 거대기업들은 움직임이 둔하다. 그러나 GE는 변화에 능동적이고 빠른 의사결정을 가져야 한다. 특히 국내외 경제 환경변화에 신속히 대응하는 전략을 만들어야 한다.

둘째, 무형식의 의미를 파악해야 한다.

의미없는 형식은 사람들을 불편하게 만들고 업무에 장애를 가져온다. 이에 대해 "GE에 대한 숨겨진 이야기 중 하나는 형식에 얽매이지 않는다는 것이다. 나는 이 점을 매우 높이 평가한다. 그러나 사람들이 이러한 무형식 조직의 커다란 의미를 온전히 파악하고 있다고는 생각지 않는다."라고 했다.

셋째, 관리단계의 축소와 아이디어를 중시해야 한다.

잭 웰치는 사업을 이끄는 것은 반짝이는 아이디어지 관리단계를 확장하는 것은 절대 아니라고 한다. 아이디어를 창출하여 제품개발이 시장확대를 이룩하여도 관리조직의 확대는 이루지 않는다는 것이다.

넷째, 아이디어를 주고 받으며 정보공유를 하여야 한다.

서로간에 벽이 존재하지 않는 GE는 서로 아이디어를 주고받으며 정보를 공유하고 있다. 관료제에서는 정보를 독점하고 있는 사람을 영웅시 했으나 정보공유야 말로 결과적으로 정보의 증폭을 가져온다는 것이다.

## 7. 단순경영주의

### 단순하고 어수룩하게 :경영은 거창한 과학이 아니다.

'단순하고 어수룩하게'(KISS-Keep It Simple, Stupid)라는 것을 잭 웰치는 신봉한다.

"경영은 거창한 과학이 아니다. 알고 보면 우리는 세상에서 가장 단순 작업 중 하나를 선택했을 뿐이다."라며 단순성에 대해 얘기했다. 이렇듯 잭 웰치는 복잡한 문제를 단순화하는 뛰어난 능력을 보유하고 있다.

### ⇨ 세계 최고의 구멍가게 : 경영을 복잡하게 생각지 말라.

잭 웰치의 계속되는 주장은 경영은 복잡하고 어려운 과학과는 거리가 멀다는 것이다.

오히려 무엇보다도 단순하다. 그는 사람들에게 단순할 수 있는 용기를 가지라고 말한다. 일을 필요 이상으로 어렵게 만들지 말라며 "구멍가게를 운영하는 데 있어 중요사항은 엔진제조업이나 의료시스템 사업에서도 똑같이 중요하다"라고 말한다. 그리고 "식료품이 싱싱하지 않거나 선반이 너저분하거나 판매하는 물건이 잘못된 것이라면 그래서 고객이 구입한 물건에 만족하지 못한다면 결국 이 모든 것은 같은 결과를 낳게 될 것이다.

구멍가게 역시 작은 조직으로 여기고 관리해야 한다. "작다고 쉽게 생각하면 안된다"라며 항상 신중하고 일관된 그리고 단순하게 경영을 해야 한다고 주장하고 "경영은 경영일 뿐 그 이상도 그 이하도 아니다"라는 말을 명심하라고 한다.

### ⇨ 현금을 주시하라 : 현금흐름 경영을 하라.

각 사업분야마다 현금흐름 경영을 시행하라, 어떤 사업이든 이에 기초해 운영되어야 한다. 이를 통해 각 사업은 보다 폭넓고 쉽게 파악될 수 있는 장점 또한 누리게 될 것이라고 한다.

### ⇨ 성과 측정치를 단순화하라

그는 기업의 성과 측정을 참신하지 않아도 되도록 단순화시키라고 강조한다. 자본수익률이나 그 밖의 최신 경영이론 따위를 절대 거론하지 않는다. 대신, 그가 말하는 성공의 척도는 현금과 서비스, 품질, 재고 등과 같은 매우 기본적인 요소에 있다.

## 제 5 절 잭 웰치의 4대 경영전략

잭 웰치의 주요 전략은 크게 4가지로 분류할 수 있다. 첫째는 GE의 모든 사업분야에서 추구하고 있는 세계화(Globalization)이고, 둘째는 이미 판매된 GE의 제품에 대한 철저한 고객대비 서비스(Services), 셋째는 제품 및 공정과 정에서 발생하는 불량을 제거하기 위한 GE만의 전술인 식스 시그마(Six Sigma Quality), 그리고 넷째는 앞으로 엄청난 기회를 부여하게 될 인터넷 혁명인 전자상거래(e-business)이다. 그는 이 4개의 전략들로 GE를 세계최고의 기업으로 만든 경영자가 된 것이다.

Key GE Initiatives

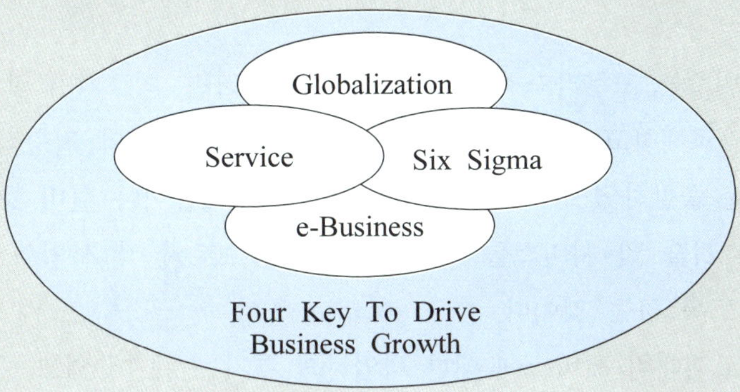


### 1. 세계화(Globalization) 전략

세계화란 세계 시장에 제품과 서비스를 판매하여 이윤을 증대시키기 위한 노력뿐만 아니라, 회사의 모든 활동이 세계적인 경쟁력을 가지는 것을 의미한다.

GE가 요즘같이 민감한 디플레이션 가격구조 하에서도 원자재, 컴포넌트 및 제품 등을 구매하며 세계 우위 기업의 자리를 유지하고 있는 것 또한 세계화 전략을 위한 노력의 하나인 것이다.

GE의 세계화란, 특히 전세계 곳곳에 퍼져 있는 지적 자산, 즉 인재를 찾아내고 그 인재들에게 투자하는 것을 의미한다. 이러한 세계화 전략으로 다음 세기에는 세계 시장을 겨냥하여, 세계의 인재들이 기획하고 만들어낸 고품질의 제품 및 서비스를 제공하는 목표를 지니고 있다.

잭 웰치 경영시대 세계화 전략에 의한 결실을 보면 1997년 GE의 수입 중 약 42%가 미국 외 지역에서 발생하였고 1985년 이후 미국으로의 수출이 약 240% 이상 증가되었으며 금액면에서는 33억달러에서 112억달러로 상당한 증가를 보여주고 있다. 또한 세계 100여 국가에서 다각적인 사업활동을 하고 있으며 세계 각국에서 활발한 합작 및 인수활동을 펼치고 있다.

## 2. 서비스(Service) 전략

고객 서비스는 고부가가치 제품인 제트엔진, 터빈, 의료기기 및 기관차 등의 부품을 교체하고, 정밀검사 및 제품수리를 하는 등의 전형적인 의미의 서비스에서 출발하였으나, 현재는 이미 판매한 제품이나 설비 등을 향상시키기 위해 기술 및 서비스를 계속해서 제공함으로써 각 사업의 수행을 좀 더 원활하도록 하는 것이다.

그래서 고객대비 서비스에 대한 사업부의 투자는 좀 더 넓고 중요한 의미로 확대되었다. 이러한 고객대비 서비스는 고객의 생산성 향상과 수익성을 증대시키고 있다.

## 3. 6시그마(Six Sigma) 전략

6시그마란, GE에서 생산하는 모든 제품이나 서비스, 거래 및 공정과정 등의 전분야에서 품질을 측정, 분석하고 품질을 향상시키도록 통제하여 궁극적으로 모든 불량을 제거하는 품질향상운동을 의미하는 것이다. 즉, 최고 품질의 제품을 만들 뿐만 아니라 그 제품의 완벽한 품질을 유지하는 것을 의미한다. 지난 수년간 GE는 6시그마에 대한 노력의 결과로 놀라운 경영수익을 달성했으며, 경영수익과 가용자산 등을 통하여 수십억달러의 순수익이라는 성공을 거두고 있다.

6시그마는 이제 GE가 계획하여 생산하는 모든 제품과 서비스 그 자체를 의미하고 있는 것이다. 6시그마란 백만분의 3.4를 의미하는 통계척도인 6시그마($\sigma$, sigma)를 사용하여 품질혁신과 고객만족을 달성하고자 하는 업무프로세스 혁신전략으로서 결함발생률을 6시그마 수준으로 줄이는 것이 궁극적인 목표이다(제품 백만개당 불량품수 3.4개 이하로 줄인다).

## 4. 전자상거래(e-business) 전략

전자상거래는 지금까지의 어떤 전략보다도 더 큰 기회를 부여하게 될 혁명이다. 인터넷의 확산에 따라 다른 회사와 마찬가지로 GE 역시 새로운 환경에 대응해야 할 위치에 와 있는 것이다. GE는 전자상거래를 통해 협력업체, 파트너 그리고 고객들과의 거래를 급속히 변화, 발전시켜 나가고 있는 것이다. 이러한 변화의 물결은 GE뿐만 아니라, 어느 누구에게나 동등한 기회를 부여하는 것이라고 할 수 있다. 그러나 잭 웰치는 전자상거래는 변화를 사랑하고 경쟁적 우위를 얻기 위해 빠르게 대처하는 GE와 같은 회사를 위하여 만들어진 것이라고 말한다.

## 5. 잭 웰치 비밀병기인 '여비서 바도스키'

2001년 9월 10일 미국 워싱턴포스트는 '잭 웰치의 성공신화 뒤에는 가냘픈 여비서가 있었다'고 보도했다.

'20세기 최고의 기업인'으로 추앙받는 잭 웰치(65) 제너럴일렉트릭(GE) 전

회장. 최근 퇴임한 그는 일약 '세기의 스타'로 떠올랐지만 그의 뒤에 '로잔 바도스키'라는 뛰어난 여비서가 있었다는 사실을 아는 사람은 드물다. GE를 세계 최대 기업으로 만든데는 웰치 전 회장의 비서 바도스키의 헌신적인 보좌가 있었다고 워싱턴포스트가 2001년 9월 10일 보도했다.

바도스키는 세이크리드 하트대(코네티컷주)에서 2년 과정만 마친 후 1975년 GE에 비서로 입사했다. 이후 10여년에 걸쳐 모교의 야간대학에서 경영학 학사학위를 취득했다. 바도스키가 웰치를 만난 것은 웰치가 회장이 된지 7년 후인 1988년. 당시 GE 관리직으로 새 출발하려던 그는 웰치의 부름을 받고 회장의 '손발'로 변신했다.

회장 비서생활 13년간의 바도스키는 회의시작 전 웰치의 눈빛만으로 회의가 길어질지 짧아질지를 판단, 다음 스케줄을 잡았다. 그의 가장 중요한 업무는 '모든 내용을 웰치가 30초안에 파악할 수 있도록 미리 준비하는 것'. 이를 위해 그는 7시 30분에 출근, 9시에 퇴근했다. 휴가는 물론 주말도 따로 없었다.

사정이 이렇다 보니 결혼도 하지 못했다.

한동안 웰치의 해외출장 때는 16kg 짜리 컴퓨터 2대를 들고 다니면서 수행했다. 그야말로 '움직이는 사무실'을 구현했던 것. 요즘 출시되는 최신형 컴퓨터로 치면 10대를 들고 다녔던 셈이다. 인터넷에 익숙하지 못한 웰치를 위해 e메일 관리도 시작했다. 빌 게이츠 등 지인들로부터 날아온 메일을 가장 먼저 읽는 이도 그녀다.

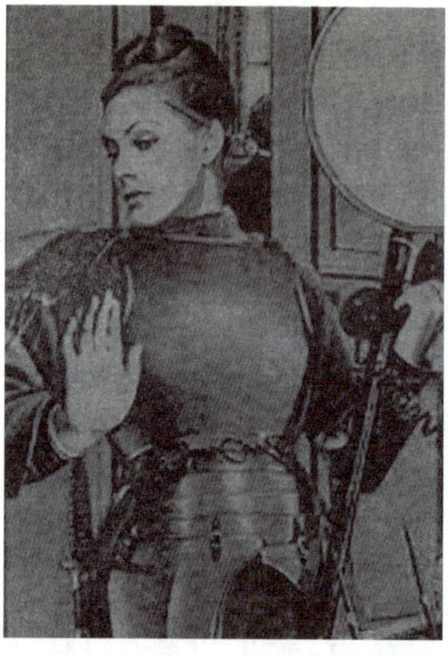

잭 웰치 전 GE 회장의 '비밀병기'로 드러난 로잔 바도스키 비서의 포토 일러스트레이션(사진을 바탕으로 그린 삽화). 미국 시사주간지 뉴스위크는 지난해 5월말 웰치 회장의 경영 성공 스토리를 다루면서 '숨은 공로자'인 바도스키를 이처럼 귀에 펜을 꽂은 채 전화업무를 처리하고 있는 갑옷 차림의 노련한 '여전사' 이미지로 표현했다.

항상 희생만 따르는 것은 아니다. 바도스키의 연봉은 약 10만달러가 넘을 것으로 추산되고 있다. 1억달러가 넘었던 웰치와는 상당한 차이가 나지만 비서로서는 적지 않은 액수다. 또 웰치가 직접 집을 골라줄 정도로 둘 사이는 격의없는 친구가 됐다.

은퇴 후 경영컨설턴트로서 새 인생을 시작한 웰치는 바도스키를 개인비서로 재고용할 만큼 그에 대한 애정이 각별하다. 웰치는 지난해 뉴스위크와의 회견에서 "바도스키는 내 오른팔이자 왼팔"이라고 평가했다.

## 제6절 잭 웰치의 리더십

### 1. 변화를 받아들이고 변화를 두려워하지 마라

너무 많은 관리자들이 변화를 두려워한다. 그는 변화가 흥미진진하고 모험으로 가득 차고 상상력으로 충만한 것이라고 생각하고, 변화를 염두에 두고 주장을 펴기도 하며 다른 사람들을 긴장시키기도 한다.

그는 변화야말로 사업의 실체를 이루고 있는 큰 부분이라고 말한다. 변화를 두려워하지 않기 때문에 잭 웰치가 버티고 있는 GE에서는 변화야말로 변하지 않는 한 요소가 되고 있다.

GE에서 잭 웰치가 처음 주도했던 변화는 혁명적인 것이었다. 그 누구도 이전에 이와 같이 엄청난 변화를 시도한 사람은 없었다. 아무도 감히 그럴 용기가 없었다.

1980년대 초반에 잭 웰치가 처음으로 주도한 변화는 '구조조정'이었다. 이제부터 GE의 사업은 시장에서 1등이 아니면 2등을 해야만 했다. 이 새로운 정책으로 40만명에 이르던 종업원은 한때 약 27만명 정도로 감소되었다.

## 2. 관리자가 되지 말고 리더가 되라

잭 웰치는 관료적인 관리자를 경멸한다. 그는 이들을 과거의 잔재로 생각한다. 그는 '관리'라는 개념 자체를 싫어하는데 대부분의 관리자들은 그가 보기에 지나치게 관리하기 때문이다. 지나치게 관리하는 사람들은 거대기업을 죽이는 관료주의적인 태반과 게으름을 낳는데 일조한다.

리더는 '우리가 하고 있는 것을 어떻게 더 잘할 수 있을지 분명한 그림을 가지고 영감을 불어넣는 사람'이다. 웰치에게는 올바른 리더를 적재적소에 배치하는 일이야말로 기업의 성공을 위해 반드시 필요한 일이다.

성공적인 리더는 조직에 충격을 주고 그 조직의 회복을 주도할 수 있다.

## 3. 당신의 비전을 공유하는 관리자를 키워라

잭 웰치에 의하면 중간관리자들이란 다른 사람들과 함께 일할 수 있어야 하며 코치가 되어야 한다라고 말한다. 일을 하도록 도와주고 사람들을 열정적으로 만들고 칭찬할 수 있어야 한다.

GE에서 성공할 수 있는 유일한 방법은 팀의 일원이 되고 회사의 가치와 문화에 적응하는 것이라고 말한다.

그럼 훌륭한 관리자가 되기 위하여는 잭 웰치는 무엇이 필요하다고 생각할까. 그는 현재의 기업환경이 에너지가 넘치고 삶에 활력을 불어넣을 수 있는 최고관리자를 필요로 한다고 믿고 있다.

잭 웰치가 좋아하는 관리자는 미국기업에서 종종 발견되는 종류의 관리자들과는 닮은 점이 거의 없다. 자신들에게 말 그대로 관리를 하라고 관리자라는 명칭이 주어졌다고 생각하는 관리자. 웰치는 21세기형 관리자에 대해 정의를 내리는 데 있어서도 과히 혁명적이다. 그는 자아를 숨기고 무리에서 튀지 않으며 회사 전체에 이익을 위해 일할 수 있는 관리자를 원한다.

## 4. 현실을 직시하고 과감하게 행동하라

잭 웰치는 현실을 직시하는 것이야말로 그가 가장 중요시하는 사업의 규칙 중 하나라고 생각한다. 사업에서건 인생에서건 진실을 인정할 수 있는 사람들은 보통 성공한다고 생각하고 있다. 웰치에게는 이것이 명백한 사실이다. 그러나 온갖 이유들 때문에 현실을 직시한다는 것은 어려운 일이다. 잭 웰치에게는 진실을 정면으로 대하는 것이야말로 바로 사업을 단순하게 만드는 방법이다.

그의 경영철학은 대부분 현실을 회피하기보다는 현실을 그대로 인정하는 것이 더 낫다는 간단한 전제를 바탕으로 하고 있다.

- 세계의 경쟁이 점점 심화되고 있다는 현실을 직시하라.
- 평생직장은 보장되지 않는다는 현실을 직시하라.
- 거대한 관료체제를 만들어 사업을 운영한다는 것이 매우 비효율적이라는 현실을 인식하라.
- 사업은 아주 단순하다는 현실을 바로 보라.

## 5. 간결하고 일관성 있게 메시지를 꾸준히 전달하라

변함없는 일관성. 이것은 잭 웰치가 자신의 사업경영 원칙들 중 하나를 부르는 말이다. 웰치는 일관성 문제에 있어서는 거의 광신적이다. 다른 말로 표현하면 모든 일을 팔로우 업(Follow up)하라는 것이며 이것은 사업성패의 중요한 잣대이다.

잭 웰치는 일관성을 유지하고 팔로우 업을 하는데 있어 가장 중요한 것은 동일하고 진지한 메시지를 모든 사람에게 전달하는 것이라고 말한다. 잭 웰치의 일관성 덕분에 GE는 회생할 수 있었고 세계에서 가장 경쟁력 있는 기업들 속에 들어갈 수 있었다. 그가 예측했던 것들이 많이 현실로 나타났다.

그의 예측이 들어맞으면서 그의 전설도 커져갔고 GE직원들의 존경심도 커져갔다. 세상은 점점 한 울타리가 되어가고 있고, 서비스는 그 중요도가 커졌으며, 훨씬 더 경쟁이 심한 사회가 되었다. 그리고 오랫동안 자신의 메시지를 설파하면서, GE직원들의 마음을 얻었고 이 평가를 추종치로 만들었다. 그리하여 그는 변화를 위한 풍요로운 환경을 만들었으며, 그 토대 위에서 좀 더 쉽게 GE를 변모시킬 수 있었다.

## 6. 1등 아니면 2등이 되라

### - 그렇지만 시장 범위를 축소하여 정하지 마라

잭 웰치는 GE를 더욱 경쟁력 있는 기업으로 키우기 위해 모든 GE사업부를 자신의 분야에서 1등 아니면 2등이 되도록 요구하는 전략을 개발했다. 그는 시장에서 선두가 아니면 두 번째가 될 때 누릴 수 있는 경쟁우위를 인식하고 있었고 그 경쟁우위를 개발하고 싶었다.

잭 웰치는 평범한 기업은 결국 지고 말 것이라고 확신하고 있었다. 그리고 GE는 자신의 사업들이 모든 시장에서 1등 아니면 2등을 하도록 함으로써 지구상에서 가장 경쟁력 있는 기업이 되고자 하였다. 그는 43개의 전략사업부와 350개의 사업으로 이루어진 거대 복합기업을 관장했다.

그는 언젠가 어떤 사업부들이 GE에 남아있게 되는지에 대한 질문에 세 개의 원을 그렸다.

첫 번째 원에는 GE핵심사업(조명기기, 가전제품, 모터 및 중전기 사업, 수송장비, 발전설비)들이 포함되어 있었고, 두 번째 원에는 첨단 기술사업(산업용 전자·의료 기기 시스템, 소재사업, 우주사업, 항공기 엔진) 등이 포함되었고, 세 번째 원에는 GE의 서비스 사업들(금융사업, 정보통신사업, 건설 및 엔지니어링, 원자력 서비스) 등이 포함되었다.

그리고 그 원안에 있는 사업들은 회사의 자원을 지원받게 되고 바깥에 있는 사업들은 그렇게 못했다. 이러한 전략은 한때 GE의 경쟁력 회복에 도움이 되었지만 후에는 전략의 유용성이 재검토되었고 자체 결함이 있음이 발견되었다.

## 7. 고쳐라, 폐쇄하라 아니면 매각하라

잭 웰치의 경영전략이 가장 잘 나타난 곳이 바로 NBC이다. 1990년대 초반은 NBC에게 어려운 시기였으며 웰치가 이 방송사를 매각할 것이라는 소문이 끊이질 않았다. 그러나 이것은 그의 핵심 경영전략 중 하나를 고려하지 못한 것이다. '고쳐라, 폐쇄하라, 아니면 매각하라.'는 밥 라이트의 설득과 신속하고 현명한 일련의 전략으로 NBC를 고쳐보기로 결심했다.

그 결과 1996년은 NBC의 70년 역사상 가장 수익을 많이 낸 한해가 되었다. 여기에 밥 라이트는 NBC를 방송을 넘어 케이블, 새로운 매체, 지구촌 TV로 확장시켰다. 결국 NBC는 잭 웰치의 이러한 경영철학으로 새로이 성장할 수 있게 되었다.

## 8. 학습하는 문화를 만들라

GE가 새로운 아이디어에 대해 왕성한 욕구를 가지게 된 것은 1990년대 초반의 워크아웃프로그램 때문이었다. 이 프로그램은 회장과 GE의 최고 경영진만이 직원들에게 무엇이 필요한지 알고 있다는 오래된 생각을 바꾸게 만들었다. 이 학습하는 문화를 전사적으로 아이디어의 교환을 권장하는 회사의 개방화에 반영하였다.

이는 1990년 당시에는 '통합된 다양성'으로 불리었으며, 아이디어를 공유하고 진보된 기술의 다양한 적용방법을 모색하고, 새로운 시각과 다양한 경험을 얻기 위해 직원들을 순환근무시킴으로써 13개 사업부를 한데 묶는 것을 의미하였다. 통합된 다양성은 부분이 합보다 상대적으로 더 큰 회사가 될 수 있게 해주었다.

GE는 단순한 학습하는 문화가 아니라 학습하는 문화의 응용이다. 그리고 바로 이 점이 GE를 차별화하는 점이라고 생각한다.

## 9. 작은 기업처럼 효율적이고 민첩하라

거대기업들은 너무 느리게 움직이고 너무 느리게 사고하며 더욱 중요한 것은 너무 느리게 행동한다. 이것은 흡사 시멘트로 만든 구두를 신고 달리기 시합에서 이기려고 하는 것과 같다. 웰치는 작고 빠른 기업들이 엄청난 경쟁우위를 가지게 된다고 생각했다.

1980년대 줄곧 잭 웰치는 작은 기업이 갖는 스피드의 장점에 대해 설파했다.

첫째, 그들은 의사소통을 더 잘한다. 그들은 사람의 숫자가 적기 때문에 일반적으로 서로를 더 잘 알고 이해한다.

둘째, 작은 회사들은 빠르게 움직인다. 그들은 망설임이 시장에서 어떤 대가를 치루어야 되는지 알고 있다.

셋째, 계층수가 더 적고 자신을 감출 수 없는 회사에서는 리더들의 능력이 더 분명하게 나타난다. 그들의 성과와 영향력은 모든 사람에게 분명히 보인다.

넷째, 작은 회사는 낭비가 적다.

그들은 끝없는 검토, 승인, 정치적인 문제, 서류작업 등에 시간을 많이 쓰지 않는다. 사람의 수가 적기 때문에 중요한 일만 하게 되고 사람들은 관료주의와 싸우는 대신 자신들의 에너지와 주의를 자유롭게 시장에 쏟을 수 있다.

GE에서는 이러한 스피드의 장점 때문에 스피드를 주요 덕목으로 삼으면서, 잭 웰치와 그의 팀은 거래를 기록적으로 빠른 시간 안에 성사시키는 것을 명예로운 일로 삼았다. 그리고 그는 큰 기업의 몸 속에 작은 기업의 정신을 불어넣는데 혼신의 힘을 다하면 대기업과 작은 기업의 장점을 모두 가지게 될 것이라고 덧붙였다.

## 10. 벽을 허물어라 - 벽없는 조직

잭 웰치는 GE안에 너무나 많은 벽들이 있다고 생각했다.

경영층 사이에, 엔지니어들과 마케팅부서 사람들 사이에, GE와 고객들 사이에, 전임 직원들과 시간제 직원들 사이에, GE와 외부 사회 사이에 등 어느 곳을 가든 벽이 있었다. 그것은 회사의 발전을 가로막았고 일을 복잡하게 만들었고 일에 방해가 되었다.

잭 웰치는 GE와 바깥 세계 사이에 존재하는 벽이 '그건 우리 것이 아니야' NIH(not inventer here) 신드롬이라고 불렀던 오랜 GE의 믿음 때문에 생긴 것이라고 느꼈다. 잭 웰치의 경영전략들 중에서 벽 허물기보다 그에게 더 중요한 것은 없다. 그러나 벽 허물기는 그가 GE를 위해 추구하는 이상을 가장 잘 나타내며 이 용어는 GE회장을 가장 잘 연상시킨다. 잭 웰치에게는 벽 허물기가 GE를 규정한다. 벽이 없는 GE에서 직원들은 빠르고 쉽게 이동할 수 있다. 즉, GE는 외부세계와도 그렇게 빠르고 효과적으로 연결될 수 있는 개방적이고 비형식적인 회사이다.

벽 허물기는 GE의 생산성 목표를 달성하기 위한 잭 웰치의 노력에 있어서 핵심적인 전략이었다. 그러나 이 전략은 단순히 관료주의적 낭비를 제거하고 생산성을 진작하는 것 그 이상을 요구한다.

이것이 1990년에는 급진적인 생각이 아닐지도 모르지만 당시 잭 웰치가 1980년대에 이러한 생각들은 처음 소개했을 때는 미국 기업들을 지배하고 있던 전통적인 명령통제 모델로부터 급격한 이탈이었다. 그는 직원들을 해방시켜 스스로 자신을 대변할 수 있도록 함으로써 벽허물기를 실행하려 했다. 이 타운 미팅(Town meeting)식의 워크아웃 접근법은 원래 GE내부의 천장과 벽을 해체시키기 위해 만들어진 것이다.

잭 웰치는 1993년 주주들에게 드리는 편지에서 벽을 없애는 것은 비즈니스 리더가 제품을 시장에 빨리 공급할 수 있도록 하는데 방해가 되는 모든 장애물을 제거하는데 있어 가장 중요한 단계를 의미한다고 말했다. 물론,

벽 허물기는 어색한 단어이다. 그러나 잭 웰치가 계속 반복해서 강조했듯이 그것은 정말 많은 보상을 가져다 줄 수 있는 개념이 되었다.

## 11. 모든 직원의 두뇌를 활용하라

잭 웰치는 자신의 다운 사이징이 가지고 있는 부작용에 대해 알고 있었다.

그는 더 이상 GE의 직원들에게 평생 직장을 보장할 수 없었고 그들이 이전보다 더 열심히 일하도록 할 수 있는 방법을 찾아야 했다. 그의 해결책은 워크아웃이다. 그것은 어디에서 온 것인지에 상관없이 좋은 아이디어를 육성하고 구하고 실행하기 위해 만들어진 프로그램이었다.

회사의 미래에 자신들의 미래가 달려 있다는 사실을 직원들이 느끼도록 함으로써 그는 GE의 직원들과 사업들 사이에 공동의 목적의식을 불어넣고 싶었던 것이다. 그렇게 하기 위해서는 직원들은 사업에서 반드시 필요한 일부분으로 대우해야 한다고 말하고 있다. 그렇게 하면 직원들은 더욱 적극적으로 근무를 하고 양심적으로 일을 하게 될 것이기 때문이다.

참고

## CEO 잭 웰치의 활동 스케치

잭 웰치는 그에게 주어진 최고 희소자원인 "시간과 관심"을 탁월하게 투자하여 GE가치를 끊임없이 증대시켰는데, 이러한 잭 웰치의 활동 스케치를 간략하게나마 소개한다.

[ 매일 아침 ]

여비서와 함께 전 세계에서 발송된 팩스 전문을 검토한 후 핵심 집행간부들과 첫 번째 회의를 시작한다.

[ 매주 ]

사무실, 사업장 등을 불시 방문하여 하위 직원들과 점심식사를 함께 하고 잭 웰치 본인이 직접 쓴 격려 메모를 직원들에게 수시로 보내거나 전화로 격려한다.

[ 매월 ]

GE의 경영연수원인 'Crotonville'에서 연수원생에게 강의.

4시간 동안 강의와 설득, 의견청취, 질문공세 등을 통하여 경영이론가, 전략가, 사업가로서 연수생들을 감동시킨다.

지난 17년 동안 경영연수원에서 연수생(경영자) 1만5천명을 대상으로 250회(1년 평균 15회)에 걸쳐 강의하였다.

[ 매년 1월 초 ]

플로리다주에서 GE 집행 임직원 500여명과 회의를 갖고 당년도 회사의 중요 의제를 결정하고 새로운 영웅 탄생을 축하한다.

플로리다주 회의에서 참석한 경영자들 앞에서 초우량 경영사례를 발표하도록 잭 웰치가 초청한 GE경영자를 사내 올림픽에서 금메달을 따는 것과 같이 회사의 영웅으로 대접한다.

**[ 매분기말(3, 6, 9, 12월 )]**

경영연수원 Crotonvill에서 전사 집행위원회를 2일간씩 개최한다.

CEC는 전사부문 사업별 최고 집행임원 30명이 참가하는 '분기 사장단 회의'로 상호간 신뢰 구축, 아이디어 교환, 기업가치 공유, 조직의 통합성 실현을 위한 격식을 초월한 세미나이며, GE조직의 신경망센타 역할을 수행한다.

**[ 매년 4~5월 ]**

최고 매니저 3천명에 대한 능력개발 지원과 능력평가를 위하여 GE의 주요 사업 현장을 하루씩 직접 방문하여 "Session C" 회의를 개최한다.

**[ 매년 6~7월 ]**

본사에서 사업담당 집행임원들과 함께 각 사업별 3개년 전략계획에 대한 평가회의를 하루씩 개최한다.

**[ 매년 10월 ]**

익년도 1월초의 플로리다주 회의를 준비하기 위하여 경영연수원의 사업별 업적(예산)을 평가하는 "Session C"회의 후 사업별 경영자에 대한 후속업적 평가를 하기 위해 사업경영자들과 1일씩 회의를 개최(10 ~11월)한다.

## 참고문헌

1. 인터넷 사이트 : GE 홈페이지 〈www.ge.com〉
2. 인터넷 신문기사 : 중앙일보 〈www.joins.com〉
   조선일보 〈www.chosun.com〉
   매경신문 〈www.mk.com〉
3. 잭 웰치, 성공에 감춰진 10가지 비밀(저자 : 스튜어트 크레이너)
4. 잭 웰치, GE방식(저자 : 로버트 슬레이터)
5. GE혁명 : 당신의 운명을 지배하라(저자 : 노엘 티키)
6. 한국경제신문 〈road@hankyung.com〉

14

# 아이아코카의 경영활동과 기업가정신

## - 파산 상태의 크라이슬러를 정상화시킨 경영의 천재 -

# 제14장 아이아코카의 경영활동과 기업가정신

## - 파산 상태의 크라이슬러를 정상화시킨 경영의 천재 -

## 제1절 아이아코카의 생애와 경영활동
### - 성공의 열쇠 : Back to Basics -

### 1. 아이아코카의 생애와 업적

#### 출생과 배경

아이아코카는 1924년 10월 15일 출생하였다. 당시 아이아코카의 아버지는 '오르페움 비너 하우스'라는 핫도그집을 개업하고 있었다. 그것은 그다지 현찰을 많이 갖고있지 않은 사람에게는 아주 적합한 장사였다. 이 장사를 시작으로 아이아코카의 아버지는 극장과 부동산, 식료품점 등으로 점차 사업을 늘려갔고 마을 유지로서 대공황 전까지 아이아코카는 유복한 어린시절을 보낼 수 있었다. 그러나 이런 유복한 시절은 그리 오래가지 못했다.

1931년(7세) 세계대공황이 발생하였다. 이러한 대공황은 아이아코카도 예외가 아니었다. 그동안 유복한 생활을 누리던 아이아코카의 생활은 비참히 깨지고 말았다. 그렇게 번창했던 아버지의 사업은 하나 둘씩 접게 되었고 급기야 빈민과 같은 궁핍한 생활을 하게 되었다.

실제로 아이아코카는 어린 시절 겪었던 대공황시절 몇 푼 안되는 소뼈다귀를 항상 오랫동안 국물을 우려내어 먹곤 했다고 한다. 이러한 대공황은 어린 아이아코카에게 커다란 영향을 미쳤다. 아이아코카는 자기자신이 직접 "대공황이 나를 물질주의자로 만들었다"고 말할 정도로 그에게 있어 대공황은 그의 일생의 방향을 정하는데 커다란 영향을 끼치는 사건이 되었다.

## 소년기와 학창시절

아버지 니콜라 아이아코카는 1902년에 이태리의 산 마르코에서 미국으로 이주한 이탈리아계 미국인이었다. 그 전까지는 자신의 정체성에 대한 것을 크게 자각하지 못하고 지낸 아이아코카는 학교에 다니면서 그의 친구들과 선생님들이 그에게 보인 인종적 차별을 통하여 그가 이탈리아인임을 깨닫게 되었다. 그의 친구들은 그를 꼬마 '워프'(이탈리아인을 낮추는 말)라고 놀려 대며 따돌리곤 하며 그를 괴롭혔다. 그러나 이것은 그에게 있어 좋은 기회를 주었는데 그 당시 반에서 1등을 하던 친구와 친하게 지내며 그에게 공부를 배울 수 있었다.

소년기의 학창시절은 그에게 있어 인생에 대하여 많은 것을 깨닫고 느끼게 해주는 사건들이 많았었다.

1937년(13세) 아이아코카는 당시 또래 아이들에게 가장 인기있는 보이스카웃 소년단장 선거에 나가게 되지만 그는 패배하여 크게 낙심을 하게 된다. 그렇지만 그 선거는 38명 정원임에도 불구하고 22대 20으로 져버린 어처구니 없는 결과였다. 이러한 부정선거임을 뒤늦게 알게 된 어린 아이아코카는 담임선생님에게 이 사실을 알리지만 선생님은 이 일을 그냥 지나쳐 버렸다. 이것을 통해서 그는 '인생이란 반드시 공정한 것이 아니다'라는 것을 어린 나이에 자각하게 되었다.

아이아코카는 초등학교 때 배운 것 중 가장 기억에 남는 것이 작문시간에 배운 커뮤니케이션 기술이라고 말하고 있다. 9학년 때의 라이버 담임 선생님은 아침시간마다 작문을 짓도록 하였고, 수업시간 중 단어 실력겨루기 게임을 하고 후에는 그 게임에서 단어를 발췌해서 시험을 치르곤 하였다. 그 결과 9학년이 끝날 무렵 아이아코카는 자신의 의사를 글로써 나타내는 법을 익히게 되었다. 또한 많은 연설을 하였고 이에 선생님들에게 우등생으로 인정받게 되었다.

## 고등학교 시절

아이아코카에게는 훌륭한 학생이 되는 일이 매우 중요했다. 그래서 매학년 수석을 다투는 훌륭한 성적을 받을 수 있었지만 아이아코카는 이것으로 만족하지 못했고, 토론반, 연극반, 스포츠 매니저, 춤과 밴드부에서의 섹스폰 연주 등의 과외활동을 하였다.

9학년 때에는 가장 친한 친구인 지미 레이비가 선거운동의 매니저가 되어 참다운 정치활동을 전개한 결과 어렵게 총학생회장에 당선되었지만, 선출된 후 다른 아이들과 어울리지 못하고 시인척 하는 자신에게 속물 같은 정치인이 되어 간다고 생각해서 2학기 때의 총학생회장선거에서는 미약한 선거운동을 통해 패배의 쓴잔을 마시게 되었다. 이때의 총학 선거의 패배를 통해 아이아코카는 리더십에 관한 중요한 교훈을 얻게 되었다.

고등학교 졸업생 900명 중 12등으로 우수한 성적으로 졸업을 하게 되었고, 대학진학을 준비하고 있을 무렵에는 독서와 작문 실력, 연설실력의 탄탄한 기초 지식을 갖고 있었다.

졸업할 당시에 일본의 진주만 공격에 대해 미국인들의 일치와 단결을 보고 인생에서 영원히 기억될 교훈을 하나 얻게 되었다. 그것은 바로 "사람들을 서로 단결시키려면 흔히 어떤 위기가 필요하다"라는 사실을 깨달았다.

## 대학교 시절

아이아코카는 애국심에 1941년 12월 자원입대를 하였으나 류마티스로 인해 신체검사 결과 4F등급이라는 불합격판정을 받음으로써 군대에 입대하여 전쟁에 참여할 수가 없었기에 아이아코카는 크게 실망하였다. 입대를 못하는 대신에 그는 공부에 몰두하게 된다.

리하이 공대에 진학(산업공학 전공과 함께 경영학과 심리학 배움)한 아이아코카는 동창생들이 전쟁에 참여하여 학생수가 없었기에 거의 개인교습을 받다시피 수업을 듣게 되었다. 하지만 항상 우등생이 되는 것은 쉽지 않았기에 처음 1학기 동안은 아버지의 판단에 열등생이 되기도 하였다.

4학년 때는 경영학 수업을 수강하고, 공대를 4년간 다니면서 심리학과 변태심리학을 꾸준히 배웠다. 이것은 자동차 업계에서 기업계 인사들을 만나면서 가장 많이 필요한 기술이었던 것이다.

## 포드사 시절

### 초기 시절

4학년 그 당시만 해도 포드사에서는 50개의 각 대학에서 한 명씩만 선발해서, 50명의 사원만을 채용하기로 하는 회사방침이 있었는데 자신이 그 한 사람이 되었다는 것에 놀라지 않을 수 없었다. 스탠포드대학에서 석사학위를 따느라 포드에 입사하지 못할 뻔 했지만, 우수한 성적의 아이아코카를 보고 회사 관계자의 배려로 포드에 입사를 하게 되었다.

1946년 8월 학생엔지니어로 포드에 입사하였고, 그 당시에는 노쇠한 포드 1세 대신 경영에 참여한 베넷 등의 경영진과 이에 반발하는 근로자간의 불화가 있었다.

처음에는 엔지니어링 분야에 배치 받았다. 하지만 아이아코카 자신은 엔지니어링 분야에서는 근무하고 싶지 않았다. 행동이 존재하는 판매나 세일즈 분야를 희망하여 훗날 자신의 노력에 의하여 어렵게 세일즈분야로 가게 되었다.

세일즈 분야에서 아이아코카는 찰리 비캄이라는 인생의 스승을 만나게 되었다. 찰리는 상황에 따라 아주 강인한 면을 보여주기도 하였다. 그리하여 아이아코카는 찰리가 자신의 마음 속에 아주 특별한 자리를 차지하고 있고 그 자리는 점점 넓어질 것이라고 어느 파티에서도 공개적으로 발표하기까지 하였다.

또한, 찰리는 아이아코카에게 트럭 세일즈를 가르쳐 주었고, 아이아코카에게 이름과 성의 위치를 바꾸게 하였다. 그 결과 아이아코카는 강의를 하러 가서도 그 사람들에게 좋은 친구로서의 인상을 줄 수 있었다.

세일즈전략을 하던 아이아코카는 '56년형의 포드를 위한 56달러' 계획을 착안하여 차 구입시에 전체 차 값의 20%를 내고 나머지 80%는 56$씩 3년 동안 분할 상환하는 방법을 통하여 판매실적이 부진하였던 필라델피아 지구는 판매실적 최하위에서 선두로 올라설 수 있었다. 이에 따른 보상으로 아이아코카는 하룻밤 사이에 유명 인사가 될 뿐 아니라 워싱턴 D.C 지역 지배인으로 승진하게 되었다.

### ㄴ 중기 시절

새로운 상관인 로버트 맥나마라의 지도로 회사 운영에 대한 여러 가지를 배우게 되었다. 맥나마라는 인간 로봇이라는 혹평을 들을 정도로 계획에 철저하였고 냉정하였다.

후에 맥나마라는 1960년에 포드사의 회장직까지 맡게 되는 현명하고도 진정한 경영자의 자격을 가진 경영자였다. 맥나마라가 회장직을 위임하게 될 당시 아이아코카는 부회장 겸 자동차 부서의 총지배인으로 승진하게 되었다.

승진 후 아이아코카는 자신이 개발한 차에 대한 열망을 가지게 된다. 당시 차가 시장에 나오게 되는 일반적인 방식은 차를 개발하고 시장에서 파는 선개발 후판매 방식이었으나 아이아코카는 당시의 방식과 반대로 구매자를 물색하고, 차를 개발하는 방식의 차 개발을 하였다.

이렇게 해서 'Mustang'은 당시에 구매자들의 다양한 구매의사(교회에 가거나 피크닉에 가고 때로는 레이스도 할 수 있도록 만든 차)를 탐색하고 그에 맞춰 만든 차로써 저렴한 가격에 여러 가지 옵션을 통해 다양한 욕구의 충족과 가격도 저렴한 차를 생산해내게 되었다.

무스탕이 출시되기 전에 경제사정이 호전되면서 1964년 초기가 자동차 판매역사상 가장 높은 수준을 기록하였다. 이처럼 'Mustang'의 성공으로 자동차 트럭 부문 부사장 승진이라는 결과를 가져왔고 이것은 죽어가던 고급 차 부문인 링컨-머큐리를 회생시키고 포드의 가장 큰 수입원으로 탈바꿈시킴으로써 아이아코카의 실력을 인정받게 된 것이었다.

## 말기 시절

아이아코카는 결국 많은 노력 끝에 1970년 12월 10일 포드사의 사장으로 취임하게 되었다. 아이아코카는 사장 취임후 약간의 경제불황으로 매상이 떨어지는 것을 이전의 상태로 돌려 놓겠다는 결심하에 원가절감계획안 등으로 이익극대화에 신경쓰게 되었다. 이것은 그가 생각하는 이익을 남기기 위한 방법 중 물건을 많이 파는 것과 경비를 줄이는 방법 중에서 후자를 택한 것이었다. 이때 내세운 경비를 줄이는 분야를 아이아코카는 "첫 번째로 쓸데없는 시간 낭비를 없애고, 두 번째로 생산의 복잡성을 간단하게 하며, 세 번째 디자인 경비를 줄이고, 네 번째 구식 방법을 없앤다"는 것이었다. 이것이 성공만 한다면 자동차를 한 대도 팔지 않고도 약 40%의 이익을 얻는 것과 같다고 판단하였다.

1973년 석유파동 당시 아이아코카는 규모가 작고 연료가 적게드는 자동차가 앞으로 추세라고 판단하여 수석 핼 스페를리히를 유럽으로 보냈고 석달이 지나서야 둘이서 소형자동차 피에스타를 생산하였다. 하지만 그동안 소형차를 만들어 오지 않았던 포드사 간부측은 이 소형차 출시를 격렬히 반대하였지만 아이아코카는 이를 강행하였고 헨리의 도움으로 피에스타를 출시하게 되었다. 결국 피에스타는 Mustang이 1960년대 포드사를 살린 것과 마찬가지로 유럽에서 방향전환을 하는 데 매우 중요한 몫을 해냈다.

아이아코카는 포드사를 잘 경영하고 있었음에도 괴팍한 성격의 헨리 포드 2세와의 갈등은 계속적으로 식지 않았다. 1956년 포드자동차 회사는 공개법인이 되었음에도 불구하고 헨리 포드는 항상 당당한 소유주로써 행세했고 회사는 자기 것이며 마음대로 할 수 있다는 듯한 태도를 취했다.

결국 헨리 포드는 아이아코카가 자신의 자리까지 노리고 있다는 불안감과 적대감에 아이아코카를 서서히 포드사의 제2의 서열에 위치한 사장직에서 조금씩 밀어내기 시작하였다. 중간에 부회장을 선임하고 자신의 동생에게 막대한 주식을 옮겨 줌으로써 아이아코카를 제4의 서열로 밀어내기 시작한 것이었다. 이에 아이아코카는 물러나지 않으려 하였고, 포드사 내에서는 이처럼 권력 다툼이 일어나게 되었다.

결국, 아이아코카는 헨리 포드의 단독 결정에 따라 1978년 7월 13일 사장직에서 해고되었다.

## 크라이슬러에 사장으로서의 시절

### 아이아코카 전의 크라이슬러

아이아코카가 판단한 크라이슬러사는 회사 역사상 최대의 적자를 내고 있었으며, 전체적인 재정을 관리하는 조직조차 없는 조직구조로 질서와 단결, 활력 없는 조직이었다. 더구나 35명의 부사장들이 협력없이 각각 서로의 일만을 해나가는 비효율적인 조직구조로 이루어진 경영체제였다.

그리고 현재의 크라이슬러사의 시장현황은 시장점유율과 고객충성도가 하락하고 있는 상황이었다. 그야말로 1위인 GM에 비교해 보면 반도 안되는 고객충성도 수치를 갖고 있었다.

또한, 회사의 공터에는 10만대가 넘는 재고차량이 있었고, 당시 직원들은 세일기간 중에 이 차들을 판다는 패배적인 통념을 가지고 있어 회사의 자금흐름에 매우 악영향을 끼치고 있었다.

### 크라이슬러사에 입사

1978년 현 회장이었던 리카르도의 요청으로 독자적인 경영을 보장받고 1979년 리카르도 회장의 사임과 동시에 아이아코카는 크라이슬러에 크라이슬러 사장으로 입사하였다. 이것은 곧 크라이슬러가 아이아코카에게 회장직을 준다는 것을 뜻한 것이다.

### 크라이슬러를 회생시키기 위한 노력

아이아코카는 자신이 원했던 자신의 갈길을 가기 위하여 – 아이아코카는 포드사에서 너무도 오랜 시간 제2인자였었기에 진정한 1인자가 되는 것이 자신의 길이라고 생각했다 – 크라이슬러사에 사장으로 취임하자마자 본격적인 크라이슬러사의 회생 계획에 착수하였다.

그것은 새롭고 유능한 경영적 조직을 구성하는 것이었다. 아이아코카는 포드에서 가져온 인사기록 노트를 통해 자신의 개혁을 도와줄 유능하고 능력있는 경영팀을 구성하고자 하였다.

또한 기존의 조직을 개혁하고 연봉인하를 실시하였다. 이것은 기존에 35명의 부사장 중 33명을 해임시키는 것이었고, 8,500명의 근로자를 해고하며, 회사의 경비를 줄이기 위하여 자신의 연봉을 1$로 우선적으로 삭감하고 종업원 연봉도 10% 감봉하는 일 등을 추진시키는 것이었다.

또한 아이아코카는 유럽지역에서 폴크스바겐과의 합작으로 비용을 절감시키고, 미국 정부에 융자보증을 요청하여 12억달러를 융자받고 은행으로부터 총 46억6천만달러의 대부금을 상환연장하는 등 경영자의 능력을 발휘하였다.

아이아코카는 이렇게 크라이슬러사의 구조조정과 개혁을 실행하는 회생 기간에도 연구개발에 노력해 미국적인 승용차 K-car의 제작을 출시하여 판매에 성공시키고, 미니밴 제작에 노력을 가했다.

이에 크라이슬러의 회생은 12억달러의 융자액을 7년의 기한을 앞당겨 상환하고, 컨버터블카(K-car)의 생산 성공과, 미니밴의 기록적인 성공을 통해 1983년 9억2천5백달러의 수익을 낳았다. 그야말로 아이아코카는 다 쓰러져 가는 크라이슬러사를 불과 3년만에 회사를 정상화시키는 최고 경영진의 능력을 발휘하였다.

## 2. 크라이슬러 신화를 기다린 한국 자동차 산업

지금까지 아이아코카가 파산상태에 빠진 크라이슬러 위기를 극복하는 이야기를 담아봤다. 그러나 정작 중요한 것은 1980년대 후반 이후 크라이슬러가 경영혁신을 통하여, 빅 쓰리 가운데서도 가장 낡고 비효율적인 시스템을 개선하여 강한 경쟁력을 갖춘 세계적인 기업으로 재탄생하게 되는 80년대 후반 이후의 스토리이다. 크라이슬러가 1980년대 회생한 것은 캐러반과 K-car라는 제품 덕분이었지만 1990년대 생존의 기반을 갖추게 된 것은 단기간에, 적은 비용으로, 고객의 수요를 충족시키는 시스템 자체를 갖추게 되었기 때문이다(Belzowski, 1998).

더욱이 이 후반의 스토리에서 아이아코카는 권위주의적인 성격, 대량생산 시대의 낡은 제품철학, 엔지니어링에 대한 악명 높은 간섭 등으로 인하여 오히려 크라이슬러 경영혁신의 장애물로 등장하게 된다. 이처럼 크라이슬러의 위기를 큰 발전으로 극복한 그 극복과정이 그 시대만에도 몇 년 사이에 널리 큰 관심의 대상으로 되었었다.

한 때 우리나라의 한 기업의 위기와도 너무 비슷하기에 그냥 쉽게 지나칠 수 없음을 느껴 기술하고자 한다. 바로 기아 자동차와 대우 자동차의 경영 위기를 배경으로 하여 위기의 발생 원인과 과정이 당시 클라이슬러와 너무나도 흡사하였다. 그렇기에 아이아코카가 크라이슬러를 다시 회생시킨 것처럼 우리도 한국의 신화가 성립되기를 바라는 마음이 간절하였다. 그러나 이 두 회사는 당시 결국 매각되고 말았다.

**표 14-1** 크라이슬러와 당시 대우자동차

| 구 분 | 크라이슬러와 당시 대우자동차 |
|---|---|
| 공통점 | # 비슷한 위기 발생과정<br>- 크라이슬러는 오일쇼크 - 일본차 수입 급증<br>- 기업 외적 요인 - 무리한 사업확장과 과잉재고<br>- 유럽의 경영기반 악화에 따른 자금부족<br>- 여러 기업내적 요인이 겹쳐 위기가 발생 |
| 극복과정의 차이점 | # 미약한 대우자동차의 자구노력=대우자동차의 자구노력은 크라이슬러에 비하면 너무 미약함<br>- 크라이슬러사는 경영자와 노동자간의 서로 입장을 이해함.<br>& 대우사는 경영진들의 무리한 욕심만을 주장.<br>-크라이슬러사는 경영자와 노동자간 서로의 희생을 감안하고 양보함.<br>& 대우사는 노동자 자신들의 희생을 하지 않으려고 함.<br>-크라이슬러사는 모든 직원이 회사의 경제적 위기를 파악하고 살리기 위하여 노력함.<br>& 대우사는 모든 경영진과 직원들과의 화합이 부족. -결국 매각되고 끝남. |

이처럼 크라이슬러사는 아이아코카를 중심으로, 모든 직원이 경영진의 회사방침을 자신들의 희생을 감수하고 따랐다.

아이아코카만의 혼자 힘으로 크라이슬러를 살릴 수 있었던 것은 아니다. 아이아코카 자신이 말하길 "회사가 유지하고 발전하기 위해서는 훌륭한 경영자만이 아니라 그 경영진들을 따라주는 유능하고도 훌륭한 직원들이 함께 하고 화합해야만 하는 것이다."라고 했다.

### 3. 아이아코카에게서 배운다

한때 미국의 테러사태로 우리나라 경제는 무척이나 어려운 시기에 놓여있었다. IMF 졸업 이후 구조조정과 기업의 퇴출 등 여러 가지 경제위기 극복의 방법으로 인하여 우리의 실업자 수는 계속 100만명에 달하였으며 이에 따른 여러 가지 문제점을 여기저기서 발견할 수 있었다.

그렇다면 이러한 경제위기에 필요한 것은 무엇인가? 그것은 바로 위기를 극복할 줄 알고 이것을 오히려 기회로 삼아 현명하고 슬기롭게 대처할 수 있는 자세가 필요하다. 이러한 위기를 기회로 삼아 더욱 더 탄탄한 기업으로 우뚝서게 만든 한 사람이 있다. 바로 경영의 천재라고 일컬어지는 '아이아코카'이다. 우리는 그를 통해서 어느 시대이건 위험에 대처하는 전략을 배워야 한다.

## 제 2 절 아이아코카의 기업가정신

### 1. 인재제일주의

인재제일주의는 아이아코카의 기업가정신뿐만 아니라 최고의 경영자로 일컬어지는 CEO에게서 발견되는 것이다. 경영자의 능력 중 하나로 꼽히는 것은 바로 인재를 얼마만큼 활용하느냐에 있다. 아이아코카 역시 인재의 중요성을 알고 있었다. 그는 "능력있는 경영진만큼 최고경영자를 돋보이게 하는 것은 없다"라고 말할 정도로 그의 인재 제일주의에 대한 기업가정신은 확고했다.

그는 크라이슬러에 머무를 당시 처음 부임하여 35명의 부사장 중 32명을 해고시키고 8,500여명의 종업원을 선별 해고시키고 다른 능력있고 뛰어난 경영진과 직원들을 뽑았다. 또한 끊임없는 사원 재교육을 통하여 인재 제일주의에 대한 경영이념을 실현시켰다.

## 2. 계획실천주의

오늘날의 아이아코카를 만들었다고 할 수 있는 경영이념은 계획실천주의 정신이다. 우리는 '作心三日'이라 하여 계획만 세워두고 실천은 하지 않은 경우가 많이 있다. 그렇지만 그는 실천주의자였으며 또한 계획주의자였다. 꼼꼼히 자기일을 분석하고 계획하며 또한 계획으로만 그치지 않고 실천으로 옮기는 행동주의자였다. 그는 계획을 꼼꼼하고 세밀히 짜는 것으로 매우 유명한데, 그의 주위에는 항상 계획표가 있었으며 심지어 그의 침대 머리 위에도 계획표가 있었고 그의 계획에는 점심에는 무엇을 먹을지까지도 짜여져 있었다고 한다.

그는 계획표에 몇 년뒤에 자기 자신이 어떤 모습으로 어느 위치에 있겠다라고 적어 놓기도 했다. 그리고 그는 이것을 실천했다. 비단 이것은 아이아코카 자신만을 위한 경영이념으로 끝나는 것이 아니었다. 실제로 그는 사업을 벌일 때의 우선순위를 정하고 당장 손을 대야 할 일의 리스트를 작성하여 실천에 힘썼으며 특히 장기사업을 벌릴 경우에는 우선 순위표로 계획하며 실천하였다.

## 3. 비관료주의

최고경영자인 아이아코카의 생애에서 살펴보듯이 그는 여느 최고경영자와는 사뭇 다른 모습을 보인다. 그는 하급관리자의 생활을 한 경험이 있는 이론에만 치우친 경영자가 아닌 실전도 있는 경험자이기도 하였다. 그렇기 때문에 그는 관료주의에 대한 비효율적이고 비생산적인 면을 알고 있었다.

그는 이미 포드사 시절 하급 관리자로 있을 때 신임받지 못하고 감시받는 생활이 사원들로 하여금 얼마나 사기를 떨어뜨리는지를 잘 알고 있었기 때문에 그는 신뢰를 바탕으로 종업원의 권한을 위임했으며 Team제를 도입하여 좀 더 적극적으로 사원들이 회사 경영에 참여할 수 있도록 하였다. 그리고 이것은 크게 성공하였다.

## 4. 고객지향주의

'고객은 왕이다' 아이아코카는 평생동안 이 말을 실천하고 있었다. 그는 변화의 흐름 속에서 이제 더 이상 회사가 중심이 아니라 고객이 원하는 것을 만들어야 한다는 것을 일찍이 깨달았다. 그리고 이것은 그의 경영방식에도 도입되었다. 그동안 일괄적인 검은색 자동차인 포드 자동차 대신에 무스탕으로 크게 성공을 거둔 것을 볼 때 그의 고객지향주의가 얼마나 잘 실천되었는지 알 수 있다.

이것의 또 한 가지 예로는 '56년형의 포드를 위한 56달러' 세일즈 전략을 들 수가 있다. 이것 역시 고객지향주의에 일치하는 경영이념이다. 고객이 원하는 것을 잘 알고 이것을 짚어냈기 때문에 그의 이러한 세일즈 전략도 성공적으로 마칠 수 있었던 것이다.

## 5. 동등한 희생주의정신

동등한 희생주의정신은 오늘날 우리의 경영자들이 그 어떤 기업가정신보다도 이것을 아이아코카에게서 배워야 하지 않을까 하는 생각이 든다. 그는 크라이슬러를 회생시키기 위해서 8,500명의 근로자를 해고시켜야만 했다. 그리고 이 근로자들의 해고뿐만 아니라 비용절감을 하기 위해서 이 근로자들의 연봉도 감봉시켜야만 했는데 자기 자신이 먼저 솔선수범하여 자신의 연봉을 먼저 $1로 책정한 뒤 근로자의 연봉을 10% 감봉시켰다. 물론 근로자들의 항의도 따랐지만 여기서 중요한 점은 경영자 자신이 먼저 희생을 감안했다는 것이다. 경영진들의 희생을 감안하지 않으면서 근로자들의 희생만 강요했더라면 크라이슬러의 회생은 일어나지 않았을 것이다. 고통분담 이 말을 그는 가장 잘 실천한 경영자인 것이다.

지금까지 우리는 크라이슬러의 위기극복 사례를 살펴보면서, 현재 우리나라 기업가들이 파산상태에 빠지고 있는 기업들의 경영문제를 크라이슬러와 비교해 봄으로써 우리가 어떻게 대처해야 하는지에 대한 방안을 찾아보아야 할 것이다.

## 제 3 절 아이아코카의 생애 : 요약

### 1. 출생기와 성장배경

1) 1902년 12살의 나이로 이탈리아인 아버지 니콜라 아아아코카는 산 마르코에서 미국으로 이주
2) 아버지 니콜라 아이아코카
   - 리 아이아코카에게 큰 영향력을 준 인물
   낙천주의자, 강한 집념의 도전주의자, 사업가의 자질, 정력과 끝없는 에너지 - "뛸 수 있는데 왜 걷고있느냐?"라며 근면정신을 아들에게 주입시킴
3) 1924년 10월 15일 출생
   - 리 아이아코카 펜실베니아 일링턴에서 성장
   초년기에는 아버지의 사업으로 유복한 생활을 함
4) 1931년(7세)
   - 대공황으로 가난하고 불안한 생활 : 가족의 가톨릭 신앙(하느님에 대한

믿음)이 큰 힘이 됨

→ 대공황의 영향으로 리 아이아코카는 물질주의자로 변화

## 2. 소년기와 학창시절

1) 1934년(10세)

- 슈퍼마켓 아르바이트 : 약간의 팁을 받고 짐 나르기
  → 식품업 수송에 종사
- 과일가게에서 1주일에 16시간 이상 주말 아르바이트를 함 : 도매시장으로부터 과일 수송
  → 가족에게 신선한 과일과 야채공급(따뜻한 가족애)

2) 1935년(11세)

- 이태리계 미국인임을 자각
  또래 아이들의 집단 따돌림과 조롱으로 자주 싸움
  : 아버지의 경고를 마음속에 새김. "그 녀석이 너보다 덩치가 크면 싸우지 말아라. 주먹대신 머리를 써서 이겨라."

3) 1937년(13세)

- 소년단장 선거 패배(학급인원 38명, 22 : 20으로 패배)
  → 인생이란 반드시 공정한 것만은 아니라는 것 터득

4) 선생님들에게 부지런함과 바른 학교생활로 인정받음

- 작문시간 : '의사전달 방법'에 관하여 배우고 크게 깨우침(선생님들에게 우등생으로 인정받음)

5) 1939년(15세)

- 포드대리점에 근무하는 아버지 친구 아들인 에트워트 찰스의 자동차 업계로의 진출 권유로 그때부터 자동차판매세계로 정력을 쏟음

6) 고등학교 시절

- 매학년 수석을 다툼. 수학점수는 전부 A학점
  라틴어 성적이 가장 우수한 학생으로 수상.
  요한 교황이 미사에 쓰는 말을 영어로 번역하기도 함.
  연극반 가입, 적극적인 활동, 토론반 활동
- 7학년 : 재즈 음악과 재즈 춤에 열광. 학교 밴드부에서 퍼스트 트럼펫 주자로 활약. (정치에 대한 관심으로) 음악 포기. 학급반장의 소망을 이룸.
- 9학년 : 총학생회장에 입후보, 승리함으로서 자부심 가짐.
  2학기때 패배 - 리더십에 대한 좋은 교훈을 얻음
- 9백명 중 12등으로 졸업

## 3. 청년기와 대학시절

1) 일본의 진주만 공격

- 미국인들의 일치 단결과 활기 → 영원히 기억될 교훈 얻음. → '사람들을 서로 단결시키려면 흔히 어떤 위기가 필요하다'라는 사실 깨달음.

2) 1941년 12월 자원입대. 신검시 류마티스 때문에 4F불합격

- 실의에 빠짐 → 공부에 파묻힘, 기계에 흥미

3) 퍼듀 대학에 장학금신청 → 기각됨.

4) 리하이 대학에 진학(가족과 함께 있기를 원하여 집에서 가까운 곳 선택)

5) 기계공학에서 산업공학으로 전공 바꿈, 리하이대학에서의 꾸준한 심리학 공부, 경제학, 경영학, 통계학 등 1주에 3일씩 공부함.

① 후에 기업인사들과 접촉시 심리학, 경제학, 경영학 지식 활용

② 특별 과외 활동 → 신문기자로 활동

6) 프린스턴 대학원 입학 → 포드사 입사

## 4. 청년기의 포드사 시절

1) 1946년 8월
   - 견습 엔지니어로 포드사에서 일을 시작
     ① 공학부문(클러치 스프링 디자인)에 배치 받음. 그러나 판매부나 세일즈 부문으로 배치 받기를 열망, 판매부에 배치.
     ② 뉴욕지구의 트럭 판매부에 일자리 의뢰→실패
     ③ 펜실베니아 체스터의 하급판매직원으로 채용됨.

2) 1956년 심한 곤란을 겪음
   - 자동차 판매 실적의 부진

3) 1956년 '56달러로 56년형 포드를'의 계획 성공(필라델피아 지구 판매 실적 일약 선두)
   →워싱턴 지역 지배인으로 승진(입사 10년)

## 5. 장년기의 포드사 시절

1) 1960년 3월 : 자동차 트럭 부문 판매 책임자
2) 1960년 11월 10일 : 총 지배인으로 승진
3) 1960년 12월 : 36살 나이에 세계에서 두 번째로 큰 회사의 총 지배인
4) 1965년 1월 : 포드사의 승용차와 트럭부문의 부사장으로 승진
5) 1970년 12월 10일 : 포드자동차의 사장으로 임명됨
6) 1978년 7월 13일 : 포드자동차 사장직에서 해고됨.

## 6. 아이아코카 등장 이전의 크라이슬러의 역사

1) 1924년 : GM초대 부회장 W. P. 크라이슬러가 도산 위기인 맥스웰 차머스 인수

2) 1925년 : 회사이름을 '크라이슬러'로 변경

3) 1928년 : 닷지, 폴리우스 데소토를 M&A

4) 제2차 세계대전 이후 적자 행진

5) 1961년 : 리 타운젠트 사장 취임

6) 1963년 : 프랑스의 시무카 매수

7) 1967년 : 영국의 루츠 매수

8) 1974년 : 5천2백만달러로 시작된 적자

9) 1970년대 말 붕괴 직전의 상황

- 원인은 1970년대 초부터 시작된 무리한 해외확장사업 오일쇼크
  → 일본의 소형차가 맹위(당시 크라이슬러는 대형차 주력)

10) 1978년 : 적자규모 11억달러, 리 아이아코가 회장 취임

(1) 회사 역사상 최대의 적자 나타냄

(2) 전체적인 재정을 관리하는 조직조차 없는 부실한 경영의 조직구조

(3) 질서와 단결력의 결여

(4) 시장점유율 하락과 고객에게 멀리하는 회사로 전락

(5) 재고차량 10만대 이상 - 판매가 안됨

## 7. 장년기 크라이슬러 시절

### - 아이아코카의 위기극복전략(1970년대말) -

1) 1978년 크라이슬러 사장으로 아이아코카 영입

2) 크라이슬러를 회생시킨 경영전략

(1) 비용절감전략(조직의 개혁과 연봉인하)

① 35명의 부사장 중 33명 해임

② 8,500명의 근로자 해고

③ 자신의 연봉 1$ 책정

④ 종업원 연봉 10% 감봉

(2) 규모축소화 전략

① 250만대 규모의 생산시설을 110만대로 50% 이상 축소시킴

② 군수산업철수(적자부문)

(3) 생산전략의 변화

① 생산방식의 변화와 재고감소전략

② 10억달러 재고물량 처리를 위한 일괄생산체제에서 주문제로 대 전환

(4) 자금조달전략

① 정부에 융자 보증 15억달러를 요청

② 경영합리화 정책 실행과 12억달러 융자성공

가. 3차례 임금인하

나. 생계비 이하의 임금

다. 노사협력 - 노사합의 이룩함

③ 은행으로부터 총 46억6천만달러의 대부금의 상환연장

(5) 신제품 개발 전략

① 미국적인 승용차 "k-car"의 제작 최초의 미니버스 출시 성공.

② 신용판매 형식으로 30일 이내 1,000마일 이내 환불가능 그리고 리콜제 실시

③ 30m 지상에서 본넷트 달걀 실험 성공

3) 크라이슬러의 회생

(1) 1982년부터 흑자 전환 불과 3년 만에 회사 정상화 이룩함

(2) 12억달러의 정부융자액 7년이나 일찍 조기 상환시킴 - 정부에서 기적이라고 평가

(3) 컨버터블카의 생산, 미니밴의 기록적인 판매성공

(4) 1983년 9억2천5백달러의 수익 달성

4) 아이아코카의 대통령 출마설 :

미국 국민이 가장 존경하는 기업가로서 "경영의 괴재"로 칭송받음

## 8. 노년기 크라이슬러 제2의 위기 극복전략(90년대 초)

1) 1980년대 말부터 회사 매출 감소, 1990, 1991년 포드와 합병설 대두 원인은 일본 자동차(도요다, 혼다)의 시장점유 확대, 특히 소형차의 시장확대로 크라이슬러 위축

2) 권한위임 전략

① 전사적 비용절감

② 모든 계층의 종업원에게 회사정책에 참여하고 의사결정을 할 수 있는 권한위임 → 주인의식(10% 원가절감 : 45억달러)

③ 권한위임에는 종업원의 훈련도 포함

④ 효과적 위임은 효과적 관리의 최고 지표

3) 팀(Team)제의 도입

① 소형차, 대형차, 지프&트럭, 미니밴의 4개의 platform team 조직, 각 팀에 전적으로 모든 권한위임

4) 신모델 개발 - 대담한 디자인의 혁신적 제품

① 대담한 곡선을 표현하는 크라이슬러만의 고유한 색깔을 찾음 → 지프 그랜드 체로키, LH세단, 다지램에서 네온에 이르기까지

② "디자인은 비용을 추가시키는 것보다 훨씬 더 가치를 배가시킨다."

5) 결과

① 1993년 25억달러의 영업이익.

② 1990년대 초반 바닥을 기던 주가 500% 상승

③ 1994년 꾸준한 당기순이익 갱신

### 참고문헌

1. 「아이아코카 秘話」, PTER WYDEN, (주)시사영어사 1988.
2. 「아이아코카자서전」, 아이아코카, 범우사 1885.
3. 「아이아코카 제2자서전」, 리아이아코카, (주)시사영어사 1988.

15

# 헨리 포드의 경영활동과 기업가정신

## - 자동차의 왕 국민적 영웅으로 부상 -

# 제15장 헨리 포드의 경영활동과 기업가정신

## - 자동차의 왕 국민적 영웅으로 부상 -

## 제1절 헨리 포드의 생애와 경영활동

### 1. 출생기과 배경

헨리 포드 가문은 영국의 아일랜드에서 대대로 농업에 종사하고 있었다. 1860년대 아일랜드는 대 흉년으로 헨리 포드 가족은 신개척지 미국의 미시건주 데어본으로 이민하였다.

헨리 포드의 아버지 윌리엄 포드는 농장의 일과 철도 선로공, 목수일 등을 하면서 저축한 돈으로 커다란 농토를 사들여 농장주가 되었다. 헨리 포드는 1863년 7월 30일 윌리엄 포드의 장남으로 출생하였다.

헨리 포드의 출생시기의 사회적 배경은 남북전쟁으로  미국이 양분되어진 혼란기로서, 헨리 포드가 출생하던 1863년은 게티스버그 전투가 일어났고, 1865년 남북전쟁의 종결로 북부가 승리하여 북부는 공업위주의 산업구조로 전환되어 공업성장이 이룩되기 시작하였다.

당시의 경제적 상황은 1865년 세계 최초의 송유관 설치, 1869년 대륙횡단 철도 완공과 자동차공업 분야의 기술발전이 이룩되기 시작하였으며, 1860년 장 르느와르에 의한 내연엔진이 발명되었으며, 1861년 오토에 의한 내연엔진의 개량으로 공업분야의 기술발전이 이룩되던 시기이다.

## 2. 청소년기의 자동차에 대한 꿈

1880년 17세 때에 자동차에 대한 꿈을 위해 고향을 떠나는 청년기의 헨리 포드는 디트로이트에서 제임스 플라워 기계제작주식회사의 기계견습공으로 채용되어 일을 시작하게 된다. 그 후 디트로이트 선박회사에 취직되어 열심히 일하였다. 그러나 뜻밖에도 누이동생으로부터 농장일의 도움을 청하는 편지를 받고 귀향하여 고향에서 농사일을 하면서 농장용 엔진 차에 대한 구상을 시작하였다.

그는 다시 꿈을 실현하기 위해서 디트로이트에 돌아가 에디슨 전기회사의 디트로이트 출장소에 취직하여, 발전기에 관한 연구를 시작하여 재능을 인정받고, 기계부장으로 승진한다. 그는 업무 후에도 연구에 몰두하며, 자동차에 대한 윤곽을 그리기 시작하였다.

### 첫 번째 자동차의 시운전

1893년 30세 크리스마스 이브에 2기통짜리 엔진을 부엌 씽크대에서 완성한다. 1896년 5월 최초의 2기통짜리 포드 자동차(2인승, 4마력, 시속 45km)을 완성하여, 발명왕 에디슨에게 격찬을 받는다.

그는 1899년 자금지원자이자 동업자였던 윌리엄 머피와 함께 티트로이트 자동차 회사를 설립하고 본격적인 자동차생산에 돌입한다. 그러나 1900년 80만 6천달러를 손해보고 실패하였다.

## 3. 장년기의 경영활동 : 포드 자동차회사의 창업

헨리 포드는 1903년 40세에 자본주들의 자본금을 모은 15만 달러로 포드 자동차회사를 정식으로 발족한다. 멜키슨과 동업하지만 결국 그와 기업전략의 차이로 결별한다.

그는 혼성주주제라는 새로운 창업법과 경영기법을 도입하여 신기하지만 비실용적인 사치품에 불과했던 자동차를 서민에게 말이 없는 마차를 제공하는 결과를 낳게 하였다.

창업 첫 해 685대의 자동차를 생산하여 판매하였으며, 총 9만 8,811달러의 이익을 창출하였다. 3년동안 10만달러의 배당금을 두 번 지급할 정도의 재정적인 성공을 거두었다.

### 최대의 걸작품, 서민의 차 "모델 T" 생산

1908년 처음 등장하여 1928년 생산이 중단될 때까지 20년간 총 1천500만대 이상의 판매기록을 세운 자동차 "모델 T"는 포드 자동차의 세계적인 명성을 드높임과 동시에 자동차업계의 왕좌를 차지하게 되었다. "모델 T"는 20년에 걸쳐 매년 생산량과 판매량을 2배로 증가시켰으며, 지구상에서 움직이는 자동차 중 약 50%를 차지하였다.

### 대량생산 도입

포드 자동차회사는 대량생산체제의 원칙을 적용하여, 제품이 사람에게 옮겨오도록 해야지 사람이 제품으로 옮겨서는 안된다는 경영기법을 도입하여 성공하였다.

따라서 최초의 대량생산체제를 적용하여 1914년 하이랜드 파크공장에서 이미 모델 T 생산을 93초로 단축하는 데 성공한다. 필요한 부품은 자체생산하며 보조공장을 설립하고, 증가하는 수요를 충당하기 위해 리버루지 공장을 세우는 등 대량생산체제를 성공시켰다.

### 온정주의 경영방식 도입

포드 직원들을 위한 복지시설을 건립하였다. 즉, 도서관, 오락실, 독서실, 교육시설, 스포츠 시설, 병원 등 사회복지시설 등을 증가시켰다.

그는 진보적 인적자원관리를 성공시켰다. 1914년 소수민족, 장애자 고용, 여권신장 등과 일당 5달러의 파격적인 임금인상(타사의 2배 이상)을 단행하였다. 이미 그때 근로시간 1일 10시간을 8시간으로 단축하여 호평을 받기도 하였다.

## 4. 노년기 전후의 경영활동

### 신문사 경영과 실패

헨리 포드는 1918년에 매입한 고향마을의 신문 "디어본 인디펜던트사"의 경영을 유지하면서 언론사의 매력을 가졌으나  1920년 "국제적 유태인, 세계의 문제"라는 기사로 반 유태인 감정을 대서특필하는 사건에 휘말리면서, 1924년 사피로의 명예훼손 고소사건을 당한다. 이 사건으로 헨리 포드는 자동차사업 외의 일에 관해서는 천박한 지식을 가진 무식쟁이라는 혹평을 당하게 된다. 독선적 행위로 신문사를 이끌어 가려고 했던 시도는 결국 비참한 결과를 가져올 뿐이라는 교훈을 얻었다.

### 상원위원 출마에서의 쓰라린 실패

1918년 "월 스트리트 저널"의 사설에서 헨리 포드를 대통령으로 출마하기를 권고하였다. 윌슨 대통령의 출마권유를 받고 미시간주 민주당 상원의원 후보로 출마했으나, 공화당 후보 뉴베리에게 근소한 패배를 당하였다. 그는 뉴베리가 부정선거를 했다는 이유로 재력과 인력을 동원하여 4년간 소송을 제기하였으나 결국 실패하였다. 그의 고집스러운 성격과 권위적인 우월감이 비판을 받았던 것이다.

### 오만과 독선으로 기울어가는 기업

1924년 GM의 시보레가 등장하자 포드 자동차의 시장점유율이 57%→45%로 하락 하였으며, 1927년 포드의 모델 A등장으로 인기를 끌었으나 1928년 GM의 6기통 시보레에 패배하여 시장점유율이 34%로 하락하였다.

마침 세계대공황 발생으로 포드는 중산층을 위한 차(Zephyr)를 생산해야 한다는 아들의 충언을 무시하여, 1936년 포드의 시장점유율은 22%까지 하락하는 결과를 낳고 말았다. 당시 GM의 시장점유율은 43%, 크라이슬러의 시장점유율은 25%로 나타나고 있었다.

포드의 실패요인은 포드의 오만과 독선이었다고 평가한다.

첫째, 뛰어난 능력의 아들을 불신임하였고,

둘째, 조직개편에 실패하여, 인적자원관리에 실패하였으며,

셋째, 자신이 개발한 모델 T의 전적인 신뢰에서 오는 개혁의 실패,

넷째, 소비자의 욕구와 만족의 변화를 무시하는 등으로 평가되고 있다.

## 제2절 헨리 포드의 기업가정신

### 1. 탐구정신과 발명가적 창의성

헨리 포드는 소년시절부터 증기기관차의 자체 제작를 시도하고, 청장년시절 독자적 엔진(내연엔진)개발을 위해 노력하는 등 끊임없는 탐구정신과 발명가적 창의정신 등을 지적할 수 있다.

### 2. 근면절약정신

헨리 포드의 근면절약정신은 영국의 근대화 과정에서 나타났던 청교도의 요만니 정신과도 같은 것이였다. 근면하고 검소한 생활, 난방에 쓸 장작을 손수 마련하여 장작 값을 절약하였으며, 옷 한 벌을 몇 년 동안 입는 등 그의 절약정신은 구두쇠로 통했다.

## 3. 도전정신과 개척정신

헨리 포드의 창조정신은 도전과 개척주의 정신에서 비롯되었다. 농촌에서 안락한 생활을 버리고 꿈을 좇아 디트로이트로 이주하여 최대의 걸작품, 서민의 자동차 "모델 T"를 생산하는 등으로 자동차업계의 왕좌로 군림하는 등 그의 개척정신은 계속되었다. 바로 자동차는 사치품이라는 고정관념을 탈피하고, 서민을 위한 모델 T를 개발하였으며, 그 과정에서 자동차 엔진 등을 만드는 과정은 그의 도전과 창의정신을 엿볼 수 있다.

## 4. 온정주의 정신

당시 그는 진보적 온정주의 경영방식을 실행하고 있었다. 그는 소수민족, 장애자 고용, 여성취업 등의 여권신장, 진보적 인적자원 경영을 실시하였다. 타사와 비교하여 일당 5달러의 파격적 임금인상, 근로시간의 감축(10시간→8시간) 등과 직원들의 복지시설을 건립하는 등 도서관, 오락실, 교육시설, 스포츠 시설, 병원 등 사회적 기업가로서 온정주의 기업가정신을 가지고 있었다.

## 5. 경영합리화 정신

헨리 포드의 기업가정신 중 경영합리화 정신은 유명하다. 오늘날 경영학 원론에 펼처진 3S, 즉 생산표준화에 적용하는 대량생산 일반원칙은 ① 제품 단순화(Simplification), ② 부품규격화(Standardization), ③ 기계와 공구 전문화(Specilization) 등으로 유명하다.

그의 생산성 향상 정신은 생산원가절감, 균일품질을 확보 유지함으로써 1909년 950달러에서 14년엔 450달러로 가격을 인하하여 소비자에게 싸고 튼튼한 자동차를 제공하였다. 그리고 흑자경영으로 종업원에게 임금을 인상

지급하고 고객과 회사의 종업원 모두에게 만족을 달성할 수 있게 경영합리화를 시행하였다.

## 6. 기업가정신의 결정체 포디즘(Fordism)

헨리 포드의 기업가정신의 결정체는 다음 5가지로 집약된다.

첫째, 미래에 대한 공포와 과거에 대한 동경을 버릴 것.

지나간 과거의 영광에 연연하지 말고 다가올 미래에 두려움을 갖지 말아야 한다. 그리고 현재에 충실하고 최선의 노력을 경주하는 사람에게 과거는 영광으로 기억될 것이며, 미래는 희망으로 다가올 것이다.

둘째, 경쟁을 위주로 일하지 말 것.

사사로운 경쟁이 아닌 보다 높은 가치를 위해 노력해야 한다. 기업의 경영은 라이벌 회사들과의 단순한 이윤경쟁이 아닌 새로운 가치를 창조하여 사회의 공익에 보탬이 되어야 한다. 그 사례로 "모델 T"의 생산, 컨베이어 벨트 생산방식 개발, 셀던 소송의 승리 등을 지적하고 싶다.

셋째, 봉사가 이윤보다 선행할 것.

기업의 이윤은 경영자의 몫이 아니다. 기업의 이윤은 고객의 선택과 종업원의 피땀어린 노력에서 나온 것이다. 고객을 위한 가치를 창조하고, 종업원의 복지에 힘써야 한다. 그 사례로는 당시의 임금 5달러의 인상, 근로시간 단축 등으로 지적할 수 있다.

넷째, 값싸게 만들어 값싸게 팔 것.

대량 생산방식을 도입하여 소품종 대량생산 방식을 도입하고, 최저의 생산비로 사회에 봉사해야 한다. 그리고 '사회'란 고객과 종업원을 통칭하는 것으로, 최저의 생산비 실현을 통해 고객에게 값싼 자동차를 공급하고 종업원에게는 보다 높은 임금을 지불할 것임을 시사하고 있다.

다섯째, 헨리 포드의 업적을 통해 과학적 경영의 원칙을 창출할 것.

헨리 포드의 업적을 통해 기업가정신을 엿 볼 수 있다. 즉, 자동차 대중화의 성공정신이다. 가장 우수한 자동차를 가장 싼 값에, 서민의 차로 만들어 파는

"모델 T"의 생산은 그의 도전과 창의정신를 나타내는 창조경영자 정신이다.

또한 과학적 경영의 원칙은 3S 운동으로 혁신적인 대량생산기법 도입의 원동력이 되었다. 진보적 인적자원의 경영은 최저임금정책과 근로시간단축이라는 노사협력과 임금정책의 기본이 되었다. 포드의 기업가정신에서 나타난 포디즘(Fordism)은 현대경영학의 교과서로서 연구대상이 된 과제가 되었다.

## 제3절 헨리 포드가 성공하게 된 주요원인

### 1. 창조적인 포드식 경영 : Fordism 개발

헨리 포드의 창조적 경영 Fordism은 기술적 능력향상을 위한 결정적 요인이 되었다. 기술적 능력향상은 설계의 단순화, 부품의 표준화, 기계의 정밀성, 생산과정의 속도조정을 통한 계속적 생산증가, 창의적 절약시책 등이 경영성과 바로 그것이다.

1913년 컨베이어 벨트 생산방식 탄생은 1공정에 18분 걸리던 제조시간을 5분으로 단축하는 생산성 향상 결과를 시현하였으며, 1914년에 3,000만 달러의 수익을 올리는 경영성과를 가져왔다. 이 결과는 1947년 헨리 포드가 사망했을 때 포드자동차의 자산은 6억 달러였고 2000년대 초에는 60억 달러로 추정하는 것으로 나타났다.

### 2. 진보적 인적자원 경영정책의 성공

헨리 포드가 자동차업계에서 성공하게 된 주요 요인은 바로 그의 진보적 인적자원 경영정책의 효율성 때문이다.

그는 1914년 최저임금을 무려 5달러로 인상하여 당시 수준으로 2 내지 3

배의 임금을 향상시켰으며, 근로시간은 10시간에서 8시간으로 단축시키는 획기적인 경영정책계획을 실시하여, 당시 장시간근로와 저임금이 지배하던 시대적인 상황에서 혁신적인 인적자원관리 정책을 성공시켰다.

이윤분배에 있어서, 주주들 이외에 근로자들에게 어떤 형태로든 그 이익을 나누어 줄 필요가 있다고 생각하였다. 결과적으로 임금 5달러의 인상정책은 그 비용보다 더 큰 이익을 가져다주는 것으로 실현되었다. 그는 인적자원관리를 효율화하고, 인적자원에 과감히 투자하면 생산성 향상을 통한 기업이익이 증진된다는 교훈을 실현시켰다.

### 3. 발명가, 국민적 영웅으로 부상

헨리 포드의 성공적 요인은 1909년 미국 자동차 제조업자협회의 엔진 특허사용료 청구로 헨리 포드의 100만 달러의 셀던 소송의 승리로 자동차산업의 번영을 이룩할 수 있었다. 포드자동차의 창의성을 인정받은 결과를 가져왔으며, 발명가로서, 큰 인물로 존경받는 사람으로 새로운 미국의 국민적 영웅으로 부상하여, 미국 자동차산업의 성장과 발전에 크게 공헌하였다.

## 제4절 헨리 포드의 기업가로서 문제점과 시사점

### 1. 승리의 인생 뒤에 패배한 인생으로

#### ⇨ 후계자 양성교육의 소홀

1918년 50세에 장남 에드셀(20세)을 후계자로 임명하였으나 아들을 믿지 못하고, 자신에게 절대적인 충성을 보이는 사람들을 주위에 배치한 채 실질적인 회사운영을 경영하면서 아들은 형식적인 위치에서 후계자로 양성하지 못하였다.

적절한 시기에 은퇴하지 못한 창업가로서 낙인을 찍히고, 훌륭하고 재능 있는 아들을 후계자로 키우지 못하고 소홀히 한 점은 문제점으로 나타나고 있다. 해군 운동선수인 다른 부하 베넷에게 에드셀보다 더 큰 권한을 위임하여 나중에는 정치적 문제로 확대하기도 하였다.

### 독재와 권위의 리더

창업동업자 멜컴스, 도지(dodge) 형제, 부사장 쿠젠스(couzens), 그 밖에 우수기술자들, 경영자 등을 방출하였으며, 1920년대 창업동업자들이 거의 반 강제적으로 퇴출되어, 공신들이 남아있지 않게 되었다.

헨리 포드의 문제점은 혁신적인 참여를 권장하기 보다는 말 잘 듣는 충실한 직원들을 좋아하는 보수적인 기업문화를 고수하여, 변신하지 못하는 기업가로 평가되고 있다.

### 지나친 노동통제 : 노동조합결성 방해

헨리 포드의 경영방침은 독재적이었다. 그는 종업원을 감시하는 감시조, 감시조에 걸린 노동자들(해고 전단계), 폭력으로 노동자를 억압하는 포드의 경호원(헤리 베닛)을 두어 노동조합결성을 방해하였다. 전미국자동차노동조합(UAW)과의 대립, 아들 애드셀과의 불화 등 노사관계가 문제가 되었다. 헨리 포드의 경영태도를 좋지 않게 본 UAW는 포드사를 목표로 하여 노조결성을 시도하자 포드는 UAW에 강력히 대응했으나 노동자들의 노동조합결성을 막을 수는 없었다.

### 헨리 포드의 죽음

아들 에드셀과의 계속되는 불화로 에드셀의 병세가 악화되어 47세의 젊은 나이에 사망한다. 양심의 가책을 느끼는 헨리 포드는 그의 아들 헨리 포드 2세에게 큰 기대를 걸기 시작하였으나 70세가 넘은 헨리 포드는 손자들(헨리 포드 2세)로 인해 자신의 지배권 침해를 우려, 출근 금지명령을 내리는 등 비윤리적 행동을 하게 된다.

병든 헨레 포드는 교외에서 조용한 삶을 살다가 뇌졸중으로 1947년 4월 7일 83세의 나이로 사망한다.

## 2. 기업가로서 시사점

### ⇨ 기업가로서 한계점

#### 독단적, 권위적 기업가

- 후계자 교육 소홀: 뛰어난 재능의 아들 에드셀과 손자 배척
- 뛰어난 경영인들의 방출: 창업공신들의 강제퇴출과 그들을 GM과 크라이슬러로 흡수, 추격의 빌미를 제공함.
- 적절한 시기에 은퇴하지 못한 창업가 : 70세의 고령에도 은퇴하지 않고 경영권을 고집.

#### 지나친 노동통제

- 노동운동을 폭력으로 진압하고, 감시조, 대기조 편성 등으로 노조결성 반대.

#### 환경변화에 대응하지 못한 안이한 의식

- "T 모델" 이후 변화된 소비자 욕구을 무시하여, GM과 크라이슬러에게 시장을 침식당함.

#### 신문사 경영과 패배

-본업과 연계성이 결여된 무리한 사업확장으로 경영성과 잠식 당함.

### 상원의원 출마와 패배

- 기업인은 기업인으로 남아야 한다는 교훈

### 공정치 못한 인사관리의 실패

- 사업적 능력과는 무관한 심복 베넷에게 권한을 위임하여 아들 에드셀과의 불화로 말미암아 정치적 갈등으로 확산됨.

## 헨리 포드의 일생을 통해 본 기업가의 능력
## - 20세기 최고의 기업가로 선정

첫째, 경영은 인간조직을 효율적으로 운영하기 위해 '협력관계'를 구축하는 데 초점을 맞춰야 한다.

둘째, 헨리 포드는 후계자 양성에 실패하여 찬란한 기업가로서의 빛을 잃은 반면, GM은 슬론과 같은 우수한 전문경영자를 새 리더로 맞아 눈부신 도약과 발전을 이룩하였다. 우수한 후계자 발굴이 중하다는 교훈을 남겼다.

셋째, 헨리 포드는 주장하기를 "기업은 경영이고, 경영은 리더십"이라고 했지만 언행이 일치되지 않은 리더였다. 기업가의 경영능력도 중요하지만 기업가의 리더십은 간과해서는 안된다.

넷째, 그러나 헨리 포드는 1999년 미국 라스베가스에서 있었던 세기의 자동차 선정위원회에서 20세기의 최고의 기업가로 선정되었다.

## 최저 생산비의 실현과 봉사정신 : 포드식 경영 - Fordism

헨리 포드의 경영신념은 "최저의 생산비로 사회에 봉사한다"는 것으로 그는 최저 생산비를 실현하여 고객에게 튼튼하고 좋은 자동차를 싼 가격으로 제공하고 종업원에게는 보다 높은 임금을 지급하도록 하는 것이다.

그의 사회봉사정신은 최저 생산비로 고객에게 좋은 제품을 그리고 종업원에게 고임금을 지불하는 정신이다.

포드식 경영(Fordism)은 ① 뛰어난 인재들의 팀 정신이며, ② 대량생산에 성공한 생산기법 컨베이어 시스템의 개발(이동조립작업), ③ 혁신적인 인적자원 경영을 실천하는 진보적 정신, 혁신적 창안 등이 생산성 향상과 기업성패를 가름한다는 것이다.

### ⇒ 창업기업가의 오만과 독선이 남긴 교훈

헨리 포드는 창업기업가로서 오만과 독선이 남긴 교훈이 후세에 남겨지고 있다.

첫째, 전문경영인에 대한 인식제고 : 창업 동업자들과 불화음으로 결별한 것은 헨리 포드의 큰 약점이 되었다. 결국 당시 경쟁사에 인재를 넘겨주고, 오만과 독선으로 경영을 한 헨리 포드의 한계점이었다.

둘째, 남을 존중하고 신뢰하는 시각과 태도의 필요성이 교훈으로 남는다. 자기가 하는 일에 대한 강한 집념과 열정으로 진보적인 인권신장을 신조로 하는 서민정신(populism)은 좋으나 "내 회사이니 내 마음대로 하겠다"는 식은 많은 문제를 남겼다.

셋째, 인간조직의 효율적 운영인 협력관계는 가장 중요하다. 특히 상생의 노사협력관계는 기업성장의 열쇠가 된다. 그는 협력적 노사관계의 부재로 2차 창업 재기에 실패한다.

## 참고문헌


1. 김성수, 성공한 창업자의 기업가정신 - 세계를 움직인 경영자들 -, 삼영사, 2002.
2. 헨리포드, 공병호 역, 헨리 포드(My Life and Work), 21세기 북스, 2006.
3. 헨리 포드, 김현영 역, 국제유대인 - 세계에서 가장 심각한 문제 - 리버크 레스트, 2013.
4. 피터 켄트, 이원경 역, 헨리 포드, 비룡소, 2009.
5. 나인호, 헨리 포드의 반유대주의, 서양사론 제116호, 한국서양사학회, 2013.

# 찾아보기

ㄱ

ㄹ



ㅁ



ㅂ

ㅅ

ㅈ

ㅊ



ㅋ



ㅌ

## 성공한 창조경영자 기업가정신

2014년 8월 20일 1판 1쇄 발행
2015년 9월 10일 1판 2쇄 발행

저 자 김 성 수
발행인 김 광 식
조 판 아 람 기 획

121-876
발행처 서울특별시 마포구 대홍로2길 5, 202호
도서출판 **탑 북 스**
등 록 2009.12.21 제 2013-000101 호
전 화 **02)365-2223** 팩스 **02)365-2224**



정가 32,000 원
ISBN 979-11-85647-02-9-93320